Das Kollisionsrecht der Immaterialgüterrechte
an der Schwelle zum 21. Jahrhundert

Europäische Hochschulschriften
Publications Universitaires Européennes
European University Studies

Reihe II
Rechtswissenschaft

Série II Series II
Droit
Law

Bd./Vol. 2809

PETER LANG
Frankfurt am Main · Berlin · Bern · Bruxelles · New York · Wien

Frank Peter Regelin

Das Kollisionsrecht der Immaterialgüterrechte an der Schwelle zum 21. Jahrhundert

PETER LANG
Europäischer Verlag der Wissenschaften

Die Deutsche Bibliothek - CIP-Einheitsaufnahme

Regelin, Frank Peter:

Das Kollisionsrecht der Immaterialgüterrechte an der Schwelle zum 21. Jahrhundert / Frank Peter Regelin. - Frankfurt am Main ; Berlin ; Bern ; Bruxelles ; New York ; Wien : Lang, 2000
(Europäische Hochschulschriften : Reihe 2, Rechtswissenschaft ; Bd. 2809)
Zugl.: Mannheim, Univ., Diss., 1999
ISBN 3-631-34957-2

D 180
ISSN 0531-7312
ISBN 3-631-34957-2

Meinen Eltern

Vorwort

Die vorliegende Arbeit hat der Fakultät für Rechtswissenschaft der Universität Mannheim im Wintersemester 1998/1999 unter dem Titel „Das Kollisionsrecht der Immaterialgüterrechte an der Schwelle zum 21. Jahrhundert - Standortbestimmung und Ausblick“ als Dissertation vorgelegen. Das Manuskript habe ich im Februar 1998 abgeschlossen. Rechtsprechung und Literatur wurden, soweit überblickt, bis Februar 1999 nachgetragen.

Mein herzlicher Dank gilt Herrn Prof. Dr. Jochen Taupitz, der die Arbeit als Doktorvater betreut hat und mir mit wertvollen Anregungen, aber auch kritischen Anmerkungen jederzeit zur Seite stand. Mit seiner menschlichen und geradlinigen Art war er mir in den insgesamt drei Jahren, die ich an seinem Lehrstuhl tätig war, nicht nur Ansporn, sondern auch Vorbild. Ohne ihn wäre die Arbeit in dieser Form nicht möglich gewesen. Bedanken möchte ich mich außerdem bei Herrn Prof. Dr. Rolf Sack, der die Mühe auf sich genommen hat, die Arbeit als Zweitkorrektor zu betreuen und der mir des öfteren als Diskussionspartner zur Verfügung stand.

Nicht vergessen möchte ich an dieser Stelle meinen Vater und meine Schwester Anne, die die nicht eben dünne Arbeit unermüdlich Korrektur gelesen haben, und denen ebenfalls mein Dank gilt.

Frankfurt am Main, im Oktober 1999 — Frank Peter Regelin

Inhaltsverzeichnis

1. Kapitel - Einführung

I. Die Bedeutung der Immaterialgüterrechte im internationalen Rechtsverkehr und im gemeinsamen Markt

Auf die herausragende Bedeutung des geistigen Eigentums für die Wirtschaftssysteme dieser Welt muß heutzutage kaum noch hingewiesen werden. Ohne Patente und Marken, aber auch Urheberrechte auf schöpferisch-kultureller Seite, die in unserer modernen Mediengesellschaft einen ebenfalls nicht mehr wegzudenkenden Wirtschaftsfaktor darstellen, wäre ein geordnetes und prosperierendes Wirtschaftsleben nicht denkbar: Die Unternehmen wären gezwungen, ihre Erfindungen geheimzuhalten, da diese bei Bekanntwerden sofort nachgebaut würden; ein Markenname, den sich ein Unternehmen durch jahrzehntelange Qualitätsleistungen erarbeitet hat, hätte keinerlei Wert, da ihn jeder nachahmen dürfte, und den Urhebern, deren Werke gegen Kopie und Nachahmung ungeschützt wären, würden die Früchte ihrer Arbeit genommen.

Der außerordentliche Stellenwert der Immaterialgüterrechte für das Wirtschaftsleben läßt sich wohl am eindrucksvollsten mit Zahlen belegen: Im Jahre 1996 registrierte das Deutsche Patentamt nicht weniger als 64.894 Neuanmeldungen von Patenten;[1] hinzu kamen über 22.000 Gebrauchsmuster-Anmeldungen[2] und über 50.000 Marken-Anmeldungen.[3] Daneben steht eine weit größere Zahl bereits eingetragener Schutzrechte. Auch die Zahl der Urheberrechte ist enorm: Auf der Buchmesse 1997 wurden Presseberichten zufolge über 80.000 Neuerscheinungen vorgestellt. Hinzu kommen entsprechend viele neue

---

1 Vgl. die Grafik im Handelsblatt Nr. 152 vom 11.8.1997, S. 40 - „Themen und Trends: Schutz gewerblicher Rechte" sowie Bl.f.PMZ 1997, 93: Die Zahl ergibt sich aus den beim DPA direkt angemeldeten Erfindungen sowie den DPA-PCT-Anmeldungen in der internationalen Phase, die nach Veröffentlichung erfaßt wurden. Daneben registrierte das DPA 47.291 internationale Patentanmeldungen in der internationalen Phase, darunter 45.511 Euro-PCT-Anmeldungen. Das Europäische Patentamt registrierte nochmals 64.033 Europäische Patentanmeldungen, davon 22.909 Euro-PCT-Anmeldungen in der regionalen Phase.

2 Vgl. Handelsblatt Nr. 152 vom 11.8.1997, S. 40 - „Themen und Trends: Schutz gewerblicher Rechte", sowie Bl.f.PMZ 1997, 95: die genaue Zahl betrug 22.276. Daneben registrierte das DPA noch 9.986 Anmeldungen für ein Geschmacksmuster, vgl. Bl.f.PMZ 1997, 112.

3 Vgl. Handelsblatt Nr. 152 vom 11.8.1997, S. 40, sowie Bl.f.PMZ 1997, 108: die genaue Zahl betrug 51.671 Anmeldungen; hinzu kamen 5.343 Anträge auf internationalen Schutz aus der Bundesrepublik und 9.000 international registrierte Marken, die um eine Schutzbewilligung für das Gebiet der Bundesrepublik ersuchten.

Tonträger, Kinofilme usw. Auch hier steht neben diesen Zahlen eine weit größere Zahl bereits bestehender Urheberrechte.

Auch im gemeinsamen europäischen Markt spielen die Immaterialgüterrechte eine tragende Rolle. Ein Beleg hierfür sind die massiven Rechtsvereinheitlichungen durch den EG-Gesetzgeber, die das Interesse an diesem Rechtsgebiet deutlich werden lassen. So ist zum 1.1.1996 die GemeinschaftsmarkenVO in Kraft getreten, das erstmals ein einheitlich für den gemeinsamen Markt verliehenes Schutzrecht ermöglicht. Ein entsprechendes Abkommen für Patente, das Gemeinschaftspatentübereinkommen, wurde von den meisten Vertragsstaaten unterzeichnet.[4] Und bereits seit etlichen Jahren funktioniert ein System der EG-einheitlichen Anmeldung von Patenten im Rahmen des Europäischen Patentrechtsübereinkommen. Hinzu kommen zahlreiche Verordnungen und Richtlinien, die bereits heute zu einer weitgehenden Vereinheitlichung der nationalen Rechte geführt haben.[5] Die Immaterialgüterrechte kann man damit als Vorreiter für weitere Vereinheitlichungen innerhalb des EG-Wirtschaftsrechts bezeichnen.

II. Das Kollisionsrecht der Immaterialgüterrechte

Das Kollisionsrecht der Immaterialgüterrechte beantwortet die Frage nach dem anwendbaren Recht für all diejenigen Sachverhalte, die in irgendeiner Weise Bezüge zu einem ausländischen Recht aufweisen. Es umfaßt sowohl das eigentliche Kollisionsrecht als auch das internationale Sachrecht.

Unter Immaterialgüterrechten versteht man alle immateriellen Güter, die Gegenstand von Ausschlußrechten sein können.[6] Im Sinne des autonomen deutschen Kollisionsrechts zählen hierzu neben den Urheberrechten, also den Rechten an Werken der Literatur, Wissenschaft und Kunst, den sogenannten verwandten Schutzrechten, d.h. den Rechten der ausübenden Künstler, Tonträgerhersteller und Sendeunternehmen, auch die gewerblichen Schutzrechte Patent und Marke sowie Erfinderscheine, die Rechte an Pflanzenzüchtungen, Geschmacksmuster und Gebrauchsmuster umfaßt. Der Begriff der Marke beinhaltet neben den Rechten an Fabrik-, Handels- und Dienstleistungsmarken auch Aus-

---

4 Es ist jedoch bisher noch nicht in Kraft getreten, vgl. hierzu unten 2. Kapitel III 3.

5 Vgl. hierzu ausführlich im 2. Kapitel III.

6 Vgl. MünchKomm-Kreuzer, Nach Art. 38 EGBGB, Anh. II, Rn. 1; Troller, Immaterialgüterrecht Bd. I, S. 69 ff.; Ulmer, Die Immaterialgüterrechte (1975), Nr. 6 - 8. Nur in Ausnahmefällen werden diese Rechte durch gesetzliche Lizenzen zu Vergütungsrechten abgeschwächt.

stattungen, Handelsnamen, und geographische Herkunftsangaben.[7] Hinzu kommen die Rechte auf Schutzrechte, einschließlich der Rechte aus einer Schutzrechtsanmeldung sowie staatsvertragliche Prioritätsrechte.[8]

Ein grenzüberschritender Sachverhalt kann dadurch auftreten, daß ein Schutzrecht in einem anderen Staat entstanden ist als dem, für dessen Gebiet seine Wirkung geltend gemacht wird, oder sich Schutzrechtsverletzer auf die Wirksamkeit einer im Ausland geschlossenen Rechtsübertragung berufen. In der Literatur findet sich auch häufig der Begriff des internationalen Immaterialgüterrechts.[9] Die Aufgabe des Kollisionsrechts besteht hierbei allein in der Beantwortung der Frage nach dem anwendbaren Recht.[10] Zur Illustration seien folgende Beispiele genannt:

(1) Ein deutscher Lebensmittelhersteller verwendet auf seinen Produkten ein springendes Pferd als Markenzeichen, welches er in Deutschland schützen ließ. Dieser klagt gegen ein italienisches Unternehmen, das ebenfalls auf Konserven ein verwechslungsfähiges springendes Pferd verwendet und über das Madrider-Markenabkommen eine (allerdings spätere) internationale Registrierung auch mit Wirkung für Deutschland erlangt hat, auf Unterlassung des Exports nach Deutschland. Er beruft sich auf sein früher eingetragenes Recht. Die italienische Herstellerin erhebt sodann Widerklage auf Unterlassung des Exports in das Ausland, da die Eintragung in Deutschland dort keine Wirkungen entfalten könne.[11]

(2) Die Erben eines US-Regisseurs wehren sich gegen die Ausstrahlung eines seiner, ursprünglich in Schwarz-weiß gedrehten Filme in kolorierter Fassung durch einen deutschen Privatsender und stützen sich auf sein Urheberpersönlichkeitsrecht auf Schutz vor Entstellung des Werkes. Die Beklagten, der Sender und der internationale Verleih, die ihr Recht von der amerikanischen Produktionsfirma ableitet, wenden hiergegen ein, der Regisseur sei bei der Produktionsfirma angestellt gewesen und nach amerikanischem Recht erwerbe der Arbeitge-

---

7 Vgl. etwa Art. 1 Abs. II der Pariser Verbands-Übereinkunft vom 20. März 1883 bzw. Art. 2 Abs. I der Revidierten Berner Übereinkunft vom 9. September 1886; Ulmer, Die Immaterialgüterrechte im IPR (1975), S. 4 f. sowie MünchKomm-Kreuzer, a.a.O.

8 Vgl. MünchKomm-Kreuzer, a.a.O., Rn. 6 mit weiteren Nachweisen.

9 Vgl. etwa MünchKomm-Kreuzer, Nach Art. 38 EGBGB, Anh. II, Rn. 1. Was insofern sinnvoller sein mag, da es in manchen Bereichen des internationalen Immaterialgüterrechts kein echtes Kollisionsrecht gibt.

10 Wobei gerade im internationalen Immaterialgüterrecht, wie noch festzustellen sein wird, die Verknüpfung zwischen Sachrecht und Kollisionsrecht besonders eng ist.

11 Grundlage dieses Beispiels ist die berühmte Hengstenberg-Entscheidung des Reichsgerichts vom 20.9.1927 in RGZ 118, 76 ff.; vgl. hierzu auch unten 3. Kapitel I. 2 a cc.

ber das Urheberrecht an einem Werk des Arbeitnehmers. Nach deutschem Urheberrecht entsteht das Urheberrecht hingegen in der Person des Arbeitnehmers.[12]

(3) Ein spanisches Weinhandelsunternehmen klagt in Deutschland gegen eine deutsche Handelsfirma, die Wein aus Spanien importiert, der eine Bezeichnung trägt, die mit dem Namen des Weinhandelsunternehmens verwechslungsfähig ist. In Spanien besteht jedoch seit Jahren Koexistenz zwischen der Firma der Klägerin und der streitgegenständlichen Marke, ohne daß die Klägerin die Benutzung dort untersagen könnte. Sie macht geltend, die Koexistenz in Spanien wirke sich nicht auf die Rechtslage in Deutschland aus, sondern beruhe allein darauf, daß die spanischen Konsumenten die Waren unterscheiden könnten, was in Deutschland nicht der Fall sei. Die Beklagte meint, bezüglich der Koexistenz zwischen Firmenbezeichnung und verwechslungsfähigem Zeichen müsse auf den Rechtszustand in Spanien abgestellt werden, der auch in Deutschland zugunsten der Beklagten wirken müsse. Im übrigen verstoße ein Vertriebsverbot in Deutschland gegen die Art. 30, 36 EGV.[13]

(4) Die Erben eines bekannten deutschen Malers klagen gegen einen deutschen Kunstsammler, der drei ihm gehörende Werke dieses Künstlers von einem Londoner Auktionshaus in England versteigern ließ, auf Zahlung eines Anteils von 5 % des Erlöses. Sie sind der Ansicht, auf die Veräußerung sei das deutsches Urheberrecht und damit auch das deutsche Folgerecht gemäß § 26 UrhG anwendbar, da der Veräußerungsvorgang von Deutschland aus initiiert worden sei und damit ein ausreichender Inlandsbezug bestehe. Der Beklagte tritt dem entgegen und vertritt die Ansicht, die in Deutschland ausgeführten Tätigkeiten stellten bloße Vorbereitungshandlungen für die Versteigerung in England dar. Damit könne nicht von einem Teilakt der Veräußerung gesprochen werden.[14]

---

12 Der Beispielsfall ist der Entscheidung des französischen Cour de Cassation vom 28.5.1991 JCP 1991, éd. G, II 21731 mit Anm. Francon nachgebildet. Dort klagten die Erben des Regisseurs John Husten zusammen mit dem damaligen Co-Regisseur Ben Maddow gegen die Firma Turner Entertainment Inc., in der ersten Instanz auch noch gegen den französischen Sender.

13 Diesem Beispiel liegt die Enstcheidung BGH GRUR Int. 1995, 825 ff. - „Torres“ zugrunde, vgl. hierzu unten 4. Kapitel 1. Teil II 4 a. Der Name des spanischen Weinhandelsunternehmens lautete „Torres“ und der durch die Beklagte importierte Wein trug die Bezeichnung „Torres de Quart“.

14 Dieser Beispielsfall ist der Entscheidung BGH GRUR Int. 1994, 798 ff. - „Folgerecht bei Auslandsbezug“ nachgebildet. Dort klagte die Verwertungsgesellschaft Bild-Kunst, an die von den Erben des am 23.1.1986 verstorbenen Malers Joseph Beys die aus dem Urheberrecht an dessen Werken folgenden Rechte zur treuhänderischen Wahrnehmung übertragen worden waren; vgl. hierzu unten 4. Kapitel 2. Teil II 2.

III. Zum Gegenstand der Untersuchung

Ein roter Faden durchzieht dieses von internationalen Sachverhalten geprägte Rechtsgebiet, das Prinzip der Territorialität, welches zunächst Ausgangspunkt der vorliegenden Untersuchung sein soll. Bis zum heutigen Tage ist dieses Prinzip der begrenzten Geltung von Rechten, insbesondere im Urheberrecht, umstritten. Gleichwohl ruht hierauf das gesamte System des internationalen Immaterialgüterrechts, das die Territorialität der zugrundeliegenden Rechte nur durch internationalen Konventionen abmildert. Seine Wurzeln sucht dieses Prinzip jedoch im vorigen Jahrhundert, als es weder Kino noch Fernsehen gab, verbunden mit der Möglichkeit nahezu unbegrenzter Werbung.

Die zunehmende Aktivität des EU-Gesetzgebers auf dem Gebiet des geistigen Eigentums, deren Wirkungen auf das Kollisionsrecht zudem häufig unterschätzt werden, läßt jedoch an Sinn und Beibehaltung der Territorialität zweifeln, denn dieses Prinzip steht naturgemäß im Widerspruch zu dem Ziel der Schaffung eines gemeinsamen Marktes, verbunden mit einem einheitlichen Rechtsraum in der EU.[15] Der hiermit einhergehende Rückgriff auf supranationales Recht in Form von Verordnungen und Richtlinien hat dazu geführt, daß die EU-Mitgliedsstaaten im Gemeinsamen Markt in vielen Fällen nicht länger auf die internationalen Abkommen angewiesen sind, sondern auf vorrangige gemeinschaftsrechtliche Regelungen zurückgreifen.[16]

Ein weitere Infragestellung erfährt das Territorialitätsprinzip durch aktuelle technische Entwicklungen. Wurden bereits in der Vergangenheit direktstrahlende Satelliten im Hinblick auf ihre Einordnung in ein System national begrenzter Verwertungsrechte kontrovers diskutiert,[17] so stellt sich diese Frage erst recht

---

15 Vgl. bereits die EuGH Entscheidung Parke, Davis, Rs. 24/67, vom 29. Februar 1968, Slg. 1968, 85 ff. = GRUR Int. 1968, S. 99 ff., Rz. 4 der Entscheidungsgründe.

16 Vgl. Geller, GRUR Int. 1993, 526, 529. Der EuGH hat in den Rechtssachen Radio Telefis Eireann gegen Kommission der Europäischen Gemeinschaften, Rs. T-69/89 vom 10. Juli 1991, Slg. 1991, II-485 ff., 531; BBC und BBC Enterprises Limited gegen Kommission der Europäischen Gemeinschaften, Rs. T-70/89 vom 10. Juli 1991, Slg. 1991, II-535 ff., 572 f. sowie Independent Television Publications Ltd. gegen Kommission der Europäischen Gemeinschaften, Rs. T-76/89 vom 10. Juli 1991, Slg. 1991, II-575 ff., 609 f. unter Verweis auf die Entscheidung EWG Kommission gegen Italien, Rs. 10/61 vom 27. Februar 1962, Slg. 1962, 1 ff. entschieden, daß die Bestimmungen der Revidierten Berner Übereinkunft zwischen den EG-Mitgliedsstaaten dann nicht angewendet werden müssen, wenn sie im Einzelfall EG-Recht widersprechen. Lesenswert ist ferner die Entscheidung EuGH GRUR Int. 1995, 239 ff. - „TRIPS-Kompetenz".

17 Plastisch drückt dies Geller, a.a.O., 530, aus, wenn er sagt, die Debatte über die Beurteilung von Handlungen, die im Rahmen von Satellitenübertragungen erfolgen, habe den Begriff der Territorialität bis zum Zerreißen gespannt.

angesichts des neuesten Kommunikationsmediums - des Internet, denn im virtuellen Raum existieren keine Grenzen mehr.

Aufbauend auf den Ergebnissen dieser Betrachtung wird sich die vorliegende Arbeit dann ihrem Schwerpunkt, der Anknüpfung der Immaterialgüterrechte, widmen. Hier stellen sich im Prinzip dieselben Probleme wie zuvor, lediglich aus veränderter Sicht, denn auch das Kollisionsrecht muß sich rechtlichen und technischen Entwicklungen anpassen und damit der territorialen Begrenzung der zugrunde liegenden subjektiven Rechte Rechnung tragen. Insbesondere die kollisionsrechtliche Behandlung des Internet ist aus immaterialgüterrechtlicher Sicht bisher kaum näher untersucht worden.

Im Rahmen der Anknüpfung der Immaterialgüterrechte ist im übrigen zu unterscheiden: Da der Schutz von Immaterialgüterrechten lediglich einen Teilaspekt des Deliktsrechts darstellt, haben die Gerichte regelmäßig Verletzungsstreitigkeiten zu entscheiden und stellt die Anknüpfung des auf die Verletzung eines Immaterialgüterrechts anwendbaren Rechts demzufolge die kollisionsrechtliche Hauptfrage dar, in den obigen Beispielen die Verletzung des Markenrechts bzw. des Urheberpersönlichkeitsrechts. Deren Anknüpfung allein wird jedoch in der Mehrzahl der Fälle nicht genügen, denn mindestens ebenso wichtig ist die ebenfalls kollisionsrechtliche Lösung der Vorfrage, nach welchem Recht sich bestimmt, ob überhaupt ein wirksames Schutzrecht bestand, in welchem Umfang es gegen Verwertungshandlungen geschützt war und wer im Zeitpunkt der Verletzung Inhaber dieses Rechts war. Im kollisionsrechtlichen Teil der vorliegenden Arbeit werden daher beide Fragen getrennt behandelt.

Nicht zum Gegenstand dieser Arbeit und zu den Immaterialgüterrechten im klassischen Sinne gehört das allgemeine Persönlichkeitsrecht mit seinen Derivaten. Zwar schützt auch dieses ein immaterielles Gut mit Ausschlußwirkung für Dritte, es fehlt ihm aber an der Vermögensbezogenheit und wirtschaftlichen Bedeutung, [18] weshalb es auch grundsätzlich getrennt von den Immaterialgüter rechten betrachtet wird, obgleich in einzelnen Fragen durchaus Annäherungen festzustellen sind.[19]

---

18 Wobei es heute schwerfallen dürfte, noch von einer mangelnden Vermögensbezogenheit des allgemeinen Persönlichkeitsrechts zu sprechen, vergegenwärtigt man sich etwa den wirtschaftlichen Wert eines Prominentenfotos - gerade in der jüngsten Vergangenheit.

19 So sind Überschneidungen zwischen Persönlichkeitsrecht und Immaterialgüterrecht im Hinblick auf den Schutz des Handelsnamens oder die immaterialgüterrechtsbezogenen besonderen Persönlichkeitsrechte erkennbar.

2. Kapitel - Die Quellen des Kollisionsrechts

I. Die internationalen Abkommen und das Prinzip der Inländerbehandlung

Quellen des Kollisionsrechts sind zunächst die nationalen Gesetze des autonomen internationalen Privatrechts. Häufig enthalten aber auch internationale oder bilaterale Abkommen Kollisionsrecht.[1] Sind solche vorhanden, gehen sie den nationalen Bestimmungen als spezielleres Recht vor; dies ergibt sich bereits aus Art. 3 Abs. 2 S.1 EGBGB.[2] Echtes überstaatliches Einheitsrecht, wie es europäische Regelungen darstellen können, geht jedoch wiederum solchen internationalen Abkommen vor, Art. 3 Abs. 2 S. 2 EGBGB.[3]

Das internationale Wirtschaftsrecht wird von einem kaum durchschaubaren Netz verschiedenster Staatsverträge geprägt. Neben einer Vielzahl kleinerer, vor allem bilateraler Abkommen, die in der Praxis eine eher untergeordnete Rolle spielen,[4] stehen die großen epochalen Konventionen. Hier sind vor allem die Revidierte Berner Übereinkunft im Bereich des Urheberrechts und die Pariser Verbandsübereinkunft für die gewerblichen Schutzrechte zu nennen. Auf diese

---

1 Die Notwendigkeit überstaatlicher Rechtsvereinheitlichung wurde bereits zur Zeit der Jahrhundertwende erkannt, was sich auch in den ersten Haager Konventionen niederschlug. Ausführlich hierzu v. Bar, Internationales Privatrecht Bd. I, (1987), Rn. 176 ff. und Meyer-Sparenberg, Staatsvertragliche Kollisionsnormen, (1990), S. 17 ff.

2 Unabhängig von dieser ausdrücklichen Regelung im EGBGB gilt auch für das Völkerrecht der Grundsatz „pacta sunt servanda“, weshalb völkerrechtliche Verträge immer Vorrang haben müssen, vgl. hierzu auch Meyer-Sparenberg, a.a.O., S. 63 ff. In Frankreich findet sich sogar mit Art. 55 der Verfassung eine Norm, die den Vorrang völkerrechtlicher Verträge festlegt.

3 Dies gilt jedoch nur für EU-Einheitsrecht in Form supranationalen Rechts. Völkerrechtliche Verträge unter den EU-Mitgliedern, wie etwa das Rom-Abkommen aus dem Jahre 1984 über das auf Schuldverträge anwendbare Recht, unterfallen nur Art. 3 II S. 1 EGBGB.

4 Eine aktuelle, detaillierte Aufstellung findet sich im Blatt für PMZ 1997, S. 146 ff. und in GRUR int. 1997, S. 146 ff. sowie bei Baumbach/Hefermehl, Warenzeichenrecht, S. 1192 ff.; Fezer, Markenrecht, 2. Teil 2. Abschnitt; Benkard-Ullmann, PatG, Einl. VI Rn. 76 ff., Mestmäcker/Schulze, Kommentar zum deutschen Urheberrecht Bd. II, Anh. B, Rn. 17 ff. und Schricker-Katzenberger, Urheberrecht, Vor §§ 120 ff., Rn. 70 ff. Die zahllosen bilateralen Abkommen spielen für das IPR deswegen nur eine untergeordnete Rolle, da, sofern darin überhaupt Kollisionsnormen enthalten sind, sie das autonome IPR lediglich im Hinblick auf ein einziges Land beeinflussen können. Zu den zwei Anwendungsfällen bilateraler Abkommen - einmal zwischen Verbandsmitgliedern zur Erweiterung des Verbandsschutzes und zum anderen im Verhältnis zu Nichtmitgliedern - vgl. Drexl, Entwicklungsmöglichkeiten des Urheberrechts im Rahmen des GATT (1990), S. 17.

Abkommen wird sich die Untersuchung konzentrieren, zumal sich daraus auch Rückschlüsse auf die übrigen Verträge ableiten lassen. Eine aus ihrem supranationalen Charakter resultierende Sonderstellung haben die europäischen Konventionen inne, weshalb sie am Ende des Kapitels gesondert betrachtet werden.

1. Funktion und Zielsetzung der Abkommen

Gemeinsam ist allen großen Abkommen das sogenannte Prinzip der Inländerbehandlung,[5] der rechtlichen Gleichbehandlung von Ausländern und Inländern im Inland nach inländischem materiellem Recht, das damit von den größtenteils dem Reziprozitätsgrundsatz folgenden Vorschriften des nationalen Fremdenrechts abweicht. Dieses stellt gleichsam die tragende Säule aller multilateralen Abkommen dar. Die durch die Konventionen geschützten Personen können in den Mitgliedsstaaten den Schutz in Anspruch nehmen, den die dortigen Gesetze den eigenen Staatsangehörigen gewähren.

Ein weiterer Schwerpunkt sind Normen, die die internationale Registrierung bzw. Erlangung von Schutzrechten[6] durch Ausländer in den Mitgliedsstaaten der Konventionen erleichtern. Dies geschieht entweder durch sogenannte Prioritätsrechte, die den Schutzrechtsinhaber in den Mitgliedsstaaten außerhalb des Landes, in dem das Schutzrecht erstmals angemeldet wurde, für eine gewisse Zeit vor Eintragungen Dritter schützen, oder mit Hilfe einer sogenannten internationalen Registrierung, die gleichzeitig für mehrere Staaten wirkt.

Der dritte Bereich der in den Abkommen vorgesehenen Regelungen beinhaltet schließlich die Festschreibung gewisser Mindestschutzstandards für den gesamten Verbandsraum, sogenannte Mindestrechte, auf die sich jeder Verband-

---

5 Dieser Grundsatz wird auch häufig als „Assimilationsprinzip" bezeichnet, vgl. hierzu Bergsma, Der Inländerbehandlungsgrundsatz im internationalen und schweizerischen Urheberrecht (1990), 48, 71 ff.; Busse/Starck, WZG, 6. Auflage 1990, S. 793; Nordemann, GRUR Int. 1989, 615 f.; Troller, Internationales Privatrecht und internationales Zivilprozeßrecht (1957), S. 80 f., 106 ff., 150 ff.; ders., Die mehrseitigen völkerrechtlichen Verträge auf dem Gebiet des gewerblichen Rechtsschutzes und Urheberrechts (1965), S. 38 f., 117 f.; Ulmer, in: Holl/Klinke IPR, Int. Privatrecht, internationales Wirtschaftsrecht (1985), 257 f.; ders., Die Immaterialgüterrechte, Nr. 39 ff.; ders., RabelsZ 41 (1977), 479, 487; Vaver, GRUR Int. 1988, 191 ff.

6 Dies regelt etwa Art. 4 PVÜ sowie Art. 6^{quin} PVÜ; der PCT und das Madrider Markenabkommen haben allein diese Aufgabe., vgl. hierzu unten 3 a. Zum Prioritätsrecht allgemein vgl. Troller, Die mehrseitigen völkerrechtlichen Verträge auf dem Gebiet des gewerblichen Rechtsschutzes und Urheberrechts (1965), S. 39 ff. sowie MünchKomm-Kreuzer, Nach Art. 38 EGBGB, Anh. II, Rn. 35. Im Urheberrecht gibt es hingegen keine Prioritätsrechte, da das Recht originär entsteht.

sangehörige in den anderen Vertragsstaaten berufen kann, auch wenn das dortige Recht einen geringeren Schutz vorsieht oder einzelne Mindestrechte nicht kennt.[7] Der internationale Schutz über die Abkommen bewegt sich also in erster Linie zwischen Inländerbehandlung und Mindestschutz. Ob darüber hinaus, insbesondere im Rahmen der Inländerbehandlung auch kollisionsrechtliche Fragen mitgeregelt wurden, gilt es im folgenden zu betrachten.

2. PVÜ, RBÜ und der Grundsatz der Inländerbehandlung

Das mit Abstand wichtigste Übereinkommen auf dem Gebiet des gewerblichen Rechtsschutzes ist die bereits erwähnte Pariser Verbandsübereinkunft vom 1. Juli 1884 (PVÜ).[8] Sie war die erste große Konvention im Bereich des inter-

---

7 Diese Mindestrechte stellen kein materielles Einheitsrecht dar, sondern gehören ebenfalls dem Bereich des Fremdenrechts an, vgl. etwa Schack, Zur Anknüpfung (1979), Nr. 26. Nordemann/Vinck/Hertin, Internationales Urheberrecht, Einl., Rn. 24, unterscheiden starre-, halbstarre- und unstarre Mindestrechte. Erstere regeln ihren Tatbestand abschließend; halbstarre Mindetsrechte treffen zwar eine bestimmte Regelung, überlassen es jedoch dem nationalen Recht, Einzelheiten oder Beschränkungen festzulegen; die letzte Gruppe überläßt dem nationalen Gesetzgeber bereits die Entscheidung, ob er ein solches Recht gewähren will. Ausdrückliche Mindestrechte sind beispielsweise die Art. 4ter, 6bis, 6ter, 6sexies, 7bis, 8, 10bis Abs. III PVÜ sowie die Art. 6bis, 7 Abs. 1, 9 Abs. 1, 11, 11bis Abs. 1, 11ter, 12, 14, 14bis Abs. 1, 14ter Abs. 1 RBÜ; vgl. hierzu Drexl, Entwicklungsmöglichkeiten des Urheberrechts im Rahmen des GATT (1990), S. 111 ff. Der Verbandsangehörige hat ein Wahlrecht, er kann sich auf diese Mindestschutznormen berufen, muß dies aber freilich nicht, vgl. Nordemann/Vinck/Hertin, a.a.O., Rn. 23 und Art. 5 RBÜ, Rn. 4. Bappert/Wagner, Internationales Urheberrecht, RBÜ, Einl., Rn. 10, sprechen insoweit abweichend von den „Grundrechten". Allgemein zu den Mindestrechten auch Drexl, a.a.O., S. 109 f. Von den Mindestrechten ausgenommen ist zumindest im Bereich der RBÜ das Ursprungsland eines Werkes, vgl. Art. 5 I und III RBÜ. Die Mindestrechte gelten ebenfalls nicht für reine Inlandssachverhalte, d.h. zugunsten von Inländern, vgl. Schricker-Katzenberger, Vor §§ 120 ff. UrhG, Rn. 119 mit weiteren Nachweisen. Vischer, GRUR Int. 1987, 670, 676 bezeichnet die Mindestrechte als Abmilderung des Territorialitätsprinzips.

8 Die PVÜ umfaßt alle gewerblichen Schutzrechte, d.h. auch Gebrauchsmuster, gewerbliche Muster oder Modelle sowie Waren-, Handels- und Dienstleistungsmarken, Handelsnamen, Herkunftsangaben oder Ursprungsangaben und sogar die Unterdrückung des unlauteren Wettbewerbs; Art. 1 II PVÜ. Revidierungen erfolgten in Brüssel (1900), Washington (1911), Den Haag (1925), London (1934), Lissabon (1958) und Stockholm (1967; eine nochmalige Änderung erfolgte im Oktober 1979). Das Deutsche Reich trat der PVÜ am 1. Mai 1903 bei. Für die Bundesrepublik ist die Stockholmer Fassung am 19. September 1970 in Kraft getreten; BGBl. II 1970 S. 1073. Zum 1.1.1997 hatte die PVÜ insgesamt 140 Mitgliedsstaaten. Ein insoweit wichtiges, hier nicht genanntes Übereinkommen ist das Abkommen zur Errichtung der Weltorganisation für geistiges

nationalen Immaterialgüterrechts und sollte dem zuvor streng gebietsbezogenen Immaterialgüterrecht erstmals einen länderübergreifenden Rahmen geben. Das internationale Urheberrecht verfügt jedoch mit der Berner Übereinkunft vom 9. September 1886 (RBÜ) über ein ebenso altes wie auch großes Übereinkommen,[9] wobei der Stellenwert beider Abkommen nicht allein aus der Zahl der Mitglieder und ihrem Alter resultiert, sondern vor allem aus Umfang und Bedeutung der geregelten Materie sowie der Häufigkeit ihrer praktischen Anwendung. Seit dem Beitritt der USA zum 1. März 1989 ist die Bedeutung der RBÜ noch weiter gewachsen und sie steht nun auf einer Stufe mit der PVÜ.[10]

Während in den konventionseigenen Mindestrechten und den Prioritätsregeln regelmäßig keine kollisionsrechtlich relevanten Regelungen gesehen werden können,[11] ist dies im Hinblick auf den Inländerbehandlungsgrundsatz anders. So besagt Art. 2 Abs. 1 RBÜ,[12] daß die Angehörigen eines jeden Vertragsstaates

---

Eigentum (WIPO) vom 14. Juli 1967, der zum 1.1.1997 161 Staaten angehörten. Die WIPO ist die Dachorganisation zur Verwaltung der großen multilateralen Konventionen.

9 Die Notwendigkeit internationaler Urheberrechts-Übereinkommen war bereits 1735 von Rudolf Thurneisen in seinem Werk: „Dissertatio juridica inauguralis de recusione librorum furtiva, zu Teutsch dem unerlaubten Büchernachdruck, Basel 1738 (Deutsche Übersetzung in der FS, 100 Jahre RBÜ) erkannt worden. Die offizielle Bezeichnung lautet: Berner Übereinkunft zum Schutz von Werken der Literatur und Kunst. Seit der einschneidenden Revidierung von Berlin am 13. Nov. 1908 hat sich die Bezeichnung Revidierte Berner Übereinkunft eingebürgert. Weitere Revidierungen erfolgten in Rom (2. Juni 1928), Brüssel (26. Juni 1948), Stockholm (14. Juli 1967) und Paris (24. Juli 1971; am 2. Okt. 1979 erfolgte eine nochmalige Änderung). Zum 1.1.1997 hatte die RBÜ 121 Mitglieder. Das Deutsche Reich ist der RBÜ am 5. Dez. 1887 beigetreten. Für die Bundesrepublik ist die Pariser Fassung am 10. Okt. 1974 in Kraft getreten, BGBl. 1974 II S.165 und 1079. Zu den verschiedenen Fassungen der RBÜ vgl. Karnell, GRUR Int. 1968, 25.

10 Vgl. hierzu Drexl, Der Beitritt der USA zur RBÜ und die Schutzdauer in Deutschland, GRUR Int. 1990, S. 35 ff. Mittlerweile sind auch Rußland und weitere UdSSR-Nachfolgestaaten beigetreten, ebenso China.

11 Die Mindestrechte sind richtigerweise als Ausnahmen vom sonst gültigen Inländerbehandlungsgrundsatz zu sehen, da sie diesen partiell leerlaufen lassen und weitergehende Rechte als das Schutzland gewähren, vgl. auch Drexl, Entwicklungsmöglichkeiten des Urheberrechts im Rahmen des GATT (1990), S. 109. Üblicherweise handelt es sich bei diesen Rechten um verbandseigenes Fremdenrecht, vgl. Drexl, a.a.O. Auch die Mindestrechte können aber ausnahmsweise Kollisionsrecht enthalten, so etwa Art. 14bis Abs. 2 a RBÜ, der sowohl Mindestrecht wie auch kollisionsrechtliche Verweisungsnorm ist. Weber, Die Behandlungs von Patent-, Warenzeichen- und Urheberrechtsverletzungen (1968), S. 58 ff., sieht darüberhinaus auch in den Art. 3, 4 A II, 4bis, 6^{quin} A, 6bis und 7bis PVÜ Normen mit kollisionsrechtlichem Gehalt.

12 Vgl. hierzu den deutschen Konventionstext im BGBl. II 1970, S. 391 ff.

„die gleichen Vorteile, welche die betreffenden Gesetze den eigenen Staatsangehörigen gegenwärtig gewähren oder in Zukunft gewähren werden...“, genießen sollen. „Demgemäß haben sie den gleichen Schutz wie diese und die gleichen Behelfe gegen jeden Eingriff in ihre Rechte...“. Art. 5 RBÜ ist ähnlich und sogar noch etwas deutlicher formuliert: Abs. 1 stellt zunächst klar, daß die Urheber eines Verbandsstaates in allen anderen Mitgliedsstaaten die gleichen Rechte genießen sollen wie Inländer. Abs. 2 besagt dann weiter: „Genuß und Ausübung dieser Rechte sind nicht an die Erfüllung irgendwelcher Förmlichkeiten gebunden“ und „unabhängig vom Schutz im Ursprungsland des Werkes. Infolgedessen richten sich der Umfang des Schutzes sowie die dem Urheber zur Wahrung seiner Rechte zustehenden Rechtsbehelfe ausschließlich nach den Rechtsvorschriften des Landes, in dem der Schutz beansprucht wird, soweit diese Übereinkunft nichts anderes bestimmt.“ Abs. 3 besagt, daß sich der Schutz im Ursprungsland nur nach den dortigen Rechtsvorschriften richtet.

Über die Bedeutung dieser Normen ist viel geschrieben worden. In erster Linie wird man in Art. 2 Abs. 1 PVÜ und Art. 5 Abs. 2 RBÜ fremdenrechtliche Regelungen erblicken dürfen. Fremdenrecht kann man durchaus als eine „Spezialität“ des internationalen Immaterialgüterrechts bezeichnen. Es umfaßt all die Normen, die Ausländer im Verhältnis zu Inländern anders behandeln, also materielles Sonderrecht für Ausländer.[13] In den Art. 5 Abs. 2 RBÜ und 2 Abs. 1 RBÜ wird denn auch im Sinne des Inländerbehandlungsgrundsatzes primär die Stellung ausländischer Staatsangehöriger im Inland geregelt. Sie erweitern damit den fremdenrechtlichen Schutz der nationalen Gesetze dahingehend, daß Angehörige von Verbandsstaaten auch unabhängig etwa von den §§ 120 ff. des deutschen UrhG im Inland geschützt werden.[14]

Ob man diesen Vorschriften darüber hinaus auch eine kollisionsrechtliche Komponente entnehmen kann, ist außerordentlich umstritten und nur dann von Relevanz, wenn man das Urheberrecht als universales Recht ansieht und dies als Gegenargument gegen die Anknüpfung am Schutzlan verwenden will. Ein gro-

---

13 Zum Begriff allgemein vgl. v. Bar, IPR Bd. I, Rn. 225 ff.; Kegel, Internationales Privatrecht, § 1 IX 3 (S. 100); MünchKomm-Sonnenberger, EGBGB Einl., Rn. 239 ff. und für Immaterialgüterrechte insbesondere Rn. 241; Troller, Die mehrseitigen völkerrechtlichen Verträge (1965), S. 31 f.; ders., Das internationale Privat- und Zivilprozeßrecht (1957), § 3; Ulmer, Die Immaterialgüterrechte (1975), Nr. 10 f. In aller Regel werden Ausländer durch Fremdenrecht benachteiligt, so auch im Falle der §§ 120 ff. UrhG, da der Schutz des deutschen Urhebergesetzes für sie eingeschränkt ist. Allein der Inländerbehandlungsgrundsatz ist eine Ausnahme hiervon.

14 Schutzvoraussetzung ist, daß das Werk entweder erstmals im Bereich des deutschen UrhG veröffentlicht wurde oder zumindest binnen dreißig Tagen nach der Erstveröffentlichung im Ausland.

ßer Teil der Autoren und wohl auch die Rechtsprechung verstehen Art. 2 Abs. 1 PVÜ bzw. Art. 5 Abs. 2 RBÜ dahingehend, daß darin bereits die Wahl getroffen sei, welches Recht im Falle einer Verletzung des Urheberrechts zur Anwendung komme, da sich dieses Recht automatisch danach bestimme, für welche Rechtsordnung die Geltung des Inländerbehandlungsgrundsatzes und damit auch der Schutz in Anspruch genommen werde.[15] Da Schutz nur im Falle einer Verletzung beansprucht werden müsse, handele es sich um eine zumindest auch kollisionsrechtliche Norm,[16] die als Verletzungsstatut konkludent auf die jeweiligen Sachnormen des Landes verweise, in dem Schutz gegen die dortige Verletzung begehrt wird, so daß das autonome IPR nicht mehr befragt werden müsse.[17] Es handele sich aus diesem Grunde bei Art. 2 Abs. 1 PVÜ und Art. 5 Abs. 2 RBÜ um Normen, die sowohl fremdenrechtlichen wie auch kollisionsrechtlichen Gehalt aufwiesen und aus kollisionsrechtlicher Sicht auf das Recht des Deliktsortes

---

15 So Kreuzer, in: Henrich (Hrsg.), Vorschläge und Gutachten zur Reform des deutschen internationalen Sachen- und Immaterialgüterrechts (1991), S. 148 u. 153; Osterrieth-Axster, Art. 2 PVÜ, Anm. I und II A, C; Sandrock, in: v.Caemmerer (Hrsg.), Vorschläge und Gutachten zur Reform des deutschen internationalen Privatrechts der außervertraglichen Schuldverhältnisse, 1983, S. 380, 393 f.; Schricker-Katzenberger, Vor §§ 120 ff. UrhG, Rn. 74; Siehr, UFITA 108 (1988), 9, 12; Troller, Das internationale Privat- und Zivilprozeßrecht (1952), S. 8, 20, 26; Ulmer, Die Immaterialgüterrechte (1975), Nr. 15 f.; ders., RabelsZ 41 (1977), 479, 480, 487; ders., in: Holl/Klinke, Internationales Privatrecht, internationales Wirtschaftsrecht (1985), S. 258 ff.; Weber, Die Behandlung von Patent-, Warenzeichen- und Urheberrechtsverletungen,. S. 57; weitere Nachweise bei MünchKomm-Kreuzer, Nach Art. 38 EGBGB Anh. II, Rn. 3. Die Rechtsprechung differenziert hierbei nicht so genau zwischen Fremdenrecht und Kollisionsrecht. Die Verweisung auf das Recht des Schutzlandes wird lediglich im Ergebnis hingenommen; vgl. etwa RG JW 1911, 412; RG GRUR 1912, 138, 139f.; RGZ 109, 213; 117, 215; BGHZ 70, 268, 271; OLG Hamburg UFITA Bd. 26 (1958), 344, 349; OLG Koblenz GRUR Int. 1968, 164, 165; LG München UFITA Bd. 71 (1974), 253; differenzierend Cigoj, in: FS für Firsching (1985), S. 53, 63 ff.

16 Vgl. Sandrock, a.a.O., S. 390; Schricker-Katzenberger, Vor §§ 120 ff. UrhG, Rn. 125; Siehr, UFITA Bd. 108 (1988), 9, 12 mit Blick auch auf ausländische IPR-Kodifikationen; Troller, Das internationale Privat- und Zivilprozeßrecht (1957), § 3 (S. 8); Ulmer, in: Holl/Klinke, IPR, Int. Wirtschaftsrecht, S. 257 f.; ders. RabelsZ Bd. 41 (1977), 479, 480, 487, nehmen daher eine Doppelnatur des Inländerbehandlungsgrundsatzes an; sowohl fremdenrechtlich wie auch kollisionsrechtlich. Von einer dreifachen Natur spricht Drexl, Entwicklungsmöglichkeiten des Urheberrechts im Rahmen des GATT (1990), S. 40: neben den zwei genannten auch noch ein völkerrechtliches Prinzip. Weitere Nachweise auch bei MünchKomm-Kreuzer, Nach Art. 38 EGBGB, Anh. II, Rn. 3 (Fn. 3).

17 Wenn Art. 2 II PVÜ also tatsächlich eine Kollisionsnorm darstellt, kommt es auf das deutsche IPR nur dann noch an, wenn man keine Gesamtverweisung annimmt.

verwiesen.[18] Andere Autoren bestreiten hingegen vehement jeglichen kollisionsrechtlichen Gehalt der Konventionen mit der Begründung, diese enthielten ausschließlich Fremdenrecht.[19]

Als entscheidendes Argument für wie auch gegen einen kollisionsrechtlichen Gehalt wird von beiden Seiten regelmäßig die Auslegung[20] des Wortlauts von Art. 5 Abs. 2 RBÜ bzw. Art. 2 Abs. 1 PVÜ herangezogen.[21] Der Hinweis auf den „Umfang des Schutzes" stelle zwangsläufig einen Verweis auf das materielle Urheberrecht im Schutzland dar, weshalb Art. 5 II nur eine Kollisionsnorm darstellen könne.[22] Auch ein Blick auf den Wortlaut des Art. 5 Abs. 1 RBÜ zeigt, daß eine Verweisung auf materielles Recht vorliegend muß, denn mit „die einschlägigen Gesetze" (Abs. I) können nur die materiellen Urhebergesetze der Verbandsländer gemeint sein. Art. 5 Abs. 1 letzter HS RBÜ erweitert den Inländerbehandlungsgrundsatz um „die in dieser Übereinkunft besonders gewährten Rechte", also die Mindestrechte, die dem materiellen Recht angehören und Art. 5 Abs. 3 besagt, daß sich der Schutz im Ursprungsland nach den innerstaatlichen Rechtsvorschriften richten.[23] Schließlich verweist Art. 8 Abs. 7 RBÜ, der gerade

---

18 Vgl. die Nachweise in Fn. 16.

19 So insbesondere Schack, Zur Anknüpfung (1979), Nr. 31 mit weiteren Nachweisen (Fn. 83) und Nr. 37; ebenso bereits Baum, GRUR 1950, 451; Kegel, IPR, § 1 IX; Raape, IPR, § 64 IV 1, 2; Walker, Internationales Privatrecht (1926), S. 79 und Wolff, Das IPR Deutschlands (1954), S. 4 f.; desweiteren Deutsch, Wettbewerbstatbestände mit Auslandsberührung (1962), S. 17; Neuhaus, RabelsZ 40 (1976), 191, 193; Schikora, Der Begehungsort (1968), S. 58, 78; Soergel-Lüderitz, Anh. Nach Art. 7, Rn. 4 u. 32; Walter, in: Reimer (Hrsg.), Vertragsfreiheit im Urheberrecht (1977), S. 137 f.; Wirner, Wettbewerbsrecht und IPR (1960), S. 39 f.; Zweigert/Puttfarken, GRUR Int. 1973, 573, 575. Offen bleibt die Frage bei Nordemann/Vinck/Hertin, Internationales Urheberrecht, RBÜ, Einl. 15 u. 23; Bappert/Wagner, Internationales Urheberrecht, Einl. RBÜ, Anm. 7 und Art. 2 RBÜ, Anm. 24. sprechen vom Recht des Staates, „dessen Rechtshilfe angerufen wird".

20 Der BGH bestätigt als Auslegungskanon für Staatsverträge die historische, systematische und teleologische Auslegung. Besondere Bedeutung komme hierbei der grammatikalischen Auslegung zu, vgl. BGHZ 52, 221 sowie MünchKomm-Sonnenberger, Einl. EGBGB - IPR, Rn. 196.

21 Vgl. etwa Ulmer, RabelsZ 41 (1977), S. 479, 487; ders., Die Immaterialgüterrechte (1975), Nr. 16; Sandrock, a.a.O. S. 394; Spoendlin, UFITA, Bd. 107 (1988), S. 11, 19 f.; ebenso Schack, Zur Anknüpfung (1979), Nr. 28 ff.

22 So insbesondere Ulmer, a.a.O. und Spoendlin, a.a.O.

23 Vgl. Nordemann/Vinck/Hertin, Internationales Urheberrecht, Art. 5 RBÜ, Rn. 3 f.; Spoendlin, a.a.O., S. 20 meint, auch der letzte Halbsatz des Art. 5 Abs. 2 RBÜ, „soweit diese Übereinkunft nichts anderes bestimmt", stelle auf materielles Recht, nämlich die RBÜ eigenen Mindestschutzbestimmungen ab. Das ist aber falsch, denn mit dieser Formulierung können allein die Grenzen bzw. Ausnahmen vom Inländerbehandlungsgrund-

eine anerkannte Ausnahme vom Inländerbehandlungsgrundsatz darstellt, ebenfalls auf materielles Recht, nämlich die Schutzfristen der Verbandsstaaten. Wenn nun diese Ausnahmevorschrift auf materielles Recht verweist, muß e contrario auch der Grundsatz auf materielles Recht verweisen.[24] Wenn somit der gesamte Art. 5 RBÜ offensichtlich auf materielles Urheberrecht verweist, liegt es nahe, daß es sich insbesondere bei Art. 5 Abs. 2 um eine Kollisionsnorm handelt, denn der Verweis auf materielles Recht stellt eine kollisionsrechtliche Aussage dar.[25]

Insbesondere die Wortlautauslegung läßt jedoch auch andere Deutungen zu. Zwar versteht die Mehrzahl der Autoren den Begriff Schutz im Sinne von Art. 5 II RBÜ als deliktsrechtlichen Schutz,[26] dies ist aber keineswegs eindeutig. Ebensogute Gründe lassen sich dafür anführen, daß Schutz in diesem Zusammenhang nur einen Hinweis auf die lex fori gibt, mithin also nur der allgemeine Rechtsschutz in dem Land gemeint ist, dessen Gerichte angerufen werden.[27] So deutet insbesondere der Begriff „Rechtsbehelfe" auf eine prozessuale Zielrichtung hin, das Prozeßrecht richtet sich nach allgemeiner Ansicht nach der lex fori.[28] Würde Art. 5 Abs. 2 RBÜ auf die lex loci delicti verweisen, müßten auch die Rechtsbehelfe diesem Recht entspringen, was ein Widerspruch zu dieser allgemein anerkannten Regel wäre[29]. Auch das Wort „Umfang" steht damit in einem etwas

---

satz gemeint sein, da der Verbandsurheber zwischen den Mindestrechten und der Inländerbehandlung wählen kann, wie sich aus Art. 5 Abs. 1 letzter HS ergibt, vgl. Nordemann/Vinck/Hertin, Internationales Urheberrecht, Art. 5 RBÜ, Rn. 4.

24 In diesem Sinne auch Spoendlin, a.a.O., S. 20. In Art. 7 Abs. 8 RBÜ wird daher von der herrschenden Ansicht als eine partielle kollisionsrechtliche Teilverweisung auf das Recht des Ursprungslandes verstanden, vgl. etwa Ulmer, Die Immaterialgüterrechte (1975), Nr. 41.

25 Vgl. etwa Spoendlin, UFITA Bd. 107 (1988), S. 11, 20; ebenso Hiestand, Die Anknüpfung internationaler Lizenzverträge (1993), S. 97.

26 Sandrock, a.a.O. S. 393. Ulmer, a.a.O.

27 Vgl. Deutsch, Wettbewerbstatbestände mit Auslandsberührung (1962), S. 17 und Wirner, Wettbewerbsrecht und IPR (1960), S. 39 f. Für den ebenfalls dem Inländerbehandlungsgrundsatz folgenden und ähnlich formulierten Art. 5 II RBÜ ebenso Schack, a.a.O. Nr. 28 ff. mit ausführlicher Begründung sowie Zweigert/Puttfarken, GRUR Int. 1973, 573, 575;

28 Vgl. Schack, Zur Anknüpfung, Nr. 31 sowie Koumantos, in: Il Diritto di Autore (1979), S. 616, 636; ohne Begründung ebenfalls für die lex fori-Lösung v. Bar, Kollisionsrecht, Fremdenrecht und Sachrecht, UFITA Bd. 108 (1988), 27, 36. Allerdings können Rechtsbehelfe auch materielle Ansprüche meinen, meint Spoendlin, a.a.O. S. 19. Ulmer, in: Holl/Klinke, a.a.O., S. 260 meint hingegen, daß aufgrund der Gleichsetzung von lex fori und lex loci delicti, wie sie früher vertreten wurde, das Wort Rechtsbehelfe schlicht aus Versehen mit dem Schutzland in Verbindung gebracht wurde.

29 So Schack, a.a.O., Nr. 31.

anderen Licht und deutet möglicherweise auf strafrechtlichen und zivilrechtlichen Schutz hin.[30] Eine Verweisung auf die lex fori ergibt jedoch nur dann einen Sinn, wenn die kollisionsrechtliche Frage hiervon unberührt bleibt, denn die lex fori-Anknüpfung, also die Anwendung des materiellen Rechts des Gerichtsortes, wird für das internationale Deliktsrecht einhellig abgelehnt, da sie rein zufällig wäre.[31] Es bliebe dem jeweiligen Staat daher unbenommen, die kollisionsrechtliche Anknüpfung für sich selbst zu bestimmen. Für die lex fori spricht weiterhin das Wort „infolgedessen", da es den rein fremdenrechtlichen ersten Satz des Art. 5 Abs. 2, die Normierung der Unabhängigkeit von Förmlichkeiten und Schutz im Ursprungsland, mit dem umstrittenen Satz 2 verbindet und diesen ebenfalls in den fremdenrechtlichen Zusammenhang rückt.[32]

Ob man somit, allein auf den Wortlaut des Art. 5 Abs. 2 RBÜ gestützt, von einer kollisionsrechtlichen Verweisung auf die lex loci delicti ausgehen kann, ist eher zweifelhaft. Der Wortlaut muß vielmehr als offen betrachtet werden und taugt kaum zur Begründung. Art. 5 Abs. 2 RBÜ und erst recht Art. 2 Abs. 1 PVÜ sind schlicht zu unbestimmt.[33]

Betrachtet man Art. 5 Abs. 2 RBÜ historisch-teleologisch,[34] so ergibt sich ein eher fremdenrechtlicher Gehalt, denn vor Einführung des vormaligen Art. 4 BÜ

---

30 Vgl. Schack, a.a.O., Nr. 31 (dort Fn. 86) sowie Bappert/Wagner, Art. 5 RBÜ, Rn. 26: alle Schutzbestimmungen zivilrechtlicher, strafrechtlicher und verwaltungsrechtlicher Art in den Mitgliedsstaaten; diese Zweideutigkeit muß auch Spoendlin zugestehen, vgl. a.a.O. S. 19.

31 Hierauf weist zutreffend Spoendlin, a.a.O., S. 18 hin. Zwar gab es einige wenige Autoren, die statt des Deliktsstatuts oder der lex originis die lex fori als Anknüpfungsgegenstand anwenden wollen, hierfür lassen sich jedoch keine stichhaltigen Gründe anführen, denn zum Werk ergibt sich keine Verbindung, wie dies etwa im Rahmen des Urspungslandes der Fall ist und zur Verletzung ebensowenig. Aus diesem Grunde wird diese Anknüpfung praktisch einhellig abgelehnt, vgl. insoweit die Nachweise bei Schack, Zur Anknüpfung, a.a.O., Nr. 47 ff.

32 Hierauf weist Schack, a.a.O., Nr. 29 bzw. 31 hin.

33 Vgl. etwa v. Bar, UFITA Bd. 108 (1988), 27, 47 f.: wegen des Verbotscharakters der Urheberrechte müsse die Anknüpfung immer an den zu sanktionierenden Handlungen ansetzen. Auch der Gedanke, daß, falls der Inländerbehandlungsgrundsatz nur fremdenrechtlicher Natur sei, die kollisionsrechtliche Frage damit offen bliebe, wie Sandrock, a.a.O., S. 401 f. dies andeutet, überzeugt nicht, denn dann dürfte es gar kein staatsvertragliches Fremdenrecht geben. Dem widerspricht jedoch der überwiegende Inhalt der Konventionen - nämlich Fremdenrecht. Das internationale Immaterialgüterrecht wäre nicht das erste Rechtsgebiet, das kollisionsrechtlich vom autonomen IPR bestimmt wird.

34 Hierbei ist aufgrund der Tatsache, daß hinter den völkerrechtlichen Verträgen mehrere Gesetzgeber stehen, nach Möglichkeit der Wille aller beteiligten Staaten zu berücksichtigen, vgl. BGHZ 52, 221 sowie MünchKomm-Sonnenberger, EGBGB, Einl., Rn. 196.

(BF)[35] auf der Berliner Revisionskonferenz im Jahre 1908 statuierte Art. 2 BÜ (erste Pariser Fassung), daß der Schutz in anderen Verbandsstaaten nur dann gewährt werde, wenn zuvor alle Förmlichkeiten im Ursprungsland gewahrt worden seien. Gerade von dieser Förmlichkeitsprüfung kam man in der Berliner Fassung ab.[36] So betrachtet, ist die Neufassung fremdenrechtlich einzuordnen.[37] Auch aus den Konferenzakten zur Berner Union läßt sich ein Hinweis auf den Willen, kollisionsrechtliche Fragen zu regeln, nicht entnehmen.[38] Aus diesem Grunde spricht viel dafür, daß man in einer Zeit, in der es als erstes galt, auf Reziprozität und Retorsion beruhendes Fremdenrecht[39] abzubauen, noch nicht daran dachte, bereits eine für alle Staaten verbindliche Kollisionsregel zu schaffen. Zum anderen war es lange Zeit herrschende Meinung, daß nur in dem Staat geklagt werden könne, in dem das Recht auch verletzt worden sei, lex fori und lex loci delicti waren damit zumindest für den Immaterialgüterrechtsbereich gleichbedeutend.[40] Aus damaliger Sicht war also klar, daß das Schutzland immer

---

Zur Auslegung mehrseitiger völkerrechtlicher Verträge vgl. auch Meyer-Sparenberg, Staatsvertragliche Kollisionsnormen (1990), S. 101 ff.

35 Gleichlautend dem heutigen Art. 5 RBÜ, vgl. Möhring/Schulze/Ulmer/Zweigert, Quellen des Urheberrechts, Art. 4 BÜ (Berliner Fassung) sowie Nordemann/Vinck/Hertin, Internationales Urheberrecht, Art. 5 RBÜ, wo der Text der Berliner Fassung ebenfalls abgedruckt ist.

36 Nordemann/Vinck/Hertin, a.a.O. Rn. 5, bezeichnen diese Regelung als den großen Verdienst der Berliner Konferenz

37 Mit dieser Begründung auch Schack, Zur Anknüpfung (1979), Nr. 35.

38 Dies berichtet Schack, a.a.O.

39 Solche Regelungen waren damals in praktisch allen nationalen Gesetzen enthalten. Mindestanforderung war zumeist das Erfordernis eines Gegenrechts, vgl. hierzu Spoendlin, UFITA 107 (1988) 11, 12 ff. sowie Troller, Die mehrseitigen völkerrechtlichen Verträge (1965), S. 31; so noch heute § 121 Abs. 3 UrhG. Vor Schaffung der Berner Union war es daher in den meisten Staaten nicht möglich, ein Urheberrecht durchzusetzen, geschweige denn, es gegen den Gebrauch durch Dritte zu schützen. Spoendlin, a.a.O., 15 stellt zu Recht fest, daß Gegenrechtsklauseln keine Kollisionsnormen darstellen.

40 Vgl. zu dieser Tendenz auch Ulmer, Die Immaterialgüterrechte (1975), Nr. 16; Spoendlin, UFITA 107 (1988), 11, 19 sowie Schack, Zur Anknüpfung (1979), Nr. 30 mit weiteren Nachweisen (Fn. 83), die sich im Ergebnis aber zurecht gegen die Gleichsetzung aussprechen. Erst seit Ende der sechziger Jahre, insbesondere im Zuge der Schaffung des EuGVÜ, hat sich die Ansicht durchgesetzt, daß Verletzungsstatut und Klageort nicht miteinander aufgrund des Territorialitätsprinzips verknüpft sein müssen, vgl. Weber, Die Behandlung von Patent- Warenzeichen- und Urheberrechtsverletzungen (1968), IV. Teil sowie Ulmer, a.a.O., Nr. 26 ff. Mit dem Argument der Deckung von lex fori und lex loci delicti versucht Ulmer, a.a.O., die Verweisung auf das Recht des Schutzlandes zu belegen. Dies setzt jedoch voraus, daß ein Wille erkennbar ist, überhaupt kollisionsrechtli-

der Ort der Verletzung und gleichzeitig der des Forums war. Eine kollisionsrechtliche Fragestellung ergab sich aus diesem Blickwinkel überhaupt nicht. Die RBÜ und ebenso die PVÜ setzten daher auf den Schutz durch Sachnormen. Ziel war und ist es, über den Grundsatz der Inländerbehandlung und auf dem Boden der Mindestrechte die Gleichbehandlung von Ausländern und Inländern in allen Mitgliedsstaaten zu gewährleisten und ein gewisses Mindestschutzniveau aufzubauen. Daß dies nur auf dem Boden nationaler Urhebergesetze geschehen konnte, ist Denkvoraussetzung. Moderne allseitige Kollisionsnormen waren zum Ende des 19. Jahrhunderts noch weitgehend unbekannt.[41] Zumeist fanden sich in den nationalen Gesetzen einseitige Kollisionsnormen oder eben Fremdenrecht. Die RBÜ enthält somit weitgehend multi-nationales Fremdenrecht.[42]

Keinesfalls gewollt gewesen sein dürfte jedenfalls die Anwendung der materiellrechtlichen Normen des Forumstaates, da diese wie gezeigt zum Urheberrecht in keiner Beziehung stehen.[43] Daraus folgt aber nicht automatisch der Umkehrschluß, daß der Inländerbehandlungsgrundsatz, und damit der Begriff des Schutzlandes im Sinne von Art. 5 Abs. 2 RBÜ, eine kollisionsrechtliche Verweisung auf das Recht des Deliktsortes bedeuten muß. Der Inländerbehandlungsgrundsatz gehört, wie auch von den Vertretern der kollisionsrechtlichen Auslegung anerkannt, zunächst ins Fremdenrecht.[44] Dieses steht jedoch dem Sachrecht näher als dem Kollisionsrecht.[45] Vor dem Hintergrund der Entstehungsgeschichte der Konventionen wird man daher zu dem Schluß gelangen müssen, daß die Verfasser lediglich sachrechtliche Fragen lösen wollten. Eine

---

che Fragen zu regeln. Ist dies nämlich, wie festgestellt wurde, nicht der Fall, spricht das eher für die fremdenrechtliche Einordnung.

41 Vgl. auch MünchKomm-Sonnenberger, Einl. EGBGB - IPR, Rn. 337.

42 Wobei dies nicht mit supranationalem Recht verwechselt werden darf. Das Konventionsrecht ist nach der Anwendbarkeitserklärung für das Inland immer Teil des nationalen Rechts, vgl. BGH GRUR Int. 1973, 49, 50 f. - „Goldrausch“ sowie Nordemann/Vinck/Hertin, Internationales Urheberrecht, Einl., Rn. 15 sowie Art. 2/2bis RBÜ, Bem. 1 und 3. Echtes supranationales Recht stellt derzeit allein das EG-Recht dar.

43 Vgl. oben Fn. 31 sowie Ulmer, in: Holl/Klinke, Internationales Privatrecht, internationales Wirtschaftsrecht (1985), S. 260; Spoendlin, a.a.O., S. 18 sowie Zweigert/Puttfarken, GRUR Int. 1973, 573, 576. Schack, Zur Anknüpfung (1979), Nr. 31, will jedoch Art. 5 Abs. 2 RBÜ allein im Sinne der lex fori interpretieren, allerdings nicht kollisionsrechtlich, sondern im prozessualen Sinne.

44 Vgl. etwa Ulmer, RabelsZ 41 (1977), 479, 487.

45 Eine fremdenrechtliche Regelung kann allenfalls eine einseitige Kollisionsnorm darstellen, aus diesem Grunde kommt Joos, Die Erschöpfungslehre im Urheberrecht (1991), S. 127 zur Annahme, der Inländerbehandlungsgrundsatz stelle eine einseitige Kollisionsnorm dar.

unmittelbare kollisionsrechtliche Wirkung des Inländerbehandlungsgrundsatzes ist hingegen schwerer vertretbar.[46] Zwar besagt der Grundsatz, daß Ausländer gleich den Inländern zu behandeln sind, nicht aber, zumindest nicht ausdrücklich, nach welchem Recht dies zu geschehen hat, auch wenn die Anwendung des innerstaatlichen Rechts des Schutzlandes naheliegend sein mag.

Eine andere Frage ist freilich, ob man aus Art. 5 Abs. 2 RBÜ eine mittelbare Verweisung auf das Recht des Verwertungsortes entnehmen kann. Dies wäre der Fall, ginge man davon aus, die Immaterialgüterrechte und damit auch die subjektiven Urheberrechte seien immer auf ein bestimmtes Territorium begrenzt.[47] Dann ergäbe sich die Begrenzung auf das Sachrecht des Staates, in dem ein Urheberrecht verletzt wurde und für dessen Gebiet nun der Schutz in Anspruch genommen wird, nämlich aus dessen eigenem Sachrecht, da Bestandteil dieses Sachrechts, auf das der Inländerbehandlungsgrundsatz gerade Bezug nimmt, eben auch der Grundsatz der Territorialität wäre. Mit anderen Worten: da hiernach jeder Staat auf seinem Territorium seine Angehörigen den eigenen Immaterialgüterrechten unterwirft, muß er dies ebenso mit den Ausländern tun, die kraft des Inländerbehandlungsgrundsatzes wie seine Staatsangehörigen zu behandeln sind. Damit ergibt sich über den Grundsatz der Inländerbehandlung gleichzeitig die kollisionsrechtliche Wahl inländischen Rechts. Da dieses Prinzip dann konsequenterweise für alle Staaten gilt, stellt der Inländerbehandlungsgrundsatz faktisch eine allseitige Verweisungsnorm dar.[48] Ob das Territorialitätsprinzip tatsächlich für alle Immaterialgüterrechte in gleichem Maße gilt, wird im folgenden Kapitel näher untersucht.

Selbst wenn man im Assimilationsprinzip nicht einmal eine solche mittelbare Verweisung auf das Recht des Verletzungsortes sähe,[49] muß man letztlich zu-

---

46 Für eine restriktive Auslegung völkerrechtlicher Verträge in Zweifelsfällen spricht sich auch BGHZ 52, 221 aus, ansonsten werde das autonome IPR zu weit in den Hintergrund gerückt. Für Staatsverträge mit einheitlichen Privatrechtsnormen ist dies allerdings zweifelhaft, vgl. Neuhaus, Grundbegriffe, § 8 II 4 sowie BGH NJW 1976, 1583, 1584 in bezug auf das Warschauer Abkommen.

47 Der diesbezügliche Streit soll an dieser Stelle nicht vorweg genommen werden. Für das Verständnis dieser Argumentation ist jedoch zumindest das Ergebnis unerläßlich.

48 Mit dieser Begründung Troller, Das internationale Privat- und Zivilprozeßrecht im gewerblichen Rechtsschutz und Urheberrecht (1952), S. 8 (Fn. 2), der von den „zwei Phasen der Rechtssetzung“ spricht; Weber, Die Behandlung von Patent., Warenzeichen- und Urheberrechtsverletzungen (1968), S. 57; Hiestand, Die Anknüpfung internationaler Lizenzverträge (1993), S. 98 scheint hingegen davon auszugehen, daß diese konkludente Verweisung nur für die Art. 2 Abs. 1 PVÜ, Art. 4 - 6 Rom Abk. und Art. II Abs. 1 und 2 WUA gelte, da Art. 5 Abs. 2 RBÜ direkt auf das Recht des Schutzlandes verweise.

49 So etwa die in Fn. 19 genannten Autoren.

mindest für die kollisionsrechtliche Hauptfrage nach dem Verletzungsstatut zur Anwendung des materiellen Rechts des Verletzungsortes gelangen, denn das autonom- kollisionsrechtliche allgemeine Deliktsstatut, soviel sei vorweg genommen,[50] verweist ebenfalls auf das Recht des Verwertungsortes, was dem ganzen Streit viel von seiner praktischen Bedeutung nimmt.[51] Für die Vertreter der herrschenden Auffassung ist der Streit damit de lege lata überflüssig.[52]

Ob man allerdings, wie Ulmer und Sandrock dies tun, aus dem Inländerbehandlungsgrundsatz neben der Anknüpfung des Schutzumfangs an das Recht des Schutzlandes auch die Antwort auf die Vorfrage nach Bestehen und Inhalt der Immaterialgüterrechte entnehmen kann,[53] ist mehr als fraglich.[54] Dies setzt ebenfalls die Einbeziehung des Territorialitätsprinzips in diese Erwägung voraus. Mit dem Wortlaut des Art. 5 Abs. 2 RBÜ läßt sich dies jedoch nicht mehr vereinbaren. Aus dem Inländerbehandlungsgrundsatz läßt sich allenfalls ent-

---

50 Die Verweisung auf das Recht des Schutzlandes wäre insoweit nur eine an sich unnötige Wiederholung des allgemeinen Deliktsstatuts, da die lex loci protectionis insoweit mit diesem übereinstimmt, vgl. unten 5. Kapitel I 2 und 3. So im Ergebnis auch Schack, Urheberrechtsverletzung im internationalen Privatrecht - Aus der Sicht des Kollisionsrechts, GRUR int. 1985, S. 523, 524; Drobnig, Originärer Erwerb und Übertragung von Immaterialgüterrechten im Kollisionsrecht, RabelsZ 40 (1976), 195, 197 und Spoendlin, Der internationale Schutz des Urhebers, UFITA Bd. 107 (1988), S. 11, 18 f.

51 Dies gilt allerdings nur, wenn man nicht im Rahmen der deliktischen Anknüpfung zu abweichenden Ergebnissen gelangt, vgl. MünchKomm-Kreuzer, Nach Art. 38 EGBGB, Anh. II, Rn. 3. Aus diesem Grunde scheinen die Vertreter eines universalen Urheberrechts eher geneigt zu sein, eine kollisionsrechtliche Wirkung des Inländerbehandlungsgrundsatzes zu verneinen, wohl um sich den Weg für eine von der lex loci delicti abweichende autonome Anknüpfung offen zu halten.

52 Vgl. MünchKomm-Kreuzer, a.a.O.; ebenso Spoendlin, a.a.O., S. 19.

53 Ulmer, in: Holl/Klinke, Internationales Privatrecht, internationales Wirtschaftsrecht (1985), S. 258; ders., RabelsZ 41 (1977), 479, 487 sowie Sandrock, in: v. Cämmerer, Vorschläge und Gutachten (1983), S. 380, 402 und 404, wollen dies tatsächlich aus dem Grundsatz der Inländerbehandlung entnehmen. Woraus genau, wird aber weder aus dem Wortlaut noch aus Ulmers eigenen Ausführungen klar. Im Ergebnis genauso Drexl, Entwicklungsmöglichkeiten des Urheberrechts im Rahmen des GATT (1990), S. 39.

54 So auch Drobnig, RabelsZ 40 (1976), 195, 200, der ganz deutlich macht, daß Schutzgewährung und insbesondere Erstinhaberschaft nichts miteinander zu tun haben, sonst wären dahingehende Regelungen in den Übereinkommen wie Art. 14bis II a oder auch Art. 7 VIII RBÜ überflüssig. Im Ergebnis genauso Walter, in: Reimer/Dietrich, Vertragsfreiheit im Urheberrecht (1977), 137, 139. Für eine enge Auslegung des Inländerbehandlungsgrundsatzes auch Koumantos, Copyright (1988), 414, 424 ff.; dagegen Drexl, a.a.O. Auch Ulmer, Die Immaterialgüterrechte (1975), Nr. 16 spricht jedoch von einer unvollkommenen Kollisionsnorm, da er für Arbeitnehmerwerke und Lizenzverträge unabhängig vom Recht des Schutzlandes anknüpfen will.

nehmen, daß der Schutzumfang, und damit noch der Inhalt des Urheberrechts, nach dem Recht des Schutzlands zu bestimmen sind, nicht jedoch auch eine Antwort auf die Frage, wann und in wessen Person ein Schutzrecht entsteht; dies muß jedem Staat selbst überlassen bleiben,[55] verbunden mit der kollisionsrechtlichen Entscheidung.

Freilich ist es auf der anderen Seite ebenso falsch, jede kollisionsrechtliche Bedeutung der internationalen Übereinkommen zu leugnen, wie dies die Vertreter eines universalen Urheberrechts vielfach tun.[56] Sie begründen dies damit, daß die internationalen Abkommen lediglich Fremdenrecht enthielten und demzufolge keine kollisionsrechtliche Wirkung entfalten könnten.[57] Es mag zwar, wie auch gezeigt wurde, vom Kern her zutreffen, daß die Abkommen in erster Linie Fremdenrecht enthalten, da dort in der Tat kaum ausdrückliche Kollisionsnormen zu finden sind,[58] man verkennt aber, daß einzelne Regelungen wie Art. 7 Abs. VIII oder Art. 14bis RBÜ sehr wohl kollisionsrechtlichen Gehalt besitzen.

3. Weitere Abkommen im Bereich der gewerblichen Schutzrechte

a) Das Madrider Markenabkommen und das Protokoll zum MMA

Das Madrider Markenabkommen vom 14. April 1891 ist neben der RBÜ das wichtigste Übereinkommen auf dem Gebiet des Markenrechts.[59] Durch das sog.

---

55 So auch v. Bar, IPR Bd. II, Rn. 704 und UFITA Bd. 108 (1988), 27, 36; Walter, a.a.O.; Neuhaus, RabelsZ 40 (1976), 191, 193 verneint jeglichen kollisionsrechtlichen Gehalt in den internationalen Übereinkommen mit der Begründung, daß die internationalen Abkommen nur Fremdenrecht enthalten. Ebenso argumentiert Schack in: Zur Anknüpfung (1979), Nr. 27 ff. für Art. 5 II RBÜ. Deutsch, Wettbewerbstatbestände mit Auslandsbeziehung (1962), S. 17 stellt klar, daß der Inländerbehandlungsgrundsatz lediglich eine Ergänzung fremdenrechtlicher Bestimmungen darstellt.

56 Vgl. die Nachweise oben Fn. 19.

57 Insbesondere Neuhaus, Freiheit, RabelsZ 40 (1976), 191, 193 und Schack, Zur Anknüpfung (1979), Nr. 37. Drobnig, RabelsZ 40 (1976), 195, 197 geht abweichend hiervon zumindest für den Inländerbehandlungsgrundsatz von einer kollisionsrechtlichen Wirkung aus.

58 Erstaunlicherweise verneint Schack einerseits jeglichen kollisionsrechtlichen Gehalt der internationalen Abkommen, vgl. insoweit Zur Anknüpfung, a.a.O. Nr. 37, er sieht aber auf der anderen Seite in der auf das Recht des Ursprungslandes verweisenden Norm des Art. 2 Übereinkunft von Montevideo dann doch wieder eine Kollisionsnorm, vgl. a.a.O. Nr. 38. Diese Argumentation ist inkonsequent.

59 Die genaue Bezeichnung lautet: Madrider Abkommen über die internationale Registrierung von Marken (Text bei Fezer, Markenrecht, MMA). Zum 1.1.1997 hatte das MMA 52 Mitglieder. Die letzte Revidierung erfolgte am 14. Juli 1967 in Stockholm, eine Än-

MMA sollte die Vielzahl von Registrierungen, die aufgrund der unterschiedlichen nationalen Anmeldeverfahren für jedes Land gesondert notwendig waren, durch eine einzige internationale Registrierung beim internationalen Markenbüro in Genf für alle Mitgliedsstaaten ersetzt werden.[60]

Voraussetzung für die Registrierung nach dem MMA ist gemäß Art. 4bis MMA der Schutz im Ursprungsland, es besteht also eine gewisse Akzessorietät zwischen dem Recht des Ursprungslandes und der Eintragung in den jeweiligen Registerstaaten. Diese wird durch eine Abhängigkeit der IR-Marke vom Bestand im Ursprungsland für 5 Jahre gemäß Art. 6 Abs. 2 MMA noch weiter verstärkt. Die Schutzdauer beträgt einheitlich 20 Jahre.

Mit der internationalen Anmeldung entsteht aber nur ein Bündel nationaler Marken.[61] Eine dem bereits erörterten Art. 2 I PVÜ entsprechende Regelung, die auf das Recht des Schutzlandes verweist, fehlt naturgemäß, da das MMA ausdrücklich neben der PVÜ besteht. Art. 4 MMA besagt allerdings, daß die international registrierte Marke in jedem Vertragsstaat so geschützt wird, als sei sie dort hinterlegt worden. Es gelten somit die gleichen Grundsätze wie für Art. 2 I RBÜ, denn auch Art. 4 MMA folgt dem Inländerhandlungsgrundsatz und will zumindest nicht direkt das anwendbare Recht festlegen.[62]

Von praktischer Bedeutung ist das Protokoll zum MMA vom 27. Juni 1989 (PMMA).[63] Trotz seines über einhundertjährigen Bestehens wurde das MMA

---

derung erfolgte nochmals am 2. Oktober 1979. Für die Bundesrepublik ist die Stockholmer Fassung seit dem 22. Dezember 1970 maßgebend, BGBl. 1970 II, S. 418. Das MMA ist ein Nebenabkommen zur RBÜ gemäß Art. 19 PVÜ. Hierdurch entsteht ein Sonderverband (union particulière), der allerdings die Mitgliedschaft in der PVÜ voraussetzt.

60 Zum genauen Procedere vgl. Busse/Starck, Warenzeichengesetz, MMA Vorbem., Rn. 2 und MMAVOintRegMerkbl; vgl. auch die AusführungsVO vom 8.12.1988, BGBl. 1988 II, S. 1102 bzw. 1989 II, S. 9. Die internationale Hinterlegung hat die gleiche Wirkung wie eine nationale, vgl. Busse/Starck, a.a.O.

61 Vgl. Busse/Starck, Warenzeichengesetz, MMA Vorbem., Rn. 1; Fezer, Markenrecht, MMA, Rn. 1; Hubmann, Gewerblicher Rechtsschutz, S. 76; BGHZ 18, 1, 12 ff. und 22 - „Hückel"; vgl. aber auch Neuhaus, Grundbegriffe, § 23 II 3, der wegen der Registrierungswirkung von relativer Universalität spricht.

62 Insoweit gilt das gleiche wie für Art. 2 I PVÜ. Weber, Die Behandlung von Patent-, Warenzeichen- und Urheberrechtsverletzungen (1968), S. 61 will aus dem Gesamtzusammenhang des Abkommens mittelbar eine kollisionsrechtliche Regelung erblicken, die ihre Ursache im Territorialitätsprinzip haben soll; vgl. hierzu ausführlich im 3. Kapitel.

63 Das PMMA wurde am 27. Juni 1989 unterzeichnet und gilt seit 20. März 1996 in Deutschland, BGBl. 1995 II, S. 1017. Dem PMMA gehörten zum 1.1.1999 27 Staaten an. Der Text ist abgedruckt bei Fezer, Markenrecht, 3. Teil III 4.

nicht von allen Staaten angenommen. Die USA, Japan, Großbritannien und die Skandinavischen Staaten blieben fern. Grund war unter anderem, die Erwähnte. Abhängigkeit vom Heimatschutz gemäß Art. 6 Abs. 2 MMA. Nach Art. 1 und 10 PMMA sind die Mitglieder des Protokolls auch Mitglieder der Madrider Union, auch wenn sie dem MMA nicht beigetreten sind. Mitgliedsstaaten des PMMA können sowohl Mitglieder der PVÜ als auch zwischenstaatliche Organisationen mit eigenem Markenschutzsystem sein. Damit wurde auch der EU im Hinblick auf die Gemeinschaftsmarke der Beitritt zum PMMA ermöglicht und beide Systeme wurden miteinander verzahnt. Im Verhältnis der Mitgliedsstaaten des MMA, die zugleich Mitglied des PMMA sind, gilt gemäß Art. 9 sexies PMMA allein das MMA.[64] Die materiellen Regelungen entsprechen weitestgehend denen des MMA. Nicht notwendig ist das vorherige Bestehen einer Marke im Ursprungsland, es genügt die Anmeldung dort. Die Schutzdauer beträgt einheitlich 10 Jahre. Die Abhängigkeit von der Marke im Ursprungsland wurde zwar beibehalten, beim Fortfall der marke im Ursprungsalnd hat der Inhaber in der IR-Staaten aber eine Neuanmeldungspriorität und kann seinen dortigen Markenschutz als nationale Marke aufrecht erhalten.[65]

MMA und PMMA werden seit dem 1. April 1996 durch eine Gemeinsame Ausführungsordnung (AusfO MMA/PMMA) ergänzt.[66]

b) Das TRT-Abkommen und das TLT-Abkommen

In der Praxis nicht durchgesetzt, obwohl wie das spätere PMMA als Weiterentwicklung des MMA konzipiert, hat sich das sogenannte TRT-Abkommen (Trademark Registration Treaty) aus dem Jahre 1973.[67] Auch das TRT sollte als Vorläufer des PMMA weitere Staaten, insbesondere die USA in einen Markenverband integrieren. Im Gegensatz zum MMA fehlt hier die Abhängigkeit von Marke und Ursprungszeichen und der Markenschutz erstreckt sich nur auf die

---

64 Diese Klausel ist jedoch auf 5 Jahre nach dem Beitritt der Mehrheit der MMA Staaten zum Protokoll bzw. 10 Jahre nach dessen Inkrafttreten begrenzt und kann dann mit einer Dreiviertelmehrheit der Versammlung aufgehoben werden.

65 Weitere Einzelheiten bei Fezer, Markenrecht, Vorb MMA, Rn. 7 ff.

66 Text bei Fezer, Markenrecht, 3. Teil III 5.

67 Das TRT-Abkommen wurde am 12. Juni 1973 in Wien unterzeichnet; der engl. Vertragstext findet sich in Prop.ind. 1973, 215. Der Vertrag ist am 7.8.1980 in Kraft getreten, vgl. GRUR Int. 1980, 193. Die Bundesrepublik Deutschland ist seit 1973 Mitglied, der Vertrag ist aber - wie in den anderen Staaten auch - noch nicht ratifiziert worden. Derzeit sind 19 Staaten Mitglied, darunter die USA, auf deren Betreiben der Vertrag in erster Linie zustande kam, Großbritannien und die skandinavischen Staaten.

Bestimmungsstaaten.[68] Die TRT-Registrierung hat darüberhinaus auch nicht die Wirkung einer nationalen Eintragung wie die Registrierung nach dem MMA, sondern lediglich die einer nationalen Anmeldung.[69] Das TRT wurde bisher von keinem seiner 14 Beitrittsstaaten ratifiziert, da diese von der Ratifizierung durch die USA abhängig gemacht wurde, die bisher nicht erfolgt ist.[70]

Noch nicht durchgesetzt hat sich bisher das TLT Übereinkommen (Trademark Law Treaty) vom 27. Oktober 1994. Die Bundesarepublik hat das Abkommen unterzeichnet, aber noch nicht ratifiziert. Inhalt des Abkommens ist die Vereinfachung der Anmeldung und Eintragung von Marken sowie die Änderung und Erneuerung der Markenregistrierungen.[71] Dies wird im wesentlichen durch die Beschränkung von Formalitäten erreicht. Gemäß Art. 15 TLT werden die markenrechtlichen Vorschrifetn der PVÜ auch für die TLT Mitgliedsstaaten verbindlich.

c) Der Patent Cooperation Treaty

Eine ähnliche Aufgabe wie das MMA erfüllt für Patente der Patent Cooperation Treaty (PCT) vom 19.6.1970[72]: Die internationale Anmeldung in einem Vertragsstaat bewirkt gleichzeitig die Einleitung von Anmelde- und Erteilungsverfahren in den bei der Registrierung benannten anderen Vertragsstaaten. Hierbei gilt der internationale Anmeldezeitpunkt für alle Staaten.[73] Es handelt sich

---

68 Vgl. Busse/Starck, Warenzeichengesetz, SondV, F. - TRT, Rn. 3; auch zu weiteren Abweichungen.

69 Allgemein zum TRT und zu den Unterschieden zum MMA vgl. Bökel, Mitt. 1972, 221; Fezer, Markenrecht, Vorb MMA, Rn. 5; Krieger, AWD 1972, 153; Oppenhoff/Sambuc, GRUR Int. 1970, 81; Steup/Tilmann, GRUR Int. 1974, 155; weitere Nachweise bei Busse/Starck, a.a.O., Rn. 5 a.E. sowie Baumbach/Hefermehl, WZR, MMA, Vorbem. 1.

70 Vgl. Fezer, Markenrecht, Vorb MMA, 4.

71 Zur Entstehungsgeschichte vgl. Kunze, WRP 1996, 982 f.

72 Die deutsche Bezeichnung lautet: „Vertrag über die internationale Zusammenarbeit auf dem Gebiet des Patentwesens". Von der Bundesrepublik Deutschland wurde er durch Gesetz vom 21.6.1976 ratifiziert, vgl. BGBl. 1976 II S. 649, 664. Er ist gemäß Art. 63 Abs. 1 mit Ausnahme des Kapitels II - die internationale vorläufige Prüfung - laut Bekanntmachung vom 19.12.1977 am 24.1.1978 in Kraft getreten. Zum 1.1.1997 gehörten dem PCT 89 Mitglieder an. Zur Literatur vgl. Benkard-Ullmann, PatG, Internationaler Teil, Rn. 80.

73 Vgl. Art. 3, 4, 11 III PCT. Die innerhalb von 18 Monaten nach dem Prioritätszeitpunkt erfolgte Veröffentlichung der internationalen Anmeldung bewirkt in den beantragten Erteilungsstaaten denselben Schutz wie eine ungeprüfte inländische Veröffentlichung, Art. 21, 29 PCT.

ebenfalls nicht um eine kollisionsrechtliche Verweisung, sondern die Vertragsstaaten behandeln die vertragsgemäßen internationalen Sachverhalte wie nationale.[74] Einzig die Neuheitsrecherche ist vereinheitlicht.

d) Das Madrider Herkunftsabkommen

Das Madrider Herkunftsabkommen vom 14. April 1891 (MHA)[75] ist ein weiteres Sonderabkommen nach Art. 19 PVÜ. Die darin enthaltenen Regelungen betreffen ausschließlich das Verfahren und Maßnahmen gegen falsche oder irreführende Herkunftsangaben.[76] Ausdrückliche kollisionsrechtliche Regelungen fehlen; lediglich in Art. 4 MHA findet sich ein versteckter Hinweis auf das Recht des Ursprungslandes, dessen Gerichten die Entscheidung der Abgrenzung von Herkunfts- und Gattungsbezeichnung übertragen ist, da letztere nicht unter das Abkommen fallen.[77] Die Entwicklung zur Gattungsbezeichnung ist nur für regionale Weinbaubezeichnungen ausgeschlossen, weshalb vor allem Weinbauländer Interesse am MHA haben dürften.[78]

---

74 Vgl. MünchKomm-Kreuzer, Nach Art. 38 EGBGB, Anh. II, Rn. 78 sowie zum Verfahren Benkard-Ulmman, PatG, a.a.O., Rn. 83 ff.

75 Die genaue Bezeichnung lautet: Madrider Abkommen über die Unterdrückung falscher oder irreführender Herkunftsangaben. Letztmalig revidiert wurde das Abkommen am 31. Oktober 1958 in Lissabon. Am 14. Juli 1967 wurde es in Stockholm um eine Zusatzvereinbarung ergänzt. Zum 1.1.1997 waren 31 Mitglieder registriert. Für die Bundesrepublik gilt das Abkommen seit dem 12. Juni 1925. Die Fassung von Lissabon gilt seit dem 1.6.1963, BGBL. 1961 II, S. 273, 293, die Zusatzvereinbarung von 1967 seit dem 19. September 1970, BGBl. 1970 II, S. 444.

76 So insbesondere die Art. 9 und 10, vgl. hierzu MünchKomm-Kreuzer, Nach Art. 38 EGBGB, Anh. II, Rn. 65.

77 Vgl. Troller, Das internationale Privat- und Zivilprozeßrecht (1952), S. 21 f. und Weber, a.a.O., S. 61, die insoweit von kollisionsrechtlichem Gehalt ausgehen; vgl. auch MünchKomm-Kreuzer, a.a.O. Der Schutz der Herkunftsangaben erfolgt in den meisten Staaten über das nationale Wettbewerbsrecht. Im neuen deutschen Markengesetz sind jetzt allerdings auch die Herkunftsangaben erfaßt, vgl. den 6. Teil. Zu § 3 UWG besteht Anspruchskonkurrenz, vgl. Fezer, Markenrecht, Vor § 126 Markengesetz, Rn. 2. Herkunftsangaben betreffend Weinerzeugnisse und Spirituosen unterfallen ausschließlich der EG VO 2081/92, die ebenfalls im Markengesetz enthalten ist. Auch die Art. 22 - 24 TRIPS sehen den Schutz von geographischen Herkunftsangaben vor.

78 Vgl. auch Busse/Starck, Warenzeichengesetz, MHA-Vorbem., Rn. 1; Beier, GRUR Int. 1974, 136 sowie Krieger, GRUR Int. 1984, 71.

e) Das Haager Musterabkommen

Für Geschmacksmuster bedeutend ist das Haager Musterabkommen vom 6. Novermber 1925 (HMA)[79]. Es entspricht in seiner Funktion und Wirkungsweise dem Madrider Markenabkommen. Die internationale Anmeldung wird hierbei durch eine internationale Hinterlegung ersetzt. Die internationale Schutzfrist beträgt gemäß Art. 7 HMA maximal 15 Jahre. Kollisionsnormen finden sich auch hier nicht.

Wichtig für das internationale Markenrecht ist ferner das Nizzaer Klassifikationsabkommen (NKA),[80] ein weiteres Nebenabkommen der PVÜ gemäß Art. 19 PVÜ, das die international einheitliche Klassifikation für Waren- und Dienstleitungsmarken vorsieht. Diese kann entweder als Nebenklassifikation neben dem nationalen Recht erfolgen oder als Hauptklassifikation.

f) Weitere Abkommen

Neben den genannten Abkommen existieren noch weitere Abkommen mit deutscher Beteiligung, die zum größten Teil neueren Datums sind und bestimmte Schutzrechte oder Verfahren betreffen: das sind für den Patentbereich der Budapester Vertrag über die internationale Anerkennung der Hinterlegung von Mikroorganismen zum Zwecke von Patentverfahren (BV),[81] das Straßburger Ab-

---

79 Die genaue Bezeichnung lautet: Haager Abkommen über die internationale Hinterlegung gewerblicher Muster und Modelle. Am 2.6.1934 wurde es in London revidiert. Für die Bundesrepublik bzw. das Deutsche Reich ist das Abkommen am 13. Juni 1939 in Kraft getreten, RGBl. 1939 II, S. 934. Die 1960 in Den Haag revidierte Fassung ist für die Bundesrepublik am 1.8.1984 in Kraft getreten, BGBl. 1984 II, S. 728. Zum 1.1.1997 waren 26 Mitglieder registriert. Das „Wiener Übereinkommen vom 12.6.1973 über den Schutz typographischer Schriftzeichen und ihre internationale Hinterlegung", das dem Modell des HMA folgt, ist noch nicht in Kraft getreten, vgl. hierzu MünchKomm-Kreuzer, Nach Art. 38 EGBGB, Anh. II, Rn. 97 sowie Kelbel, GRUR 1982, 79.

80 Die genaue Bezeichnung lautet: Nizzaer Abkommen über die internationale Klassifikation von Waren und Dienstleistungen für die Eintragung von Marken, vom 15. Juni 1957; zum 1.1.1997 hatte es 50 Mitglieder. Deutschland ist dem Abkommen mit Wirkung vom 29.1.1962 beigetreten, vgl. BGBl. 1964 II, S. 1217. Für die Bundesrepublik gilt seit dem 12.1.1982 die revidierte Genfer Fassung, vgl. BGBl. 1984 II, 801. Einzelheiten finden sich im: Bl.f.PMZ 1997, 152. Zum Schrifttum vgl. Busse/Starck, Warenzeichengesetz, NKA - Vorbem., Rn. 6.

81 Vom 28. April 1977; insgesamt 38 Mitglieder. Deutschland ist seit dem 20. Jan. 1981 Mitglied; vgl. auch Bl.f.PMZ 1997, 155 sowie MünchKomm-Kreuzer, Nach Art. 38 EGBGB, Anh. II, Rn. 79.

kommen über die internationale Patentklassifikation (IPC),[82] das Internationale Übereinkommen zum Schutz von Pflanzenzüchtungen (IPÜ)[83] sowie zwei Nato-Abkommen;[84] für Geschmacksmuster das Abkommen von Locarno zur Errichtung einer internationalen Klassifikation für gewerbliche Muster und Modelle (LKA)[85] sowie das Lissaboner Ursprungsbezeichnungsabkommen (LUA)[86] und das Internationale Ausstellungsübereinkommen (IntAusstÜ)[87] für den Bereich des Markenrechts. Auch diese Übereinkommen enthalten jedoch, soweit ersichtlich, kein Kollisionsrecht.[88]

4. Die Abkommen im Bereich des Urheberrechts

a) Das Welturheberrechtsabkommen

Das Welturheberrechtsabkommen vom 6. September 1952 (WUA) war lange Zeit neben der RBÜ das wichtigste Abkommen auf dem Gebiet des internationalen Urheberrechts.[89] Auf Initiative der UNESCO sollten seinerzeit v.a. die

---

82 Vom 2. Okt. 1971; insgesamt 38 Mitglieder, Deutschland ist seit dem 7. Okt. 1975 Mitglied; vgl. Bl.f.PMZ 1997, 157.

83 Vom 2. Dez. 1961; 31 Mitglieder, Deutschland seit dem 10. Aug. 1968; vgl. Bl.f.PMZ 1997,159 und MünchKomm-Kreuzer, a.a.O., Rn. 80. Einzelheiten auch bei Schade/Pfanner, GRUR Int. 1962, 341. Ziel des IPÜ ist die Harmonisierung der nationalen Sortenschutzrechte. Art. 3 IPÜ enthält ebenfalls das Prinzip der Inländerbehandlung.

84 Das Das NATO-Abkommen über die Weitergabe technischer Informationen zu Verteidigungszwecken vom 19.10.1970 sowie das Übereinkommen über die wechselseitige Geheimbehandlung verteidigungswichtiger Erfindungen, die den Gegenstand von Patentanmeldungen bilden vom 21.9.1960, vgl. Bl.f.PMZ 1997, 159.

85 Vom 8. Okt. 1968; zum 1.1.1997 hatte das LKA insgesamt 28 Mitglieder. Deutschland ist seit dem 25. Okt. 1990 Mitglied; vgl. a.a.O., S. 160.

86 Genaue Bezeichnung: Lissaboner Abkommen über den Schutz der Ursprungsbezeichnungen und ihre internationale Registrierung, vom 31. Okt. 1958; 17 Mitglieder, Deutschland ist derzeit nicht Mitglied; vgl. a.a.O., S. 161.

87 Zustandegekommen am 22. November 1928; insg. 46 Mitglieder. Deutschland ist seit dem 17. Januar 1931 Mitglied; Einzelheiten a.a.O., S. 154.

88 Einzelheiten zu den in der Praxis weniger relevanten zweiseitigen Abkommen finden sich bei Fezer, Markenrecht, Rn. 1663 ff.

89 Für die Bundesrepublik gilt das WUA seit dem 16. September 1955 in seiner ursprünglichen. Gültige Fassung ist die Pariser Fassung vom 24. Juli 1971. Sie gilt seit 10. Juli 1974 auch für die Bundesrepublik, BGBl. 1974 II, S. 1309. Zum 1.1.1998 gehörten dem WUA 98 Staaten an. Das Verhältnis zur RBÜ regelt Art. XVII Abs. 1 WUA bzw. die Zusatzerklärung hierzu. Danach wird jedes Werk, dessen Ursprungsland ein Verbandsstaat der RBÜ ist, in den Mitgliedsstaaten der RBÜ, die gleichzeitig Mitglied des WUA

amerikanischen Staaten in ein internationales Übereinkommen integriert werden.[90] Seit dem Beitritt der USA, Chinas, Rußlands und weiterer Staaten in den letzten Jahren zur RBÜ spielt es zwar noch immer eine gewisse Rolle; angesichts seines im Vergleich zur RBÜ und insbesondere dem TRIPS-Abkommen geringeren Mindestschutzes hat es jedoch stark an Bedeutung verloren.[91]

Auch wenn hinsichtlich des Werkschutzes, der Frage von Formalitäten und vor allem bei den Mindestschutzrechten und der Schutzdauer gravierende Unterschiede zur RBÜ auffallen,[92] ist die Grundlage des Schutzes doch die gleiche: Art. II Abs. 1 und 2 WUA schreibt auch für das WUA den Inländerbehandlungsgrundsatz fest. Er besagt,[93] daß veröffentlichte Werke von Angehörigen eines Verbandsstaates in allen anderen Verbandsstaaten gleichermaßen geschützt werden wie die dort veröffentlichten Werke der Angehörigen dieses Staates; Mindestschutzrechte des WUA bleiben von der Inländerbehandlung ausgenommen (Abs. 1). Für unveröffentlichte Werke gilt Entsprechendes (Abs. 2). Es gelten auch insoweit die bereits allgemein zum Inländerbehandlungsgrundsatz gemachten Ausführungen.[94]

b) Das Rom-Abkommen und weitere kleinere Übereinkommen

Ein weiteres wichtiges Abkommen neben der RBÜ ist das Abkommen über den Schutz der ausübenden Künstler, der Hersteller von Tonträgern und der Sendeunternehmen vom 26. Oktober 1961.[95] Nach seinem Unterzeichnungsort

---

sind, ausschließlich nach der RBÜ geschützt. Ansonsten besteht aber Unabhängigkeit zwischen RBÜ und WUA.

90 Darüberhinaus sollten auch Staaten, die auf absehbare Zeit das Schutzniveau der RBÜ nicht erreichen konnten integriert werden. Zur Entstehungsgeschichte und weiteren Einzelheiten sei auf Mestmäcker/Schulze, Urheberrechtskommentar, Teil III, 3. Abschnitt - WUA, S. 2 f. verwiesen; vgl. auch Hubmann/Rehbinder, Urheber- und Verlagsrecht, § 66 sowie Schack, Urheberrecht, Rn. 853.

91 Vgl. Schack, a.a.O.; Hubmann/Rehbinder, a.a.O., die von Bedeutungslosigkeit sprechen.

92 Vgl. auch hierzu Mestmäcker/Schulze, a.a.O. sowie Schack, a.a.O., Rn. 856. Das WUA enthält keine self-executing-Normen und insbesondere die Mindestrechte sind deutlich schwächer ausgeprägt; Einzelheiten zu den Mindestrechten des WUA und eine Bewertung bei Drexl, Entwicklungsmöglichkeiten des Urheberrechts im Rahmen des GATT (1990), S. 181 ff., 196.

93 Der genaue Wortlaut findet sich bei Mestmäcker/Schulze, a.a.O. sowie im BGBl. 1973 II, S. 1111 ff. Aus Platzgründen wurde der Wortlaut hier verkürzt.

94 Vgl. zur Frage des kollisionsrechtlichen Gehalts oben I 2 (Fn. 15 bzw. 19).

95 Text im BGBl. 1965 II, S. 1243. Die Bundesrepublik ist Mitglied seit dem 21. Oktober 1966, BGBl. 1966 II, S. 1473. Zum 1.1.1997 hatte das Rom-Abkommen 52 Mitglieder;

heißt es auch kurz Rom-Abkommen. Es ergänzt den Schutz der RBÜ um die Leistungsschutzrechte, also die Rechte der ausübenden Künstler,[96] die weder in der RBÜ noch im WUA vorgesehen waren. Das Rom-Abkommen schützt gleichermaßen ausübende Künstler wie auch Tonträgerhersteller und Sendeunternehmen. Als Grundlage des gegenseitigen Schutzes findet sich ebenfalls der Inländerbehandlungsgrundsatz: Artikel 4 sieht dies ausdrücklich für den Fall vor, daß die Darbietung in einem anderen Vertragsstaat stattfindet. Art. 5 schreibt das gleiche entsprechend für die Hersteller von Tonträgern und Art. 6 für Sendeunternehmen vor.[97] Für letztere gelten gemäß Art. 10 - 14 RA auch begrenzte Mindestrechte. Die Schutzdauer beträgt nach Art. 14 RA einheitlich 20 Jahre.

Neben dem Rom-Abkommen muß auch das Übereinkommen zum Schutz der Hersteller von Tonträgern gegen die unerlaubte Vervielfältigung ihrer Tonträger vom 29. Oktober 1971 (GTÜ) genannt werden.[98] Es schützt, wie bereits der Name sagt, ausschließlich die Hersteller von Tonträgern der Vertragsstaaten gegen Raubkopien. Art. 3 GTÜ überläßt es der inländischen Gesetzgebung, wie geschützt wird. Kollisionsrecht fehlt.

Ein lediglich aufgrund des ungewöhnlichen ihm zugrundeliegenden Anknüpfungsprinzips erwähnenswertes Abkommen ist die Übereinkunft von Montevideo vom 11.1.1889 (ÜM), der Deutschland im Jahre 1927 beitrat.[99] Art. 2 ÜM

---

vgl. Bl.f.PMZ 1997, 167. Die USA gehören nicht dazu. Zur Entstehungsgeschichte vgl. Schack, a.a.O., Rn. 858 bzw. 857 mit weiteren Nachweisen.

96 So Art. 2 Nr. 2 i.V.m. Art. 10 - 14 und 4 - 6; das Rom-Abkommen ist gemäß Art. 4 a loi uniforme, gilt also auch für die Angehörigen von nicht-Mitgliedsstaaten. Vgl. hierzu auch MünchKomm-Kreuzer, Nach Art. 38 EGBGB, Anh. II, Rn. 105 (Fn. 296 a). Zu den Leistungsschutzrechten allgemein vgl. Ulmer, Urheber- und Verlagsrecht, 8. Kapitel III.

97 Die Bundesrepublik hat allerdings gemäß Art. 12 RA einen Vorbehalt materieller Gegenseitigkeit bei der Gewährung von Vergütungsansprüchen für die öffentliche Wiedergabe von Tonträgern eingelegt.

98 Der Vertragstext findet sich im BGBl. 1973 II S. 1669 ff., es wird auch als Genfer-Tonträger Abkommen bezeichnet. Die Bundesrepublik ist mit Wirkung vom 18. Mai 1974 beigetreten, BGBl. 1974 II, S. 336. Zum 1.1.1997 hatte das GTÜ 54 Mitglieder, vgl. Bl.f.PMZ 1997, 166. Einzelheiten zu Inhalt und Funktionsweise finden sich bei Schack, Urheberrecht, Rn. 865 sowie Schricker-Katzenberger, Urheberrecht, Vor §§ 120 ff. UrhG, Rn. 94 f.

99 Vgl. Gesetz vom 26.3.1927, RGBl. 1927 II, S. 95. Die Übereinkunft ist für Deutschland im Verhältnis zu Argentinien, Paraguay und Bolivien in Kraft getreten. Einzelheiten bei Schricker-Katzenberger, a.a.O., Rn. 66 f. sowie Bappert/Wagner, Internationales Urheberrecht (1956), S. 295 ff., dort findet sich auch ein Abdruck des Wortlauts der Übereinkunft.

verweist abweichend von allen anderen internationalen Abkommen, die dem Inländerbehandlungsgrundsatz folgen, für die Rechte, die Urheber eines Verbandsstaates in einem anderen Vertragsstaat geltend machen können, auf das Recht des Ursprungslandes.[100] Insoweit läßt sich also eine kollisionsrechtliche Wirkung erkennen. Seine ohnehin geringe praktische Bedeutung hat das Montevideo-Abkommen mittlerweile vollständig verloren. Für die Bundesrepublik Deutschland ist es mittlerweile obsolet.[101]

Die übrigen multilateralen Abkommen im Bereich des Urheberrechts, das Straßburger Europäische Fernsehabkommen, das Europäische Piratensenderübereinkommen und das Brüsseler Satellitenübereinkommen[102], dürften in der Praxis eher untergeordnete Bedeutung haben; jedenfalls fehlen dort Kollisionsnormen.[103]

5. Vom GATT zu TRIPS - neue Instrumente des internationalen Immaterialgüterschutzes?

Am 15. April 1994 wurde in Marakkesch die Schlußakte der GATT-Uruguay-Runde[104] unterzeichnet und die Welthandelsorganisation (WTO) ins Leben gerufen.[105] Diese stellt nicht nur eine nominale Weiterentwicklung des GATT dar,

---

100 Zur Bestimmung des Rechts des Ursprungslandes vgl. ausführlich unten 4. Kapitel 2. Teil I 2 d. Dieses Prinzip steht im Gegensatz zum sog. Schutzlandprinzip, das von der herrschenden Ansicht im internationalen Immaterialgüterrecht angewendet wird. Um einen offensichtlichen Druckfehler handelt es sich bei Nordemann/Vinck/Hertin, Internationales Urheberrecht, Einl., Rn. 26, die angesichts des Abkommens vom Territorialitätsprinzip sprechen.

101 Das Montevideo-Abkommen findet für Deutschland mittlerweile keine Anwendung mehr, da für Mitgliedsstaaten der RBÜ und des WUA diese Abkommen vorrangig sind, das ergibt sich aus Art. 20 RBÜ bzw. Art. XIX WUA. Der letzte Staat, gegenüber dem die ÜM galt, war Bolivien, da dieses erst 1990 der RBÜ und dem WUA beigetreten ist..

102 Vgl. hierzu Bl.f.PMZ 1997, 166 f. sowie Schack, Urheberrecht, Rn. 867.

103 Vgl. MünchKomm-Kreuzer, Nach Art. 38 EGBGB, Anh. II, Rn. 108 sowie Schack, a.a.O. Zu den zweiseitigen Abkommen vgl. Schricker-Katzenberger, a.a.O., Rn. 68 ff. sowie Schack, a.a.O., Rn. 869 ff.

104 GATT bedeutet General Agreement on Tariffs and Trade, ins deutsche übersetzt: Allgemeines Zoll- und Handelsabkommen.

105 Vgl. BGBl. 1994 II S. 1442 (englisch) bzw. 1624 (deutsch); die WTO hatte zum 1.1.1997 109 Mitglieder, vgl. Bl.f.PMZ 1997, 158. Das WTO-Abkommen ist zum 1.1.1995 auch mit Wirkung für die Bundesrepublik in Kraft getreten; gemäß Art. 65 I TRIPS ist es in Deutschland aber erst seit dem 1.1.1996 anwendbar; vgl. zu dieser nicht ganz unumstrittenen Frage, Braun, GRUR Int. 1997, 427, 428.

sondern erweitert zugleich auch dessen hauptsächlich handelspolitische Ansätze insbesondere um den Schutz des geistigen Eigentums. Dieser wurde gesondert im sogenannten TRIPS-Abkommen geregelt,[106] das nunmehr integraler Bestandteil des WTO-Abkommens ist. Das TRIPS-Abkommen sieht sowohl den Schutz gewerblicher Schutzrechte wie auch des Urheberrechts vor. Im Gegensatz zu den bekannten Abkommen setzt TRIPS, vor allem für die Streitbeilegung, auf Mittel des Völkerrechts: vertragsbrüchige Staaten können ertsmals in der Geschichte des internationalen Immaterialgüterrechts mit Hilfe des Entzuges von Handelskonzessionen aus dem WTO-Abkommen gezwungen werden, die Regeln des TRIPS-Abkommens einzuhalten.[107]

Auch inhaltlich finden sich im TRIPS gewisse Besonderheiten. Teil I des Abkommens legt zunächst generelle Grundsätze für den Schutz von Immaterialgüterrechten fest.[108] Hiernach gilt zwar der bekannte Inländerbehandlungsgrundsatz (Art. 3 Abs. 1),[109] darüberhinaus enthält Art. 4 aber eine sog. Meistbegünstigungsklausel, das heißt, sämtliche Begünstigungen, die ein Mitgliedsstaat Schutzrechtsinhabern eines anderen Staates gewährt, sind auch den Inhabern von Schutzrechten aus Drittstaaten einzuräumen. Ziel ist also nicht nur Gleichbehandlung mit dem Inländer, wie im Rahmen der Inländerbehandlung, sondern mit dem meistbegünstigten Ausländer, was vor allem im Hinblick auf die EU eine Schutzerweiterung für Drittstaaten darstellen dürfte.

Darüber hinaus enthält das TRIPS-Abkommen auch Mindestschutzrechte. Man spricht in diesem Zusammenhang aus urheberrechtlicher Sicht vom sog.

---

106 TRIPS = Abkommen über „Trade-Related Aspects of Intellectual Property Rights“, BGBl. 1994 II, S. 1730; Text auch in GRUR Int. 1994, 128 ff. Art. II Satz 2 des WTO-Abkommens verpflichtet alle Mitglieder dieses Übereinkommens, auch dem TRIPS-Abkommen beizutreten, so daß die Zahl der Mitglieder identisch ist. Nach dem Inkrafttreten hatten die Industriestaaten 1 Jahr, Entwicklungsländer, einschließlich der Staaten des ehemaligen Ostblocks, bis zum Jahre 2000 und die ärmsten Entwicklungsländer bis zum Jahre 2006 Zeit, dem Abkommen beizutreten. Ebenfalls neu aufgenommen wurde der Schutz von Dienstleistungen, die unter dem GATS-Abkommen (General Agreement on Trade in Services, GATT-Doc. MTN/ FA II-A 1 B, zusammengefaßt wurden.

107 Vgl. die Art. 41 ff. TRIPS, die das Rechtsdurchsetzungsverfahren betreffen und Art. 64 TRIPS i.V.M. Art. XXII und XXIII GATT 1947 i.V.m. Understanding on Rules and Procedures governing the Settlement of Disputes, MTN/FA II-A 2. Ausführlich zum Streitbeilegungsverfahren Dreier, GRUR Int. 1996, 205 ff. sowie Haedicke, Jura 1996, 64, 65 f.

108 Art. 1 - 8 TRIPS; die Art. 9 - 14 (II. Teil, erster Abschnitt) betreffen die Urheberrechte im einzelnen, die Art. 15 - 40 (II. Teil Abschnitt 2 - 8) die gewerblichen Schutzrechte.

109 Wobei Art. 3 Abs. 1 Satz 2 gewisse Ausnahmen vom Grundsatz der Inländerbehandlung festschreibt, vor allem für die urheberrechtlichen Leistungsschutzrechte, vgl. hierzu Braun, GRUR Int. 1997, 427, 429.

„Bern-Plus-Ansatz“, da die Mitgliedstaaten nicht nur gemäß Art. 9 Abs. 1 verpflichtet sind, die materiellen Vorschriften der RBÜ einzuhalten, sondern diese durch besagte Mindestrechte noch erweitert werden. Entsprechendes gilt für die gewerblichen Schutzrechte. Auch die Einhaltung der Vorschriften der RBÜ unterfällt nun dem Streibeilegungsverfahren des TRIPS-Abkommens, was einen erheblichen Fortschritt im Vergleich zu den bisherigen Verhandlungslösungen der WIPO darstellt.[110] Die Bezugnahme auf die RBÜ bewirkt auch, daß sämtliche Werke der RBÜ dem Schutz von TRIPS unterfallen. Darüber hinaus sind Computerprogramme,[111] Datensammlungen[112] und die urheberrechtlichen Leistungsschutzrechte geschützt.[113]

Aus Sicht der gewerblichen Schutzrechte bietet das TRIPS-Abkommen ein hohes Schutzniveau. Die Vorschriften betreffend Marken[114] stimmen weitestgehend mit der europäischen Markenrichtlinie überein.[115] Die patentrechtlichen Regelungen[116] sind ebenfalls sehr umfassend. Sowohl die Frage der Gegenstände, hier sind alle Gebiete der Technik umfaßt, als auch die Voraussetzungen der Patentierbarkeit sind geregelt (Art. 27 und 29); ferner die Wirkungen (Art. 28), die Schutzdauer (Art. 33) und sogar die Beweislast im Falle der Verletzung von Verfahrenspatenten (Art. 34). Zusammengefaßt bietet TRIPS für alle Patente mit Ausnahme der Pflanzen- und Tierbiotechnologie umfassenden und wirkungsvollen Schutz.[117]

---

110 Zur Bewertung vgl. Dreier, a.a.O. (Fn. 101), 218, der auf Probleme bezüglich der praktischen Umsetzung hinweist und auf die politische Ebene hinweist; unkritisch Haedicke, Jura 1996, 64, 71.

111 Sie sind insoweit wie Sprachwerke geschützt, vgl. Art. 10 Abs. 1 TRIPS. Dies entspricht auch der EG-Computerrichtlinie vom 14.5.1991, Abl. EG Nr. L 122/42 vom 17.5.1991, vgl. hierzu auch unten III 5.

112 Vgl. Art. 10 Abs. 2 TRIPS. Auch hier gilt die Gleichstellung mit Sprachwerken. Schutzfähig sind auch solche Datensammlungen, die für sich gesehen nicht urheberschutzfähige Daten enthalten.

113 Vgl. Art. 14 TRIPS. Dieser Schutz gilt unabhängig vom Rom-Abkommen. Dem Tonträgerhersteller wird ein Vervielfältigungs- und Vermietrecht eingeräumt. Zu den Einschränkungen des Schutzes der Leistungsschutzrechte vgl. Braun GRUR Int. 1997, 427, 429 ff.

114 Einzelheiten hierzu bei Kur, GRUR Int. 1994, 987 ff.

115 Vgl. auch die Stellungnahme der Bundesregierung in BT-Drucks. 12/7655, S. 345. In diesem Sinne äußert sich auch Kur, GRUR Int. 1994, 987, 997, allerdings sei man noch weit von einem weltweit vereinheitlichten Markenrecht entfernt.

116 Vgl. hierzu ausführlich Straus, GRUR Int. 1996, 179 ff.

117 Straus, a.a.O., 204 spricht von einem Meilenstein für das Patentrecht.

II. Kollisionsormen in deutschen Gesetzen

Im EGBGB fehlen Normen betreffend die Anknüpfung gewerblicher Schutzrechte und Urheberrechte. Allerdings finden sich in den §§ 120 ff. des Urhebergesetzes sowie im Patentgesetz und im früheren Warenzeichengesetz Normen, die zumindest die Frage der Behandlung von Ausländern ansprechen.

1. Die §§ 120ff. Urhebergesetz - Fremdenrecht oder Kollisionsrecht?

Das deutsche Urheberrecht schützt deutsche Staatsangehörige unabhängig vom Erscheinungsort ihrer Werke, § 120 UrhG. Gleich einem Inländer werden nach § 121 I UrhG aber die Ausländer behandelt, die ihr Werk im Inland im Original oder in Übersetzung erscheinen lassen, es sei denn, das Werk ist mehr als dreißig Tage zuvor bereits im Ausland erschienen.[118] Zur Rechtsnatur der §§ 120 ff. werden aus den gleichen Gründen wie im Falle des Art. 5 II RBÜ unterschiedliche Auffassungen vertreten. Manche sehen in diesen Normen einseitige Kollisionsnormen.[119] Die wohl überwiegende Ansicht ordnet sie hingegen dem Fremdenrecht zu.[120]

---

118 Vor Inkrafttreten des aktuellen Urhebergesetzes im Jahre 1965 galt gleichzeitiges Erscheinen; vgl. LG Berlin ZUM 1988, S. 139. Zu beachten ist auch das in § 121 III UrhG enthaltene Reziprozitätsprinzip. Wichtig im Zusammenhang mit den §§ 120 ff. UrhG sind ferner die neueren Entscheidungen des EuGH zur Gleichbehandlung von EU-Ausländern nach Art. 6 I EGV, für die die §§ 120 ff. insoweit keine Anwendung mehr finden; vgl. EuGH NJW 1994, 375 ff. - „Phil Collins“ und BGH NJW 1994, 2607 - „Rolling Stones“; vgl. hierzu näher unten III 5.

119 Indem man etwa sagt, § 120 I UrhG knüpfe an die Staatsangehörigkeit an und verweise dann auf deutsches Recht oder § 121 I UrhG knüpfe entsprechend am Erscheinungsort an, und verweise ebenfalls auf deutsches Recht. In diesem Sinne wohl v. Bar, IPR Bd. I, Rn. 228, der allgemein Normen des privatrechtlichen Fremdenrechts aufgrund ihres unbedingten Geltungswillens als (auch) einseitige Kollisionsnormen begreifen will.

120 So die im Ergebnis wohl herrschende Ansicht; vgl. Schricker-Katzenberger, Vor §§ 120 ff. UrhG, Rn. 125; Schack, a.a.O. S.18 mit zahlreichen weiteren Nachweisen. Ebenso Ulmer, Die Immaterialgüterrechte (1975), Nr. 46 ff. mit einem Überblick über die Regelungen in den anderen EU-Mitgliedsstaaten; Ferid, IPR, § 7, Nr. 108. Hubmann/Rehbinder schweigen zur Rechtsnatur. Zum Begriff des Fremdenrechts für den Immaterialgüterbereich vgl. auch Ulmer, Fremdenrecht und IPR im Internationalen gewerblichen Rechtsschutz und Urheberrecht, in: Holl/Klinke (Hrsg.), Internationales Privatrecht, Internationales Wirtschaftsrecht 1985, 257, 258 sowie BGH GRUR 1986, 69 f. zu § 121 UrhG. Kegel, IPR, § 1 IX, verwendet neuerdings den Begriff Ausländerrecht, meint damit aber das gleiche.

Der Unterschied zwischen beiden Arten von Normen ist, wie bereits ausführlich erörtert, gering. Man kann ihn allenfalls darin sehen, daß Fremdenrecht rein materiellrechtlich ansetzt, indem nur die Anwendbarkeit eines speziellen Gesetzes auf eine Personengruppe bestimmt wird und einseitige Kollisionsnormen eine gesamte Rechtsordnung zur Anwendung bringen wollen. Die §§ 120 ff. UrhG wollen jedenfalls nominell den persönlichen Anwendungsbereich bestimmen. Im Ergebnis ist daher die fremdenrechtliche Einordnung zu bevorzugen. Damit ergibt sich auch die Lücke, in die das internationale Privatrecht einspringen muß, denn die §§ 120 ff. UrhG besagen nur, wann das deutsche Urhebergesetz Anwendung findet, nicht aber was passiert, wenn dies nicht der Fall ist.

Eine kollisionsrechtliche Regelung findet sich in § 20 a I UrhG, der bestimmt, daß eine Satellitensendung, die innerhalb des Gebiets eines Mitgliedsstaates der EU oder des EWR-Vertrages erfolgt, ausschließlich als in diesem Mitgliedsstaat erfolgt behandelt wird. Diese, zugegebenermaßen nicht auf den ersten Blick erkennbare Kollisionsnorm, stellt damit eine in die Form einer Fiktion gekleidete kollisionsrechtliche Verweisung auf das Recht des Sendelandes dar.[121]

2. Regelungen auf dem Gebiet des gewerblichen Rechtsschutzes

Im Patentgesetz finden sich mit der Verfahrensnorm des § 25 sowie mit § 129 S. 2 PatG ebenfalls fremdenrechtliche Normen.[122] Auch hier ist klar, daß nur die Regeln des IPR Sachverhalte mit Bezug zu einem anderen Staat wirklich entscheiden können, denn § 25 PatG geht ebenfalls erkennbar nur von der Anwendung inländischen Rechts aus.[123] Gleiches gilt für § 129 S. 2 PatG, eine reine Reziprozitätsregel. Auch § 28 GebrMG und § 16 GeschmMG, die wie auch § 25 PatG eine Inlandsvertretung vorschreiben, sind erkennbar fremdenrechtlicher Natur.

Im früheren Warenzeichengesetz regelten die §§ 23, 34, 35 I, 35 III fremdenrechtliche Sachverhalte.[124] Nach dem Inkrafttreten des neuen Markengesetzes

---

121 Vgl. auch Schricker-v. Ungern-Sternberg, § 20 a UrhG, Rn. 8, der ebenfalls von einer „Rechtsanknüpfungsregel" spricht.

122 § 25 PatG kann im übrigen auch deutsche Staatsangehörige ohne inländischen Wohnsitz treffen.

123 Vgl. auch MünchKomm-Kreuzer, Nach Art. 38 EGBGB, Anh. II, Rn. 83.

124 Vgl. hierzu Weber, Die Behandlung von Patent-, Warenzeichen- und Urheberrechtsverletzungen im Internationalen Privat- und Zivilprozeßrecht (1968), S. 50 ff. Eine dem § 121 I UrhG vergleichbare Regelung findet sich freilich nicht. § 35 II WZG entspricht insoweit § 25 PatG und kann ebenfalls auch für deutsche Staatsangehörige wirksam wer-

fehlt bisher noch weitestgehend entsprechende Literatur dazu. Die §§ 4 Nr.3, 10, 34 und 96 MarkenG betreffen jedoch erkennbar Sachverhalte mit gewissem Bezug zum Ausland. Hierbei regeln die neuen §§ 4 Nr. 3 und 10 die Anwendung des Art. 6bis der Pariser Verbandsübereinkunft für die Behandlung notorisch bekannter ausländischer Marken. § 34 MarkenG regelt den Fall ausländischer Priorität, und § 96 MarkenG hat mit gewissen Modifikationen[125] die Aufgabe des früheren § 25 WZG übernommen. Auch diese Normen haben aber keine kollisionsrechtliche Bedeutung.

III. EG - Recht als überstaatliches Recht

Eine besondere Rolle innerhalb des Netzes internationaler Abkommen spielen die zwischen den EU-Mitgliedern geschlossenen europäischen Übereinkommen,[126] da sie den übrigen internationalen Abkommen als überstaatliches Recht vorgehen können.[127] Hier sind zunächst der EG-Vertrag selbst, das Europäische Patentübereinkommen, die Vereinbarung über Gemeinschaftspatente, zu der auch das Gemeinschaftspatentübereinkommen gehört, und die Gemeinschaftsmarken-Verordnung zu nennen.

1. Der EG-Vertrag

Der EG-Vertrag ist zwar für alle Mitglieder als innerstaatliches Recht gültig, enthält selbst aber keine Regelungen mit unmittelbar kollisionsrechtlicher Wirkung.[128] Die Art. 30 und 36 regeln den freien Warenverkehr. Hieraus abgeleitet

---

den. § 34 WZG ist lediglich eine Retorsionsvorschrift , die §§ 35 I u. 23 WZG folgen dem Reziprozitätsprinzip, wie auch die §§ 121 III u. IV UrhG

125 Vgl. im einzelnen Fezer, Markenrecht, § 96 Markengesetz, Rn. 2.

126 Allerdings können auch nicht-EU Staaten wie die Schweiz oder früher Österreich an diesen Abkommen beteiligt sein, so etwa am europäischen Patentübereinkommen oder beim Straßburger Patentübereinkommen; vgl. Bl.f.PMZ 1995, S. 146 bzw. 153.

127 Dies ergibt sich bereits aus Art. 3 II S.2 EGBGB, gilt allerdings nur für den EG-Vertrag selbst und für auf Grundlage desselben zustandegekommene Rechtsakte. Die meisten kollisionsrechtlichen Vereinheitlichungen wie das Rom-Abkommen für den Bereich des Schuldrechts, aber auch die europäischen Übereinkommen auf dem Gebiet des gewerblichen Rechtsschutzes sind gewöhnliche völkerrechtliche Verträge, die nur unter Art. 3 II S.1 EGBGB fallen; vgl. hierzu auch v. Bar, IPR Bd. I, a.a.O., Rn. 165 ff.

128 Vgl. Brödermann/Iversen, Europäisches Gemeinschaftsrecht und IPR (1994), § 4, Rn. 96, 136, die entgegen der herrschenden Ansicht in Art. 56 EGV eine Norm mit kollisionsrechtlichem Charakter sehen.

wurde das sog. Herkunftslandprinzip,[129] das vereinfacht dargestellt, folgendes ausdrückt: Eine Ware, die sich in einem EU Mitgliedsstaat (Herkunftsland) im freien Warenverkehr befindet, soll in der gesamten Gemeinschaft ungehindert weiterverbreitet werden dürfen, ohne durch Regelungen im Einfuhrland behindert zu werden. Dies gilt dann nicht, wenn sich das Einfuhrland auf besondere EU-rechtliche Gründe stützen und den Weitervertrieb der Importware verhindern kann. Eine Ansicht in der Literatur entnimmt aus den Art. 30, 36 und dem Herkunftslandprinzip die kollisionsrechtliche Regel, daß in Bezug auf den freien Warenverkehr innerhalb der EU immer das Recht des Herkunftslandes Anwendung finde.[130] Dies wird von der herrschenden Ansicht zurecht verneint.[131]

Die gleiche Problematik ergibt sich für die Art. 59 und 66 EGV, die den freien Dienstleistungsverkehr betreffen. Hieraus wird das sogenannte Sendelandprinzip abgeleitet, das sich auch in der, inzwischen in § 20 a UrhG umgesetzten, EU-Satellitenrichtlinie wiederfindet. Grenzüberschreitende Satellitensendungen sollen sich nur nach den Regelungen des Sendelandes richten müssen. Auch in den Art. 59 ff. EGV wird man aber keine direkten Kollisionsnormen erblicken dürfen, da diese nicht das anwendbare Recht bestimmen wollen, sondern nur das Sachrecht innerhalb der Gemeinschaft anpassen wollen, das heißt das Recht des Empfangslandes muß sich im Hinblick auf das urheberrechtliche Schutzniveau dem Recht des Sendelandes anpassen.

Auch die Art 85 und 86 (Wettbewersvorschriften) sowie Art. 6 (Diskriminierungsverbot) EGV beeinflussen zwar nachhaltig das Wirtschaftsleben und auch den Bereich der Immaterialgüterrechte,[132] sie schaffen aber nach herrschender Ansicht weder kollisionsrechtliches- noch materielles Einheitsrecht.[133]

---

129 Vgl. statt aller Sack, WRP 1994, 281, 287 mit weiteren Nachweisen.

130 Vgl. Bernhard, EuZW 1992, 437, 439 ff.

131 Vgl. Jayme, IPRax 1994, 67 sowie Sack, a.a.O., 288 ff. mit weiteren Nachweisen.

132 Im Urteil vom 20.10.1993, GRUR Int. 1994, 53 ff. - „Phil Collins“ stellte der EuGH klar, daß sowohl Urheberrecht wie auch verwandte Schutzrechte den genannten Artikeln unterliegen. Dies muß gleichfalls für gewerbliche Schutzrechte gelten, soweit eine vergleichbare Sachlage gegeben ist. Diese Rechtsprechung wurde zwischenzeitlich fortgeführt, vgl. BGH GRUR 1986, 454, 455 - „Bob Dylan“; OLG Hamburg ZUM 1991, 143, 144 - „Cliff Richard“; 545, 547 - „Rolling Stones“; BGH GRUR 1992, 854, 855 f. - „Bob Dylan“; BGHZ 125, 382 - „Rolling Stones“; OLG Köln ZUM 1992, 388, 389 - „Prince“.

133 Zur generellen Unterscheidung von kollisionsrechtlicher und Sachrechtsvereinheitlichung vgl. Taupitz, Europäische Privatrechtsvereinheitlichung heute und morgen (1993), S. 9 f.; zu den Art. 30, 36 EGV vgl. im folgenden Kapitel II 1 a. Besonders im Hinblick auf die Immaterialgüterrechte wird vielfach von einem Vereinheitlichungsbedarf gesprochen, vgl. die Nachweise bei Taupitz, a.a.O., S. 10 (Fn. 55).

2. Das Europäische Patentrechtsübereinkommen

Das Europäische Patentrechtsübereinkommen von 1973[134] war der erste Versuch einer Vereinheitlichung des europäischen gewerblichen Rechtsschutzes. Ziel war es, in allen Mitgliedsstaaten die gleichen Voraussetzungen für die Erteilung von Patenten zu schaffen. Diese sog. Europäischen Patente sind aber keine Patente für den gesamteuropäischen Raum im Sinne eines Einheitspatents, sondern man erlangt mit der Eintragung nur ein Bündel von nationalen Patenten.[135] Neben dem europäischen Patentsystem bestehen auch weiterhin die nationalen Patenterteilungsverfahren fort. Das heißt, es entsteht ein Nebeneinander von nationalen und europäischen Patenten (sog. Koexistenz). Der Anmelder hat folglich ein Wahlrecht, nach welchem Verfahren er sein Patent anmeldet. Die europäische Anmeldung ist allerdings weitaus billiger als die Addition nationaler Anmeldungen. Dennoch kann man das Europäische Patent als einen Zwischenschritt auf dem Weg zu einem (bisher nicht praktizierten) europäischen Einheitspatent ansehen.

Art. 64 III EPÜ regelt die für diese Untersuchung wichtige Frage des Schutzes von Patenten. Hiernach gilt, daß die Verletzung europäischer Patente ausschließlich nach nationalem Recht beurteilt werden soll. Das bedeutet aus kollisionsrechtlicher Sicht, daß für Voraussetzungen und Umfang ausschließlich das autonome IPR maßgeblich ist.[136] Fraglich ist, ob durch das gemeinsame Anmeldeverfahren für europäische Patente zumindest die kollisionsrechtliche Vorfrage nach Bestand, Umfang und Inhaberschaft entfällt. Dann müßte es sich beim EPÜ

---

134 Eigentlich Abkommen über die Erteilung europäischer Patente; die Bundesrepublik ist als Unterzeichnungsstaat seit dem 7. Oktober 1977 Mitglied, BGBl. 1977 II, S. 792. Der Vertragstext findet sich im BGBl. 1976 II, S. 826 ff. Zum 1.1.1997 waren am EPÜ 18 Staaten beteiligt. Art. 166 I EPÜ bestimmt, daß nicht nur die EU-Staaten dem Abkommen beitreten können, sondern alle europäischen Staaten, sofern sie vom Verwaltungsrat hierzu eingeladen wurden. Dies galt z.B. für Jugoslawien, das zeitweise Mitglied war. Nicht EG-Staaten wie die Schweiz und Norwegen, damals auch Schweden und Österreich, die das EPÜ bereits mitunterzeichnet hatten, konnten logischerweise ebenfalls Mitglied werden. Einzelheiten zum EPÜ finden sich bei Bernhardt/Kraßer, Patentrecht, S. 65 f.

135 Man findet sehr häufig die Bezeichnung „Kegelsche Bündeltheorie", vgl. etwa Soergel-Kegel, Vor Art. 7 EGBGB, Rn. 14 sowie Sandrock, in: v. Cämmerer, Vorschläge und Gutachten (1983), S. 380, 400.

136 Vgl. auch Hess, Rechtsfolgen von Patentverletzungen im europäischen Patentsystem (1987), S. 36 f. und 50; Sandrock, in: v. Cämmerer, Vorschläge und Gutachten (1983), a.a.O., S. 396, gelangt für Art. 64 III EPÜ zum gleichen Ergebnis, denn er kommt so wieder zur Anwendung des in nationales Recht transformierten Art. 2 II PVÜ.

um materielles Einheitsrecht handeln,[137] denn eine konkrete Norm, die die kollisionsrechtliche Behandlung der Frage nach Bestehen, Inhalt und Wirkungen des Europäischen Patents regelt, fehlt. Dem muß aber im Hinblick auf die eben erwähnte Bündeltheorie widersprochen werden. Die Europäischen Patente sind materiell gesehen nichts anderes als nationale Patente, dies sagt ausdrücklich Art. 2 II EPÜ. Das EPÜ sorgt zwar für die Vereinfachung des Anmelde- und insbesondere des Eintragungsverfahrens und führt jedenfalls zu einem einheitlichen Entstehen des Europäischen Patents. Für die Vorfrage nach den Entstehungsvoraussetzungen und dem Fortbestand des Europäischen Patents im Rahmen von Verletzungen desselben kommt es aber ausschließlich auf nationales Recht an; denn das EPÜ enthält hierzu keine Regelungen. Das EPÜ besitzt demnach also allenfalls im Hinblick auf die Entstehung Europäischer Patente begrenzt kollisionsrechtlichen Gehalt.

3. Das Gemeinschaftspatent-Übereinkommen

Das Gemeinschaftspatentübereinkommen von 1976 war das Ergebnis der Arbeiten der damaligen neun EG Staaten an der Vereinheitlichung des Patentrechts für den gemeinsamen Markt.[138] Das Gemeinschaftspatentübereinkommen vom 15.12.1975 baut auf dem EPÜ von 1973 auf. So gilt das selbe Erteilungsverfah-

---

[137] Damit würde nämlich die gesamte kollisionsrechtliche Vorprüfung entfallen. Materielles Einheitsrecht ist die stärkste Form internationaler Rechtsvereinheitlichung. Vgl. auch Kegel, IPR, § 1 IX 2 (S. 60 f.) sowie MünchKomm-Sonnenberger, Einl. EGBGB - IPR, Rn. 225 ff., jeweils mit weiteren Nachweisen. Das bekannteste Einheitsprivatrecht dürfte das UN-Kaufrecht sein. Bezüglich der Abgrenzung zur Kollisionsrechtsvereinheitlichung vgl. Taupitz, Europäische Privatrechtsvereinheitlichung heute und morgen (1993), S. 9 f.

[138] Die genaue Bezeichnung lautet: Übereinkommen über das europäische Patent für den Gemeinsamen Markt. Die Einzelheiten des Gemeinschaftspatents wurden vom 17. November bis 15. Dezember 1975 in Luxemburg beraten. Das GPÜ wurde von der Bundesrepublik durch Gesetz vom 26.07.1979 ratifiziert, BGBl. 1979 II, S. 833; der Vertragstext findet sich auf den S. 834 ff.. Neben der Bundesrepublik haben bisher auch Belgien, Frankreich, Italien, Luxemburg und Großbritannien das Abkommen ratifiziert. Am 21. Dezember 1989 wurde das GPÜ auf der Dritten Luxemburger Konferenz nochmals Inhalt eines völkerrechtlichen Vertrages und wurde in die „Vereinbarung über Gemeinschaftspatente“, die unter anderem auch das Streibeilegungsprotokoll enthält, aufgenommen Zum Stand der Ratifizierungen der Vereinbarung vom 21. Dez. 1989 über das Gemeinschaftspatent, vgl. BGBl. 1991 II, S. 1361 ff., und des Protokolls vom 21. Dezember 1989 über eine etwaige Änderung der Bedingungen für das Inkrafttreten derVereinbarung über Gemeinschaftspatente, Bl.f.PMZ 1992, 87 ff., vgl. Bl.f.PMZ 1997, S. 165. Einzelheiten auch bei Benkard, Patentgesetz, Internationaler Teil PatG, Rn. 155.

ren vor dem Europäischen Patentamt. Im Unterschied zum EPÜ wirkt das GPÜ aber einheitlich und autonom, das heißt, das Gemeinschaftspatent wird einheitlich für alle Vertragsstaaten erteilt (Art. 2 II 2.)[139] und bezieht, im Gegensatz zum EPÜ, seine Wirkungen nicht mehr aus nationalen Patentrechtsvorschriften, sondern direkt aus dem GPÜ (Art. 2 III).[140] Damit entsteht gleichzeitig auch ein einheitliches Schutzterritorium,[141] was sich in der ausdrücklichen Regelung der Erschöpfung des Gemeinschaftspatents niederschlägt: Erschöpfung tritt mit jedem Inverkehrbringen im gesamten Vertragsgebiet ein. Dies gilt nunmehr auch für die weiterhin bestehenden nationalen Patente.[142]

Die für diese Untersuchung entscheidende Norm ist Art. 34 I GPÜ. Hiernach bestimmt sich, wie bereits erwähnt, die Wirkung des Patents ausschließlich nach dem GPÜ.[143] Die Behandlung der Verletzung eines Gemeinschaftspatents[144] wird aber dem nationalen Recht unterworfen, das auch auf die Verletzung eines nationalen Patents am Gerichtsort anzuwenden ist, es sei denn die Regeln des internationalen Privatrechts dieses Staates führen zu einem anderen anwendbaren Recht. Zwar liegt hierin zunächst ein Hinweis auf die lex fori, zum anderen greift Art. 34 I aber wieder auf das autonome IPR für die Frage des anzuwendenden Rechts bei der Verletzung von Gemeinschaftspatenten zurück, denn der Verweis auf die lex fori wird durch den zweiten Halbsatz wieder aufgehoben.[145]

Damit weicht das GPÜ noch nicht entscheidend vom EPÜ ab, denn auch dieses verweist auf das nationale Recht. Ein Unterschied muß sich aber im Bereich der Vorfrage nach Bestand, Inhalt und Wirkungen des Gemeinschaftspatents ergeben. Da sich diese Patente in ihren Wirkungen und ihrem Bestand für alle

---

139 Art. 86 GPÜ läßt die Wahl zwischen Gemeinschaftspatent und europäischem Patent; dies ist nach dem Wortlaut aber nur für eine Übergangsfrist möglich. Bestrebungen gehen allerdings dahin, diese Einschränkung aufzuheben; vgl. Bernhardt/Kraßer, Patentrecht, S. 67.

140 Mit Ausnahme der Frage von Verletzungsfolgen und der gerichtlichen Zuständigkeit; hierzu sogleich.

141 Vgl. Bernhardt/Kraßer, a.a.O.

142 Diese Regelung wäre allerdings nicht nötig gewesen, da die EWR-weite Erschöpfung bereits aus Art. 30, 36 EGV i.V.m. Art. 11, 13, 65 II EWR Abkommen folgt; vgl. auch unten 3. Kapitel II 1 a.

143 Art. 2 III GPÜ wird insoweit konkretisiert.

144 Dies sind in aller Regel Fragen über Voraussetzungen und Umfang der Haftung, d.h. Verschulden, Kausalität, Art Umfang und Berechnung des Schadensersatzes, Verjährung und Beweislast.

145 Vgl. hierzu auch Singer, Das neue europäische Patentsystem (1979), S. 150 f. Übereinstimmend auch Hess, Rechtsfolgen von Patentverletzungen im europäischen Patentsystem (1987), S. 48.

Mitgliedsstaaten nach dem GPÜ richten, handelt es sich insoweit um supranationales materielles Einheitsrecht.[146] Damit erübrigt sich die Anknüpfung einer kollisionsrechtliche Vorfrage, denn die Frage, ob ein Gemeinschaftspatent entstanden ist, was sein Inhalt ist und welche Wirkungen es hat, ergeben sich immer aus dem GPÜ selbst.[147]

4. Vereinheitlichung im Markenrecht und Gemeinschaftsmarken-Verordnung

Harmonisierungsbestrebungen gibt es und gab es auch im europäischen Markenrecht. Die internationale Registrierung wird zwar bereits durch das Madrider Marken Abkommen bzw. das Protokoll zum Madrider Markenabkommen ermöglicht, im Gemeinsamen Markt sollen aber auch die nationalen Markenrechte enger zusammenwachsen. Aus diesem Grunde wurde am 21. Dezember 1988 vom Rat der Europäischen Gemeinschaften eine Richtlinie zur Angleichung der Rechtsvorschriften der Mitgliedsstaaten über die Marken erlassen.[148] Diese Richtlinie wurde im neuen Markengesetz vom 1. Januar 1995 umgesetzt.

Neben dieser Richtlinie wurde bereits in den sechziger und siebziger Jahren, angeregt durch die Entwicklungen im Patentrecht, über eine einheitliche europäische Marke nachgedacht.[149] Diese Gemeinschaftsmarke sollte aber nicht als Konvention wie im Patentrecht, sondern auf dem Verordnungswege gemäß Art. 235 EGV geschaffen werden. Die Marken sollten zentral in einem europäischen Markenamt registriert werden. Inhaltlich sollte die Gemeinschaftsmarke dem Gemeinschaftspatent ähneln.[150]

---

146 Die EG-Verordnung gemäß Art. 189 Abs. 2 EGV ist die klassische Form der (einstufigen) supranationalen Rechtsvereinheitlichung in der EG, vgl. Taupitz, Europäische Privatrechtsvereinheitlichung heute und morgen (1993), S. 18 f. Zum Begriff des materiellen Einheitsrechts vgl. die Nachweise oben (Fn. 130). Weder Kollisionsrecht noch materielles Einheitsrecht stellen EG-Richtlinien dar, vgl. MünchKomm-Sonneberger, a.a.O., Rn. 227 mit weiteren Nachweisen; gleichwohl spricht man von Rechtsangleichung, da diese zweistufig über die Umsetzung in nationales Recht erfolgt, wobei in der Praxis häufig nur eine Rechtsannäherung daraus resultiert, vgl. Taupitz, a.a.O., S. 19 f.

147 So auch Hess, a.a.O., S. 47.

148 ABl.EG Nr. L 40/1 vom 11.2.1989

149 Vgl. etwa die Nachweise bei v. Bar, Territorialität des Warenzeichens und Erschöpfung des Verbreitungsrechts im Gemeinsamen Markt (1977), S. 155, die bis in das Jahr 1957 zurückreichen.

150 Zum konkreten Inhalt, der im wesentlichen dem GPÜ entspricht und an dieser Stelle nicht wiederholt werden soll, vgl. unten 4. Kapitel 3. Teil II.

Diese Gemeinschaftsmarken-Verordnung ist nunmehr zum 1.1.1996 in Kraft getreten. Auch die GMVO sieht ein supranationales Schutzrecht mit europaweiter Geltung vor. In einem einzigen einheitlichen Verfahren kann man eine Marke eintragen lassen,[151] die im gesamten Gebiet der Gemeinschaft wirkt. Das materialle Markenrecht der Gemeinschaftsmarke ergibt sich allein aus der GMVO. Aufgrund dieser konstruktiven Übereinstimmnug mit dem GPÜ muß man aus Sicht des Kollisionsrechts zum gleichen Ergebnis gelangen: Auch bei der GMVO handelt es sich um supranationales materielles Einheitsrecht, das heißt, auch für die Gemeinschaftsmarke entfällt damit im Gebiet der Europäischen Gemeinschaft die kollisionsrechtliche Vorfrage. Entstehen, allgemeine Wirkungen und Erlöschen der Gemeinschaftsmarke ergeben sich immer aus der GMVO selbst.

5. Zum Stand der Harmonisierungen auf dem Gebiet des Urheberrechts

Im europäischen Urheberrecht stellt sich naturgemäß eine etwas andere Situation dar als im europäischen gewerblichen Rechtsschutz. Hier spielt die Vereinheitlichung von Eintragungsverfahren keine Rolle, denn Urheberrechte entstehen im Gegensatz zu gewerblichen Schutzrechten originär,[152] das heißt, sie hängen nicht von einer vorherigen Eintragung ab.[153] Aus diesem Grunde konzentrierte sich das Harmonisierungsstreben auf die Angleichung der nationalen Vorschriften über die urheberrechtlich geschützten Werke,[154] denn auch die

---

151 Gemäß Art. 6 GMVO kann die Gemeinschaftsmarke nur durch Eintragung erworben werden, ein Erwerb durch Benutzung wie auch ein Recht der Ausstattung sind nicht vorgesehen.

152 Vgl. hierzu ausführlich unten 3. Kapitel I 4 c. Allerdings ist es gemäß § 4 Nr. 2 und 3 Markengesetz auch möglich eine Marke ohne Eintragung zu erwerben, aufgrund der Verkehrsgeltung eine Zeichens bzw. aufgrund notorischer Bekanntheit im Sinne des Art. 6bis PVÜ.

153 Dies war nicht immer so. Bis zum Inkrafttreten des aktuellen Urhebergesetzes im Jahre 1965 gab es in Deutschland eine Urheberrolle, ähnlich der Rolle für Warenzeichen. Eine solche Eintragungsverpflichtung besteht noch heute in Spanien. Aufgrund der in Art. 5 II Satz 1 RBÜ normierten Unabhängigkeit von Förmlichkeiten gilt diese aber nur für Inländer.

154 Vgl. etwa das Grünbuch der EU-Kommission über das Urheberrecht und die technologische Herausforderung, KOM (88) 172, endg. Juni 1988 sowie das Arbeitsprogramm der Kommission auf dem Gebiet des Urheberrechts und der verwandten Schutzrechte, GRUR Int. 1991, 359.

Existenz unterschiedlicher Urheberrechtsordnungen im gemeinsamen Markt kann zu einer Aufspaltung der Märkte führen.[155]

Eine faktische Angleichung, vor allem für den Bereich des deutschen UrhG, führte die „Phil Collins"-Entscheidung des EuGH herbei.[156] Diese stellte klar, daß die Rechte der ausübenden Künstler gemäß §§ 73 - 84 UrhG, die teilweise aufgrund der fremdenrechtlichen Regelung des § 125 I UrhG deutschen Staatsangehörigen vorbehalten waren, EU-Ausländern wegen des allgemeinen Diskriminierungsverbots gemäß Art. 6 I EGV[157] nicht mehr vorenthalten werden dürften. EU-Ausländer sind somit nach den Urheberrechtsgesetzen[158] der anderen EU-Staaten in vollem Umfang wie Inländer zu behandeln und die Staatsangehörigkeit ist kein zulässiges Anknüpfungskriterium mehr.

Darüber hinaus erfolgte eine umfassende Angleichung der nationalen Urheberrechte mit Hilfe von Richtlinien. So wurde die EG-Computerrichtlinie[159] mit Gesetz vom 9.6.1993 fast wortgleich durch Schaffung der §§ 69 a ff. in das deutsche UrhG übernommen. Die EG-Vermietrichtlinie,[160] die bis zum 1.7.1994 umzusetzen war, harmonisierte neben dem Vermiet- und Verleihrecht auch das Aufzeichnungsrecht, das Vervielfältigungsrecht, das Recht der öffentlichen Sendung und Wiedergabe und das Verbreitungsrecht. Die Satelliten- und Kabel-

---

155 Der EuGH hat in seiner Rechtsprechung zur Erschöpfungslehre klargestellt, daß der Bestand der Immaterialgüterrechte, im Gegensatz zur Ausübung, im Hinblick auf den gemeinsamen Markt keinen Beschränkungen unterworfen ist. Dies konnte bis zur Umsetzung der Schutzdauer-Richtlinie dazu führen, daß aufgrund unterschiedlicher Schutzdauer in zwei Mitgliedsstaaten, die Einfuhr in den einen Staat nach Ablauf der Schutzfrist möglich war, während sie in den Staat mit der längeren Schutzfrist nach wie vor durch das dortige Urheberrecht verwehrt war; hierzu sogleich.

156 Urteil des EuGH vom 20.10.1993, Rs. C-92/92 und C-326/92, NJW 1994, 375ff. mit Anm. Loewenheim = GRUR Int. 1994, 53ff. = ZUM 1993, 612ff. = JZ 1994, 142ff. m. Anm. Schack = IPRax 1994, 287 ff. mit Anm. Braun. Dies hatte die Änderung des § 120 Abs. 2 Nr. 2 UrhG zur Folge.

157 Des früheren Art. 7 I EWGV

158 Gemäß Rn. 14 der Entscheidungsgründe gilt die Entscheidung des EuGH nicht nur für die Leisungsschutzrechte, sondern für das gesamte Urheberrecht i.e.S.

159 Richtlinie des Rates vom 14.5.1991 über den Schutz von Computerprogrammen, Abl. EG Nr. L 122/42 vom 17.5.1991 = GRUR Int. 1991, 336 ff.; vgl. hierzu Dreier, GRUR Int. 1993, 781.

160 Richtlinie des Rates vom 19.11.1992 zum Vermietrecht und Verleihrecht sowie zu bestimmten dem Urheberrecht verwandten Schutzrechten im Bereich des geitigen Eigentums, Abl. EG Nr. L 346/61 vom 27.11.1992 = GRUR Int. 1991, 111 ff.; vgl. hierzu auch v. Lewinski, GRUR Int. 1991, 104 ff.

fernsehrichtlinie[161] sollte den Weg zu einem einheitlichen audivisuellen Raum innerhalb der Gemeinschaft ebnen und insbesondere die Frage des Rechteerwerbs für die Sendung in mehreren EG-Staaten regeln. Sie wurde mittlerweile in den §§ 20 a und 20 b UrhG umgesetzt. Im Bereich der Schutzdauer führte die EG-Richtlinie 93/98/EWG[162] zu einer erheblichen Veränderung innerhalb der meisten EG-Mitgliedsstaaten. Die Richtlinie sieht eine EU-weit eine einheitliche Schutzdauer von 70 Jahren post mortem auctoris vor und war bis zum 1. Juli 1995 umzusetzen.[163] Gemäß Art. 10 II der Richtlinie soll in allen Staaten der Gemeinschaft ab dem 1. Juli 1995 der Schutz auch für inzwischen gemeinfreie Werke wieder aufleben, wenn sie zumindest in einem Mitgliedsstaat noch geschützt sind.[164]

Die Richtlinie betreffend den Schutz von Datenbanken[165] wurde inzwischen ebenfalls in Form der §§ 87 a ff. UrhG umgesetzt. Hinzu kommen sollen, wie von der EU-Kommission bereits angekündigt, weitere Richtlinien zur Harmonisierung des privaten Vervielfältigungsrechts, des Folgerechts und des Urheberpersönlichkeitsrechts.[166]

---

161 Richtlinie 93/83/EWG des Rates vom 27.9.1993 zur Koordinierung bestimmter Urheber- und leistungsschutzrechtlicher Vorschriften betreffend Satellitenrundfunk und Kabelweiterverbreitung, ABl. EG Nr. L 248/15 vom 6.10.1993 = GRUR Int. 1993, 936; hierzu ausführlich im 5. Kapitel III 3 c.

162 Richtlinie 93/98/EWG des Rates vom 29.10.1993 zur Harmonisierung der Schutzdauer des Urheberrechts und bestimmter verwandter Schutzrechte, Abl.EG Nr. L 290 vom 24.11.1993 = GRUR Int. 1994, 141 ff. Dies war notwendig, da der Schutzfristenvergleich des Art. 7 VIII RBÜ nicht in den Anwendungsbereich des Art. 6 I EGV fällt, denn es wird auf die nationale Rechtslage und nicht auf die Staatsangehörigkeit abgestellt. Die Umsetzungsfrist endete am 1. Juli 1995.

163 Dies gilt sowohl für Werke der Literatur und Kunst wie auch für Filmwerke. Die Harmonisierung ändert für den Bereich des deutschen UrhG im Hinblick auf § 64 I nichts, da das deutsche UrhG bereits eine Schutzdauer von siebzig Jahren post mortem auctoris vorsah.

164 Flechsig/Klett, ZUM 1994, 685, 696 f. führen das Beispiel England an, wo bisher nur 50 Jahre lang geschützt wurde, für den Fall, daß ein Werk in Deutschland am 1.7.1995 noch Schutz genießt. In diesem Falle lebt der Schutz in England bis zum Ende der 70 Jahre p.m.a. wieder auf; vgl. auch Schack, GRUR Int. 1995, 310 ff. zum „Schutzfristenchaos im europäischen Urheberrecht".

165 Vgl. Richtlinie des Rates 96/9/EG vom 11.3.1996 über den Schutz von Datenbanken, ABlEG Nr. L 77/96 vom 27.3.1996. Zu diesem Richtlinienentwurf und seinen Wirkungen auf das Kollisionsrecht vgl. ausführlich im 5. Kapitel IV 4 b.

166 Vgl. das Arbeitsprogramm der Kommission, GRUR Int. 1991, 359 sowie Dreier, GRUR Int. 1992, 739 ff. Geplant ist darüberhinaus eine Regelung der kollektiven Verwertung von Urheber- und Leistungsschutzrechten und zur Reprographie.

Aufgrund der weitgehenden Harmonisierung der Schutzvorschriften auf hohem Niveau in der EU und nicht zuletzt der Rechtsprechung des EuGH, bleibt für die internationalen Übereinkommen auf dem Gebiet des Urheberrechts bereits jetzt in den durch Richtlinien harmonisierten Fragen aufgrund ihres geringeren Schutznineaus durch Mindestrechte für den Bereich des Gemeinsamen Marktes kaum noch ein Anwendungsbereich.[167]

IV. Zwischenergebnis - Die Quellen des Kollisionsrechts und der Anwendungsbereich des autonomen IPR

Für die Frage, welche Rechtsquellen bei der Verletzung von Immaterialgüterrechten in Betracht kommen, gilt somit folgendes: Grundsätzlich bestimmt sich die Frage des anzuwendenden Rechts nach den internationalen Konventionen, soweit diese ausdrücklichen Kollisionsnormen enthalten. Wird daher in einem Staat gegen immaterialgüterrechtsbezogene Benutzungshandlungen geklagt, hat dessen internationales Privatrecht, modifiziert durch die kollisionsrechtlichen Regelungen der internationalen Konventionen, die im nationalen Recht mitenthalten sind, das anwendbare Recht und damit das Schutzland festzulegen. Dieser Gedanke ist allen Konventionen immanent.

Außerhalb der Konventionen, das heißt im Rechtsverkehr mit Nichtmitgliedern bei gleichzeitiger Nichtanwendbarkeit konventioneller Vorschriften,[168] wobei die Zahl solcher Fälle mittlerweile angesichts der Mitgliederzahlen der großen Konventionen und der Vielzahl bilateraler Abkommen außerordentlich gering sein dürfte, muß die Frage nach dem anwendbaren Recht von jedem Staat durch sein eigenes, autonomes IPR beantwortet werden.

---

167 Flechsig/Klett, a.a.O., S. 698 bezeichnen die internationalen Übereinkommen als obsolet. In diesem Zusammenhang sei insbesondere auf die Entscheidungen des EuGH vom 10.7.1991 in den Rechtssachen T-69/89 RTE gegen Kommission der Europäischen Gemeinschaften, T-70/89 BBC und BBC Enterprises Limited gegen Kommission der Europäischen Gemeinschaften und T-76/89 Independent Television Publications Ltd. gegen Kommission der Europäischen Gemeinschaft hingewiesen (vgl. auch oben Einleitung, Fn. 17), in denen festgestellt wurde, daß die Bestimmungen der Revidierten Berner Übereinkunft zwischen den EG-Mitgliedsstaaten dann nicht angewendet werden müssen, wenn sie im Einzelfall EG-Recht widersprechen.

168 Es sind einzelne Fälle vorgesehen, in denen Konventionsrecht auch im Verhältnis zu Drittstaaten zur Anwendung kommt, vgl. Art. 3 I (b) PVÜ, der Angehörige von Nichtmitgliedsstaaten, die ihre Werke in einem Mitgliedsstaat der RBÜ zum erstmalig veröffentlichen, ebenfalls die Rechte der Berner Übereinkunft gewährt. Art. 3 II RBÜ stellt die Staatsangehörigen von Nichtmitgliedsstaaten, die ihren Wohnsitz in einem Mitgliedsstaat haben, Staatsangehörigen von Verbandsländern gleich.

Im Bereich des europäischen Binnenmarktes muß man trennen: Für die nach nationalen Vorschriften wirksamen Immaterialgüterrechte, auch die nach dem EPÜ, gilt ebenfalls das autonome IPR, da auch hier materielle und kollisionsrechtliche Vereinheitlichungen fehlen. Es ist jedoch gleichfalls vom Grundsatz der Anknüpfung am Schutzland auszugehen. Für die nach einheitlichem Recht zustandegekommenen Gemeinschaftspatente und Gemeinschaftsmarken bestimmt sich die kollisionsrechtliche Vorfrage bezüglich Entstehen, Inhalt, allgemeinen Wirkungen und Bestand aus den zugrundeliegenden Regelwerken selbst, da insoweit materielles Einheitsrecht vorliegt. Im Rechtsverkehr außerhalb der EU besteht hingegen kein Unterschied zu nationalen Patenten und Marken.

Ist festgestellt, welche Rechtsordnung auf einen bestimmten Sachverhalt anzuwenden ist, bestimmt sich die Frage des Schutzumfangs nach dem um das nationale Fremdenrecht erweiterten materiellen Recht des Schutzstaates. Zu diesem gehören freilich auch die internationalen Konventionen in ihrem fremdenrechtlichen Gehalt, also Inländerbehandlung und Mindestrechte sowie Prioritätsrechte, da sie als multinationales Fremdenrecht dem nationalen vorgehen.

3. Kapitel - Die materiellrechtlichen Grundlagen der Anknüpfung

I. Das Territorialitätsprinzip als Grundlage des Geltungsbereichs gewerblicher Schutzrechte und des Urheberrechts

Die Frage, welchem Recht die Immaterialgüterrechte unterliegen sollen, hängt, wie dies im Einführungskapitel bereits angedeutet wurde, entscheidend davon ab, wie weit sich ihr Geltungsbereich erstreckt. Denn anders als körperliche Gegenstände, die in ihrer Existenz jederzeit lokalisierbar sind und schon deswegen stets der Rechtsordnung zugeordnet werden können, auf deren Territorium sie sich befinden, sind immaterielle Güter nicht in vergleichbarer Weise belegen, sondern im Sinne eines geistigen Eigentums weltweit vorhanden, also im tatsächlichen Wortsinne ubiquitär.

Die lex rei sitae im internationalen Sachenrecht ergibt sich aus der sachenrechtlichen Zuordnung einer Sache unter die Rechtsordnung des Staates, auf dessen Gebiet sie sich befindet. Die Belegenheit ist eine tatsächliche und keine Rechtsfrage. Immaterielle Güter verdanken ihre Entstehung hingegen der rechtlichen Anerkennung in einem bestimmten Staat. Aus diesem Grunde sollen nach herrschender Ansicht alle Immaterialgüterrechte dem sogenannten Territorialitätsprinzip unterliegen,[1] also rechtlich nur in dem Gebiet existieren, dessen Rechtsordnung seinen Geltungsgrund setzt oder sie anerkennt.[2] Demgegenüber

---

1 So die ganz überwiegende Ansicht in der Literatur; vgl. allgemein Ferid, IPR, § 7-105, 110; Firsching, IPR, § 35 2 c dd; Raape, IPR, § 64 I; Lichtenstein, NJW 1964, 1208, 1209 mit weiteren Nachweisen; MünchKomm-Kreuzer, Nach Art. 38 EGBGB, Anh. II, Rn. 3; Sandrock, in: v. Cämmerer, Vorschläge und Gutachten (1983), 380, 390 ff., 399 ff. (UrhR) bzw. 403 ff. (Gew. SRe); Soergel-Kegel, Art. 7 EGBGB Anh., Rn. 23; Staudinger-Firsching, Vor Art. 12 EGBGB, Rn. 432; Troller, in: Problemi attuali, S. 1126 ff.; Ulmer, Die Immaterialgüterrechte (1975), Nr. 14; ders., RabelsZ 41 (1977), 479, 485; Weber, Die Behandlung von Patent-, Warenzeichen- und Urheberrechtsverletzungen (1968), S. 7. Für Patente: Benkard-UllmannPatG, Einl. VI, Rn. 1; Nirk, Mitt.Pat. 1969, 328, 329; weitere Nachweise bei Schikora, Der Begehungsort (1968), S. 52 (Fn. 1). Für die Marke: Busse/Starck, § 15 WZG, Rn. 6; weitere Nachweise bei Schikora, a.a.O., S. 66 (Fn. 1). Für das Urheberrecht: Bappert/Maunz/Schricker, Urhebergesetz, Einleitung, Rn. 30; Benkard/Ullmann, UrhG, Einl. VI, Rn. 1; v. Gamm, Urhebergesetz, Einführung, Rn. 29, 142 und § 11, Rn. 9; Hubmann/Rehbinder, Urheberrecht, § 11 II 2; Schricker-Katzenberger, Vor §§ 120 ff. UrhG, Rn. 120; Spoendlin, UFITA Bd. 107 (1988), 11, 13 ff.; Ulmer, Urheber- und Verlagsrecht (1980), § 13 I, II; weitere Nachweise bei Schikora, a.a.O., S. 74 (Fn. 1). Zur Rechtsprechung vgl. unten Fn. 44, 45 und 53.

2 Vgl. Lichtenstein, Der gewerbliche Rechtsschutz im internationalen Privatrecht, NJW 1964, 1208, 1209.

steht das früher vertretene Universalitätsprinzip,[3] das auf die Immaterialgüterrechte als allgegenwärtige, nirgendwo belegene Rechte abstellt und demzufolge von der weltweiten Geltung der Immaterialgüterrechte ausgeht.[4] Beide Begriffe sollen im folgenden näher beleuchtet und im Hinblick auf ihre Tauglichkeit zur Konfliktlösung untersucht werden.

1. Der Begriff der Territorialität

Der Ursprung des Begriffs der Territorialität ist heutzutage nicht mehr feststellbar. Wahrscheinlich entspringt er dem internationalen öffentlichen Recht.[5] Bereits die Begriffsbestimmung bereitet jedoch Schwierigkeiten.[6] Denn der Begriff umschließt zwei völlig verschiedene Bedeutungen des Wortes Territorialität: einmal die Bestimmung des Anwendungsbereichs von Normen oder Gesetzen im Gegensatz zum Prinzip der Personalität,[7] und zweitens die aner-

---

3 Vgl. etwa die „Hoff"-Entscheidung des Reichsgerichts aus dem Jahre 1886, RGZ 18, 28.

4 Vgl. hierzu Neuhaus, Grundbegriffe, § 23 II 3 und 4 sowie Schack, Urheberrecht, Rn. 806 ff.

5 Vgl. MünchKomm-Sonnenberger, Einl. EGBGB - IPR, Rn. 272 ff.; Staudinger-Stoll, Nach Art. 12 EGBGB, Rn. 128 ff. mit weiteren Nachweisen; BGHZ 31, 371; 62, 343; 64, 189. Ein besonderer Anwendungsfall ist das internationale Enteignungsrecht, vgl. insoweit v. Bar, IPR Bd. I, § 4, Rn. 270 ff. Nicht mehr vom Territorialitätsprinzip geprägt ist hingegen das internationale Konkursrecht, vgl. Kuhn/Uhlenbruck, Konkursordnung, § 1, Rn. 6.

6 Zur Territorialität allgemein vgl. auch MünchKomm-Sonnenberger, Einl. EGBGB - IPR, Rn. 274; sehr ausführlich auch v. Bar, IPR, a.a.O. Bd. II, § 6, Rn. 703 ff.; Hubmann, Gew. Rechtsschutz, a.a.O. § 7 II 2.; Hubmann/Rehbinder, Urheberrecht, a.a.O. § 11 II 2. Nicht verstanden werden darf der Territorialitätsbegriff dahingehend, daß ein Staat nur seine eigenen Organe unmittelbar befehlen kann oder daß öffentliches Recht in einem bestimmten Territorium gilt, vgl. MünchKomm-Sonnenberger, a.a.O. Sicherlich unrichtig ist es auch zu sagen, Territorialität beschreibe nur den Zustand, der sich zwangsläufig daraus ergibt, daß jeder Staat seine eigene Gesetzgebungshoheit besitze, vgl. Spoendlin, UFITA Bd. 107 (1988), 11, 14. Wäre dies der Fall, müßten alle Rechtsvorgänge von diesem Prinzip geprägt sein. Dies ist aber anerkanntermaßen nicht so.

7 Territorialität ist insoweit im Sinne der „Selbstlimitierung" eines Gesetzes oder einer Norm zu verstehen. Hierunter sollen auch die gewerblichen Schutzrechte fallen, da sie durch staatlichen Akt verliehen werden, was bereits tatbestandlich eine Limitierung auf den Erlaßstaat bedeute, vgl. Neuhaus, Grundbegriffe, 2. Aufl. (1976), § 23, S. 180; Weigel, Gerichtsbarkeit, internationale Zuständigkeit und Territorialitätsprinzip im deutschen gewerblichen Rechtsschutz (1973), S. 109. Gegen eine Selbstlimitierung zumindest des Markenrechts aber Deutsch, Wettbewerbstatbestände mit Auslandsbeziehung (1962), S. 21. Eine personale Anknüpfung findet beispielsweise im internationalen

kannte (ebenfalls räumliche) Beschränkung der tatsächlichen Wirkung bzw. Durchsetzbarkeit einer Norm, eines Rechtsaktes oder eines Rechtsverhältnisses, im Gegensatz zur Universalität.[8] Letztere Abgrenzung ist für die Behandlung der Immaterialgüterrechte die maßgebende.

Im Rahmen der Beschränkung des Wirkungsbereichs einer Norm unterscheidet *Neuhaus* weiter relative und absolute Territorialität. Absolute Territorialität bedeute, daß eine ausländische Rechtserscheinung als solche grundsätzlich ignoriert werde, da im inländischen Verfahren auch nur inländisches Recht zur Anwendung gelangen könne.[9] Relative Territorialität bedeute, daß dem ausländischen Recht zwar auch nur für sein Gebiet unmittelbare Wirkungen zugesprochen werde, für das Inland aber gegebenenfalls eine mittelbare Wirkung dahingehend in Betracht komme, daß auch bei Verletzung ausländischer Rechte diese im Inland festgestellt und geltend gemacht werden könnten; zu letzterer Kategorie zählten auch die Immaterialgüterrechte.[10]

Deutsch versucht, die territoriale Wirkung der Immaterialgüterrechte aus markenrechtlicher Sicht zu erklären: Diese ergebe sich nicht aus dem auf das Staatsgebiet beschränkten Geltungsbereichs eines Gesetzes, sondern folge aus dem Wirkungsbereich einer Norm.[11] Grundsätzlich habe eine Sachnorm, unter der Voraussetzung, daß sie durch eine Kollisionsnorm zur Anwendung berufen werde, extraterritoriale Wirkung.[12] Das Territorialitätsprinzip diene lediglich zur Aufhebung dieser Wirkung, und zwar in dreierlei Weise: entweder durch einsei-

---

Erbrecht statt. Ein Beispiel für eine territoriale Anknüpfung im weiteren Sinne ist das internationale Sachenrecht.

8 Vgl. Neuhaus, a.a.O., § 23.

9 Vgl. Neuhaus, a.a.O., § 23 II 1.

10 Vgl. Neuhaus, a.a.O., § 23 II 2. (S. 183 f.) mit weiteren Nachweisen; unter den Begriff der Territorialität fallen hiernach auch die Territorialität des öffentlichen Rechts und insbesondere die internationale Enteignung. Sofern allerdings die internationalen Konventionen ausländische Rechtsverhältnisse entsprechenden inländischen- gleichstellten, liege hingegen relative Universalität vor. Hier nennt Neuhaus das Madrider Markenabkommen als Beispiel. Gleichfalls hierzu zählten die Rechtsinstitute, die nur deliktsrechtlichen Schutz genössen; sie würden zwar als Rechtsinstitut universal anerkannt, aber nur nach Maßgabe des jeweiligen Deliktsstatuts geschützt. Die Immaterialgüterrechte sollten mittlerweile allerdings ebenfalls zur relativen Universalität tendieren, vgl. a.a.O., S. 186.

11 Insoweit teilweise übereinstimmend mit Neuhaus, vgl. a.a.O., § 23 II bzw. oben Fn. 8 f.

12 Vgl. Deutsch, Wettbewerbstatbestände mit Auslandsbeziehung (1962), S. 21; ders., in: Die Warenzeichenlizenz (1966), S. 463 ff., 471; vgl. auch Gutzwiller, Der Geltungsbereich der Währungsvorschriften (1940), S. 36: „Unser Recht „gilt"; fremdes Recht „gilt" bei uns nicht... Das fremde Recht „wenden" wir nur an."

tige Beschneidung des Wirkungsbereichs der eigenen Sachnorm oder durch Unterwerfung eines Vorgangs auf dem Hoheitsgebiet eines Staates ausschließlich unter das innerstaatliche Recht oder durch die begrenzte Verweisung einer Kollisionsnorm nur auf die innerstaatlichen Vorgänge.[13] Zu letzterer solle jedenfalls auch die Gebietsbeschränkung des Markenrechts gehören.[14] Gegen die Einordnung des Markenrechts unter die letzte Kategorie spricht allerdings, daß zwar einerseits das eigene Recht nicht ohne eine Souveränitätsverletzung anderer Staaten auf das Ausland ausgedehnt werden kann, es jedoch anerkanntermaßen möglich ist, ausländische Sachverhalte in einen Inlandsvorgang miteinzubeziehen.[15] Dies ist etwa im Rahmen der Erschöpfung der Fall[16] oder bei grenzüberschreitenden Verletzungshandlungen.[17] Hinzu kommt, daß das Territorialitätsprinzip, so viel sei vorweg genommen, dem Sachrecht angehört. Mit der Argumentation Deutschs erhebt man es aber zum kollisionsrechtlichen Prinzip.[18] Zutreffender erscheint daher jedenfalls für das Marken- und das Patentrecht die Einordnung unter die erste Kategorie, das hießt die einseitige Begrenzung der Anwendbarkeit der eigenen Sachnorm auf das Inland, denn dies schließt zum einen die Heranziehung ausländischer Tatbeiträge nicht aus und beläßt das Territorialitätsprinzip im Sachrecht.

Abschließend läßt sich damit folgendes sagen: das Territorialitätsprinzip bedeutet, jedenfalls aus immaterialgüterrechtlicher Sicht, grundsätzlich die auf das Gebiet eines Staates begrenzte Wirkung eines Rechtsaktes (des verliehenen Schutzrechts) oder einer Rechtsnorm, es besagt jedoch nicht, daß ausländische

---

13 Vgl. Deutsch, in: Die Warenzeichenlizenz (1966), S. 463 ff., 471; sich anschließend Pfaff, in: Handbuch des Ausstattungsrechts (1986), S. 1109, 1123.

14 Vgl. Deutsch, a.a.O.

15 Vgl. allgemein Schricker-Katzenberger, Vor §§ 120 ff. UrhG, Rn. 123. Als Beispiel sei der Erwerb eines inländischen Schutzrechts aufgrund der Schöpfung oder Erfindung im Ausland genannt.

16 Vgl. hierzu unten 3 c.

17 Vgl. hierzu ausführlich unten 5. Kapitel II.

18 Den Charakter einer Kollisionsnorm schreiben dem Territorialitätsprinzip außer Deutsch, a.a.O., S. 21, offensichtlich auch Andermann, Territorialitätsprinzip im Patentrecht und gemeinsamer Markt (1975), S. 81; Kleine Urheberrechtsverträge im IPR (1986), S. 7; Schikora, Der Begehungsort (1968), S. 58 und Troller, in: Problemi attuali (1977), S. 1125, 1126 zu. Ausdrücklich von einer „Rechtsanwendungsnorm" spricht auch v. Ungern-Sternberg, Die Rechte der Urheber an Rundfunk- und Drahtfunksendungen (1973). Ähnlich auch auch BGHZ 80, 101, 104 sowie das OLG Hamburg GRUR 1979, 235, 237. v. Bar, IPR Bd. 2, Rn. 707 f. spricht von einem kollisionsrechtlichen Teritorialitätsprinzip, das er vom sachrechtlichen trennt. Genauer betrachtet, meint er damit aber nichts anderes als die Anknüpfung am Recht des Schutzlandes.

Gegebenheiten bei der inländischen Rechtsanwendung keine Berücksichtigung finden können. Für die staatlich verliehenen gewerblichen Schutzrechte beruht Territorialität zugleich auf der (stillschweigenden) tatbestandlichen Begrenzung des Anwendungsbereichs der zugrundeliegenden Norm.[19]

2. Die rechtsdogmatische Entwicklung zu einer territorialen Begrenzung von Immaterialgüterrechten

Die Begründung der territorialen Begrenzung von Immaterialgüterrechten erfolgte nicht von heute auf morgen. Es läßt sich deutlich eine Entwicklung erkennen, für jedes Recht etwas unterschiedlich, von den Anfängen des modernen gewerblichen Rechtsschutzes und Urheberrechts bis zur endgültigen Anerkennung dieses Prinzips durch die herrschende Ansicht in der Literatur und die Rechtsprechung.

a) Im Markenrecht

aa) Der frühere Ausgangspunkt - Persönlichkeitsrecht und Universalitätsprinzip

Bis in die zwanziger Jahre dieses Jahrhunderts verstand man das Markenrecht dahingehend, daß hierdurch Persönlichkeitsrechte geschützt würden.[20] Dies führte zur Annahme der universalen Geltung deutschen Markenrechts,[21] d.h. im Gegensatz zur oben beschriebenen Territorialität auch außerhalb der Grenzen des Verleihungsstaates Deutschland, denn Persönlichkeitsrechte seien nur an die

---

19 Nach der Einordnung von Neuhaus, a.a.O., S. 179 ff., würden die Immaterialgüterrechte insgesamt auf drei seiner Kategorien zutreffen: die verliehenen gewerblichen Schutzrechte unter den Anwendungsbereich einer Norm, alle Immaterialgüterrechte unter die relative Territorialität des Wirkbereichs einer Norm und schließlich alle Rechte nochmals unter den Begriff der relativen Universalität als deliktsrechtlich geschützte Güter. Die Verwirrung ist somit vorprogrammiert. Die Kongruenz bei gewerblichen Schutzrechten im Hinblick auf beide Arten der Territorialität bezeichnet er allerdings als Idealverhältnis.

20 Begründet wurde diese Lehre von Josef Kohler, Recht des Markenschutzes (1884), S. 446 und Otto v. Gierke, Deutsches Privatrecht 1. Band (1895), S. 713, 717 und 731. Vgl. auch die Nachweise bei v. Bar, Territorialität des Warenzeichens und Erschöpfung des Verbreitungsrechts im Gemeinsamen Markt (1977), S. 17 f.

21 Die sog. Universalitäts- oder auch Einheitstheorie, wie sie noch heute für das allgemeine Persönlichkeitsrecht gilt; vgl. insoweit Hubmann, Persönlichkeitsrecht (1960), S. ... Mit dem Begriff der Universalität hat sich auch Neuhaus, Grundbegriffe, § 23 II 3 u. 4 beschäftigt.

Person des Trägers geknüpft und entfalteten deswegen keine örtliche Wirkung, sondern seien quasi weltumspannend.[22] Unterschiedlich betrachtet wurde allerdings teilweise die Wirkung bzw. der Schutz im Ausland. Einige Vertreter der genannten Ansicht gingen davon aus, daß die Marke dort nur Ausstrahlung des inländischen Persönlichkeitsschutzes sei, weshalb das Universalitätsprinzip nicht so zu verstehen sei, daß hierdurch die Geltung deutschen Rechts im Ausland bezweckt würde, sondern vielmehr dahingehend, daß den deutschen Gerichten auch bei Verletzungshandlungen, die sich in vollem Umfang im Ausland abgespielt hatten und lediglich aufgrund der Staatsangehörigkeit der Parteien einen Bezug zu Deutschland aufwiesen, möglich sein sollte, zu entscheiden.[23]

Auch die Rechtsprechung übernahm dieses Universalitätsprinzip in der bereits genannten „Hoff"-Entscheidung des Reichsgerichts.[24] Das Reichsgericht ging sogar so weit, die Möglichkeit der Verletzung deutschen Warenzeichenrechts in den USA anzunehmen, mithin also die Geltung des deutschen WZG auf das Gebiet der USA auszudehnen.[25] Begründet wurde dies damit, daß die universale Geltung des Namensrechts[26] wegen der Verknüpfung mit dem Handelsunternehmen auch für das ebenfalls hiermit verknüpfte Warenzeichen gelten müsse.[27] Bei genauerer Betrachtung dieser Rechtsprechungspraxis stellt man allerdings fest, daß dieses so verstandene Universalitätsprinzip nur nach außen, für deutsche Marken im Ausland, vertreten wurde, nicht jedoch auch umgekehrt

---

22 Vgl. Kohler, Warenzeichenrecht (1910), S. 206.

23 Dies wird vor allem dann deutlich, wenn auf die Einheit der Rechtsordnung und die Vorschriften des Strafgesetzbuches verwiesen wurde, die Auslandshandlungen von Deutschen durchaus sanktionierten; in diesem Sinne etwa Riezler, Deutsches Urheber- und Erfinderrecht (1909), S. 74 f. mit weiteren Nachweisen.

24 RGZ 18, 28 ff. Beispiele für Entscheidungen aus der Zeit vor Inkrafttreten der internationalen Übereinkommen fehlen allerdings.

25 Gegenstand des Rechtsstreits zwischen der Berliner Brauerei Hoff und einer Hamburger Firma, die in den USA Malzbier mit dem gleichen Warenzeichen vertrieb, wie es die Brauerei Hoff in Deutschland hatte schützen lassen, war die Frage, ob die Berliner Brauerei kraft ihres in Deutschland geschützten Warenzeichens der Hamburger Brauerei auch den Vetrieb in die USA untersagen konnte.

26 Das eigentlich einen rein persönlichkeitsrechtlichen Einschlag hat, allerdings taucht dann früher oder später die Frage auf, wie es sich mit dem Namen verhält, der gleichzeitig markenrechtlichen Schutz genießt, da er eine Handelsfirma oder ein Unternehmen kennzeichnet. Der Schutz des Handelsnamens ist inzwischen im neuen Markengesetz verwirklicht. Zu dieserm Fragenkreis vgl. unten 4. Kapitel 1. Teil II 4 a.

27 Vgl. das RG, a.a.O., S. 32.

für die Verletzung ausländischer Marken in Deutschland.[28] Diese Rechtsprechungspraxis behielt das RG noch bis zum Jahre 1927 bei.[29]

bb) Zweifel am Universalitätsprinzip

Erste Zweifel an diesem Prinzip der Geltung des Warenzeichens kamen in der Literatur auf, als das Deutsche Reich den großen Konventionen beitrat. Deren Existenz überhaupt war bereits ein Argument für die territoriale Begrenzung des Warenzeichens, denn universal gültige Rechte bedürften solcher Hilfsmittel nicht.[30] Außerdem wurde auf die Probleme bezüglich der Gesetzgebungssouveränität anderer Staaten aufmerksam gemacht.[31] Schließlich wies man auch auf das Haftungsrisiko hin, das dadurch entstehen würde, wenn alle Staaten ihre Warenzeichen universal gelten ließen; dann würden viele erlaubte Benutzungshandlungen im Inland unzählige ausländische Warenzeichen verletzen, deren Inhaber dann gegen die ausländischen Niederlassungen klagen würden.[32] Alle diese Gründe[33] bewogen schließlich sogar den Begründer der Universalitätslehre im Warenzeichenrecht, Josef Kohler, sich gegen diese zu wenden.[34]

cc) Die Aufgabe des Universalitätsprinzips und die Begründung des Territorialitätsprinzips

Nachdem die Kritik immer lauter geworden war, kam schließlich auch das Reichsgericht vom Universalitätsprinzip ab. In seiner berühmten „Hengstenberg"-Entscheidung vom 20.9.1927[35] folgte das Reichsgericht zum

---

28 Hierrauf weist zurecht Weber, a.a.O. S. 13, hin; vgl. auch seine weiteren Nachweise.

29 Vgl. die Entscheidungen RGZ 45, 145; 51, 263, 267 und RG MuW 26, 110, 111 für das Markenrecht.

30 Vgl. Seligsohn, Die örtlichen Grenzen des Warenzeichenrechts, in: Abhandlungen zum Arbeitsgebiet des RPA (1927), S. 193, 211.

31 Vgl. Hagens, Warenzeichenrecht (1927), § 12, Anm. 6 (S. 188).

32 Vgl. Seligsohn, Die örtlichen Grenzen des Warenzeichenrechts, in: Abhandlungen zum Arbeitsgebiet des RPA (1927), a.a.O., S. 200.

33 Die hier genannten waren nur die wichtigsten, weitere Nachweise finden sich bei v. Bar, Territorialität des Warenzeichens und Erschöpfung des Verbreitungsrechts im gemeinsamen Markt (1977), S. 19 f.

34 Vgl. Kohler, Warenzeichenrecht (1927), S. 208.

35 RGZ 118, 76, 80 u. 82 = MuW 27, 96 ff. = JW 1928, 247 = GRUR 27, 890 ff. - „Hengstenberg"; teilweise findet sich auch die Zitierung „Springendes Pferd".

ersten Mal auch im Warenzeichenrecht dem Territorialitätsprinzip.[36] Das Gericht führte in seinem Urteil aus, daß der Grundsatz der „Nationalität der Marke“ auch für das deutsche Zeichenrecht gelte.[37] Dies bedeute, daß eine im Ausland registrierte Marke im Inland keinen Schutz genieße und auch nicht durch Handlungen im Inland verletzt werden könne.[38] Die Rechtsprechung hat seither an diesem Grundsatz festgehalten.[39]

b) Im Patentrecht

Im Patentrecht wurde die territoriale Begrenzung bereits sehr früh vertreten. Schon 1890, also dreizehn Jahre nach Inkrafttreten des Patentgesetzes von 1877, entschied das Reichsgericht einen internationalprivatrechtlichen Sachverhalt im Sinne des Territorialitätsprinzips.[40] Im Hinblick auf die staatliche Verleihung des Patentrechts und die Tatsache, daß auch keine persönlichkeits- bzw. namensrechtlichen Erwägungen wie im Falle des Markenrechts ins Spiel kamen, wurde die streng territoriale Einordnung des Patentrechts auch in der Literatur nie ernstlich bestritten.[41] Anders wurde allerdings teilweise das allgemeine Erfinderrecht gesehen, dem man einen persönlichkeitsrechtlichen Einschlag beimaß.[42]

---

36 Gegenstand dieser Entscheidung war der Streit zwischen einer deutschen (Hengstenberg) und einer italienischen Gesellschaft, die beide ein springendes Pferd als Markenzeichen auf ihren Konserven verwendeten. Das deutsche Unternehmen hatte sich sein Zeichen als erstes beim Reichspatentamt registrieren lassen und wollte nun wegen der Verwechslungsfähigkeit dem italienischen Unternehmen, welches mittlerweile eine internationale Registrierung nach dem MMA erlangt hatte, die Einfuhr nach Deutschland verbieten. Durch Widerklage verlangte das italienische Unternehmen, daß dem deutschen Hersteller die Ausfuhr aus Deutschland untersagt würde.

37 Vgl. RGZ, a.a.O., S. 81.

38 Vgl. RGZ, a.a.O., S. 83.

39 Vgl. RG GRUR 28, 595, 599 - „Intertype“; RGZ 140, 25, 28 - „Mundharmonika“; RG GRUR 39, 490; BGHZ 18,1 ff.; 22, 1, 14; 39, 220, 228; 41, 84, 91 - „Maja“ und 49, 331, 334.

40 Vgl. RG JW 1890, 280, 281: Gegenstand war die Frage der internationalen Zuständigkeit für die Klage auf patentrechtlichen Schutz gegen die Verletzung einer in England patentierten Lampe. Der Gedanke der territorialen Begrenzung des Patentrechts ist bereits in der Entscheidung RGZ 18, 28, 35 - „Hoff“ vom 2.10.1886 erwähnt und ist seitdem ständige Rechtsprechung, vgl. RGZ 30, 52, 55 vom 15.10.1892 - „Congorot“; RG JW 94, 369; RGZ 46, 14, 16; 51, 139, 140; 51, 263, 266 ff.; 84, 370, 375 und 149, 103, 105 sowie BGH GRUR 68, 195, 196; BGH GRUR 71, 243, 246. Zur Literatur vgl. oben Fn. 1.

41 Anders in der deutschen Literatur allein Neuhaus, RabelsZ 40, 191, 193, der das Universalitätsprinzip auch auf das Patentrecht anwenden will. In der französischen Literatur

c) Im Urheberrecht

Auch im Urheberrecht läßt sich eine Entwicklung hin zur Anerkennung einer territorialen Begrenzung erkennen. Im früheren literarischen Urhebergesetz vom 11.6.1870[43] sahen die §§ 18, 22 und 25 vor, daß das Herstellen, Verbreiten und Feilhalten von Werken, die unter Verletzung des Urheberrechts entstanden waren, auch außerhalb der Grenzen des Norddeutschen Bundes strafbar sein sollte. Hierin wurde vielfach eine Ablehnung des Territorialitätsprinzips gesehen.[44] Im Literarischen Urhebergesetz vom 19. Juni 1901 und im Kunst-Urhebergesetz vom 9. Januar 1907[45] fanden sich solche Normen nicht mehr. Die Diskussion lebte allerdings noch ein Weile fort.[46] Spätestens mit dem Beitritt zur Berner Union am 1. Mai 1903 wurde aber auch für das Urheberrecht, ähnlich wie im

---

findet sich durchaus eine Tradition, alle Immaterialgüterrechte als universal geltende Rechte zu betrachten, vgl. etwa Bartin, Principes du droit international privé (1930 - 1935), Bd. III, S. 57 ff.; ders., Legislation territoriale des monopoles intellechtuelles, Clunet 61(1934), S. 793. Durchgesetzt hatte sich in Frankreich jedoch die kummulative Anwendung des Rechts des Schutzlandes und des Rechts des Ursprungslandes im Sinne materieller Reziprozität, die aber durch das Gesetz vom 8. Juli 1964 abgeschafft wurde. Im Sinne von universalen Immaterialgüterrechten dürfte auch der Entwurf von Schwinds zu einem österreichischen internationalen Privatrecht, ZfRV 1971, 161 ff., zu verstehen sein, denn er schlägt für alle Immaterialgüterrechte die einheitliche Anknüpfung am Recht des Ursprungslandes vor.

42 Das heißt, das Erfinderrecht in seinem persönlichkeitsrechtlichen Bestandteil, da insoweit von einem Dualismus ausgegangen wird; zum Begriff vgl. auch Benkard, PatG, § 6, Rn. 13 und 16; ausführlich hierzu unten 4. Kapitel 1. Teil II 4 c.

43 Der Gesetzestext findet sich im BGBl. des Norddeutschen Bundes 1870, Nr. 19, S. 339 ff. (Titelnr. 506).

44 Vgl. hierzu auch die Nachweise bei Riezler, Urheber- und Erfinderrecht (1909), S. 74 ff.; ähnlich formuliert ist Art. 44 des schweizerischen Urhebergesetzes von 1922, vgl. hierzu Vischer, GRUR Int. 1987, 670, 677.

45 Die genauen Bezeichnungen lauteten: Gesetz betreffend das Urhebergesetz an Werken der Literatur und der Tonkunst (LUG) bzw. Gesetz betreffend das Urheberrecht an Werken der bildenden Künste und der Photographie (KUG), welches in eingeschränkter Form weiterhin für das persönlichkeitsrechtliche Recht am eigenen Bild besteht.

46 Sehr anschaulich auch hier Riezler, a.a.O., S. 74 ff., der wie auch andere vom Gedanken des internationalen Strafrechts ausging. Etwas anders insoweit C. L. v. Bar, Theorie und Praxis des Internationalen Privatrechts, 2. Aufl. (1889), Neudruck 1966, Nr. 339 und Nr. 342, der bereits sehr früh eine territoriale Begrenzung aufzeigte:"...man kümmert sich nicht um die Frage des heimathlichen Rechtes des ausländischen Verfassers, der sein Werk einem inländischen Verleger überlässt.". Lesenswert sind auch die Ausführungen von Kohler, Das Urheberrecht an Schriftwerken und Verlagsrecht, 2. Aufl. (1907), S. 213 f. und 392 ff., der als ehemaliger Begründer des Universalitätsprinzips im Warenzeichenrecht hier in deutliches Votum pro Territorialitätsprinzip abgibt.

Markenrecht, am Universalitätsprinzip gezweifelt. Seit der Entscheidung des Reichsgerichts im 118. Band vom 20.9.1927[47] wurde das Territorialitätsprinzip auch für das Urheberrecht diskutiert und fand Eingang in die deutsche Rechtsprechung.[48] Auch in der Literatur ist es seit langem anerkannt und herrschend.[49]

3. Durchbrechungen des Territorialitätsprinzips

Das Territorialitätsprinzip gilt nicht ausnahmslos im internationalen Immaterialgüterrecht. Es gibt mehrere Durchbrechungen, die Ausdruck der praktischen Grenzen einer territorialen Einordnung der Immaterialgüterrechte sind.

a) Die internationalen Konventionen

Insbesondere die internationalen Abkommen sehen teilweise Ausnahmen vom Territorialitätsprinzip vor oder schwächen dieses ab. So schützt Art. 6bis PVÜ die notorisch bekannte Marke, also echte Weltmarken. Für den Fall der Notorität ist aber weder die Eintragung im Heimatstaat noch der Gebrauch im Inland notwendig. Es genügt, daß die Marke irgendwo für gleiche oder gleichartige Waren benutzt wurde. Es kommt demnach für die Anwendung des Art. 6bis PVÜ nicht auf ein bestimmtes Territorium an.[50]

Art. $6^{quinquies}$ PVÜ sieht für Marken sogenannten telle-quelle-Schutz vor, das heißt sie werden so eingetragen wie sie (eben telle quelle) dies im Ursprungsland schon sind. Die Eintragung im Ursprungsland[51] gibt hiernach und unter dem

---

47 Vgl. RGZ 118, 82.

48 Vgl. BGHZ 80, 101, 104; BGH GRUR 1983, 25 ff.; BGH GRUR 1982, 369 ff.; BGHZ 64, 183, 191 - „August Vierzehn"; OLG Hamburg GRUR Int. 1970, 377, 379 - „Polydor", mit Anm. Ulmer; OLG Koblenz IPRspr. 1966/67 Nr. 182 = GRUR Int. 1968, 164 ff. - „Liebeshändel in Chioggia"; AG Hamburg GRUR Int. 1990, 267 ff.; außerdem dem Grunde nach auch in BGH NJW 1987, 2678 - „Le Corbusier Möbel"; OLG Karlsruhe GRUR Int. 1984, 528; OLG Hamburg AfP 1983, 347; OLG Frankfurt GRUR 1981, 739; OLG Hamburg IPRspr. 1958/59 Nr. 152; OLG München IPRspr. 1958/59 Nr. 153. Rechtsprechung des Reichsgerichts findet sich keine. Allerdings wird in der „Hoff"-Entscheidung kurz auf das Urheberrecht eingegangen, vgl. RGZ 18, 28, 36.

49 Vgl. die Nachweise oben Fn. 1. Nach wie vor ist die Anwendung des Territorialitätsprinzips für das Urheberrecht aber nicht unbestritten, vgl. hierzu ausführlich unten 4. u 5.

50 Vgl. Weber, a.a.O. S. 27 f. mit weiteren Nachweisen. Vgl. auch § 4 Nr. 3 des neuen Markengesetzes, der ausdrücklich auf Art. 6bis PVÜ Bezug nimmt.

51 Wobei dieser nicht mit dem Ort der Ersteintragung identisch ist, den man üblicherweise für Marken als Ursprungsland versteht, sondern gemäß Art. $6^{quinquies}$ A Abs. 2 PVÜ ist

Vorbehalt der Versagungsgründe des Art. 6[quinquies] B PVÜ auch dann ein Recht zum Eintrag im Inland, wenn die Marke hier an sich nicht eintragungsfähig ist. Insofern kommt es ebenfalls nicht auf das jeweilige nationale Recht an, sondern nur auf die Eintragungsfähigkeit im Ursprungsland. Die telle-quelle-Marke erlischt dann zwar grundsätzlich wie eine nationale Marke nach den Vorschriften des Schutzstaates,[52] der Verlust des Schutzes im Ursprungsland stellt aber gemäß Art. 6[quin] D PVÜ einen zusätzlichen Erlöschensgrund dar.[53]

Die internationale Registrierung nach dem Madrider Markenabkommen setzt gemäß Art. 1 Abs. 2 MMA die Registrierung im Ursprungsland voraus.[54] Während eines Zeitraums von 5 Jahren ab der Eintragung im internationalen Register bewirkt der Verlust der Marke im Ursprungsland nach Art. 6 Abs. 2 MMA auch das Erlöschen der IR-Marke.[55] Erst danach tritt volle Unabhängigkeit ein.

Auch Art. 7 VIII RBÜ verweist teilweise auf das Recht des Ursprungslandes. Für die Dauer des internationalen Schutzes werden die Schutzfristen im Schutzland und im Ursprungsland miteinander verglichen und die jeweils kürzere findet Anwendung.[56] Die Schutzdauer im Ursprungsland[57] durchbricht also, sofern sie die Schutzdauer im Schutzland unterschreitet, den ansonsten anzuwendenden Inländerbehandlungsgrundsatz, was eine kummulative Anknüpfung verbunden

---

hierunter der Geschäftssitz des Hinterlegers zu verstehen. Das dort geltende Sachrecht entscheidet also über Ordnungsmäßigkeit der Eintragung und Gültigkeit der Basismarke, vgl. Busse, Art. 6[quinquies] PVÜ, Rn. 4 sowie BGH GRUR 1967, 533, 535.

52 Vgl. MünchKomm-Kreuzer, Nach Art. 38 EGBGB, Anh. II, Rn. 201; Pfaff, in: Schrikker/Stauder, Handbuch des Ausstattungsrechts (1986), S. 1109, 1122 f.; Ulmer, Die Immaterialgüterrechte (1975), Nr. 87.

53 Für eine Durchbrechung des Territorialitätsprinzips daher Weber, a.a.O., S. 28 mit weiteren Nachweisen; Troller, Immaterialgüterrecht Bd. I, S. 136, sieht den Grund der Abhängigkeit vom ausländischen Recht nicht in diesem selbst, sondern erachtet nur den jeweiligen durch das ausländische Recht bewirkten Tatbestand für maßgeblich, was nach seiner Ansicht dennoch für die Unabhängigkeit der Rechte spricht.

54 Dieses ist gemäß Art. 1 Abs. 3 MMA wie bereits im Falle von Art. 6[quin] A Abs. 2 am Ort der gewerblichen Niederlassung des Hinterlegenden zu sehen.

55 Vgl. auch Baumbach/Hefermehl, Warenzeichenrecht, Art. 6 MMA, Rn. 1 bzw. Fezer, Markenrecht, Art. 6 MMA, Rn. 2.

56 Vgl. hierzu aber die EG-Richtlinie 93/98/EWG vom 29.10.1993, Abl. EG Nr. L 290 vom 24.11.1993, GRUR Int. 1994, 141, die innerhalb des europäischen Binnenmarktes eine einheitliche Schutzdauer von 70 Jahren post mortem auctoris festlegt und Art. 7 Abs. VIII RBÜ insoweit verdrängt. Näheres zur Anwendung neben der RBÜ oben 2. Kapitel III 5.

57 Das in diesem Fall gemäß Art. 5 Abs. 4 RBÜ der Ort der ersten Veröffentlichung ist.

mit einer partiellen Teilverweisung auf das Recht des Ursprungslandes bedeutet.[58]

Auch in Art. 14ter I RBÜ wurde eine Abkehr vom Territorialitätsprinzip gesehen. Dieser verweist für die Frage des Folgerechts auf die „innerstaatlichen Rechtsvorschriften". Diese an sich wenig aussagekräftige Verweisung wurde von manchen Autoren auf den Heimatstaat des Urhebers bezogen,[59] was insoweit zu einer Unabhängigkeit von den divergierenden nationalen Vorschriften der Verbandsländer führen würde. Richtigerweise ist unter diesen „Rechtsvorschriften" aber das Recht des Schutzlandes zu sehen; dies ergibt sich aus dem Verweis auf die Heimatgesetzgebung des Urhebers in Art. 14ter Abs. 2, der belegt, daß die RBÜ mit „inländischen Rechtsvorschriften" etwas anderes meinen muß.[60]

Gemäß Art. 4 Madrider-Herkunftsangaben-Abkommen bestimmt das Recht des Ursprungslandes, ob es sich bei einem Weinbauerzeugnis um eine geographische Herkunftsangabe oder um eine Ursprungsbezeichnung handelt, die zusätzlich auf gewisse Eigenschaften hinweist.[61]

---

58 So auch Ulmer, Die Immaterialgüterrechte (1975), Nr. 41. Anders aber Schack, Zur Anknüpfung, Nr. 127, der von einer Retorsionsvorschrift spricht, was einer Kollisionsnorm aber letztlich nicht widerspricht, denn auch diese kann Retorsionswirkung haben. Richtigerweise handelt es sich bei Art. 7 Abs. 8 RBÜ aber um eine Norm der materiellen Reziprozität, die allerdings ausnahmsweise kollisionsrechtlichen Gehalt besitzt; ähnliches gilt für Art. 14ter Abs. 2 RBÜ, der das Folgerecht regelt, zum gesamten Problem vgl. Drexl, Entwicklungsmöglichkeiten des Urheberrechts im Rahmen des GATT (1993), S. 124 ff., 197 ff.

59 Dies ergebe sich aus den Worten „dieses Landes", die hierauf deuteten; vgl. etwa Troller, Das internationale Privat- und Zivilprozeßrecht im gewerblichen Rechtsschutz und Urheberrecht (1952), S. 159; sich hierauf berufend auch Drobnig, RabelsZ 40 (1976), 195, 199. Diese Auslegung wäre allerdings insofern sinnvoller, da sie zu einem Gleichlauf mit dem Erbstatut führen würde, das sich ebenfalls anch dem Heimatrecht des Erblassers bestimmt, vgl. Art. 25 Abs. 1 EGBGB; zum ganzen auch Karnell, GRUR Int. 1968, 25.

60 Zutreffend daher Ulmer, RabelsZ 41 (1977), 479, 500, der den Irrtum Trollers auf die deutsche Übersetzung der Brüsseler Fassung der RBÜ zurückführt. Dort war noch von der Landesgesetzgebung die Rede, vgl. auch Mestmäker/Schulze, Urheberrechtskommentar, Anh. B 1, RBÜ - Brüsseler Fassung, Art. 14bis I.

61 Vgl. hierzu Troller, Das internationale Privat- und Zivilprozeßrecht (1952), S. 21; ders., Immaterialgüterrecht Bd. I, § 17 IV 1. will aber qualitätsbedingte Herkunftsangaben generell für ihr Entstehen dem Recht des Ursprungslandes unterstellen. Hiergegen etwa MünchKomm-Kreuzer, Nach Art. 38 EGBGB, Rn. 74. Zwischen Herkunftsangaben und Ursprungsbezeichnungen kann der Schutz teilweise divergieren.

Schließlich kann man auch die staatsvertraglich eingeräumten Prioritätsrechte,[62] wie sie sich etwa aus Art. 4 PVÜ oder Art. 4 Abs. 2 MMA ergeben, als eine gewisse Durchbrechung des Territorialitätsgedankens ansehen. Denn sie sind von einer erstmaligen Registrierung oder Hinterlegung in einem Vertragsstaat abhängig und ermöglichen es den Erfindern bzw. Markeninhabern, die Unabhängigkeit der gewerblichen Schutzrechte für die Anmeldung eine gewisse Zeit zu umgehen.

b) Im Wettbewerbsrecht

Im internationalen Wettbewerbsrecht, das dem internationalen Immaterialgüterrecht in Bezug auf die Tatortanknüpfung verwandt ist,[63] gab es Tendenzen, das anwendbare Recht dem Ausfuhrstaat zu unterstellen,[64] was ebenfalls eine Durchbrechung der ansonsten auch dort von der herrschenden Meinung vertretenen Territorialität in Form des sogenannten Marktortprinzips[65] bedeuten würde.

c) Im Zusammenhang mit der Erschöpfung des Verbreitungsrechts

In engem Zusammenhang mit dem Geltungsbereich der Schutzrechte steht auch die Frage ihrer Erschöpfung,[66] da auch das Inverkehrbringen ebenso wie

---

62 Vgl. hierzu oben 1. Kapitel I 1.

63 Wettbewerbsrecht wie auch Immaterialgüterrecht gehören dem Deliktsrecht im weiteren Sinne an. Die PVÜ erfaßt ausdrücklich auch den Schutz des Wettbewerbs. Eine besonders enge Verwanftschaft besteht traditionell zwischen dem Markenrecht und dem Wettbewerbsrecht, da das Markenrecht ebenfalls Irreführungen des Rechtsverkehrs über die Herkunft einer Ware verhindern und zum Schutz des Renommees eines Unternehmens beitragen soll. Der Schutz geographischer Herkunftsangaben erfolgte bis zur Neufassung des Markengesetzes ausschließlich nach den Regeln des Wettbewerbsrechts. Zum ganzen vgl. Ulmer, Die Immaterialgüterrechte (1975), Nr. 30 ff.

64 Diese, mittlerweile allerdings überholte Ansicht vertraten etwa Nußbaum, Das deutsche internationale Privatrecht (1932), 339 f. sowie Deutsch, Wettbewerbstatbestände mit Auslandsberührung (1962), S. 23; ähnlich, jedoch einschränkend noch der BGH in GRUR 1958, 189. Zur frühen Rechtsprechung vgl. Gloy, Handbuch des Wettbewerbsrechts (1997), § 6, Rn. 4 ff.

65 Vgl. hierzu insbesondere Gloy, Handbuch des Wettbewerbsrechts (1997), § 6, Rn. 7 ff. bzw. § 28, Rn. 2 ff. sowie Sack, GRUR Int. 1988, 320, 323 f. mit zahlreichen weiteren Nachweisen. Grundlegend aus Sicht der Rechtsprechung war die Entscheidung BGHZ 35, 329, 334 - „Kindersaugflaschen".

66 Die Befugnisse, die den Inhabern gewerblicher Schutzrechte und des Urheberrechts durch die jeweiligen Gesetze eingeräumt werden, gelten nicht unbegrenzt. Neben der

eine Verletzung in anderen Staaten stattfinden kann.[67] Hieraus ergibt sich folglich eine vergleichbare Situation, denn es stellt sich wiederum die Frage der Relevanz von im Ausland vorgenommenen Handlungen, weshalb Erschöpfungsgrundsatz und Territorialitätsprinzip denn auch früh im Zusammenhang betrachtet wurden.[68] Für das Urheberrecht und das Patentrecht wird, von der besonderen Problematik der Erschöpfung im gemeinsamen Markt einmal abgesehen,[69] entsprechend dem Gedanken territorialer Begrenzung nur für ein Inverkehrbringen in Deutschland Erschöpfung angenommen.[70] Dies wird mit der Selbständigkeit der von den unterschiedlichen Staaten gewährten Rechte begründet.[71] Umstritten war auch die Behandlung des Inverkehrbringens im Aus-

---

Schutzdauer ist auch die Erschöpfung des Verbreitungsrecht eine Schutzgrenze. Sie besagt, daß das ausschließlich dem Inhaber zustehende Recht zum Inverkehrbringen sich nach dem erstmaligen Ausüben desselben erschöpft, d.h. der Inhaber kein Recht mehr hat, einen Weiterverkauf oder eine sonstige relevante Benutzungshandlung zu untersagen. Gesetzlich geregelt ist die Erschöpfung nur für das Urheberrecht in § 17 II UrhG und für das Markenrecht in § 24 MarkenG. Sie ist aber für alle Immaterialgüterrechte anerkannt: vgl. Bernhardt/Kraßer, Patentrecht, § 33 V ; Busse/Starck, Warenzeichengesetz, § 15, Rn. 18 und § 24, Rn. 13, jeweils mit weiteren Nachweisen sowie Ulmer, Urheber- und Verlagsrecht, § 47 I 1.

67 So konnte sich ein Zeicheninhaber, der übereinstimmende Marken in Deutschland und in Spanien hat registrieren lassen, nicht dagegen wehren, daß unveränderte Markenware, die von ihm bereits in Spanien in den Verkehr gebracht worden war, durch einen Dritten nach Deutschland importiert wurde, vgl. BGH vom 22.1.1964 in BGHZ 41, 84 ff. - „Maja" = GRUR Int. 1964, S. 202 ff., mit Anm. Beier = GRUR 1964, 372 ff., mit Anm. Schricker. Zur Verknüpfung der Lehre von der Territorialität der Schutzrechte mit der Erschöpfungslehre vgl. die folgende Fußnote.

68 Grundlegend für das Patentrecht Kohler, Handbuch des deutschen Patentrechts in rechtsvergleichender Darstellung (1900), S. 455. Ausführlich hierzu auch die Ausführungen bei v. Bar, Territorialität des Warenzeichens (1977), S. 43 ff.

69 Vgl. hierzu ausführlich unten II 1 a.

70 Vgl. für das Urheberrecht: Hubmann/Rehbinder, Urheberrecht, a.a.O. § 24 II 2 b; Fromm/Nordemann, Urheberecht, a.a.O. § 17 Rn. 8; das urheberrechtliche Nutzungsrecht aus § 17 I kann aber beschränkt erteilt werden, anderenfalls, so der Umkehrschluß, dürfte auch im Heimatstaat des Urhebers Erschöpfung eintreten, vgl. BGH GRUR 1985, 924, 925 - „Schallplattenimport II". Für das Patentrecht: Kohler, a.a.O., S. 455; Benkard, Patentgesetz, § 9, Rn. 21; Bernhardt/Kraßer, Patentrecht, § 33 V c; sowie RGZ 51, 139, 140; 51, 263, 267; BGH GRUR 1964, 372, 375 - „Maja"; BGHZ 49, 331, 335 und 339 - „Voran" und BGH GRUR 1976, 579, 582 - „Tylosin", die auch den Unterschied zwischen Marke und Patent hervorheben; ebenso deutlich BGH GRUR Int. 1964, 202, 204. Für die Erschöpfungswirkung ausländischen Inverkehrbringens aber Reimer, GRUR Int. 1972, 229 ff. mit weiteren Nachweisen.

71 Vgl. Benhardt/Kraßer, Patentrecht, § 33 V c 2; nichts anderes also als der Territorialitätsgedanke.

land, wenn der Patentinhaber dort über ein Parallelpatent verfügt. Dieses Inverkehrbringen wird von der herrschenden Ansicht nicht als „erschöpfend" für das inländische Verbreitungsrecht angesehen, sofern es sich nicht um einen EU-Staat handelt.[72]

Hiervon abweichend wurde für das Markenrecht auf der Grundlage der „Maja"-Entscheidung des BGH im Fall der Identität von inländischem und ausländischem Zeicheninhaber lange Zeit die weltweite Geltung des Erschöpfungsgrundsatzes vertreten,[73] ein ausländisches Inverkehrbringen also gleichzeitig als Erschöpfung des inländisches Verbreitungsrechts verstanden. Diese These stützte man darauf, daß die Marke im Gegensatz zum Patentrecht einen anderen Schutzgehalt aufweist. Entscheidende Merkmale der Marke sind die Herkunfts- und die Schutzfunktion. Im Sinne einer wertenden Betrachtung stellte der BGH fest, daß beide nicht gefährdet seien, wenn der Zeicheninhaber die Ware selbst veräußert hat und nur den Import in ein anderes Land verhindern will.[74] Nicht vom Zeichenrecht geschützt sein solle nämlich die Kontrolle des Vertriebsweges; dieses Recht müsse hinter dem Interesse am freien Wirtschaftsverkehr zurückstehen.[75] Dem stand nach Ansicht des BGH sowie der herrschenden Literatur auch nicht das für das Markenrecht anerkannte Territorialitätsprinzip entgegen, da dieser Grundsatz nicht dahingehend zu verstehen sei, daß im Ausland vorgenommene Maßnahmen schlechthin ohne Einfluß auf die aus dem inländischen Zeichen fließenden Befugnisse seien.[76] Am Ende der Entscheidung wird

---

72 Vgl. BGH GRUR 1976, a.a.O. - „Tylosin". Weitere Nachweise bei Benkard-Ullmann, PatG, § 9, Rn. 21 sowie Bernhardt/Kraßer, Patentrecht, § 33 V c. Innerhalb des Gemeinsamen Marktes liegt hingegen immer ein Inverkehrbringen vor, auch ohne Parallelpatent, vgl. Benkard-Ullmann, a.a.O., Rn. 20.

73 BGHZ 41, 84 ff. = GRUR Int. 1964, 202 ff. sowie zuvor bereits OLG Hamburg GRUR 1953, 177ff. „Le Rouge Baiser" vom 03.10.1952. Ähnlich bereits RGZ 50, 229, 231 f. - „Kölnisch Wasser" sowie RGZ 51, 263, 267 f. - „Mariani". Diese Rechtsprechung führte der BGH bis zur Änderung des Markengesetzes fort in den Entscheidungen BGH GRUR 1973, 468 ff. - „Cinzano" und GRUR 1985, 545 ff. - „Schamotte-Einsätze". Keine Erschöpfung sollte aber eintreten, wenn an der Ware unautorisierte Veränderungen vorgenommen worden waren, vgl. schon RGZ 100, 22 ff. - „Meißner Porzellan" = GRUR 1922, 57 ff.; 103, 359 ff. - „Singer" = GRUR 1923, 136 ff.; BGH GRUR 1990, 678 ff. - „Herstellerkennzeichen auf Unfallwagen".

74 BGH GRUR Int. 1964, 202, 204; vgl. auch die Anmerkung von Beier, a.a.O., 206, der nochmals hervorhebt, daß es nicht zum Wesen des Warenzeichenrechts gehöre, dem Zeicheninhaber eine Regelung des Weitervertriebs der von ihm in Verkehr gebrachten Waren und damit verbunden eine räumliche Aufteilung der Märkte zu ermöglichen.

75 Vgl. BGH a.a.O., 204 sowie bereits RGZ 50, 229, 231 f. - „Kölnisch Wasser".

76 Vgl. BGH a.a.O sowie die Anmerkung von Beier, a.a.O., 207. Der BGH kritisiert zugleich die Auffassung von Troller, GRUR Ausl. 1960, 244 ff. mit weiteren Nachweisen,

auch auf den unterschiedlichen Wesensgehalt im Vergleich zum Patent hingewiesen, der dieses abweichende Ergebnis rechtfertige.[77] In der Literatur hatte diese Entscheidung ein unterschiedliches Echo erfahren.[78] Das gleiche Problem stellte sich erneut bei der Frage, wie es zu beurteilen ist, wenn das Unternehmen, das die Ware im Ausland in Verkehr bringt, zwar nicht identisch, aber doch wirtschaftlich abhängig ist, wie dies in der Regel bei ausländischen Tochterfirmen der Fall ist. Aber auch hier wurde mit der Argumentation der „Maja"-Entscheidung vom OLG Düsseldorf in der „Revlon"-Entscheidung[79] Zeichenschutz in Deutschland verwehrt, da die Marke mit ausländischem Inverkehrbringen auch in Deutschland bereits erschöpft gewesen sei.[80] Daß in der „Maja"-Entscheidung noch zwei selbständige juristische Personen bestanden hatten, wurde als nicht erheblich angesehen, denn die Herkunftsfunktion der Marke könne auch hier nicht verletzt sein, da eine Verwechslung der deutschen mit der ausländischen Marke im Verkehr voll zu Lasten der deutschen Tochter gehen müsse.[81]

Die jahrzehntelange Kontroverse über die Erschöpfung des Markenrechts hat sich nunmehr, zumindest für die Rechtsprechung, mit dem neuen Markengesetz vom 1.1.1995 weitgehend erledigt. Gemäß § 24 MarkenG gilt per definitionem nur noch eine EWR-weite Erschöpfung. Dieser Rechtslage meinte der BGH auch seine Rechtsprechung zur Frage der internationalen Erschöpfung anpassen zu müssen und nimmt nunmehr Erschöpfung nur noch im Sinne des § 24 Abs. 1

---

der aufgrund seines engeren Verständnisses vom Territorialitätsprinzip meint, sofern die Zeicheninhaber identisch seien, müsse alles außer Betracht bleiben, was vor dem Inverkehrbringen im Inland im Ausland mit der Ware geschehen sei.

77 Vgl. BGH a.a.O., 204 f.

78 Vgl. insoweit die Übersicht bei v. Bar, Territorialität des Warenzeichens, a.a.O. S. 47 - 51.

79 OLG Düsseldorf vom 14.07.1964 in GRUR Int. 1965, 204 ff. - „Revlon IV"; Der Sachverhalt, der dieser Entscheidung zugrunde lag, findet sich im Abdruck der erstinstanzlichen Entscheidung des LG Düsseldorf in GRUR Int. 1964, 146 - „Revlon III": Klägerin war die deutsche Revlon, eine hundertprozentige Tochter der amerikanischen Revlon Products Corp., die ein deutsches Versandunternehmen auf Unterlassung des Imports von in Holland durch die Konzernmutter in Verkehr gebrachter Revlon Originalware verklagt hatte. Die holländischen Rechte an der Marke standen der Revlon Corp. zu. Das LG Düsseldorf hatte die Erschöpfung noch verneint.

80 OLG Düsseldorf, a.a.O. S. 204 und 205; Entscheidend war hiernach die Unterscheidungs- und Herkunftsfunktion, insoweit wird auf die Maja-Entscheidung des BGH Bezug genommen.

81 Vgl. OLG Düsseldorf, a.a.O. S. 205; es handelte sich insoweit um eine amerikanische Konzernmutter und ihre deutsche Tochter.

Markengesetz an, das heißt nur noch EG-weit bzw. EWR-weit.[82] Die frühere Auffassung des Gerichts, wonach im Markenrecht die weltweite Erschöpfung galt, sei mit der unter Berücksichtigung der Entstehungsgeschichte des Art. 7 Markenrichtlinie gebotenen Auslegung dieser nahezu wörtlich in § 24 Markengesetz übernommenen Regelung nicht mehr zu vereinbaren.[83]

4. Kritik am Prinzip der Territorialität

Das Territorialitätsprinzip ist bis heute nicht unumstritten. In der Literatur finden sich zwei generelle Hauptargumente dagegen. Auf die Frage der Vereinbarkeit mit europäischem Gemeinschaftsrecht und die Vorbehalte bezüglich des Urheberrechts wird an anderer Stelle noch ausführlich eingegangen werden.

a) Die Lehre vom geistigen Eigentum

Als Ansatzpunkt gegen das Territorialitätsprinzip wird auch heute noch die naturrechtliche Theorie des geistigen Eigentums angesehen.[84] Deren Ziel war es, ausgehend vom Urheberrecht und geleitet von dem Gedanken eines Unterschiedes zwischen Werk und geistigem Gut, die Rechte der Autoren, die im Vergleich zu den Rechten der Verleger weit weniger ausgeprägt waren, zu stärken.[85] Der

---

82 Vgl. BGH GRUR 1996, 66 ff. - „adidas-Import"; GRUR 1996, 137 ff. - „GT ALL Terra"; GRUR 1996, 271 ff. - „Gefärbte Jeans", mit kritischer Anm. von Albert/Heath. Der BGH führt aus, es sei nicht mehr möglich, § 24 Abs. 1 Markengesetz nicht als abschließende Regelung zu betrachten und wendet sich hiermit gegen die in der Literatur vertretene Auffassung, Art. 7 der EG Marken-Richtlinie zwinge den Gesetzgeber nur, in jedem Fall die EU-weite Erschöpfung anzunehmen, stelle es ihm gleichzeitig aber frei, noch weiter zu gehen und weiterhin die internationale Erschöpfung anzuerkennen, vgl. etwa Beier, GRUR Int. 1989, 603, 615; Ebenroth, Gewerblicher Rechtsschutz und europäische Warenverkehrsfreiheit (1993), S. 27 ff.; v. Gamm, WRP 1993, 793, 795; Mailänder, in: FS für Gaedertz (1992), 369, 389. Gegen diese Ansicht hat sich nunmehr auch der EuGH ausgesprochen, vgl. EuGH GRUR Int. 1998, 695, 697 (26) - „Silhouette".

83 Vgl. BGH GRUR 1996, 66, 67; 137, 138 f.

84 Das gilt zumindest für Neuhaus, RabelsZ 40 (1976) 191 ff. sowie für Drobnig, RabelsZ 40 (1976), 195, 197.

85 Vgl. hierzu ausführlich Hubmann/Rehbinder, Urheberrecht, § 3 IV; Ulmer, Urheber- und Verlagsrecht, § 9 III. Bei der Lehre vom geistigen Eigentum ist die Urheber- und Patentrechtstheorie aber nicht stehen geblieben. Die Urheberrechtstheorie hat mittlerweile über die Lehre vom Persönlichkeitsrecht und die Lehre vom Immaterialgüterrecht zur bereits genannten Monoistischen Theorie fortentwickelt; vgl. Hubmann/Rehbinder, a.a.O., § 3 V - VI sowie Ulmer, a.a.O., § 10.

Grundgedanke dieser Lehre war das Verständnis eines natürlichen, allumfassenden und universalen Rechts des geistigen Schöpfers an seinem immateriallen Werk.[86] Sie reagierte damit auf das bis dahin gültige streng staatengebundenen Privilegienwesen, das einen Schutz des Immaterialgutes nur durch die vom Fürsten oder dem Staat verliehenen Privilegien ermöglichte,[87] von dem die neue Lehre durch Anerkennung dieses natürlichen Rechts des Schöpfer an seinem geistigen Eigentum abgekehren wollte.

Auf dieser Grundlage und in Annäherung an den sachenrechtlichen Eigentumsbegriff müßten Immaterialgüterrechte folgerichtig auch über die Staatsgrenzen hinaus wirken, mithin universal gelten.[88] Anhand der bisherigen Ausführungen wird aber deutlich, daß jedenfalls die staatliche Verleihung auf der einen Seite und die Theorie des geistigen Eigentums auf der anderen nicht miteinander korrelieren. Für die Monopolrechte Patent und Marke läßt sich auch mit der Lehre vom geistigen Eigentum keine Universalität begründen. Andererseits hat sich im Urheberrecht die Lehre von der natürlichen, originären Entstehung des Schutzes, ohne die Voraussetuzng einer vorherigen Registrierung, durchgesetzt. Die Lehre vom Geistigen Eigentum ist hier also in stärkerem Maße verwirklicht worden. Ähnliches dürfte auch für das dem Patent vorgelagerte Recht auf das Patent gelten, das ebenfalls frei von staatlicher Verleihung, mit der Geburt der Erfindung entsteht. Auch wenn man die Lehre vom geistigen Eigentum letztlich vor allem in ihrem historischen Kontext betrachten muß, wirkt sie doch bis heute fort. Aus ihr ist eine wichtige Forderungen für das moderne internationale Immaterialgüterrecht erwachsen, die vor allem in den internationalen Konventionen ihren Niederschlag gefunden hat: geistige Schöpfungen müssen auch außerhalb des Ursprungslandes wirkungsvollen Schutz genießen und nach Möglichkeit den inländischen Schöpfungen gleichgestellt werden.

---

86 Vgl. a.a.O.

87 Das erste bekannte Privileg wurde im Jahre 1469 Johann von Speyer durch die Stadt Venedig gewährt und erlaubte ihm die ausschließliche Ausübung der Buchdruckerkunst, vgl. Goethe, dessen Werke aufgrund der territorialen Zersplitterung Deutschlands zur Zeit der Nationalestaaten sehr häufig unerlaubt nachgedruckt wurden, erlangte schließlich mit Hilfe des deutschen Bundes nicht weniger als 39 Privilegien, die ihm durch die deutschen Einzelstaaten eingeräumt worden waren, vgl. Hubmann/Rehbinder, Urheberrecht, § 1 IV 3. Ausführlich zum Privilegienwesen auch Ulmer, Urheber- und Verlagsrecht, § 9 II. sowie Cigoj, in: FS für Firsching (1985), S. 53 (Fn. 1).

88 Vgl. Neuhaus, a.a.O., 193 sowie Drobnig, a.a.O.

b) Das Territorialitätsprinzip als IPR-fremder Gedanke

Territorialität wird daneben teilweise auch als Gedanke beurteilt, der dem IPR grundsätzlich fremd sei.[89] Das internationale Privatrecht strebe dahin, im Sinne einer internationalprivatrechtlichen Gerechtigkeit[90] einen Sachverhalt immer nur möglichst einem Recht zuzuordnen, damit es nicht zu einem Rechtsgefälle oder Ungerechtigkeiten aufgrund unterschiedlicher Rechtsanwendung und den voneinander abweichenden nationalen Gesetzen kommen kann.[91] Der Grundgedanke des IPR ist in der Tat Vereinheitlichung und nicht Zerstückelung. Die Anerkennung einer territorialen Begrenzung führt dazu, daß ein Sachverhalt verschiedenen Rechtsordnungen gleichzeitig unterworfen wird, denn je nachdem für welche Rechtsordnung der immaterialgüterrechtliche Schutz in Anspruch genommen wird, ändert sich automatisch auch das anzuwendende Recht.[92] Jede Rechtsordnung kann bei der Lösung des Sachverhalts denn auch zu unterschiedlichen Ergebnissen gelangen. Dies soll dem IPR widerstreben.[93]

Gleichwohl hat sich das System territorial begrenzter Rechte in Literatur und Rechtsprechung durchgesetzt, ohne daß es aufgrund der aufgesplitterten Rechtsanwendung je zu Unbilligkeiten gekommen wäre. Dies ist auch unter den Autoren anerkannt, die ihre Wurzeln im internationalen Privatrecht suchen.[94] Die territoriale Aufspaltung trägt der Tatsache Rechnung, daß manche Immaterialgüterrechte von einem staatlichen Verleihungsakt abhängen oder die Anerkennung auf den inländischen Märkten benötigen. Kein Staat wird bereit sein, eine Erfindung zu schützen, die im Sinne seines nationalen Patentrechts mangels

---

89 Auf die Bedenken in der Literatur bezüglich der Tauglichkeit des Territorialitätsprinzip zur Konfliktlösung im Kollisionsrecht wurde bereits hingewiesen, vgl. oben 1; besonders deutlich drückt sich hier Zweigert, Rev.crit. 1965, 653, aus: Territorialität und IPR verhalten sich wie Feuer und Wasser - „En effet, il y a entre le conflit de lois et la territorialité le même rapport qu'entre le feu et l'eau ...".

90 Zum Begriff vgl. Kegel, IPR, § 2 I (S. 106-108).

91 So auch Schack, Zur Anknüpfung, S. 15 mit weiteren Nachweisen sowie Neuhaus, RabelsZ 40 (1976), 191.

92 Das wird beim Blick auf Art. 5 Abs. 2 RBÜ bzw. Art. 2 Abs. 1 PVÜ deutlich.

93 So auch die eben genannten, vgl. oben Fn. 96, die alle dem „Kollisionsrechs-Lager" zuzuordnen sind.

94 Vgl. etwa die „Altmeister des IPR", wie sie Ulmer, RabelsZ 41 (1977), 479, 481 f., bezeichnet, Martin Wolff, Das IPR Deutschlands (1954), S. 138; Raape, Internationales Privatrecht (1961), § 64 I (S. 636 ff.) sowie Nußbaum, Deutsches internationales Privatrecht (1932), S. 337.

Erfindungshöhe oder aus anderen Gründen nicht schutzfähig ist.[95] Auf dieser Grundlage lassen sich nur territorial begrenzte Rechte vertreten.

5. Rechtfertigung des Territorialitätsprinzips für die gewerblichen Schutzrechte

a) Die Verwaltungsaktslehre

Die älteste und am weitesten verbreitete Begründung für eine territoriale Begrenzung von Immaterialgüterrechten ist die sog. Verwaltungsaktslehre.[96] Sie stützt sich darauf, daß die gewerblichen Schutzrechte nur durch einen staatlichen Verleihungsakt, der in aller Regel zugleich ein Verwaltungsakt darstellt,[97] entstehen. Das Patent entsteht durch die Patenterteilung,[98] die Marke durch die Eintragung in der Markenrolle.[99] Da ein Staat solche unmittelbar wirkenden Monopolrechte[100] naturgemäß nur auf sein eigenes Hoheitsgebiet begrenzt ertei-

---

95 Vgl. Ulmer, RabelsZ 41 (1977), 479, 484, in seiner Erwiderung auf die zuvor in RabelsZ 40 (1976), 191 ff. veröffentlichten Aufsätze von Drobnig und insbesondere Neuhaus, in dem dieser das Postulat aufstellt, alle Immaterialgürrechte müßten universal geschützt und einheitlich angeknüpft werden.

96 Vgl. etwa RGZ 118, 76 ff.; der Begriff findet sich auch bei Weber, Die Behandlung von Patent-, Warenzeichen- und Urheberrechtsverletzungen im internationalen Privat- und Zivilprozeßrecht (1968), S. 23; sowie unten Fn. 120.

97 Die Patenterteilung und die Eintragung der Marke sind nach deutschem Verständnis rechtsgestaltende begünstigende Verwaltungsakte, vgl. (für Patente) Benkard-Schäfers, PatG, § 49, Rn. 3 mit weiteren Nachweisen; BPatGerE 1, 1 sowie (für Marken) Fezer, Markenrecht (1997), § 41 Markengesetz, Rn. 3 mit weiteren Nachweisen. Auch Deutsch, Wettbewerbstatbestände mit Auslandsbeziehung (1962), S. 23, sieht daher die Wurzeln des Territorialitätsprinzips im internationalen Verwaltungsrecht.

98 Für das allgemeine Erfinderrecht und das Erfinderpersönlichkeitsrecht ist diese Begründung mangels Verleihung naturgemäß nicht tauglich. Beides sind gleichwohl sonstige Rechte im Sinne des § 823 I BGB, vgl. auch BGH GRUR 82, 95 f. - „Pneumatische Einrichtung“ mit Anmerkung Tilmann. Zum ganzen auch Windisch, Gewerblicher Rechtsschutz und Urheberrecht im Zwischenstaatlichen Bereich (1969), S. 183 ff. Zum Begriff des allgemeinen Erfinderrechts und des Erfinderpersönlichkeitsrechts vgl. unten 4. Kapitel 1. Teil II 4 a.

99 Vgl. zur Verleihung des Markenrechts die Nachweise in Fn. 116. Nicht mit dieser Begründung zu fassen sind demnach die aufgrund Verkehrsgeltung erlangten Markenrechte, die registerfreien Ausstattungen, der Handelsname und geographischen Herkunftsangaben, vgl. hierzu unten 4. Kapitel 1. Teil II 4 a und b.

100 Vereinzelt wird offensichtlich auch der Begriff „Monopoltheorie“ in diesem Sinne verstanden, vgl. etwa bei Nußbaum, Deutsches internationales Privatrecht (1932), S. 337 ff. sowie Ulmer, Die Immaterialgüterrechte (1975), Nr. 14. Von einem überholten Prin-

len kann, ergibt sich daraus notwendigerweise, daß diese Rechte nicht über die Grenzen des Erlaßstaates hinaus wirken können, mithin territorial begrenzt sein müssen.[101]

Dieser, aus dem internationalen öffentlichen Recht abgeleiteten Argumentation, wird mit Blick auf registerbezogene Rechte praktisch nichts entgegen gehalten. Einzig *Neuhaus* geht offensichtlich davon aus, die staatliche Verleihung habe auf den Geltungsbereich der gewerblichen Schutzrechte keinen Einfluß. Er meint, dieser Verleihungsgedanke fuße auf der Privilegientheorie, die bereits im letzten Jahrhundert durch die naturrechtliche Lehre vom geistigen Eigentum abgelöst worden sei.[102] Auch das Reichsgericht hatte, wie man sich erinnern mag, in seiner Hoff-Entscheidung ähnlich für das Warenzeichen entschieden, wenn auch eher im Hinblick auf den internationalen Schutz des Namens.[103] Gleichwohl überzeugt es nicht, die Tatsache der staatlichen Verleihung zu übergehen. Man muß bedenken, daß nicht nur in Deutschland Rechte verliehen werden, sondern auch in allen anderen Staaten.[104] Ließe man die Verleihung außer Acht, wäre die Folge ein ständiges sich-Überlagern aller möglichen inländischen und ausländischen Schutzrechte und bedeutete weiter, daß - freilich nach Maßgabe der internationalen Abkommen - letztendlich allein aus Praktikabilitäts-

---

zip spricht insoweit Weber, Die Behandlung von Patent-, Warenzeichen- und Urheberrechtsverletzungen im internationalen Privat- und Zivilprozeßrecht (1968), S. 22, er hat allerdings offensichtlich die Privilegientheorie im Auge. Differenzierend und ablehnend nur für die registerfreien Ausstattungen und das Wettbewerbsrecht Deutsch, Wettbewerbstatbestände mit Auslandsbeziehung (1962), S. 22 f.

101 Mit dieser Begründung insbesondere Deutsch, in: Die Warenzeichenlizenz (1966), S. 471; ders. Wettbewerbstatbestände mit Auslanbsberührung (1962), S. 21 und 23; Neuhaus, Die Grundbegriffe des internationalen Privatrechts, S. 119 ff.; Nußbaum, Deutsches IPR, (1932), S. 337 ff.; Riezler, Internationales Zivilprozeßrecht (1949), S. 85 ff.; Troller, Immaterialgüterrecht Bd. 1, S. 134 ff. sowie Ulmer, Die Immaterialgüterrechte (1975), Nr. 14.

102 Vgl. Neuhaus, RabelsZ 40 (1976), 191 ff., 193. Allerdings zielt Neuhaus mit dieser Argumentation eher auf das Urheberrecht, für das früher die Privilegien vergeben wurden. Er will aber auch die gewerblichen Schutzrechte als universal geltende Rechte begreifen. Zur Lehre vom geistigen Eigentum als Abkehr vom Privilegienwesen vgl. oben 4 a.

103 Vgl. RGZ 18, 28, 30 ff.; 45, 143. Diese Rechtsprechung geht zurück auf die Lehre Josef Kohlers, der die Ansicht vertrat, der Markenschutz schütze ein Persönlichkeitsrecht und wirke von der Geschäftsniederlassung aus in die ganze Welt, vgl. Kohler, Das Recht des Markenschutzes (1884), S. 446. Diese Argumentation wurde aber später durch ihn selbst wieder aufgegeben, vgl. Kohler, Warenzeichenrecht (1910), S. 249.

104 Insofern ist die Verwaltungsaktslehre auch eng mit dem Souveränitätsgedanken verknüpft; hierzu sogleich.

gründen im Inland doch nur inländische Schutzrechte vollen Schutz genießen würden, da kaum anzunehmen ist, daß es die Rechtssprechung zuließe, ausländische Parallelrechte, die dann mit jeder nur denkbaren Handlung eines inländischen Inhabers verletzt würden, zu privilegieren. Damit erbäbe sich letztlich doch wieder eine Begrenzung auf das eigene Territorium, denn ausländische Gerichte dürften dies genauso handhaben. Kurzum, es dürfte wenig Sinn machen, außer für den Fall, daß ein Deutscher im Ausland das deutsche Schutzrecht eines anderen Deutschen verletzt und der Streit vor einem deutschen Gericht ausgetragen wird, die staatliche Verleihung zu ignorieren.

b) Der Souveränitätsgedanke

Eng verknüpft mit der Verwaltungsaktslehre und von hohem Rang im internationalen Privatrecht ist der Gedanke der rechtlichen Souveränität anderer Staaten. Dieser besagt, daß jeder Staat darin frei sein muß, auf seinem Hoheitsgebiet den Inhalt der Gesetze zu bestimmen. Kein anderer Staat darf hierin eingreifen.[105] Ließe man die Immaterialgüterrechte universal gelten, würden sie aufgrund der weitreichenden Verbietungsrechte auch auf das Territorium anderer Staaten einwirken und damit die Gesetzgebungssouveränität dieser Staaten verletzen.[106] Die unvermeidbare Folge wäre, daß man im Inland ständig damit rechnen müßte, ausländische Schutzrechte zu verletzen.

Der Akt der Schutzrechtsverleihung ist Ausdruck der Souveränität eines jeden Staates ist. Ließe man daher eigene Schutzrechte auch auf deren Territorium wirken und ignorierte die dortige Erteilung, wäre dies ein besonders schwerer Eingriff in die Souveränität dieser Staaten. Gerade im Patentrecht, aber auch im Markenrecht ist überdies die Gefahr groß, daß sich die Schutzrechte aufgrund von Doppelerfindungen oder ähnlichen Markennamen im Ausland überlagern.[107]

---

105 Hierbei handelt es sich um einen allseits anerkannten Grundsatz des Völkerrechts, der für das gesamte internationale Privatrecht von Bedeutung ist; vgl. Dahm/Delbrück/Wolfrum, Völkerrecht Bd. I 1, § 23 II und IV 2 sowie RGZ 118, 76 ff. - „Hengstenberg" und Hagens, Warenzeichenrecht (1927), § 12, Anm. 6 (S. 188); Windisch, Gewerblicher Rechtsschutz und Urheberrecht im zwischenstaatlichen Bereich (1969), S. 91 f. spricht von einer Territorialhoheit.

106 Vgl. Hagens, a.a.O. sowie Schnorr v. Carolsfeld, UFITA Bd. 37 (1962), S. 281, 282.

107 Eine solche Möglichkeit der Überlagerung sieht Deutsch als wesenstypisch für das Markenrecht an, vgl. unten d.

c) Die Wertung der internationalen Abkommen auf dem Gebiet der gewerblichen Schutzrechte

Eine unumstößliche Tatsache im Gefüge des internationalen Immaterialgüterrechts stellen die internationalen Abkommen dar - allen voran die großen Konventionen. Deutschland hat sich hierdurch seinen Vertragspartnern gegenüber gebunden, was auch die Entwicklung des autonomen internationalen Privatrechts beeinflussen mußte.[108] Dieses kann nur im Sinne dieser Abkommen ausgestaltet sein und darf den darin enthaltenen Wertungen nicht zuwider laufen.[109]

Eine Ansicht, die die Territorialität mit den internationalen Abkommen begründet, schließt denn bereits aus der Existenz dieser Abkommen darauf, daß die Schutzrechte territorial begrenzt sein müssen. Denn würden die Schutzrechte universal gelten, bedürfte es der internationalen Abkommen gar nicht, da es in diesem Falle nicht auf die Anerkennung und Eintragung in anderen Staaten ankäme.[110] Auch wäre es sinnwidrig, über internationale Abkommen Schutz und Inländerbehandlung festzuschreiben, wenn das nationale Recht ohnehin über die Grenzen hinweg gelten würde.[111] Deutlich wird diese in den Abkommen enthaltene Wertung auch in Anbetracht der Regelungen und Verträge, die als Inhalt ausschließlich die Eintragung von Schutzrechten in anderen Mitgliedsstaaten vorsehen,[112] denn diese wären bei universal wirkenden Rechten ebenfalls ohne jeglichen Sinn.

Daneben läßt sich auch aus einzelnen Vorschriften der Abkommen der Grundgedanke territorial begrenzter Schutzrechte ablesen. Besonders eindeutig ist insoweit Art. 4bis Abs. 1 PVÜ formuliert: „Die in den verschiedenen Verbandsländern von den Verbandsangehörigen angemeldeten Patente sind unab-

---

108 Das ergibt sich schon deswegen, da ansonsten Inländer im Vergleich zu Verbandsausländern benachteiligt würden, denn sie können sich nicht auf die staatsvertraglich garantierten Mindestrechte in ihrem Heimatstaat berufen, vgl. auch Schricker-Katzenberger, Vor §§ 120 ff. UrhG, Rn. 119.

109 Vgl. auch Schricker-Katzenberger, a.a.O., Rn. 118, die auf den Grundsatz der völkerrechtsfreundlichen Auslegung des nationalen Rechts hinweisen. Zur Auslegung des autonomen IPR im Hinblick auf internationale Abkommen auch Meyer-Sparenberg, Staatsvertragliche Kollisionsnormen (1990), S. 101 ff.

110 Vgl. etwa RGZ 118, 76, 82 - „Hengstenberg"; in diesem Sinne auch Seligsohn, Die örtlichen Grenzen des Warenzeichenrechts, in: Abhandlungen zum Arbeitsgebiet des Reichspatentamtes (1927), 193: „Wenn das Warenzeichenrecht universal gültig wäre, bedürfte es solcher Verträge nicht."

111 Vgl. Seligsohn, a.a.O.

112 So das Madrider Marken Abkommen und das allerdings weniger bedeutende TRT-Abkommen für Marken sowie das PCT-Abkommen auf dem Gebiet des Patentrechts.

hängig von den Patenten, die für dieselbe Erfindung in anderen Ländern erlangt worden sind." Art. 4bis läßt somit nicht einmal Raum für einen teilweisen Rückgriff auf das Universalitätsprinzip und das Recht des Ursprungslandes, um etwa den Schutz im Verwertungsland von dem im Ursprungsland abhängig zu machen.[113] Entsprechendes gilt für das Markenrecht: Hier ist Art. 6^{quater} PVÜ Ausdruck des Territorialitätsprinzips. Er regelt die Übertragung der Marke für den Fall, daß das inländische Recht die Bindung einer Marke an das Unternehmen vorsieht. Eine solche Norm wäre gleichfalls sinnlos, könnte man nicht aufgrund jeweils unabhängiger nationaler Schutzrechte eine unterschiedliche Rechtslage in den jeweiligen Schutzstaaten vorfinden.[114] Auch Art. 6 Abs. 2 PVÜ verdeutlicht die Unabhängigkeit nationaler Marken: Die Hinterlegung in einem Verbandsland darf nicht deshalb zurückgewiesen werden, weil eine solche oder eine Eintragung im Ursprungsland fehlt.[115] Ebenso läßt sich auch im Hinblick auf Art. 4 PVÜ, der die Frage der Priorität regelt,[116] und Art. 5 PVÜ, der die Einfuhr und die Frage der Zwangslizenzen regelt, argumentieren.

Die internationalen Übereinkommen stellen somit ein gewichtiges Argument für die territoriale Begrenzung zumindest der gewerblichen Schutzrechte dar. Sie dürfen aber nicht dahingehend verstanden werden, daß sie die Territorialität von Immaterialgüterrechten begründen könnten, denn sie sollen nur die internationale Behandlung bereits vorhandener nationaler Rechte regeln.[117] Sie können

---

113 Dies wurde etwa in Frankreich vertreten, vgl. bereits oben Fn. 46.

114 Im Ergebnis genauso Sandrock, in: v. Cämmerer, Vorschläge und Gutachten (1983), S. 380, 403 f.; Pfaff, in: Schricker/Stauder, Handbuch des Ausstattungsrechts (1986), S. 1109, 1126 sowie BGH GRUR Int. 1965, 504 ff.

115 Eine Ausnahme von diesem Grundsatz besteht gemäß Art. 6^{quin} B PVÜ nur für die sog. telle-quelle-Marke, die im Hinblick auf ihre Form, soweit sie nicht den innerstaatlichen Gesetzen im Schutzland entspricht, vom Rechtsschutz im Ursprungsland abhängig bleibt. Dieses Beispiel wurde bereits erörtert, vgl. oben 2. Kapitel I 3 a.

116 Sofern Prioritätsregeln zuvor als Durchbrechung des Territorialitätsprinzips angesehen wurden, hat dies seine Richtigkeit: Aufgrund der Tatsache, daß sie eine gewisse Abschwächung des Territorialitätsprinzips bewirken, belegen sie umgekehrt, daß die Schutzrechte territorial begrenzt sein müssen.

117 Dies scheint Drobnig, RabelsZ 40 (1976), 195, 198 übersehen zu haben, wenn er schreibt, das Territorialitätsprinzip gelte in den internationalen Konventionen - er behandelt insoweit die RBÜ - nur soweit, wie diese ausdrückliche Kollisionsnormen enthielten. Auf alle anderen Normen sei das Universalitätsprinzip anwendbar. Dies setzt aber voraus, daß das Universalitätsprinzip das Grundprinzip darstellt, von dem die Konventionen in Spezialfällen abweichen und dann für diese Anwendungsfälle Territorialität begründen.

somit nur das Vorhandensein der Territorialität bestätigen,[118] da sie jedenfalls erkennbar auf territorial begrenzten Rechten aufbauen. Sie sind quasi Reflex der Territorialität von Immaterialgüterrechten. Auch ihre Existenz kann nicht als Begründung für Territorialität gesehen werden, denn universale Schutzrechte schließen die Regelung bestimmter Fragen in internationalen Konventionen nicht aus. Bestes Beispiel ist die Übereinkunft von Montevideo, die ausgehend von einem universalen Urheberrecht offenbar ausreichend Regelungsbedarf sah.[119]

d) Die Natur der Immaterialgüterrechte und die Konkurrenz der Zuordnungen

Eine andere Begründungsvariante zielt auf die Natur der gewerblichen Schutzrechte und des Urheberrechts als Immaterialgüter ab. Da die Immaterialgüterrechte, anders als die Sachenrechte, die als körperliche Gegenstände zwangsläufig auch einen bestimmten Belegenheitsort, verbunden mit dem ausschließlichen Charakter dort hätten, von Natur aus unkörperlich und somit allgegenwärtig seien, habe dies zur Folge, daß sie mehreren in der Art zugeordnet werden können, daß jeder uneingeschränkter und unabhängiger Berechtigter für eine territoriale Einheit sein könne.[120]

Diese Argumentation zielt insbesondere auf die Herkunftsfunktion des Markenrechts,[121] denn unter Aufrechterhaltung derselben lassen sich mehrere Mar-

---

[118] Deutlich insoweit Pfaff, in: Schricker/Stauder, Handbuch des Ausstattungsrechts (1986), S. 1109, 1126; im Ergebnis ebenso Weber, Die Behandlung von Patent-, Warenzeichen- und Urheberrechtsverletzungen im internationalen Privat- und Zivilprozeßrecht (1968), S. 24, allerdings ohne Begründung anhand konkreter Normen. Daß sie eine Folge der Territorialität sind und diese abbauen sollen, so Boytha, in: Dittrich, Woher kommt das Urheberrecht (1988), S. 181, läßt sich freilich nicht ohne weiteres sagen. Es sollen lediglich die Auswirkungen etwa durch Mindestrechte abgebaut werden, in diesem Sinne auch Vischer, GRUR Int. 1987, 670, 676. Am Territorialitätsprinzip wird nach wie vor eisern festgehalten.

[119] Vgl. allgemein zur Übereinkunft von Montevideo und ihrer mangelnden Bedeutung für die internationale Praxis des Urheberrechts oben 2. Kapitel I 4 b.

[120] Vgl. Deutsch, in: Die Warenzeichenlizenz (1966), S. 463, 471 f.; sich anschließend Pfaff, in: Schricker/Stauder, Handbuch des Ausstattungsrechts (1986), S. 1109, 1123. Ohne Frage unrichtig ist es, zu sagen, Immaterialgüterrechte seien aufgrund ihrer unkörperlichen Natur nirgendwo belegen.

[121] Vgl. hierzu insbesondere Beier/Krieger, GRUR Int. 1976, 125, 126 f.; Baumbach/Hefermehl, WZG, Einleitung, Rn. 11; zur Bedeutung der Herkunftsfunktion in Rahmen der Auslegung des neuen Markengesetzes vgl. auch Schulz, Die relevante Benutzungshandlung im Markenrecht (1997), S. 63 ff.

kenrechte unabhängig voneinander zuordnen. Aus der Natur der Immaterialgüterrechte soll somit eine Konkurrenz der Zuordnungen folgen, die nur territorial gelöst werden könne. Aus diesem Grunde würden die gewerblichen Schutzrechte auch unabhängig von der Situation in anderen Staaten vergeben. Ein Vorzug dieser Argumentation ist sicherlich die Einbeziehung registerfreier Rechte wie der Ausstattung,[122] oder des Handelsnamens, die durch bloße Benutzung erlangt werden. Denn da nicht Territorialität im Sinne einer Selbstlimitierung des Staates verstanden wird, kommt es nicht darauf an, ob ein Recht verliehen wird oder ob ein Staat Rechte deswegen entstehen läßt, weil sie auf der Benutzung eines Zeichens in seinem Hoheitsgebiet beruhen.

e) Wirtschaftliche und marktbezogene Gründe

Unabhängig von den rechtlichen Überlegungen kann man die Territorialität auch wirtschaftlich begründen. Territorialität kommt der Aufteilung der Erde in regionale Märkte am nächsten.[123] Denn kaum jemand wäre daran interessiert, immer ein weltweites Schutzrecht zu erlangen, wenn er es nur auf seine bevorzugten Absatzmärkte bezogen erhalten kann. Dafür spricht schon der Kostenaufwand. Die Verknüpfung von Märkten und Territorialität hat auch in die Erschöpfungslehre Einzug gehalten. Die moderne Theorie der Identität von Markt und Konsumtionsraum[124] trägt dem dadurch Rechnung, daß die Erschöpfung der Immaterialgüterrechte nicht an nationale Grenzen, sondern an die Grenzen eines Absatzmarktes geknüpft wird. Deutlich wird die Marktbezogenheit insbesondere auch bei den registerfreien (Marken-) Rechten i.w.S., der Ausstattung, der geographischen Herkunftsangeba bzw. dem Handelsnamen. Diese hängen, da sie durch bloße Benutzung entstehen, allein davon ab, wie sie von der Rechtsord-

---

122 Vgl. insbesondere Pfaff, in: Schricker/Stauder, Handbuch des Ausstattungsrechts (1986), a.a.O:, S. 1123 f. Bis zur Einführung des neuen Markengesetzes im Jahre 1965 konnte man beispielsweise in Frankreich auch eine Marke durch bloße Benutzung erwerben. Ähnliches gilt im neuen deutschen Markengesetz für den Erwerb kraft Verkehrsgeltung, § 4 Nr. 2 MarkenG.

123 Aus diesem Grunde betont auch der EuGH in seiner Rechtsprechung zu den Art. 30, 36 EGV, daß es möglich ist, regionale Märkte mit Hilfe des Territorialitätsprinzips abzuschotten, vgl. zuletzt etwa Rs. C 9/93 IHT/Ideal Standard vom 22. Juni 1994, EuGH Slg. 1994 I, 2789 ff., 2847, Rz. 33 der Entscheidungsgründe; weitere Nachweise oben Fn. 256.

124 Vgl. v. Bar, Territorialität des Warenzeichens und Erschöpfung im gemeinsamen Markt (1977), S. 125 ff. mit weiteren Nachweisen. Die Grundlage der EG-weiten Erschöpfung ist daher die Tatsache, daß es sich, so jedenfalls die Zielvorstellung der EG Planer, um einen einheitlichen Markt ohne Grenzen handelt.

nung eines bestimmten Staates aufgrund ihrer Erscheinung im dortigen Verkehr bewertet werden; allein diese ist ausschlaggebend für die diesen Rechten zugebilligte Ausschlußwirkung auf dem dortigen Markt.[125]

6. Unangemessenheit des Territorialitätsprinzips für das Urheberrecht

a) Die besondere Natur des Urheberrechts

Während die territoriale Begrenzung der gewerblichen Schutzrechte weitgehend anerkannt ist, ist sie für das Urheberrecht nach wie vor umstritten. Das Urheberrecht weist verglichen mit den gewerblichen Schutzrechten Besonderheiten in seiner Natur auf, die in starkem Maße gegen eine territoriale Begrenzung sprechen.

Zum einen entstehen Urheberrechte weder durch staatlichen Akt noch durch Benutzung, sondern sie entstehen nach heutiger Auffassung kraft Gesetzes originär, mit der Geburt des Werkes bzw. der geistigen Schöpfung.[126] Bereits dies, insbesondere aber der Umkehrschluß aus der Anwendung der Verwaltungsaktslehre auf die gewerblichen Schutzrechte, wonach sich die territoriale Begrenzung dieser Rechte in erster Linie aus ihrer staatlichen Verleihung ergibt, muß bereits an einer territorialen Begrenzung des Urheberrechts zweifeln lassen. Statt dessen erscheint angesichts des urheberrechtlichen Schöpferprinzips die Anwendung des Universalitätsprinzips für das Urheberrecht naheliegender.[127]

Das Urheberrecht ist daneben auch sehr eng mit der Persönlichkeit des Schöpfers verbunden und hat daher verglichen mit den gewerblichen Schutz-

---

125 Vgl. etwa Pfaff, in: Handbuch des Ausstattungsrechts (1986), S. 1109, 1125 sowie unten 4. Kapitel 1. Teil II 5 a und b; auch Windisch, Gewerblicher Rechtsschutz und Urheberrecht im zwischenstaatlichen Bereich (1969), S. 108 ff. weist auf die Beziehung der Schutzrechte zu einem bestimmten Markt hin; v. Bar, a.a.O., S. 31 f. geht hingegen auch für die registerfreien Markenrechte i.w.S., er betrachtet allerdings lediglich die Ausstattung, von einer quasi-staatlichen Verleihung aus; die Verleihung werde durch die zur Schutzentstehung führende Norm fingiert. Dem ist, insbesondere im Hinblick auf das Urheberrecht, das er ebenfalls in diese Argumentation mit einbezieht, nicht zuzustimmen.

126 Man spricht insoweit vom Schöpferprinzip, vgl. etwa Hubmann/Rehbinder, Urheber- und Verlagsrecht, § 18 I - III sowie § 44 I 1 und 2 sowie Ulmer, Urheber- und Verlagsrecht, § 33 I ff.; vgl. auch § 1 und § 7 UrhG. Diese Rechtslage gilt spätestens seit Abschaffung der Urheberrolle in Deutschland, vgl. BGHZ 17, 266 (278) - „Grundig Reporter".

127 Vgl. in diesem Sinne insbesondere Schack, Zur Anknüpfung (1979), Nr. 18 mit weiteren Nachweisen.

rechten einen gesteigerten persönlichkeitsrechtlichen Gehalt,[128] ohne daß es als eigenes Persönlichkeitsrecht begriffen würde; diese Einordnung wird mittlerweile nicht mehr vertreten.[129] Entscheidend für Persönlichkeitsrechte ist ihre enge Bindung an den Rechsträger. Dies läßt sich freilich auch von der Marke und dem Unternehmen sagen. Die Bindung ist aber aufgrund des schöpferischen Akts des Urhebers, der in seinem Werk auch eigene Erfahrungen und Gefühle und letztlich seine Persönlichkeit verwirklicht, noch enger, durchaus vergleichbar mit dem Namen oder anderen Persönlichkeitsrechten. Dieses unverrückbare Wesensmerkmal und die Tatsache, daß Persönlichkeitsrechte nirgendwo belegen sein können,[130] führt dazu, daß das allgemeine Persönlichkeitsrecht wie auch das Urheberrecht überall verletzt werden können,[131] da sie überall gleichzeitig wir-

---

128 Hierauf weist insbesondere Cigoj, in: FS für Firsching (1985), S. 53, 73 hin; auch Hubmann/Rehbinder, Urheber- und Verlagsrecht, § 9 II 1 b, weisen auf den Unterschied zur Erfindung hin, da dieser kein individuelles Gepräge immanent sei. Die moderne monoistische Betrachtungsweise des Urheberrechts geht zwar von der Einheit der Vermögens- und Persönlichkeitsinteressen im Urheberrecht aus, dies ändert aber nichts an der starken Bindung an die Persönlichkeit des Autors, die sich aus der Theorie des geistigen Eigentums und der persönlichkeitsrechtlichen Lehre entwickelt hat; vgl. Hubmann/Rehbinder, a.a.O., § 3 VII und v. Gamm, Urheberrechtsgestz, Einführung Nr. 142. Im anglo-amerikanischen Recht herrscht im Gegensatz zur deutschen monoistischen Betrachtungsweise das dualistische Prinzip vor, d.h. die Trennung von persönlichkeitsrechtlichen- und vermögensrechtlichen Elementen des Urheberrechts. Zum ganzen vgl. Bappert, Wege zum Urheberrecht (1962), S. 301 ff. sowie Delp, Das Recht des geistigen Schaffens (1993), S. 172 (Rn. 110 f.).

129 Die persönlichkeitsrechtliche Einordnung geht vor allem auf Otto v. Gierke als Vertreter der gleichnamigen Lehre vom Persönlichkeitsrecht zurück; vgl. Bd. I seines Deutschen Privatrechts, nachgedruckt in UFITA 125 (1994), S. 103. Spätestens seit der Einführung des Urhebergesetzes im Jahre 1965 herrscht aber die monoistische Betrachtungsweise vor, die das Urheberrecht wie bereits erwähnt als Symbiose aus Persönlichkeits- und Verwertungsrecht ansieht, vgl. auch hier Bappert, Wege zum Urheberrecht (1962), S. 301 ff. sowie Delp, a.a.O., S. 139 u. 153 (Rn. 58).

130 Davon ging schon Josef Kohler aus; vgl. Warenzeichenrecht (1910), S. 206: „Die Persönlichkeit hat keine örtliche Lage; sie entfaltet ihre Macht über die ganze Welt." Diese Lehre hat sich als „Theorie vom Immaterialgüterrecht" durchgesetzt, vgl. hierzu etwa Hubmann/Rehbinder, Urheber- und Verlagsrecht, § 3 VI.

131 Aus diesem Grunde wird im Persönlichkeitsschutz vertreten, es gebe keine Ubiquität bzw. keinen Erfolgsort angenommen; vgl. v. Bar, IPR, a.a.O. Bd. II, Rn. 664 und die dort genannten Beispiele; ebenso Schack, Die grenzüberschreitende Verletzung allgemeiner und Urheberpersönlichkeitsrechte, UFITA Bd. 108, S. 51, 61 ff., ausdrücklich 64, mit weiteren Nachweisen.

ken, mithin also universal sind.[132] Dem würde eine territoriale Begrenzung naturgemäß widersprechen.

Ein Urheberrecht kann im übrigen auch nicht von einem Unternehmen erworben werden, sondern nur von natürlichen Personen,[133] was den persönlichkeitsrechtlichen Einschlag ebenfalls belegt. Auch die Schutzdauer beginnt nicht etwa mit der Veröffentlichung des Werkes zu laufen, sondern mit dem Tode des Schöpfers, § 64 Abs. 1 UrhG.

Das Urheberrecht wirkt schließlich mit seiner Entstehung gegenüber jedermann und ist jedermann gegenüber durchsetzbar. Damit ist es ein absolutes Recht.[134] Absolute Rechte lassen sich jedoch nicht auf ein bestimmtes Territorium begrenzen, sondern gelten mit ihrer jeweiligen Zuordnung universal.[135] Die ebenfalls absoluten Sachenrechte[136] sind zwar materiell an das Territorium geknüpft, auf dem sie belegen sind, ihre personale Zuordnung strahlt aber nach überall hin aus, auch ins Ausland.[137] Urheberrechte sind ebenfalls nur an die Person des Urhebers geknüpft. Außerdem lassen sie sich, abweichend von den Sachenrechten, nicht einmal an zumindest einem Ort fassen, sondern können

---

132 Dem steht nicht entgegen, daß sich die Vorfrage nach Bestand und Inhalt der Persönlichkeitsrechte (nach wohl überwiegender Ansicht mit Ausnahme des Namensrechts) nach dem Deliktsstatut richtet. Dies ist nur bedingt durch den Verbotscharakters dieser Rechte; vgl. hierzu Schack, Zur Anknüpfung (1979), S. 56; Heldrich, Persönlichkeitsverletzungen im IPR, in: v. Caemmerer, Vorschläge und Gutachten (1983), S. 361, 372 und 377 sowie Wagner, Das deutsche IPR bei Persönlichkeitsverletzungen, (1986), S. 94 f. Für das Urheberpersönlichkeitsrecht vertritt Schack aufgrund des Werkbezuges allerdings die Anknüpfung gemäß dem Urheberrechtsstatut, für ihn das Recht des Ursprungslandes; vgl. a.a.O., S. 57 ff., 60.

133 Das ergibt sich mittelbar aus dem Schöpferprinzip des § 7 UrhG. Vgl. hierzu auch Hubmann/Rehbinder, Urheber- und Verlagsrecht, § 18 I sowie Fromm/Nordemann, Urhebergesetz, § 7, Rn. 1.

134 Vgl. Raape, IPR, § 64 I (S. 638).

135 Vgl. etwa die Beispiele bei Troller, Immaterialgüterrecht Bd. I, a.a.O., S. 135, der auf Sachenrechte und Forderungsrechte als wohlerworbene Rechte verweist; in diesem Sinne auch Cigoj, in: FS für Firsching (1985), S. 53, 69, 75; ders., Les droits acquis, les conflits mobiles et la rétroactivité à la lumière des Conventions de la Haye, Rev.crit. 1978, 1 ff.

136 Zur Frage, ob Sachenrechte überhaupt mit Immaterialgüterrechten vergleichbar sind, vgl. unten 4. Kapitel im Rahmen der Anknüpfung.

137 Von dem seltenen Ausnahmefall einmal abgesehen, daß ein Staat generell kein privates Eigentum anerkennt, das gilt etwa für die Volksrepublik China in Bezug auf Grundeigentum und Produktionseigentum, die Staats- bzw. Kollektiveigentum sind, vgl. Art. 6, 8, 10 und 12 der Verfassung von 1982.

gleichzeitig an verschiedenen Orten genutzt und beeinträchtigt werden.[138] Eine räumliche Begrenzung auf nur einen Staat erscheint daher doppelt unsachgemäß.

Dies alles muß dazu führen, daß das Urheberrecht anders zu beurteilen ist als die gewerblichen Schutzrechte. Eine universale Geltung ist aus dem Blickwinkel der Natur des Urheberrechts der logischere Schluß.[139]

b) Die Begründungsvarianten für die Territorialität der gewerbliche Schutzrechte im Hinblick auf das Urheberrecht

Abgesehen von der Natur des Urheberrechts sind auch die zuvor dargestellten Begründungsvarianten für die Territorialität der gewerblichen Schutzrechte nicht auf das Urheberrecht übertragbar.

aa) Der Souveränitätsgedanke

Die im Hinblick auf den Souveränitätsgedanken dargestellte Gefahr eines Überlagerungseffektes zwischen meherern nationalen Schutzrechten ist für das Urheberrecht nicht denkbar. Wegen der Eigentümlichkeit von urheberrechtlichen Schöpfungen, können sie nicht mehrfach entstehen. Der Überlagerungseffekt tritt dann zwar insoweit ein, daß in jedem Land ausländische Urheberrechte gelten würden, dies wirkt sich aber praktisch in keiner Weise aus.[140] Auch das hieraus resultierende Folgeproblem der Vorhersehbarkeit bzw. des Verkehrsschutzes zugunsten der Verwerter, das in der Tat eine gewichtige Rolle spielt,[141] läßt sich in den Griff bekommen, indem man ihm im Rahmen des Deliktsstatuts Rechnung trägt. Es muß genügen, wenn dem Verletzer bewußt ist, daß er ein Urheberrecht verletzt, ob dies nun ein ausländisches oder inländisches ist,[142]

---

138 Vgl. Raape, IPR, a.a.O.

139 In diesem Sinne auch Drobnig, RabelsZ 40 (1977), 195, 198; Cigoj, Internationalprivatrechtliche Aspekte des Urheberrechts, in: FS für Firsching (1985), S. 53, 75 f. sowie Schack, Zur Anknüpfung (1979), Nr. 18; im Hinblick auf das subjektive Urheberrecht auch v. Gamm, Urheberrechtsgesetz, Einführung, Rn. 29.

140 Anderenfalls sind die ausländischen Urheberrechte über die internationalen Abkommen gleich den inländischen geschützt und müssen ebenfalls beachtet werden.

141 D.h. die Gefahr, sich ständig nach ausländischen Urheberrechten umschauen zu müssen: vgl. etwa v. Bar, IPR Bd. II, a.a.O., Rn. 706 und UFITA Bd. 108 (1988), a.a.O., S. 41 f. In diesem Sinne bereits Seligsohn, Die örtlichen Grenzen des Zeichenrechts, in: Festgabe zur Feier des 50jährigen Bestehens des Reichspatentamtes (1927), S. 193, 200.

142 Durch den Schutz des Inländerbehandlungsgrundsatzes in den internationalen Abkommen wirkt sich dies wie gesagt gerade nicht aus. Das Urlaubsfoto-Beispiel v. Bars,

kann ihm insoweit gleichgültig sein, zumal es ohnehin nicht zu unterscheiden wäre.[143]

Was außerdem nicht vergessen werden sollte: der Souveränitätsgrundsatz verlangt umgekehrt auch, daß grundlegende Entscheidungen eines Staates im Ausland anzuerkennen sind. Hierzu gehört mit Sicherheit die Frage, in wessen Person ein Recht entsteht. Diese ist freilich in erster Linie für das Urheberrecht relevant, denn bei den staatlich verliehenen Schutzrechten können solche Zweifel naturgemäß nicht aufkommen.[144] Wenn also das anglo-amerikanische Recht bei Filmwerken den Produzenten als Ersterwerber des Copyrights bestimmt, kann das deutsche Recht diese Vorfrage nicht anders beantworten.[145] Der Gedanke der Souveränität anderer Staaten gilt somit in erster Linie für die registerbezogenen gewerblichen Schutzrechte. Im Falle des Urheberrechts fällt der Eingriff in die Sphäre anderer Staaten weit weniger stark aus, weshalb der Souveränitätsgedanke insoweit kaum zur Begründung einer territoriale Begrenzung des Urheberrechts taugt.

bb) Die Konkurrenz der Zuordnungen

Für das Urheberrecht überzeugt daneben auch die Annahme einer Konkurrenz der Zuordnungen nicht. Zwar ist in der Tat auch der persönlichkeitsrechtliche Schutz dann nicht unbegrenzt, wenn diesem an sich zugeordnete Güter in ihrer wirtschaftlichen Komponente und somit als Immaterialgüterrechte betroffen sind, eben besagter Handelsname oder der Schutz der Firma, beide werden von der herrschenden Ansicht als territorial beschränkt angesehen,[146] aber hieraus

---

a.a.O., wonach das deutsche Urheberrecht eines Deutschen, dem seine geistige Schöpfung auf Mallorca gelang, nicht gegen die Verletzung in Spanien schützt, taugt in im Zusammenhang mit dem Verkehrsschutz nicht, denn Schutz wäre in diesem Fall über Art. 5 II RBÜ gegeben, d.h. der spanische Verletzer hätte es gleichwohl beachten müssen.

143 Ausnahme muß hier allerdings der Fall sein, daß es sich um ein Werk handelt, das im Inland nicht schutzfähig ist, wie v. Bar, a.a.O., dies anführt, insofern muß aus Verkehrsschutzgründen doch auf inländisches Recht abgestellt werden.

144 Freilich entfällt diese Problematik zumindest beim Patentrecht nicht, denn dem staatlich verliehenen Patentrecht ist das natürliche Recht des Erfinders an seiner Erfindung bzw. das Recht auf das Patent vorgelagert, bezüglich dessen sich eine ähnliche Problematik ergibt, vgl. unten 4. Kapitel 1. Teil 3 a.

145 Wohl aber die internationalen Abkommen, vgl. Art. 14bis RBÜ, der insoweit ausnahmsweise eine kollisionsrechtliche Aussage enthält; diese Frage wird später im Rahmen der Anknüpfung des Urheberrechts nochmals vertieft werden.

146 Diese Einordnung ist aber keineswegs unumstritten und hat sich erst sehr spät entwikkelt, vgl. hierzu ausführlich unten 4. Kapitel 1. Teil II 4 a und b.

wie auch aus der Abkehr von der Einordnung der Immaterialgüter als Persönlichkeitsrechte[147] läßt sich nicht der Umkehrschluß ziehen, daß alle Immaterialgüter per se oder von Natur aus nur territorial begrenzten Schutz genießen könnten.[148] Gerade umgekehrt spricht angesichts der mangelnden Belegenheit auch viel dafür, Immaterialgüterrechte als universal geltende Rechte anzusehen,[149] wie dies auch im Falle der allgemeinen Persönlichkeitsrechte getan wird. Dies gilt insbesondere dann, wenn eine Konkurrenz der Immaterialgüterrechte nicht denkbar ist, denn diese stellt das Hauptargument für die genannte Begründungsvariante zur Territorialität der Schutzrechte dar. Eine quasi naturgegebene Konkurrenz läßt sich gerade im Falle des Urheberrechts nicht annehmen. Zwar gehört es ebenfalls zu den Immaterialgüterrechten, es kann aber aufgrund der Individualität einer jeden geistigen Schöpfung nicht mehrfach, sondern nur einmal zugeordnet werden. Mit dem Gedanken einer Konkurrenz der Zuordnungen tut man sich aus diesem Grunde schwer für das Urheberrecht.

cc) Die Marktbezogenheit

Auf das Urheberrecht läßt sich schließlich auch nicht die Argumentation, die Territorialität ergebe sich aus einer Marktbezogenheit, übertragen. Auch wenn der Vergleich mit dem Handelsnamen oder der Ausstattung auf den ersten Blick sinnnvoll erscheinen mag, weil in beiden Fällen der Schutz unabhängig von der Eintragung in ein Register entsteht, handelt es sich beim Urheberrecht gleichwohl um ein völlig anderes Recht: Urheberrechte sind in keiner Weise abhängig von ihrer Erscheinung auf dem Markt eines Staates, der sie allein auf dieser Grundlage in die Position eines Ausschlußrechtes setzt. Der Urheberrechtsschutz entsteht vielmehr originär, weshalb ihm somit jegliche Marktbezogenheit fehlt.

Daneben ist das Urheberrecht aufgrund der Werkschöpfung als Ausdruck der Erfahrungen und Gefühle des Schöpfers auch stärker persönlichkeitsbezogen als Firma oder Ausstattung, die letztlich reine Vermögensrechte darstellen. Auch das allgemeine Persönlichkeitsrecht hat mangels Vermögenswirkung keinen Marktbezug.

---

147 Dies gilt seit Ende des letzten Jahrhunderts auch für das Urheberrecht, nachdem Josef Kohler die Lehre vom Immaterialgüterrecht auch auf das Urheberrecht übertrag, vgl. hierzu Hubmann/Rehbinder, Urheber- und Verlagsrecht, § 3 V.

148 Mit dieser Begründung insbesondere Deutsch, Wettbewerbstatbestände mit Auslandsberührung (1962), S. 23; ablehnend auch Lichtenstein, NJW 1964, 1208, 1209 sowie Weber, Die Behandlung von Patent-, Warenzeichen- und Urheberrechtsverletzungen (1968), S. 20.

149 Vgl. Weber, a.a.O.

c) Die Wertung der internationalen Konventionen dem Gebiet des Urheberrechts

Die Übereinkommen auf dem Gebiet der gewerblichen Schutzrechte setzen ein territorial begrenztes Recht voraus. Fraglich ist, ob diese Wertung auch für die urheberrechtlichen Abkommen, insbesondere die RBÜ, gilt.

Betrachtet man den Aufbau der RBÜ,[150] fällt eine von der PVÜ und den anderen Abkommen auf dem Gebiet der gewerblichen Schutzrechte abweichende Konzeption auf: Naturgemäß kann es für Urheberrechte keine Eintragung in anderen Staaten geben. Aus diesem Grunde fehlen Prioritätsrechte und Regelungen bezüglich der internationalen Eintragung. Stattdessen sieht die RBÜ, ebenso wie das WUA und das Rom-Abkommen, nur die Anerkennung und den Schutz ausländischer Urheberrechte im Schutzland durch Inländerbehandlung verbunden mit Mindestrechten vor.[151] Die Funktion der RBÜ besteht also lediglich in der Sicherstellung des urheberrechtlichen Schutzes über das Territorium hinaus, in dem das Urheberrecht erlangt wurde.[152] Auch wenn das Urheberrecht zu seiner Durchsetzung hiernach offenbar einer Schutzerweiterung bedarf, läßt sich daraus nicht im Umkehrschluß entnehmen, daß es territorial begrenzt sein muß, denn auch ein universales Recht bedarf der Anerkennung und insbesondere der Gleichbehandlung im Ausland.[153] Erkennt ein fremder Staat beispielsweise kein privates Sacheigentum an, so läuft auch dieses unbestritten universale Recht eines Fremden dort leer. Es bleibt somit, von der funktionalen Seite aus betrachtet, offen, ob das Urheberrecht im Sinne der RBÜ weltweit gilt oder territorial begrenzt ist.

Auch der Versuch, aus einzelnen Normen der Revidierten Berner Übereinkunft den Grundgedanken territorial begrenzter Rechte abzulesen, scheitert: Selbst wenn man mit der herrschenden Meinung den Inländerbehandlungs-

---

150 Dies gilt insbesondere seitdem die USA und Nachfolgestaaten der Sowjetunion, allen voran die Russische Föderation, ebenfalls Mitglied sind, vgl. oben 2. Kapitel I 2. Im übrigen lassen sich die folgenden Erwägungen auch vollinhaltlich auf das WUA das Rom-Abkommen übertragen, die ebenfalls und mit ähnlichem Wortlaut wie bereits Art. 5 Abs. 2 RBÜ, den Inländerbehandlungsgrundsatz beinhalten. Das TRIPS-Abkommen, dem auf mittelfristige Sicht erhebliche Bedeutung zukommen wird, sieht in Art. 3 ebenfalls die Inländerbehandlung vor, vgl. hierzu oben 2. Kapitel I 5.

151 Dies gilt sowohl für die RBÜ wie auch für das Rom-Abkommen und das WUA. Zur Doppeldeutigkeit des Inländerbehandlungsgrundsatzes insoweit vgl. unten (Fn. 165).

152 Im Ursprungsland selbst gilt die Berner Übereinkunft nämlich gar nicht, vgl. Art. 5 Abs. 1 Satz 1 RBÜ.

153 Dem steht auch nicht der Begriff der Universalität entgegen, vgl. Neuhaus, Grundbegriffe, § 23.

grundsatz im Sinne von Art. 5 Abs. 2 RBÜ als eine - neben seinem fremdenrechtlichen Charakter - auch kollisionsrechtliche Verweisung auf das Recht des Schutzlandes versteht,[154] belegt dies doch keine umfassende Territorialität des Urheberrechts, sondern allenfalls eine auf seine allgemeinen Wirkungen begrenzte, denn Art. 5 RBÜ spricht nur vom „Umfang des Schutzes", der sich nach den Regeln des Schutzlandes richtet. Damit handelt es sich bei dieser Regelung jedoch keineswegs um eine Besonderheit, denn es ist anerkannt, daß sich der Schutzumfang aller, auch universaler Rechte im Falle ihrer Verletzung nach dem Deliktsort richtet, und um nichts anderes handelt es sich beim immaterialgüterrechtlichen Schutzland im Sinne der RBÜ.[155]

Ob die RBÜ auch für die Entstehung des Urheberrechts von territorial begrenzten Rechten ausgeht oder diese als im Ursprungsland wohlerworbene Rechte ansieht, die lediglich in ihrer Erscheinungsform variieren, ist hiernach mindestens offen.[156] Auch Art. 5 Abs. 2 Satz 1 RBÜ vermag hier nicht weiterzuhelfen, denn er erklärt lediglich den Schutz für unabhängig von etwaigen Förmlichkeiten, er spricht nicht von der Entstehung des Rechts.

Die einzige Norm in der RBÜ, die die Frage der Entstehung bzw. der Inhaberschaft an Urheberrechten regelt, ist Art. 14bis Abs. 2. Dieser bestimmt, daß sich die Frage, wer Inhaber an einem Filmwerk ist, nach dem Recht des Schutzlandes beurteilt. Da Art 14bis aber nur eine Einzelfrage der Inhaberschaft regelt, ist fraglich, ob hieraus abgelesen werden kann, daß die RBÜ auch für die Inhaberschaft an sich und somit die Entstehung des Urheberrechts von territorial begrenzten Rechten ausgeht. Anders wäre dies sicher, wenn die Frage der Inhaberschaft in vollem Umfang geregelt wäre oder bestimmte Entstehungsvoraus-

---

154 Vgl. zu diesem Streit oben 2. Kapitel I 2.

155 Vgl. unten 5. Kapitel I 3.

156 Vgl. auch Cigoj, in: FS für Firsching (1985), S. 53, 64 ff., der belegt, wie unpräzise der Inländerbehandlungsgrundsatz eigentlich ist. So läßt er beispielsweise die Frage offen, ab wann der Schutz im Inland gilt. Gilt er erst mit der Verwertung im Schutzland, dann würde dies bedeuten, daß das Urheberrecht dort erst mit der Verwertung entstanden ist; ein befremdlicher Gedanke, der letztlich auf einer reinen Fiktion beruhen würde, für die keinerlei gesetzlicher Anhaltspunkt besteht (wenn das Gesetz schweigt...). Gilt der Schutz im Schutzland hingegen ab der Schutzentstehung im Ursprungsland, was sicherlich richtig ist und auch der Systematik der Schutzentstehung im Sinne der RBÜ entspricht, so ist dies ein Beleg dafür, daß das Urheberrecht in seiner Entstehung universal wirkt. Offen bleibt insbesondere auch, ob das im Ausland entstandene Urheberrecht mit dem inländischen zumindest im Kern identisch ist, oder ob es sich um zwei völlig verschiedene Rechte handelt.

setzungen vom Schutzland abhingen. Da es sich jedoch nur um eine Teilregelung handelt, spricht mehr für eine begrenzte Ausnahmeregel.[157]

Als Fazit darf also festgehalten werden, daß die RBÜ bezüglich der Frage, ob die ihr zugrundeliegenden Urheberrechte als territorial begrenzte Rechte anzusehen sind, offen ist.[158] Eine Norm von solch klarstellender Wirkung wie Art. 4bis Abs. 1 PVÜ fehlt nun einmal in der RBÜ. Im Hinblick auf den Schutz und die allgemeinen Wirkungen des Urheberrechts läßt sich freilich mit dem entsprechenden Verständnis des Art. 5 Abs. 2 RBÜ eine gewisse Territorialität ablesen. Eine generelle Territorialität des Urheberrechts, wie dies von der herrschenden Meinung vertreten wird, läßt sich jedoch aus dem Abkommen weder ablesen noch mit ihm begründen.[159] Dies gilt genauso für das Rom Abkommen und das WUA.

d) Fiktion der Verleihung durch die nationalen Gesetze

Die bisher dargestellten Zweifel an der Geltung des Territorialitätsprinzips für das Urheberrecht werden von der herrschenden Literatur durchaus für das subjektive Urheberrecht anerkannt. Sie trennt hiervon aber ein objektives Urheberrecht ab, das in Form der nationalen Urhebergesetze doch zu einer territorialen Begrenzung führen soll.[160] Der Akt der staatlichen Anerkennung erfolge hiernach über die nationale Gesetzgebung, die die Verleihung fingiere.[161] Plasti-

---

157 Als solche sieht auch Drobnig, RabelsZ 40 (1976), 195, 200 die Regelung in Art. 14bis Abs. 2 a RBÜ. Anders jedoch Ulmer, RabelsZ 41 (1977), 479, 498 f.; ders., GRUR Int. 1967, 447, 449 f., der auf die Beratungen zur damaligen Stockholmer Revisionskonferenz zur RBÜ 1967 verweist, im Zuge derer die Regelung in die RBÜ eingefügt wurde. Zum ganzen Komplex vgl. auch unten 4. Kapitel 2. Teil II 3 a - im Rahmen der Diskussion um die kollisionsrechtliche Anknüpfung des Ersterwerbs, bei dem die Problematik nochmals beschäftigt.

158 Vgl. auch Lichtenstein, NJW 1968, 1208, 1210; Walter, in: Reimer/Dietrich, Vertragsfreiheit im Urheberrecht (1977), 137, 139.

159 Insoweit gilt naturgemäß das gleiche wie im Falle der PVÜ: auch wenn man annimmt, die RBÜ gehe von einem territorial begrenzten Urheberrecht aus, kann sie das Vorhandensein der Territorialität nur bestätigen, diese aber nicht begründen.

160 So etwa v. Bar, Territorialität des Warenzeichens und Erschöpfung des Verbreitungsrechts im Gemeinsamen Markt; ders., UFITA 108 (1988), 27, 29 ff.; ders., IPR Bd. II, Rn. 702; v. Gamm, Urhebergesetz, Einführung, Rn. 29; Ulmer, Urheber- und Verlagsrecht, § 13 I 1; zustimmend auch Schricker-Katzenberger, Vor §§ 120 ff. UrhG, Rn. 122; zur Abgrenzung zwischen subjektivem- und objektivem Urheberrecht, vgl. auch Delp, Das Recht des geistigen Schaffens (1993), S. 155 ff. bzw. 158 ff.

161 Vgl. insbesondere Ulmer, Urheber- und Verlagsrecht, 2. Aufl. (1960), S. 70.

scher wird dieser Gedanke bei Troller, der die territoriale Wirkung der Immaterialgüterrechte aus der Begrenztheit des Geltungsbereichs der ihnen zugrundeliegenden nationalen Gesetze ab: Da jedes Gesetz nur auf dem Gebiet desjenigen Staates wirke, der es erlassen hat, könnten hieraus abgeleitete Rechte - so auch das Urheberrecht - ebenfalls nur auf diesem staatlich geschützten Territorium existieren.[162]

Ohne Frage ist es richtig, daß das Kollisionsrecht nur auf das objektive Urheberrecht verweisen kann,[163] daraus folgt aber noch nicht, daß das objektive Urheberrecht dem subjektiven zwangsläufig zuwiderlaufen muß. Dies ist gerade Ausdruck der Rückständigkeit des internationalen Urheberrechts. Außerdem werden bei der Argumentation der herrschenden Lehre zwei völlig verschiedene Gedanken miteinander vermengt: Es gilt für alle Rechte, daß die unterschiedlich gestalteten nationalen Gesetze zu einer gewissen Begrenzug der Durchsetzbarkeit führen, dies ist aber lediglich eine Folge der rechtlichen Souveränität der Staaten. Erkennt ein Staat kein privates Eigentum an, so verlieren auch Ausländer, wenn sie sich innerhalb dieses Staates bewegen, die Rechte an ihrem Eigentum.[164] Dies darf jedoch nicht mit Territorialität verwechselt werden, denn dann wären alle Rechte auf der Welt territorial begrenzt, was anerkanntermaßen nicht der Fall ist.[165]

Auch die Tatsache, daß ein Staat Gesetze erläßt, führt nicht automatisch dazu, daß diese Gesetze nur für Sachverhalte innerhalb dieses Staates Geltung erlan-

---

162 Vgl. Troller, Immaterialgüterrecht Bd. I, S. 135 f., insb. S. 136; ders., Das internationale Privat- und Zivilprozeßrecht der Immaterialgüterrechte (1952), S. 50 f., wo Troller dieses Prinzip auch als Bestandteil des internationalen Sachenrechts verstanden wissen will. Im Ergebnis ähnlich argumentiert die herrschende Meinung im Urheberrecht, vgl. etwa Ulmer, Die Immaterialgüterrechte (1975), Nr. 14: „Man hielt dabei aber an dem Gedanken fest, daß sich die Wirkung der gesetzlichen Regelung des Urheberrechts auf das Hoheitsgebiet des Staates beschränkt, in dem das Gesetz erlassen wurde.“; zum ganzen auch unten h.

163 Vgl. neben den in Fn. 160 genannten auch Cigoj, in: FS für Firsching (1985), S. 53, 54, der zu den Vertretern eines universalen Urheberrechts gehört.

164 Dies galt in der Tat für eine Reihe von kommunistischen Staaten wie Kambodscha oder auch China.

165 Neuhaus nennt als Beispiele das Eigentumsrecht, Unterhaltsansprüche und das Namensrecht; Cigoj, a.a.O., S. 76 sowie Troller, Immaterialgüterrecht Bd. I, S. 135 (Fn. 168) sprechen insoweit konkretisierend von den sog. wohlerworbenen Rechten; letzterer schließt allerdings die Immaterialgüterrechte hiervon aus, da der Erwerb eines Immaterialgüterrechts auf einer tatsächlichen und nicht einer rechtlichen Beziehung zum Immaterialgut entstehe. Worin der Unterschied zum (Sach-) Eigentum bestehen soll, wird freilich nicht ganz klar.

gen wollen.[166] Ein treffendes Beispiel ist sicher das Strafrecht. Auch § 98 Abs. 2 GWB führt zu einer begrenzten extraterritorialen Wirkung des zugrundeliegenden Gesetzes.[167]

Der Verleihungsgedanke, der ebenfalls in diese Argumentation miteinbezogen wird, ist ein Überbleibsel aus der Zeit, als für Urheberrechte noch die Privilegientheorie galt.[168]

Diese an sich unnötige Aufsplitterung in subjektives Recht als Idealbild und objektives Recht als Sinnbild der praktischen Unzulänglichkeit in dessen Ausübung wird sogar von *Ulmer* als Relikt aus dem Zeitalter des Privilegienwesens erkannt.[169] Hier muß man ausnahmsweise[170] *Neuhaus* zustimmen, der zu Recht darauf hinweist, daß diese Epoche spätestens mit dem Übergang zur Theorie des geistigen Eigentums hätte überwunden sein sollen.[171] Spätestens im Zeitalter der grenzenlosen Multimedia-Gesellschaft, auf das wir unweigerlich zusteuern, läßt sich - wie diese Untersuchung noch zeigen wird - der Gedanke territorial begrenzter Verbietungsrechte kaum mehr mit der Rechtswirklichkeit vereinen.

---

166 Vgl. daher die Kritik bei Deutsch, in: Die Warenzeichenlizenz (1966), S. 463, 471 sowie Neuhaus, Die Grundbegriffe des Internationalen Privatrechts, § 23 I 2 (S. 181 f.); ähnlich auch Pfaff, in: Schricker/Stauder, Handbuch des Ausstattungsrechts (1986), S. 1109, 1123. Vgl. auch oben I 1 zum Begriff des Territorialitätsprinzips.

167 Vgl. auch v. Bar, IPR Bd. II, Rn. 452.

168 Vgl. hierzu oben im Rahmen der Lehre vom geistigen Eigentum, I 4 a.

169 Vgl. insbesondere Ulmer, Urheber- und Verlagsrecht, 2. Aufl. (1960), S. 70 bzw. 90 f.: In dieser Vorstellung von der gesetzlichen Verleihung und der darauf beruhenden Begrenzung des Urheberrechts habe sich ein Rest der alten Privilegielehre erhalten. Diese Lücke werde jedoch durch die internationalen Abkommen geschlossen.

170 Um allen Mißverständnissen vorzubeugen: der Verfasser will mit dem Wort „ausnahmsweise" keineswegs den Beitrag, den Paul Heinrich Neuhaus zur Fortentwicklung des internationalen Privatrechts geleistet hat, herabwürdigen; ganz im Gegenteil, Neuhaus zählt zweifelsohne zu den Autoren des allerersten Rangs auf dem Gebiet des internationalen Privatrechts, das erkennt auch Ulmer an, wenn er die Thesen von Neuhaus zum internationalen Immaterialgüterrecht kritisiert, vgl. RabelsZ 41 (1977), 479, 482. Im Ergebnis kann den Erwägungen Neuhaus′ jedoch kaum zugestimmt werden, zumal eine ausführlichere Darstellung seiner Thesen fehlt.

171 Zwar ist die Lehre vom geistigen Eigentum in der Theorie der Immaterialgüterrechte seit langem nicht mehr allein gültig, gleichwohl hat sich ihr Kern, die Abkehr vom Privilegiengedanken, bis in die modernen Urheberrechtstheorien fortgesetzt, vgl. oben 4 a.

d) Das Territorialitätsprinzip als Ordnungsprinzip

Teilweise wird das Territorialitätsprinzip auch als Ordnungsprinzip verstanden, ohne das die internationalen Beziehungen nicht funktionieren würden.[172] Als solches Ordnungsprinzip hat es sich durchaus auch bewährt, das darf man nicht vergessen. Hieraus allein aber den Schluß zu ziehen, das Urheberrecht sei territorial begrenzt, überzeugt nicht.[173] Die Einordnung als Ordnungsprinzip stellt bei näherer Betrachtung nichts anderes dar als eine Ausprägung des altbekannten Souveränitätsgedankens; denn was ist ein stärkerer Ordnungsfaktor als die gegenseitige Achtung und Anerkennung. Warum soll dies nicht auch im Rahmen eines universalen Urheberrechts möglich sein? Gründe hierfür wurden bereits genannt.

e) Fazit

Nach alledem ist es nicht Ausdruck eines übertriebenen Traditionalismus, für das Urheberrecht im Grundsatz Universalität anzunehmen. Auch das Reichsgericht ging in seinen frühen Entscheidungen vom Idealbild eines grenzenlosen Urheberrechts aus.[174] Es ist im Gegenteil rückständig, das scheinbar so ungeliebte Territorialitätsprinzip durch Verhinderung der eigenen Rechtsentwicklung zu zementieren.

Leitbild muß das subjektive Urheberrecht sein: Ein natürliches, umfassendes, territorial unbeschränktes und einheitliches Recht des Urhebers an seiner geistigen Schöpfung.[175] Dieses gilt es soweit wie möglich auch im Rahmen des Kolli-

---

172 Darauf weist insbesondere Weber, Die Behandlung von Patent-, Warenzeichen- und Urheberrechtsverletzungen (1968), S. 24 f. hin.

173 Dies deutet in der Tat Weber, a.a.O., an, obwohl er zugesteht, daß das Territorialitätsprinzip dann, wenn wirtschaftliche und nationale Grenzen nicht mehr zusammenfallen, seine Daseinsberechtigung verlieren müsse, dies gelte insbesondere innerhalb der Europäischen Gemeinschaft.

174 Vgl. RGZ 18, 28 ff. - „Hoff", soweit für die Marke, auf deren Gebiet sich die Entscheidung eigentlich bewegte, das Urheberrecht als Vergleichsmaßstab herangezogen wurde.

175 Vgl. BGHZ 64, 183, 191 - „August Vierzehn"; 17, 266, 278 - „Grundig Reporter" sowie v. Gamm, Urheberrechtsgesetz, Einführung, Rn. 29. Auch Troller, Immaterialgüterrecht Bd. I, S. 136, sagt - sich im Ergebnis selbst widersprechend -, das Urheberrecht werde, weil es in den meisten Staaten formlos aufgrund des geschaffenen Werkes entstehe, vom Urheber stets in zahlreichen Staaten erworben. Was anderes als Universalität soll dies darstellen?

sionsrechts zu verwirklichen.[176] Die internationale Urheberrechtslehre hat diese Entwicklung jedoch größtenteils nicht mitvollzogen,[177] denn die internationalen Konventionen lassen durchaus Raum für ein universales Urheberrecht, sofern man auf diesem Wege nicht den Grundsatz der Inländerbehandlung aushebelt.

Es ist ein verbreitetes Manko, dieser Fehlentwicklung tatenlos zuzusehen, denn dort, wo es das objektive Urheberrecht zuläßt, spricht nichts dagegen, dem subjektiven Urheberrecht zum Durchbruch zu verhelfen. Das Territorialitätsprinzip darf, wie *Schack*[178] völlig richtig bemerkt, nicht zum Selbstzweck werden. Dies stünde auch in vollem Einklang mit dem Geltungsbereich anderer Rechte - wer etwa würde eine ausländische Eheschließung in Frage stellen, nur weil sie nach deutschem Recht eine Nichtehe darstellt, oder würde an der sachenrechtlichen Inhaberschaft eines Ausländers zweifeln, weil er sein Eigentum im Ausland erworben hat?[179] Alles andere käme einer Selbstlimitierung gleich und dürfte kaum der richtige Weg aus dem allseits anerkannten Dilemma der Einordnung des Urheberrechts sein. Ein einmal entstandenes Urheberrecht kann nicht im Ausland zum „Nichts" werden. Es mag zwar eine inhaltliche Modifizierung durch die fremde Rechtsordnung erfahren, die es unter Umständen sogar aushöhlt, aber im Kern muß es fortbestehen.[180]

Letztlich hat die Frage, ob das Urheberrecht territorial begrenzt ist oder universal wirkt, ohnehin eine weit geringere Bedeutung als gemeinhin angenommen

---

176 Drobnig, RabelsZ 40 (1976), 195, 196, begründet dies mit der Aufgabe des IPR, im Rahmen einer Kollisionsnorm immer möglichst dem materiellen Inhalt des zu regelnden Sachverhalts gerecht zu werden. Ob sich das Kollisionsrecht nach dem materiellen Inhalt des zu regelnden Rechtsgebietes richten muß, ist allerdings umstritten. Grundsätzlich wird man strikt zwischen Sachrecht und Kollisionsrecht trennen müssen, da das Kollisionsrecht möglichst für alle nationalen Sachrechte zum gleichen Ergebnis führen soll und sich demgemäß nicht nach einzelnen Sachrechten richten kann. Dennoch können nach richtigem Verständnis jedenfalls wesentliche Grundprinzipien des Sachrechts auch das Kollisionsrecht beeinflussen. Bestes Beispiel ist das Territorialitätsprinzip. Zum ganzen vgl. auch v. Bar, IPR Bd. I, Rn. 213 ff. sowie E. Lorenz, Zur Struktur des Internationalen Privatrechts (1977), S. 16 ff., 61 ff., 97 ff.; Siehr, RabelsZ 37 (1973), 466, 467 ff.

177 So ausdrücklich auch Ulmer, a.a.O. (Fn. 178.)

178 Vgl. Schack, Zur Anknüpfung (1979), Nr. 19 und Nr. 136.

179 Dies gilt insbesondere für die bereits genannten sog. wohlerworbenen Rechte, vgl. oben Fn. 165. Freilich zählt das Urheberrecht grundsätzlich nicht zu dieser Art von Rechten, da es nicht aufgrund einer rechtlichen Beziehung des Urhebers zu seinem Werk, sondern einer tatsächlichen, nämlich der Werkschöpfung, entsteht. Gleichwohl besteht faktisch Übereinstimmung.

180 Vgl. auch Cigoj, in: FS für Firsching (1985), S. 53, 76. Gemäß § 121 Abs. 6 UrhG können sich ausländische Urheber auch dann in Deutschland auf ihre Urheberpersönlichkeitsrechte berufen, wenn ihre Werke hier nicht schutzfähig sind.

wird. Auch wenn man das Urheberrecht als territorial begrenztes Recht begreift, wird über die RBÜ und die übrigen Abkommen Quasi-Weltgeltung erreicht,[181] weshalb dieses System auch nicht in Frage gestellt werden soll.[182] Die Frage der Territorialität des Urheberrechts ist letztlich überwiegend dogmatischer Natur. Von wesentlich größerem Interesse ist die Anknüpfung des Urheberrechts nach autonomem Kollisionsrecht, denn erst die Anknüpfung entscheidet darüber, ob das System des internationalen Urheberrechts tatsächlich funktioniert oder nicht.

II. Die Geltung der Immaterialgüterrechte im europäischen Binnenmarkt

1. Die Vereinbarkeit des Territorialitätsprinzips mit europäischem Gemeinschaftsrecht

Lange Zeit war umstritten, wie der Gedanke einer territorialen Begrenzung mit dem Recht der Europäischen Gemeinschaft zu vereinbaren sein sollte. Gemäß Art. 2 des EG-Vertrages strebt die Europäische Gemeinschaft durch die Errichtung eines gemeinsamen Marktes und einer Wirtschafts- und Währungsunion die wirtschaftliche und soziale Vereinheitlichung in Europa an. Vor allem Einzelstaaterei soll durch den EG-Vertrag abgebaut werden.[183] Deutlich wird diese Problematik bei der Frage der Erschöpfung, verbunden mit den Grundsätzen über den gemeinsamen Markt.

---

181 Im Sinne der Lehre von Neuhaus handelt es sich insoweit um relative Universalität, vgl. Grundbegriffe des IPR (1974), § 23 II 3. Vgl. auch Boytha, in: Dittrich, Woher kommt das Urheberrecht (1988), 181, 182, der den Zweck der internationalen Abkommen in der Auflösung der Territorialität sieht. In der Entscheidung BGHZ 64, 183, 191 - „August Vierzehn" spricht der BGH ebenfalls von einem originären und universalen Recht, gelangt allerdings zu einem anderen Ergebnis, vgl. auch Schricker-Katzenberger, Vor §§ 120 ff. UrhG, Rn. 121, 122; insoweit muß daher präzisiert werden, daß diese Weltgeltung nur auf dem Boden der allseitigen Anerkennung und der in den Konventionen garantierten Mindestrechte stattfindet; in diesem Sinne auch Ulmer, RabelsZ 41 (1977), 479, 489 zum Inländerbehandlungsgrundsatz in Verbindung mit den Mindestrechten.

182 Es besteht derzeit kein Grund die RBÜ oder das System der internationalen Abkommen für die üblichen Probleme des internationalen Urheberrechts in Frage zu stellen. Die Konventionen haben sich bestens bewährt und aufgrund der ständigen Fortentwicklung durch Revisionskonferenzen sind sie in der Lage, sich in gewissem Rahmen den Veränderungen in rechtlicher und technischer Hinsicht anzupassen; allerdings könnte das Internet die Grenzen der Fortentwicklung aufzeigen, hierzu später.

183 Aus diesem Grunde betont der EuGH in seiner Entscheidung Parke/Davis, Rs. 24/67 vom 29. Februar 1968 Slg. 1968, 85 ff., auch die möglichen Hindernisse, die sich aus dem nationalen Charakter der Schutzrechte für den freien Warenverkehr ergeben können; vgl. Rz. 4 der Entscheidungsgründe.

Der EuGH nimmt spätestens seit der Entscheidung IHT/Ideal Standard für alle Immaterialgüterrechte grundsätzlich dann Erschöpfung an, wenn das Inverkehrbringen im gemeinsamen Markt entweder durch den Schutzrechtsinhaber selbst erfolgte, also Identität vorlag;[184] mit seiner Zustimmung[185] bzw. durch rechtlich oder wirtschaftlich abhängige Unternehmen erfolgte;[186] oder eine marktbeherrschende Stellung im Sinne des Art. 86 EGV ausgenutzt wurde. Nationale Preisunterschiede sind jedoch in jedem Fall unerheblich.[187] Auf das Kriterium der Ursprungsgleichheit kommt es grundsätzlich nicht an,[188] es sei denn die Möglichkeit der Qualitätskontrolle ist weiter gegeben.[189]

Konnte man anfangs aus der Rechtsprechung des EuGH noch keine konkreten Schlüsse darauf ziehen, wie Territorialität und Immaterialgüterrechte genau verbunden sind und ob das Territorialitätsprinzip zu den Elementen gehört, die seiner Ansicht nach den spezifischen Gegenstand der Schutzrechte ausmachen, hat das Gericht diese Fragen mittlerweile aufgrund seiner zahlreichen Entscheidungen näher konkretisiert. So zählt der EuGH offensichtlich die klassischen Funktionen der Immaterialgüterrechte, nämlich beim Patent die Ausschließlichkeitsfunktion,[190] bei der Marke die Herkunfts- und die Qualitätsfunktion[191] und beim Urheberrecht den Schutz der schöpferischen Einzelperson,[192] zu ihrem spezifischen Gegenstand.

---

184 Vgl. EuGH GRUR Int. 1994, 614 - IHT/Ideal Standard, Rz. 34 der Entscheidungsggründe.

185 Vgl. EuGH a.a.O. Sack, RIW 1994, 987, 902 f. unterscheidet insoweit Vertriebslizenzen, Gemeinschaftsproduktion, Alleinvertriebssysteme, sonstige Marktabgrenzungsvereinbarungen, freiwillige Markenübertragungen sowie Markenabgrenzungsvereinbarungen als Fallgruppen der „Zustimmung des Markeninhabers".

186 Vgl. EuGH a.a.O.

187 Dies betonte der EuGH in praktisch jeder Entscheidung; vgl. etwa EuGHE Centrafarm/Winthrop, a.a.O., Rz. 15-17 der Entscheidungsgründe; EuGHE Centrafarm/Sterling, a.a.O., Rz. 22-24 und EuGHE Membran/GEMA, a.a.O., Rz. 20-26.

188 Vgl. Rs. C 10/89 vom 17.10.1990 EuGH Slg. 1990, 3711 ff. = GRUR Int. 1990, 960 ff. - HAG II Rz. 17 der Entscheidungsgründe.

189 Das ist der Umkehrschluß aus EuGH GRUR Int. 1990, 960 ff., Rn. 13 - HAG II und EuGH GRUR Int. 1993, 550 ff., Rz. 37, 41, 43, 45 - IHT/Ideal Standard.

190 Vgl. EuGH GRUR Int. 1985, 822, Rz. 25, 26 - „Pharmon" sowie EuGH GRUR Int. 1982, 47 ff. - Merck/Stephar.

191 Vgl. EuGH GRUR Int. 1990, 960, Rz. 13 - HAG II und EuGH GRUR Int. 1994, 614, Rz. 37, 45.

192 In der Entschidung Membran/GEMA (Rz. 12 der Entscheidungsgründe) nannte der EuGH den Schutz der Persönlichkeit des Urhebers und seiner Verwertungsrechte. In der

Dennoch war das Gericht nie auf diese Funktionen allein fixiert, denn der EuGH hat immer betont, daß im Hinblick auf den gemeinsamen Markt keine Unterschiede zwischen gewerblichen Schutzrechten und dem Urheberrecht bestünden.[193] Dann kann es dem EuGH aber nicht nur auf die klassischen Merkmale der Immaterialgüterrechte angekommen sein, denn diese weichen je nach Schutzrecht erheblich voneinander ab. Der spezifische Gegenstand muß vielmehr auch im Hinblick auf Art. 30, 36 selbst bzw. deren Funktion gesehen werden. Diese bestimmt sich weniger in Bezug auf die einzelnen Funktionen der Schutzrechte und deren nationale Divergenzen als vielmehr aus einem marktorientierten Blickwinkel. Ziel ist es, einen gemeinsamen Markt zu schaffen und, solange noch Teilmärkte bestehen, diese aufzubrechen. Keinesfalls sollen bestehende Märkte durch die Besonderheiten des nationalen Rechts wieder aufgeteilt werden können.[194]

Demgemäß fanden sich zunächst in der Tat Stimmen in der Literatur, die aus den Grundsätzen des freien Warenverkehrs bzw. der Rechtsprechung des EuGH schlossen, innerhalb der EG dürfe gar keine Territorialität mehr gelten, d.h. Territorialität sei vom spezifischen Gegenstand der Schutzrechte nicht mehr umfaßt.[195] Dieser Gedanke mag im Hinblick auf die EU als einheitlichen Markt

---

Entscheidung oder Coditel/Ciné Vog (Rz. 14 der Entscheidungsgründe) ordnete er dem speziellen Gegenstand das Vergütungsrecht für einen Film zu.

193 Vgl. EuGHE Membran/GEMA, bereits oben Fn. 221, Rz. 12 f. der Entscheidungsgründe: aufgrund der gleichen Problematik die gewerbliche Schutzrechte und das Urheberrecht aufwerfen, bestehe insoweit kein Grund, bei der Anwendung von Art. 36 des Vertrages zwischen dem Urheberrecht und den anderen gewerblichen und kommerziellen Eigentumsrechten zu unterscheiden

194 Nicht umsonst betonte der EuGH immer wieder die Hindernisse, die sich aus dem nationalen Charakter der Schutzrechte für den freien Warenverkehr ergeben könnten; vgl. bereits EuGH - Parke, Davis, a.a.O. (die Entscheidungsggründe, S. 111); - Sirena, a.a.O. (Rz. 4 der Entscheidungsgründe); besonders deutlich wird dies in der Hag-Entscheidung formuliert, in der im Hinblick auf die Ausübung des Warenzeichens die Geeignetheit zur Abschottung der Märkte und die damit verbundene Beeinträchtigung des freien Warenverkehrs hervorgehoben wird (vgl. a.a.O., Rn. 11 der Entscheidungsgründe); ebenso - IHT/Ideal-Standard, a.a.O. (Rz. 33) sowie - Pharmon, a.a.O. (Rz. 23) für das Patentrecht.

195 So etwa Schumacher, GRUR Int. 1966, S. 306; WuW 1967, S. 1 (6) sowie WuW 1968, S. 487, 491 f., 495; Schroeter, WRP 1971, S. 356, 363; Schlieder, GRUR Int. 1973, 578 f.; Brinkmann, MA 1974, 380, 386; Johannes, Gewerbl. Rechtsschutz und Urheberrecht im Europäischen Gemeinschaftsrecht (1973), S. 50. Ähnliche Erwägungen finden sich im übrigen auch bei Ulmer, GRUR Int. 1962, S. 273 und Weber, Die Behandlung von Patent-, Warenzeichen- und Urheberrechtsverletungen (1968), S. 25. Auch Schack, Zur Anknüpfung (1979), Nr. 20, spricht im Hinblick auf die Entscheidung „Dt. Grammophon“ des EuGH eine mögliche Unvereinbarkeit von Territorialität des Urheberrechts

naheliegen und läßt sich auch auf Ausführungen des Generalanwalts Roemer in der Entscheidung Deutsche Grammophon des EuGH stützen.[196]

Dem widerspricht aber, daß das Gericht Territorialität immer nur im Hinblick auf die den jeweiligen Entscheidungen zugrundeliegenden Sachverhalte betrachtete.[197] Der EuGH führte in etlichen, vor allem neueren Entscheidungen aus, wann Ausnahmen von der europaweiten Erschöpfung zuzulassen sind, d.h. wann die Untersagung der Einfuhr mit dem spezifischen Gegenstand der Rechte zu vereinbaren ist.[198] Hiernach darf man dies etwa für den Fall annehmen, daß zwischen dem ausländischen Inhaber und dem Inhaber im Einfuhrstaat nie eine rechtliche oder wirtschaftliche Beziehung bestanden hat, d.h. auch keine wettbewerbsbeschränkende Absprache stattfanden, selbst wenn Ursprungsgleicheit vorliegt.[199] Ferner, wenn die Schutzrechte im Ausland verletzt werden[200] oder in einem Mitgliedsstaat ohne Einverständnis Waren hergestellt werden, für den kein vergleichbares Schutzrecht besteht oder die Rechte sonst nicht schutzfähig sind.[201] In der Entscheidung Coditel/Ciné Vog sah es der EuGH sogar als vom

---

und den Grundsätzen des freien Warenverkehrs an, allerdings ohne diesen Gedankengang weiterzuführen. Für die mittlerweile bestätigte Gegenansicht statt aller v. Bar, Territorialität des Warenzeichens und Erschöpfung des Verbreitungsrechts im Gemeinsamen Markt (1977), S. 131 u. 133 f.

196 Vgl. EuGH Slg. 1971, 503 ff., 508. Ähnliches findet sich auch in der Entscheidung HAG, GRUR Int. 1974, 338, 342.

197 Vgl. auch das Ergebnis des Generalanwalts in seinen Ausführungen, a.a.O., S. 509.

198 Eine ausführliche und nach Fallgruppen geordnete Darstellung für die Markenrechte findet sich bei Sack, Ausnahmen vom markenrechtlichen Erschöpfungsgrundsatz im Europäischen Recht, EWS 1994, 333-338.

199 Für Warenzeichen: EuGHE - Terrapin/Terranova, Rz. 2 der Entscheidungsgründe im Falle verwechslungsfähiger Zeichen; für Patente: EuGHE - Parke,Davis, Rz. 2 der Entscheidungsgründe und EuGH - Centrafarm/Sterling, Rz. 11 für Parallelpatente bei allein rechtlicher Unabhängigkeit; für Geschmacksmuster: EuGH - Keurkoop/Nancy Davis Gifts, Rz. 29 bei Gleichheit.

200 EuGH - Hag, Rz. 10 und EuGHE EMI/CBS, Rz. 22- 24 der Entscheidungsgründe für Produkte, die von nicht Berechtigten mit der geschützten Marke des Inhabers gekennzeichnet wurden. EuGH Rs. 102/77 vom 23.5.1978, Slg. 1978, 1139 ff. = GRUR Int. 1978, 291 ff. - Hoffmann/Centrafarm, Rz. 7 der Entscheidungsgründe und EuGH Rs. 3/78 vom 10.10.1978, Slg. 1978, 1823 ff. = GRUR Int. 1979, 99 ff. - Centrafarm/American Home, Rz. 14 f. bzw. 17 der Entscheidungsgründe für unzulässig umgepackte Produkte, die anschließend wieder mit dem ursprünglichen Zeichen oder einem anderen versehen wurden.

201 Vgl. etwa EuGH Centrafarm/Sterling, Rz. 11 der Entscheidungsgründe für Patente; insofern wäre auch ein Umkehrschluß aus der Entscheidung Deutsche Grammophon möglich gewesen.

wesentlichen Inhalt des Urheberrechts umfaßt an, die Vorführung einer Sendung im Kabelfernsehen zu untersagen, nachdem diese bereits in einem anderen Mitgliedsstaat mit Zustimmung des Inhabers ausgestrahlt worden war.[202] Insbesondere für den Fall der Verletzung von Schutzrechten, der Gegenstand dieser Untersuchung ist, und bei der Gefährdung der klassischen Funktionen der Immaterialgüterrechte geht das Gericht also eindeutig vom Fortbestehen des Territorialitätsprinzips aus, d.h. es ist insoweit zum wesentlichen Bestand der Schutzrechte zu rechnen.[203]

Dem EuGH geht es also nicht darum, Territorialität zu eliminieren, sondern Territorialität da zu bewahren, wo sie mit Recht ihren Platz beansprucht: bei der Behauptung einer geschützten Position in einem abgegrenzten Markt. Nur da, wo Territorialität Gelegenheit zum Mißbrauch bietet, eben um unberechtigt neue Marktstellungen zu schaffen oder alte zu ändern, soll dies verhindert werden.

Auch aus Art. 36 S. 1 EGV selbst läßt sich entnehmen, daß gewerbliche Schutzrechte und das Urheberrecht[204] grundsätzlich territorial begrenzt sind, denn ohne diese Prämisse wäre die Norm, die als Einzelfallhandhabe ausgestaltet ist, praktisch sinnlos. Die Möglichkeit zur Vornahme von Einfuhrbeschränkungen ergibt sich allein aus der räumlichen Ausschließlichkeit der Schutzrechte. Diese ist Art. 36 S. 1 damit immanent. Allerdings ist ein Zeitpunkt denkbar, an dem die nationalen Rechte soweit vereinheitlicht sind, daß Art. 36 seine Bedeutung weitgehend verliert und nur noch deklaratorische Bedeutung hat. Ob dies aber möglich ist, solange eigenständige Rechtsordnungen in den Mitgliedsstaaten existieren, ist zweifelhaft.

2. Die Auswirkungen der Gemeinschaftsmarke bzw. des Gemeinschaftspatents auf das Territorialitätsprinzip

Ein weiterer Ansatzpunkt zur Infragestellung einer territorialen Begrenzung könnten auch die bereits dargestellten Gemeinschaftsschutzrechte - Gemeinschaftsmarke und Gemeinschaftspatent - darstellen. Allerdings ist es ein Trugschluß anzunehmen, diese Vereinheitlichungen würden eine Abkehr vom Territorialitätsprinzip bedeuten. Zwar gilt für Gemeinschaftsschutzrechte innerhalb

---

202 Vgl. EuGH Coditel/Ciné Vog, Rz. 18 der Entscheidungsgründe.

203 Davon durfte man bereits nach der Entscheidung Parke, Davis ausgehen.

204 Art. 36 EGV ist auch auf das Urheberrecht anwendbar, vgl. EuGH Membran/GEMA, Rz. 13 der Entscheidungsgründe. Für das dem Urheberrecht verwandte Schutzrecht des Tonträgerherstellers zuvor bereits in der Entscheidung Deutsche Grammophon, Rz. 8 f. der Entscheidungsgründe.

der EU faktisch gesehen keine Territorialität mehr, dies folgt aber nur aus der Vergrößerung des Territoriums, für das die Schuztrechte erteilt werden. Auch Gemeinschaftsmarke und Gemeinschaftspatent folgen ansonsten dem Grundsatz der Territorialität, denn sie bleiben zumindest nach außen auf das Gebiet der EU begrenzt.[205]

Innerhalb des gemeinsamen Marktes stellt sich die Rechtslage allerdings anders dar. Da hier nur noch ein Recht existiert, sich dieses Recht aber nach wie vor über fünfzehn souveräne Staaten und somit fünfzehn Rechtsordnungen erstreckt,[206] liegt innerhalb des gemeinsamen Marktes faktisch Universalität vor. Diese äußert sich allerdings nur dann, wenn die Regelungswerke der Gemeinschaftsschutzrechte Lücken für das nationale Sachrecht der Mitgliedsstaaten lassen, etwa im Falle einer Nichtigkeitserklärung, die automatisch für den gesamten EU-Raum gilt. Ansonsten wirkt sich diese Universalität aufgrund des allgemein gültigen Einheitsrechts nicht aus.

205 Dies ist die ganz einhellige Ansicht; vgl. etwa Ulmer, in: Holl/Klinke, Internationales Privatrecht, internationales Wirtschaftsrecht (1985), S. 257, 263; Sandrock, in: v. Caemmerer, Vorschläge und Gutachten (1983), S. 380, 405.

206 Allerdings sind die Benelux-Staaten durch ein gemeinsames Immaterialgüterrecht verbunden; insofern bestünden nur dreizehn verschiedenen Rechtsordnungen.

4. Kapitel - Die Anknüpfung der Vorfrage betreffend Bestehen, Inhalt und Umfang eines Immaterialgüterrechts

1. Teil - Die Anknüpfung der gewerblichen Schutzrechte

I. Allgemeines

1. Der Begriff der Vorfrage im immaterialgüterrechtlichen Sinn

Unter der kollisionsrechtlichen Vorfrage versteht man im allgemeinen, ohne deren Problematik an dieser Stelle vertieft betrachten zu wollen,[1] ein präjudizielles Rechtsverhältnis, ohne dessen vorherige Klärung die Anknüpfung der Hauptfrage nicht möglich ist.[2] So verhält es sich auch im internationalen Immaterialgüterrecht: Wird für einen Staat aufgrund eines Sachverhalts, der Beziehungen zum Ausland aufweist, die Verletzung eines Schutzrechts geltend gemacht, wird man in praktisch allen Fällen neben der Anknüpfung des Verletzungsstatuts die Frage zu klären haben, ob der Kläger überhaupt Inhaber dieses Schutzrechts war, ob in diesem Staat überhaupt ein wirksames Schutzrecht bestehen konnte und ob die spezielle Verwertungshandlung ausschließlich dem Rechtsinhaber vorbehalten war. Hierbei handelt es sich keineswegs um einen Teilaspekt des Verletzungsstatuts, sondern um eine vollständig getrennt anzuknüpfende kollisionsrechtliche (Vor-)Frage,[3] denn die behauptete Ausübungsberechtigung kann sich beispielsweise auf einen im Ausland geschlossenen Lizenzvertrag gründen, oder es fragt sich, ob der Ablauf der Schutzfrist im Ursprungsland auch zum Erlöschen des Schutzrechts im Verletzungsstaat geführt hat.

---

1 Insoweit sei auf die grundlegenden Ausführungen von Wengler, Die Vorfrage im Kollisionsrecht, RabelsZ 8 (1934), S. 148 ff. verwiesen. Zur allgemeinen Problematik, insbesondere auch zum Streit, ob die Vorfrage selbständig (so die wohl herrschende Ansicht), unselbständig oder allein dem Einzelfall entsprechend anzuknüpfen ist, vgl. v. Bar, IPR Bd. I, Rn. 607 ff. und Kegel, IPR, § 9 I und II.

2 Vgl. v. Bar, IPR Bd. I, Rn. 608; Kegel, IPR, a.a.O., § 9 I 1.

3 Vgl. Nirk, Grundfragen des deutschen Internationalen Privat- und Zivilprozeßrechts im Patent- und Lizenzrecht, Mitt. 1969, 328 ff.; MünchKomm-Kreuzer, Nach Art. 38 EGBGB, Anh. II, Rn. 26, der das Wort Vorfrage in Bezug auf den Bestand der Immaterialgüterrechte allerdings in Anführungszeichen setzt, sowie Sandrock, in: v. Cämmerer, Stellungnahme und Gutachten (1983), S. 380, 386, der die Vorfrage als die am meisten problembeladene Anknüpfung im Falle eines immaterialgüterrechtlichen Verletzungsstreits bezeichnet.

Eine entscheidende Rolle spielen auch in diesem Zusammenhang die internationalen Konventionen, denn sie bedingen aufgrund der von ihnen gewährten Mindestrechte und anderer, insbesondere kollisionsrechtlicher Regelungen mitunter unterschiedliche Anknüpfungsmöglichkeiten für die Vorfrage. Hinzu kommt, daß die einzelnen Elemente der Vorfrage von unterschiedlichen Interessen getragen sein können: während die Entstehung der Rechte von den Interessen der Schutzrechtsinhaber dominiert wird, sind hingegen für die Frage des Umfangs der Verwertungsrechte verstärkt Verwerterinteressen zu berücksichtigen.[4]

2. Der Zusammenhang zwischen Geltungsbereich und Anknüpfung der Immaterialgüterrechte

Ein Zwischenergebnis des letzten Kapitels war aus Sicht der gewerblichen Schutzrechte, daß diese in vollem Umfang vom Territorialitätsprinzip beherrscht werden.[5] Eines muß man sich in diesem Zusammenhang allerdings vor Augen halten: Im Rahmen der bisherigen Darstellung wurde das Territorialitätsprinzip lediglich allgemein betrachtet. Dieses Territorialitätsprinzip ist jedoch rein sachrechtlicher Natur, denn es betrifft allein die Reichweite nationalen Sachrechts, die es auf das Hoheitsgebiet des jeweiligen Erlaß- bzw. Anerkennungsstaates begrenzt.[6] Selbst wenn man von der Anwendung inländischen Rechts im Ausland ausgeht, fehlt es doch an einer direkten kollisionsrechtlichen Aussage, denn es wird immer nur der Anwendungsbereich inländischen Sachrechts bestimmt, die Möglichkeit der Anwendung ausländischen Rechts wird hingegen nicht erwogen. Nur die Grenzen des inländischen Sachrechts zu bestimmen kann aber nicht genügen,[7] denn die Antwort auf die Frage, welches Recht im Ergebnis anzuwenden ist, bleibt offen. Es gilt daher zu überlegen, ob das sachrechtliche

---

4 Dies wird besonders beim Urheberrecht deutlich; vgl. auch Schack, Anknüpfung, Nr. 99 sowie unten 2. Teil I 2.

5 Vgl. oben 3. Kapitel I 5 h.

6 Vgl. auch v. Bar, UFITA Bd. 108 (1988), 27, 39; Pfaff, in: Schricker/Stauder, Handbuch des Ausstattungsrechts (1986), S. 1109, 1123 (Rn. 14); Zweigert/Puttfarken, GRUR Int. 1973, 573, 574 f.; weitere Nachweise bei MünchKomm-Kreuzer, Nach Art. 38 EGBGB, Anh. II, Rn. 14 (Fn. 43); Schack, Zur Anknüpfung (1979), Nr. 16 ordnet es dem materiellen Fremdenrecht zu. Manche Autoren gehen davon aus, das Territorialitätsprinzip sei dem übrigen deutschen Sachrecht quasi vorgelagert, vgl. Hubmann/Rehbinder, Urheber- und Verlagsrecht, § 64 II.

7 Sonst erhielte man nur einseitige Kollisionsnormen, die anerkanntermaßen keine sinnvolle Bestimmung des maßgeblichen Rechts zulassen, vgl. etwa MünchKomm-Sonnenberger, Einl. IPR, Rn. 334 ff.

Territorialitätsprinzip auch eine kollisionsrechtliche Seite hat[8] bzw. ob es die kollisionsrechtliche Frage der Anknüpfung zumindest beeinflußt.

Das sachrechtliche Territorialitätsprinzip besagt folgendes: Es existiert nicht ein weltumspannendes Patent- oder Markenrecht, sondern es gibt ebensoviele Schutzrechte, wie es erteilende Staaten gibt.[9] Die Wirkung dieser Schutzrechte ist jedoch jeweils begrenzt auf das Hoheitsgebiet des erteilenden Staates. Die kollisionsrechtliche Anknüpfung darf dem nicht zuwiderlaufen, das wäre sinnwidrig. Wenn nun sachrechtlich festgestellt wird, daß deutsches Patentrecht außerhalb des deutschen Hoheitsgebietes keine Wirkungen entfalten kann, muß dies auf kollisionsrechtlicher Ebene dazu führen, daß, sobald durch eine behauptete Verwertungshandlung ein Bezug zu einem anderen Staat entsteht, die Frage, ob dort ein wirksames Recht bestand, nach dessen Recht anzuknüpfen ist.

Der Grund hierfür ist folgender: Da gewerbliche Schutzrechte aufgrund des materiellrechtlichen Territorialitätsprinzips nur national existieren,[10] kann auch bei Sachverhalten mit Auslandsberührung Rechtsschutz gegen eine behauptete Verletzungshandlung[11]. nur für ein bestimmtes Gebiet und nur nach dessen materiellem Immaterialgüterrecht beansprucht werden.[12] Ein Kollisionsproblem stellt sich damit genau genommen gar nicht mehr, denn das Territorialitätsprinzip

---

8 Vgl. v. Bar, IPR Bd. II, Rn. 707 ff. spricht in diesem Zusammenhang terminologisch auch von einem kollisionsrechtlichen Territorialitätsprinzip, um das das sachrechtliche Territorialitätsprinzip erweitert werden müsse und mit dem er anscheinend auch die Frage der Anknüpfung lösen will; zurecht kritisch daher Hiestand, Die Anknüpfung internationaler Lizenzverträge (1993), S. 86 (Fn. 80).

9 Man spricht auch von der sog. „Bündeltheorie“. So entschied schon das RG in der patentrechtlichen Entscheidung RGZ 84, 370, 375: „Soviel patenterteilende Staaten es gibt, ebensoviele subjektive Patentrechte können auf eine und dieselbe Erfindung verliehen werden...“ sowie in der vielzitierten markenrechtlichen Entscheidung RGZ 118, 76, 81: „...vielmehr gelten beide Berechtigungen in ihrem Herrschaftsbereich.“

10 Nur dasjenige Schutzrecht existiert auf diesem Staat, das auf seinem Territorium - sei es per staatlichem Rechtsakt oder aufgrund der Anerkennung im Markt - Geltung erlangt hat, vgl. schon RGZ 118, a.a.O.

11 Im grenzüberschreitenden Verletzungsstreit handelt es sich zunächst um eine behauptete Verletzungshandlung, da der Schutz im Verletzungsstaat noch nicht feststeht, sondern ebenfalls nur behauptet wird, vgl. auch Vischer, GRUR Int. 1987, 670, 678 sowie Locher, Das internationale Privat- und Zivilprozeßrecht der Immaterialgüterrechte aus urheberrechtlicher Sicht (1993), S. 21.

12 Vgl. MünchKomm-Kreuzer, Nach Art. 38 EGBGB, Anh. II, Rn. 14; ebenso Pfaff, in: Schricker/Stauder, Handbuch des Ausstattungsrechts (1986), S. 1109, 1125 f. (Rn. 19).

nimmt die Statutbestimmung in Form einer Anknüpfung am Recht des Staates, für dessen Gebiet Schutz beansprucht wird, quasi vorweg.[13]

Angenommen, ein deutsches Unternehmen besitzt in Frankreich ein Patent und dieses wird dort durch ein englisches Unternehmen, das sich auf ein konventionsrechtliches Prioritätsrecht in Frankreich beruft, widerrechtlich benutzt. In diesem Fall kann die Vorfrage, nach welchem Recht zu entscheiden ist, ob der deutschen Inhaberin oder dem Engländer das Patentrecht in Frankreich zustand, nicht nach deutschem Patentrecht behandelt werden; ebensowenig nach englischem, dies folgt aus dem Territorialitätsprinzip und der damit verbundenen Begrenzung aller subjektiven Rechte auf ein einziges Territorium. Die Verletzung eines deutschen Patents in Frankreich ist ausgeschlossen, da es seine Wirkungen nicht weiter als bis zu den Grenzen des Erlaßstaates Deutschland entfalten kann. Relevant wird hier einzig und allein die Frage der Verletzung eines französischen Patents. Folglich muß auch der Anknüpfungspunkt für die Vorfrage in Frankreich gesucht werden, denn nur das französische Patent kann dort Wirkungen entfalten und nur das französische Recht - freilich verbunden mit den internationalen Konventionen, hier Art. 4 B PVÜ - kann die Frage beantworten, wer ein wirksames, prioritätsälteres Recht besitzt. Die Staatsangehörigkeit des Verletzers kann hierbei keine Rolle spielen,[14] ebensowenig die des Verletzten, denn beide stehen mit dem Schutzrecht in keinem Zusammenhang und ergeben sich rein zufällig; genausogut könnte ein Spanier das französische Patent eines italienischen Unternehmens verletzen. Deliktsstatut und Anknüpfung des Rechts als Vorfrage sind also im Immaterialgüterrecht, zumindest was die allgemeinen

---

13 Vgl. auch Neuhaus, Grundbegriffe, S. 118, 120 - 122; Zweigert/Puttfarken, GRUR Int. 1973, 573, 574 sowie Pfaff, a.a.O., S. 1123 (Rn. 14): Wo eine Rechtsanwendung aufgrund des Territorialitätsprinzips beantwortet werden kann, bedürfe es demnach des Internationalen Privatrechts nicht. Dies verdeutlicht im übrigen auch, daß die von der herrschenden Meinung vertretene strikte Trennung von materiellem Recht und Kollisionsrecht, vgl. hierzu etwa v. Bar, IPR Bd. I, Rn. 213 ff., jedenfalls für das internationale Immaterialgüterrecht nicht mit dieser absoluten Konsequenz gelten kann. Das Territorialitätsprinzip ist - wie auch das Abstraktionsprinzip - ein derart prägender Bestandteil des materiellen Rechts, daß es auch auf der kollisionsrechtlichen Ebene beachtet werden muß. Zur klassischen Unterscheidung zwischen Sach- und Kollisionsrecht und modernen Strömungen im internationalen Privatrecht, sachrechtlichen Wertungen mehr Gewicht zu verleihen, vgl. oben 3. Kapitel (Fn. 182).

14 So auch v. Bar, UFITA Bd. 108 (1988), 27, 44, allerdings ohne Begründung. Zur Anwendbarkeit der Rechtsverordnung von 1942, also der Frage, ob diese Ergebnis durch den Grundsatz des gemeinsamen Heimatrechts von Verletzer und Geschädigtem - notwendigerweise zwei Deutschen - korrigiert wird vgl. unten 5. Kapitel I 3 b.

Wirkungen der Schutzrechte angeht, enger verbunden als sonst; wie eng, ist im folgenden noch zu prüfen.[15]

3. Der Begriff des Schutzlandes

Diese Anknüpfung an den Ort der behaupteten Verwertungshandlung wird häufig mit dem Begriff des Schutzlandprinzips umschrieben, der Anknüpfung an das Recht des Landes, für dessen Gebiet Schutz beansprucht wird.[16] Anknüpfungspunkt ist in diesem Sinne nur indirekt der Ort der Verwertungshandlung. Abgestellt wird vielmehr darauf, daß, ausgehend von dem eben gezeigten Phänomen, wonach in jedem Staat nur ein einziges Schutzrecht effekiv ist, Schutz gegen eine Verwertungshandlung nur nach dem inländischem Recht des Staates beansprucht werden kann, der den Geltungsgrund für das Schutzrecht gesetzt hat, da nur dessen Sachrecht Schutz gewähren kann.

Die Bezeichnung Schutzland, die wohl auf die internationalen Konventionen zurückgeht, - Art. 2 II PVÜ spricht von eben diesem Schutzland[17] - scheint zunächst wenig glücklich gewählt.[18] Es fehlt sowohl an einem konkreten Anknüpfungsgegenstand wie auch an einem unmittelbar erkennbaren Anknüpfungspunkt.[19] Allzu leicht versteht man hierunter eine Anknüpfung an die lex fori, das Recht des Landes, dessen Gerichtsbarkeit angerufen wird und in dem, wenn man

---

15 Zur Frage, ob ein innerer Zusammenhang zwischen Bestand des Rechts und seiner Verletzung existiert vgl. unten 5. Kapitel (Fn. 45).

16 Dieser Begriff findet sich bei v. Bar, IPR Bd. II, Rn. 702; ders. in: UFITA 108 (1988), S. 27; Beier, GRUR Int. 1981, 299, 305; Ulmer, Die Immaterialgüterrechte (1975), Nr. 16, 18 ff.; MünchKomm-Kreuzer, Nach Art. 38 EGBGB, Rn. 7 mit weiteren Nachweisen; Ulmer, Die Immaterialgüterrechte (975), Nr. 15 f.; ders. in Holl/Klinke, Internationales Privatrecht, internationales Wirtschaftsrecht (1985), S. 257, 258; vgl. auch OLG München GRUR Ausl. 1960, 75. Auch international besteht hier Einheitlichkeit, vgl. Steward, International Copyright and Neighbouring Rights, 3.28: „the place, where protection is claimed" oder „le paye ou leur protection est reclamée, Mayer, Droit international privé, Nr. 634, 635.

17 Vgl. zur Frage, ob der Inländerbehandlungsgrundsatz eine kollsisionsrechtliche Verweisung auf das materielle Recht des Schutzlandes darstellt, oben 2. Kapitel I 2.

18 Kritisch daher v. Bar, UFITA 108 (1988), S. 27, 47 f., der diese Formulierung der lex loci protectionis richtigerweise lediglich als Beschreibung eines sachrechtlichen Phänomens ansieht. Kritik an der Bezeichnung Schutzland und Schutzlandprinzip übt auch Schack, Zur Anknüpfung, Nr. 30 ff. Weber, Die Behandlung von Patent-, Warenzeichen- und Urheberrechtsverletzungen (1968), S. 73 ff. spricht ebenfalls nur von der lex loci delicti commissi.

19 Der Kritik v. Bars, a.a.O., 27, ist insoweit zuzustimmen.

so will, Rechtsschutz beansprucht wird.[20] Zwar besteht zwischen Schutzlandrecht und lex fori in der Mehrzahl der Fälle Identität, da im Zweifel am Verwertungsort geklagt wird, beide können jedoch divergieren. Dies ist dann der Fall, wenn in Deutschland die Verletzung eines ausländischen Schutzrechts im Ausland eingeklagt wird, da sowohl Kläger wie auch Beklagter ihren Sitz in Deutschland haben. Diese Möglichkeit ist anerkannt, denn die Bestimmung der internationalen Zuständigkeit ist unabhängig vom Territorialitätsprinzip und kann wie hier im Falle der allgemeinen Wohnsitzzuständigkeit zu einer internationalen Doppelzuständigkeit führen.[21]

Freilich ist die Bezeichnung Schutzland nicht falsch, und bei genauerer Betrachtung, verbunden mit dem entsprechenden Hintergrundwissen, erkennt man auch, was Anknüpfungsgegenstand und was Anknüpfungspunkt ist. Immerhin findet sich dieser Begriff als zentrales Element in den internationalen Abkommen, weshalb er nicht zuletzt deswegen von einer gewissen Internationalität geprägt ist. Man sollte sich aber gleichwohl, insbesondere außerhalb der Konventionen, in denen dieser Begriff ebenfalls Verwendung findet, vergegenwärtigen, daß das Schutzland in Wirklichkeit nichts anderes ist als der Verletzungsort[22] bzw. der Ort der Verwertungs- oder Eingriffshandlung,[23] denn Anknüp-

---

20 Diese Gefahr sieht auch v. Bar, a.a.O., S. 47. Insbesondere wenn man auf die Formulierung der internationalen Abkommen abstellt, muß es zu Mißverständnissen kommen, vgl. hierzu auch oben 2. Kapitel I 2. Unglücklich daher die Formulierung des OLG Koblenz IPRspr. 1966/67, S. 598: „Der Schutz, den ein Urheber beanspruchen kann, richtet sich für jeden Staat nach dessen eigenem Recht." Mißverständlich auch Ulmer in: Holl/Klinke, S. 257, 258: „...nach dem Recht des Staates zu beurteilen, in dem Schutz in Anspruch genommen wird"; mißverständlich vom Recht des Staates, wo oder in dem Schutz beansprucht wird, sprechen auch die Artt. 2 Abs. II PVÜ und 5 Abs. II RBÜ

21 Vgl. zu dieser früher heftig diskutierten Frage Troller, Das internationale Privat- und Zivilprozeßrecht (1952), S. 261 ff.; Ulmer, Die Immaterialgüterrechte, Nr. 26 ff. mit weiteren Nachweisen.; ausführlich auch Weber, Die Behandlung von Patent-, Warenzeichen- und Urheberrechtsverletzungen (1968), S. 100 ff. mit Nachweisen zur früher herrschenden Lehre und Rechtsprechung. Mittlerweile steht aber fest, daß die gerichtliche Zuständigkeit, nicht zuletzt aufgrund des EuGVÜ, unabhängig vom Schutzland ist.

22 Diese Formulierung befürwortet wohl Schack, Zur Anknüpfung (1979), Nr. 30 ff.; jedenfalls findet der Begriff des Schutzlandes in seiner Arbeit keinerlei Beachtung, ausgenommen als Objekt der Kritik. Wie das Max-Planck-Institut für ausländisches und internationales Urheber- und Wettbewerbsrecht in seiner Stellungnahme zu dem Entwurf eines Gesetzes zur Ergänzung des internationalen Privatrechts aus dem Jahre 1984, GRUR Int. 1985, 104, 106, zu der Ansicht gelangt, daß Schutzland - lex loci protectionis -und Begehungsort - lex loci delicti commissi - voneinander abweichen können, ist nicht nachvollziehbar, denn Anknüpfungspunkt ist immer nur die beanstandete Verwertungshandlung; vgl. auch v. Bar, UFITA Bd. 108 (1988), 27, 48. Das vorgetragene Beispiel der Auslandsverletzung eines deutschen Schutzrechts ist im Hinblick auf die Mög-

fungspunkt ist und bleibt allein der Ort, an dem die beanstandete Verwertungshandlung vorgenommen wurde.[24] Unrichtig wäre es, auf den Ort der Eintragung abzustellen, obwohl auch diese Anknüpfung letztlich zum gleichen Ergebnis gelangen würde, denn die Eintragung allein spielt noch keine Rolle. Erst wenn eine Verletzung behauptet ist, wird die Vorfrage relevant. Außerdem gibt es gewerbliche Schutzrechte, die unabhängig von einer Eintragung entstehen.

4. Der Umfang der Verweisung auf das Recht des Schutzlandes - Sachnorm- oder Gesamtverweisung

Zu fragen ist, ob die Verweisung auf den Ort der Verwertungshandlung eine Gesamt- oder Sachnormverweisung darstellt. Üblicherweise handelt es sich bei staatsvertraglichen Verweisungen um Sachnormverweisungen, da im Falle eines internationalen Abkommens eine Gesamtverweisung lediglich wieder auf das Abkommen zurückführen würde und demzufolge sinnwirdrig wäre.[25] Die Verweisung auf das Schutzland oder den Verwertungsort ist jedoch keine staatsvertragliche Verweisungsnorm im herkömmlichen Sinne, da sie nicht nur in den Abkommen enthalten ist, sondern sich auch aus der Natur der nationalen Sachrechte ergibt und so betrachtet eher autonomen Charakter hat. Aus diesem Grunde wird die Verweisung auf das Recht des Schutzlandes überwiegend als Ge-

---

lichkeit der Verletzung eines inländischen Schutzrechts im Ausland unrichtig. Hiergegen wendet sich daher mit Recht Schack, GRUR Int. 1985, 523, 524. Daß sich die ausländische Verwertungshandlung in der Stellungnahme des MPI schließlich doch als eine ursprünglich von Deutschland ausgehende Angebots- und Vertriebshandlung entpuppt, die allein dadurch die Anknüpfung an das deutsche Recht bewirkt, belegt gerade die Unrichtigkeit der Aussage des MPI; zum ganzen vgl. auch unten 5. Kapitel I 3 a.

23 Hierfür v. Bar, UFITA Bd. 108 (1988), 27, 48; vgl. auch § 34 des österreichischen IPR-Gesetzes aus dem Jahre 1978 sowie OGH (Österreich), GRUR Int. 1984, 453ff. - „Attco". Klarstellend in diesem Sinne auch Ulmer, Die Immaterialgüterrechte (1975), Nr. 14. Im Vergleich zum Recht des Ortes der Verletzungshandlung scheint dies der richtigere Anknüpfungspunkt zu sein, denn die Frage, ob die Verwertungshandlung auch eine Verletzung darstellt, muß zuvor erst nach dem materiellen Recht dieses Staates bestimmt werden.

24 Vgl. v. Bar, UFITA Bd. 108 (1988), a.a.O.; am deutlichsten in diesem Sinne formuliert sein dürfte der bereits genannte § 34 Abs. 1 des österreichischen IPR-Gesetzes: „Das Entstehen, der Inhalt und das Erlöschen von Immaterialgüterrechten sind nach dem Recht des Staates zu beurteilen, in dem eine Benützungs- oder Verletzungshandlung gesetzt wird.".

25 Vgl. etwa v. Bar, IPR Bd. I, Rn. 212.

samtverweisung aufgefaßt, die folglich einen Renvoi zuläßt.[26] Da allerdings die Geltung der lex loci protectionis zumindest auf dem Gebiet des gewerblichen Rechtsschutzes praktisch weltweit anerkannt ist, kann davon ausgegangen werden, daß immer eine Annahme durch das jeweilige autonome IPR erfolgt. Nur wenn ein Staat für gewisse Fragen auf das Recht des Ursprungslandes abstellt, was überhaupt der vordringlichste Grund für die Annahme einer Gesamtverweisung sein dürfte, ist eine Weiter- bzw. Rückverweisung möglich.

Das so bestimmte Sachrecht umfaßt alle materiellen sowie fremdenrechtlichen Sachvorschriften im Schutzland. Neben den autonom-innerstaatlichen Regelungen gehört hierzu auch das konventionseigene Fremdenrecht, insbesondere die Mindestrechte.[27]

II. Die Anknüpfung der gewerblichen Schutzrechte im einzelnen

Der Begriff der Vorfrage ist vielschichtig und enthält nicht nur die Frage der Inhaberschaft,[28] auf die das obige Beispiel bezogen war. Gleichwohl folgern viele aus dem Inländerbehandlungsgrundsatz, verbunden mit dem Territorialitätsprinzip, daß sich die gesamte Vorfrage bezüglich Inhaberschaft, Entstehung und Umfang eines gewerblichen Schutzrechts nach dem Recht des Schutzlandes

---

26 Vgl. Drobnig, RabelsZ 40 (1976), 195, 199; MünchKomm-Kreuzer, Nach Art. 38 EGBGB, Anh. II, Rn. 10; Schack, Zur Anknüpfung (1979), S. 33; differenzierend Ulmer, RabelsZ 41 (1977), 479, 498 f. Der entscheidende Grund hierfür dürfte die Tatsache sein, daß einzelne Länder vom Ursprungslandprinzip ausgehen und daher zu einer abweichenden Anknüpfung gelangen, die nicht von vorneherein ausgeschlossen werden soll. Dies stößt allerdings auf Bedenken, da eine solche Praxis im Hinblick auf Art. 3 EGBGB systemwidrig wäre. Wenn man richtigerweise annimmt, die internationalen Konventionen enthielten, wenn auch in sehr begrenztem Umfang, Kollisionsnormen, dann können diese nur als Sachnormverweisung verstanden werden, bestes Beispiel ist sicherlich Art. 14bis Abs. 2 a RBÜ, der das anwendbare Recht für die Inhaberschaft an Filmproduktionen festlegt und etwa von Drobnig, RabelsZ 40 (1976), 195, 199, als Gesamtnormverweisung verstanden wird. Hiergegen zurecht Ulmer, RabelsZ 41 (1977), a.a.O. (Fn. 26), der klarstellt, daß eine Weiterverweisung nur dann möglich ist, wenn die Konventionen eine solche oder eine Teilweiterverweisung vorsehen.

27 Vgl. MünchKomm-Kreuzer, Nach Art. 38 EGBGB, Anh. II, Rn. 11; Ulmer, Die Immaterialgüterrechte (1975), Nr. 19 f.

28 Davon scheint aber offensichtlich Sandrock, in v. Cämmerer, Vorschläge und Gutachten (1983), S. 380, 386 auszugehen, denn weitere Bestandteile der Vorfrage werden nicht erörtert.

richten soll.[29] Der Wortlaut des Art. 2 Abs. 1 PVÜ spricht allerdings lediglich vom Umfang des Schutzes und den Rechtsbehelfen, die sich nach dem Recht des Schutzlandes richten sollen. Verbunden mit dem Grundsatz der Territorialität ergibt sich zwar eine Wertung dahingehend, daß alle Fragen betreffend die Immaterialgüterrechte nach dem Recht des Schutzlandes zu beurteilen sein müssen, ob die Anknüpfung am Verletzungsort tatsächlich auch für die anderen Bestandteile der Vorfrage maßgeblich und sinnvoll ist, wird daher im folgenden näher untersucht werden. Maßstab muß immer die international-privatrechtliche Gerechtigkeit im Hinblick auf die betroffenen Interessen sein. Auch die internationalen Konventionen, denen, sofern sie kollisionsrechtliche Regelungen enthalten, naturgemäß Vorrang einzuräumen ist,[30] können möglicherweise in Einzelfragen eine Abweichung vom Recht des Verletzungsortes bewirken.

1. Entstehen der gewerblichen Schutzrechte

In praktisch allen Fällen grenzüberschreitender Sachverhalte wird man zunächst die Frage beantworten müssen, ob am Ort der behaupteten Verwertungshandlung überhaupt eine wirksames gewerbliches Schutzrecht bestand. Im einzelnen sind dies die formalen und materiellen Voraussetzungen, an die die Eintragung und der Schutz im jeweiligen Land geknüpft sind.[31] Besondere Bedeutung kommt darüber hinaus für das Patentrecht der Frage der Erfindungshöhe zu.[32]

Wie bereits das obige Beispiel zeigte, das in gleicher Weise für Marken und die anderen gewerblichen Schutzrechte gelten muß, kann aufgrund der territorialen Begrenzung der gewerblichen Schutzrechte nur im Erteilungsstaat ein wirksames Schutzrecht bestehen. Da somit Erteilungsort und Verwertungsort

---

29 So insbesondere Pfaff, in: Schricker/Stauder, Handbuch des Ausstattungsrechts (1986), S. 1109, 1123, 1125 (Rn. 13, 17); Ulmer, Die Immaterialgüterrechte (1975), Nr. 14 ff., 110; Sandrock, a.a.O., S. 404 bzw. 402 (für Urheberrechte).

30 Vgl. zuvor Fn. 26.

31 Hier sind denkbar: Anmeldung, Eintragungsformalitäten wie etwa eine amtliche Vorprüfung der materiellen Schutzvoraussetzungen auf Neuheit, Erfindungshöhe oder bereits bestehende Rechte Dritter. Die nationalen Regelungen divergieren hier sehr; vgl. hierzu auch die rechtsvergleichende Übersicht bei Ulmer, Die Immaterialgüterrechte, a.a.O., Nr. 111 und 114. Für Marken kommt hinzu, daß der Schutz zum Teil auch durch bloße Benutzung und damit verbundene Verkehrsgeltung oder Notorität erlangt werden kann, vgl. § 4 Nr. 2 bzw. 3 Markengesetz.

32 Dies kann zur Folge haben, daß eine Erfindung im einen Land als solche angesehen wird, in Deutschland mangels der entsprechenden Erfindungshöhe jedoch nur als Gebrauchsmuster eintragungsfähig ist.

notwendigerweise identisch sein müssen, kann auch nur das Recht des Schutzlandes die Frage beantworten, welches die Entstehungsvoraussetzungen gewerblicher Schutzrechte sind,[33] denn allein der erteilende Staat kann bestimmen, welche Voraussetzungen für die Eintragung der von ihm verliehenen Schutzrechte gelten sollen. Alles andere, insbesondere die Heranziehung des Rechts des Ursprungslandes zur Anknüpfung dieser Frage,[34] wäre ein Eingriff in die Souveränität dieses Staates.[35] Aufgrund dieser uneinheitlichen Anknüpfung spielt es im Ergebnis keine Rolle, wie weit die materiellen nationalen Regelungen auseinandergehen,[36] denn es kommt einzig auf das Land an, in dem die Verwertungshandlung stattfand und für dessen Schutzrecht Schutz beansprucht wird.

Allerdings wirken sich insoweit die Regelungen der internationalen Übereinkommen als Brücke aus, da sie in dem berufenen Sachrecht mitenthalten sind.[37] So führen insbesondere die Prioritätsrechte nach Art. 4 PVÜ bzw. Art. 8 PCT und 4 Abs. 2 MMA zu einer gewissen Modifizierung der Eintragungsvoraussetzungen im Schutzland, da der Erwerb eines inländischen Schutzrechts zugunsten des Prioritätsberechtigten bis zu zwölf Monate vorbehalten bleibt.[38] Hinzu

---

33 So die allg. Ansicht, vgl. grundlegend RGZ 118, 76, 81 f.; BGHZ 18, 1, 13; 22, 1, 14; 39, 220, 228; 41, 84, 87 ff.; OLG Stuttgart, NJW-RR 1988, 490, 491; aus dem Schrifttum Deutsch, in: Beier/Deutsch/Fikentscher, Die Warenzeichenlizenz (1966), S. 463, 472; Firsching, IPR, § 35 2 c dd (Recht des Registerortes); Pfaff, in: Schricker/Stauder, Handbuch des Ausstattungsrechts (1986), S. 1109, 1122 f.; Soergel-Kegel, Art. 7 EGBGB, Anh. II, Rn. 23; Staudinger-Firsching, Vor Art. 12 EGBGB, Rn. 434; Ulmer, Die Immaterialgüterrechte, Nr. 110 und 111; a.A. OLG Hamm, NJW-RR 1986, 1047, 1048 für Marken und RGZ 84, 370, 375 und Lichtenstein, NJW 1965, 1839, 1844 für Patenrechte.

34 So insbesondere der Franzose Bartin, der von der Ausstrahlung des Rechtes am Ort der Ersteintragung in das Ausland ausging, weshalb auch im Falle einer Verletzung dort Bestand und Dauer vom Recht der ersten Patenterteilung bzw. dem Ort des ersten Markengebrauchs sowie dem Ort der ersten Hinterlegung von Mustern und Modellen abhängen sollten, vgl. Ulmer, Die Immaterialgüterrechte im internationalen Privatrecht (1975), S. 8

35 So schon das Reichsgericht in RGZ 118, 76, 82.

36 Diskrepanzen ergeben sich insbesondere bei der Prüfungspraxis. So gibt es eine Reihe von Staaten, die eine amtliche Vorprüfung vornehmen, wohingegen andere Staaten nur eine grobe Vorprüfung vornehmen und alle wesentlichen Fragen erst im Falle eines Einspruchs im Einspruchsverfahren prüfen, vgl. hierzu ebenfalls Ulmer, Die Immaterialgüterrechte (1975), Nr. 111.

37 Vgl. das im zweiten Kapitel erzielte Ergebnis, oben 2. Kapitel IV.

38 Vgl. insoweit Art. 4 C Abs. 1 PVÜ: für Erfindungspatente und Gebrauchsmuster gilt eine zwölfmonatige Frist, für gewerbliche Muster und Modelle sowie für Fabrik- und Handelsmarken eine sechsmonatige Prioritätsfrist. Im obigen Beispielsfall konnte sich

kommen die internationalen Registrierungen über den PCT-Vertrag oder das Madrider-Markenabkommen. Soweit diese Abkommen Modifizierungen der Eintragungsvoraussetzungen vorsehen und der Verletzungsstaat Mitglied ist,[39] sind diese Verträge, da sie in den Mitgliedsstaaten wie innerstaatliches Recht gelten, ebenfalls mit ihren für alle Vertragsstaaten einheitlich geltenden Eintragungsvoraussetzungen vorrangig heranzuziehen.[40]

2. Inhalt der Schutzrechte und Umfang des Schutzes

Das Recht des Verletzungsstaates muß weiterhin die Frage der allgemeinen Wirkungen - Inhalt und Schutzumfang - gewerblicher Schutzrechte bestimmen.[41] Dies sind die jeweiligen Einzelbefugnisse des Inhabers in Form der ausschließlichen Benutzungsrechte,[42] die Schranken der Schutzrechte[43] sowie die zum Schutz gegen Eingriffe in die Rechte dienenden Rechtsbehelfe, also die Sanktionen und Verbietungsrechte.[44] Das ergibt sich bereits aus dem Grundsatz der Territorialität, da allein das materielle Immaterialgüterrecht des Schutzlandes

---

die englische Firma auf diesen, auch dem französischen Recht immanenten Artikel berufen und die relative Unwirksamkeit der Eintragung der französischen Konkurrentin geltend machen.

39 Eine Besonderheit des Madrider Markenabkommens ist, daß der Schutz in den Mitgliedsstaaten nur unter der Voraussetzung des Schutzes im Ursprungsland gewährt wird, vgl. auch oben 2. Kapitel I 3 a bzw. 3. Kapitel I 3 a. Das Ursprungsland muß folglich Mitgliedsstaat gewesen sein. War es Nichtmitglied, bleibt es aber aus Sicht des Kollisionsrechts gleichwohl beim Recht des Verletzungsstaates, lediglich ohne das MMA.

40 Vgl. auch Ulmer, a.a.O., Nr. 110.

41 Vgl. RGZ 84, 370, 375; Koppensteiner, AWD 1971, 357, 359; Nirk, Mitt. 1969, 328, 330; Benkard-Bruchhausen, § 9 PatG, Rn. 13 für Patente; Pfaff, in: Schricker/Stauder, Handbuch des Aussattungsrechts (1986), 1109, 1158 f. und MünchKomm-Kreuzer, Nach Art. 38, Anh. II, Rn. 64 mit weiteren Nachweisen für Marken.

42 In der Regel Herstellung, Verkauf und Gebrauch, zum Teil auch Einfuhr, Feilhalten und Inverkehrbringen; eine Besonderheit stellen die in früheren Ostblockländern üblichen Erfinderscheine dar, vgl. Ulmer, Die Immaterialgüterrechte (1975), Nr. 112 sowie Lebedeva, GRUR Int. 1982, 699 ff. In Deutschland gilt ein modifiziertes Anmelderprinzip, vgl. Ulmer, Die Immaterialgüterrechte (1975), Nr. 114 f.

43 Das sind die freien Benutzungshandlungen im und für den privaten Bereich, die Frage der Zwangslizenzen sowie die Erschöpfung der Schutzrechte und ihre Voraussetzungen; daneben auch Vorbenutzungsrechte und persönliche Besitzrechte, vgl. §§ 11 - 13 PatG bzw. §§ 22 - 25 Markengesetz.

44 In der Regel Unterlassungs-, Schadensersatz- und Vergütungsansprüche; vgl. § 139 PatG und §§ 14 V, VI bzw. 15 IV, V Markengesetz.

dort wirksam ist.[45] Hinzu kommt, daß die Frage des Schutzumfangs untrennbar mit dem Verletzungsstatut verbunden ist. Aus diesem Grunde gilt im internationalen Privatrecht - und zwar für alle Rechte - ausnahmslos der Grundsatz, daß sich der Umfang des deliktsrechtlichen Schutzes, und um nichts anderes geht es auch hier, ausschließlich nach dem auf die deliktische Handlung anwendbaren Recht bestimmt. Nach der lex loci delicti bestimmen sich somit alle Haftungsvoraussetzungen: Widerrechtlichkeit, Kausalzusammenhang, Haftungsmaßstab sowie die Frage der Haftung für Dritte.[46]

Grund hierfür sind die Interessen des Verkehrsschutzes, denn der Schädiger muß die Folgen seiner Tat abschätzen können. Nur durch die Anknüpfung am Recht des Verwertungsortes wird gewährleistet, daß die Verwerter die Auswirkungen ihrer Verwertungshandlungen voraussehen können und sich auf Gemeinfreiheit und Grenzen der Schutzrechte allein nach ihrem nationalen Recht richten können, ohne ein ausländisches Recht beachten zu müssen, dessen Inhalt üblicherweise niemand kennt.[47] Es handelt sich um zwei Seiten derselben Medaille: Was erlaubt ist, kann nicht verletzen, und was verboten ist, führt zur Verletzung.

Gewisse Ausnahmen ergeben sich jedoch auch hier aufgrund der konventionseigenen Mindestrechte, auf die sich Verbandsausländer berufen können. Sie sind ebenfalls als Brücke zwischen den verschiedenen nationalen Immaterialgüterrechten und den Konventionen anzusehen. Die Mitgliedsstaaten sollen hier-

---

45 Vgl. oben I 2.

46 Vgl. Hohloch, Das Deliktsstatut, S. 102 mit weiteren Nachweisen; Staudinger-Raape, Art. 12 EGBGB, Anm. A IV 2-6 mit weiteren Nachweisen; v. Bar, IPR Bd. II, Rn. 693; a.A. Deutsch, in: Die Warenzeichenlizenz (1966), S. 463, 472, der hinsichtlich des Umfangs des Schadensersatzes das gemeinsame Personalstatut anwenden will, vgl. zu dieser Frage auch unten 5. Kapitel I 3 b. Unbeschadet dessen sind aber auch im Deliktsrecht Vorfragen selbständig anzuknüpfen; vgl. v. Bar, IPR Bd. II, a.a.O. und Bd. I, Rn. 607 ff. mit weiteren Nachweisen. Das bedeutet für die (zumindest im Hinblick auf ihre Inhaberschaft) universalen Sachenrechte, daß sich im Falle einer Eigentumsverletzung die Frage, ob Voraussetzung der Haftung ein Eingriff in die Sachsubstanz ist oder ob auch der Nutzungsausfall ersatzfähig ist, nach dem Deliktsstatut richtet. Die Person des Eigentümers muß hingegen selbständig nach der lex rei sitae bestimmt werden; vgl. v. Bar, IPR Bd. II, a.a.O. Das gleiche gilt für Fälle der Tötung und Verletzung von Personen - etwa bei einem Verkehrsunfall. Auch hier bestimmt das Deliktsstatut, ob und welche Ersatzansprüche ein etwaiger Unterhaltsberechtigter gegen den Schädiger geltend machen kann; allerdings unterliegt die Person des Unterhaltsberechtigten der selbständigen Vorfrage des Art. 18 EGBGB; vgl. v. Bar, a.a.O. Zur Problematik der Verletzung allgemeiner Persönlichkeitsrechte, des Handelsnamens, Erfinder- und Urheberpersönlichkeitsrechte vgl. unten.

47 Vgl. v. Bar, IPR Bd. II, Rn. 706, am Beispiel des Urheberrechts; desgleichen Schack, Zur Anknüpfung (1979), Nr. 108, ebenfalls für das Urheberrecht.

durch gezwungen werden, ihr materielles Recht zumindest dem Mindeststandard der Konventionen anzupassen.[48] Sehen diese weitergehende Befugnisse vor als das nationale Recht des Schutzlandes, wird sich der Schutzrechtsinhaber auf diese berufen. Ansonsten gilt hingegen über den Grundsatz der Inländerbehandlung das inländische Recht.

3. Erlöschen der Schutzrechte

Wenn sich Entstehung und Inhalt der Schutzrechte nach dem Recht des Verletzungsortes richten, muß sich zwangsläufig auch die Frage ihres Erlöschens, also die Vorschriften über Schutzdauer und Schutzentziehung,[49] nach diesem Recht beurteilen.[50]

Es wäre allenfalls denkbar, hier die Regelungen des Staates der ersten Eintragung als Unter- oder Obergrenze mitwirken zu lassen, wie dies etwa beim Schutzfristenvergleich nach Art. 7 VIII RBÜ zugunsten des urheberrechtlichen Ursprungslandes der Fall ist.[51] Aber dieser stellt eine staatsvertragliche Ausnahmenorm für das Urheberrecht dar, die im Bereich der gewerblichen Schutzrechte kein Pendant kennt. Für gewerbliche Schutzrechte ist von der Maßgeblichkeit des Rechts des Schutzlandes auszugehen; es gilt also die Schutzdauer im Schutzland.[52] Das nationale Fremdenrecht kann hiervon allerdings für die Frage

---

48 Die Anpassung im Inland spielt allerdings nur für die Inländer eine Rolle, denn bei Nichtanpassung können sich die Verbandsausländer gleichwohl auf die Mindestrechte berufen, lediglich die Inländer werden benachteiligt, vgl. etwa Drexl, Entwicklungsmöglichkeiten des Urheberrechts im Rahmen des GATT (1993), S. 110.

49 Denkbar sind hier Widerruf, Rücknahme, Löschung und Nichtigerklärung. Das Erlöschen des Schutzes hängt auch eng mit der Erteilungspraxis der einzelnen Staaten ab, denn wenn ohne Vorprüfung erteilt wird, müssen Rechte Dritter oder fehlende materielle Schutzvoraussetzungen immer auf dieser Ebene sozusagen „nachgeholt“ werden. Daneben kommen auch Verzicht und der Verlust aufgrund verspäteter oder nicht stattgefundener Gebührenentrichtung sowie als Folge eines Ausübungs- oder Benutzungszwangs in Betracht; vgl. §§ 48 ff. Markengesetz und 20, 21,22, 24 II Patentgesetz.

50 Vgl. allg. MünchKomm-Kreuzer, Nach Art. 38 EGBGB, Anh. II, Rn. 19, 60 und 86; Pfaff, in Schricker/Stauder, Handbuch des Ausstattungsrechts (1986), S. 1109, 1122 f.; Staudinger-Firsching, Vor Art. 12 EGBGB, Rn. 432; Troller, in: Problemi attuali del diritto industriale, Rivisti di Diritto Industriale (1977), S. 1125, 1132 ff.; Ulmer, Die Immaterialgüterrechte (1975), Nr. 110 bzw. 113.

51 Ähnliches wurde von Bartin und anderen französischen Autoren aber auch für gewerbliche Schutzrechte vertreten, da das Recht des Ursprungslandes als Schutz-Obergrenze angesehen wurde, vgl. a.a.O. (oben Fn. 34).

52 Vgl. Ulmer, Die Immaterialgüterrechte, Nr. 113. Denkbar ist ein solcher Schutzfristenvergleich allerdings in Verträgen mit Nicht-PVÜ-Staaten, vgl. etwa die in Fn. 34 ge-

der direkten Erlangung eines inländischen Schutzrechts durch Ausländer abweichen. Sonderregelungen betreffend die Schutzdauer finden sich allerdings in zahlreichen internationalen Abkommen, so in Art. 7 des Haager Musterabkommens, der eine einheitliche Schutzdauer von maximal 15 Jahren für Muster und Modelle bestimmt,[53] in Art. 6 MMA.

4. Anknüpfung der Inhaberschaft an gewerblichen Schutzrechten

a) Ersterwerb und Recht auf das Patent

Im Rahmen der bisher untersuchten Einzelfragen bestand kein Zweifel an der umfassenden Geltung des Rechts des Verwertungsortes. Es fragt sich aber, ob das Schutzlandprinzip auch für die Anknüpfung der Inhaberschaft an gewerblichen Schutzrechten, und hier insbesondere Patenten, gelten soll. Für die Verfechter des Territorialitätsprinzips besteht hieran kein Zweifel, denn diese stellen einzig und allein auf den Ort ab, an dem das Schutzrecht aufgrund der Eintragung gegen Eingriffe Dritter geschützt ist, nämlich das Schutzland.[54] Für Markenrechte kann dem zugestimmt werden, denn dort existiert - von den Handelsnamen, dem Erwerb aufgrund Verkehrsgeltung und dem Erwerb aufgrund einer notorisch bekannten Marke gemäß Art. 6bis PVÜ einmal abgesehen, kein natürliches Recht an der Marke vor Erteilung, sondern es gilt das Anmelderprinzip.[55] Dies ist jedoch im Rahmen der Inhaberschaft an Patenten anders. Mit dem tat-

---

nannten Autoren, die auch im Hinblick auf die Schutzdauer gewerblicher Schutzrechte das Recht des Ursprungslandes zugrunde legen wollen. Art. 4bis Abs. 5 PVÜ bestimmt, daß Patente, die aufgrund der Inanspruchnahme von Prioritätsrechten erlangt wurden, keine kürzere Schutzdauer haben dürfen als Patente, die ohne dieses Recht erlangt worden sind.

53 Die Schutzfrist ist in einen Fünfjahres- und einen Zehnjahresabschnitt unterteilt. Letzterer setzt erst nach Ablauf der fünfjährigen Frist ein, sofern gewisse Voraussetzungen erfüllt werden. Zum Vorrang dieser Regelung vor den nationalen Fristen vgl. Ulmer, Die Immaterialgüterrechte, Nr. 1o8 sowie oben 2. Kapitel IV.

54 So die zurecht absolut herrschende Ansicht: vgl. etwa Ulmer, Die Immaterialgüterrechte (1975), Nr. 116; Pfaff, in: Schricker/Stauder, Handbuch des Ausstattungsrechts (1986), S. 1109, 1135; Sandrock, in: v. Caemmerer, Vorschläge und Gutachten (1983), S. 380, 404, 406; Windisch, Gewerblicher Rechtsschutz und Urheberrecht im zwischenstaatlichen Bereich (1969), S. 64 f.; Drobnig, RabelsZ 40 (1976), 195, 205 f., spricht allerdings von praktischer Notwendigkeit, die dazu zwinge, dieses Ergebnis hinzunehmen.

55 Vgl. zum Anmelderprinzip im Markenrecht Fezer, Markenrecht, § 32 Markengesetz, Rn. 1.

sächlichen Akt der Schöpfung (und nicht erst mit ihrer Verlautbarung)[56] erlangt der Schöpfer ein Recht an seiner Erfindung.[57] Ab diesem Stadium setzt der Schutz des Patentgesetzes in Form der §§ 6, 8 PatG ein, und das zuvor reine Persönlichkeitsrecht[58] wandelt sich zu einem Recht, das nun einen geringeren persönlichkeitsrechtlichen Einschlag besitzt, dafür aber an vermögensrechtlichem Gehalt gewonnen hat.[59] Der vermögensrechtliche Bestandteil des Erfinderrechts äußert sich im sogenannten Recht des Erfinders auf das Patent, § 6 PatG.[60] Mit Anmeldung erhält der Anmelder schließlich einen öffentlich-

---

56 So aber Benkard-Bruchhausen, § 6 Patentgesetz, Rn. 9 sowie Schulte, § 6 PatG, Rn. 4. Zum Begriff und den verschiedenen Möglichkeiten einer Verlautbarung vgl. Benkard-Bruchhausen, Patentgesetz, a.a.O., Rn. 8 mit weiteren Nachweisen. Begründet wird dies Sichtweise damit, daß die Erfindung zuvor in aller Regel noch keines Schutzes bedurfte, da sie sich in der Geheimsphäre des Schöpfers befand, vgl. auch BGH GRUR 1971, 210, 213 - „Wildbißverhinderung". Diese Sicht ist aber verfehlt, denn auch vor Verlautbarung können die Ergebnisse, sofern sie sich nicht nur im Kopf des Erfinders, sondern beispielsweise in einem Computer befinden, verwertet werden. Richtigerweise, um bereits zu diesem Zeitpunkt Schutz zu gewähren, entsteht das Recht an der Erfindung daher wie auch das Urheberrecht mit Vollendung des Schöpfungsakts, vgl. Bernhardt-Kraßer, Patentrecht, § 19 II 2. Der persönlichkeitsrechtliche Einschlag äußert sich auch darin, daß allein der Erfinder das „Ob", „Wie" und „Wann" der Veröffentlichung bestimmen und sich auch gegen eine unbefugte Veröffentlichung wenden kann, vgl. Benkard-Bruchhausen, Patentgesetz, a.a.O., Rn. 15.

57 Vgl. hierzu Benkard-Bruchhausen, Patentgesetz, a.a.O., Rn. 9. Bereits das Reichsgericht wies auf dieses „natürliche Recht des Erfinders" hin, obgleich damals noch das Anmelderprinzip galt, vgl. RGZ 29, 49, 51, 55; 77, 81, 82; 83, 37, 41. Hubmann, Gewerblicher Rechtsschutz, § 5 II 1 und § 15 I sowie Bernhardt/Kraßer, Patentrecht, § 19 sprechen dagegen vom „Erfinderrecht". Klauer/Möhring, Patentgesetz, 3. Aufl., § 3, Rn. 8 und Reimer/Schade/Schippel, Das Recht der Arbeitnehmererfindung, § 7, Anm. 3 verwenden den Begriff „allgemeines Erfinderrecht". Der Begriff der „Rechte an der Erfindung" findet sich auch in § 55 PatG.

58 Zunächst an der noch unvollendeten Erfindung, nach herrschender Ansicht aber auch an der noch nicht verlautbarten Erfindung, vgl. Preu, Das Erfinderpersönlichkeitsrecht und das Recht auf das Patent, in: FS Hubmann (1985), S. 349, 354 sowie Benkard-Bruchhausen, § 6 Patentgesetz, Rn. 12; a.A. Bernhardt, a.a.O. (Fn. 56).

59 Vgl. Benkard-Bruchhausen, Patentgesetz, a.a.O., Rn. 16; Hubmann, Gewerblicher Rechtsschutz, § 5 I und §15 I; Preu, in: FS Hubmann (1985), a.a.O. mit weiteren Nachweisen. Üblicherweise spricht man von einer Doppelnatur des Rechts an der Erfindung, einerseits das vermögesrechtliche Recht auf das Patent, andererseits das Erfinderpersönlichkeitsrecht, vgl. Benkard-Bruchhausen, a.a.O., Rn. 13.

60 Vgl. hierzu Bernhardt, a.a.O., § 19 I 1; Benkard-Bruchhausen, § 6 Patentgesetz, Rn. 1, 3 f. Dieses Recht an der noch nicht patentierten Erfindung wird vielfach als „unvollkommen absolutes Immaterialgüterrecht" bezeichnet, vgl. Benkard-Bruchhausen, Patentgesetz, a.a.O., Rn. 14; Schulte, § 6 PatG, Rn. 5.

rechtlichen Anspruch auf Patenterteilung,[61] gleichgültig, ob er auch das Recht auf das Patent innehat oder nicht, § 7 Abs. 1 PatG.[62] Meldet jedoch ein Nichtberechtigter das Patent an, so kann der wahre Berechtigte sein Recht noch im Erteilungsverfahren geltend machen oder nach Erteilung gegen den nichtberechtigten Inhaber gemäß den §§ 8, 22 PatG vorgehen.[63] Maßgebend für die hier zu entscheidende Frage ist somit nicht das Patent, sondern vielmehr das Recht auf das Patent. Dieses bestimmt, ähnlich wie das Urheberrecht, über die rechtliche Zuordnung der Erfindung.[64] Zwar dürfte diese Zuordnung, man spricht insoweit auch vom Erfinderprinzip,[65] in der Mehrzahl der patenterteilenden Staaten anerkannt sein, weshalb die Anknüpfung der Inhaberschaft in erster Linie für Erfindungen, die im Rahmen von Arbeitsverhältnissen gewonnen wurden, und die Übertragung von Rechten Bedeutung erlangt.[66] Es besteht aber gleichwohl die Möglichkeit, daß etwa ein Staat gewisse Beiträge bereits als Miturheberschaft an der Erfindung anerkennt, ein anderer Staat jedoch nicht.[67] Ebenso kann ein Staat

---

61 Man spricht vom sog. Recht auf Patenterteilung, das allerdings nur gegenüber der patenterteilenden Behörde relevant wird, vgl. Bernhardt/Kraßer, a.a.O., § 19 IV 2. sowie Benkard-Bruchhausen, § 6 Patentgesetz, Rn. 23. Ausdrücklich ist dieses Recht in § 15 Abs. 1 PatG erwähnt.

62 Vgl. Bernhardt/Kraßer, Patentrecht, § 19 I 3. Die gleiche Regelung findet sich in § 60 Abs. 3 EPÜ. Der Grund für diese Regelung dürfte in der einfachen Handhabung für die Patentämter zu sehen sein, die ansonsten bei jeder Anmeldung zu prüfen hätten, ob der Anmelder auch der tatsächliche Erfinder ist, vgl. hierzu die amtliche Begründung zum Patentgesetz vom 5.5.1936, Bl.f.PMZ 1936, 104. Der Anmelder muß allerdings den Erfinder namentlich nennen, wobei auch dahingehend keine Prüfung von Seiten des Patentamtes erfolgt.

63 Vgl. hierzu auch Bernhardt/Kraßer, a.a.O., § 20. Man spricht aus diesem Grunde in Deutschland auch vom modifizierten Anmelderprinzip. Der wahre Berechtigte hat in jedem Falle die Möglichkeit, auf Antrag im Erteilungs-, Einspruchs bzw. Beschwerdeverfahren seine wahre Inhaberschaft und die Nichtberechtigung des Anmelders geltend zu machen, vgl. Ulmer, Die Immaterialgüterrechte (1975), Nr. 115.

64 Wobei allerdings anzumerken ist, daß diese rechtliche Zuordnung nicht ausschließt, daß das Recht auf das Patent bereits vor Erteilung des Patents übertragen wird, beispielsweise an den Arbeitgeber im Rahmen eines Arbeitsvertrages; hierzu unten c.

65 Zum Begriff vgl. Bernhardt/Kraßer, a.a.O., § 19 I 1 sowie Preu, in: FS Hubmann (1985), S. 349, 352. Demgegenüber steht das Anmelderprinzip, das heißt der Anmelder wird unwiderruflich Inhaber, was allerdings eine dahingehende Vorprüfung voraussetzt. Einwände können dann nur im Erteilungsverfahren geltend gemacht werden; vgl. auch Fn. N-3. Vgl. auch das urheberrechtliche Schöpferprinzip, oben 3. Kapitel I 4 c bzw. unten 2. Teil II 3 a.

66 Zu beiden Fragen sogleich unter eigener Überschrift.

67 Hierzu ebenfalls sogleich.

allein dem Anmelder das Patent zubilligen.[68] Man stelle sich etwa folgenden Fall vor: A und B forschen an einem neuen Arzneimittel, ohne daß zwischen ihnen ein Arbeitsverhältnis vorliegt. A erbringt hierbei überwiegende Leistungen, B zwar geringere, aber nicht völlig unbedeutende. Der Staat, in dem die Erfindung gemacht wurde, sieht beide als Miterfinder an, ein anderer lediglich A, da er gleichwertige Beiträge verlangt. Welche Rechtsordnung entscheidet nun, wem das Recht auf das Patent zusteht, wenn es wegen der Anmeldung in letzterem Staat zum Streit kommt, da von beiden die Eintragung begehrt wird?

An sich sollte im Sinne der Lehre vom geistigen Eigentum nur eine Person Erfinder und somit Inhaber des Rechts auf das Patent sein, von der unabhängigen Doppelerfindung einmal abgesehen. Eine uneinheitliche Anknüpfung, wie sie das Schutzlandprinzip darstellt, führt jedoch dazu, daß die Inhaberschaft am Recht von Schutzland zu Schutzland getrennt beurteilt wird und demzufolge unterschiedlich ausfallen kann, denn jeder Staat kann Besonderheiten im Rahmen der Inhaberschaft anders regeln. Im obigem Beispiel würde dies bedeuten, daß B nicht eingetragen werden kann. Dies verdeutlicht die angesprochene Problematik, denn bei einheitlicher Anknüpfung im Sinne des Ursprungslandprinzips kann ein solches Ergebnis vermieden werden. Vor allem aus diesem Grunde wurde in Frankreich von namhaften Autoren für die Frage der Inhaberschaft an Patenten und sogar an Marken die Anknüpfung am Recht des Ursprungslandes vertreten.[69] Als solches wurde in der Regel der Ort der ersten Eintragung bzw. Registrierung verstanden, für Muster und Modelle wurde der Ort der ersten Hinterlegung als Ursprungsland angesehen.[70]

---

68 So gibt es in der Tat eine Reihe von Staaten, die auf das Anmelderprinzip abstellen, also den als berechtigten Inhaber eines Schutzrechts ansehen, der zuerst den Antrag auf Anmeldung stellte, während andere Staaten allein auf die Person des Erfinders abstellen. In Deutschland herrscht die bereits erwähnte Mischform mit Schwerpunkt auf dem Anmelderprinzip; vgl. §§ 6, 8 PatG. Bei der Doppelerfindung gilt allerdings der erste Anmelder als allein-Berechtigter. Zu alledem vgl. die rechtsvergleichende Übersicht bei Ulmer, Die Immaterialgüterrechte, Nr. 114 f. Im Rahmen des Markenrechts bestehen solche Probleme nicht.

69 Vgl. Ulmer, Die Immaterialgüterrechte im internationalen Privatrecht (1975), S. 8#

70 v. Schwind in: Entwurf für ein österreichisches internationales Privatrecht, ZfRV 1971, 161 ff., 172, 239 stellte in § 32 seines Entwurfes wie bereits Bartin auf das Recht des Ursprungslandes ab, d.h. des Staates der ersten Veröffentlichung, Erteilung bzw. Hinterlegung; ebenso der französische IPR-Entwurf aus dem Jahre 1971: es galt der Ort der Registrierung (Art. 2305), vgl. Reichelt, ZfRV, 1971, 249 ff. Auch Neuhaus, RabelsZ 40 (1976), S. 191 ff., müßte bei konsequenter Weiterentwicklung seines Gedankens der universalen Geltung aller Immaterialgüterrechte zu diesem Ergebnis gelangen.

Auch in Deutschland tendierte die wohl überwiegende Ansicht früher dazu, daß zumindest das Recht an der Erfindung bzw. das Recht auf das Patent keiner territorialen Begrenzung unterliegen sollte.[71] Begründet wurde dies zum einen, wie auch für Urheberrechte, mit dem fehlenden Verleihungsakt.[72] Hintergrund dürfte daneben auch der Gedanke des geistigen Eigentums gewesen sein, der dem Erfinderprinzip ebenso wie dem urheberrechtlichen Schöpferprinzip zugrunde liegt.[73] Hinzu kommt, daß die Anknüpfung am Recht des Verwertungsortes, wie bereits angeführt, zwangsläufig uneinheitlich ist, also im Extremfall für jedes Territorium einen anderen Inhaber bestimmen kann.[74] Daß dies Unbilligkeiten befürchten läßt, von der Theorie des geistigen Eigentums einmal abgesehen, versteht sich von selbst, denn als geistigen Urheber sollte man jedenfalls im Falle eines Patents immer dieselbe Person erwarten dürfen.

Andererseits, das hat die bisherige Untersuchung auch gezeigt, sind die gewerblichen Schutzrechte und somit auch das Patent im Gegensatz zum Urheberrecht gerade nicht universal gültig, dies ergibt sich für Patente nicht zuletzt aus Art. 4bis Abs. 1 PVÜ. Es fragt sich daher, ob diese strenge Geltung des Territorialitätsprinzips auf dem Gebiet der gewerblichen Schutzrechte einer Anknüpfung des Rechts auf das Patent am Ursprungsland entgegensteht. Hier wird man

---

71 Kent, Das Patentgesetz (1906), S. 147: „Anders als das Patentrecht ist das Erfinderrecht ... nicht territorial begrenzt, so daß im auch Auslande erfolgte Verletzungen des Erfinderrechts im Inlande verfolgbar sind."; Kisch, Handbuch des deutschen Patentrechts Bd. I, (1923), S. 57; für das Recht an der Erfindung Isay, Patentgesetz und Gesetz betreffend den Schutz von Gebrauchsmustern, 4. Aufl. (1926), S. 137; zögernd Riezler, Internationales Zivilprozeßrecht, (1949), S. 86 f.; ebenso noch bei Bernhardt, Lehrbuch des deutschen Patentrechts, 2. Aufl. (1963), § 14 III 1; der letzte Nachweis findet sich bei Preu, FS Hubmann (1985), S. 353. Dagegen Troller, Internationales Privat u. Zivilprozeßrecht (1952), S. 49 f. (Fn. 4) sowie bezugnehmend auf das allgemeine Erfinderrecht Weber, Die Behandlung von Patent-, Warenzeichen- und Urheberrechtsverletzungen (1968), S. 10 (Fn. 2). Benkard-Bruchhausen, Patentgesetz, § 6, Rn, 10 sagen, das Recht auf das Patent werde zwar im Inland und Ausland erworben, aber für den Schutz im Ausland sei das jeweilige ausländische Recht maßgebend.

72 So insbesondere Kent, a.a.O.; ebenso Riezler, Zur sachlichen internationalen Unzuständigkeit, in: FS für Rosenberg (1949), S. 199, 211 f.; in der neueren Literatur noch Preu, a.a.O.

73 Vgl. hierzu Hubmann, Persönlichkeitsrecht (1960), § 30; Preu, a.a.O., S. 355; Troller, Immaterialgüterrecht Bd. 1, 3. Kap. § 8 II. Zum urheberrechtlichen Schöpferprinzip vgl. unten 2. Teil II 3 a.

74 Vgl. auch Drobnig, RabelsZ 40 (1976), 195, 205, der insoweit von einem Verzicht auf die letzte Sachgerechtigkeit spricht und es für wünschenswert hält, daß international einheitlich das Recht des Ursprungslandes gilt, dies aber gleichwohl für praktisch undurchführbar hält und deswegen auf eine internationale Harmonisierung setzt.

jedoch trennen müssen: Die staatliche Verleihung und die damit verbundene streng territoriale Wirkung gilt nur für das erteilte Patent, also die rein vermögensrechtliche Komponente einer Erfindung. Auch Art. 4bis Abs. 1 PVÜ meint nur dieses. Die Frage der Anknüpfung des Rechts auf das Patent ist hiervon gesondert zu betrachten und nicht per se territorial festgelegt. Auch der Inländerbehandlungsgrundsatz umfaßt die Inhaberschaft am Recht nicht. Hinzukommt, daß das Recht an der Erfindung noch persönlichkeitsrechtliche Elemente in sich trägt.[75] Auch wenn ein Staat aus Gründen der Souveränität vermögenswerte Rechte nicht auf ein anderes Territorium ausdehnen kann, betrifft dies nur die vermögensrechtliche Seite des Patents,[76] nicht aber die persönlichkeitsrechtlichen Elemente des Rechts an der Erfindung; hier besteht kein Grund für eine solche Begrenzung.[77] Eine Behandlung des Rechts an der Erfindung entsprechend den Persönlichkeitsrechten oder dem Urheberrecht erscheint so betrachtet naheliegend.[78] Gilt dies aber auch für das Recht auf das Patent, denn dieses hat ebenso wie das Patentrecht allein vermögensrechtliche Bedeutung?

Gegen eine universale Wirkung werden zumeist praktische Erwägungen angeführt: Es könne den patenterteilenden Staaten nicht zugemutet werden, Patentschutz zu erteilen, wenn im Sinne des nationalen Rechts keine schutzfähigen Erfindungen vorlägen.[79] Dies ist jedoch unbestritten und betrifft auch nur die Eintragungsvoraussetzungen, nicht aber die Person des Einzutragenden. Gewichtiger erscheint da das Argument, es könne den Patentämtern angesichts ihrer Überlastung nicht zugemutet werden, die Rechtslage im Ursprungsland zu be-

---

75 Vgl. Benkard-Bruchhausen, § 6 Patentgesetz, Rn. 10 u. 13; ebenso Preu, in: FS Hubmann (1985), S. 349, 352 f. mit weiteren Nachweisen sowie Weiss, GRUR 1964, 638. Vgl. auch BGH GRUR 1979, 145, 148 - Aufwärmvorrichtung sowie LG Nürnberg/Fürth GRUR 1968, 252, 253.

76 Hierauf weist zurecht Preu, a.a.O., S. 354 hin.

77 Und nicht umgekehrt, wie Weber, Die Behandlung von Patent-, Warenzeichen- und Urheberrechtsverletzungen (1968), S. 10, meint, gegen dieselbe. Das Argument von Riezler, Internationales Zivilprozeßrecht (1949), S. 87, wonach es merkwürdig erscheint, daß das qualitiv schwächere Erfinderrecht räumlich eine weitere Ausdehnung hätte als das eigentlich stärkere Patentrecht, ist ein Scheinargument. Denn hier wird territoriale Reichweite mit der Ausschlußwirkung eines Rechts gegenüber Dritten in Verbindung gesetzt. Das ist jedoch nicht konsequent gedacht, denn es kommt allein auf das anwendbare materielle Recht an. Die Frage der kollisionsrechtlichen Anknüpfung wäre hierfür die richtige Ebene. Daß auch das allgemeine Erfinderrecht geschützt werden muß, sollte jedoch klar sein.

78 In diesem Sinne Preu, a.a.O., S. 355 ff.

79 Vgl. Ulmer, RabelsZ 41 (1977), 479, 485

rücksichtigen.[80] Dem läßt sich aber entgegenhalten, daß sich an der Prüfungspraxis der Patentämter grundsätzlich nichts zu ändern braucht; lediglich im Widerspruchsverfahren oder als gerichtlich geltend gemachte Vindikation würde die fremde Rechtsordnung relevant. Und dann erscheint es durchaus nicht unmöglich, sich die entsprechenden Informationen zu beschaffen, denn große Diskrepanzen bestehen in dieser Frage nicht zwischen den einzelnen Rechtsordnungen.

Folgender Punkt gibt allerdings zu Bedenken Anlaß: Welche Bedeutung hätte ein universales Recht an der Erfindung, verbunden mit dem Recht auf das Patent, wenn dieses Recht in Ansehung des späteren Patentrechts, das es gerade begründen soll, in einem bestimmten Staat leerliefe, da dort mangels entsprechender Voraussetzungen kein Patent erteilt werden kann. Streng genommen kann dann dort auch kein Recht auf ein Patent bestanden haben. Und wie soll darüberhinaus das Ursprungsland für das universale Recht an der Erfindung bestimmt werden? Die erste Anmeldung hat möglicherweise noch nicht stattgefunden. Das Personalstatut des Erfinders oder der Erfindungsort dürften ausscheiden, beide sind zufälliger Natur und nicht beeinflußbar. Ersteres widerspricht zudem dem starken Vermögensbezug des Rechts auf das Patent.[81] Somit bliebe als einigermaßen sinnvoller Anknüpfungspunkt nur der Ort der ersten Verlautbarung, ein Ort, dem im gesamten gewerblichen Rechtsschutz keinerlei Bedeutung zukommt, weder in den Abkommen noch im nationalen Recht. Im Urheberrecht, um diesem Gedanken zuvorzukommen, gibt es kein der Rechtseinräumung vorangehendes Recht, sondern es entsteht sofort das einheitliche Urheberrecht, das lediglich in manchen Staaten undurchsetzbar ist und dort faktisch gesehen nicht zur Entstehung gelangen mag. Es ist darüberhinaus auch einfacher, das Ursprungsland im urheberrechtlichen Sinne zu bestimmen, da das Urheberrecht bereits mit der Veröffentlichung entsteht.

Man wird daher zu dem Ergebnis kommen müssen, daß jedenfalls aus praktischen Gesichtspunkten ein universales Recht auf das Patent undurchführbar ist. Im Ergebnis genauso argumentiert *Troller*. [82] Er sagt, das Recht eines jeden Landes bestimme selbständig, welche Rechte aufgrund einer im Ausland gemachten Erfindung zu gewähren seien; das gelte auch für die Rechte vor Anmeldung, da sie nicht aufgrund der im Wohnsitzland des Erfinders erworbenen Er-

---

80 Vgl. Drobnig, RabelsZ 40 (1976), 195, 205 f.

81 Der stärker ausgeprägt ist als der vermögensrrechtliche Gehalt des Urheberrechts, das auch nach der Veröffentlichung mit der Person des Urhebers verknüpft bleibt, vgl. oben 3. Kapitel I 4 c bzw. unten 2. Teil II 3 a .

82 Troller, Immaterialgüterrecht Bd. I, S. 138 (Fn. 175). Dies entspricht der herrschenden Ansicht im Urheberrecht, vgl. unten a.a.O.

finderrechte, sondern aufgrund der technischen Schöpfung gewährt würden. Somit gelangt das Recht auf das Patent zwar mit der Vollendung der Erfindung für eine Vielzahl von Staaten zur Entstehung, es handelt sich aber um voneinander unabhängige Rechte.[83] Nur die Rechtsordnung des jeweiligen Erteilungsstaates kann, gleichgültig ob internationale Abkommen den Schutz im Ursprungsland als Voraussetzung anführen, hierfür das maßgebliche Recht sein. Erhält daher ein Nichtberechtigter eine nationale Registrierung, so kann nur das materielle Recht des Staates, für dessen Gebiet das Schutzrecht verliehen oder begehrt wurde, entscheiden, wem tatsächlich das Recht auf ein Patent zusteht,[84] denn schließlich verleiht allein dieser Staat das fragliche Patent. Das Heimatrecht des Klägers oder das Recht am ersten Eintragungsort kann hierfür nicht maßgeblich sein, sonst griffe man in die Souveränität des Erteilungsstaates ein. Der Erteilungsstaat, gleichbedeutend mit dem Schutzland, bestimmt ebenso, wem im Falle der Mehrheit von Erfindern ein Recht auf das Patent zusteht.[85]

Gewisse Besonderheiten treten auf, wenn sich die Inhaberschaft auf eine internationale Anmeldung gründet. Die einschlägigen Abkommen, das MMA für Marken, das PCT für Patente und das Haager Musterabkommen für gewerbliche Muster, wurden bereits im ersten Kapitel erwähnt. Alle diese Abkommen bestimmen, daß die international registrierten Schutzrechte den national registrierten hinsichtlich ihrer Wirkungen gleichstehen sollen.[86] Insofern kommt es, wenn sich subjektive Immaterialgüterrechte auf mehrere Rechtsgrundlagen begründen können, zunächst nicht darauf an, ob es sich um ein national oder ein international registriertes Schutzrecht handelt, denn Schutz ist hier immer im Sinne des inländischen zu verstehen. Soweit diese Abkommen jedoch Sonderregelungen vorsehen[87] und das betreffende Schutzrecht aus einer solchen Anmeldung er-

---

[83] Vgl. Benkard-Bruchhausen, § 6 Patentgesetz, Rn. 10.

[84] Für die Vertreter des Schutzlandprinzips im Ergebnis das Recht im Schutzland, vgl. Ulmer, Die Immaterialgüterrechte, Nr. 115 und 116, der in diesem Zusammenhang auch auf die in den einzelnen Staaten üblichen Prüfungspraxen eingeht.

[85] Vgl. auch Ulmer, Die Immaterialgüterrechte (1975), Nr. 116 bzw. Artikel I Abs. 1 seines Regelungsvorschlages. Divergenzen im internationalen Rechtsverkehr bestehen hier insbesondere im Hinblick auf die Befugnis, über das Schutzrecht zu verfügen.

[86] Vgl. Art. 4 Abs. 1 MMA; Art. 66 EPÜ; Art. 11 Abs. 3, 4 und Art. 4 Abs. 2 HMA in Bezug auf die Hinterlegung. Dies berücksichtigt auch Ulmer, a.a.O., in Art. G Abs. 2 seines Regelungsvorschlages.

[87] Diese sind Art. 1 Abs. 2 MMA, der Schutz im Ursprungsland voraussetzt, und Art. 11 Abs. 3 PCT, der den Gleichbehandlungsgrundsatz für den Fall eines gemäß Art. 64 Abs. IV zulässig erklärten Vorbehalts des Mitgliedsstaates einschränkt. Auf die einheitliche Schutzdauer des Haager Musterabkommens wurde bereits hingewiesen. Zum europäischen Patentübereinkommen später.

wachsen ist, gelten diese Regelungen als entsprechende Vorschriften des Rechts des Erteilungsstaates.[88]

Problematisch erscheint die Frage der Anknüpfung, wenn die internationale Anmeldung durch einen Nichtberechtigten erfolgt ist, der dann auch zu Unrecht eingetragen wurde. Würde man hier nach der allgemeinen Regel verfahren, müßte der an sich Berechtigte in allen Staaten, für deren Gebiet die internationale Anmeldung wirkt, auf Feststellung der wahren Inhaberschaft klagen. Dies wäre mit erheblichem Aufwand verbunden, weshalb man erwarten sollte, daß die Abkommen, die die internationale Anmeldung ermöglichen, für einen solchen Fall selbst Vorsorge treffen. So sieht denn auch das Europäische Patentübereinkommen eine Klagemöglichkeit des an sich Berechtigten vor, bei deren Erfolg er die nichtberechtigte Anmeldung beseitigen und selbst anmelden kann, Art. 61 EPÜ. Das gilt aber nicht mehr, wenn das Patent schon erteilt ist. In diesen Fall wird man an Klagen nach dem Recht der jeweiligen Schutzländer, wie es sich aus Art. 74 EPÜ ergibt, nicht vorbei kommen. Im PCT und im Madrider Markenabkommen findet sich hierzu keine Regelung. Allerdings geht das MMA vom zuvor bestehenden Schutz und der Registrierung im Ursprungsland aus, Art. 1 Abs. 2 MMA.[89] Im Rahmen des MMA ist daher durch die Klage und Übertragung der Marke im Ursprungsland, jedenfalls innerhalb der ersten fünf Jahre, eine einheitliche Vorgehensweise möglich. Dies paßt auch in die Systematik des Abkommens, denn Art. 4 MMA nimmt nur den Schutzumfang für die verschiedenen Länder aus dem Abkommen aus, die Frage der Inhaberschaft bleibt hiervon unberührt. Art. 9 MMA ermöglicht es dem Heimatstaat des Markeninhabers, Veränderungen - und hierzu gehören ausdrücklich auch Übertragungen und Löschungen, gleichgültig, ob diese freiwillig oder zwangsweise erfolgen - mit Wirkung für sämtliche Staaten, in denen international registriert wurde, anzuzeigen.[90]

---

88 Die Verweisung auf das Recht des Verwertungsortes führt zu diesen Regelungen, da diese durch Transformation Teil des dortigen Sachrechts geworden sind. Im Ergebnis genauso Ulmer, der dieser Situation dadurch Rechnung tragen will, daß je nach dem, ob eine nationale oder eine internationale Registrierung vorliegt, die jeweiligen Regelungen zur Anwendung kommen; vgl. die Bestimmung G Nr. 2 seines Entwurfs eines einheitlichen europäischen Immaterialgüterrechts bzw. die grundlegenden Ausführungen dazu in: Ulmer, Die Immaterialgüterrechte (1975), Nr. 108.

89 Allerdings ist zu berücksichtigen, daß dieses Ursprungsland nicht der Ort der ersten Registrierung, Anmeldung oder Hinterlegung ist, sondern der Ort der gewerblichen Niederlassung bzw., in Ermangelung einer solchen, das Recht des Heimatstaates, vgl. Art. 1 Abs. 3 MMA.

90 Vgl. hierzu auch Busse/Starck, Markengesetz, MMA, Anm. 2, 3. Diese Mitteilung hat jedoch rein deklaratorische Wirkung, vgl. BGHZ 18, 1 ff.

Im PCT-Abkommen ist der Fall einer Anmeldung durch einen Nichtberechtigten ebenfalls nicht vorgesehen. Die Anknüpfung am Recht des Ursprungslandes, gegebenenfalls auch qua Weiterverweisung über das Recht des Schutzlandes, scheidet hier deswegen aus, da nur die Anmeldung mit internationaler Wirkung erfolgt. Die Registrierung ist allein Sache der Vertragsstaaten. Es muß somit in sämtlichen Schutzländern geklagt werden.[91]

b) Die Anknüpfung der Inhaberschaft an Arbeitnehmererfindungen

aa) Problemstellung

Einen häufigen Konfliktfall im Rahmen der Anknüpfung der Inhaberschaft an gewerblichen Schutzrechten stellen Erfindungen und Muster dar, die im Rahmen eines Arbeitsverhältnisses oder im Auftrag zustande gekommen sind.[92] Der Auslandsbezug ist hier regelmäßig dadurch gegeben, daß die Erfindung in einem anderen als dem Erfindungsstaat geschützt werden soll und zwangsläufig die Frage der Inhaberschaft relevant wird.[93] Er kann außerdem entstehen, wenn der Erfinder nicht in dem Staat tätig war, in dem das Unternehmen, das ihn beschäftigt, seinen Sitz hat. Zwar ist der Bereich der Arbeitnehmererfindungen in den meisten Staaten geregelt, in Deutschland in erster Linie durch das Arbeitnehmererfindungsgesetz,[94] allerdings auf sehr unterschiedliche Weise. Zu trennen sind hierbei Diensterfindungen, d.h. Erfindungen, die entweder im Auftrag oder zumindest im Rahmen der beruflichen Tätigkeit bzw. des jeweiligen Projekts

---

91 Vgl. auch Ulmer, Die Immaterialgüterrechte, a.a.O., Nr. 116 und Art. I Abs. 1 seines Regelungsvorschlages für ein einheitliches europäisches Immaterialgüterrecht, der die Anwendung des Rechts des Schutzlandes vorschlägt, allerdings ohne auf die internationale Anmeldung einzugehen.

92 Genaugenommen geht es im Falle einer Arbeitnehmererfindung nicht um die Inhaberschaft, wie dies bei urheberrechtlichen Arbeitnehmerwerken der Fall ist, sondern um die Frage, wem das Recht auf das Patent zusteht. Inhaber im eigentlichen Sinne ist immer der Eingetragene, vgl. Ulmer, RabelsZ 41 (1977), 479, 504. Neben der Inhaberschaft kommen allerdings weitere Fragen in Betracht: Wer darf die Erfindung benutzen bzw. verwerten, und wem stehen statt dessen Vergütungsansprüche gegen den anderen Teil zu. Das zu bestimmende Statut muß daher sämtliche Folgen einer Arbeitnehmererfindung umfassen.

93 Vgl. auch die Beispiele bei Sack, Kollisions- und europarechtliche Probleme des Arbeitnehmererfinderrechts, FS für Ernst Steindorff, (1990), S. 1333.

94 Das ArbEG gilt seit 1957; vgl. hierzu auch die amtliche Begründung zur Einführung im Bl.f.PMZ 1957, 218 ff. Daneben gibt es auch für Geschmacksmuster, § 2 GeschMG, sowie für Halbleitertopographien, § 2 HalbleiterschutzG, gesetzliche Regelungen betreffend den originären Erwerb.

entstanden sind, und Zufallserfindungen, die zwar durch den Arbeitnehmer, zumeist wohl auch am Arbeitsplatz, aber ohne Zusammenhang mit seiner beruflichen Aufgabenstellung entstanden sind.[95] Im Falle einer Diensterfindung lassen viele Rechtsordnungen das Recht auf das Patent grundsätzlich in der Person des Arbeitgebers entstehen,[96] andere ausschließlich in der des Arbeitnehmers.[97] Letztere Rechtsordnungen sprechen dem Arbeitgeber dafür aber zumeist Verwertungsrechte zu.[98] Wieder andere Länder gehen einen Mittelweg und lassen beide Inhaber werden oder stellen auf ausdrückliche bzw., in Ermangelung solcher, auf stillschweigende Vereinbarungen ab.[99] Das internationale Privatrecht muß jedoch auch solchen Divergenzen gerecht werden.

Die Besonderheit des Arbeitnehmererfinderrechts besteht in seiner Zwitterstellung zwischen Arbeitsrecht und Immaterialgüterrecht.[100] Die internationalen Übereinkommen sehen mit Ausnahme des EPÜ für den Bereich der Arbeitnehmererfindungen keine Regelung vor. Allein das autonome Kollisionsrecht ist daher zur Konfliktlösung imstande. Die soeben angesprochene Zwitterstellung schlägt sich hier erwartungsgemäß nieder: Die Vertreter einer immaterialgüterrechtlichen Sicht stellen unter Hinweis auf das Territorialitätsprinzip auf das Recht des Schutzlandes zur Bestimmung des Inhabers bzw. der Folgen einer Arbeitnehmererfindung ab.[101] Der Vorteil dieser Anknüpfung liegt darin, daß im Sinne des Souveränitätsgedankens bzw. der Registerhoheit kein Staat gezwun-

---

95 Zu letzterer Alternative vgl. Bartenbach/Volz, Arbeitnehmererfindergesetz, § 4, Rn. 6 ff.

96 So etwa Art. 332 des schweizerischen Obligationenrechts, vgl. Troller, Immaterialgüterrecht Bd. II, S. 641 ff. sowie Ramm, Vergleichende Untersuchung über das Recht der Arbeitnehmererfindungen in den Mitgliedsstaaten der EG, EG-Kommission (Hrsg.), Studienreihe Arbeitsrecht 2, 1978; Gaul/Schmelcher, ZfA 1982, 401 ff.; Baumann, GRUR Int. 1977, 446 sowie Bartenbach/Volz, Arbeitnehmererfindergesetz, Einl., Rn. 11.

97 So das Patentrecht der USA, vgl. Milde/v. Lieres, Mitt. 1988, 181 ff. Anders ist dies in den USA allerdings im Falle von urheberrechtlichen Arbeitnehmerwerken, vgl. unten 2. Teil II 3 b.

98 So ebenfalls das US-amerikanische Arbeitnehmererfinderrecht, vgl. Milde/v. Lieres, Mitt. 1988, 181 ff. sowie Bartenbach/Volz, a.a.O.

99 So das deutsche ArbEG, vgl. die §§ 7, 14, 16, das dem Arbeitgeber ein uneingeschränktes Benutzungsrecht gewährt, mit dessen Hilfe er auch im Ausland Schutzrechte registrieren lassen kann. Auf die gleiche Weise wirken auch die §§ 2 GeschMG sowie 2 HalbleiterschutzG.

100 Vgl. Gamillscheg, Internationales Arbeitsrecht (1959), S. 356; Reimer/Schade/Schippel, Das Recht der Arbeitnehmererfindung, S. 83 f.; Sack, in: FS Steindorff (1990), S. 1333 f. Zur Problematik von urheberrechtlichen Arbeitnehmerwerken vgl. unten 2. Teil II 3b.

101 Vgl. Batiffol, Traité élémentaire du droit international privé, S. 138; Drobnig, RabelsZ 40 (1976), 195, 206; Wolff, Private International Law (1962), Nr. 521.

gen würde, jemanden als Inhaber eines Schutzrechts anzuerkennen und einzutragen, der dies nach inländischer Vorstellung gar nicht ist.[102] Die negative Folge dieser Lösung ist allerdings eine international unterschiedliche Anknüpfung der Inhaberschaft an ein und demselben Schutzrecht.

bb) Lösungsvorschlag

Um die dargestellte Folge zu vermeiden, schlägt eine große Zahl von Autoren vor, die Frage der Inhaberschaft an Arbeitnehmererfindungen wie auch die damit zusammenhängenden Fragen einheitlich dem Sachrecht zu unterstellen, welches auch das Arbeitsverhältnis beherrscht.[103] Für diese Lösung spricht, daß es sich bei der Frage der Arbeitnehmererfindung um ein Problem handelt, das seine Wurzeln in erster Linie im Arbeitsverhältnis sucht, geht es doch allein um den Interessenkonflikt zwischen Arbeitgeber und Arbeitnehmer betreffend die Zuordnung des Arbeitsergebnisses. Die Anknüpfung an das Recht des Schutzlandes weist hingegen keinerlei Bezug zum Arbeitsverhältnis auf, weshalb sie in diesem Zusammenhang als untauglich zur Konfliktlösung angesehen werden muß. Dies wird deutlich anhand des in der Praxis häufigen Falles einer abweichenden Parteivereinbarung. Haben Arbeitgeber und Arbeitnehmer eine solche getroffen, wäre es sinnwidrig, diese im Hinblick auf den Erwerb ausländischer Schutzrechte auf kollisionsrechtlicher Ebene durch die Anknüpfung an das Recht des Schutzlandes und damit eines arbeitsvertragsfremden Rechts wieder außer Kraft zu setzen.[104] Eine Parteivereinbarung wäre damit schlechthin unmöglich. Inso-

---

102 Vgl. etwa Sack, in: FS Steindorff, a.a.O., S. 1335.

103 So die wohl herrschende Ansicht in der Lehre, vgl. Bartenbach/Volz, Arbeitnehmererfindergesetz, Einl., Rn. 36; Bauer, Das internationale Privatrecht der Arbeitnehmererfindungen (1970), S. 57, 59; Birk, RabelsZ 46 (1982), 384, 400; Däubler, RIW 1987, 249, 254; Gamillscheg, ZfA 1983, 307, 362; Godenhielm, GRUR Ausl. 1957, 149, 155f.; MünchKomm-Martiny, vor Art. 12 EGBGB a.F., Rn. 197; Reimer/Schade/Schippel, ArbEG, § 1, Rn. 14; Reithmann/Martiny, Intern. Vertragsrecht, Rn. 739; Troller, Internationales Privat- und Zivilprozeßrecht (1952), S. 193, dort insb. auch Fn. 20; ebenfalls befürwortend Ulmer, Die Immaterialgüterrechte (1975), Nr. 118, ansonsten bekanntlich ein strenger Verfechter des Schutzlandprinzips. Ebenso die § 34, 43 des österreichischen IPR-Gesetzes von 1978 und Art. 119 IV des schweizerischen IPR-Gesetzes aus dem Jahre 1989. Zu den Regelungen in weiteren Staaten vgl. Reimer/Schade/Schippel, a.a.O.

104 Für die Möglichkeit von Parteivereinbarungen, und damit die Anwendung des Arbeitsstatuts, auch Ulmer, Die Immaterialgüterrechte, Nr. 118. Die Möglichkeit und Reichweite ist aber sehr umstritten, vgl. Sack, in: FS Steindorff (1990), S. 1333, 1342 f. Vor allem das EPÜ ist im Hinblick auf eine Rechtswahl sehr streng; vgl. Art. 60 Abs. 1 Satz 2 EPÜ, hierzu sogleich.

fern darf kein Unterschied zu einer Lizenzvereinbarung bestehen; auch diese wird in anderen Staaten anerkannt.[105]

Ein weiteres Argument findet sich im Wortlaut der §§ 7, 14 und 16 ArbEG. Diese sehen hinsichtlich ihrer Rechtsfolge, wonach der Arbeitgeber das uneingeschränkte Nutzungsrecht an der Erfindung erwirbt und dieses auch im Ausland geltend machen kann, eindeutig die extraterritoriale Geltung vor.[106] Der Gedanke der Registerhoheit verlangt auch nicht unbedingt, daß sich die Inhaberschaft an Arbeitnehmererfindungen zwangsläufig nach dem materiellem Recht des Registerstaates beurteilt; es reicht aus, daß den formellen Anforderungen Genüge getan wird. Etwas überspitzt ausgedrückt: wer letzlich Inhaber ist, kann dem Registerstaat gleichgültig sein, solange seine formellen und materiellen Vorschriften gewahrt bleiben.[107]

Neben den Genannten gibt es allerdings Autoren, die zwar grundsätzlich der Anwendung des Arbeitsstatuts zustimmen, hiervon aber Teilfragen abtrennen, die sie dem Recht des Schutzlandes vorbehalten wollen. Dem wird man grundsätzlich, mit Blick auf das Territorialiätsprinzip und die Souveränität des Erteilungsstaates, zustimmen müssen. Als solcher Teilaspekt wird häufig auch die Frage des Entstehens der Schutzrechte gesehen und zwar im Hinblick auf die Inhaberschaft.[108] Grund hierfür soll das patentrechtliche Territorialitätsprinzip sein, welches im Falle abweichender Regelungen im Registerstaat vorrangig sei.[109]

Einem Vorbehalt zugunsten des Schutzlandes kann jedoch nur im Hinblick auf die materielle Schutzrechtsentstehung zugestimmt werden, mithin der Frage, ob ein Patent oder nur ein Gebrauchsmuster vorliegt. Die originäre Inhaberschaft am jeweiligen Recht darf jedoch nicht darunter fallen, denn diese stellt die entscheidende Frage dar, die im Rahmen von Arbeitnehmererfindungen zu klären ist. Würde man die Frage der Inhaberschaft dem Recht des Schutzlandes vorbe-

---

105 Zur Behandlung und Anknüpfung von Lizenzverträgen und Schutzrechtsübertragungen vgl. unten c.

106 So die ganz herrschende Meinung, vgl. Sack, a.a.O., S. 1333, 1336. Anders wohl Schnorr v. Carolsfeld, RdA 1958, 201, 209, der eine solche Wirkung leugnet, dann aber meint, das ArbEG verpflichte die Parteien, diesen Zustand auf dem Wege der Rechtsübertragung herzustellen, was letztlich doch - de lege ferenda - zu der an sich abgelehnten extraterritorialen Wirkung führt.

107 So im Ergebnis Portmann, a.a.O., S. 42 f.; Trüeb, GRUR Int. 1961, 14, 18 f. sowie wohl Troller, Schweiz. Mitt., 1957, 41, 48 f., 53 f., letzterer allerdings nicht ganz eindeutig.

108 Vgl. Sack, a.a.O., S. 1337 f., der insoweit „das originäre Recht" nennt; im Ergebnis ebenso Birk, RabelsZ 46 (1982), 384, 400.

109 Vgl. Sack, in: FS Steindorff (1990), a.a.O., S. 1337.

halten, bliebe für das Arbeitsstatut kaum mehr etwas übrig.[110] Insbesondere abweichende Parteivereinbarungen würden hierdurch zunichte gemacht. Dies ist offensichtlich auch von einigen Vertretern der abweichenden Ansicht bemerkt worden, die Parteivereinbarungen von dieser Anknüpfung ausnehmen und sie kollisionsrechtlich wieder anerkennen wollen.[111] Dies belegt gerade die Schwäche eines solchen Ansatzes, denn es kann keine Rolle spielen, ob die Inhaberschaft an Schutzrechten für ausländische Territorien aufgrund einer Parteivereinbarung oder von Gesetzes wegen erreicht wird. Beide müssen in gleicher Weise gültig sein. Daß nur die Parteivereinbarung Wirkungen im Ausland entfalten soll, die gesetzliche Übertragung jedoch nicht, ist nicht nachvollziehbar.[112] Zuzustimmen ist der Heranziehung des Schutzlandrechts somit nur für solche Fragen, die aufgrund des Territorialitätsprinzips naturgemäß dem Immaterialgüterstatut entspringen müssen. Dies sind die allgemeinen Entstehungsvoraussetzungen, Inhalt, Umfang und Erlöschen des Patentschutzes[113] sowie die Erfinderpersönlichkeitsrechte,[114] mehr nicht.

---

110 Sack, a.a.O., S. 1338, will dem Arbeitsstatut letztlich nur die unwesentlichen Fragen vorbehalten, ob es sich um eine Diensterfindung handelt und welche Vergütungsansprüche deswegen bestehen. Hinzu kommt, daß die vorgeschlagene Lösung ausgesprochen unpraktikabel ist, denn das Recht des Schutzlandes soll nur dann Vorrang genießen, wenn es mit dem über das Arbeitsstatut bestimmten Arbeitnehmererfinderrecht kollidiert, ansonsten soll doch das Arbeitsstatut gelten.

111 Die Parteien sollen sogar verpflichtet sein, aufgrund der mangelnden extraterritorialen Wirkung des ArbEG dessen Ergebnis im Innenverhältnis durch Übertragungsakte zu „simulieren"; vgl. Portmann, Die Arbeitnehmererfindung (1986), S. 43; Trueb, GRUR Int. 1961, 14, 18 f.; ebenso Schnorr v. Carolsfeld, RdA 1958, 201, 209.

112 Insoweit ist die Argumentation von Sack, a.a.O., S. 1339, der die Inhaberschaft dem Recht des Schutzlandes unterstellen will und daran auch im Falle der Rechtsübertragung festhält, konsequent, sofern das Recht des Schutzlandes Einschränkungen vorsieht.

113 Birk, RabelsZ 46 (1982), 384, 400; Gamillscheg, Internationales Arbeitsrecht, S. 327; Portmann, a.a.O., S. 43; Reithmann/Martiny, Internationales Vertragsrecht, Rn. 1378; Sack, a.a.O., S. 1338; Troller, Schweizer Mitt. 1957, 41, 46, 49 f., 54.

114 Gamillscheg, Internationales Arbeitsrecht, S. 329; allgemein Ulmer, Die Immaterialgüterrechte (1975), Nr. 119; Troller, Das internationale Privat- und Zivilprozeßrecht (1952), S. 193 f. Diese bestimmen sich allerdings im Hinblick auf ihre Inhaberschaft richtigerweise nach dem Recht des Ursprungslandes.

cc) Die Bestimmung des Arbeitsstatuts

Zur Bestimmung des Arbeitsstatuts sind im Rahmen des deutschen IPR die Regeln des Art. 30 EGBGB heranzuziehen.[115] Es gilt somit grundsätzlich das Recht am gewöhnlichen Arbeitsort, Art. 30 Abs. 2 Nr. 1 EGBGB. Nur hilfsweise, für den Fall, daß es keinen gewöhnlichen Arbeitsort gibt, kann der Sitz der Niederlassung herangezogen werden, die den Arbeitnehmer beschäftigt, Art. 30 Abs. 2 Nr. 2.[116] Der Grundsatz der engsten Verbindung, der sich aus Art. 30 Abs. 2, 2. HS ergibt und der die Zweifelsfallregelungen der Nr. 1 und 2 im Einzelfall verdrängt, kann hier in seltenen Fällen zu einer Abweichung führen. Das deutsche ArbEG enthält weder Eingriffsnormen im Sinne des Art. 34 EGBGB[117] noch ist es zum ordre public zu rechnen.[118] Die Frage der Zulässigkeit einer möglichen Rechtswahl wird unterschiedlich beurteilt.[119] Generell sollten gegen eine Rechtswahl keine Bedenken entstehen können, denn Art. 30 I EGBGB enthält ausreichende Einschränkungen der Parteiautonomie zugunsten arbeitnehmerschützender Vorschriften.[120]

---

115 Verträge, die vor Einführung der Art. 27 ff. EGBGB zum 1.9.1986 abgeschlossen wurden, bestimmen sich nach richtiger Ansicht gemäß dem damals vertretenen und richterlich entwickelten auf Arbeitsverhältnisse anwendbaren Recht, vgl. hierzu E. Lorenz, RdA 1989, 220, 227 f. mit weiteren Nachweisen; zweifelnd allerdings Reithmann/Martiny, Internationales Vertragsrecht, Rn. 188 bzw. 1333, 1345 ff. sowie Sonnenberger, in: FS für Ferid (1988), S. 447, 456 f. Gemäß der ausdrücklichen Regelung des Art. 35 EGBGB, die für das gesamte in das EGBGB übernommene Rom-Abkommen gilt, ist die Verweisung des Art. 30 EGBGB immer eine Sachnormverweisung.

116 Zur Problematik des Entsendens ins Ausland vgl. Sack, FS Steindorff (1990), S. 1333, 1340 f.; Gamillscheg, ZfA 1983, 307, 333 sowie E. Lorenz, a.a.O., 223. Zur Frage von Rechtswahlvereinbarungen vgl. Sack, a.a.O., S. 1342 mit weiteren Nachweisen.

117 Vgl. Sack, a.a.O., S. 1344.

118 Vgl. Reimer/Schade/Schippel, ArbEG, § 1, Rn. 14.

119 Hiergegen etwa W. Lorenz, IPRax 1987, 269, 275 sowie Simitis, in: FS für Kegel (1977), S. 153, 163 ff.

120 Für den Fall, daß das durch Rechtswahl bestimmte Recht zwingende Regeln des Arbeitnehmerschutzes, die im objektiv bestimmten Arbeitsstatut vorhanden wären, nicht enthält, erklärt Art. 30 Abs. 1 EGBGB gleichwohl für anwendbar - sie können dem Arbeitnehmer also nicht entzogen werden. Zugunsten des Arbeitnehmers gilt zudem noch ein Vorschriftenvergleich, d.h. schützt das gewählte Recht in einem Punkt besser, dann kann sich der Arbeitnehmer auch auf diese Vorschrift berufen (sog. Günstigkeitsprinzip), vgl. hierzu v. Bar, IPR Bd. II, Rn. 449 sowie Reithmann/Martiny, Internationales Vertragsrecht, Rn. 718 sowie Sack, a.a.O., S. 1342 und Bartenbach/Volz, Arbeitnehmererfindergesetz, Einl., Rn. 34 mit weiteren Nachweisen.

Im europäischen Patentrecht bzw. dem EPÜ findet sich für die Frage der Arbeitnehmererfindungen mit § 60 I 2 EPÜ eine kollisionsrechtliche Sonderregelung.[121] Hiernach bestimmt sich, ähnlich wie in Art. 30 EGBGB, das Recht des Arbeitnehmererfinders auf ein europäisches Patent nach dem Recht des Staates, in dem er überwiegend beschäftigt ist. Fehlt ein solcher Ort, gilt das Recht des Staates, in dem der Arbeitgeber den Betrieb unterhält, in dem der Arbeitnehmererfinder beschäftigt ist. Weitere Fragen, insbesondere das Benutzungsrechts des Arbeitgebers oder der Vergütungen, sind nicht geregelt; es ist daher streitig, ob sie dem autonomen Kollisionsrecht unterfallen oder von Art. 60 Abs. 1 Satz 2 EPÜ miterfaßt sind. Die überwiegenden Ansicht sieht in Art. 60 I S. 2 EPÜ eine kollisionsrechtliche Gesamtverweisung und wendet die Norm - zumeist allerdings nur analog,[122] was am Ergebnis jedoch nichts ändert - auch für die genannten Teilfragen an. Der Wortlaut der Vorschrift: „Recht des ... Staates“ ist insoweit allerdings offen und läßt auch eine Sachnormverweisung möglich erscheinen.[123]

Der entscheidende Grund für die von der Mehrzahl der Autoren befürwortete Einordnung als Gesamtverweisung ist die Tatsache, daß Art. 60 I 2 EPÜ im Unterschied zu Art. 30 EGBGB wie auch der Mehrzahl der nationalen Rechtsordnungen keine Rechtswahl der Parteien zuläßt. Die Annahme einer Sachnormverweisung führt somit im Falle von Parteivereinbarungen, die für mehrere Staaten gelten sollen und daher regelmäßig eine Rechtswahlvereinbarung enthalten, dazu, daß diese für praktisch alle Staaten wirksam ist, für den Bereich des europäischen Patents aber leerläuft.[124] Die Folge wäre eine territoriale Aufsplitterung des Arbeitnehmererfindungsstatuts in herkömmliche Patente und europäische Patente. Eine solche Rechtslage sollte im Internationalen Privatrecht jedoch vermieden werden. Nimmt man stattdessen eine Gesamtverweisung an, geht man diesem Problem auf einfache Weise aus dem Weg, da Art. 60 I 2 EPÜ

---

121 Vgl. zu dieser Norm Sack, a.a.O., S. 1346; Strauß, GRUR Int. 1984, 1 ff. sowie Ulmer, RabelsZ 41 (1977), 479, 487.

122 Vgl. Dessemontet, GRUR Int. 1983, 133, 139 mit weiteren Nachweisen (Fn. 24); für eine analoge Anwendung letztlich auch Sack, a.a.O., S. 1349 f., der gleichwohl eine Gesamtnormverweisung annimmt.

123 Für eine solche Auslegung wohl Ulmer, Die Immaterialgüterrechte (1975), S. 79 sowie Weinmiller, GRUR Int. 1975, 381; differenzierend Cronauer, Das Recht auf das Patent im europäischen Patentübereinkommen (1988), S. 127 ff.

124 Vgl. auch das Beispiel bei Strauß, GRUR Int. 1984, 1, 3: Ein deutsches Unternehmen betreibt in einem Nachbarstaat ein Zweigwerk. Im Arbeitsvertrag mit dem dortigen Laborleiter ist für Arbeitnehmererfindungen die Anwendung deutschen Rechts vorgesehen. Nach dem Recht des Nachbarstaates würde das Patent dem Arbeitgeber zustehen, nach deutschem Recht hingegen dem Arbeitnehmer.

dann auf das internationale Arbeitnehmererfinderrecht des Arbeitsortes verweist - also auch sein IPR - und eine Rechtswahl verbunden mit einer einheitlichen Anknüpfung auf diesem Wege ermöglicht wird.[125] Für die Einordnung als Gesamtverweisung spricht ferner, daß Art. 60 EPÜ überhaupt keine materiellrechtliche Regelung des Rechts auf das europäische Patent enthält, sondern, wie überhaupt das gesamte EPÜ, schlicht verfahrensrechtlich wirken will. Er muß daher auch aus diesem Grunde vollumfänglich auf das nationale Recht verweisen.[126]

c) Die Übertragung gewerblicher Schutzrechte und die Anknüpfung von Lizenzverträgen

Den häufigsten Konfliktfall im Rahmen der Vorfrage nach der Inhaberschaft an gewerblichen Schutzrechten stellt in der Praxis die Übertragung oder Lizenzierung des Schutzrechts dar. Die außerordentliche Bedeutung der Übertragung gewerblicher Schutzrechte liegt auf der Hand: Die einschlägigen Gesetze aller fortentwickelten Staaten räumen den Inhabern gewerblicher Schutzrechte zwar vielfältige Rechte ein, ihr geistiges Eigentum wirtschaftlich zu nutzen, aber welcher Erfinder oder welches Unternehmen hat schon die finanziellen und technischen Voraussetzungen, dieses überhaupt oder gar weltweit zu tun. Erst die Möglichkeit, Schutzrechte zu veräußern und damit zu vermarkten, vervollkommnet ihre Funktion als Gegenstand des Rechtsverkehrs und bedeutet ihren tatsächlichen wirtschaftlichen Wert.[127] Vor allem internationale Lizenzverträ-

---

125 Das gilt jedenfalls dann, wenn man auch die Frage der Erfindungsbenutzung und Vergütungsansprüche dem Arbeitsstatut unterstellt, wie dies von allen Ansichten getan wird, vgl. die Nachweise bei Sack, in: FS für Steindorff (1990), a.a.O., S. 1338 (Fn. 22 bzw. Fn. 6). Ansonsten besteht die Gefahr, daß das Recht auf das Patent und die Frage der Benutzungs- und Vergütungsrechte unterschiedlichen Rechten unterworfen werden, vgl. hierzu ebenfalls Sack, a.a.O., S. 1349, der auch auf die (positiven) Auswirkungen der Annahme einer Gesamtnormverweisung hinweist, wenn man die Benutzungsrechte getrennt anknüpft. Das Beispiel von Sack, a.a.O., S. 1348, belegt ein solches Auseinanderfallen allerdings gerade nicht, denn auch bei der autonomen Anwendung des deutschen IPR, mithin Art. 30 EGBGB, würde Gleichlauf mit dem Recht bestehen, das die Frage des Rechts auf das Patent regelt. Für die Anwendung des Art. 30 EGBGB in diesem Sinne auch Portmann, Die Arbeitnehmererfindung (1986), S. 44 (Fn. 85).

126 Mit diesem Argument auch Sack, in: FS Steindorff (1990), a.a.O., S. 1348 sowie Strauß, GRUR Int. 1984, 1, 6.

127 Henn, Patent- und Know-how-Lizenzvertrag (1992), S. 1 mit weiteren Nachweisen, spricht von einem „Erfindungsmarkt" und der „perfekten Form der Arbeitsteilung bei Bewahrung der Selbständigkeit". Für ein etwas anderen Ergebnis sprechen allerdings die Zahlen der Deutschen Bundesbank im Monatsbericht vom Mai 1990, S. 30.

ge,[128] stellen einen erheblichen wirtschaftlichen Faktor dar und sind ein geradezu prädestiniertes Steuerungsmittel für die heute nicht mehr wegzudenkenden weltweiten Unternehmensverflechtungen und die damit verbundene Internationalisierung der Märkte.[129] Diesen Fragenkomplex in allen Details zu durchdringen, würde jedoch den Rahmen dieser Untersuchung sprengen.[130] Aus diesem Grunde soll hier lediglich ein Überblick folgen.

Was die genauen Ausprägungen der Übertragungsmodalitäten betrifft, so findet sich auch hier ein breites Spektrum unterschiedlicher nationaler Regelungen,[131] die die Anknüpfung, insbesondere wenn es sich um elementare Unterschiede, wie etwa die Bindung der Marke an das Unternehmen oder ähnliche Fragen handelt, beeinflussen können.[132] Ausgangspunkt für die Anknüpfung der Übertragung gewerblicher Schutzrechte[133] ist das Schuldvertragsstatut, denn ähnlich wie zuvor im Falle von Arbeitnehmererfindungen steht auch hier primär nicht die immaterialgüterrechtliche, sondern eine schuldrechtliche Fragestellung im Vordergrund.[134]

---

128 Die wirkliche Vollübertragung eines gewerblichen Schutzrechts dürfte auch international gesehen die Ausnahme sein, vgl. auch Beier, GRUR Int. 19811, 299, 304.

129 Vgl. auch Grützmacher/Schmitt-Cotta/Laier, Der internationale Lizenzverkehr (1985), S. 13 und Hiestand, Die Anknüpfung internationaler Lizenzverträge (1993), S. 4. Auch die Deutsche Bundesbank gelangte im Rahmen ihrer Untersuchung zu dem Ergebnis, daß konzernpolitische Erwägungen den Hauptgrund für die Vergabe von Lizenzen darstellen; vgl. Monatsbericht vom Mai 1990, S. 30. Der Monatsbericht vom April 1992, S. 35 weist daneben auch auf steuerliche Gründe hin. Diese Möglichkeit der Konzernsteuerung wurde daher bereits sehr früh als wettbewerbsrechtliches Problem erkannt; vgl. hierzu Zehnhäußer, Der internationale Lizenzvertrag (1991), S. 155. Ein weiterer Beweggrund zum Abschluß eines internationalen Lizenzvertrages kann darin bestehen, daß ein geschlossener Markt, wie etwa der japanische, allein auf diesem Wege zugänglich ist; vgl. Monatsbericht der Deutschen Bundesbank vom Mai 1990, S. 33.

130 Ausführlich hierzu jedoch Hiestand, a.a.O.

131 Vgl. etwa Ulmer, Die Immaterialgüterrechte (1975), Nr. 124 ff. (Patentrecht) bzw. 129 ff. (Markenrechte).

132 Zur Frage des Einflusses von grundsätzlichen Entscheidungen des Sachrechts auf das Kollisionsrecht vgl. auch oben 3. Kapitel (Fn. 182).

133 Das heißt im einzelnen: die Voraussetzungen formeller und materieller Art, die Grenzen und der Umfang solcher Vereinbarungen

134 Die Qualifikation der Übertragung gewerblicher Schutzrechte unter das Schuldvertragsstatut wird meines Wissens von niemandem bestritten. Auch die Ansicht, die auf Übertragungsverträge das Recht des Schutzlandes anwenden will, vgl. hierzu unten, bestreitet diese Qualifikation nicht. Allein Wolf, Private International Law, S. 547 f. will alle Fragen, die mit Lizenzen zusammenhängen dem Schutzlandrecht unterstellen. Gegen diese,

aa) Die Bestimmung des Vertragsstatuts

Wurde durch die Parteien keine Rechtswahl getroffen,[135] bleibt nur die objektive Anknüpfung des auf den Übertragungsvertrag anzuwendenden Rechts übrig.[136] Einschlägig sind demnach mangels spezieller Regelung[137] die Art. 28 ff. EGBGB.[138] Grundlage dieses Regelungskomplexes ist die Lehre von der charakteristischen Leistung, wie sie sich aus der Vermutungsregel des Art. 28 II S. 1 EGBGB ergibt.[139] Nicht zur charakteristische Leistung eines Vertrages gehören anerkanntermaßen vertragsfremde Merkmale wie Staatsangehörigkeit der Ver-

---

im Hinblick auf das Vertragsstatut nicht differenzierende Ansicht, Hiestand, a.a.O., S. 171 mit weiteren Nachweisen (Fn. 116).

135 Gemäß der allgemeinen Regel des Art. 27 EGBGB geht das durch die Parteien gewillkürte Recht der objektiven Anknüpfung voraus. Die Tatsache des Fehlens einer Rechtswahlvereinbarung ist erstaunlicherweise ein durchaus verbreiteter Mangel internationaler Verträge; vgl. die Nachweise bei Hiestand, a.a.O., S. 151 (Fn. 1). Gründe, warum auf eine Rechtswahl verzichtet wurde, sind etwa Vorbehalte einer Vertragspartei im Hinblick auf die Unterwerfung unter ein fremdes Recht, vgl. Dessemontet, FS Overbeck (1990), S. 739, oder einfach auch das Außerachtlassen dieser Frage aufgrund mangelnder Rechtskenntnis oder Nachlässigkeit, vgl. etwa Juenger, RabelsZ 46 (1982), 57, 69.

136 Zu den Grundlagen der objektiven Anknüpfung vgl. v. Bar, IPR Bd. II, Rn. 484 ff. und Kegel, IPR, § 18 I 1.

137 Spezialregelungen finden sich in einer Reihe von ausländischen IPR-Gesetzen, so in Österreich, der Schweiz, Ungarn und im früheren Jugoslawien; vgl. hierzu auch unten, im Rahmen der verschiedenen Anknüpfungstheorien. Offensichtlich spielt hierbei auch eine Rolle, ob es sich um Länder handelt, die wie etwa die Schweiz Technologie und Know-how typischerweise exportieren und demzufolge das Recht des Lizenzgebers - ihr eigenes nämlich - bevorzugen, oder um Länder handelt, die üblicherweise fremdes Know-how nutzen, so (Rest-) Jugoslawien, das dementsprechen das Recht des Lizenznehmers bevorzugt.

138 Diese beruhen bekanntlich auf der Umsetzung des EG-Schuldvertragsübereinkommen, das am 19.6.1980 in Rom unterzeichnet worden war; seitdem hat sich auch die Bezeichnung Rom-Abkommen eingebürgert. Mit der EGBGB-Novelle vom 1.9.1986 wurde dieses Abkommen inhaltlich in die Art. 27 bis 37 EGBGB übernommen; gesetzestechnisch gesprochen, wurde es „inkorporiert“ im Gegensatz zur sonst üblichen Transformationslösung. Nach außen handelt es sich hierbei der Rechtsquelle nach folglich um autonomes deutsches Kollisionsrecht; vgl. hierzu auch v. Bar, IPR Bd. II, Rn. 402 und Bd. I, Rn. 197.

139 Art. 28 II konkretisiert mit Hilfe dieser Vermutung die noch allgemeinere Anknüpfungsregel der engsten Verbindung gemäß Art. 28 I. Zum Begriff der charakteristischen Leistung vgl. v. Bar, IPR Bd. II, Rn. 495 ff. mit weiteren Nachweisen: Die charakteristische Leistung ist hiernach die Leistung, die es ermöglicht, einen Vertrag seiner Art nach zu bestimmen. Grundlage hierfür war Art. 4 Abs. II EVÜ. Bereits der Vorentwurf für ein europäisches Schuldrecht aus dem Jahre 1972 basierte hierauf.

tragsparteien oder Ort des Vertragschlusses;[140] ebensowenig die Gegenleistung, falls diese wie üblich in Geld erfolgt.[141] Diese Merkmale sind eher zufälliger Natur. Entscheidend ist vielmehr die besondere Vertragsgestaltung und -Charakteristik. Um hier eine völlige Einzelfalljurisprudenz zu verhindern, können der Rechtssicherheit wegen zumindest für gängige Vertragstypen feste Regeln aufgestellt werden, was stark an die vor Einführung der Art. 27 ff. EGBGB herrschende Vertragstypenlehre erinnert,[142] allerdings mit der Möglichkeit, über Ausweichklauseln die tatsächlich engste Verbindung zu bestimmen. Die einzelnen Vertragstypen sind in der Regel durch ihre Sachleistung gekennzeichnet. Diese vertragstypische Sachleistung stellt somit auch die charakteristische Leistung dar.[143]

Bei Betrachtung der Rechtslage auf dem Gebiet der Übertragung von gewerblichen Schutzrechten ist zu berücksichtigen, daß praktisch sämtliche Ansätze hierzu aus der Zeit vor Umsetzung des Römischen Übereinkommens über das auf vertragliche Schuldverhältnisse anwendbare Recht vom 19. Juni 1980 im EGBGB stammen und deswegen größtenteils auf der älteren Schwerpunktlehre beruhen. Eine Übertragung auf die Vertragstypenlehre dürfte aber zumeist möglich sein.[144] Die Rechtsprechung orientierte sich vor der EGBGB-Novelle vom 1.9.1986 am hypothetischen Parteiwillen auf objektiver Grundlage und damit an dem eben genannten Schwerpunkt des Vertrages.[145] Dieser Schwerpunkt wurde

---

140 Vgl. den Bericht von Giuliano/Lagarde, BT-Drucks. 10 / 503, S. 52. Diese Merkmale können aber im Rahmen der Ausweichklausel des Art. 28 Abs. V oder in Ermangelung einer charakteristischen Leistung gemäß Art. 28 Abs. I in Betracht kommen.

141 Vgl. a.a.O. sowie v. Bar, IPR Bd. II, Rn. 495.

142 Zu diesem Schluß gelangen auch MünchKomm-Martiny, Art. 28 EGBGB, Rn. 28 f. Diese Lehre wurde von Schnitzer, Handbuch des internationalen Privatrechts Bd. II (1958), S. 639 ff.; ders.: RabelsZ 33 (1969), 17 ff. und von Vischer, Internationales Vertragsrecht (1962), S. 89 ff. begründet. Durch das Römische-Schuldvertragsabkommen sollte sie nach Ansicht einiger Autoren durch die Lehre von der charakteristischen Leistung überholt worden sein. Zumindest für das internationale Immaterialgüterrecht läßt sich dies nicht bestätigen.

143 Vgl. v. Bar, IPR Bd. II, Rn. 495: „die Leistung, die dem Vertrag seinen Namen gibt."

144 Auf die Problematik der unterschiedlichen methodischen Herleitung weist auch Hiestand, a.a.O., S. 152 hin.

145 So ausdrücklich BGH vom 21.10.1964 GRUR Ausl. 1965, 504, 505 - „Carla", ebenso BGH NJW 87, 1141; vgl. hierzu auch den Überblick bei Reithmann/Martiny, Internationales Vertragsrecht, Rn. 111 bzw. 3. Aufl. (1980), Rn. 33. Auf dieser Grundlage bewegen sich auch die neueren Entscheidungen zur Übertragung gewerblicher Schutzrechte des LG Stuttgart, IPRspr 1956/57, Nr. 29 (S. 115) sowie des OLG Düsseldorf, GRUR Ausl. 1962, 256, 257 - „Tubenverschluß". Zu den Entscheidungen auf dem Gebiet des Urhebervertragsrechts vgl. unten 2. Teil II 3 c aa. Die beiden früheren Entscheidungen

an dem Ort gesehen, für dessen Gebiet die Vertragsvereinbarung galt, da das betreffende Schutzrecht sich auf das Gebiet dieses Staates beschränkte und der ausschließliche Lizenznehmer dort seinen Sitz hatte.[146] Auch weite Teile der Literatur folgten dem Grunde nach dieser Ansicht zur Bestimmung des Vertragsschwerpunkts.[147] Diese Anknüpfung darf damit für den Fall der Übertragung gewerblicher Schutzrechte als herrschend bezeichnet werden. Nur im Falle der Lizenzerteilung über das Gebiet mehrerer Länder führt diese Anknüpfung nicht weiter, da der einheitliche Lizenzvertrag auf diese Weise in die Rechtsordnungen der verschiedenen Schutzländer aufgespalten wird. Aus diesem Grunde wird die hilfsweise Anknüpfung an das Recht des Ortes angenommen, an dem der Lizenzgeber seine Niederlassung hat, da dieser dann die charakteristische Leistung erbringe.[148]

---

des RG zur Übertragung gewerblicher Schutzrechte weichen von dieser Linie ab, da das RG seit der Entscheidung RGZ 68, 203 den hypothetischen Parteiwillen auf subjektiver Grundlage als für die Anknüpfung maßgeblich erachtete. So entschieden wurde daher der Fall RG IPRspr. 1933, Nr. 22. In der Entscheidung RG IPRspr. 1931, Nr. 103, wurde hiervon ausnahmsweise zugunsten des gemeinsamen Heimatrechts abgewichen, da beide Parteien Deutsche waren. Zur historischen Entwicklung der Rechtsprechung zur Anknüpfung internationaler Verträge vgl. auch Staudinger-Firsching, Vor Art. 12, Rn. 314 - 317 und 351 ff. sowie v. Bar, IPR Bd. I, Rn. 558 und IPR Bd. II, Rn. 462 mit zahlreichen Nachweisen zur Rechtsprechung.

146 So ausdrücklich das OLG Düsseldorf, GRUR Ausl. 1962, 256, 257. Ähnlich auch die Entscheidung des OLG Karlsruhe GRUR Int. 1987, 788 - „Offenendspinnmaschinen“: „Da nach dem vernünftigen Verständnis der Vertragsparteien eines Lizenzvertrages die Nutzungsberechtigung ihre Schutzwirkung im Land des lizenzierten Schutzrechts entfalten soll, ist typischerweise vom Recht des Schutzlandes auszugehen, sofern nicht die Vertragsparteien ... ausdrückliche Vereinbarungen getroffen haben.“; vgl. auch § 43 Abs. 1 österr. IPRG. Das LG Stuttgart IPRspr. 1956/57, Nr. 29 hatte, wie auch schon das RG in IPRspr. 1931, Nr. 103, hingegen das gemeinsame Heimatrecht angewendet.

147 Grundlegend Troller, Internationale Lizenzverträge, GRUR Ausl. 1952, 108, 119 ff., wenn auch im Sinne der Lehre von der charakteristischen Leistung dogmatisch nicht ganz sauber, da nicht auf den Niederlassungsort des Leistenden, sondern allein auf das Schutzland abgestellt wird; im Ergebnis ebenso, bei der Lokalisierung der charakteristischen Leistung aber zutreffend, Benkard/Ullmann, Patentgesetz, § 15, Rn. 135 a.E.; MünchKomm-Martiny, Art. 28 EGBGB, Rn. 269; so auch noch Reithmann/Martiny, Internationales Vertragsrecht, 4. Aufl. 1988, Rn. 673; Staudinger-Firsching, Vor Art. 12 EGBGB, Rn. 440 a.E.; Stumpf, Der Lizenzvertrag (1984), Rn. 444. Unklar v. Bar, IPR Bd. II, Rn. 573, wenn er sagt, die Übertragung von Immaterialgüterrechten folge dem Recht des Schutzlandes.

148 Vgl. Stumpf, Der Lizenzvertrag (1984), Rn. 445. Diese Aufsplittung stellt, wie sich auch aus der aufgeführten Literatur ergibt, das Hauptproblem der Anknüpfung an das Recht des Schutzlandes dar und zwingt praktisch immer zu einer Hilfsanknüpfung.

Neben dieser überwiegend vertretenen Ansicht finden sich aber auch andere Anknüpfungsvarianten, angefangen vom Schutzland verbunden mit dem Recht des Lizenznehmers oder sonstigen Hilfs- bzw. Sekundäranknüpfungen,[149] über das Recht des Lizenzgebers[150] bis hin zum Recht des Lizenznehmers;[151] beide in aller Regel ebenfalls um eine Sekundäranknüpfung erweitert.

---

149 Beier, Die international-privatrechtliche Beurteilung von Verträgen über gewerbliche Schutzrechte, in: Holl/Klinke (Hrsg.), Internationales Privatrecht, internationales Wirtschaftsrecht (1985), S. 287, 292 ff.; ders., GRUR Int. 1981, 299, 303 ff., will für Markenverträge abweichend von der herrschenden Meinung auch im Falle multistaatlicher Lizenzen auf das Recht des Schutzlandes abstellen, wobei dann ein „primäres Schutzland", in dem die primären Verwertungshandlungen vorgenommen werden sollen, herausgefiltert werden muß; Ausnahmen gelten nur für das gemeinsame Heimatrecht und das Recht des Lizenzgebers, falls dort das Zentrum weltweiter Markenpolitik liege. Ähnlich im Hinblick auf das Schutzland als faktischen Schwerpunkt für die Übertragung von Ausstattungen und Warenzeichenlizenzen, allerdings hier mangels erkennbarer charakteristischer Leistung, auch Pfaff, AWD 1974, 241, 246 f. Lichtenstein, NJW 1964, 1345, 1350 f., geht ebenfalls vom Grundsatz der Anknüpfung an das Recht des Schutzlandes aus; lediglich für den Fall multinationaler Lizenzverträge will er den faktischen Schwerpunkt der beiderseitigen Leistungen feststellen. Für die primäre Anknüpfung an das Recht des Schutzlandes im Falle einer Patentübertragung spricht sich schließlich auch Henn, Patent- und Know-how-Lizenzvertrag, S. 267, 274, aus; im Falle multinationaler Verträge soll aufgrund der wesentlicheren Leistung des Lizenznehmers dessen Heimatrecht zur Anwendung kommen. Im Ergebnis genauso § 43 Abs. 1 des österreichischen IPR-Gesetzes vom 15.6.1978, abgedruckt bei Feil, Bundesgesetz über das internationale Privatrecht, S. 5 ff. § 43 Abs. 2 gilt für den Fall der Übertragung fürmehrere Staaten.

150 Ulmer unterscheidet in seinem Gutachten, Die Immaterialgüterrechte (1975), Nr. 146 f., auf dem Boden der Lehre von der charakteristischen Leistung, ob es sich um eine einfache oder um eine ausschließliche Lizenz handelt. Im ersteren Fall soll, da es hier im wesentlichen auf die Leistung des Lizenzgebers ankomme, der Lizenznehmer schulde schließlich nur die Vergütung, das Recht des Niederlassungsortes des Lizenzgebers maßgebend sein. Im Falle einer ausschließlichen Lizenz, und vor allem bei einer vertraglichen Verwertungspflicht, bilde im Sinne der Ausweichklausel des Art. 4 Abs. 5 S. 2 EVÜ, nunmehr Art. 28 Abs. 5 EGBGB, die Leistung des Lizenznehmers den Schwerpunkt, da hier allein die Verwertung im Vordergrund stehe. Für das Recht des Lizenzgebers ohne weitere Hilfsanknüpfung sprechen sich v. Bar, IPR Bd. II, Rn. 498, sowie Godenhielm, GRUR Ausl. 1957, 149, 154, aus. Ebenso, allerdings für den Ort der Niederlassung des Lizenzgebers als Anknüpfungspunkt, Art. 122 Abs. I des schweizerischen IPR-Gesetzes (IPRG) vom 18.12.1987, abgedruckt in IPRax 1988, 376 ff. sowie § 25 c des ungarischen IPR-Gesetzes; vgl. hierzu auch Vida, GRUR Int. 1980, 213 ff. Zum Streitstand in den EVÜ-Staaten Frankreich und England vgl. Hiestand, Die Anknüpfung internationaler Lizenzverträge (1993), S. 175 ff.; nunmehr auch Reithmann/Martiny, a.a.O., Rn. 1276.

Überzeugen kann freilich im Sinne der Lehre von der charakteristischen Leistung nur die Anknüpfung an das Recht des Lizenzgebers,[152] also an den Ort, an dem sich im Sinne von Art. 28 Abs. II S. 1 EGBGB dessen Niederlassung oder - im Falle nichtgewerblicher Tätigkeit - sein gewöhnlicher Aufenthaltsort befindet.[153] Die Anknüpfung an das Recht des Schutzlandes vermag dies nicht: Zum einen läuft man Gefahr, die Grenze zwischen Vertragsstatut und Immaterialgüterrechtsstatut zu verwischen, denn in beiden Fällen würde gleich angeknüpft. Auch wenn man beide Anknüpfungen sauber voneinander trennt, umgeht man Art. 28 Abs. 2 EGBGB, denn Leistung ist nur die Übertragung oder Annahme der Lizenz. Das Schutzland hat mit dieser Leistung nichts zu tun, zu einer solchen Anknüpfung kann man nur über die Ausweichklausel des Art. 28 Abs. 5 EGBGB gelangen,[154] sofern man das Schutzland als engste Verbindung betrachtet.[155] Dies läßt sich jedoch schwerlich behaupten, ist doch das Niederlassungsrecht des Lizenzgebers durch die Vermutungsregel des Abs. II bereits bestimmt. Hinzu kommt, daß die Anknüpfung an das Recht des Schutzlandes wie

---

151 Für das Recht des Lizenznehmers als Primäranknüpfung (die Verwertung soll den Schwerpunkt ausmachen), verbunden mit der Hilfsanknüpfung an das Recht des Lizenzgebers im Falle multinationaler Lizenzen spricht sich Osterrieth, Die Neuordnung des Rechts des internationalen Technologietransfers (1986), S. 149 f., aus. Ebenso, jedoch ohne Hilfsanknüpfung, Art. 20 Ziff. 18 des jugoslawischen IPR-Gesetzes aus dem Jahre 1982; Übersetzung in IPRax 1983, 6 ff. Die Anknüpfung an das Recht des Lizenzgebers stellt für nichtausschließliche Lizenzen an Urheberrechten die überwiegend vertretene Ansicht dar; vgl. unten 2. Teil II 3 c bb.

152 So auch die in Fn. 153 genannten; ebenso v. Hoffmann, RabelsZ 40 (1976), 208, 214.

153 Auf den Erfüllungsort kommt es daher nicht mehr an; vgl. auch den Bericht von Giuliano/Lagarde, BT-Drucks. 10/503, S. 53. Maßgeblicher Zeitpunkt ist immer der Vertragsschluß; vgl. v. Bar, IPR Bd. II, Rn. 505.

154 Beide sollen allerdings im Verhältnis zueinander gleichrangig sein, da es letztlich nur auf die engste Verbindung zu einem bestimmten Recht ankomme und Art. 28 Abs. II nur eine Vermutungsregel darstelle, v. Bar, IPR Bd. II, Rn. 488. Insoweit ließe sich die früher vertretene Schwerpunktlehre auch auf die Neuregelung des EGBGB übertragen. Problematisch ist aber, daß man sich auf diese Weise jeder vorhersehbaren Kasuistik entzieht, die gerade den Vorteil der Vertragstypenlehre ausmacht. Für eine enge Auslegung der Ausweichklausel des Art. 28 Abs. V daher Kreuzer, in: FS für Zajtay (1982), S. 295, 304 ff., 318; F. Vischer, Internationales Vertragsrecht, S. 129 ff., 137 und Hiestand, Die Anknüpfung internationaler Lizenzverträge (1993), S. 211 mit weiteren Nachweisen.

155 Was in materieller und formeller Hinsicht durchaus vertretbar erscheint, zumindest im Hinblick auf das Territorialitätsprinzip und die Einheit des Immaterialgüterstatuts. Vgl. zur Anwendung des Rechtsgedankens des Art. 28 Abs. 3 EGBGB die Nachweise bei Hiestand, a.a.O., S. 282 ff.

gezeigt nie im Falle multinationaler Lizenzverträge funktioniert,[156] sondern man stattdessen auf eine Hilfskonstruktion angewiesen ist, was eine umfassende Verweisungsregel unnötig verkompliziert und darüberhinaus weitere Nachteile mit sich bringt.[157]

Die Übernahme der Lizenz, auch einer ausschließlichen, als charakteristische Leistung anzusehen, überzeugt ebenfalls nicht, denn der Leistung des Übertragenden steht immer nur die gerade nicht typische Zahlungspflicht des Käufers gegenüber, allenfalls verbunden mit verschiedenen Nebenpflichten.[158] Die Lizenz ist es jedoch, um mit den Worten *v. Bars* zu sprechen,[159] die dem Lizenzvertrag seinen Namen gibt. Eine differenzierte Betrachtung kommt allenfalls für den Fall in Betracht, wenn mit der Lizenz eine Ausübungspflicht verbunden ist.[160] Aber auch diese Ausübungsverpflichtung ist nicht unbedingt Vertragscharakteristikum, denn sie stellt statt der sonst üblichen Geldleistung häufig nur eine ausnahmsweise Naturalleistung dar,[161] wenn man so will, eine Zahlungsmodalität, der neben der Rechtseinräumung durch den Lizenzgeber keine vertragscharakteristische Bedeutung zukommt.[162]

---

156 Außer man nimmt die damit verbundene Vertragsspaltung hin, was für die Praxis allerdings wenig wünschenswert sein dürfte, vgl. hierzu Troller, GRUR Ausl. 1952, 108, 120.

157 Vgl. hierzu zusammenfassend Hiestand, a.a.O., S. 308.

158 Vgl. Hiestand, a.a.O., S. 184 f.

159 Vgl. v. Bar, IPR Bd. II, Rn. 495.

160 Eine solche Vereinbarung ist rechtlich möglich und in der Praxis durchaus nicht unüblich; vgl. hierzu Stumpf, Der Lizenzvertrag, Rn. 151 ff. Sie wird dann vielfach als Hauptleistungspflicht angesehen, vgl. Hiestand, a.a.O., S. 58 (Fn. 374) mit weiteren Nachweisen. Zwar fehlt es im Falle einer ausschließlichen Lizenz regelmäßig an einer ausdrücklich vereinbarten Ausübungspflicht, diese wird dann aber häufig konkludent angenommen. Gegen die Ansicht, eine ausschließliche Lizenz führe zur Einordnung der Leistung des Lizenznehmers als charakteristische Vertragsleistung und insbesondere die Übertragung auf die ausschließliche Lizenz, wie sie etwa von Ulmer, Die Immaterialgüterrechte (1975), Nr. 147 vertreten wird, wendet sich jedoch mit Recht Hiestand, a.a.O., S. 187 ff., 189 mit weiteren Nachweisen.

161 Der Kaufpreis wird hier in Form von Umsatz- oder Stücklizenzgebühren gezahlt, aus diesem Grunde die Ausübungsverpflichtung; vgl. Schade, Die Ausübungspflicht bei Lizenzen (1967), S. 23. Zu weiteren Motiven für eine Ausübungsverpflichtung vgl. auch Hiestand, a.a.O., S. 187 f.

162 Vgl. Hiestand, a.a.O. Zur Besonderheit im Falle der Lizenzgemeinschaft vgl. a.a.O., S. 197 ff. sowie Ulmer, Die Immaterialgüterrechte (1975), Nr. 149. Nicht oder nur kaum einzuordnen im Sinne einer juristisch-charakteristischen Vertragsleistung sind allem Anschein nach atypische Vertragsmodelle wie Franchise, Patentpool und vor allem die o.g. Lizenzaustauschverträge bzw. Lizenzgemeinschaften, wenn auch im Falle des Franchi-

bb) Die Reichweite des Vertragsstatuts und die Zulässigkeit der Übertragung

Die Bestimmung des Vertragsstatuts allein genügt jedoch für eine vollständige Anknüpfung noch nicht. Zu klären ist ferner, wie weit dieses Vertragsstatut reicht. Einigkeit besteht dahingehend, daß das Vertragsstatut *für alle wesentlichen Fragen des Vertrages maßgebend* ist, also für Zustandekommen und Wirksamkeit des Vertrages, seine Auslegung, die Erfüllung[163] sowie die Folgen der Nichterfüllung,[164] das Erlöschen des Schuldverhältnisses, Verjährung, Kündigung und schließlich die Nichtigkeitsfolgen.[165] Das ergibt sich auch aus Art. 31 Abs. 1 bzw. Art. 32 Abs. 1 EGBGB,[166] Daneben stehen aber die bereits erörterten Vorfragen,[167] die dem Immaterialgüterstatut unterfielen. Hierdurch ergibt sich eine grundsätzliche Koexistenz beider Statute.[168]

Offen geblieben ist jedoch, welchem Statut *Übertragbarkeit* und *Form* des Vertrages unterfallen sollen. Was zunächst die Anknüpfung der *Zulässigkeit der Übertragung* bzw. Lizenzierung angeht, spricht viel für die Geltung des Immate-

---

severtrages der Franchisegeber als der die charakterisische Leistung Erbringender angesehen werden kann; vgl. Hiestand, a.a.O., S. 300 und v. Bar, IPR Bd. II, Rn. 500. Insoweit bleibt dann nur die Einzelfallanknüpfung gemäß Art. 28 Abs. 1 i.V.m. Abs. 2 S. 3 EGBGB übrig. Für Lizenzgemeinschaften und Lizenzaustausch wird demgemäß die Anknüpfung an das Schutzland vorgeschlagen; vgl. Hiestand, a.a.O., S. 300 f.

163 Art. 32 Abs. 1 Nr. 2 und Abs. 2 EGBGB; vgl. hierzu aber Hiestand, a.a.O., S. 102 f., der darauf hinweist, daß die Art und Weise der Erfüllung, die in Abs. 2 geregelt ist, dem Recht des Schutzlandes als Erfüllungsort unterfallen muß. Zu trennen hiervon ist jedoch die Frage, ob die Vertragserfüllung durch ein dingliches Rechtsgeschäft zu erfolgen hat, vgl. MünchKomm-Martiny, Art. 32 EGBGB, Rn. 24. Hierzu auch unten cc.

164 Also insbesondere das Recht der Leistungsstörungen, vgl. hierzu v. Bar, IPR Bd. II, Rn. 546.

165 Vgl. zu dieser Aufzählung allgemein v. Bar, IPR Bd. II, Rn. 534 - 550 sowie für Verträge über gewerbliche Schutzrechte Hiestand, a.a.O., S. 100 und Ulmer, Die Immaterialgüterrechte (1975), Nr. 144 ff.

166 Wobei zu berücksichtigen ist, daß diese Aufzählung nicht enumerativ ist, vgl. den Bericht von Giugliano/Lagarde BT-Drucks. 10/503, S. 64.

167 Dies waren Entstehung, Inhaberschaft, Inhalt und Schutzumfang und Erlöschen der Schutzrechte, vgl. zuvor 1 - 3 a.

168 So die überwiegende Ansicht; vgl. stellvertretend Ulmer, a.a.O., Nr. 132 ff. sowie Hiestand, a.a.O., S. 98. Nur wenige Autoren trennen nicht zwischen beiden Statuten oder kommen aufgrund der Anknüpfung der Übertragungsverträge an das Recht des Schutzlandes zwangsläufig zu keinem gesonderten Vertragsstatut; vgl. oben Fn. 153 sowie M. Wolf, Private Internationale Law, S. 547 und Batiffol, Traité élémentaire de droit international privé, No. 602.

rialgüterstatuts,[169] also des Rechts des Schutzlandes. Zum einen bestehen in dieser Frage materiellrechtlich große Diskrepanzen.[170] Einige Staaten, darunter vor allem die USA, sehen vor, daß eine Marke nur in Verbindung mit dem dazugehörigen Unternehmen oder Goodwill übertragen werden kann.[171] Würde man einheitlich auf das Vertragsstatut[172] abstellen, würden die Staaten, die solche Regeln vorsehen, übergangen und in ihrer Souveränität verletzt. Diese Bindung der Marke an das Unternehmen ist auch die Grundlage des Art. 6^quater Abs. 1 PVÜ, der es für die Rechtsgültigkeit einer Markenübertragung genügen läßt, wenn der in einem von der Bindung der Marke ausgehenden Staat gelegene Teil des dazugehörigen Unternehmens dort mit dem ausschließlichen Recht, die mit der Marke versehenen Erzeugnisse dort herzustellen oder zu verkaufen, übertragen wird. Art. 6^quater Abs. 1 PVÜ geht also ebenfalls erkennbar von der Anwendung des Schutzlandrechts in dieser Frage aus. Ferner ist zu berücksichtigen, daß wie gezeigt das Recht des Schutzlandes den Inhalt gewerblicher Schutzrechte bestimmt. Daß diese Rechtsordnung dann auch die Übertragbarkeit bestimmen muß, ergibt sich nicht nur aus Art. 33 Abs. 2 EGBGB,[173] sondern auch

---

169 So die herrschende Ansicht, vgl. Beier, in: Holl/Klinke, Internationales Privatrecht, internationales Wirtschaftsrecht (1985), a.a.O., S. 298 f.; Benkard/Ullman, Patentgesetz, § 15, Rn. 134; Staudinger-Firsching, Vor Art. 12 EGBGB, Rn. 440; Ulmer, Die Immaterialgüterrechte (1975), Nr. 132 sowie BGH, GRUR Int. 1965, 504, 506 - „Carla“ für Warenzeichen; ebenso die überwiegende frz. Literatur, vgl. hierzu Vivant, Regime International, Nr. 60 (Fn. 79). Daneben für alle Immaterialgüterrechte Drobnig, RabelsZ 40 (1976), 195, 204; MünchKomm-Kreuzer, Nach Art. 38, Anh. II, Rn. 20; Soergel-Kegel, Nach Art. 7 EGBGB, Rn. 23; Zenhäusern, Der internationale Lizenzvertrag (1991), S. 88. Zur Situation im Falle der Übertragung von Urheberrechten vgl. unten 2. Teil II 3 c bb.

170 Eine rechtsvergleichende Übersicht hierzu findet sich bei Ulmer, Die Immaterialgüterrechte (1975), Nr. 121 ff. Im Patentrecht stellt sich insbesondere auch die Frage der Möglichkeit einer Teilübertragung. Zur Problematik, ob neben dem Verpflichtungsgeschäft ein dingliches Übertragungsgeschäft abgetrennt werden muß, vgl. sogleich.

171 Vgl. auch hierzu Ulmer, a.a.O., Nr. 129 und 132; Grund ist die Sicherung der Herkunftsfunktion. Manche dieser Staaten lassen deshalb eine Übertragung immerhin dann zu, wenn die Irreführung des Rechtsverkehrs ausgeschlossen ist.

172 Oder bei entsprechender Auslegung des Geltungsbereichs auf das Recht des Ursprungslandes, wie dies von Schack, Zur Anknüpfung, Nr. 114 und W. Hoffmann, Das Urheberrecht im internationalen Privatrecht, UFITA 11 (1938), 185, 195 f., für die Übertragbarkeit des Urheberrechts vertreten wird.

173 Art. 33 Abs. 2 hat insoweit nur einen ohnehin anerkannten Grundsatz übernommen. Bereits vor dessen Einführung war dies herrschende Ansicht, vgl. BGH, GRUR Ausl. 1965, 504, 506 - „Carla“ unter Hinweis auf die bereuts vom RG in RGZ 20, 234, 235 vertretene Ansicht. Vgl. auch Cigoy, in: FS für Firsching (1985), a.a.O., S. 66 f. (insb.

daraus, daß vom Inhalt der jeweiligen Rechte zugleich ihre Verwertungsmöglichkeiten umfaßt sein müssen.[174] *Ulmer* argumentiert ähnlich, und zwar mit der Natur der gewerblichen Schutzrechte als Immaterialgüterrechte, die durch das Schutzland bestimmt werde und auch die Frage der Übertragbarkeit umfasse.[175] Gegen eine Anwendung des Rechts des Schutzlandes ließe sich allenfalls ein praktischer Gesichtspunkt anführen: will man ein Schutzrecht weltweit übertragen - ein solcher Fall dürfte allerdings bei den Urheberrechten häufiger zu finden sein - müßte man für jedes Land gesonderte Zulässigkeitsvoraussetzungen berücksichtigen, was eine solche Übertragung sehr erschwerte, da man bereits zu diesem Zeitpunkt wissen müßte, wo überall in der Welt das Schutzrecht verwertet werden kann.[176] Knüpft man hingegen einheitlich an dem Recht an, das auch den Übertragungsvertrag beherrscht, geht man diesem Problem aus dem Weg. Andererseits stellt es aber auch keine allzu großen Schwierigkeiten dar, diese Unterschiede jedenfalls für die wichtigsten Industriestaaten festzustellen und im Vertrag zu berücksichtigen. Außerdem setzt man sich mit der Anknüpfung entsprechend dem Vertragsstatut in Widerspruch zur klaren Wertung des Art. 6^{quater} PVÜ, der vor allem aufgrund seiner international einheitlichen Anwendung in den Mitgliedsstaaten respektiert werden sollte.[177] Hinzu kommt, daß die Anwendung des Vertragsstatutes die Möglichkeit der Rechtswahl auch für die Zulässigkeit der Übertragung eröffnen würde, was angesichts der Schutzfunktion solcher Zulässigkeitsvorschriften ein eher fragwürdiger Erfolg wäre.[178]

Fn. 53); Drobnig, RabelsZ 40 (1976), 195, 204 sowie Troller, Das internationale Privat- und Zivilprozeßrecht (1952), S. 224 f.

174 Hierauf weist Kleine, Urheberrechtsverträge im internationalen Privatrecht (1986), S. 100 hin.

175 Vgl. Ulmer, Die Immaterialgüterrechte (1975), Nr. 68, dort zwar ausdrücklich nur für Urheberrechte, in Nr. 132 bzw. Nr. 141 wird dies für die gewerblichen Schutzrechte aber offensichtlich ebenfalls vorausgesetzt.

176 So argumentiert Schack, Zur Anknüpfung (1979), Nr. 65 auf dem Gebiet des Urheberrechts, allerdings mit anderem Ergebnis; vgl. hierzu unten 2. Teil II 3 c bb. Nimmer, GRUR Int. 1973, 302, 303 will, ebenfalls vom Vertragsstatut ausgehend, die Frage der Übertragbarkeit zur Parteidisposition stellen, was Art. 33 Abs. 2 EGBGB widerspräche, der besagt, daß das Recht das eine Forderung beherrscht auch ihre Übertragbarkeit bestimmen muß und insoweit zwingend ist, vgl. auch v. Bar, IPR Bd. II, Rn. 565 a.E. Im Hinblick auf eine mögliche Wahl des den Übertragungsvertrag beherrschenden Rechts ist diese Aussage aber zutreffend. Hiergegen aber wiederum Schack, a.a.O., der die mögliche Umgehung von zwingenden Schutzvorschriften fürchtet und deshalb das Vertragsstatut generell für die Übertragbarkeit ablehnt.

177 Daneben auch aufgrund seiner vorrangigen Anwendung im Verhältnis zu nationalem Recht; vgl. oben 2. Kapitel IV.

178 Hierauf weist Hiestand, a.a.O., S. 114 hin. Dem ist zuzustimmen.

cc) Gesonderte Anknüpfung des Verfügungsgeschäfts

Man muß sich im Zusammenhang mit Schutzrechtsübertragungen allerdings einen wichtigen Punkt vor Augen halten: eine solche Übertragung, auch in Teilen, enthält nach deutschem Verständnis neben den obligatorischen auch dingliche Elemente, also einerseits die Verpflichtung zur Übertragung und andererseits die abstrakte Verfügung über die jeweiligen Befugnisse, regelmäßig die Bestellung einer Lizenz, auch wenn beides üblicherweise im selben Akt zusammenfällt.[179] Daß die verschiedenen nationalen Gesetze hier stark voneinander abweichen, versteht sich fast von selbst,[180] kennt man doch in etlichen Staaten, so etwa in Frankreich,[181] das Abstraktionsprinzip überhaupt nicht. Das Kollisionsrecht muß auch diese Problematik berücksichtigen, weshalb zu klären ist, ob das Verpflichtungsgeschäft und die Verfügung im Sinne des deutschen Abstraktionsgedankens für ausschließliche Lizenzen[182] auch auf kollisionsrechtlicher Ebene getrennt betrachtet werden müssen und das dingliche Rechtsgeschäft dann einer gesonderten Anknüpfung bedarf.

---

179 Diese Differenzierung gilt nach deutschem Verständnis zumindest für die ausschließliche Lizenz, die nach allgemeiner Ansicht aufgrund ihres jedermann gegenüber wirkenden Ausschlußeffektes dingliche Wirkung besitzt, so grundlegend bereits das RG vom 16.01.1904 RGZ 57, 38, 39 bzw. 41 und zuletzt BGH vom 12.12.1991 MDR 1992, 360, 361 - „Taschenbuch-Lizenz". In der Literatur war diese Position bereits zuvor anerkannt, vgl. Benkard/Ullmann, Patentgesetz, § 15, Rn. 53; Fischer, Grundzüge des gewerblichen Rechtsschutzes, S. 214; Kraßer, GRUR Int. 1973, 230, 234 f.; Stumpf, Der Lizenzvertrag, Rn. 36. Im Gegensatz dazu wird der einfachen Lizenz mangels der o.g. Ausschlußwirkung keine dingliche, sondern nur obligatorische Wirkung beigemessen; vgl. BGH GRUR 1982, 411, 412 - „Verankerungsteil"; Stumpf, Der Lizenzvertrag, Rn. 39 und 112, letztere mit weiteren Nachweisen. Andere Ansicht aber Baumbach/Hefermehl, Warenzeichengesetz, Anh. zu § 8, Rn. 1; Forkel, NJW 1983, 1764, 1786 mit weiteren Nachweisen; Hubmann, Gewerblicher Rechtsschutz, S. 157. Nur eine unbedeutende Mindermeinung geht weder für ausschließliche noch für einfache Lizenzen von einer dinglichen Wirkung aus, vgl. Henn, Patent- und Know-how-Lizenzvertrag, S. 51 f. Zur Situation bei den Urheberrechten vgl. Schricker-Katzenberger, Vor §§ 120 ff. UrhG, Rn. 147 ff. sowie unten 2. Teil II 3 c cc.

180 Zur Verschiedenheit der nationalen Rechtsordnungen in diesem Punkt vgl. Ulmer, Die Immaterialgüterechte, Nr. 66 sowie Hiestand, a.a.O., B IV 1 g. Im deutschen Urheberrecht wird, abgesehen von der Übertragung nichtausschließlicher Rechte, ebenfalls die Abstraktionslösung vertreten, vgl. hierzu Schricker-Katzenberger, a.a.O.

181 Vgl. etwa v. Bar, IPR Bd. II, Rn. 564 (Fn. 730); Ferid, Das französische Zivilrecht (1971), Bd. 1, Rn. 2 E 123 sowie Hübner/Constantinesco, Einführung in das französische Recht, § 23 1 a bzw. § 24: es gilt das sog. Konsensprinzip.

182 Denn nur diese besitzen wie gezeigt nach herrschender Meinung dingliche Wirkung.

Üblicherweise spiegelt sich das Abstraktionsprinzip[183] auch auf der kollisionsrechtlichen Seite wider, was zur Folge hat, daß die Übertragung des Rechts gesondert betrachtet und ein eigenes kollisionsrechtliches Verfügungsstatut bestimmt werden muß.[184] Dies wird auch für gewerbliche Schutzrechte so vertreten:[185] Da die Übertragung von gewerblichen Schutzrechten nach deutschem Verständnis dogmatisch auf der Forderungsabtretung gemäß den §§ 398ff. BGB beruhe, im Falle der Übertragung von Nutzungsrechten insbesondere auf § 413, sei sie dem Zessionsstatut des Art. 33 Abs. 2 EGBGB zu unterstellen.[186] Hieraus folge, daß das Verfügungsgeschäft auch kollisionsrechtlich vom Verpflichtungsgeschäft zu trennen und seinem eigenen Zessionsstatut zu unterwerfen sei, mithin dem Schutzrechtsstatut - der lex loci protectionis.[187]

---

183 Zum hiervon grundsätzlich zu unterscheidenden sog. Trennungsprinzip, auf das Pfaff, in: Schricker/Stauder, Handbuch des Ausstattungsrechts (1986), S. 1109, 1132, 1142 f. sowie Hiestand, a.a.O., S. 108 hinweisen, sogleich.

184 Dies gilt natürlich insbesondere im Falle der Verfügung über Sachen; vgl. hierzu auch v. Bar, IPR Bd. II, Rn. 517 (Fn. 502) mit weiteren Nachweisen; Soergel-Kegel, vor Art. 7 EGBGB, 341 mit weiteren Nachweisen; Kegel, IPR, § 19 II (S. 572 a.E.). Desweiteren aber auch für die Übertragung von Forderungen und ähnlichen Rechten im Sinne des § 413 BGB; vgl. hierzu v. Bar, a.a.O., Rn. 573: Die Regel des § 413 BGB findet im Kollisionsrecht ihre getreue Abbildung; zur Abtretung auch Kegel, IPR, § VII 1. Nachweise zur Rechtsprechung finden sich bei v. Bar, a.a.O., Rn. 564 (Fn. 727) sowie Rn. 565 (Fn. 743); dort auch mit weiteren Nachweisen zur schweizerischen und österreichischen Rechtsprechung. Das österreichische IPR-Gesetz weicht allerdings in § 45 Abs. 1 für Sicherungszessionen, Bürgschaften und ähnliche Geschäfte von der Trennung zwischen Verpflichtungs- und Verfügungsgeschäft ab.

185 Man spricht von der sog. „Spaltungstheorie, die für gewerbliche Schutzrechte wohl als herrschend bezeichnet werden darf, vgl. BGH, GRUR Ausl. 1965, 504, 505 - „Carla“ zur Übertragung eines in Frankreich eingetragenen Warenzeichens; OLG Düsseldorf, GRUR Ausl., 1962, 256, 257 - „Tubenverschluß“. Ebenso die überwiegende Literatur, vgl. Deutsch, Die Warenzeichenlizenz, S. 463, 469, 474; Henn, Problematik und System des internationalen Patentlizenzvertrages (1967), S. 91; Lichtenstein, NJW 1964, 1345, 1349; Pfaff, AWD 1974, 241, 246; Soergel-Kegel, Nach Art. 7 EGBGB, Rn. 39 und Staudinger-Firsching, Vor Art. 12 EGBGB, Rn. 436.

186 So v. Bar, IPR Bd. II, Rn. 573; Soergel-Kegel, vor Art. 7, Rn. 444 weist als Beispielsfall ausdrücklich auf die bereits genannte Entscheidung BGH GRUR Ausl. 1965, 504 - „Carla“ hin.

187 Dies folgt aus der rechtsobjektbezogenen Anknüpfung des Art. 33 Abs. 2, die aufgrund der quasi-Belegenheit gewerblicher Schutzrechte zum Recht des Schutzlandes führen muß, vgl. zur rechtsobjektbezogenen Anknüpfung v. Bar, IPR Bd. I, Rn. 532 sowie Pfaff, in: Schricker/Stauder, Handbuch des Ausstattungsrechts (1986), S. 1109, 1143 sowie Hiestand, a.a.O., S. 109 zur daraus resultierenden Anknüpfung an das Recht des Schutzlandes.

Ob dem vorbehaltlos zuzustimmen ist, erscheint fraglich. So wird etwa im Falle der Urheberrechte die Aufsplittung von Verpflichtungs- und Verfügungsgeschäft auf kollisionsrechtlicher Ebene von der herrschenden Ansicht dadurch vermieden, daß auch das Verfügungsgeschäft dem Vertragsstatut unterstellt wird.[188] Ein Hauptnachteil der zuvor angeführten Trennungslösung ist nämlich, daß durch die getrennte Anknüpfung eine einheitliche Vertragsauslegung verhindert wird, sofern das Verfügungsgeschäft wegen seiner gesonderten Anknüpfung nach einem anderen Recht ausgelegt werden muß.[189] Die Aufspaltung führt ferner dazu, daß aufgrund der Bildung eines eigenen Zessionsstatuts Unklarheiten auftreten, denn man muß zwangsläufig kollisionsrechtlich klären, nach welchem Recht sich bestimmt, was letztlich zum Vertrags- und was zum Verfügungsstatut gehört.[190] Als dritter Punkt läßt sich schließlich anführen, daß durch die einheitliche Anknüpfung auch ausschließlicher Lizenzen Entscheidungsein-

---

188 Man spricht von der sog. „Einheitslösung“, vgl. etwa Beier, Das auf internationale Markenlizenzverträge anwendbare Recht, GRUR Int. 1981, 299, 306; Ulmer, Die Immaterialgüterrechte (1975), Nr. 133. Im Urheberrecht wird diese Anknüpfung überwiegend vertreten, vgl. unten 2. Teil II 3 c cc.

189 So insbesondere Ulmer, a.a.O., Nr. 67. Hiestand meint aber, nachweisen zu können, daß trotz der Aufspaltung eine einheitliche Anknüpfung möglich ist, vgl. a.a.O., S. 110. Dieser Nachweis beruht jedoch auf der im Sinne der Spaltungstheorie nicht konsequenten „Carla“ - Entscheidung des BGH. Nach richtigem Verständnis muß der dingliche Teil eigenständig ausgelegt werden. Daß der BGH dies nicht tat, spricht eher gegen die praktische Anwendbarkeit der Spaltungstheorie.

190 Allein diese sog. „Qualifikation des Verfügungsstatuts“, teilweise auch als „Qualifikationsstatut“ bezeichnet, muß dann im Ergebnis bestimmen, ob eine Lizenzeinräumung dinglichen oder nur obligatorischen Charakter hat und nicht, wie manchmal angedeutet, das Verfügungsstatut, auch wenn beide zusammenfallen, vgl. Pfaff, in: Schricker/Stauder, Handbuch des Ausstattungsrechts (1986), a.a.O., S. 1133. Hätte daher ein deutscher Richter die Wirksamkeit eines Lizenzvertrages über ein französisches Patent zu prüfen, für den von den Parteien deutsches Recht gewählt wurde, so hätte das französische Recht zu bestimmen, welche Teile des Vertrages dinglicher und welche obligatorischer Natur sind. Da das französische Patentrecht nur die schuldrechtliche Lizenzeinräumung kennt, wäre für das gesamte Rechtsgeschäft nur das deutsche Vertragsstatut maßgebend. Keinesfalls richtig wäre es, die lex fori entscheiden zu lassen, welches Recht bestimmt, ob und in welchem Umfang ein Verfügungsstatut abzutrennen ist, dies würde zu haltlosen Ergebnissen führen, wenn man mit der herrschenden Ansicht annimmt, daß sich das Territorialitätsprinzip nicht auf die gerichtliche Zuständigkeit auswirkt. Käme es beispielsweise im Verletzungsstreit wegen des Sitzes des Schädigers zur Zuständigkeit englischer Gerichte, hätte das englische Recht zu entscheiden! Auch im Falle der Forderungsabtretung bestimmt sich das Zessionsstatut nicht nach der lex fori, vgl. v. Bar, IPR Bd. II, Rn. 565 f.

klang mit dem Ausland erreicht werden kann, da die ausschließliche Lizenz in fast allen Staaten als rein obligatorische Rechtseinräumung verstanden wird.[191]

Bereits das Abstraktionsprinzip ist eine typische Eigenheit des germanischen Rechtskreises.[192] Im Falle der Immaterialgüterrechte kommt hinzu, daß die ohnehin umstrittene Abtrennung eines dinglichen Teiles nur gewisse Formen der Rechtseinräumung erfaßt, denn einfache Nutzungsrechte werden nach herrschender Auffassung ohnehin nur obligatorisch eingeräumt. Bei diesen wenigen Formen fallen zudem, anders als im Sachenrecht, auch noch dinglicher und obligatorischen Teil uno acto zusammenfallen, §§ 15 PatG, 13 GebrMG und 25 MarkenG. Zwar kann die Spaltungstheorie auf die scheinbar zwingende Regel des Art. 33 Abs. II EGBGB verweisen, dieser Ansatz ist aber von der Rechtsfolgenseite aus gedacht. Denn wenn man kollisionsrechtlich auf die abstrakte Behandlung der ausschließlichen Lizenz verzichtet, wird diese Norm überhaupt nicht mehr relevant. Das Trennungsprinzip, auf das in diesem Zusammenhang mehrfach verwiesen wird,[193] erfaßt nur die begriffliche Trennung von Verpflichtungs- und Verfügungsgeschäft, das Abstraktionsprinzip aber die entscheidendere rechtliche Unabhängigkeit.[194] Nur auf letzterem beruht Art. 33 II EGBGB, denn er knüpft an das Verfügungsgeschäft eine andere Rechtsfolge. Mit der dargestellten Argumentation nimmt man mit dem Trennungsprinzip und dem Verweis auf Art. 33 II EGBGB zwangsläufig auch wieder das Abstraktionsprinzip in die Anknüpfung mit auf. Dem Trennungsprinzip ist jedoch bereits dadurch Rechnung getragen, daß das Verfügungsgeschäft begrifflich getrennt wird. Die kollisionsrechtliche Unterstellung der Verfügung unter das Vertragsstatut ist lediglich die Aufgabe des Abstraktionsprinzips für das Kollisionsrecht aufgrund besagter Erwägungen, um hierdurch zu einer einheitlichen Anknüpfung zu gelangen.[195] Keinesfalls wird hierdurch jedoch das Trennungsprinzip über-

---

191 Zu den ausländischen Rechtsordnungen vgl. Ulmer, Die Immaterialgüterrechte (1975), Nr. 66 sowie Hiestand, a.a.O., S. 44 f.

192 Es gilt in gleichem Maße im österreichischen und schweizerischen Recht, vgl die Nachweise bei v. Bar, IPR Bd. II, Rn. 565 (Fn. 744). Vgl. auch Ulmer, a.a.O., der insoweit auch auf andere Rechtsordnungen, beispielsweise die der USA verweist, wo ebenfalls eine gewisse Abstraktion vertreten wird.

193 So von Hiestand, a.a.O., S. 108 sowie Pfaff, in: Schricker/Stauder, Handbuch des Ausstattungsrechts (1986), S. 1109, 1132, 1142 f.

194 Vgl. hierzu Staudinger-Seiler, BGB, 13. Bearb. (1995), Einl. zu §§ 854 ff., Rn. 48; sehr anschaulich auch Jauernig, Trennungsprinzip und Abstraktionsprinzip, JuS 1994, 721 ff. mit weiteren Nachweisen.

195 Nichts anderes bezweckt auch Pfaff, in: Schricker/Stauder, Handbuch des Ausstattungsrechts (1986), a.a.O., S. 1142 f., mit der Abtrennung beider Teile und der Anknüpfung

gangen oder gar aufgegeben,[196] denn gerade der Versuch einer Durchbrechung des Abstraktionsprinzips setzt denknotwendig voraus, daß am Trennungsprinzip festgehalten wird.[197]

Es ist ebenso nicht nachvollziehbar, warum im Bereich der gewerblichen Schutzrechte anders verfahren werden soll als für Urheberrechte.[198] Auswirkungen hätte die gesonderte Behandlung eines Verfügungsgeschäfts nicht zuletzt im Falle der Übertragung von Rechten für eine Vielzahl von Staaten, denn man müßte das Verfügungsgeschäft zwangsläufig dem Recht des Schutzlandes unterstellen.[199] Hier müßte dann für jeden Staat gesondert ein wirksames dingliches Verfügungsgeschäft geschlossen werden. Daß dies in der Praxis zur faktischen Undurchführbarkeit solcher Verträge führt, kann man sich vorstellen. Mit *Ulmer*[200] sollte daher das Abstraktionsprinzip zugunsten des Vertragsstatuts aufgegeben und sollten hiervon nur die bereits genannten Teilfragen dem Schutzlandrecht vorbehalten werden.[201]

---

des Verfügungsgeschäfts am Recht des Schutzlandes, denn seiner Ansicht nach ist diese Anknüpfung auch für das Vertragsstatut maßgebend.

196 So aber Hiestand, a.a.O., S. 108.

197 Vgl. Jauernig, JuS 1994, 722. Es stellt lediglich eine - allerdings kaum vermeidbare - begriffliche Ungeschicktheit dar, dies als „Einheitslösung" oder gar „Einheitsprinzip" zu bezeichnen, da dies auf das sog. Einheitsprinzip, das das Gegenteil zum Trennungsprinzip darstellt, hindeutet.

198 Dort ist allerdings zugegebenermaßen eine stärkere Tendenz zur Aufgabe des Abstraktionsprinzips festzustellen, etwa in § 9 Abs. 1, 2. HS. VerlG, wonach das Verlagsrecht mit Beendigung des Verlagsvertrages erlischt, vgl. hierzu auch Hubmann/Rehbinder, Urheber- und Verlagsrecht, § 46, I 2 sowie Ulmer, Urheber- und Verlagsrecht, § 103 I 3: „Anders als im Sachenrecht ist die Verfügung nicht abstrakt.".

199 Vgl. etwa Pfaff, in: Schricker/Stauder, Handbuch des Ausstattungsrechts (1986), a.a.O., S. 1143; Staudinger-Firsching, BGB 12. Aufl., Vor Art. 12 od. 38 EGBGB, Rn. 440 mit weiteren Nachweisen aus der Rechtsprechung.

200 Vgl. Ulmer, Die Immaterialgüterrechte (1975), Nr. 67 f.; zustimmend Drobnig, RabelsZ 40 (1976), S. 195, 203 und 204; Spoendlin, UFITA Bd. 107 (1988), a.a.O.; Kleine, Urheberrechtsverträge im internationalen Privatrecht (1986), S. 97. Ebenso Beier, GRUR Int. 1981, 299, 306.

201 Im Ergebnis ähnlich neben den zuvor genannten Nimmer, GRUR Int. 1973, 303; desweiteren Troller, Internationales Privat- und Zivilprozeßrecht, S. 224 und 227; im Hinblick auf Urheberrechte Walter, in Reimer/Dietrich, Vertragsfreiheit im Urheberrecht (1977), S. 137, 147 ff.; Schricker/Katzenberger, vor §§ 120 ff., Rn. 149 f. sowie das OLG Hamburg, IPRspr. 1958/59, Nr. 152 und OLG München, Schulze Rechtspr., OLGZ 8 mit Anm. Ulmer.

dd) Mögliche Vorbehalte zugunsten des Immaterialgüterstatuts - Form der Verträge, gutgläubiger Erwerb und Eingriffsnormen

Was die oben bereits angesprochene Frage der *Form des Übertragungsvertrages* betrifft, so ist auch deren Anknüpfung umstritten. Zwar gilt in Deutschland, was den Abschluß von Lizenzverträgen über gewerbliche Schutzrechte anbetrifft, Formfreiheit, in anderen Staaten bestehen jedoch abweichende Regelungen.[202] Um diese internationalen Diskrepanzen zu überwinden, wird vielfach vorgeschlagen, die Frage der Form dem Recht des Schutzlandes zu unterstellen,[203] da eine uneinheitliche Anknüpfung dem Souveränitätsgedanken, das heißt den Interessen des Registerstaates, am ehesten gerecht werde.[204] Daneben wird auch auf die Sicherheit des Rechtsverkehrs verwiesen,[205] denn Formvorschriften sind Schutzvorschriften.

Auf dem EVÜ bzw. dem Vorentwurf Schuldrecht scheint jedoch keiner dieser Ansätze aufzubauen: Grundlage des Formstatutes muß immer Art. 11 EGBGB sein, der für die Gültigkeit eines Rechtsgeschäfts alternativ Geschäftsform[206] oder Ortsform, lex loci actus,[207] genügen läßt. Art. 11 EGBGB gilt im Gegensatz zu Art. 9 EVÜ für alle Rechtsgeschäfte.[208] Verträge, die ein dingliches Recht an einem Grundstück etc. zum Gegenstand haben, unterfallen nach Abs. 4 der lex

---

202 Ein rechtsvergleichender Überblick hierzu findet sich bei Ulmer, Die Immaterialgüterrechte (1975), Nr. 128 und 130. Die häufigsten Fälle sind erwartungsgemäß Schriftform oder eine Eintragungsverpflichtung.

203 Für das Verfügungsgeschäft, so weit ein solches getrennt wird: Beier, GRUR Int. 1981, 299, 306; Benkard/Ullmann, PatG, § 15, Rn. 134, Drobnig, RabelsZ 40 (1976), 195, 204; MünchKomm-Kreuzer, Nach Art. 38 EGBGB, Anh. II, Rn. 25; Pfaff, in: Schrikker/Stauder, Handbuch des Ausstatungsrechts (1986), a.a.O., S. 1146; Ulmer, Die Immaterialgüterrechte (1975), Nr. 137. Anders aber Henn, Patent- und Know-how-Lizenzvertrag, S. 271: Soergel-Kegel, 11. Aufl., Art. 11 EGBGB, Rn. 14 sowie Troller, Das internationale Privat- und Zivilprozeßrecht (1952), S. 178.

204 Vgl. Ulmer, a.a.O.

205 Vgl. Ulmer, a.a.O., Nr. 138 f.; Beier, GRUR Int. 1981, 299, 306.

206 Die Geschäftsform ist gleichbedeutend mit dem Vertragsstatut; das gilt auch für den Fall eines mittels Rechtswahl bestimmten Vertragsstatuts, vgl. Kegel, IPR, § 17 V 3 a sowie Kropholler, IPR, S. 276.

207 Vgl. hierzu Kegel, IPR, § 17 V 3 c; zu beachten ist hierbei, daß der Vornahmeort der Ort ist, an dem ein Vertragsteil seine Erklärung abgibt, nicht der Ort, an dem sie zugeht. Gemäß Art. 11 II genügt es für die Formwirksamkeit beim Vertragsschluß unter Abwesenden, die ihre Erklärungen also an zwei verschiedenen Orten abgeben, wenn die Form eines dieser Orte gewahrt ist.

208 Vgl. Giuliano/Lagarde, BT-Drucks. 10/503, S. 61.

rei sitae. Das gleiche bestimmt Abs. 5 für Verfügungsgeschäfte.[209] Hieraus ergeben sich folgende Konsequenzen: Geht man mit der zutreffenden Ansicht davon aus, daß auch die Einräumung einer ausschließlichen Lizenz kollisionsrechtlich nur ein obligatorisches Rechtsgeschäft enthält, ergibt sich gemäß Art. 11 Abs. 1 die alternative Geltung des Vertragsstatuts oder der lex loci actus.[210] Zur Anwendung der lex loci protectionis kann man auf diesem Wege nur gelangen, wenn man sie als Vertragsstatut ansieht. Die Interessen des Registerortes und der Rechtssicherheit werden durch die gesonderte Anknüpfung von Eintragungserfordernissen genügend berücksichtigt. Für die Frage der Form kann man diese Interessen somit nicht anführen.

Schwieriger wird es, falls man mit der anderen Ansicht annimmt, daneben sei zusätzlich ein dingliches Rechtsgeschäft anzuknüpfen. Hier fragt es sich, nach welchem Recht die Form des Verfügungsvertrages zu bestimmen ist. Man muß hierbei auch bedenken, daß beide Rechtsgeschäfte im selben Akt zusammenfallen. Insoweit spricht zunächst wieder alles für die Geltung des Art. 11 Abs. 1, und damit des Geschäftsstatuts bzw. der lexloci actus. Dennoch gelangt die herrschende Ansicht hier zur zwingenden Anwendung der lex loci protectionis; die Ortsform soll aus Gründen der Rechtssicherheit nicht möglich sein.[211] Da aber die wahlweise Anknüpfung des Art. 11 Abs. 1 ohnehin die Entwertung an sich zwingender Formvorschriften in Kauf nimmt,[212] sogar im Bürgschaftsrecht genügt die Ortsform,[213] darf man sich ernsthaft fragen, warum für Verträge über Immateriagüterrechte die lex loci protectionis zwingend sein soll.[214] Mit der

---

209 Die Geschäftsform, wie sie Abs. 5 verlangt, ist hier immer die lex rei sitae, vgl. Ferid, IPR, § 5, Nr. 98, 4 sowie Kegel, IPR, § 17 V 3 b.

210 Inkonsequent insoweit Ulmer, Die Immaterialgüterrechte (1975), Nr. 137, der für Urheberrechte völlig zutreffend zu diesem Ergebnis gelangt (Nr. 82), dies für gewerbliche Schutzrechte trotz der Regelung des Art. 18 Vorentwurf Schuldrecht jedoch nicht übernimmt, obwohl die rechtlichen Gegebenheiten die gleichen sind, denn auch hier wird kollisionsrechtlich von einem rein obligatorischen Rechtsgeschäft ausgegangen. Ohne eine solche Differenzierung für ein Wahlrecht hingegen Troller, Das internationale Privat- und Zivilprozeßrecht (1952), S. 178.

211 Mit dieser Begründung insbesondere Beier, GRUR Int. 1981, 299, 306; ebenso Benkard-Ullman, Patentgesetz, § 15, Rn. 134; Drobnig, RabelsZ 40 (1976), 195, 204; MünchKomm-Kreuzer, Nach Art. 38 EGBGB, Anh. II, Rn. 25; Pfaff, in: Schrikker/Stauder, Handbuch des Ausstattungsrechts (1986), a.a.O., S. 1146; Staudinger-Firsching, Vor Art. 12 EGBGB, Rn. 440; Ulmer, a.a.O., Nr. 137. Zur anderen Ansicht vgl. unten Fn. 220.

212 Vgl. MünchKomm-Spellenberg, Art. 11 EGBGB, Rn. 2

213 Vgl. MüchKomm-Martiny, Art. 28 EGBGB, Rn. 224

214 Diese Überlegung stellt jedenfalls Troller, Das internationale Privat- und Zivilprozeßrecht (1952), S. 178 an. Zu Bedenken ist auch, daß die zumindest alternative Geltungs

Vorschrift des Art.11 EGBGB scheint dies unvereinbar. Eine andere Sichtweise ergibt sich nur, wenn man die lex loci protectionis als quasi-Belegenheitsort gewerblicher Schutzrechte ansieht und damit zu einer analogen Anwendung des Art. 11 Abs. 5 und dadurch zur zwingenden Anknüpfung an das Schutzlandrecht gelangt.[215] Eine solche Anknüpfung wird allerdings in vergleichbaren Fällen der Abtretung anderer Rechte auch nicht vertreten[216] und leuchtet angesichts der klaren Regelung des Art. 11 Abs. 1 EGBGB auch für gewerbliche Schutzrechte nicht ein.

Dem Immaterialgüterstatut muß ferner die Frage des *gutgläubigen Erwerbs* unterfallen.[217] Entscheidend ist hier der Gedanke der Vorhersehbarkeit bzw. des Verkehrsschutzes für inländische Erwerber. Der gutgläubige Erwerb ist im Falle gewerblicher Schutzrechte in aller Regel aufgrund der Eintragung in einem staatlichen Register möglich. Insoweit liegt also, anders als etwa im Falle eines gutgläubigen Forderungserwerbs, ein tatsächlicher Vertrauenstatbestand vor, der aber logischerweise vom jeweiligen Register abhängig ist. Allein das Recht des Registerortes, gleichbedeutend mit dem Schutzland oder Verwertungsort, kann deshalb diesen Schutz gewährleisten. Hinzu kommt, daß der gutgläubige Erwerb untrennbar mit einer deliktischen Handlung verbunden ist, denn scheitert er, entsteht zumeist ein deliktischer Rückübertragungsanspruch; der gutgläubige Erwerb stellt insoweit also eine Art Rechtfertigungsgrund dar. Mit dem gutgläubigen Erwerb eng verbunden ist auch die Frage, ob die Wirksamkeit des Vertrages gegenüber Dritten von der Eintragung in ein öffentliches Register oder son-

---

der Ortsform praktisch weltweit anerkannt ist, vgl. die Nachweise bei Hiestand, a.a.O., S. 118 (Fn. 273).

215 Vgl. Hiestand, a.a.O., S. 120 f. mit weiteren Nachweisen. Allerdings muß man dann für das Verpflichtungsgeschäft gemäß von Art. 11 Abs. 4 EGBGB ebenfalls die lex loci protectionis annehmen, die dann aber teilweise, solange es sich insoweit nicht um zwingende Bestimmungen handelt, die Ortsform alternativ zuläßt; vgl. hierzu ebenfalls Hiestand, a.a.O., S. 122. Für eine analoge Anwendung des Art. 11 Abs. 5 insoweit MünchKomm-Kreuzer, Anh. II Nach Art. 38 EGBGB, Rn. 21 sowie Hiestand, a.a.O., S. 120; unentschieden für Urheberrechte Schack, Zur Anknüpfung, Nr. 117.

216 Vgl. etwa Kegel, IPR, § 17 V 3 b: Art. 11 V EGBGB gilt weder für die Abtretung von Forderungsrechten noch für die Abtretung von Mitgliedschaftsrechten; hiergegen auch v. Bar, IPR Bd. II, Rn. 771; MünchKomm-Spellenberg, Art. 11 EGBGB, Rn. 85 sowie Soergel-Kegel, Art. 11 EGBGB, Rn. 14.

217 Damit verbunden ist natürlich auch die Frage, ob Sukzessionsschutz gewährleistet wird, d.h. ob die Übertragung einzutragen ist, vgl. Ulmer, Die Immaterialgüterrechte (1975), Nr. 138. Im Bereich der Urheberrechte findet sich zu diesem Problem weitaus mehr Literatur, vgl. Bappert/Maunz/ Schricker, Verlagsrecht, 2. Aufl. München 1984, Einl., Rn. 31; Schricker-Katzenberger, Urheberrecht, Vor §§ 120 ff., Rn. 150 a.E.; Ulmer, a.a.O., Nr. 71.

stigen *Formalakten* abhängig ist.[218] Auch hier kann selbstverständlich im Sinne größtmöglicher Rechtssicherheit nur das Recht des Schutzlandes als Registerstatut maßgebend sein.[219]

Eingriffsnormen, also zwingendes Recht des Forumstaates, wie etwa § 98 Abs. 2 und § 34 GWB, auch wenn es sich bei letzterem nominell nur um eine Formvorschrift handelt,[220] sind im Sinne des Art. 34 EGBGB immer gesondert anzuknüpfen.[221]

5. Sonderfragen der Anknüpfung

a) Die Anknüpfung des Handelsnamens

Gemäß Art. 1 Abs. II PVÜ gehört zum Bereich des durch diese Übereinkunft geschützten gewerblichen Eigentums auch der Handelsname.[222] Art. 8 bestimmt ferner, daß der Handelsname in allen Mitgliedsstaaten ohne Formalitäten zu

---

218 Der Registereintrag wird hier unterschiedlich eingeordnet: in manchen Staaten ist er Zulässigkeitsvoraussetzung, in anderen Staaten spielt er wie hier angeführt allein für die Rechte, die Dritten gegenüber geltend gemacht werden können, eine Rolle.

219 Ulmer, Die Immaterialgüterrechte, Nr. 138; Schricker-Katzenberger, UrhG, Vor §§ 120 ff., Rn. 150 a.E., Vivant, Juris-Classeur Commercial, Annexes, Brevets 2, Fasc. 560 (1992), No. 71. Ebenso Sack, FS Steindorf, S. 1133, 1139 für Arbeitnehmererfindungen.

220 Die allerdings im Falle beschränkter Lizenzen häufig zu beachten sein dürfte, vgl. insoweit § 20 I GWB, wonach Verträge über den Erwerb oder die Benutzung von Patenten, Gebrauchsmustern und Sortenschutzrechten unwirksam sind, soweit sie den Erwerber oder Lizenznehmer über den Inhalt des Schutzrechts hinaus beschränken. Dies gilt gemäß § 20 II Nr. 5 allerdings dann nicht, wenn sich die Wettbewerbsregelung auf Märkte außerhalb des Geltungsbereichs des GWB bezieht. Der Geltungsbereich des deutschen Kartellgesetzes erstreckt sich gemäß § 98 Abs. II 1 GWB auf alle Wettbewerbshandlungen, die sich im Geltungsbereich des GWB, also in Deutschland, auswirken; zum Anwendungsbereich des GWB vgl. auch Kegel, IPR, § 23 V 4 ff. (S. 889 ff).

221 Eine gemäß § 98 Abs. 2 GWB nach deutschem Recht zu beurteilende Preisabsprache wird nicht dadurch wirksam, daß die Parteien für sie ausländisches Recht wählen, vgl. v. Bar, IPR Bd. II, Rn. 452. Das gleiche gilt dementsprechend für eine den Erwerber beschränkende Lizenz im Sinne des § 20 I GWB. Zu Art. 34 EGBGB allgemein vgl. v. Bar, IPR Bd. II, a.a.O. sowie Kegel, IPR, § 18 I 2 (S. 508 ff).

222 Kollisionsrechtlich umfaßt der dem deutschen Sachrecht unbekannte Begriff des Handelsnamens alle Bezeichnungen mit Unternehmens- oder Unternehmensträgerindividualisierungsfunktion, also insbesondere Firma, Firmenzeichen, Schlagworte und Geschäftsbezeichnungen, vgl. BGH NJW 1973, 2152, 2153; OLG Frankfurt GRUR 1984, 891, 894; MünchKomm-Kreuzer, Nach Art. 38 EGBGB Anh. II, Rn. 8 (Fn. 125). Nastelski, Schutz des Handelsnamens nach Art. 8 PVÜ, MA 1955, 257, 258 versteht unter dem Handelsnamnsstatut das Heimatrecht des den Schutz Begehrenden.

schützen ist. Wie er zu schützen ist, ergibt sich aus dem Assimilationsprinzip:[223] gleich dem Schutz für inländische Handelsnamen. Damit ergibt sich zwar, sofern man im Inländerbehandlungsgrundsatz auch eine kollisionsrechtliche Verweisung auf die Regelungen des Schutzumfangs im Schutzland sieht, eine gewisse Fixierung des anzuwenden Rechts,[224] offen bleibt aber zumindest, nach welcher Rechtsordnung sich die Entstehung und die Inhaberschaft an einem Handelsnamen richten. Art. 8 PVÜ hat, das darf man als unstreitig bezeichnen, allein fremdenrechtlichen Charakter.[225]

Fraglich ist, ob auch für den Handelsnamen der sonst für die gewerblichen Schutzrechte üblichen umfassenden Anknüpfung an das Recht des Schutzlandes zu folgen ist. Im Vergleich zu den übrigen gewerblichen Schutzrechten besteht hier die Besonderheit, daß der Handelsname nicht kraft einer staatlichen Verleihung erlangt wird, sondern - wie auch der Name einer Person - originär durch den Gebrauch bzw. die erstmalige Benennung entsteht.[226] Insofern läßt sich für den Handelsnamen an der sonst für gewerbliche Schutzrechte üblichen territorialen Begrenzung zweifeln. Eine früher stark vertretene Ansicht ging deswegen davon aus, daß der Schutz des ausländischen Handelsnamens im Inland, zumindest was seine Entstehung und Bestand angehen,[227] von den Regelungen im

---

223 Die Auslegung, daß Art. 8 die Mitgliedsstaaten verpflichte, den einmal entstandenen Namen auf alle Verbandsstaaten unabhängig von den inländischen Gegebenheiten zu erstrecken, hierfür etwa Ladas, The international protection of industrial property, 1930, S. 655, hat sich nicht durchgesetzt, vgl. Beier/Kunz-Hallstein, Zu den Voraussetzungen des Schutzes ausländischer Handelsnamen nach Art. 2 und 8 der PVÜ, GRUR Int. 1982, 362, 363 mit weiteren Nachweisen; Bodenhausen, PVÜ, S. 133 f. sowie schon RGZ 117, 215, 223 - „Eskimo Pie“; BGH GRUR 1966, 267 - „White Horse“ und BGH GRUR 1980, - „Concordia“.

224 Vgl. oben 2. Kapitel I 2. Eine starke Ansicht entnimmt aber auch für den Handelsnamen dem Inländerbehandlungsgrundsatz offensichtlich eine territoriale Begrenzung auf das Gebiet des Schutzstaates, vgl. J. Baur, AcP 167, 535, 546 ff., 551, 555; Beier/Kunz-Hallstein, GRUR Int. 1982, 362, 366 mit weiteren Nachweisen; Wirner, Wettbewerbsrecht und internationales Privatrecht (1960), S. 187.

225 Vgl. neben den in Fn. 228 genannten Nachweisen auch Troller, GRUR Int. 1957, 336, 340 sowie Wirner, a.a.O., S. 127 (Fn. 26).

226 Teilweise erforderliche Eintragungen in ein nationales Register, wie etwa in Spanien, sind gemäß Art. 8 PVÜ für den Verbandsraum, d.h. für die Verbandsausländer gerade unbeachtlich.

227 Abweichend hiervon vertraten Wolf, Das internationale Privatrecht Deutschlands, 3. Aufl. 1954, S. 112 f. und Frankenstein, Internationales Privatrecht, Bd. I (1926), S. 393 ff., 397, die Ansicht, auch die Hauptfrage nach dem Schutzstatut sei entsprechend dem Personalstatut zu bestimmen. Vgl. hiergegen die Nachweise bei J. Baur, AcP 167, 538f. Ähnlich argumentierten Kegel, IPR, 2. Aufl., S. 213; Lüderitz, NJW 1962, 2142, 2143 und Ulmer, GRUR 1949, 63, 70, die zwar grundsätzlich am Personalstatut anknüpfen,

Heimatstaat abhängig (akzessorisch) sein soll und somit universal gelte.[228] Abweichend hiervon will aber eine weit verbreitete Ansicht für die Verletzung einer ausländischen Handelsbezeichnung im Inland allein inländisches Recht anwenden; sowohl die Frage der Voraussetzungen, des Umfangs wie auch des Bestandes des Namensschutzes sowie die Zulässigkeit der Namensführung unterfielen hiernach inländischem Recht.[229] Auch der BGH hat sich in seiner „Torres-Entscheidung“[230] mittlerweile mit aller Klarheit dieser Ansicht angeschlossen.[231] Einigkeit herrscht zwischen beiden Ansichten zumindest bei der

---

den Schutz im Inland aber auf die Regelungen desselben beschränken wollen, was durchaus im Einklang mit den Entscheidungen RGZ 117, 215, 218 - „Eskimo Pie“ und BGHZ 8, 318, 319 f. steht. Eine Geltung der lex fori wollen den genannten Entscheidungen aber Ficker, JZ 1953, 730 und Nußbaum, Deutsches internationales Privatrecht (1932), S. 126 entnehmen.

228 So die frühen Entscheidungen RG JW 1925, 1633 und insbesondere RG JW 1911, 378, in der für die Frage des Schutzbeginns der Zeitpunkt der Benutzung bzw. Annahme im Heimatstaat herangezogen wird; dies ändert sich erst mit der „Eskimo Pie“-Entscheidung. Vgl. aber die „Metrix“-Entscheidung des BGH in GRUR 1973, 661, 662, die insoweit sehr unklar ist und von Beier/Kunz-Hallstein, GRUR Int. 1982, 362, 364 und dem OLG München GRUR Int. 1981, 180, 182 im Sinne der Akzessorietät verstanden wurde. Im Schrifttum findet sich dieser Gedanke ebenfalls, vgl. Beier-Krieger, GRUR Int. 1965, 616, 619; Kegel, a.a.O. (Fn. 231); Firsching, IPR, § 26, 3 c für die wirksame Entstehung des Firmenrechts; Raape, IPR, § 65 IV. Anders wird dies teilweise im Bereich des Art. 2 PVÜ gesehen, vgl. die Nachweise bei MünchKomm-Kreuzer, Nach Art. 38 EGBGB, Anh. II, Rn. 44 (Fn. 151).

229 Vgl. RGZ 109, 213 und RG GRUR 1937, 148, 150; BGHZ 39, 220, 233f.; 75, 172, 176; BGH GRUR 1966, 267, 269; 1967, 199, 202; 1969, 357, 360; GRUR Int. 1970, 286, 297; BGH NJW 1970, 997; unklar NJW 1973, 2152, 2153 - „Metrix“, richtig auslegend jedoch OLG Frankfurt GRUR 1984, 891, 894. Im Schrifttum wird dies vertreten von E. Baur, Der Schutz des ausländischen Namens und des ausländischen Handelsnamens in Frankreich (1967), S. 117 f., der allerdings für die Frage des Rechts zur Namensführung kumulativ anknüpfen will, vgl. a.a.O., S. 179 f.; J. Baur, AcP 167, a.a.O., 554 ff., 560; Beier/Kunz-Hallstein, GRUR Int. 1982, 366; Lichtenstein, NJW 1964, 1208, 1209; Lüderitz, NJW 1962, 2142, 2143; Riegl, Streudelikte im internationalen Privatrecht (1986), S. 94; Sandrock, GRUR Int. 1985, 507, 516; Staudinger-Coing-Habermann, § 12 BGB, Rn. 165; Troller, Das internationale Privat- und Zivilprozeßrecht (1952), S. 133 f.

230 BGH GRUR 1995, 825 ff.

231 Vgl. BGH, a.a.O., 827; das Gericht hat damit endlich die Unklarheiten beseitigt, die im Nachgang zu seiner „Metrix“-Entscheidung aufgekommen waren, da damals die Frage, ob der Schutz im Heimatstaat mitzubrücksichtigen war, wegen des Vorhandenseins des Schutzes dort, nicht zu entscheiden war. Der BGH betont zwar, daß bereits der „Metrix“-Entscheidung die Auffassung der nicht-akzessorischen Anknüpfung zugrunde lag, dem Wortlaut der Urteilsbegründung war dies jedoch keineswegs zu entnehmen, was dazu führte, daß das OLG München in seiner Entscheidung aus dem Jahre 1981(Fn. 232) von der akzessorischen Anknüpfung ausging. Die korrekte Auslegung des OLG

Frage, ab welchem Zeitpunkt der Schutz des Handelsnamens entsteht, hier wird einhellig nur auf inländische Tatbestände abgestellt.[232]

Zunächst wird man sicherlich trennen müssen: im Sinne der bisherigen Ausführungen müssen auch Inhalt und Umfang des Handelsnamensschutzes nach dem Recht des Verletzungsortes zu bestimmen sein, denn auch das Recht am Namen bzw. dem Handelsnamen ist ein negatorisches Abwehrrecht, das ausschließlich im Falle einer Beeinträchtigung wirksam wird und für das insoweit allein der Verletzungsort maßgeblich ist.[233] Nichts anderes ergibt sich auch aus dem Inländerbehandlungsgrundsatz, gleichgültig, ob man den Handelsnamen als universales oder territorial begrenztes Recht ansieht.

Problematischer ist jedoch die Frage zu beurteilen, ob im Hinblick auf Bestand und Zulässigkeit der Namensführung von einer universalen Geltung des Handelsnamens auszugehen ist, was eine akzessorische Anknüpfung nahelegen würde.[234] Wichtig erscheint in diesem Zusammenhang, daß der Schutz des Handelsnamens differenziert vom persönlichkeitsrechtlichen Namen betrachtet wird. Der entscheidende Unterschied besteht darin, daß im Falle des Handelsnamens in sehr viel stärkerem Maße der Wettbewerbsfaktor zum Tragen kommt, das persönlichkeitsrechtliche Element wird hierdurch praktisch vollständig verdrängt.[235] Untrennbar verbunden mit dem Wettbewerbsfaktor ist immer der Bezug zu einem bestimmten Markt, auf dem der Wettbewerb herrscht. Diese Marktbezogenheit schlägt sich insbesondere im Tatbestandsmerkmal der Verwechslungsgefahr nieder, das Voraussetzung einer Beeinträchtigung sein

---

Frankfurt in der Entscheidung GRUR 1984, 891, 894 bestätigt nunmehr auch der BGH, vgl. a.a.O.

232 Abgesehen von den Entscheidungen in Fn. 233 ist dies seit RG GRUR 1937, 148, 149 ständige Rechtsprechung; vgl. auch RGZ 117, 215, 218?; 170, 302, 307; BGH GRUR 1966, 267, 269 und BGHZ 75, 172, 174 ff. Zur Literatur vgl. die Nachweise in den Fn. 232 bzw. 231 und 233.

233 Vgl. hierzu oben II 2. So auch J. Baur, AcP 167, a.a.O., 557.

234 Wenn zum Beispiel fraglich ist, ob die Koexistenz zweier Zeichen bzw. zwischen einem Zeichen und einer Marke, die im gemeinsamen Heimatstaat rechtmäßigerweise besteht und vom Prioritätsberechtigten auch nicht klageweise beseitigt werden kann, bei einem Streit im Inland zu berücksichtigen ist; vgl. den der Entscheidung BGH GRUR 1995, 825 ff. - „Torres" zugrundeliegenden Sachverhalt.

235 Vgl. J. Baur, AcP 167, a.a.O., 556; Boudon, Internationaler Schutz des Handelsnamens im englischen und deutschen Recht (1982), S. 175; MünchKomm-Kreuzer, Nach Art. 38 EGBGB, Anh. II, Rn. 45; Sandrock, GRUR Int. 1985, a.a.O., 517; Wirner, Wettbewerbsrecht und IPR (1960), S. 128. Dies scheint Kegel, IPR, 2. Aufl., S. 213 übersehen zu haben, wenn er außerhalb der PVÜ auf den persönlichkeitsbezogenen Charakter verweist.

kann.[236] Diese Verwechslungsgefahr kann jedoch nur in einem bestimmten, abgegrenzten Konsumbereich auftreten, der von den Käufern überschaubar ist. Hieraus folgt, daß auch nur Tatbestände herangezogen werden können, die diesem Bereich entspringen. Da bis zum heutigen Tage weitestgehend nur nationale Märkte bestehen, ergibt sich bereits hierdurch eine Limitierung auf den Schutzstaat.[237]

Auch angesichts der wichtigen Frage der ersten Schutzentstehung, die im persönlichkeitsrechtlichen Namensschutz naturgemäß deswegen keine Rolle spielt, da es dort keine Wettbewerbssituation gibt,[238] wird die Besonderheit des Handelsnamens deutlich: Würde man eine universale Geltung, gleichbedeutend mit der akzessorischen Anknüpfung des Handelsnamens, befürworten, erhielte eine ausländische Firmenbezeichnung bereits dann Schutz, wenn sie im Inland noch niemand kennen würde und infolgedessen auch keine Wettbewerbssituation bestünde. Daß dies mit jeglichem Verkehrsschutzgedanken schlicht unvereinbar wäre, braucht nicht weiter ausgebreitet zu werden. Die deutschen Gerichte stellen an die Verwechslungsgefahr und das Verschulden nur sehr geringen Anforderungen: Ffür den negatorischen Schutz genügt jede objektiv fahrlässige Beeinträchtigung, auch wenn sie nicht namensmäßig, sondern nur zeichenmäßig ist.[239] Angesichts dieser Rechtsprechung würde der inländische Störer praktisch immer zur Änderung seiner Firmenbezeichnung gezwungen, was eine unerträgliche Schlechterstellung des inländischen Wettbewerbers darstellte, der insoweit nur auf das inländische Territorium verweisen könnte.

Im Hinblick auf die PVÜ steht der Heranziehung von Tatsachen, die dem Heimatstaat des Geschädigten entspringen, darüberhinaus auch der Grundsatz

---

236 Vgl. § 14 Abs. 2 Nr. 2 Markengesetz.

237 Vgl. auch oben 3. Kapitel I 5 g. Dies verdeutlicht im übrigen auch, daß eine Erweiterung des Schutzbereiches in der EU auf den gemeinsamen Markt zumindest für Handelsnamen noch keinen Sinn macht, denn der gemeinsame Markt ist noch nicht so weit gediehen, daß der Konsument auf Märkte anderer EU-Staaten Rücksicht nimmt. Der BGH ist daher in seiner „Torres"-Entscheidung der Anwendung der Art. 30, 36 EGV zur Heranziehung von Tatbeständen des Heimatstaates entgegengetreten, vgl. GRUR 1995, 825, 827 f. Gegen eine Heranziehung des Art. 6 (7 a.F.) zur Erzielung einer EU-weiten Priorität zu Recht auch MünchKomm-Kreuzer, Nach Art. 38 EGBGB, Anh. II, Rn. 47. Denkbar wäre aber, ähnlich wie dies für die Frage der Erschöpfung vertreten wird, eine marktbezogene Geltung des jeweiligen Handelsnamens anzunehmen, d.h. je nach Ausdehnung des vom Handelsnamen umfaßten Marktes bzw. seiner Bekanntheit.

238 Zu den Auswirkungen dieser Tatsache vgl. J. Baur, AcP 167, a.a.O., 552 f., 554, 558 f.

239 Die Benutzung als Name ist somit nicht Voraussetzung, vgl. Großkomm/Teplitzky, § 16 UWG, Rn. 91, 285; Fezer, Markenrecht, § 15 Markengesetz, Rn. 56 sowie BGH GRUR 1995, 825, 827.

der Inländerbehandlung entgegen.[240] Denn wenn der ausländische Namensträger in seinem Heimatstaat schlechter stand, würde die Berücksichtigung dieser Sachlage zu einer Diskriminierung desselben im Inland führen. Stand er besser,[241] würde der Inländer benachteiligt. Ein weiterer Aspekt ist der enge Zusammenhang zwischen wettbewerblichem-, Marken- und Handelsnamenschutz, der im Falle einer Verletzung des Handelsnamens immer gegeben ist.[242] Es wäre verwunderlich, wenn Wettbewerbs- und Markenschutz auf ein bestimmtes Territorium begrenzt wären, der Handelsname aber nicht, obwohl sie häufig für einen einheitlichen Sachverhalt einschlägig sind.

Aus alledem folgt, daß der Handelsname in Bestand[243] und Wirkungen richtigerweise ausschließlich dem Recht des Schutzlandes unterfällt.[244] Er ist damit als territorial begrenztes Recht zu sehen. Zu klären bleibt jedoch, ab wann dieser Schutz einsetzt, denn im Unterschied zu den eingetragenen Rechten fehlt ein fixierbarer Zeitpunkt. Im Sinne des Schutzlandprinzips und der bisherigen Ausführungen kann der Schutz allein nach inländischer Vorstellung entstehen, also nach deutschem Verständnis durch Ingebrauchnahme eines unterscheidungs-

---

240 Baumbach/Hefermehl, WZG, 8. Aufl., Art. 8 PVÜ, Rn. 1; J. Baur, AcP 167, a.a.O., 555 a. E.; Beier/Kunz-Hallstein, GRUR Int. 1982, 362, 366; Wirner, Wettbewerbsrecht und IPR (1960), S. 187 sowie BGH GRUR 1995, 825, 827 - „Torres" und OLG Frankfurt GRUR 1984, 891, 894.

241 Einer Heranziehung von Tatsachen, die für den Ausländer günstig sind, steht Art. 2 I PVÜ allerdings nicht entgegen; man wird die Gleichbehandlung jedoch kaum anders als im Sinne einer Verweisung auf die inländischen Gesetze verstehen dürfen, vgl. oben 2. Kapitel I 2.

242 Ein Handelsname kann gleichzeitig als Unternehmenskennzeichen im Sinne des § 5 Abs. 2 Markengesetz auch markenrechtlich geschützt werden. Die Neufassung des Markengesetzes, insbesondere der §§ 1, 5 und 126 ff. haben eine Zusammenfassung der Kennzeichenrechte bewirkt, vgl. Fezer, Markenrecht, § 15 Markengesetz, Rn. 49 sowie BGH GRUR 1995, 825, 828 - „Torres". § 16 UWG ist hierdurch gegenstandslos geworden und wurde durch das Gesetz zur Reform des Markenrechts und zur Umsetzung der Ersten Richtlinie 89/104/EWG des Rates vom 21. Dezember 1988 zur Angleichung der Vorschriften der Mitgliedsstaaten über die Marken (Markenrechtsreformgesetz) vom 25.10.1994 (BGBl. 1994 I S. 3082) aufgehoben. Auch geographische Herkunftsangaben sind nunmehr vom Markengesetz umfaßt und können in ein Verzeichnis aufgenommen werden.

243 Baumbach-Hefernehl, Wettbewerbsrecht, § 16 UWG, Rn. 37, wollen für die Frage, ob dem Ausländer ein Namensrecht zusteht, dessen Personalstatut befragen; ebenso Fezer, Markenrecht, § 15 Markengesetz, Rn. 49. Sofern das „ob" im Sinne des Bestandes des Namensrechts zu verstehen ist, ist dies unrichtig, denn es kommt insoweit im Sinne der eben gezeigten Territorialität allein auf das Inland an. Allein die Namensträgerfähigkeit kann nach ausländischem Recht betrachtet werden, vgl. auch Fn. 253.

244 So auch die überwiegende Ansicht, vgl. oben Fn. 233.

kräftigen Handelsnamens oder Erlangung der Unterscheidungskraft durch Verkehrsgeltung im Inland.[245] Allerdings läßt der BGH den unmittelbar bevorstehenden Beginn der Ingebrauchnahme im Inland genügen.[246] Bezüglich der Inhaberschaft stellen sich üblicherweise keine Probleme. Entsteht Streit zwischen zwei Ausländern, ob einer von ihnen den Handelsnamen zu Unrecht trägt, kann dies aber nur nach dem Recht des Heimatstaates entschieden werden, denn im Schutzland bestehen möglicherweise andere Voraussetzungen für die Inhaberschaft an einem Handelsnamen.

Die bisherigen Erwägungen beinhalteten nur den Fall einer inländischen Verletzung. Konsequenterweise muß aber für den Fall einer Verletzung im Ausland,[247] die ein deutsches Gericht, seine internationale Zuständigkeit vorausgesetzt, zu entscheiden hätte, gleiches gelten; auch dort kann nur das Recht des Verletzungsortes einschlägig sein.[248] Vorbehalte zugunsten des Rechts des Heimatstaates ergeben sich hiernach nur noch in zwei Fällen: einmal für die Frage der Handelsnamensträgerfähigkeit[249] und daneben, falls im Heimatstaat eine

---

245 Es gelten also die gleichen Voraussetzungen wie für inländische Handelsnamen, vgl. auch Baumbach/Hefermehl, Wettbewerbsrecht, § 16 UWG, Rn. 40 sowie Fezer, a.a.O., Rn. 46, 49; vgl. auch oben Fn. 233. Selbst im Inland kann die Verkehrsgeltung nur auf eine bestimmte Region begrenzt sein.

246 Vgl. grundlegend BGH GRUR 1966, 267, 269 - „White Horse"; 1967, 199, 201, 202 - „Napoleon II" und 1969, 357, 359 - „Sihl". In BGHZ 75, 172, 178 genügte beispielsweise der Wareneinkauf unter ausländischem Handelsnamen. In der Entscheidung NJW 1971, 1522, 1524 - „SWOPS" ließ der BGH Wareneinfuhr und Geschäftskorrespondenz ausreichen; in der „Metrix-Entscheidung" die Verwendung von Prospekten und Visitenkarten. In der „Eskimo Pie-Entscheidung", RGZ 117, 215, 218 wurde sogar die Warenzeichenanmeldung als ausreichend erachtet; hiergegen allerdings zurecht J. Baur, AcP 167, 535, 555; zumindest die Aufnahme einer bestimmten Tätigkeit sollte Voraussetzung sein, da sonst die Prioritätserlangung zu sehr vereinfacht und inländische Wettbewerber benachteiligt würden.

247 Eine Entscheidung, die einen solchen Sachverhalt zum Gegenstand hat, z.B. eine deutsche Firma klagt gegen eine andere deutsche Firma auf Unterlassung der Benutzung eines Handeslnamens in Frankreich, fehlt bisher. In der Entscheidung BGH WRP 1960 249, 254 stellte das Gericht zwar fest, daß ausländische Rechtsverletzungen für jeden Staat gesondert zu betrachten seien; gleichwohl fehlte ein echter Auslandssachverhalt.

248 So auch E. Baur, Der Schutz des ausländischen Namens und des ausländischen Handelsnamnes in Frankreich (1967), S. 113; J. Baur, AcP 167, a.a.O., 557, 560; Baumbach/Hopt, HGB, 29. Aufl., § 17, Anm. 7 B; MünchKomm-Kreuzer, Nach Art. 38 EGBGB, Anh. II, Rn. 49.

249 Vgl. MünchKomm-Kreuzer, a.a.O., Rn. 39 a. E.; dies entspräche auch Art. 7 EGBGB. Dies meint wohl auch Fezer, Markenrecht, § 15 Markengesetz, Rn. 49 mit dem „ob". Bezüglich der Namensträgerfähigkeit kann es allerdings praktisch gesehen kaum zu

Personalfirma zwingend vorgeschrieben ist.[250] In beiden Fällen reicht die Befragung des Rechts des Schutzlandes nicht aus.

b) Ausstattungen und andere registerfreie Kennzeichen

Was für den Schutz des Handelsnamens gilt, muß in gleichem Maße für den Schutz von Ausstattungen und anderen Unternehmenskennzeichen gelten,[251] die ebenfalls keiner Registerpflicht unterliegen, sondern durch Benutzung bzw. Verkehrsgeltung entstehen. Auch die kraft Verkehrsgeltung erlangten Markenrechte im Sinne des § 4 Nr. 2 Markengesetz sind so zu beurteilen. Sie sind in der PVÜ oder einem anderen Abkommen nicht geregelt. Zwar könnte man auch hier wegen des fehlenden Verleihungsaktes an universal geltende Rechte denken, die Rechtswirklichkeit steht dem aber entgegen.[252] Die genannten Rechte entstehen allesamt durch Handlungen, denen von der sie umgebenden Rechtsordnung bei Erfüllung bestimmter Voraussetungen rechtliche Relevanz als Ausschlußrecht zuerkannt wird.[253] Sie sind damit auf einen bestimmten Verkehrskreis begrenzt und stehen aufgrund der Auslegbarkeit der sie bedingenden Handlungen zur Disposition sich wandelnder Rechtsanschauungen. Das Ausstattungsrecht weist somit wegen seiner Erscheinung und deren Bewertung auf einem bestimmten Markt eine besonders starke Abhängigkeit von der Rechtsordnung des jeweiligen Schutzstaates auf und ist ebenfalls als territorial begrenztes Recht anzusehen.[254] Maßgeblich kann daher auch für Ausstattungsrechte nur die inländische

---

Problemen kommen, denn eine Handelsfirma, die bereits in ihrem Heimatstaat nicht die notwendige Namensträgerfähigkeit besitzt, kann auch nicht im Ausland auftreten.

250 Vgl. J. Baur, AcP 167, a.a.O., 556 f. Ein ähnliches Problem stellt sich im Falle der Gleichnamigkeit.

251 Zur immaterialgüterrechtlichen Qualifikation des Ausstattungsrechts vgl. Pfaff, Das internationale Privatrecht des Ausstattungsschutzes, in: Schricker/Stauder, Handbuch des Ausstattungsrechts (1986), S. 1109, 1132 f. Ausstattung ist jede visuell wahrnehmbare Form, die Unterscheidungskraft besitzt, vgl. Troller, Immaterialgüterrecht Bd. I, S. 426 ff. Um eine Ausstattung handelt es sich beispielsweise bei der berühmten Coca-Cola Flasche.

252 Da eine Markenrecht an einem Zeichen aber auch ohne Eintragung erworben werden kann, nämlich wenn ein Zeichen im geschäftlichen Verkehr benutzt wird und Verkehrsgeltung erlangt hat, vgl. § 4 Nr. 2 Markengesetz, müßte man dann auch die territoriale Begrenzung des Markenrechts anzweifeln.

253 Pfaff, in: Schricker/Stauder, Handbuch des Ausstattungsrechts, a.a.O., S. 1125 (Rn. 18).

254 Vgl. grundlegend RG GRUR 1937, 466 f.; 1939, 490, 492 - „Daimon 270“; 1940, 564, 565; BGH GRUR 1962, 61, 62 - „Jenaer Glas“; BGHZ 39, 220 - „Waldes Kohinoor“; Althammer, WZG, 3. Aufl., 1985, § 25, Rn. 17; Bußmann, Unternehmenskennzeichen

Verkehrsgeltung isein,[255] das heißt Entstehung, Bestand, Wirkung und Erlöschen sowie die Frage nach dem Rechtsträger beurteilen sich allein nach dem Recht des Schutzlandes.

Das gleiche gilt für geographische Herkunftsangaben; auch diese richten sich nach dem Recht des Schutzlandes.[256] Die internationalrechtliche Behandlung geographischer Herkunftsangaben und der im deutschen Recht unbekannten Ursprungsbezeichnungen wird allerdings weitestgehend durch internationale Regelungen bestimmt, einmal durch das Madrider Herkunftsangaben-Abkommen[257] und im gemeinsamen Markt durch die Verordnung Nr. 2081/92 der EG-Kommission vom 14. Juli 1992 über den Schutz geographischer Angaben und Ursprungsbezeichnungen,[258] die bereits im neuen Markengesetz umgesetzt wurde. Die geographischen Herkunftsangaben sind darüberhinaus auch im TRIPS-Abkommen geschützt.[259]

c) Erfinderpersönlichkeitsrecht und allgemeines Erfinderrecht

Kaum erörtert wurde in der bisherigen Literatur die kollisionsrechtliche Behandlung des Erfinderpersönlichkeitsrechts und des allgemeinen Erfinderrechts in seiner persönlichkeitsrechtlichen Ausprägung. Gerichtliche Entscheidungen fehlen sogar völlig.

Die noch unfertige Erfindung gehört zunächst dem reinen Persönlichkeitsbereich an.[260] Auch das sich daran anschließende Recht an der vollendeten Erfin-

---

zwischen Ost und West, GRUR 1950, 93, 97; Pfaff, in: Schricker/Stauder, Handbuch des Ausstattungsschutzes, a.a.O., S. 1125, Rn. 17.

255 Vgl. RGZ 140, 25; GRUR 1939, 490, 491; BGH WRP 1962, 13; BGH NJW 1984, 1295; 1986, 434 (nur sachrechtlich); Bussmann, in: Eranion Maridakis II (1963), S. 157, 178; Nußbaum, Deutsches IPR (1932), S. 339 (Fn. 4); Pfaff, in: Schricker/Stauder, Handbuch des Ausstattungsrechts (1986), a.a.O., S. 1158 f.

256 Vgl. auch MünchKomm-Kreuzer, Nach Art. 38 EGBGB, Anh. II, Rn. 72 mit weiteren Nachweisen, wobei die Ausführungen, nachdem die Herkunftsangaben nunmehr in das Markengesetz übernommen wurden, nicht mehr ganz aktuell sind. Kollisionsrechtlich ist aber nach wie vor vom Recht des Schutzlandes auszugehen.

257 Vgl. oben 2. Kapitel I 3 b.

258 Abl. EG Nr. L 208 vom 24.7.1992, S. 1.

259 Vgl. hierzu oben 2. Kapitel I 5.

260 Zunächst an der noch unvollendeten Erfindung, nach herrschender Ansicht aber auch an der noch nicht verlautbarten Erfindung, vgl. Preu, Das Erfinderpersönlichkeitsrecht und das Recht auf das Patent, in: FS für Hubmann (1985), S. 349, 354 sowie Benkard-Bruchhausen, PatG, § 6, Rn. 12; andere Ansicht aber Bernhardt/Kraßer, Patentrecht, § 19 II 2.

dung enthält neben vermögensrechtlichen persönlichkeitsrechtliche Elemente.[261] Mit der Patentanmeldung und Offenlegung erschöpft sich der persönlichkeitsrechtliche Gehalt der Erfindung schließlich im Recht auf Benennung und Nennung als Erfinder gemäß den §§ 37 und 63 PatG.[262] An dieser Stelle sind lediglich das Erfinderpersönlichkeitsrecht und das Recht an der Erfindung in seinem persönlichkeitsrechtlichen Einschlag von Interesse, das Recht auf das Patent wurde bereits im Rahmen der Inhaberschaft erörtert.

Entscheidende Bedeutung für die Anknüpfung hat auch hier zunächst die Frage, ob das Erfinderpersönlichkeitsrecht territorial begrenzt ist. Die territoriale Begrenzung der gewerblichen Schutzrechte rührt in erster Linie von der Tatsache ihrer staatlichen Verleihung her, daneben auch von dem rein vermögensrechtlichen Gehalt, dessen Wirkungen kein Staat auf ein anderes Territorium ausdehnen kann. Dies betrifft jedoch nur die vermögensrechtliche Seite,[263] die sich im Patent verkörpert, nicht aber die persönlichkeitsrechtliche. Insoweit besteht kein Grund für eine territoriale Begrenzung.[264] Solange eine Erfindung als verkörperte schöpferische Leistung eines Menschen den persönlichkeitsrechtlichen Bereich noch nicht vollständig verlassen hat, besteht wegen der untrennbaren Verbindung von Persönlichkeit und Schaffensergebnis kein Unter-

---

261 Vgl. Benkard-Bruchhausen, a.a.O., Rn. 16; Hubmann, Gewerblicher Rechtsschutz, § 5 I und § 15 I; Preu, in: FS für Hubmann, a.a.O., S. 354 mit weiteren Nachweisen. Üblicherweise spricht man von einer Doppelnatur des Rechts an der Erfindung, einerseits das vermögensbezogene Recht auf das Patent, andererseits das Erfinderpersönlichkeitsrecht, vgl. Benkard-Bruchhausen, a.a.O., Rn. 13. Zu diesen persönlichkeitsrechtlichen Elementen gehört vor allem die Bestimmung über das Ob und Wie der Anmeldung.

262 Vgl. Bernhardt/Kraßer, a.a.O., § 19 IV 3.; Preu, in: FS für Hubmann, a.a.O., S. 354. Auch wenn das Recht auf das Patent mangels rechtzeitiger Anmeldung verlorengeht oder ein erteiltes Patent erlischt, kann der Erfinder der Leugnung seiner Urheberschaft entgegentreten.

263 Hierauf weist zurecht Preu, in: FS für Hubmann, a.a.O., S. 354 hin.

264 Und nicht umgekehrt, wie Weber, Die Behandlung von Patent-, Warenzeichen- und Urheberrechtsverletzungen (1968), S. 10 (Fn. 2) meint, gegen dieselbe. Das Argument von Riezler, Internationales Zivilprozeßrecht (1949), S. 87, daß es merkwürdig erscheint, daß das qualitativ schwächere Erfinderrecht räumlich eine weitere Ausdehnung hätte als das eigentlich stärkere Patentrecht, ist ein Scheinargument. Denn hier wird territoriale Reichweite mit der Ausschlußwirkung eines Rechts gegenüber Dritten in Verbindung gesetzt. Das ist aber falsch gedacht, denn es kommt hierzu allein auf das anwendbare materielle Recht an. Die Frage der kollisionsrechtlichen Anknüpfung wäre hierfür die richtige Ebene. Daß auch das allgemeine Erfinderrecht geschützt werden muß, sollte jedoch klar sein.

schied zu den reinen Persönlichkeitsrechten.[265] Die Erfinderpersönlichkeitsrechte unterliegen daher nach richtigem Verständnis keiner territorialen Begrenzung. Welche Persönlichkeitsrechte ein Staat aufgrund einer Erfindung gewährt, ist allerdings eine andere Frage, die davon unberührt bleibt.

Die Frage des Rechts auf Nennung als Erfinder ist in Art. 4ter PVÜ geregelt. Dieser bestimmt kurz und bündig, daß dem Erfinder ein solches Recht zusteht. Offen läßt Art. 4ter, welche Rechtsordnung hierfür einschlägig ist und wie das Recht ausgestaltet sein muß. Kollisionsrechtliche Relevanz gewinnt dies aber nur für die Frage des Inhalts und Umfangs von Erfinderpersönlichkeitsrechten sowie für die Inhaberschaft daran. Daß dasselbe gegeben sein muß, ergibt sich für die Angehörigen der PVÜ Vertragsstaaten bereits aus Art. 4ter PVÜ, der aufgrund seiner Bindungswirkung die Vertragsstaaten verpflichtet, dem Erfinder das Recht auf Namensnennung zu gewähren. Bezüglich des Inhabers dieses Rechts kann kollisionsrechtlich nur das Personalstatut des Erfinders entscheiden, denn solange noch kein Patent erteilt ist, kann das Recht des Schutzlandes die Inhaberschaft nicht klären. Das Erfinderpersönlichkeitsrecht ist außerdem unabhängig von der vermögensrechtlichen Seite der Erfindung, dem Patent. Es steht dem Erfinder daher auch dann zu, wenn das Recht auf das Patent übertragen wurde oder per Gesetz einem anderen, zum Beispiel dem Arbeitgeber, zugesprochen wurde.[266]

Unabhängig von der territorialen Begrenzung gewerblicher Schutzrechte[267] kommt für Inhalt und Umfang der Erfinderpersönlichkeitsrechte allein das Recht des Schutzlandes in Betracht, die persönlichkeitsrechtliche Natur ändert hierran nichts.[268] Inhalt und Umfang aller Rechte bestimmen sich im Falle einer Verlet-

---

265 Diese gelten universal, darauf wurde bereits oben 3. Kapitel I 4 c hingewiesen. Vgl. auch Preu, in: FS für Hubmann, a.a.O., S. 353.

266 Vgl. Ulmer, Die Immaterialgüterrechte (1975), a.a.O., Nr. 119; Benkard-Bruchhausen, PatG, § 6, Rn. 17; BPatGer. GRUR 87, 234. Das Erfinderpersönlichkeitsrecht ist daneben auch unverzichtbar, unpfändbar und abgesehen von den ideellen Rechten, die vom Erben weiterverfolgt werden können, nicht vererbbar, vgl. Benkard-Bruchhausen, a.a.O.; allerdings kann eine vom Erfinder berufene Person die den Tod überdauernden Persönlichkeitsrechte nach dessen Tod gegen Eingriffe Dritter verteidigen, vgl. BGHZ 50, 133, 139 ff. - „Mephisto".

267 Hierrauf stellt Ulmer, a.a.O. ab. Das ist jedoch unrichtig, da der persönlichkeitsrechtliche Teil der Erfindung wie gezeigt nach richtiger Ansicht keiner territorialen Begrenzung unterliegt.

268 Das gilt auch für die allgemeinen Persönlichkeitsrechte, vgl. Schack, UFITA Bd. 108 (1988), 51, 55.

zung im Ausland, nach dem Recht des Ortes, an dem sie verletzt wurden.[269] Auch der Verletzer eines Erfinderpersönlichkeitsrechts kann sich nur nach den Geltungsvoraussetzungen und dem Schutzumfang im Verletzungsstaat richten.

---

269 Zu diesem allgemeinen Prinzip vgl. zuvor II 2 sowie Schack, a.a.O. 57 für das Urheberpersönlichkeitsrecht, dem in der Praxis eine größere Relevanz zukommt, das veranschaulichte bereits der Einführungsfall im ersten Kapitel.

2. Teil - Die Anknüpfung des Urheberrechts

I. Die Auswirkungen des Geltungsbereichs des Urheberrechts für dessen Anknüpfung - lex originis

1. Die Ausgangslage

Für die Anknüpfung des Urheberrechts ergibt sich verglichen mit den gewerblichen Schutzrechten eine insoweit veränderte Ausgangslage, als es nicht in dem Maße vom Gedanken der Territorialität durchdrungen ist wie diese. Außerhalb der durch die Konventionen vorgegebenen kollisionsrechtlichen Anknüpfungen stand einer grundsätzlich universalen Geltung des Urheberrechts nichts entgegen.[270] Es fragt sich daher, ob dies, auf die Ebene der Anknüpfung übertragen, ebenfalls zu abweichenden Ergebnissen führt.

Im Falle der gewerblichen Schutzrechte ergab sich aufgrund der territorialen Begrenzung des Geltungsbereichs der zugrundeliegenden Sachnormen zugleich die Präjudizierung der kollisionsrechtlichen Anknüpfung. Das (ebenfalls sachrechtliche) Universalitätsprinzip besagt hingegen im Gegensatz zum Territorialitätsprinzip folgendes: ein inländisches Rechtsverhältnis kann auch außerhalb der Grenzen des eigenen Staates Geltung erlangen bzw. ist dort anzuerkennen.[271] Mehr besagt es aber nicht. Insbesondere ergibt sich aus dem Universalitätsprinzip nicht, in welchem Umfang innerstaatliche Rechte in das Ausland ausstrahlen können.[272] Ebensowenig ist das Universalitätsprinzip in der Lage, eine konkrete kollisionsrechtliche Aussage zu treffen, da wiederum nur der Anwendungsbereich inländischen Sachrechts beschrieben wird, was gleichfalls eine Transformation auf die kollisionsrechtliche Ebene notwendig macht. Aber anders als im Falle des Territorialitätsprinzips, das durch seine Limitierung auf den Staat, der den Geltungsgrund für ein Recht gesetzt hat, zwangsläufig auch das Kollisions-

---

270 Vgl. oben 3. Kapitel I. 5 h

271 Vgl. oben 3. Kapitel I 2 a aa sowie Neuhaus, Grundbegriffe des internationalen Privatrechts (1976), § 23 II 3 u. 4. Hier gilt im Prinzip das gleiche wie zuvor für das Territorialitätsprinzip: auch im Falle des Universalitätsprinzips wird lediglich von der Anwendung inländischen Rechts ausgegangen.

272 Auch Neuhaus, a.a.O., unterscheidet insoweit relative Universalität, bei der nur eine Gleichstellung von inländischem und ausländischem Rechtsverhältnis stattfindet, und absolute Universalität, d.h. das ausländische Rechtsverhältnis hat im Inland dieselben Rechtswirkungen wie in seinem ausländischen Ursprungsland.

recht mitbestimmt,[273] ergibt sich die universale Anknüpfung umgekehrt nicht automatisch aus dem Geltungsbereich des Urheberrechts, denn es fehlt an einer solchen, bereits sachrechtlichen Festlegung. Das Universalitätsprinzip ist aus diesem Grunde weitaus offener für Wertungsgesichtspunkte. Nur dort, wo man frei von solchen Kriterien die Ausstrahlung innerstaatlichen Rechts annimmt, mithin im Kern des Rechts, ergibt sich für das Kollisionsrecht die Folgerung, daß das Urheberrecht weltweit von einem einzigen Recht beherrscht werden muß und damit allein eine einheitliche Anknüpfung in Betracht kommen kann. Eine Anknüpfung entsprechend dem Deliktsstatut oder der lex fori[274] scheidet in diesem Fall bereits deswegen aus, da beide uneinheitliche Anknüpfungen darstellen.[275] Ansonsten läßt sich aus dem Satz, wonach das Urheberrecht ein universal geltendes Recht ist, kein genereller Schluß auf dessen Anknüpfung ziehen.[276]

Für besagten universalen Kern des Rechts wäre es denkbar, in Anlehnung an die Sachenrechte eine Anknüpfung an dem Ort zu wählen, an dem das *Werkstück belegen* ist.[277] Auch Art. 5 Abs. IV c ii RBÜ stellt für unveröffentlichte Werke der Baukunst und andere Werke, die Bestandteil eines Bauwerkes sind, auf den Ort der Belegenheit ab. Eine solche Anknüpfung scheitert aber spätestens dann, wenn es gar keine körperliche Fixierung gibt[278] oder aber die Werkstücke über

---

273 Vgl. aber die mißverständliche Terminologie bei v. Bar, IPR Bd. II, Rn. 703 bzw. 707 sowie UFITA Bd. 108 (1988), 27, 35 f., 39, 42 ff., der von einem sachrechtlichen- und einem kollisionsrechtlichen Territorialitätsprinzip spricht; zur Kritik vgl. oben Fn. 8.

274 Zur Problematik der Anknüpfung nach der lex fori vgl. insbesondere Schack, Zur Anknüpfung (1979), Nr. 47 ff.

275 Die Interessenabwägungen, die Schack, Zur Anknüpfung, a.a.O., Nr. 47 - 66, im Hinblick auf die Ablehnung der Anknüpfung nach der lex fori bzw. nach der lex loci delicti vornimmt, sind daher nach diesem Ansatz nicht mehr nötig. Natürlich kann eine wertende Betrachtung im Rahmen der Teilfragen der Vorfrage wieder zu einem abweichenden Ergebnis gelangen.

276 Diese Prämisse scheint in der Diskussion um die Frage, ob das Urheberrecht ein territorial begrenztes Recht ist, häufig vergessen zu werden. Man kann den Eindruck gewinnen, die Vertreter des territorialen Urheberrechts leugnen die Universalität des Urheberrechts nur deswegen, da sie befürchten, hieraus ergäben sich nachteilige Folgen für die Anknüpfung, die sie tunlichst beim Recht des Schutzlandes belassen wollen.

277 Dies schlägt in der Tat Schnorr v. Carolsfeld, UFITA Bd. 37 (1962), S. 281, 286 ff., 290 für materialisierte Schöpfungen vor. Er begründet dies mit der Verknüpfung des geistigen Eigentums mit dem Materiellen in der Substanz, in der ein Geisteswerk niedergelegt ist; also - wenn man so will - einer lex rei sitae des Kunstwerks.

278 Was für die Entstehung des subjektiven Urheberrechts, zumindest nach deutschem Urhebergesetz nicht notwendig ist; vgl. Hubmann/Rehbinder, Urheber- und Verlagsrecht, § 13 II. Im früheren LUG war dies noch anders. Auch einem Werk, das im Inter-

mehrere Länder verstreut sind[279] - dann erhielte man doch wieder eine uneinheitliche Anknüpfung. Man muß angesichts des mangelnden Erfordernisses einer körperlichen Festlegung und aufgrund seiner immateriellen Natur vielmehr zu dem Schluß gelangen, daß es im Grunde an einer Belegenheit des Urheberrechts fehlt.[280] Auch die Regelung des Art. 5 Abs. IV c ii RBÜ stellt nur eine Ausnahmeregelung dar, die lediglich die Anknüpfung am Ursprungsland konkretisieren soll. Wenn damit sowohl eine uneinheitliche wie auch eine Anknüpfung analog den Sachenrechten ausscheidet, kann das maßgebliche Recht nur dadurch bestimmt werden, indem ein Statut gesucht wird, das dem Urheberrecht originär zugehört und das sich auch durch spätere Entwicklungen oder nachträglich eingreifende Sachverhalte nicht mehr verändert.[281] Dieses Sachrecht kann dann mit weltweiter Geltung gewisse, noch festzulegende Bereiche des Urheberrechts bestimmen. Ein solcher Anknüpfungspunkt kann logischerweise nur in dem Staat gesucht werden, auf dessen Gebiet das Recht entstanden ist oder zu dem es eine sonstwie geartete originäre Beziehung hat, denn es soll einheitlich angeknüpft werden. Alle weiteren Rechte werden erst später und auch nur zufällig berührt, sei es durch die Verwertungshandlung eines Dritten oder im Rahmen von Übertragungen. Um es plastischer zu machen: ein in Deutschland entstandenes Urheberrecht kann seinen originären Anknüpfungspunkt nur hier suchen. Anknüpfungspunkt ist damit das Recht des Ortes, an dem das Urheberrecht entstanden ist bzw. seinen Ursprung hatte, mithin das Recht des Ursprungslandes - die sog. lex loci originis.[282] Auch die internationalen Abkommen, allen voran die RBÜ, stellen in gewissen Teilbereichen, vor allem bei Regelungen, die eine materielle Reziprozität enthalten, auf das Recht des Ursprungslandes ab.

---

nat geschaffen wird, fehlt es, solange kein Ausdruck erfolgt, an der körperlichen Fixierung.

279 Das bemerkt mit Recht Schack, Zur Anknüpfung (1979), Nr. 45.

280 Daran besteht im Ergebnis gar kein Zweifel; vgl. Schack, a.a.O., Nr. 46; manche Autoren halten es hingegen für überall dort belegen, wo es verwertet werden kann.

281 Schack, Zur Anknüpfung (1979), a.a.O., Nr. 46, meint, dadurch würde der Belegenheitsort fingiert. Dies stellt seine zweite Folgerung aus der Tatsache dar, daß Urheberrechte nirgendwo belegen sind. Die erste Folgerung, daß anderenfalls nur eine uneinheitliche Anknüpfung in Betracht kommen kann, ergibt sich daraus, daß Schack das Universalitätsprinzip nicht auch auf die Anknüpfung überträgt. Nach dem hier vertretenen Ansatz, ist diese Möglichkeit aber bereits grundsätzlich ausgeschlossen.

282 Diese Bezeichnung findet sich auch bei Schack, a.a.O., Nr. 17 f.; Goldbaum, Urheberrecht (19..), S. 225; Neuhaus, ZUM 1989, 267, 278 (Fn. 108).

2. Konkretisierung der Anknüpfung am Recht des Ursprungslandes

Freilich ist der Begriff des Ursprungslandes noch höchst unbestimmt, weshalb diese Anknüpfung nicht zuletzt aus diesem Grunde - auf den ersten Blick vielleicht sogar zurecht - kritisiert wird.[283] Es ist auch unbestritten, daß das Recht des Ursprungslandes einer weiteren Konkretisierung bedarf, da es ein übergreifender Begriff ist, der mehrere Anknüpfungspunkte ermöglicht.[284] Es muß daher auf den jeweiligen Einzelfall der Anknüpfung[285] bzw. auf die speziellen Eigenheiten des Urheberrechts abgestellt werden.[286] Als Ursprungsland kämen demgemäß entweder das Recht des Staates, in dem das Urheberrecht entstanden ist, also der Herstellungsort, in Betracht oder der Ort, an dem das Werk zum ersten Mal veröffentlicht wurde. Denkbar wäre schließlich auch eine Anknüpfung in Ansehung der Person des Schöpfers - etwa entsprechend dem Personalstatut oder am Domizil.

a) Anknüpfung am Herstellungsort

Urheberrechte entstehen originär mit Schöpfung des Werkes.[287] Es läge somit nahe, den Ort, an dem diese Handlung stattfand, als Ursprungsort anzusehen.[288] Dies ist jedoch insoweit problematisch, als ein solcher Ort während der Dauer der Schöpfung wechseln kann[289] - man stelle sich einen Musiker vor, der im

---

283 Vgl. insoweit die Nachweise bei Schack, a.a.O., Nr. 67

284 Dieses Problem wurde offensichtlich auch bei der Abfassung der RBÜ gesehen, Art. 5 Abs. IV RBÜ konkretisiert demgemäß das Ursprungsland im Hinblick auf die verschiedenen Einsatzbereiche.

285 So ist das Ursprungsland im Sinne des Patentrechts das Land der ersten Eintragung. Dies gilt auch im Sinne des Markenrechts, wobei allerdings teilweise auch der Ort des ersten Gebrauchs angenommen wird; vgl. hierzu oben 1. Teil II 3 a.

286 Selbst im Rahmen des urheberrechtlichen Ursprungslandes kann die Anknüpfung nochmals unterschiedlich ausfallen, je nachdem, weswegen am Ursprungsland angeknüpft wird, vgl. etwa Art. 5 Abs. IV RBÜ, der verschiedene Ursprungsländer enthält. Auch das Ursprungsland im Markenrecht, es kommt allerdings nur selten vor in den internatioalen Abkommen, so im MMA, vgl. hierzu oben 2. Kapitel I 3 a, wird unterschiedlich definiert.

287 Hierauf wurde bereits mehrfach hingewiesen; vgl. etwa oben 3. Kapitel I 4 c.

288 So in der Tat Terré, Anmerkung zu Cour de Cass. vom 22.12.1959, R.C.D.I.P. 1960, 370. Auch in der Übereinkunft von Montevideo, die bekanntlich auf das Recht des Ursprungslandes verwies, wurde dieses im Sinne des Rechts des Herstellungsortes verstanden; vgl. insoweit Bappert/Wagner, Internationales Urheberrecht, ÜbvM, § 2.

289 Dieses Problem sehen auch Schack, Zur Anknüpfung (1979), a.a.O., Nr. 72 sowie Francon, RIDA, 1972, 3, 29 im Hinblick auf Filmwerke.

Verlaufe einer Tournee ein Musikstück oder einen ganzen Zyklus, etwa eine Oper, schreibt. Ist dann Herstellungsort der Ort, an dem das Werk begonnen wurde, der Ort, an dem der größte Teil des Werkes hergestellt wurde, oder der Ort, an dem es vollendet wurde? Dies verdeutlicht, daß diese Anknüpfung nicht frei von Problemen ist, auch wenn letztendlich viel dafür sprechen mag, den Ort der Vollendung als Anknüpfungspunkt zu bevorzugen. Gleichzeitig wird man sich aber fragen müssen, ob dann nicht dem Zufall zu viel Raum gewährt und letztendlich eine Anknüpfung gewählt wird, die dem Schöpfer äußerst unlieb ist und auf die er nur begrenzt Einfluß hatte. Man darf nicht übersehen, daß dieses Recht auch noch universal gilt. Schließlich steht der Ort der Vollendung nicht immer im Belieben des Schöpfers, auch hier mag das Musiker-Beispiel zur Anschauung dienen. Hinzu käme das Erfordernis einer zeitlichen Komponente, denn man müßte entscheiden, wann ein Werk vollendet ist, ansonsten wäre die Abgrenzung zum unvollendeten Werk und dessen möglicherweise abweichender Regelung unmöglich.[290] Die Anknüpfung am Ort der Herstellung erscheint also letztlich wenig sachgerecht.

b) Anknüpfung am gewöhnlichen Aufenthaltsort des Urhebers

Genauso untauglich erscheint eine Anknüpfung am gewöhnlichen Aufenthaltsort, also regelmäßig dem Wohnort des Schöpfers. Hierfür ließe sich zwar anführen, daß dies der Rechtskreis ist, in dem sich der Urheber am häufigsten bewegt und den er am besten kennt, aber ob dies allein genügt, ist fraglich. Mit dem Werk oder Urheberrechten im allgemeinen hat eine solche Anknüpfung nichts zu tun, hierzu fehlt jeglicher Bezug. Hinzu kommt, daß ein Wechsel des allgemeinen Aufenthalts in ein anderes Land gerade bei Künstlern ein nicht allzu seltener Fall ist, manche Künstler leben sogar in mehreren Staaten. Damit verbunden wäre dann immer ein Statutenwechsel, was kaum für die Praktikabilität einer solche Anknüpfung spricht. Eine solche Anknüpfung würde dem Urheber auch die Einflußmöglichkeit darauf erschweren, welchem Recht das Werk dauerhaft unterliegen soll. Die Anknüpfung am allgemeinen Wohnsitz stellt im IPR zudem eine eher untypische Anknüpfung dar, auch wenn sie im Einzelfall sehr

---

290 Hierauf weist Schack, a.a.O., Nr. 73, zurecht hin. Ob allerdings dadurch, wie er dies andeutet, eine Regelungslücke für unvollendete Werke entstünde, möchte ich bezweifeln, denn auch für diesen Fall ließe sich auf irgend eine Weise ein Herstellungsort finden; denkbar wäre etwa der Ort, an dem das Werk bis zum fraglichen Zeitpunkt überwiegend geschaffen wurde.

effektive Ergebnisse erzielen mag.[291] Zwar kennt auch die RBÜ die Anknüpfung am allgemeinen Aufenthaltsort des Schöpfers, so etwa Art. 3 Abs. 2 RBÜ, dies gilt aber nur für den räumlichen bzw. persönlichen Geltungsbereich des Abkommens, wo eine solche Anknüpfung sinnvoll ist; nicht jedoch im Sinne der Konkretisierung des Ursprungslandes. Für Urheberrechte dürfte daher die Anknüpfung am allgemeinen Aufenthalt des Urhebers ungeeignet sein. Eine Ausnahme hiervon könnte nur für den Fall in Betracht kommen, daß das an sich einschlägige Personalstatut[292] mangels Staatsangehörigkeit nicht bestimmbar ist.[293]

c) Anknüpfung entsprechend dem Personalstatut

Urheberrechte sind bekanntlich sehr eng mit der Persönlichkeit des Schöpfers verbunden. So betrachtet, läge eine Anknüpfung entsprechend dem Personalstatut des Urhebers durchaus nahe. Im Gegensatz zur Anknüpfung am allgemeinen Aufenthaltsort hat das Personalstatut einen Bezug zum Urheberrecht bzw. zum Urheber. Es fehlt aber gleichwohl der Bezug zum Werk, denn die urheberrechtliche Schöpfung ist nicht nur Ausdruck der Persönlichkeit. Gerade im Sinne der in Deutschland vorherrschenden monoistischen Betrachtungsweise[294] stehen für das Urheberrecht in weit stärkerem Maße vermögensrechtliche Aspekte im Vordergrund. Diesen würde eine rein persönlichkeitsrechtliche Anknüpfung wie das Personalstatut[295] nicht gerecht. Hinzu kommt, daß das Urheberrecht spätestens nach der Veröffentlichung zu einem von der Person des Schöpfers losgelösten selbständigen Gegenstand des Rechtsverkehrs wird.[296] Auch die durch eine solche Anknüpfung heraufbeschworenen Schwierigkeiten im Hinblick auf anonyme Werke und Miturheberschaft sind nicht von der Hand zu weisen.[297] Man müßte

---

291 Das gemeinsame Heimatrecht bzw. Recht des gemeinsamen Aufenthaltsortes findet insbesondere im Falle von Deliktsverstößen zwischen Landsleuten im Ausland Anwendung; das Stichwort lautet insoweit gemeinsames Umweltrecht, vgl. Hohloch, Das Deliktsstatut (1984), S. 208 f.

292 Hierzu sogleich unter eigener Überschrift.

293 Vgl. insoweit auch Art. 5 Abs. 2 EGBGB.

294 Vgl. hierzu oben 3. Kapitel I 4 c.

295 Vgl. etwa Lüderitz, NJW 1962, 2142, 2143 f. sowie die Nachweise bei Looschelders, ZVglRWiss 95 (1996), 48, 58 (Fn. 47). Allerdings ist die Anknüpfung am Personalstatut auch für das allgemeine Persönlichkeitsrecht die Ausnahme. Zumeist wird nach dem Deliktsstatut angeknüpft, vgl. unten Fn. 303.

296 Darauf weist Schack, Zur Anknüpfung (1979), Nr. 75, zurecht hin.

297 Vgl. Schack, a.a.O.

sich darüberhinaus fragen, welche Auswirkungen ein Staatsangehörigkeitswechsel des Urhebers hätte.[298] Im übrigen unterstehen nicht einmal die allgemeinen Persönlichkeitsrechte dem Personalstatut des Trägers, vom Namensrecht einmal abgesehen, obwohl diesen kaum vermögensrechtliche Interessen innewohnen.[299] Außerdem würde dem Urheber wie bereits zuvor im Rahmen der Anknüpfung am allgemeinen Aufenthaltsort auch hier die Einflußmöglichkeit dahingehend genommen, welchem Recht er sein Werk unterstellen will. Schließlich ist auch in den internationalen Abkommen die Anknüpfung entsprechend dem Personalstatut für Urheberrechte für veröffentlichte Werke unbekannt.

Für *unveröffentlichte Werke* sieht allerdings Art. 5 Abs. IV c RBÜ ausdrücklich die Anknüpfung am Recht des Landes vor, dem der Urheber angehört,[300] also dem Personalstatut. Unveröffentlichte Werke sind insoweit sowohl unvollendete Werke wie auch vollendete Werke, die nie in die Öffentlichkeit gelangen sollen.[301] Diese Anknüpfung ist, abgesehen von ihrem verbindlichen Charakter, auch sinnvoll: Solange das Werk noch nicht veröffentlicht ist, fehlen vermögensrechtliche Aspekte, denn die Ebene der Verwertung bzw. Verwertbarkeit ist noch nicht erreicht, das Werk befindet sich vielmehr noch in der Persönlichkeitssphäre des Schöpfers.[302] Hier wird auch kaum eine andere Anknüpfungsmöglichkeit übrigbleiben, denn das Recht des Ortes der späteren Erstveröffentlichung läßt sich noch nicht bestimmen und die Anknüpfung am Ort, an dem der Urheber sein Werk wahrscheinlich veröffentlicht hätte, würde eine nachträgliche Rechtswahl für diesen bedeuten. Die Anknüpfung am Personalstatut für unveröffentlichte Werke ist damit zu befürworten. Gewisse Sonderregelungen finden sich in Art. 5 Abs. 4 c i und ii RBÜ für unveröffentlichte Filmwerke[303] und un-

---

298 Diese Problematik stellt sich nochmals im Rahmen unveröffentlichter Werke.

299 So die überwiegende Ansicht, vgl. etwa v. Bar, IPR Bd. II, Rn. 684; Looschelders, a.a.O., S. 58 (Fn. 48 mit weiteren Nachweisen); Schack, UFITA Bd. 108 (1988), 51, 55 f. mit weiteren Nachweisen (Fn. 21).

300 Das heißt, die Anknüpfung erfolgt genaugenommen nur zur Konkretisierung des Ursprungslandes. Zur Frage, ob die internationalen Abkommen überhaupt Kollisionsnormen enthalten und ob die internationalprivatrechtlichen Anknüpfungen im Immaterialgüterrecht Gesamt- oder Sachnormverweisungen darstellen, vgl. oben 2. Kapitel I.

301 Vgl. auch Hubmann/Rehbinder, Urheber- und Verlagsrecht, § 11 III.

302 Übereinstimmend Schack, a.a.O., Nr. 76; er spricht insoweit von der Privatsphäre.

303 Ursprungsland ist der Ort, an dem der Hersteller des Werkes seinen Sitz oder gewöhnlichen Aufenthalt hat, sofern dieser in einem Verbandsland liegt. Dies gilt auch für Werke, die nur außerhalb der RBÜ veröffentlicht wurden. Eine Fiktion des Herstellungsortes, wie Schack, Zur Anknüpfung, a.a.O., Nr. 79, diese Regelung versteht, kann in dieser

veröffentlichte Werke der Baukunst bzw. sonstige unveröffentlichte Werke, die Bestandteil eines Bauwerkes sind.[304]

Personalstatut kann in diesem Sinne nur das Recht des Staates sein, dem der Schöpfer angehört; es gelten die Regeln des Art. 5 EGBGB.[305] Wurde das Werk von mehreren geschaffen und gehören diese *Miturheber* unterschiedlichen Staaten an, so ist das Urheberrecht zu teilen, das heißt, an dem Werk bestehen aus kollisionsrechtlicher Sicht mehrere Urheberrechte und der Verletzer wird so behandelt, als hätte er gleichzeitig mehrere Urheberrechte verletzt.[306] Eine andere Möglichkeit dürfte nicht in Betracht kommen. Die territoriale Hilfsanknüpfung am Herstellungsort, die teilweise vorgeschlagen wird,[307] ist noch weniger sinnvoll, denn dadurch steht man nur wieder den bereits dargelegten Problemen der Anknüpfung am Herstellungsort gegenüber. Schwierigkeiten ergeben sich auch, wenn der Urheber irgendwann seine *Staatsangehörigkeit wechselt.* Allerdings dürfte die Relevanz dieses Problems gering sein, da im Zweifel bei jedem Buch irgendwann die Veröffentlichung stattfindet,[308] und der Zeitraum davor nicht allzu lang ist. Außerdem ist der Wechsel der Staatsangehörigkeit außerordentlich selten - anders als im Falle des gewöhnlichen Aufenthalts. Denkbar wäre hier die Fixierung eines Zeitpunktes, der für das Urheberrecht immer maßgeblich bleibt. Es fragt sich allerdings, ob eine solche Fixierung nicht automatisch dadurch gegeben ist, daß die Frage nach dem allgemeinen Urheberrechtsstatut unveröffentlichter Werke nur als Vorfrage im Rahmen einer Verwertungshandlung und der damit verbundenen deliktischen Anknüpfung relevant wird, an

---

Anknüpfung allerdings nicht gesehen werden, sondern allein die Anknüpfung im Sinne des gewöhnlichen Aufenthalts.

304 Ursprungsland ist hier das Land, auf dessen Territorium das Bauwerk belegen ist. Auch diese Regelung gilt gleichfalls für Werke, die nur außerhalb der RBÜ veröffentlicht wurden.

305 Das ergibt sich auch aus dem gleichlautenden Art. 5 Abs. 4 c RBÜ sowie aus der allgemeinen Wertung des Art. 5 EGBGB bzw. Art. 7 I EGBGB; zur Bestimmung des Personalstatuts für unveröffentlichte Werke auch Schack, a.a.O., Nr. 77.

306 Wobei allerdings bei der Höhe des Schadensersatzes entsprechend zu teilen ist.

307 Schack, a.a.O., Nr. 79, will insoweit den Herstellungsort hilfsweise heranziehen; sein Vorschlag für unveröffentlichte Filmwerke entspricht genau dem Wortlaut von Art. 5 Abs. 4 c i RBÜ, den Schack - damals noch Art. 4 a der Pariser Fassung vom 24. Juli 1971 - erstaunlicherweise anzuerkennen scheint, obwohl er doch davon ausgeht, die internationalen Abkommen enthielten gar kein Kollisionsrecht.

308 Vorausgesetzt, es handelt sich um ein unvollendetes Werk, das noch weiter bearbeitet wird. Bei Werken, die niemals in die Öffentlichkeit gelangen sollen, sind diese Erwägungen freilich nicht heranzuziehen; hier könnte auf den Zeitpunkt der Vollendung abgestellt werden.

die man diese Frage dann anhängen könnte, indem man auf den Verletzungszeitpunkt abgestellt.[309] Ungleichheiten durch national unterschiedliche Verletzungsvoraussetzungen dürften kaum zu erwarten sein, da jedenfalls der Zeitpunkt der Verwertungshandlung der gleiche ist.[310] Nach dem *Tode des Urhebers* bleibt es bei der Maßgeblichkeit der Staatsangehörigkeit im Todeszeitpunkt.[311] Auf die Person des oder der Erben kann nicht zurückgegriffen werden.[312]

d) Anknüpfung am Ort der ersten Veröffentlichung

Für die Anknüpfung des Urheberrechts an veröffentlichten Werken bleibt demnach nur das Recht am Ort der ersten Veröffentlichung, die sog. lex publicationis übrig. Die Erstveröffentlichung ist sowohl mit dem Urheber als auch mit dem Werk eng verknüpft. Erst mit der Veröffentlichung wird das Werk in vollem Maße in den Rechtsverkehr entlassen.[313] Erst mit der Veröffentlichung entstehen urheberrechtliche Nutzungs- und Verwertungsrechte und treten neben den rein künstlerischen Wert auch finanzielle und rechtliche Aspekte. Sie beläßt dem Urheber die Wahl des Rechts, dem er sein Werk dauerhaft unterstellt wissen

---

309 Aus fremdenrechtlicher Sicht: Samson, Urheberrecht, Nr. 238; Gerstenberg, § 120 UrhG, Anm. 2; Bappert/Wagner, RBÜ, Art. 4, Nr. 11. Kritisch hierzu aber Schack, Zur Anknüpfung (1979), Nr. 81; desgleichen zum Zeitpunkt der Schöpfung des Werkes und zum Zeitpunkt der letzten mündlichen Verhandlung.

310 Gewisse Unsicherheiten bei der Bestimmung dieses Zeitpunktes lassen sich zwar nie völlig ausschließen, sind aber sicherlich hinnehmbar. Anders jedoch Schack, a.a.O., der insoweit den Eintritt der Rechtshängigkeit als Fixierungszeitpunkt befürwortet. Allerdings sind auch hier nationale Unterschiede für den Eintritt der Rechtshängigkeit denkbar. Außerdem liegt dieser Zeitpunkt im Vergleich zur Verletzung sehr spät.

311 Insoweit ist Schack, a.a.O, Nr. 82 zuzustimmen. Vgl. auch Katzenberger, GRUR Int. 1973, 275.

312 Wie auch sonst nie im internationalen Urheberrecht; vgl. Troller, Das internationale Privat- und Zivilprozeßrecht (1952), S. 56; Katzenberger, a.a.O. Warum Troller, Die mehrseitigen völkerrechtlichen Verträge (1965), S. 119, statt dessen meint, die Erben müßten Angehörige eines Verbandsstaates der RBÜ sein, ist nicht nachvollziehbar. Kritisch daher auch Schack, a.a.O., Fn. 116.

313 Darauf weist zurecht Schack, a.a.O., Nr. 85 mit weiteren Nachweisen hin; vgl. auch Bartin, Clunet 61, 793. Allerdings sollte hinzugefügt werden, daß auch unveröffentlichte Werke in gewissem Sinne dem Rechtsverkehr angehören, denn bereits an ihnen besteht das Urheberrecht sowie die damit verbundenen Rechte. Anders bewertet Troller, Das internationale Privat- und Zivilprozeßrecht (1952), S. 57, die Veröffentlichung, er sieht in ihr nur eine Art Verlautbarung der Schöpfung durch den Urheber.

möchte.[314] Das Recht am Ort der ersten Veröffentlichung steht zudem in vollem Einklang mit den einschlägigen Regelungen anderer nationaler Gesetze sowie den internationalen Abkommen, hier insbesondere Art. 5 Abs. 4 a RBÜ, der insoweit den Grundsatz festlegt.[315] Diese Anknüpfung kommt nicht zuletzt auch den Verlegern entgegen, denn sie sind es in der Regel, die die erste Veröffentlichung durchführen und dadurch ein ihnen bekanntes Recht dauerhaft festgelegt wissen wollen.[316] Maßgebliches Recht für die Anknüpfung des Urheberrechts an veröffentlichten Werken im universalen Bereich ist damit das Recht des Ortes, an dem das Werk erstmals veröffentlicht wurde oder genauer der Ort, an dem das Werk erstmals der Öffentlichkeit zugeführt wird.[317] Zu klären ist allerdings, was unter *erster Veröffentlichung* zu verstehen ist.

Probleme bereitet zunächst der *Begriff der Veröffentlichung.* Veröffentlichen bedeutet im ursprünglichen Wortsinn das Kundtun in die oder das Darstellen in der Öffentlichkeit.[318] Daß diese Deutung noch nicht allzu aussagekräftig ist, versteht sich von selbst. Die weitreichenden rechtlichen Folgen der Veröffentlichung erfordern jedoch eine feste Bestimmung dieses ansonsten unbestimmten Rechtsbegriffs.[319] Zunächst wird von einem vollendeten Werk auszugehen sein, denn vor Vollendung wäre die Veröffentlichung sinnlos und sogar schädlich.[320]

---

314 Soweit nicht aufgrund der Einschaltung eines Verlages diese Wahlmöglichkeit wieder eingeschränkt wird. Allerdings kann der Urheber den Verlag wählen; zumindest die Verlage eines bestimmten Landes.

315 Auch die Rechtsprechung hat sich diesem Begriff angeschlossen, vgl. zuletzt OLG Frankfurt GRUR 1993, 334, 335 - „Le Corbusier-Möbel" sowie BGH GRUR 1987, 303, 304 - „Le Corbusier-Möbel"

316 Vgl. Schack, a.a.O., Nr. 86

317 Die Zuführung an die Öffentlichkeit dürfte in aller Regel durch den Verkauf geschehen; denkbar, und in der Praxis ebenfalls nicht selten, ist auch eine Präsentation in der Öffentlichkeit, d.h. auf Messen oder in Zeitungen und ähnlichen Medien, neuerdings dem Internet; hierzu aber später.

318 Sie muß für Auge oder Ohr wahrnehmbar sein, vgl. Fromm/Nordemann, § 6 Urhebergesetz, Rn. 1.

319 Es gilt also zu fragen, ob es einen international einheitlichen Begriff gibt. Falls dies nicht der Fall ist, wird man nach autonomem Kollisionsrecht anknüpfen müssen. Da die Veröffentlichung entscheidet, ab wann nicht mehr das Personalstatut, sondern der das Recht am Ort dieser Veröffentlichung die Geltung des subjektiven Urheberrechts weltweit bestimmt, ergeben sich je nach Auslegung des Begriffes mitunter auch erhebliche Unterschiede für die Anknüpfung.

320 Etwas anderes dürfte bei kurzen Ausschnitten aus dem noch unvollendeten Werk zu Marketingzwecken gelten, so etwa bei einem neuen James Bond Streifen oder ähnlichen, stark kommerzialisierten Werken.

Weiterhin muß auch der Bereich der Privatsphäre auf alle Fälle verlassen worden sein.[321]

Zu klären ist ferner, ob Voraussetzung für die Veröffentlichung ist, daß bereits mehrere Exemplare über den Gebrauch des Urhebers hinaus für das Publikum bzw. die Öffentlichkeit hergestellt und angeboten wurden; und falls ja, wie viele. Diese Frage wird zudem davon abhängig sein, ob das Werk eines bestimmten Grades von Fixierung bedarf.[322] Einen vereinheitlichten Begriff der Veröffentlichung sucht man im internationalen Urheberrecht zwar vergebens, es läßt sich aber durchaus eine gewisse Tendenz erkennen:[323] So beinhaltet Art. 3 Abs. 3 RBÜ zunächst allgemein die mit Zustimmung der Urheber erschienenen Werke. Diese müssen der Öffentlichkeit in der Weise zur Verfügung gestellt werden, daß deren normaler Bedarf befriedigt wird. Eine insgesamt sehr ungenaue Bestimmung, zumal noch neue Begriffe wie das Erscheinen oder der normale Bedarf der Öffentlichkeit eingeführt werden. Die Vorschrift nennt deswegen eine Reihe von Beispielen, wann zumindest noch keine Veröffentlichung vorliegt: die bloße öffentliche Aufführung[324] oder der öffentliche Vortrag[325] genügen hierzu nicht. Es wird vielmehr deutlich, daß noch eine bestimmte Art der Fixierung oder Vervielfältigung hinzu kommen muß.[326] Art. VI WUA verlangt abweichend hiervon nur die visuelle Wahrnehmbarkeit des Werkinhal-

---

321 Der Vortrag eines neuen Romans vor dem Kamin im Hause des Schriftstellers unter ausgewählten Freunden kann hier sicher nicht genügen; vgl. auch Schack, a.a.O., Nr. 92. Das gleiche wird sich von der Darbietung neuer Musikstücke einer Band vor Vertretern eines Musikverlages in ihrem Proberaum sagen lassen. Vgl. im übrigen auch § 15 III UrhG, der genauso gefaßt ist.

322 Gemeint ist die Frage, ob ein Manuskript bereits als Buch gedruckt oder eine Tonbandaufnahme bereits als Schallplatte gepreßt sein muß.

323 Die Schack, Zur Anknüpfung (1979), Nr. 89, offensichtlich entgangen ist.

324 Genannt werden hier dramatische, dramatisch-musikalische und musikalische Werke sowie Filmwerke.

325 Hier werden literarische Werke genannt, daneben auch noch die Übertragung und Sendung von Werken sowie die Ausstellung künstlerischer Werke und die Errichtung von Werken der Baukunst.

326 Von einem vergleichbaren Erscheinungsbegriff geht § 6 Abs. 2 deutsches Urhebergesetz aus, vgl. Ulmer, Urheber- und Verlagsrecht, § 32 IV. § 121 Urhebergesetz sieht ebenfalls das Erscheinen in Deutschland als Tatbestandsmerkmal vor. Zum Veröffentlichungsbegriff im Sinne des Art. 3 Abs. 3 RBÜ vgl. auch Ulmer, a.a.O., § 14 III; zur Gesamtproblematik vgl. Schack, a.a.O., Nr. 89 ff. Der Begriff der Veröffentlichung im Sinne der RBÜ orientiert sich eindeutig am anglo-amerikanischen Rechtsverständnis, vgl. die Nachweise in Fn. 347.

tes.[327] Ob er damit weiter gefaßt ist als Art. 3 Abs. 3 RBÜ, sei einmal dahingestellt, er weicht jedenfalls davon ab. Beiden Begriffen gemein ist, daß das bloße Zugänglichmachen für die Öffentlichkeit nicht genügt. Hinzu kommen muß das Element des *Erscheinens*.[328] Insgesamt herrscht also im Bereich der internationalen Konventionen ein eher enger Veröffentlichungsbegriff vor. Andererseits gilt im internationalen Privatrecht der Grundsatz der autonomen Qualifikation. Auch nationale Begriffsdeutungen können somit für das autonome IPR herangezogen werden. Das deutsche Urheberrechtsgesetz kennt ebenfalls den Begriff der Veröffentlichung; er wird in § 6 I UrhG näher bestimmt. Abweichend von Art. 3 Abs. 3 RBÜ gilt hiernach bereits die mit Zustimmung des Berechtigten erfolgte Zugänglichmachung gegenüber der Öffentlichkeit als Veröffentlichung; das Merkmal des Erscheinens fehlt hingegen. § 6 Abs. 2 UrhG macht denn auch den Unterschied zum Begriff des Erscheinens deutlich: Hierunter ist die Herstellung von Vervielfältigungsstücken und das Angebot derselben in genügender Zahl in der Öffentlichkeit zu verstehen. Das deutsche Urhebergesetz trennt somit Veröffentlichung und Erscheinen, auch im Hinblick die jeweiligen Rechtsfolgen;[329] der Veröffentlichungsbegriff ist weiter gefaßt als in Art. 3 Abs. 3 RBÜ.

Im Ergebnis lassen sich also zwei Tendenzen unterscheiden: die eine geht dahin, wie die RBÜ einen engen Veröffentlichungsbegriff als maßgeblich zu erachten, die andere stellt dagegen wie § 6 Abs. 1 UrhG auf eine weitere Auslegung ab. Für einen engen Begriff und den damit verbundenen späten Eintritt von Rechtsfolgen aufgrund der Veröffentlichung spricht, daß der Rückgriff auf das

---

327 Das heißt, die Fixierung eines dramatischen Werkes auf Papier oder eines Filmes auf Zelloloid; nicht umfaßt vom Veröffentlichungsbegriff sind Tonträger; bei Filmen gilt aber die Musik als mitveröffentlicht; vgl. hierzu auch Nordemann/Vinck/Hertin, Art. VI WUA, Rn. 2 ff.; Hubmann/Rehbinder, Urheber- und Verlagsrecht, § 66 I 2 sowie Ulmer, Urheber- und Verlagsrecht, § 32 IV bzw. § 15 III.

328 Vgl. für das WUA insoweit Hubmann/Rehbinder, a.a.O. Beispiele finden sich auch bei Hoffmann, RBÜ, S. 78.

329 Das veröffentlichte, aber noch nicht erschienene Werk unterliegt folgenden Einschränkungen: § 12 II (öffentliche Mitteilung bzw. Beschreibung des Inhalts), § 18 (öffentliche Ausstellung), §§ 51 Nr. 2, 52 I und II (Zitate von bestimmten Stellen in einem selbständigen Sprachwerk) UrhG. Für das erschienene Werk kommen noch die §§ 51 Nr. 1 und 3 (Erweiterung der Zitierfreiheit), 52 (öffentliche Wiedergabe zu anderen als Erwerbszwecken), 61 (eine mögliche Zwangslizenz) sowie §§ 115 und 116 (Maßnahmen im Rahmen der Zwangsvollstreckung gegen den Rechtsnachfolger sind nun ohne Zustimmung möglich) hinzu; vgl. hierzu auch Hubmann/Rehbinder, UrhR, a.a.O., § 11 III 2. Zum Ganzen vgl. Fromm/Nordemann, UrhG, § 6, Rn. 1 und 2 sowie Ulmer, Urheber- und Verlagsrecht § 32.

Personalstatut, der eigentlich nur eine Notlösung darstellte, begrenzt würde.[330] Für den weiten Begriff und den entsprechend frühen Eintritt von Rechtsfolgen spricht, daß das veröffentlichte Urheberrecht Einschränkungen im Vergleich zum unveröffentlichten unterworfen ist,[331] die auf diese Weise länger zurückgehalten werden. Der weite Begriff ist zumindest im materiellen Recht in der Regel also vorteilhaft.

Aber gilt dies auch für das Internationale Privatrecht? Wichtig ist hier zum einen die sichere Fixierbarkeit des Zeitpunktes.[332] Das dürfte für beide Begriffe gelten.[333] Weiterhin ist eine international möglichst einheitliche und gerechte Lösung zu finden. Sinn der Regelungen in den internationalen Abkommen ist, den Verbandsschutz zu eröffnen, das IPR soll hingegen das maßgebliche Recht sicher und dauerhaft bestimmen. Dies spricht gegen die Heranziehung des Begriffs aus Art. 3 Abs. 3 RBÜ. Im Bereich des autonomen Privatrechts scheint sich daher die Heranziehung von § 6 UrhG, und damit des deutschen Verständnisses der Veröffentlichung, anzubieten. Im internationalen Rechtsverkehr werden zwar Veröffentlichung und Erscheinen im Hinblick auf Rechtsfolgen nicht unterschieden, die Frage ist aber, was die Folge wäre, wenn das nationale Recht einen engeren Veröffentlichungsbegriff hätte als das IPR. Dann bestünde die Gefahr eines Renvoi, da das Recht auf das verwiesen würde, die Verweisung mangels Veröffentlichung unter Umständen nicht annehmen würde. Im Hinblick auf den internationalen Rechtsverkehr ist ein zu enger Veröffentlichungsbegriff also mitunter nachteilig; zumindest wenn eine größere Zahl von Staaten Veröffentlichung mit dem Erscheinen in Verbindung setzt. Dies ist etwa im französischen Recht der Fall und ebenso im anglo-amerikanischen Recht.[334] Für den

---

330 Vgl. insoweit auch die Kritik von Ulmer, RabelsZ 41 (1977), 479, 496, der von einer „bedenklichen Zäsur“ spricht, die aus der unterschiedlichen Anknüpfung des Urheberstatuts vor und nach Veröffentlichung resultiere; hiergegen aufgrund seines weiten Veröffentlichungsbegriffs Schack, Zur Anknpüfung (1979), Nr. 95.

331 Das sind die bereits in Fn. 342 genannten Einschränkungen; vgl. hierzu auch Hubmann/Rehbinder, Urheber- und Verlagsrecht, § 11 III 1. In den USA muß der Urheber das Werk mit dem Copyright-Zeichen versehen, um den Schutz zu sichern; vgl. Kunstadt, Urheberrechtsschutz für ausländische Kunstwerke in den USA, GRUR Int. 1977, ..., 22

332 Darauf legt auch Schack, Zur Anknüpfung (1979), Nr. 91 ff. offensichtlich ganz besonderen Wert.

333 Was Schack, a.a.O. wohl bestreiten will.

334 Vgl. die Nachweise bei Schack, a.a.O., Nr. 93. Zum anglo-amerikanischen Recht vgl. Möhring/Schulze/Ulmer/Zweigert, Quellen des Urheberrechts, USA/I: § 101 des US Copyright Act verlangt die Verbreitung von Werkexemplaren; in Frankreich gilt dies gemäß Art. L 132-1 französisches Urheberrechtsgesetz.

Bereich des internationalen Immaterialgüterrechts ist der Begriff der Veröffentlichung daher richtigerweise im Sinne Art. 3 Abs. 3 RBÜ zu verstehen.[335] Angesichts der großen Mitgliederzahl dieses Abkommens darf man zudem von einem international anerkannten Begriff ausgehen. Die Kritik, daß auf diese Weise das Personalstatut zu weit in den Vordergrund gedrängt würde, obwohl das Werk die Privatsphäre bereits verlassen hat,[336] ist angesichts der in der Regel kurzen Zeitspanne zwischen Veröffentlichung im Sinne von § 6 UrhG und dem Erscheinen im Sinne von Art. 3 Abs. 3 RBÜ hinnehmbar.[337]

Die *erste* Veröffentlichung kann begrifflich nur die weltweit zeitlich früheste bedeuten. In der Praxis dürfte die Bestimmung dieses Zeitpunkts kaum Probleme aufweisen, denn durch Verkaufsbelege oder vergleichbare Nachweise ist die Dokumentation ohne weiteres möglich.[338] Ein Problem, versucht man Urheberrechte dauerhaft einem einzigen Recht zu unterstellen, bereiten allerdings *gleichzeitig in mehreren Ländern erstveröffentlichte Werke.*[339] Hier gilt es, die

---

335 In diesem Sinne wohl Drobnig, RabelsZ 40 (1976), 195, 202, wenn er von dem in der RBÜ definierten Begriff des Ursprungslandes, zu dem auch die Veröffentlichung gehört, als von einem für alleEG-Staaten (auf andere Staaten bezog sich seine damalige Untersuchung nicht) verbindlichen Anknüpfungsbegriff sprcht. Von der Anwendung des Art. 3 Abs. 3 geht offensichtlich auch Ulmer, RabelsZ 41 (1977), 479, 496 aus, vgl. auch oben Fn. 343.

336 Vgl. Schack, a.a.O., Nr. 93 und 95. Die diesbezüglichen Erwägungen Schacks, bereits mit der Veröffentlichung im Sinne des deutschen Urhebergesetzes löse sich das Werk von der Person des Urhebers, mögen zwar richtig sein, verkennen aber, daß dies auch im Falle eines engeren Veröffentlichungsbegriffs im Sinne ausländischer Rechtsordnungen der Fall ist. Seine Erwägungen beruhen zu stark auf materiellrechtlichen Vorstellungen und sind nicht zwangsläufig auf das IPR übertragbar.

337 Ausgehend von der Prämisse, daß praktisch alle Werke irgendwann auch erscheinen sollen. Ist das nicht der Fall, ist kein Grund ersichtlich, der einer Anwendung des Personalstatuts entgegenstehen würde.

338 Die internationalen Abkommen fingieren zum Teil den Zeitpunkt der ersten Veröffentlichung. So eröffnet Art. 3 Abs. 4 RBÜ den Verbandsschutz auch für solche Werke, die innerhalb von dreißig Tagen nach der ersten Veröffentlichung in einem verbandsfremden Land auch in Verbandsländern erschienen sind; diese werden so behandelt, als seien sie gleichzeitig erstveröffentlicht worden. Das gleiche gilt für Art. IV 6 WUA. Sinn dieser Vorschriften ist natürlich die Erlangung des Verbandsschutzes im Sinne von Art. 3 Abs. 1 b RBÜ dadurch so einfach wie möglich zu machen, indem sichergestellt wird, daß zumindest eine Erstveröffentlichung im Verbandsgebiet stattfand. Für das Kollisionsrecht würde diese Praxis aber genau den gegenteiligen Effekt erzielen, den die Anknüpfung am Ursprungsland bezweckt: es entstünden mehrere maßgebliche Rechte und damit verbunden Rechtsunsicherheit.

339 Der Unterschied zur Intention der Fiktion nach Art. 3 Abs. 4 RBÜ wird hier nochmals deutlich.

verschiedenen an sich maßgeblichen Rechte auf ein einziges wirklich entscheidendes zu reduzieren. Im Falle eines Sprachwerkes - etwa der neue Bestseller eines Erfolgsautors - das gleichzeitig auch in übersetzten Versionen veröffentlicht wird, wird man sicherlich der Originalsprache vor der Übersetzung den Vorzug gewähren.[340] Wird das Buch zwar in mehreren Ländern, aber allein in der Originalversion zum ersten Mal veröffentlicht, könnte man an den Sitz des Verlages oder an die Staatsangehörigkeit des Urhebers denken.[341] Für letztere spricht zwar die (immerhin noch geringe) Verbindung mit der Persönlichkeit des Urhebers,[342] für den Sitz des Verlages spricht hingegen die Wahl des Rechtsraumes und die problemlosere Anknüpfung bei mehreren Urhebern.[343] Das gilt in gleichem Maße für andere Werke, die ebenfalls in mehreren Ländern zum ersten Mal veröffentlicht werden können.[344] Zumindest nicht auf Fälle außerhalb der RBÜ übertragen sollte man die Regelung des Art. 5 Abs. 4 a, 2. HS RBÜ, wonach das Land als Ort der Erstveröffentlichung fingiert wird, in dem die kürzeste Schutzfrist gilt.[345] Diese Regelung versteht sich nur im Zusammenhang mit dem System der Schutzgewährung in der RBÜ.[346]

---

340 Vgl. Desbois, Festschrift Maridakis (1964), S. 45; zustimmend Schack, a.a.O., Nr. 88.

341 Angenommen Friedrich Dürrenmatt, ein Schweizer, hätte bei einem deutschen Verlag ein neues Buch herausgebracht, das in Deutschland, Österreich und der Schweiz zum ersten Mal veröffentlicht werden soll.

342 Und bei Verlagen, die ihren Sitz in mehreren Ländern haben, leichter zu bestimmen sein. Befürwortend auch Schack, a.a.O.

343 Zum Beispiel wenn John Irving, ein Amerikaner, der aufgrund seines Faibles für Österreich schon mehrere Jahre in Wien lebt, sein neuestes Buch in deutscher Sprache schreibt, dieses bei einem österreichischen Verlag erscheinen läßt, und das Buch in den drei genannten Ländern erstveröffentlicht wird. Die Anknüpfung entsprechend dem Personalstatut würde problematisch, wenn die Beteiligten, etwa die Mitglieder einer Musikgruppe, mehreren Staaten angehören.

344 Werke der Musik, sofern sie auf einem Tonträger herausgebracht werden; zu den Besonderheiten im Rahmen von Filmwerken vgl. Schack, a.a.O., Nr. 96 f. sowie unten II 3 a. Problematisch wäre eine Erstveröffentlichung per Internet, denn zum einen fragt sich, ob dies überhaupt den Begriff der ersten Veröffentlichung erfüllt und andererseits, da es im Internet keine Grenzen mehr gibt, in welchem Staat nun veröffentlicht wurde. Denkbar wäre insoweit eine Anknüpfung am Einspeiseort, am Verlagssitz oder entsprechend dem Nationalitätskürzel, wobei letztere zwei in aller Regel übereinstimmen dürften.

345 Grundsätzlich zurecht dagegen auch Schack, a.a.O., Nr. 88, der dies aber für alle Fälle so vorsieht, da er die kollisionsrechtliche Wirkung der RBÜ leugnet und meint, materielle Inhalte dürften nicht das Ziel der Anknüpfung bestimmen.

346 Hier insbesondere Art. 7 Abs. 8, wonach die Schutzdauer im Schutzland die Schutzdauer im Ursprungsland nicht übersteigen darf und gegebenenfalls von dieser nach unten begrenzt wird; also allein die Schutzdauer im Ursprungsland maßgeblich bleibt.

II. Die Anknüpfung des Urheberrechts im einzelnen

Im internationalen Urheberrecht besteht, wie eingangs bereits angedeutet wurde, ein Nebeneinander von Schutzland- und Ursprungslandanknüpfung. Im Folgenden soll nun erörtert werden, in welchem Umfang das Ursprungsland als Anknüpfungspunkt für die verschiedenen Teile der Vorfrage - Entstehen, Inhalt und Umfang sowie Inhaberschaft am Urheberrecht - herangezogen werden kann. Dies ist nur mit Hilfe einer wertenden Betrachtung möglich, denn es besteht anders als im Falle der gewerblichen Schutzrechte keine logische Verknüpfung zwischen Geltungsbereich des Rechts und Anknüpfung. Zwar konnte man im konventionellen Inländerbehandlungsgrundsatz gemäß Art. 5 Abs. 2 RBÜ einen kollisionsrechtlichen Verweis auf das Recht des Schutzlandes sehen, es fragt sich aber, ob dieser über den Umfang des Schutzes hinausgehend auch den Kern des Urheberrechts erfaßt. Das internationale Urheberrecht ist kein starres Gebilde. Insbesondere die diffizilen und keineswegs ausgewogenen Regeln der RBÜ, die einerseits sehr umfassend sind, andererseits aber auch zahlreiche Lücken enthalten, zwingen wegen ihrer Vorrangigkeit gegenüber dem nationalen Recht regelmäßig zu einer differenzierten Einzelfallbetrachtung. Hinzu kommen wesentliche Prinzipien des nationalen Sachrechts, die unter Umständen ebenfalls zu berücksichtigen sind.[347]

1. Entstehen der Urheberrechte

Ähnlich wie auch im Rahmen der Entstehung gewerblicher Schutzrechte umfaßt dieser Komplex der Vorfrage die Fragen nach dem *Kreis der geschützten Werke*, dem Erfordernis einer *körperlichen Festlegung* sowie möglichen *Formvoraussetzungen*.[348]

Im Anwendungsbereich der RBÜ, wenn also der Verwertungsort[349] in einem Mitgliedsstaat der RBÜ liegt und der Urheber gemäß Art. 3 RBÜ Schutz bean-

---

[347] Auf das Verhältnis zwischen Kollisionsrecht und Sachrecht allgemein und im internationalen Immaterialgüterrecht speziell wurde bereits mehrfach hingewiesen.

[348] Vgl. Ulmer, Die Immaterialgüterrechte (1975), Nr. 51. Die Frage der Inhaberschaft im allgemeinen und der Erstinhaberschaft im besonderen wird gesondert unter II 3 a - c erörtert.

[349] Daß der Verwertungsort, gleichbedeutend mit dem Schutzstaat, Mitglied sein muß, ergibt sich aus Art. 5 Abs. 1 RBÜ. Die RBÜ schützt alle Urheber verbandseigener Werke (Art. 3 und 4) innerhalb des Verbandes, Art. 3 Abs. 1 RBÜ. Auf den Forumstaat, wie Schack, Zur Anknüpfung, a.a.O., Nr. 103 meint, kommt es hingegen nicht an, denn wie gezeigt kann auch in einem Land geklagt werden, das nicht Verletzungsort ist.

sprüchen kann, da er entweder einem Verbandsland angehört oder das Ursprungsland[350] ebenfalls Mitglied ist, ergibt sich der Kreis der geschützten Werke bereits durch Art. 2 Abs. I RBÜ, der insoweit eine enumerative Aufzählung enthält.[351] Auch wenn das Schutzland bestimmte Werke nicht schützt, kann sich der Urheber auf Art. 2 Abs. 1 RBÜ berufen.[352] Werke, die nicht im Katalog des Art. 2 RBÜ enthalten sind, können über den Inländerbehandlungsgrundsatz schutzfähig sein, wenn das Recht des Schutzlandes einen weiteren Werkbegriff kennt als die RBÜ.[353] Das gleiche gilt für das WUA, wobei zu beachten ist, daß der Werkbegriff dort enger gefaßt ist.[354]

Zur Anwendung des Rechts des Ursprungslandes für die Frage der Entstehung des Urheberrechts, hier zunächst bezüglich des Kreises der geschützten Werke, kann man theoretisch nur in folgenden Fällen gelangen: Entweder ist der Verwertungsort nicht Mitglied der RBÜ, sondern nur das Ursprungsland, angesichts der Mitgliederzahl ein zwar seltener, aber keineswegs undenkbarer Fall,[355] oder das Schutzland ist zwar Mitglied, aber es fehlt an den Voraussetzungen des Art. 3 RBÜ, das heißt, weder der Heimatstaat des Urhebers noch das Ur-

---

350 Gemäß Art. 3 Abs. 1 b RBÜ sind auch die Urheber geschützt, die zwar keinem Verbandsland angehören, aber ihr Werk in einem Mitgliedsstaat erstveröffentlicht haben. Im weiteren Verlauf der Untersuchung soll der Einfachheit halber nicht mehr zwischen den einzelnen Ausprägungen des Ursprungslandes unterschieden werden.

351 Geschützt sind (1) alle Erzeugnisse der Literatur, Wissenschaft und Kunst, ohne Rücksicht auf die Art und Form des Ausdrucks, wobei die Frage der körperlichen Festlegung (2), der Schutz amtlicher Texte (4) sowie der Anwendungsbereich der Gesetze betreffend die angewandte Kunst sowie gewerbliche Muster und Modelle (7) den Verbandsländern vorbehalten bleibt. Vom Schutz umfaßt sind ferner (3) die Übersetzungen, Bearbeitungen, Arrangements und anderen Umarbeitungen eines Werkes sowie (5) Sammlungen, die eigene geistige Schöpfungen darstellen.

352 Vgl. hierzu auch Nordemann/Vinck/Hertin, Art 2 RBÜ, Anm. 3, mit Beispielen zur Ausfüllung des Werkbegriffs durch das Recht des Schutzlandes; zum Ganzen auch Iklé, UFITA 14, 365 sowie Nordemann, GRUR Int. 1989, 615 ff.

353 Vgl. Nordemann, GRUR Int. 1989, 615, 618 li. Sp. mit weiteren Nachweisen. Andere Ansicht hingegen Vaver, GRUR Int. 1988, 191, 199. Behandelt das Schutzland bestimmte Schöpfungen nicht als Werke, ohne jedoch die gesamte Gattung nicht zu schützen, dann wollen Vinck/Nordemann/Hertin, Internationales Urheberrecht, Art. 2 RBÜ, Rn. 3 unter Berufung auf Iklé, a.a.O., keinen Schutz gewähren.

354 Das WUA ist in Bezug auf den Kreis der dort geschützten Werke deutlich enger gestaltet. Insbesondere Werke der Baukunst sind hierbei nicht erfaßt. In den USA sind diese bis heute nicht urheberrechtlich schutzfähig, vgl. Möhring/Schulze/Ulmer/Zweigert, Quellen des Urheberrechts, USA/I II 1.

355 Nichtmitglieder sind etwa Industriestaaten wie Singapur und Taiwan, letzteres allerdings bedingt durch seine besondere völkerrechtliche Stellung und den diplomatischen Verkehr mit der Volksrepublik China.

sprungsland des Werkes sind Mitglied, und das nationale Fremdenrecht greift ebenfalls nicht ein.[356] Im ersteren Fall will *Schack* das Recht des Ursprungslandes anwenden, da anderenfalls der Schutz der RBÜ ausgehöhlt werde.[357] Dieser Einwand ist aber nicht zutreffend. Da es auch dort bereits am Anwendungsbereich der RBÜ fehlt, ist eine Aushöhlung des Verbandsschutzes gar nicht möglich. Es gehört zum Wesen internationaler Übereinkommen, außer es liegt der seltene Fall einer loi uniforme vor, daß sie in ihrer Anwendung auf die Mitgliedsstaaten beschränkt sind. Im zweiten Fall wäre sein Argument sogar völlig verfehlt, da das Ursprungsland der RBÜ gar nicht angehört. Auch gebietet es der Gedanke der Souveränität, nationale Besonderheiten zu berücksichtigen. Das Recht des Ursprungslandes auf die Frage der Entstehung auszudehnen, scheint zwar eine logische Folge der universalen Geltung zu sein, verkennt aber, daß zwischen der Entstehung im Ursprungsland und der Wirkung im Schutzland zu trennen ist. Das Urheberrecht mag zwar im Sinne eines universalen geistigen Eigentums mit dem Entstehen im Ursprungsland dem Grunde nach weltweit entstanden sein, dies besagt aber nicht, daß es auch weltweit in gleicher Weise geschützt werden kann oder anerkannt werden muß. Dies ist weniger eine Frage von Territorialität, sondern liegt in der praktischen Undurchführbarkeit weltweiten Schutzes über unterschiedliche Rechtsordnungen hinweg begründet. Die RBÜ schafft zwar einen quasi verbandsweiten Schutz und hilft so, die Universalität des Urheberrechts auch praktisch durchzuführen. Gleichwohl muß man aber grundsätzlich den Schluß ziehen, daß die Ausdehnung des Rechts des Ursprungslandes an der Souveränität des Schutzlandes scheitern muß. Kennt das Schutzland eine bestimmte Werkart nicht oder ist ein Werk dort aus anderen Gründen nicht schutzfähig und erweitert auch die RBÜ den Werkschutz nicht, mag die schöpferische Leistung des ausländischen Urhebers in diesem Staat zwar als immaterielles Gut anerkannt werden, zumindest faktisch ist dort aber kein rechtlich durchsetzbares Recht entstanden.[358] Das ist in der RBÜ so und

---

356 Vgl. auch die Beispiele bei Siehr, Das Urheberrecht in neueren IPR-Kodifikationen, UFITA Bd. 108 (1988), 9, 14 f.

357 Vgl. Schack, Zur Anknüpfung (1975), Nr. 103 und 104; gemeint zu sein scheint allerdings aber nur der Fall eines Schutzgefälles zwischen Ursprungsland und Verwertungsort; Drobnig, RabelsZ 40 (1976), 195, 198 f.; Neuhaus, RabelsZ 40 (1976), 191, 193. Im Ergebnis wohl genauso Siehr, UFITA Bd. 108 (1988), a.a.O., 24, allerdings ohne weitergehende Begründung.

358 Vgl. auch Vischer, GRUR Int. 1987, 670, 676 (Fn. 86), mit weiteren Nachweisen: Die Lösung im Sinne des Rechts des Ursprungslandes würde es ermöglichen, daß Schutzrechte, die im Ausland unter viel leichteren Umständen erwerbbar waren, im Inland in gleichem Maße geschützt und mit derselben Ausschlußmacht gegenüber Dritten ausgestattet werden müßten wie inländische Rechte.

kann im autonomen IPR nicht anders sein. Alles andere wäre ein absurde Vorstellung. Das Urheberrecht besteht trotz seiner Universalität für jeden Staat inhaltlich nur nach Maßgabe der jeweiligen Rechtsordnung. Dies mag im Einzelfall zur faktischen Aushöhlung führen, gleichwohl ist für die Frage der Entstehung des Urheberrechts im Schutzland primär das Recht des Verwertungsortes maßgebend.[359] Das gilt auch für den Fall, daß das Urheberrecht dort nur als Geschmacksmuster oder ähnliches abgestuftes Urheberrecht geschützt wird.[360] Der Preis, den man hierfür zahlt, mag sein, daß es Flecken auf dieser Erde gibt, an denen geistige Diebe frei walten können. Ein Effekt, der im internationalen Recht aber nicht unbekannt ist.[361] Sobald Werke allerdings in den Bereich der RBÜ gelangen, und dieser ist bekanntermaßen sehr groß, ist der Schutz des Urhebers wieder hergestellt. Auch das allgemeine Persönlichkeitsrecht, dem ebenfalls universale Wirkung beigemessen wird, richtet sich im Hinblick auf seine Entstehung nach dem Recht des Verletzungsortes.[362] Die Gründe sind die gleichen.

---

359 So auch die herrschende Meinung, die dieses Ergebnis allerdings mit dem Territorialitätsprinzip begründet; vgl. Sandrock, in: v. Cämmerer, Vorschläge und Gutachten (1983), S. 380, 402; Ulmer, Die Immaterialgüterrechte, Nr. 50; ders., in: Holl/Klinke, Internationales Privatrecht, internationales Wirtschaftsrecht (1985), 258; Troller, Das internationale Privat- und Zivilprozeßrecht (1952), S. 26. Zum selben Ergebnis muß deswegen auch im zweiten Fall gelangen, wenn nur das Schutzland Mitglied der RBÜ ist, aber kein Verbandsschutz gilt. Schack, a.a.O., glaubt, der Fall, daß im Ursprungsland gar kein Urheberrecht bestand, welches es im Schutzland zu schützen gelte, belege, daß allein das Recht des Ursprungslandes maßgeblich sein könne; als Beispiel nennt er ein Werk der Baukunst in den USA, das früher nicht schutzfähig war. Mittlerweile sind die USA jedoch Mittglied der RBÜ und Werke der Baukunst sind wegen des Mindestschutzcharakters von Art. 2 RBÜ jedenfalls für Verbandsausländer schutzfähig. Zu prüfen ist im übrigen immer, ob im Ursprungsland nicht zumindest ein Geschmacksmuster entstanden ist, das in den anderen Verbandsstaaten gemäß Art. 2 Abs. 7 RBÜ als ebensolches s zu schützen ist oder kraft nationalem Fremdenrecht die Voraussetungen eines Urheberrechts erfüllen kann.

360 Zu beachten ist dann aber Art. 2 Abs. 7 RBÜ.

361 Man denke beispielsweise an Rechtsgefälle im internationalen Persönlichkeitsrecht oder Probleme der Rechtsdurchsetuzng im internationan Strafrecht.

362 Zu diesem Ergebnis gelangt auch Schack, Die grenzüberschreitende Verletzung allgemeiner und Urheberpersönlichkeitsrechte, UFITA Bd. 108 (1988), 51, 55 f. § 121 Abs. 6 des deutschen Urhebergesetzes spricht jedoch auch demjenigen ausländischen Urheber, dessen Urheberrecht nicht mit Wirkung für das Inland gilt, die deutschen Urheberpersönlichkeitsrechte zu und verdeutlicht damit die universale Geltung des Urheberrechts.

Ein Vorbehalt für das Recht des Ursprungslandes muß sich allerdings insoweit ergeben, als ein im Ursprungsland nicht schutzfähiges Werk[363] auch im Schutzland nicht entstanden sein kann.[364] Das ergibt sich aus der Universalität des Urheberrechts. Von diesem Gedanken der Ausstrahlung der Schutzgewährung im Ursprungsland auf das Recht des Schutzlandes geht, was häufig übersehen wird, auch die RBÜ aus: Art. 2 Abs. 7 besagt, daß für Werke, die im Ursprungsland nur als Muster und Modelle geschützt werden, auch in anderen Verbandsländern nur der spezielle Schutz für Muster und Modelle in Anspruch genommen werden kann.[365] Art. 7 Abs. 8 RBÜ verweist für die Dauer des Urheberrechtsschutzes zwar auf die Regelungen im Schutzland und Art. 7 Abs. 1 RBÜ garantiert eine Mindestschutzdauer von 50 Jahren, das Recht des Ursprungslandes kann diese Schutzfrist aber nach unten begrenzen, da kein Verbandsstaat verpflichtet ist, längeren Schutz zu gewähren als das Ursprungsalnd.[366] Konnte im Ursprungsland mangels eines schutzfähigen Werkes nie Schutz und damit eine Schutzdauer entstehen, kann auch im Schutzland kein urheberrechtsfähiges Werk vorliegen, denn die Schutzdauer wäre wegen der

---

363 Fraglich ist allerdings, ob ein solcher Fall in der Praxis überhaupt auftreten wird, denn wenn der Urheber erkennt, daß sein Werk in seinem Heimatstaat nicht schutzfähig ist, wird er es tunlichst vermeiden, dort zu veröffentlichen, sondern sich einen Staat für die erste Veröffentlichung suchen, der das Werk als schutzfähig anerkennt. Möglich ist auch die Veröffentlichung innerhalb von dreißig Tagen in einem Mitgliedsstaat der RBÜ, vgl. Art. 3 Abs. 4 RBÜ.

364 In diesem Sinne auch Schack, a.a.O., Nr. 104, allerdings mit weitergehenden Erwägungen, denen nicht zugestimmt werden kann. Dies verkennt hingegen v. Bar, IPR Bd. II, Rn. 704 in seinen Beispielsfällen. Auch Sandrock, in: v. Cämmerer, Vorschläge und Gutachten (1983), S. 380, 402 stellt strikt auf das Recht des Schutzlandes ab.

365 Vgl. hierzu Nordemann/Vinck/Hertin, Internationales Urheberrecht, RBÜ, Art. 2/Art. 2bis, Rn. 13. Das gilt allerdings nur, soweit solche Rechte im Schutzland geregelt sind. Kennt das Schutzland keine Geschmacksmuster, so gilt Urheberrechtsschutz. Art. 2 Abs. 7 schließt im übrigen nicht aus, daß das Schutzland den Verbandsausländer trotzdem wie einen Inländer behandelt und vollen Urheberschutz gewährt.

366 Ob es sich bei dieser Norm, die primär materielle Reziprozität vorsieht, zugleich um eine Kollisionsnorm handelt, ist höchst umstritten: für lediglich materielle Reziprozität Drexl, Entwicklungsmöglichkeiten des Urheberrechts im Rahmen des GATT (1993), S. 125 f.; Bappert/Wagner, Einl. RBÜ, Anm. 8; Schricker-Katzenberger, Vor §§ 120 ff. UrhG, Rn. 49. Von einer (zugleich) teilweisen kollisionsrechtlichen Verweisung sprechen hingegen Schricker-Katzenberger, a.a.O., Rn. 125; Ulmer, Die Immaterialgüterrechte, Nr. 20 und 41; Troller, Das internationale Privat- und Zivilprozeßrecht (1952), S. 26; Knap, in: FS für Roeber, S. 231, 237. Bedenkt man, daß auf die materiellrechtliche Schutzfrist verwiesen wird und nicht fremdenrechtlich auf die Staatsangehörigkeit, spricht viel für letztere Ansicht. Einen Schutzfristenvergleich, verbunden mit demselben Problem, sieht auch Art. IV Abs. 4 WUA vor.

Reziprozitätsregel gleich null.[367] Diese Einschränkung kann sich jedoch nur auf die RBÜ und das WUA beziehen. Das TRIPS-Abkommen kennt keinen Schutzfristenvergleich, beinhaltet für die Schutzdauer allerdings auch keine ausdrückliche Kollisionsnorm. Die fünfzigjährige Schutzdauer ist als Mindestrecht formuliert. Soweit das autonome Kollisionsrecht, verbunden mit nationalem Fremdenrecht, den Schutz von Werken zuläßt, die im Ursprungsland nicht schutzfähig sind,[368] gilt der Vorbehalt für das Recht des Ursprungslandes nicht.

Auch die Frage der *körperlichen Festlegung*[369] ist in den Konventionen nicht geregelt. Art. 2 Abs. 2 RBÜ überläßt diese Frage ausdrücklich den Gesetzgebungen der Verbandsländer.[370] Im Sinne der oben entwickelten Grundsätze, in Verbindung mit dem Inländerbehandlungsgrundsatz, kann auch hier nur das Recht des Verwertungsortes maßgeblich sein.[371] Erfüllt ein Werk die dortigen Voraussetzung nicht, ist der Schutz am Verwertungsort wiederum nicht durchsetzbar, obgleich die Fixierung für Nutzbarkeit und Verwertbarkeit keine Rolle spielt.

---

367 Dies ist auch unter den Vertretern eines territorial begrenzten Urheberrechts teilweise anerkannt, vgl. etwa Knap, in: FS für Roeber, S. 231, 238 ff. (mit Ausnahme der Brüsseler Fassung) sowie Ulmer, RabelsZ 41 (1977), 479, 496 (Fn. 20); dagegen ausdrücklich Drexl, a.a.O. S. 133. Sieht man in Art. 7 Abs. 8 RBÜ eine teilweise kollisionsrechtliche Verweisung, so liegt diese Schluß nahe. Die Gegenansicht argumentiert mit dem Mindestschutzcharakter des Art. 7 Abs. 1. Da dieser jedoch zuvor genannt ist, muß davon ausgegangen werden, daß Art. 7 Abs. 8 gerade die Ausnahme hierzu sein soll. Als Beispiel mag folgender Fall dienen: Das berühte Che Guevara-Foto eines unbekannten kubanischen Fotografen konnte damals in Kuba, das noch kein Urheberrecht für Fotografien kannte, keinen urheberrechtlichen Schutz erlangen. Wenn es nicht innerhalb von dreißig Tagen in einem RBÜ-Mitgliedsstaat veröffentlicht wurde, konnte nach richtigem Verständnis auch außerhalb Kubas kein Urheberrecht entstehen.

368 So wird etwa in Großbritannien, Österreich und der Schweiz der Schutzfristenvergleich nach dem WUA nicht in Anspruch genommen, vgl. Ulmer, a.a.O.

369 Hier sind zu nennen: Fixierung eines Musikwerkes auf Notenpapier, eines pantomimischen oder choreografischen Werkes in Tanzschrift oder auf Film etc.

370 Diese Regelung wurde erst im Rahmen der Stockholmer Revisionskonferenz so formuliert, wohl um den USA, deren nationales Recht den Urheberrechtsschutz weitgehend von einer solchen körperlichen Festlegung abhängig macht, den Beitritt zu erleichtern, vgl. auch Nordemann/Vinck/Hertin, Internationales Urheberrecht, Art. 2 RBÜ, Anm. 11.

371 Im Ergebnis genauso die herrschende Meinung; vgl. Ulmer, Die Immaterialgüterrechte (1975), Nr. 50 für die Entstehung der Urheberrechte allgemein, allerdings mit anderer Begründung (Territorialität). Ebenso Sandrock, in: v. Cämmerer, Vorschläge und Gutachten (1983), S. 380, 402. Anders hingegen Schack, Zur Anknüpfung (1979), Nr. 105, der die Frage des Erfordernisses einer körperlichen Festlegung dem Recht des Ursprungslandes unterstellen will.

Im Hinblick auf mögliche *Formalitäten* wie etwa eine Registrierung[372] schreibt die RBÜ Formfreiheit vor, Art. 5 Abs. 2. Das heißt, auch wenn das nationale Recht eine Registerpflicht vorsieht, ist diese nicht Voraussetzung für den internationalen Schutz über die RBÜ, darf also Verbandsausländern nicht entgegengehalten werden. Ein deutsches Buch, das in Spanien unzulässigerweise vervielfältigt wird, genießt dort somit auch ohne Registrierung Schutz wie ein inländisches registriertes Werk. Das WUA sieht als einzig mögliche Formalität die Anbringung des Copyrightzeichens in Verbindung mit dem Namen des Inhabers des Urheberrechts vor.[373] Auch in den seltenen Fällen außerhalb des Anwendungsbereichs der RBÜ sollte auf Formalitäten kein allzu großes Gewicht gelegt werden. Ob man allerdings so weit gehen muß, im Einzelfall mit Hilfe des ordre public eine interessengerechte Lösung erzielen zu wollen, sofern das Recht des Verwertungsortes ein solches Erfordernis verlangt, ist eher fragwürdig.[374] Die Registerfreiheit in Deutschland dürfte kaum zu den Grundprinzipien des deutschen Rechts im Sinne des Art. 6 EGBGB zählen.

2. Inhalt und Schutzumfang des Urheberrechts

Unter Inhalt und Schutzumfang der Urheberrechte sind die *Einzelbefugnisse* der Urheber, die jeweiligen *Sanktionsmöglichkeiten* für den Fall einer Verletzung, die *Schranken* der Urheberrechte[375] sowie ihr *Erlöschen*[376] zu verstehen. Die *Einzelbefugnisse* sind die Vermögens- und Verbietungsrechte der Urhe-

372 Ein solches Registriererfordernis galt früher, vor Abschaffung der Urheberrolle, auch in Deutschland. In den USA ist die Anbringung des Copyrightzeichens noch immer Schutzvoraussetzung. Auch in Spanien enthält das nationale Recht eine Registrierpflicht.

373 Vgl. Art. III Abs. 1 WUA; hierzu auch Ulmer, Urheber- und Verlagsrecht, § 15 V. Hierbei dürfte es sich in erster Linie um ein Zugeständnis an die USA gehandelt haben.

374 Dies schlägt Schack, a.a.O., Nr. 106, vor, allerdings ohne nachvollziehbare Begründung. Formvorschriften im Verletzungsstaat sollen schlicht unbeachtlich sein. Ulmer, a.a.O., Nr. 50 und 51, stellt hingegen auf das Recht des Schutzlandes ab.

375 So etwa die Erschöpfung des Verbreitungsrechts; daneben aber auch die Vervielfältigung zum eigenen (freien) Gebrauch. In Deutschland ist dies zugunsten einer Bibliotheks- bzw. Kopiertantieme gelöst worden, wenn man so will, im Interesse des Gemeingebrauchs, aber zu Lasten der Urheber, vgl. die §§ 45 ff. UrhG; hierzu Ulmer, Urheber- und Verlagsrecht, § 61 bzw. §§ 64 f. Hinzu kommt das Zitatrecht und das Recht auf Berichterstattung über das Werk.

376 Hierunter fallen etwa Verwirkung, Verlust und Ablauf der Schutzdauer, zu letzterem vgl. Ulmer, a.a.O., §§ 77 ff.

ber.[377] In der RBÜ[378] ist der Bereich des Inhalts und Schutzumfangs des Urheberrechts stark durch Mindestrechte geprägt.[379] Auf diese können sich ausländische Urheber im Schutzland immer berufen, gleichgültig welchen Schutzumfang es ansonsten vorsieht. Hierdurch soll ein Mindestschutzniveau geschaffen und den Mitgliedsstaaten nahegelegt werden, ihr nationales Recht im Sinne dieser Mindestrechte auszuformen, um Inländerdiskriminierung zu vermeiden.[380] Die Art. 6bis, 7 Abs. 1 - 7, 8, 9, 10, 10bis, 13, 15 und 16 und insbesondere die Art. 11, 11bis, 11ter, 12, 14 und, wenn man so will, auch 14bis Abs. 1 nennen die einzelnen Mindestrechte.[381]

Auf der kollisionsrechtlichen Ebene wird man auch im Rahmen der Anknüpfung des Inhalts bzw. Schutzumfangs des Urheberrechts zum gleichen Ergebnis gelangen müssen wie zuvor bereits für die Frage seiner Entstehung: Maßgebliches Recht ist das Recht des Schutzlandes. Das ergibt sich innerhalb der Berner Union bereits aus dem Inländerbehandlungsgrundsatz gemäß Art. 5 Abs. 2 RBÜ, der jedenfalls für Inhalt und Schutzumfang des Urheberrechts eine kollisionsrechtliche Verweisung auf das Recht des Schutzlandes darstellt.[382] Aber selbst wenn man Art. 5 Abs. 2 RBÜ als rein fremdenrechtliche Regelung versteht, muß man zum selben Ergebnis gelangen. Im Hinblick auf die allgemeinen Wirkungen der Schutzrechte kommt in noch stärkerem Maße der Gedanke der Souveränität nationaler Rechtsordnungen zum Tragen, denn im Gegensatz zur Frage der Entstehung, die einen durchaus erkennbaren Bezug zum Ursprungsland aufweist, ist

---

377 Im deutschen Urhebergesetz die Rechte auf Vervielfältigung und Verbreitung, das Ausstellungsrecht und das Recht auf öffentliche Wiedergabe.

378 Das heißt, wenn wie zuvor sowohl Ursprungsland wie auch Verwertungsort Mitglieder sind.

379 Zur Rechtsnatur vgl. Nordemann/Vinck/Hertin, Internationales Urheberrecht, Einl., Anm. 23 sowie Art. 5 RBÜ, Anm. 3; vgl. auch oben 1. Kapitel.

380 Vgl. auch Haedicke, JURA 1996, 64, 67.

381 Vgl. hierzu ausführlich Drexl, Entwicklungsmöglichkeiten des Urheberrechts im Rahmen des GATT (1990), S. 111 ff. Art. 14ter ist trotz der Schutzgewährung in Abs. 1 richtigerweise nicht als Mindestrecht zu sehen sein, da hier, anders als sonst bei Mindestrechten üblich, die nationalen Regelungen nicht außer acht bleiben und den Verbandsstaaten nicht die Übernahme des Folgerechts vorgeschrieben wird, sondern gemäß Abs. 2 auf materielles Recht abgestellt wird; ablehnend daher auch Katzenberger, GRUR Int. 1992, 568; Ulmer, Urheber- und Verlagsrecht, § 60 I 3 sowie BGH GRUR 1978, 639, 640 und BGH GRUR Int. 1994, 798, 800 - „Folgerecht bei Auslandsbezug". Zu den Mindestrechten des WUA vgl. Drexl, a.a.O., S. 181 ff.; Bappert/Wagner, Internationales Urheberrecht, WUA, Einl., Anm. 7 und Ulmer, Die Immaterialgüterrechte (1975), Nr. 52.

382 Vgl. oben 2. Kapitel I 2.

der Inhalt der Urheberrechte allein mit dem Verwertungsstaat verbunden, worauf bereits im Rahmen der gewerblichen Schutzrechte hingewiesen wurde.[383] Für Urheberrechte gilt dieser allgemeingültige Grundsatz genauso. Zu beachten sind daneben vor allem die Interessen der Verwerter im Schutzland. Sie wissen nicht, ob es sich bei dem Werk, welches sie nach ihrem Rechtsverständnis rechtmäßig verwerten,[384] um ein Werk inländischen oder ausländischen Ursprungs handelt - einer urheberrechtlichen Schöpfung sieht man dies für gewöhnlich nicht an. Würde man das Recht des Ursprungslandes auch auf die allgemeinen Wirkungen der Urheberrechte ausdehnen,[385] mutete man ausländischen Verwertern zu, sämtliche Rechtsordnungen zu kennen, deren urheberrechtliche Werke in ihrem Staat im Umlauf sind. Daß dies nicht verlangt werden kann, versteht sich von selbst.[386] Für die Interessen der Urheber ist in diesem Rahmen kein Platz,[387] wobei aber nicht zu befürchten sein dürfte, daß Urheberrechte hierdurch gänzlich zur leeren Hülle würden; gewisse Diskrepanzen im Schutzumfang, die aus den unterschiedlich ausgeformten nationalen Urhebergesetzen resultieren, die ein niedrigeres Schutzniveau haben, sind insoweit hinnehmbar.[388] Für den Ver-

---

383 Vgl. oben 1. Teil II 2.

384 Oben a.a.O. wurde bereits darauf hingewiesen, daß der Verwerter im Falle einer unberechtigten Verwertung nicht schutzwürdig ist, da es ihm insoweit gleichgültig sein kann, welchen Ursprungs das verletzte Werk ist. Aber Maßstab für die Anknüpfung können nur die inländischen Befugnisse des Urhebers sein.

385 Dies schlägt in der Tat Batiffol, R.C.D.I.P. 1971, 272 f. vor; desgleichen Neuhaus, RabelsZ 40 (1976), 191, 193 sowie Schnitzer, Handbuch des IPR, S. 597. Auch der Entwurf v. Schwinds für ein österreichisches IPR-Gesetz, ZfRV 1971, 161 ff., aus dem Jahre 1971 sah die Anwendung des Rechts des Ursprungslandes für die allgemeinen Wirkungen des Urheberrechts vor.

386 Vgl. auch v. Bar, IPR Bd. II, Rn. 706 und ders., UFITA Bd. 108 (1988), 29, 41 f., der diesen Aspekt unter den Gedanken des Verkehrsschutzes faßt. Im Ergebnis genauso Ulmer, Die Immaterialgüterrechte, Nr. 50 bzw. 52 sowie Sandrock, in: v. Cämmerer, Vorschläge und Gutachten (1983), 380, 402. Das Problem der Verwerterinteressen sieht auch Schack, a.a.O., Nr. 108 ff., der jedoch zugleich die Interessen der Urheber schützen will und deswegen einen Kompromiß für den Fall eines Rechtsgefälles außerhalb der durch Mindestrechte gestärkten RBÜ sucht: die Mindestrechte der RBÜ sollen auch auf Nichtverbandsstaaten ausgedehnt werden. Angesichts der eindeutigen Anwendbarkeitsvoraussetzungen der RBÜ ist dies unhaltbar und darüberhinaus weder mit den Verwerterinteressen noch mit dem Gedanken der Souveränität vereinbar.

387 Die urheberfreundlichere Anknüpfung stellt natürlich im Zweifel die am Recht des Ursprungslandes dar; vgl. insoweit Schack, a.a.O., Nr. 109.

388 Natürlich ist dies für Urheber eines Landes, das wie Deutschland ein hohes Schutzniveau hat, unbefriedigender als für Urheber aus Ländern mit niedrigem Schutzniveau, deren urheberrechtliche Werke im Ausland vielleicht sogar besser geschützt werden als zuhause.

bandsraum der RBÜ kann man aufgrund der Mindestrechte durchaus von einem international gesehen hohen Schutzniveau sprechen.[389]

Manche Urheberrechtsgesetze sehen zugunsten des Urhebers ein sogenanntes Folgerecht vor, eine Tantieme für den Fall der Weiterveräußerung eines Werkes der bildenden Künste an oder durch einen Kunsthändler oder Versteigerer.[390] Dies wurde auch im Rahmen der RBÜ berücksichtigt; gemäß Art. 14ter RBÜ kann das Folgerecht im Schutzland allerdings nur dann in Anspruch genommmen werden, wenn einerseits das Heimatrecht des Urhebers diesen Schutz gewährt und daneben auch das Recht des Schutzlandes ein solches Recht vorsieht.[391] Zwar handelt es sich auch hier primär um eine Regelung im Sinne materieller Reziprozität, zugleich liegt aber eine kumulative Anknüpfung vor.[392] Der Grund für diese Regelung ist die große Diskrepanz, die zwischen den verschiedenen nationalen Regelungen in der Frage des Folgerechts besteht; eine große Zahl von Staaten kennt ein solches Recht des Urhebers überhaupt nicht.[393] Au-

---

389 Die durch die §§ 12 ff. UrhG festgeschriebenen Befugnisse der Urheber decken sich weitestgehend mit den staatsvertraglichen Mindestrechten. Lediglich im Hinblick auf das Verbreitungs- und Verfielfältigungsrecht geht das deutsche UrhG weiter. Schack, GRUR Int. 1985, 523, äußert die Befürchtung, geistige Diebe könnten sich ein Land für ihre Raubzüge aussuchen, welches Urheberrechte weniger schützt. Dies ist jedoch übertrieben; spätestens an der Grenze der Berner Union endet diese Möglichkeit.

390 Vgl. § 26 Urhebergesetz. Sinn des Folgerechts (auch bekannt unter seiner französischen Bezeichnung droit de suite) ist es, den Künstler an der Wertsteigerung seiner Bilder teilhaben zu lassen, da erst mit der steigenden Popularität des Künstlers der Marktwert seiner, vor allem frühen, Bilder steigt und er ohne ein solches Recht nicht an späteren Veräußerungen partizipieren könnte.

391 In der Berner Union wurde das Folgerecht erstmals im Rahmen der Brüsseler Revisionskonferenz 1948 anerkannt; damals noch als Art. 14bis; vgl. Nordemann/Vinck/Hertin, Internationales Urheberrecht, RBÜ, Art. 14ter, Rn. 1. Anders als § 26 Urhebergesetz sieht Art. 14ter Abs. 1 RBÜ das Folgerecht auch für die Weiterveräußerung von Originalhandschriften der Schriftsteller und Komponisten vor. Aufgrund der Einschränkung des Abs. 2 läuft diese Regelung jedoch weitgehend leer. Das WUA kennt dagegen kein Folgerecht; die Frage, ob ein Folgerecht daher kraft nationalem Fremdenrecht in Verbindung mit dem Inländerbehandlungsgrundsatz des WUA gewährt werden muß, wird überwiegend verneint, vgl. Ulmer, GRUR 1974, 593, 598 ff.

392 Schack, Zur Anknpüfung (1979), Nr. 112 spricht insoweit nur von einer Reziprozitätsregel.

393 Zu den unterschiedlichen Regelungsinhalten im In- und Ausland vgl. Katzenberger, Das Folgerecht im deutschen und ausländischen Urheberrecht (1970) sowie Ulmer, Urheber- und Verlagsrecht, § 60 I 2. Der EG-Richtlinienvorschlag über das Folgerecht des Urhebers des Originals eines Kunstwerkes, Abl. EG Nr. C 178 vom 21.6.1996, S. 16, sieht die Einführung des Folgerechts in allen Mitgliedsstaaten der EU bis zum 1.1.1999 vor.

ßerhalb der Berner Union scheitert die Gewährung des Folgerechts zumeist am nationalen Fremdenrecht.[394] Grundsätzlich ist auch hier - wie bereits innerhalb der Berner Union - von der Geltung des Rechts des Schutzlandes auszugehen.[395]

Ungeregelt ist in der RBÜ die Frage, ob dem Urheber neben dem Vervielfältigungsrecht, das durch Art. 9 RBÜ als Mindestrecht garantiert ist, auch das Recht zur Verbreitung bzw. zum Inverkehrbringen zusteht; insoweit gilt aber jedenfalls der Inländerbehandlungsgrundsatz.[396] Auch ein Verleih- und Vermietrecht ist in der RBÜ nicht vorgesehen; ebensowenig Vergütungsansprüche des Urhebers.[397] Beide Fragen unterfallen dem Recht des Schutzlandes.[398] Das gilt auch für den verbandsfreien Raum.

Die *Sanktionsmöglichkeiten*, in aller Regel Schadensersatz- und Unterlassungsansprüche, sind in der RBÜ ebenfalls nicht geregelt, unterfallen also der jeweiligen nationalen Gesetzgebung. Maßgebliches Recht ist auch hier das Recht des Schutzlandes. Es wäre schlechterdings unsinnig, am Verwertungsort, der im Falle einer Verletzung auch gleichzeitig Anknüpfungspunkt für das De-

---

Zur Einführung des Folgerechts in Österreich, wo dieses Recht bisher unbekannt war, vgl. W. Schwarz, MuR 1997, 210 ff.

394 Gemäß § 121 Abs. 5 UrhG ist das Folgerecht auch unabhängig von der Schutzgewährung der Berner Union den ausländischen Künstlern zu gewähren, deren Staat - gemäß einer Bekanntmachung des Bundesjustizministers - auch deutschen Staatsangehörigen ein solches Recht zubilligt.

395 Aus der Rechtsprechung zum Folgerecht vgl. BGH GRUR Int. 1978, 470; KG GRUR Int. 1979, 572 sowie BGH GRUR Int. 1994, 798, 799 f. - „Folgerecht bei Auslandsbezug" zur Frage, ob auf den Ort der Weiterveräußerung abzustellen ist oder den Ort der Herstellung des Werkes bzw. den Sitz des Veräußerers. Der BGH entschied diese Frage zurecht im Hinblick auf den Ort der Veräußerung - in der Entscheidung war dies England, das das Folgerecht nicht kennt. Das Recht des Schutzlands gebietet es, daß die Weiterveräußerung zumindest zum Teil im Inland erfolgt ist. Befürwortend auch die Literatur, vgl. neben den bereits genannten Braun, IPRax 1995, 227, 228 ff.; Pfefferle, GRUR Int. 1996, 338, 339 ff., 341 f.; zum ganzen auch Siehr, IPRax 1992, 29 ff.

396 Vgl. Ulmer, Die Immaterialgüterrechte (1975), Nr. 52. Auf eine einheitliche Regelung als Mindestrecht konnte man sich auf der Stockholer Revisionskonferenz nicht einigen, vgl. Nordemann/Vinck/Hertin, Internationales Urheberrecht, Art. 3/4 RBÜ, Rn. 2. Die WIPO hat auf ihrer diplomatischen Konferenz 1996 im Dezember zwei Zusatzverträge i.S.v. Art. 20 RBÜ zur Berner-Übereinkunft erarbeitet - den WIPO Copyright Treaty (WCT) und den WIPO Performances and Phonograms Treaty (WPPT) - die beide ausdrücklich ein Verbreitungsrecht vorsehen, vgl. Lewinski/Gaster, ZUM 1997, 607, 616 f.

397 Zur Unzulänglichkeit des Inländerbehandlungsgrundsatzes insoweit vgl. Geller, GRUR Int. 1993, 526, 528.

398 Für die Vergütungsansprüche in diesem Sinne auch Spoendlin, UFITA Bd. 107 (1988), 11, 22.

liktsstatut ist, Sanktionen aus dem Ursprungsland anzuwenden, die dort völlig unbekannt sind und jeder Grundlage entbehren.

Nichts anderes gilt im Ergebnis für die *Schranken* des Urheberrechts.[399] Hier sehen die Art. 10, 10bis und 13 RBÜ zwar ausdrücklich gewisse Einschränkungen des Inländerbehandlungsgrundsatzes vor, die die Urheber hinnehmen müssen, darüber hinaus muß die Antwort aber kollisionsrechtlich gesucht werden. Sieht man die Schranken der Urheberrechte als Rechtfertigungsgründe für den Fall einer Verletzung,[400] wird deutlich, daß die Schranken in untrennbarem Zusammenhang mit dem Recht des Verwertungsortes stehen, denn auch auf diese müssen sich die inländischen Verwerter verlassen können. Eine Anknüpfung am Recht des Ursprungslandes wäre hier vollkommen fehl am Platze.

Das *Erlöschen* der Urheberrechte ist, jedenfalls was die Schutzdauer anbetrifft, in Art. 7 RBÜ geregelt. Hiernach gilt eine Mindestschutzdauer von 50 Jahren post mortem auctoris. Den Mitgliedsstaaten ist es allerdings freigestellt, eine längere Schutzdauer zu bestimmen.[401] Der Inländerbehandlungsgrundsatz erfährt hierbei insoweit eine Einschränkung, als Art. 7 Abs. 8 RBÜ für den Fall, daß die Rechtsvorschriften im Schutzland eine längere Schutzdauer als im Ursprungsland vorsehen, bestimmt, daß diese die Dauer des Schutzes im Ursprungsland nicht überschreiten darf.[402] Diese Regelung, die ohne Frage kollisionsrechtlichen Gehalt aufweist,[403] denn es wird auf das Recht des Schutzlandes, begrenzt durch das Recht im Ursprungsland, kombiniert mit einem Mindestrecht, verwiesen,[404] findet ihr Pendant auch im WUA, nicht jedoch im neuen

---

399 So auch ausdrücklich Schack, Zur Anknüpfung (1979), Nr. 111 sowie Spoendlin, UFITA Bd. 107 (1988), 11, 21.

400 Vgl. hierzu Soergel-Kegel, Art. 12 EGBGB, 46 mit weiteren Nachweisen.

401 Vgl. daher § 64 Abs. I UrhG, der eine siebzigjährige Schutzdauer vorsieht.

402 Vgl. auch BGH GRUR Int. 1986, 802 - „Tosca". Dies gilt allerdings vorbehaltlich abweichender Regelungen im Schutzland, vgl. MünchKomm-Kreuzer, Nach Art. 38 EGBGB, Anh. II, Rn. 129 mit weiteren Nachweisen. Die Entscheidung, ob die Teilverweisung auf das Recht des Ursprungslandes angenommen wird, verbleibt also insoweit beim Recht des Schutzlandes. Auch die §§ 120 und 121 sind nach Ansicht des BGH in BGHZ 95, 229, unabhängig und selbständig neben der RBÜ anwendbar.

403 Zur Rechtsnatur vgl. auch Ulmer, Die Immaterialgüterrechte (1975), Nr. 53 sowie Weber, Die Behandlung von Patent-, Warenzeichen- und Urheberrechtsverletzungen (1968), S. 65 f. mit weiteren Nachweisen zu Art. 7 Abs. 2 der Fassung von Rom, der inhaltsgleich in Art. 7 Abs. 8 der aktuellen Pariser Fassung übernommen wurde. Schack, a.a.O., Nr. 127, der in diesem Zusammenhang von einer Retorsionsvorschrift spricht

404 Zu diesem Streit vgl. oben Fn. 370. Zugegebenermaßen besteht ein gewisser Widerspruch zwischen Art. 7 Abs. 1 und 8. Nach richtigem Verständnis sind insoweit aber nur drei Fallkonstellationen denkbar: (1) Sieht das Urhebergesetz des Schutzlandes eine we-

TRIPS-Abkommen.[405] Die übrigen Erlöschensgründe unterfallen über den Grundsatz der Inländerbehandlung ebenfalls dem Recht des Schutzlandes.[406] Auch im Rechtsverkehr außerhalb der RBÜ kann nur das Recht des Verwertungsortes einschlägig sein,[407] denn es muß hier ebenfalls die enge Verknüpfung mit dem Deliktsstatut berücksichtigt werden, da auch die Gemeinfreiheit nach Ablauf der Schutzdfrist im Falle einer Verletzung einen Rechtfertigungsgrund darstellt. Das gleiche gilt für die ebenfalls zu den Regelungen im Rahmen des Erlöschens von Urheberrechten gehörenden Fälle der Verwirkung, des Verlustes etc., die in der RBÜ nicht gesondert erfaßt sind.

Ein letzter Punkt in diesem Zusammenhang sind schließlich *staatliche Eingriffe* in Urheberrechte, also Enteignung und Zwangslizenzen.[408] Hier wirkt sich zusätzlich die Territorialität öffentlich-rechtlicher Akte aus, das heißt, die Enteignung wirkt nur auf dem Territorium des Enteignungsstaates.[409] Wie bereits

---

niger als fünfzigjährige Schutzdauer vor, so kann sich der Verbandsurheber, unabhängig von der Schutzdauer im Ursprungsland, auf das Mindestrecht des Art. 7 Abs. 1 RBÜ berufen; (2) sieht das Schutzland eine mehr als fünfzigjährige Schutzfrist vor, das Ursprungsland etwa eine siebzigjährige, gilt gemäß Abs. VIII die Frist im Schutzland; (3) sieht das Schutzland eine siebzigjährige Schutzfrist vor, das Ursprungsland aber eine geringere, so gilt gemäß Abs. VIII diese Frist.

405 Hier den bereits erwähnten Art. IV Abs. 4 WUA.

406 Vgl. MünchKomm-Kreuzer, Nach Art. 38 EGBGB, Anh. II, Rn. 128 mit weiteren Nachweisen; ebenso Ulmer, RabelsZ 41 (1977), 479, 487 allerdings ausdrücklich nur für Erwerb, Bestand und Wirkung. Anders wohl Siehr, UFITA Bd. 108 (1988), 9, 24, der die Anknüpfung am Recht des Ursprungslandes andeutet.

407 Vgl. auch BGHZ 70, 268, 271, in Bezug auf die Schutzfrist ohne Geltung des Art. 7 Abs. 8 RBÜ sowie MünchKomm-Kreuzer, Nach Art. 38 EGBGB, Anh. II, Rn. 128 mit weiteren Nachweisen; ebenso Ulmer, Die Immaterialgüterrechte (1975), Nr. 50.

408 Zur Enteignung von Geisteswerken vgl. etwa Ulmer, SJZ 1948, 439 f.; zu den einzelnen Modalitäten auch Schack, a.a.O., Nr. 121 ff. Ein Beispiel für Zwangslizenzen findet sich auch im deutschen Urhebergesetz in Form der Zwangslizenz zugunsten des Herstellers von Tonträgern, vgl. § 61 UrhG bzw. Art. 13 RBÜ. Ein letzter, in der Praxis jedoch weniger häufiger Bereich staatlicher Eingriffe ist die Zwangsvollstreckung in Urheberrechte.

409 Vgl. Seidl-Hohenveldern, Internationales Konfiskations- und Enteignungsrecht (1952), S. 101 (dort insbesondere Fn. 56); Neuhaus, Grundbegriffe des internationalen Privatrechts, § 23 II 2, der diese der relativen Territorialität unterordnet; sehr ausführlich v. Bar, IPR Bd. I, Rn. 270 ff. mit zahlreichen ausführlichen Rechtsprechungsbeispielen. Grundlage ist die sog. „Chartreuse"-Entscheidung des Reichsgerichts vom 29.5.1908 RGZ 69, 1 ff.; ebenso OLG München, IPRspr. 1958/59, Nr. 59. Nicht anerkennungsfähig sind demnach Enteignungen, die sich auch außerhalb des Enteignungsstaates auswirken sollen - sog. negatives Territorialitätsprinzip; das heißt, sie werden um ihren ex-

bei den gewerblichen Schutzrechten, ist das maßgebliche Recht demnach das Recht des Beschränkungsortes.[410] Auch Art. 13 Abs. 1, 2. HS RBÜ ist für Einschränkungen des Urheberrechts in diesem Sinne ausgeformt.[411] Solange eine Enteignung im Rahmen rechtsstaatlicher Verfahren ablief und der Enteignungsstaat sich im Rahmen seiner Befugnisse hielt, werden diese Akte auch international anerkannt.[412] Korrekturen von im Inland nicht hinnehmbaren staatlichen Zwangsakten sind allein über den ordre public möglich.[413]

3. Die Inhaberschaft an Urheberrechten

a) Der originäre Erwerb des Urheberrechts

Für die Anknüpfung am Recht des Ursprungslandes bleibt somit allenfalls die Inhaberschaft am Urheberrecht, also die Frage, in wessen Person das Urheberrecht originär entsteht und fortbesteht. Praktisch alle Rechtsordnungen gehen davon aus, daß das Urheberrecht in der Person des Schöpfers entsteht.[414] Schöp-

---

traterritorialen Teil beschnitten. Das gleiche gilt für Zwangslizenzen und Maßnahmen der Zwangsvollstreckung.

410 Vgl. MünchKomm-Kreuzer, Nach Art. 38 EGBGB, Anh. III, Rn. 33, 35 a mit weiteren Nachweisen.

411 Windisch, Gewerblicher Rechtsschutz und Urheberrecht im zwischenstaatlichen Bereich (1969), S. 77, will aus der konkreten Normierung der Schutzbeschränkungs- und Schutzbeendigungsgründe in der RBÜdie Unvereinbarkeit von Enteignungen mit der RBÜ verstanden wissen. Dagegen zurecht Schack, Zur Anknüpfung (1979), Nr. 121 (Fn. 82).

412 Vgl. hierzu Seidl-Hohenveldern, a.a.O. (Fn. 413), S. 47 und 178 ff.; Kegel, Internationales Privatrecht, § 23 II 1; MünchKomm-Kreuzer, Nach Art. 38 EGBGB, Anh. III, Rn. 40 sowie v. Bar, IPR Bd. I, Rn. 272 und 276 f. unter Hinweis auf die sog. positive Territorialität.

413 Vgl. Schack, Anknüpfung, Nr. 123 f. mit zahlreichen weiteren Nachweisen. Die Entschädigungslosigkeit allein wird hierfür freilich nicht genügen; vgl. v. Bar, IPR Bd. I, Rn. 277 (dort insbesondere Fn. 292) und Rn. 278; Soergel-Kegel, vor Art. 7 EGBGB, Rn. 859. Sehr unscharf sind völkerrechtlich gebotene Enteignungsschranken, vgl. auch Soergel-Kegel, a.a.O. Rn. 810 ff. mit weiteren Nachweisen.

414 Zum urheberrechtlichen Schöpferprinzip vgl. die Nachweise im 3. Kapitel I 4 c (Fn. 101) sowie § 201 (a) US Copyright Act; Art. 6 italienisches UrhG; Art. 11 Abs. 1 brit. Urhebergesetz und Art. L 111-1 französisches Urhebergesetz. Allein die sozialistischen Länder wichen zum Teil hiervon ab. Dort gab es faktisch zwar eine private Urheberschaft an Werken, aber die Verwertung erfolgt durch eine staatliche Verwaltungsagentur für Urheberrechte, das gilt für die Rechte der eigenen Schöpfer im Ausland und die ausländischer Schöpfer im Inland, vgl. auch BGHZ 64, 183 ff. - „August Vierzehn“.

fer ist hierbei die Person, unter deren Namen das Werk in die Öffentlichkeit gelangt.[415] Neben den auch hier bedeutsamen Fällen der Übertragung von Urheberrechten und den Arbeitnehmerschöpfungen, hierzu unter gesonderter Überschrift, bleibt für die Frage der originären Inhaberschaft an Urheberrechten letztlich nur noch im Rahmen der Miturheberschaft Raum, wobei auch hier lediglich zwei praktisch relevante Fälle denkbar sind: einmal die Urheberschaft an Filmwerken und zum anderen die Urheberschaft an Musikwerken, sofern Text und Musik von unterschiedlichen Personen geschrieben wurden.[416] In beiden Fällen weisen die verschiedenen nationalen Urhebergesetze erhebliche Diskrepanzen auf.[417] Die internationalen Abkommen sehen keine allgemeine Regelung der Inhaberschaft an Urheberrechten vor.[418] Nur für das Urheberrecht an Filmwerken sieht Art. 14bis Abs. 2 RBÜ eine Sonderregelung vor - hierauf wird noch zurückzukommen sein.

Das Schöpferprinzip verbunden mit dem Gedanken des geistigen Eigentums legt es nahe, die Inhaberschaft an einem Urheberrecht, insbesondere die originäre, einheitlich zu bestimmen. Es ist schwer vorstellbar, daß jeder Verwertungs-

---

415 Freilich handelt es sich nicht zwangsläufig um denjenigen, der das Werk veröffentlicht, sondern den geistigen Urheber.

416 Vgl. hierzu statt aller Hubmann/Rehbinder, Urheberrecht, § 19 I sowie Ulmer, Urheber- und Verlagsrecht, § 34 bzw. § 35: Voraussetzung ist in allen Fällen, daß es sich um *ein* Werk im urheberrechtlichen Sinne handelt (§ 8 UrhG), die verschiedenen Anteile sich also nicht gesondert verwerten lassen. Ist dies nicht der Fall liegt nur eine sog. Werkverbindung vor (§ 9 UrhG) und beide Teile gelten als selbständige Werke, mit der Folge, daß die Schutzdauer unterschiedlich läuft. Nach deutschem Verständnis gilt dies beispielsweise für Musikwerke, da sich Text und Musik getrennt verwerten lassen. Zum ganzen auch Ulmer, RabelsZ 41 (1977), 479, 495 u. 502 f., der allerdings nur musikdramatische Werke nennt. Die Problematik, ob Miturheberschaft vorliegt oder nicht, ergibt sich aber auch bei gewöhnlichen Musikwerken, sofern sie einen Text haben.

417 So sehen die Urhebergesetze Frankreichs und Italiens vor, daß Komponist und Texter eines musikdramatischen Werkes - bestes Beispiel hierfür dürfte eine Oper sein - gemeinsam Miturheber des Werkes sind; Art. L 113 - 3 französisches Urhebergesetz (Kollektivwerk); ebenso im britischen Recht, vgl. Art. 10 (1) Copyright Act; dort gilt eine einheitliche Schutzfrist von 50 Jahren ab Veröffentlichung, Art. 12 (2), vgl. Möhring/Schulze/Ulmer/Zweigert, Quellen des Urheberrechts, GB/I III 2. Andere Rechtsordnungen, so etwa die deutsche, nehmen nur eine Verbindung der Werke an, jedoch keine Miturheberschaft.

418 Vgl. auch Drobnig, RabelsZ 40 (1976), 195, 199 ff. sowie Locher, Das Internationale Privat- und Zivilprozeßrecht der Immaterialgüterrechte aus urheberrechtlicher Sicht (1993), S. 98.

staat gesondert entscheiden können soll, wer Inhaber des Urheberrechts ist,[419] denn ein universales Urheberrecht kann so betrachtet auch nur in einer Person entstehen.[420] Gleichwohl hat neben anderen Autoren vor allem *Ulmer*[421] darzulegen versucht, warum für die Inhaberschaft an Urheberrechten allein die Anknüpfung am Recht des Schutzlandes in Betracht kommen soll. Zunächst weist er auf eine scheinbar „bedenkliche Zäsur" hin, die die Anknüpfung am Ursprungsland bedinge, da vor der Veröffentlichung nur das Personalstatut des Urhebers als Ursprungsland verstanden wird.[422] Daraus folge, daß mit der Veröffentlichung ein Statutenwechsel verbunden sei, wenn das Personalstatut des Schöpfers und der Ort der Erstveröffentlichung auseinanderfallen und der Inhaber des Urheberrechts nach der Veröffentlichung aufgrund der unterschiedlichen Regelungen ein anderer sein kann, was insbesondere Rechtsübertragungen erschwere.[423] Dieser Einwand ist auf den ersten Blick zwar zutreffend, in der Praxis kann es aber zu keinem solchen Fall kommen: Filmwerke werden von der RBÜ gesondert geregelt und können hier außen vor bleiben. Aber auch im Falle der Miturheberschaft kann es keinen Wechsel in der Urheberschaft geben, sondern es stellt sich nur die Frage, ob Miturheberschaft oder verbundene Werke vorliegen. Außerdem läßt sich der Ort der ersten Veröffentlichung, und damit das Ursprungsland, vom Urheber steuern, weshalb die von Ulmer befürchtete Zäsur nur in gewollten Fällen zu erwarten wäre und die Urheber nicht benachteiligt.[424]

---

419 In diesem Sinne auch Locher, a.a.O., S. 45 mit weiteren Nachweisen. Vgl. aber OLG Koblenz GRUR Int. 1968, 164 ff. - „Liebeshändel in Chioggia" sowie OLG München GRUR Int. 1960, 75; OLG Hamburg GRUR Int. 1986, 415, 418.

420 Außer für ein Land wird ein Lizenzvertrag abgeschlossen, hierzu aber später unter c.

421 Vgl. insbesondere Ulmer, RabelsZ 41 (1977), 479, 495 ff.; ders., in: Holl/Klinke, Internationales Privatrecht, internationales Wirtschaftsrecht (1985), S. 257, 265 f.; ders., Die Immaterialgüterrechte (1975); Nr. 54 ff. mit Hinweisen zu ausländischen Rechtsordnungen; im Ergebnis ebenso Spoendlin, UFITA Bd. 107 (1988), 11, 23 f. sowie Sandrock, in: v. Cämmerer, Vorschläge und Gutachten (1983), S. 380, 402. Ebenso OLG München GRUR Int. 1960, 75; OLG Hamburg GRUR Int. 1986, 415, 418; LG München Schulze Rspr. LGZ 173 mit Anm. Hubmann.

422 Vgl. hierzu oben I 2 c.

423 Vgl. RabelsZ 41 (1977), a.a.O., 496. Ulmer nennt als Beispiel ein Filmwerk, das in England hergestellt wurde - nach englischem Recht ist der Filmhersteller Schöpfer - und in Frankreich erstveröffentlicht wird - dort werden die geistigen Schöpfer als Urheber angesehen. Hierbei verkennt er aber, daß der Herstellungsort nichts mit dem Personalstatut des Schöpfers zu tun hat. Richtigerweise wäre hier auf den Wohnsitz des Produzenten abzustellen.

424 Wenn der bereits angeführte Che Guevara Fotograf in Kuba kein Urheberrecht erlangen konnte, konnte er durch eine Veröffentlichung in Italien ein weltweit gültiges Urheberrecht erwerben.

Weiterhin versucht er, eine Verbindung von Bestand und Inhaberschaft am Urheberrecht aufzuzeigen, die aus dem Inländerbehandlungsgrundsatz resultieren soll. Was den Bestand der Urheberrechte angeht, ist nach allgemeiner Ansicht allein das Recht des Schutzlandes maßgebend.[425] Ulmer meint nun, wenn das Ursprungsland keinen Schutz vorsehe, könne sich nach diesem Recht auch keine Inhaberschaft bestimmen, jedenfalls führe dies zu unbilligen Ergebnissen. Aus diesem Grunde dürfe allein das Recht des Schutzlandes für die Inhaberschaft herangezogen werden, da aufgrund des Inländerbehandlungsgrundsatzes auch im Ursprungsland ungeschützte Werke im Inland zu schützen seien.[426] Aber auch dieses Beispiel ist konstruiert. Denn wenn das Werk im Ursprungsland nicht schutzfähig war und nicht binnen 30 Tagen in einem Verbandsstaat der RBÜ veröffentlicht wurde, konnte regelmäßig auch im Schutzland kein Urheberrecht entstehen.[427] Mit der Inhaberschaft hat dies jedoch nichts zu tun, denn es besteht kein Zusammenhang zwischen Bestand und Inhaberschaft,[428] wieso auch. Wenn das ausländische Urheberrecht im Schutzland nur als Gebrauchsmuster schutzfähig ist, ändert sich die Inhaberschaft nicht. Auch die im Schutzland nicht schutzfähige Schöpfung kann dem ausländischen Urheber zugeordnet werden; so gewährt § 121 Abs. 6 UrhG einem ausländischen Schöpfer auch dann die inländischen Urheberpersönlichkeitsrechte, wenn das Werk hier gar nicht schutzfähig ist.[429] Ulmer selbst knüpft im Falle von Arbeitnehmerwerken Inhaberschaft und Bestand ebenfalls getrennt an: die Inhaberschaft wird dem Arbeitsstatut unterworfen, der Bestand dem Schutzlandrecht.[430] Warum soll dies beim üblichen originären Erwerb anders sein? Ob das Urheberrecht in manchen Staaten un-

---

425 Vgl. oben II 1 und 2.

426 Vgl. Ulmer, RabelsZ 41 (1977), 479, 496 f.

427 Das gilt jedenfalls dann, wenn das Recht des Schutzlandes nicht auf den Vergleich der Schutzfristen, der sich aus den Staatsverträgen ergibt, verzichtet, vgl. hierzu oben 2.

428 So auch Locher, Das Internationale Privat- und Zivilprozeßrecht der Immaterialgüterrechte aus urheberrechtlicher Sicht (1993), S. 45; ebenso Drobnig, RabelsZ 40 (1976), 195, 200 sowie Vischer, Das IPR des Immaterialgüterrechts, in: Festschrift 100 Jahre Patentgesetz (1988), S. 363, 367.

429 Dies gilt für die Rechte aus §§ 12 bis 14 (Veröffentlichungsrecht, Anerkennung der Urheberschaft und Entstellungsschutz), vgl. Fromm/Nordemann, § 121 UrhG, Rn. 6 sowie Schack, UFITA Bd. 108 (1989), 58. Diese Regelung wurde auf Empfehlung des Rechtsausschusses aufgenommen, vgl. Mestmäcker/Schulze, Urheberrechtskommentar, § 121 UrhG, Anm 1 und 7 sowie den Bericht des Rechtsausschusses BT-Drucks. zu IV/3401, 15, auch abgedruckt in UFITA 46 (1966), 174 ff.

430 Vgl. etwa Ulmer, Die Immaterialgüterrechte (1975), S. 42 (Inhaberschaft an Arbeitnehmerwerken) bzw. S. 37 (Entstehung, Wirkungen und Erlöschen des Urheberrechts); ders., in: Holl/Klinke, Internationales Privatrecht, internationales Wirtschaftsrecht (1985), 257, 265 ff. Zur Anknüpfung von Arbeitnehmerwerken vgl. auch unten b.

durchsetzbar ist, sei es auch im Ursprungsland, spielt im Hinblick auf seine rechtliche Zuordnung keine Rolle. Im übrigen kann der Schöpfer auch hier auf sehr einfache Weise ein wirksames Urheberrecht im Ursprungsland erlangen: er muß das Werk schlicht in einem anderen Staat als seinem Heimatstaat veröffentlichen, denn dann wird dessen Recht für die Inhaberschaft maßgeblich. Das dürfte diesem Beispiel jedenfalls die praktische Relevanz nehmen.

Schließlich versucht Ulmer, seine Ansicht zumindest für den Bereich der RBÜ mit Hilfe von Art. 14bis Abs. 2 RBÜ zu belegen.[431] Hiernach bestimmt das Recht des Schutzlandes, wer Inhaber des Urheberrechts an einem Filmwerk ist.[432] Abs. 2 b ergänzt diese Regelung noch um eine Zessionsvermutung zugunsten des Filmherstellers. Mit Hilfe dieser Regelung soll, ähnlich wie auch im Falle des Folgerechts,[433] eine Kompromißlösung angesichts der stark divergierenden nationalen Regelungen erreicht werden.[434] *Ulmer* mag diese Regelung als Konkretisierung des Schutzlandprinzips empfinden,[435] die Tatsache, daß allein die Inhaberschaft an Filmwerken in der RBÜ geregelt ist, eine allgemeine Regelung aber fehlt, spricht hingegen eher für eine auf diesen Bereich begrenzte

---

431 Vgl. Ulmer, RabelsZ 41 (1977), 479, 498 ff.

432 Der Rechtsnatur nach muß es sich auch hierbei um eine Norm mit kollisionsrechtlichem Gehalt handeln; vgl. auch Ulmer, RabelsZ 41 (1977), 479, 487. Einige Autoren vertreten allerdings die Ansicht, die RBÜ enthalte nur Fremdenrecht, vgl. oben 2. Kapitel I 2.

433 Art. 14ter RBÜ, vgl. hierzu oben 2.

434 In der rechtsvergleichenden Arbeit von Ulmer, Die Immaterialgüterrechte (1975), Nr. 54, wird auf einige dieser nationalen Regelungen hingewiesen. So sehen der britische Copyright Act aus dem Jahre 1988 (Art. (13)) sowie eine ganze Reihe anderer Staaten, hier insbesondere die USA vor, daß das Urheberrecht an Filmwerken dem Hersteller - mithin der Filmgesellschaft bzw. dem Produzenten - zustehen soll. Andere Rechtsordnungen, wie etwa das deutsche UrhG oder auch der französische Code de la propiété intellectuel aus dem Jahre 1992, sehen den geistigen Schöpfer des Werkes - also den Drehbuchautor, den Regisseur und, je nach dem schöpferischen Gewicht ihres Beitrag auch Cutter oder Schauspieler - als, gegebenenfalls gemeinschaftliche (in Frankreich besteht eine gesetzliche Vermutung der Miturheberschaft), Schöpfer des Werkes an, verbunden mit der widerlegbaren Vermutung, daß die Verwertungsrechte dem Filmhersteller zediert wurden, vgl. § 89 UrhG bzw. Art. L 113 - 7 Abs. 2 CPI, also ähnlich den Arbeitnehmererfindungen. Auch die Urhebergesetze Österreichs und Italiens gehen davon aus, daß das Urheberrecht in der Person des geistigen Schöpfers entsteht, allerdings gehen dort die Verwertungsrechte kraft Gesetzes auf den Hersteller über, § 38 URG bzw. Art. 45 Abs. 1 codice di autore, vgl. hierzu Möhring/Schulze/Ulmer/Zweigert, Quellen des Urheberrechts mit dem jeweiligen Länderbericht; zum gesamten Komplex auch Auteri, in: FS für Ulmer, S. 56 ff.

435 Vgl. RabelsZ 41 (1977), 479, 499 mit weiteren Nachweisen; ebenso Spoendlin, UFITA Bd. 107 (1988), 11, 24.

Ausnahmeregelung.[436] Diese Regelung ist, wenn auch mißlich, zu respektieren, da sie für die Mitgliedsstaaten der RBÜ zwingenden Rechts ist.[437] Daß bei der Abfassung des Art. 14bis Abs. 2 RBÜ im Rahmen der Stockholmer Revisionskonferenz 1967 nach Aussage von Ulmer niemand den Gedanken geäußert habe, daß die Inhaberschaft an Urheberrechten nach dem Recht des Ursprungslandes zu beurteilen sei,[438] vermag nicht zu belegen, daß diese Lösung nicht vielleicht doch die richtigere ist.

Letztlich ergibt sich also kein zwingender Grund, für die Anknüpfung der Inhaberschaft an Urheberrechten das Recht des Schutzlandes heranzuziehen. Vielmehr sprechen die besseren Gründe für die Anknüpfung des originären Erwerbs des Urheberrechts am Recht des Ursprungslandes:[439] Eine einheitliche Anknüpfung sorgt für Rechtssicherheit, da es international keine Diskrepanz in der Inhaberschaft an einem Urheberrecht geben darf.[440] Der Schutz der Urheber vor Beschränkungen ihrer Inhaberschaft ist hier vorrangig. Mit Hilfe der lex publicationis-Anknüpfung ist das für die Inhaberschaft maßgebliche Recht für den Schöpfer wählbar. Auch der Souveränitätsgedanke steht dieser Lösung nicht entgegen, denn die Souveränität des Verwerterstaates, sprich des Schutzlandes, ist gewahrt, solange das Urheberrecht hinsichtlich Entstehung und Inhalt an seine Gesetze gebunden ist. Wem das Urheberrecht zusteht, spielt aus Sicht des

---

436 So auch Drobnig, RabelsZ 40 (1976), 195, 199.

437 Vgl. insoweit die Nachweise bei Ulmer, a.a.O., 499; für die Staaten, die ohnehin von der Urheberschaft der Schöpfer ausgehen, handelt es sich nur um eine Zessionsvermutung. Dies übersieht offensichtlich Drobnig, RabelsZ 40 (1976), 195, 200, wenn er meint, die Verbandsländer könnten, da die Regelung dispositiver Natur sei, die Anknüpfung durch die Verweisung auf die Rechtsordnung eines anderen Staates, er meint insoweit das Recht des Ursprungslandes, abweichend regeln. Der Wortlaut „dem Recht des Schutzlandes vorbehalten“ läßt eine solche Auslegung allerdings denkbar erscheinen, es spricht aber viel dafür die kollisionsrechtlichen Verweisungen der RBÜ als Sachnormverweisung anzusehen. Die Anknüpfung am Recht des Ursprungslandes kommt somit nur für den verbandsfreien Raum in Frage.

438 Vgl. Ulmer, a.a.O., 498 f.

439 So im Ergebnis auch Schack, Zur Anknüpfung (1979), Nr. 61, 66 und 107; Drobnig, RabelsZ 40 (1976), 195, 200 sowie Neuhaus, RabelsZ 40 (1976), 191, 193. Für das Recht des Schutzlandes hingegen Ulmer, a.a.O.; Spoendlin, UFITA Bd. 107 (1988), 11ff., 23 f.

440 Ulmer verdeutlicht selbst, wie wichtig eine einheitliche Anknüpfung ist, wenn er die Anknüpfung am Ursprungsland deswegen für bedenklich hält, da aufgrund eines Statutenwechsels zwischen Personalstatut und Ort der ersten Veröffentlichung auch die Inhaberschaft wechseln könne, vgl. RabelsZ 41 (1977), a.a.O., S. 496. Wenn schließlich die Anknüpfung am Recht des Schutzlandes vorgeschlagen wird, die immer uneinheitlich ist und zu einem Statutenwechsel führt, so ist dies in höchstem Maße inkonsequent.

Souveränitätsgedankens keine Rolle. Die Interessen der Verwerter sind bezüglich der Inhaberschaft am Urheberrecht ebenfalls nicht tangiert, da es für sie nicht auf den Inhaber der Rechte ankommt, die sie verwerten, solange sie davon ausgehen können, berechtigt zu verwerten.[441] Die Unzulänglichkeit der Anknüpfung am Recht des Verwertungsortes wird auch anhand des Beispiels Miturheberschaft deutlich: Zwischen den einzelnen Urheberrechtssystemen bestehen wie gesagt große Diskrepanzen im Hinblick auf die Miturheberschaft an Musikwerken. Die Schutzdauer bestimmt sich im Falle von Miturheberschaft ab dem Tod des Längerlebenden,[442] wohingegen sie bei verbundenen Werken getrennt läuft, mit der Folge, daß Gemeinfreiheit zu unterschiedlichen Zeitpunkten eintritt. In Deutschland wäre daher die Schutzfrist für einen Teil der verbundenen Werke bereits abgelaufen, während sie in Frankreich noch liefe. Diese Ungleichbehandlungen würden durch die einheitliche Anknüpfung am Recht des Ursprungslandes vermieden, da auf diese Weise die Inhaberschaft weltweit gleich beurteilt werden müßte.[443] Schließlich zeigt auch der Vergleich mit Arbeitnehmerwerken, bei denen die überwiegende Ansicht[444] keine Probleme hat, die Inhaberschaft ebenfalls einheitlich entsprechend dem Arbeitsstatut zu bestimmen, daß nur die Anknüpfung am Recht des Ursprungslandes sinnvoll sein kann.

b) Urheberrecht und Arbeitsverhältnis

Auch das Urheberrecht kann an Schöpfungen entstehen, die im Zuge eines Arbeitsverhältnisses oder auf Bestellung geschaffen wurden.[445] Insoweit gilt ähnliches wie für Arbeitnehmererfindungen, die bereits erörtert wurden. Auch hier muß entschieden werden, nach welchem Recht sich bestimmt, wem das Arbeitsergebnis originär zuzuordnen ist. Die RBÜ läßt diese Frage offen. Wie schon zuvor bei den gewerblichen Schutzrechten, so sehen auch hier die ein-

---

441 So auch Schack, Zur Anknüpfung (1979), Nr. 107 sowie Locher, Das Internationale Privat- und Zivilprozeßrecht der Immaterialgüterrechte aus urheberrechtlicher Sicht (1993), S. 45.

442 Vgl. Art. 7bis RBÜ; im deutschen Urheberrecht ist dies genauso, vgl. § 65 UrhG.

443 So auch Schack, Zur Anknüpfung, Nr. 64 und 66; für das Recht des Schutzlandes aber Ulmer, Die Immaterialgüterrechte (1975), Nr. 55.

444 Vgl. hierzu unter folgender Überschrift.

445 Vgl. etwa die Beispiele bei Birk, Arbeitnehmer und Arbeitnehmerähnliche Person im Urheberrecht bei Auslandsbeziehungen, in: FS für Hubmann (1985), S. 1 f.; ders., UFITA 108 (1988), 101 f., der auf die aktuellen Bereiche der Design-, Halbleiter- und Softwareentwicklung hinweist, die naturgemäß stark mit angestellten Urhebern durchsetzt sind. Vgl. auch die Untersuchung von Forbeck/Wiesand/Woltereck, Arbeitnehmer oder Unternehmer? Zur Rechtssituation der Kulturberufe (1976).

schlägigen nationalen Gesetze höchst unterschiedliche Regelungen vor. Grob betrachtet lassen sich jedoch ebenfalls zwei Ansätze erkennen: Entweder wird der geistige Schöpfer als Urheber angesehen, der Arbeitgeber erwirbt dann nur derivativ Rechte aus dem Urheberrecht,[446] oder das Urheberrecht wird von vorneherein dem Auftraggeber bzw. Arbeitgeber gewährt und zugunsten des Urhebers zumeist durch Vergütungsansprüche ersetzt.[447]

Im Falle von Arbeitnehmerwerken kann auf der kollisionsrechtlichen Ebene gleichfalls nur eine einheitliche Anknüpfung sinnvoll sein. Hierfür lassen sich mehrere Gründe anführen: Zum einen ist dies die einzige Möglichkeit, die großen Unterschiede auf internationaler Ebene zu überwinden; auch hier darf nicht das Zufallsprinzip entscheiden, ob der Schöpfer oder der Arbeitgeber Inhaber des Urheberrechts ist. Nichts anderes wäre der Fall, würde man die Frage der Inhaberschaft allein davon abhängig machen, an welchem Ort das Werk zufällig verwertet wurde, wie es die Vertreter der Anknüpfung am Recht des Schutzlandes notwendigerweise tun müssen. Ein zweiter Grund sind auch hier die Interessen der Urheber, die angesichts der Frage des originären Erwerbs besonderer Berücksichtigung bedürfen. Es wird kaum im Interesse dieser Urheber sein, daß auch Rechtsordnungen, die die Urheberschaft anders beurteilen, zur Entscheidung berufen werden können. Den Verwertern, deren Interessen die Anknüpfung an das Schutzland sonst bevorzugt, kann es hingegen gleichgültig sein, wessen Urheberrecht sie verwerten, solange sie sich auf den Inhalt und die Schranken

---

[446] So auch im deutschen Urheberrecht: § 43 UrhG stellt es dem Arbeitnehmer frei, dem Arbeitgeber Nutzungsrechte einzuräumen; vgl. hierzu Ulmer, Urheber- und Verlagsrecht, § 95 und Fromm/Nordemann, UrhG, § 43, Rn. 1, 3. Das gleiche gilt im französischen Recht, vgl. hierzu Desbois, Le Droit d`Auteur, S. 180 ff. sowie Larese, Zum originären Rechtserwerb des Arbeitgebers am Werk des Arbeitnehmers nach französichem Urheberrecht, UFITA Bd. 74 (1975), 41 ff. Die vom Gesetz vorgesehene Einräumung von Nutzungsrechten ist allerdings stillschweigend möglich, vgl. Birk, UFITA Bd. 108 (1988), 101, 109 (insbesondere Fn. 37).

[447] Dies ist im amerikanischen Recht der Fall, § 201 (b) Copyright Act der USA, vgl. hierzu Ulmer, Die Immaterialgüterrechte (1975), Nr. 56; ähnlich im britischen Copyright Act von 1988, dort Art. 12 (2), vgl. hierzu Koch, Das englische Urheberrecht unter besonderer Berücksichtigung der Trägerschaft von Urheberrechten bei angestellten Urhebern, UFITA Bd. 103 (1986), 85 ff. Das gleiche gilt für Japan, Kanada und die Niederlande, vgl Birk, UFITA Bd. 108 (1988), 101, 105. Das deutsche Geschmacksmusterrecht und das Halbleiterschutzgesetz folgen ebenfalls diesem Prinzip, vgl. § 2 GeschmMG und § 2 Abs. 2 HalbleiterschutzG. Eine gemeinsames Urheberschaft von Arbeitnehmer und Arbeitgeber findet sich allerdings in Brasilien gemäß Art. 36 des Gesetzes Nr. 5988 vom 14.12.1973, vgl. Birk, a.a.O., 105 (Fn. 28).

des Urheberrechts nach ihrem Recht verlassen können.[448] Die Notwendigkeit einer einheitlichen Anknüpfung sieht im Falle von Arbeitnehmerwerken auch *Ulmer*, der ansonsten für alle Einzelfragen starr an der Anknüpfung am Schutzland festhält.[449] Er weist zu Recht auf die Verwertungsschwierigkeiten hin, die eintreten könnten, wenn etwa ein US-amerikanischer Arbeitgeber, der nach dortigem Recht Inhaber des Urheberrechts geworden ist, versuchen wollte, das Werk in Europa zu verbreiten. Käme man über das Schutzlandprinzip hier zur Anwendung beispielsweise deutschen Urheberrechts, könnte allein der Urheber selbst in Deutschland das Werk verwerten, da dieser nach deutschem Recht Inhaber wäre. Die gleiche Problematik ist freilich auch umgekehrt denkbar.

Aus den genannten Gründen wird die einheitliche Anknüpfung in Anlehnung an das Recht, welches den Arbeitsvertrag beherrrscht, vorgeschlagen.[450] Dem ist zuzustimmen. Auch hier handelt es sich primär um ein arbeitsrechtliches Problem, denn auf materiellrechtlicher Ebene geht es einzig und allein um die Zuordnung des Arbeitsergebnisses. Diese Sonderbeziehung überlagert die urheberrechtliche Einordnung,[451] obgleich sie dem gleichen Gedanken Rechnung trägt: der einheitlichen Anknüpfung der originären Inhaberschaft an einem Urheberrecht. Auch im Falle von Arbeitnehmerwerken muß letztlich eine Parteiautono-

---

448 Dies galt bereits bei der Frage der originären Inhaberschaft, vgl. die Nachweise zuvor (Fn. 445).

449 Vgl. Ulmer, a.a.O., Nr. 57; ders., RabelsZ 41 (1977), 503 ff., 509. Er deutet diesen Erwerb allerdings allein als vertragsrechlichen. Insofern scheint mir die Bezeichnung derivativ passender, denn auch beim Fehlen einer vertraglichen Regelung wird am Recht, das auch das Arbeitsverhältnis beherrscht, angeknüpft. Ebenso Spoendlin, Der internationale Schutz des Urhebers, UFITA Bd. 107 (1988), 11 ff., 24, sowohl für Arbeitnehmerwerke wie auch für den Fall der Übertragung von Urheberrechten.

450 Vgl. neben den bereits in Fn. 453 genannten Nachweisen Birk, in: Festschrift für Hubmann (1985), S. 4 ff.; ders. UFITA 108 (1988), 101, 108; MünchKomm-Martiny, Art. 30 EGBGB, Rn. 56 f.; MünchKomm-Kreuzer, Nach Art. 38 EGBGB, Anh. II, Rn. 117; für die einheitliche Beurteilung der Rechtsfolgen einer Schutzrechtsübertragung mit weltweiter Wirkung auch Windisch, Gewerblicher Rechtsschutz und Urheberrecht im zwischenstaatlichen Bereich, S. 57. Andere Ansicht, nämlich die umfassende Anwendung des Recht des Schutzlandes für die Entstehung, allerdings ohne ausdrückliche Nennung von Arbeitnehmerwerken, aber Schricker-Katzenberger, Vor §§ 120 ff. UrhG, Rn. 120, 124.

451 So auch Birk, UFITA 108 (1988), 101, 107. Daß die gesetzliche Regelung diesser Frage regelmäßig in den Urheberrechtsgesetzen zu finden ist, ändert an dieser Sachlage nichts, denn hierfür sind zumeist Gründe des Sachzusammenhangs bei der Gesetzfassung maßgebend gewesen.

mie möglich sein;[452] dies kann jedoch allein mit Hilfe der vertragsakzessorischen Anknüpfung am Arbeitsstatut funktionieren, da anderenfalls, aus der Sicht des jeweiligen Schutzlandrechts, häufig ein Nichtberechtigter verfügt hätte.[453]

Bedenken gegen die Anknüpfung am Vertragsstatut äußert *Schack.*[454] Er schlägt auch für Arbeitnehmerschöpfungen die Anknüpfung nach Recht des Ursprungslandes vor, da es das Urheberrechtsstatut sei, welches die Rechtsnatur des Urheberrechts präge.[455] Ursprungsland und Vertragsstatut werden sich in der Mehrzahl der Fälle decken, denn der Arbeitsvertrag dürfte in der Regel nach dem Recht des Arbeitsortes zu beurteilen sein, und an diesem Ort wird der Auftraggeber zumeist auch das Werk veröffentlichen. Darüber hinaus sprechen aber keine Gründe für die Anknüpfung am Recht des Ursprungslandes. Insbesondere bei unveröffentlichten Werken wäre dies - auch nach der Ansicht Schacks - das Heimatrecht des Schöpfers, welches mit dem Arbeitsverhältnis überhaupt nichts zu tun hat. Das Arbeitsverhältnis ist als Anknüpfungspunkt schlicht sachnäher, und diese Überlagerung der urheberrechtlichen Einordnung verhindert eine andere als die arbeitsvertragsakzessorische Anknüpfung.[456] Dies wird besonders deutlich, wenn man sich vergegenwärtigt, daß Ursprungsland und Schwerpunkt des Arbeitsverhältnisses durchaus voneinander abweichen können. Spätestens dann stellt sich die Frage, was letztendlich für das Recht des Ursprungslandes sprechen soll. Hier lediglich anzuführen, daß der Rückgriff auf das Recht des Arbeitsvertrages nochmals ein weiteres mögliches anwendbares Recht ins Spiel bringe, was nur zur Verwirrung des Richters beitragen könne,[457] überzeugt keineswegs.

Maßgebliches Recht für die Anknüpfung von Arbeitnehmerwerken ist demnach das Recht, welches auch auf den Arbeitsvertrag Anwendung findet. Das gilt

---

452 Die Reichweite der Parteiautonomie im Bereich des Arbeitnehmer-Urheberrechts ist allerdings von Staat zu Staat verschieden. Im EPÜ ist allein die objektive Anknüpfung vorgesehen, Art. 60 I S. 2, eine abweichende Parteiautonomie nicht möglich.

453 Hätte im Staat A, nach dessen materiellem Immaterialgüterrecht der Schöpfer das Urheberrecht erwirbt, dieser sein Recht in seinem Anstellungsvertrag auf den Arbeitgeber übertragen und würde der Arbeitgeber das Recht im Staat B, dessen materielles Immaterialgüterrecht dem Arbeitgeber das Urheberrecht gewährt, gegen eine Verwertungshandlung schützen wollen, dann hätte nach dortiger Auffassung ein Nichtberechtigter über das Urheberrecht verfügt.

454 Vgl. Schack, Zur Anknüpfung (1979), Nr. 63.

455 Vgl. a.a.O.

456 Vgl. hierzu die Ausführungen oben 1. Teil II 3 b. Auch § 43 UrhG will der Parteiautonomie Vorrang einräumen. Vom gleichen Ansatz geht, wie Nimmer, On Copyright, § 62 I, nachweist, auch das anglo-amerikanische Recht aus.

457 So jedoch Schack, a.a.O.

insbesondere für eine gesetzlich vorgesehene oder vermutete Übertragung des Urheberrechts, denn hier ist das Arbeitsverhältnis gleichfalls spezieller.[458] Zur Bestimmung dieses Rechts ist wie bereits bei Arbeitnehmererfindungen auf Art. 30 EGBGB abzustellen, das heißt, primär gilt die Rechtswahl der Parteien, allerdings eingeschränkt durch zwingende Bestimmungen zum Schutz des Arbeitnehmers.[459] Bei Fehlen einer Rechtswahl entscheidet das Recht am gewöhnlichen Arbeitsort, hilfsweise der Sitz der Niederlassung, in der der Arbeitnehmer beschäftigt ist. Von dieser Anknüpfung sind allerdings bestimmte Fragen abzuspalten: Urheberpersönlichkeitsrechte sind in jedem Fall vom Erwerb durch den Arbeitgeber ausgeschlossen;[460] dies sehen, soweit erkennbar, auch alle Rechtsordnungen so vor,[461] weshalb hier kaum Probleme auftreten dürften. Maßgeblich für die Inhaberschaft am Urheberpersönlichkeitsrecht kann nur das Recht des Ursprungslandes sein. Bezüglich der Frage der Zulässigkeit abweichender Parteivereinbarungen sollte volle Vertragsfreiheit gewährt werden; das gilt für die Wahl des auf den Arbeitsvertrag anwendbaren Rechts wie auch für den materiellrechtlichen Inhalt. Art. 30 EGBGB sieht ausdrücklich die Geltung arbeitnehmerschützender Vorschriften vor, führt also zu einer angemessene Begrenzung der Parteiautonomie.[462]

d) Die Übertragung urheberrechtlicher Verwertungsrechte

aa) Die Bestimmung des Vertragsstatuts

Von besonderer Bedeutung ist auch für das Urheberrecht in der Praxis die Möglichkeit der Einräumung von Verwertungsrechten, insoweit steht es den gewerblichen Schutzrechten in nichts nach. Auch das Urheberrecht gewinnt erst dadurch praktischen Wert, daß der Schöpfer über seine umfangreichen Rechte aus der Schöpfung getrennt voneinander verfügen kann. Insbesondere der Verlagsvertrag ist heute von keiner Buch- oder Musikveröffentlichung mehr wegzudenken, und die Lizenzierung von Buch- und Filmrechten, neuerdings auch

---

458 So zutreffend Birk, in: FS für Hubmann (1985), S. 1, 5 (insbesondere Fn. 25).

459 Zur Bestimmung dieses Rechts vgl. oben 1. Teil II 3 b.

460 Vgl. Fromm/Nordemann, Vor § 31 Urhebergesetz, Rn. 7: Die Übertragung des Urheberrechts ist ausgeschlossen; möglich ist aber die Einwilligung in die Ausübung.

461 Art. L 121 - 1 II französisches Urhebergesetz, vgl. Möhring/Schulze/Ulmer/Zweigert, Quellen des Urheberrechts, Frankreich/I VI 1. In den USA und Großbritannien kennt man kein solches Recht.

462 Vgl. hierzu ausführlicher oben im Rahmen der Ausführungen zur Behandlung von Arbeitnehmererfindungen, 1. Teil II 3 b.

Computerspielen, gehört zu den festen marktstrategischen Bestandteilen unserer heutigen multimedialen Gesellschaft.

Zunächst ist auch hier die Frage zu problematisieren, nach welchem Recht sich Wirksamkeit und Pflichten aus dem Vertrag richten sollen. Der Blick auf die internationalen Abkommen fördert im Falle der Berner Übereinkunft nur zwei Bestimmungen zutage, die urhebervertragliche Fragen ansprechen: Der bereits erwähnte Art. 14bis Abs. 2 Ziff. b RBÜ, der für Filmwerke eine Vermutung dahingehend ausspricht, daß der Filmhersteller durch die mit den geistigen Schöpfern des Filmwerkes abgeschlossenen Verträge im Zweifel auch berechtigt ist, das Verwertungsrecht auszuüben,[463] und Art. 11bis Abs. 3 S. 1 RBÜ, der umgekehrt ohne anderweitige Vereinbarung den Sendeunternehmen verbietet, die für eine Rundfunksendung erteilte Erlaubnis auch auf das Mitschneiden des Werkes auszudehnen.[464] Alle weiteren Fragen fallen folglich in den Bereich des autonomen Privatrechts, da auch der Inländerbehandlungsgrundsatz, der nur den Schutz des Urheberrechts vorsieht, keine kollisionsrechtliche Verweisung auf das Schutzland für Urheberrechtsverträge darstellt.[465]

Die überwiegende Ansicht in der Literatur geht zur Bestimmung des Vertragsstatuts im Sinne der Lehre von der charakteristischen Leistung[466] zurecht davon aus, daß sich das maßgebliche Recht für die vertragliche Übertragung in Ermangelung einer Rechtswahlvereinbarung[467] gemäß Art. 28 Abs. 1 bzw. 2 EGBGB nach dem Sitzstatut desjenigen richtet, der die vertragscharakteristische

---

463 Es wird hingegen nicht vermutet, daß ihm dieses Recht bereits übertragen wurde, vgl. Masouyé, Art. 14bis RBÜ, Anm. 5, 7; Nordemann/Vinck/Hertin, Art. 14/14bis RBÜ, Rn. 10 sowie oben 3 a. Vgl. hierzu auch Katzenberger, Urheberrechtsverträge im internationalen Privatrecht und Konventionsrecht, in: FS für Schricker (1995), S. 225, 237. Art. 14bis Abs. 2 Ziff. c RBÜ regelt mit kollisionsrechtlicher Wirkung die Form dieser Verträge.

464 Nach allgemeiner Ansicht handelt es sich bei dieser Regelung nur um eine Auslegungsvorschrift, die mittels einer Vermutungregel arbeitet, vgl. Bappert/Wagner, Art. 11bis RBÜ, Rn. 14 f. sowie Boytha, ZfRV 1987, 179, 186. Die beiden folgenden Absätze ermächtigen die Mitgliedsstaaten, die Vervielfältigungsrechte der Urheber zugunsten bestimmter Aufnahmen einzuschränken. Im deutschen UrhG ist dies in § 55 geschehen, vgl. Ulmer, Urheber- und Verlagsrecht, § 53 V.

465 Vgl. Boytha, Copyright, S. 399, 410; Masoyé, Art. 5 RBÜ, Anm. 5.7; Ricketson, The Berne Convention, S. 209; Ulmer, Die Immaterialgüterrechte (1975), Nr. 68. Ob dies auch für das Territorialitätsprinzip gilt, wird sogleich erörtert.

466 Vgl. hierzu oben 1. Teil II 3 c aa.

467 Auch im Falle von Urheberrechtsverträgen geht eine Rechtswahl der objektiven Anknüpfung vor, vgl. Katzenberger, in: FS für Schricker (1995), 225, 252.

Leistung erbringt.[468] Im Falle von Lizenzverträgen und sonstigen Übertragungen kann hier freilich nichts anderes gelten als für gewerbliche Schutzrechte: Die vertragscharakteristische Leistung erbringt wiederum der Lizenzgeber/Übertragende, sofern der Lizenznehmer nur auf übliche Weise in Geld leistet.[469] Dies muß allerdings differenziert beurteilt werden, wenn derjenige, an den die Rechte übertragen werden, selbst eine vertragswesentlichere Leistung erbringt. Nach wohl überwiegender Auffassung[470] soll dies im Rahmen einer ausschließlichen Lizenz[471] der Fall sein, sofern den Erwerber eine Ausübungspflicht treffe, da dann diese Pflicht überwiege.[472] Hiergegen bestehen allerdings erhebliche Bedenken, denn die urheberrechtliche Ausübungsverpflichtung unterscheidet sich in keiner Weise von der patentrechtlichen. Auch dort wurde diese

---

468 Vgl. die Nachweise in den folgenden Fußnoten.

469 Das gilt wohl in erster Linie für die Einräumung einfacher Nutzungsrechte bzw. Lizenzen, vgl. ausdrücklich Hausmann, Möglichkeiten und Grenzen der Rechtswahl in internationalen Urheberrechtsverträgen, in: FS für Schwarz (1985), S. 47, 55; Kleine, Urheberrechtsverträge im IPR (1986), S. 74 ff.; MünchKomm-Martiny, Art. 28 EGBGB, Rn. 262; Ulmer, Die Immaterialgüterrechte (1975), Nr. 75, der für Sammelwerke allerdings am Sitz des Verlegers anknüpfen will. In der Schweiz gilt das Recht des Lizenzgebers sogar zwingend, vgl. Art. 122 I IPRG. Zum gleichen Ergebnis gelangt auch die Rechtsprechung, vgl. BGH UFITA 23 (1957), 88, 90; UFITA 32 (1960), 186, 187 - „Die Rache des schwarzen Adler" für den Filmauswertungsvertrag. Zum Begriff der einfachen Lizenz im Urheberrecht vgl. Hiestand, Die Anknüpfung internationaler Lizenzverträge (1993), S. 57 mit weiteren Nachweisen sowie Ulmer, Urheber- und Verlagsrecht, § 83 I 1.

470 Grundlegend wohl W. Hoffmann, Die Urheberrechtsverträge im IPR, RabelsZ 5 (1931), 759, 766; vgl. auch Bappert/Maunz/Schricker, Verlagsrecht, Einl. Nr. 32, für den verlagsrechtlichen Lizenzvertrag; v. Bar, IPR Bd. II, Rn. 498; Hausmann, in: FS für Schwarz (1985), 47, 54 ff., für Verträge mit Verwertungspflicht; Kleine, Urheberrechtsverträge im IPR (1986), S. 77 ff.; Mackensen, Der Verlagsvertrag im IPR (1965), S. 126 f., für den verlagsrechtlichen Lizenzvertrag, allerdings werden Vorbehalte zugunsten des Verbreitungslandes erwogen (S. 128); MünchKomm-Martiny, Art. 28 EGBGB, Rn. 265 f.; Reithmann/Martiny-Joch, Internationales Vertragsrecht, Rn. 698, für Filmproduktions- und Auswertungsverträge auch bei wesentlichen Leistungen des Lizenzgebers; Schricker-Katzenberger, Vor §§ 120 ff. UrhG, Rn. 158 bzw. Rn. 157, für verlagsrechtliche Lizenzen; Staudinger-Firsching, Vor. Art. 12 EGBGB a.F., Rn. 437; Strömholm, in: Holl/Klinke, Internationales Privatrecht, internationales Wirtschaftsrecht (1985), S. 269, 277; Ulmer, Die Immaterialgüterrechte (1975), Nr. 76. Aus der Rechtsprechung vgl. BGH GRUR 1960, 447, 448 - „Comics" für den verlagsrechtlichen Lizenzvertrag.

471 Zum Begriff vgl. Ulmer, a.a.O.

472 Eine Ausübungsverpflichtung liegt jedoch nach deutschem Verständnis, anders als etwa in Frankreich, nicht automatisch im Falle einer ausschließlichen Lizenz vor, da der Urheber im Falle der Nichtausübung gemäß § 41 I UrhG ein gesetzliches Rückrufsrecht besitzt, vgl. Ulmer, Urheber- und Verlagsrecht, § 93 I.

Pflicht als lediglich zur Frage der Zahlungsmodalität gehörend erkannt, die zwar zu einer Hauptpflicht aufrücken mag,[473] aber noch lange nicht vertragstypisch ist[474] und demgemäß von der Sachleistung, welche die allein entscheidende Leistung darstellt,[475] zu trennen ist.[476] Nichts anderes kann deshalb auch im Falle der mit einer Ausübungspflicht verbundenen urheberrechtlichen Lizenz gelten.

Abweichend wird man lediglich den Verlagsvertrag einordnen müssen, der weit über die Ausübungsverpflichtung hinausgeht. Der Verleger sorgt im entscheidenden Maße dafür, daß das Werk überhaupt veröffentlicht wird. Er ist der Erstverwerter, was ansonsten, auch bei verlagsvertraglichen Lizenzen, nicht der Fall ist, denn dort werden nur Taschenbuchrechte oder Verleihrechte etc. vergeben, nachdem das Werk bereits veröffentlicht war und bei denen der Vermarktungs- und Gewinnschöpfungsgedanke an oberster Stelle steht.[477] Zumeist ist in diesen Fällen der Urheber auch gar nicht mehr Vertragspartner. Beim Verlagsvertrag ist hingegen wegen der Sondersituation Erstverwertung und des gesteigerten Interesses des Urhebers hieran die Verpflichtung zur Vervielfältigung und Verbreitung weitaus stärker ausgeprägt;[478] sie ist im Gegensatz zu allen anderen Vertagstypen auch gesetzlich in den §§ 1, 14 und 15 VerlG verankert. Schließlich besteht allein beim Verlagsvertrag wegen der regelmäßigen Erstveröffentlichung auch eine Bindung an die Persönlichkeit des Urhebers.[479] Die Ausübungsverpflichtung ist somit wesensimmanent für den Verlagsvertrag[480] und führt dazu, daß ausnahmsweise der die Übertragung Annehmende die vertrag-

---

473 Vgl. oben 1. Teil II 3 c aa (Fn. 166); für den verlagsrechtlichen Lizenzvertrag Bappert/Maunz/ Schricker, Verlagsrecht, § 28, Rn. 23 (S. 498).

474 Vgl. auch Schricker-Schricker, Urheberrecht, Vor §§ 28 ff., Rn. 102; Ulmer, Urheber- und Verlagsrecht, § 93. Die verlagsrechtlichen Vorschriften sind deswegen auch nicht analog anwendbar, vgl. BGHZ 27, 90, 95 f. - „Die Privatsekretärin". Für eine analoge Heranziehung im Falle eines „verlagsähnlichen Vertrages" aufgrund der damit verbundenen Auswertungspflicht v. Gamm, UrhG, Einf., Rn. 88.

475 Vgl. v. Bar, IPR Bd. II, Rn. 495; sie gibt dem Vertrag seinen Namen.

476 Vgl. oben 1. Teil II 3 c aa, darüber hinaus ausdrücklich auch für die verlagsrechtliche Lizenz Hiestand, Die Anknüpfung internationaler Lizenzverträge, S. 190 f. Dies belegen für das materielle Recht auch Bappert/Maunz/Schricker, Verlagsrecht, § 28, Rn. 23.

477 Vgl. hierzu Ulmer, Urheber- und Verlagsrecht, § 101 I 2.

478 Ulmer, a.a.O., § 101 IV.

479 Vgl. Haberstumpf/Hintermeier, Einführung in das Verlagsrecht, S. 60

480 Vgl. Ulmer, a.a.O. sowie BGHZ 71, 6 - „Heldensagen". Nicht umsonst heißt der Verlagsvertrag deswegen auch Verlagsvertrag und nicht Verlegerlizenz oder Erstlizenz. Fehlt eine solche Pflicht, liegt auch kein Verlagsvertrag vor.

scharakteristische Leistung erbringt.[481] Auch die Rechtsprechung folgt dieser Auffassung.[482]

Zum Recht des Lizenznehmers[483] könnte man auf der Grundlage der EGBGB-Novelle allenfalls mit Hilfe der Ausweichklausel des Art. 28 Abs. 5 EGBGB gelangen, sofern die Ausübungsverpflichtung als engere Verbindung angesehen wird. Das gleiche gilt für die Anknüpfung an das Schutzland als Urheberrechtsstatut, wie sie von einer Mindermeinung vertreten wird.[484] Diese Anknüpfung

---

481 So auch die absolut herrschende Ansicht, vgl. grundlegend Isaac, Der Verlagsvertrag mit dem Ausländer, NiemeyersZ Bd. 13 (1903), 374, 388 f.; v. Bar, IPR Bd. II, Rn. 498; W. Hoffman, RabelsZ 5 (1931), 759, 766; Kleine, Urheberrechtsverträge im IPR (1986), S. 66 ff.; Mackensen, der Verlagsvertrag im IPR (1965), S. 105 ff.; MünchKomm-Martiny, Art. 28 EGBGB, Rn. 264; Runge, Urheber- und Verlagsrecht (1948), S. 674; Schnitzer, Handbuch des IPR, Bd. 2, S. 630 f.; Troller, Das internationale Privat und Zivilprozeßrecht (1952), S. 221 ff.; Ulmer, Die Immaterialgüterrechte (1975), Nr. 76; ders., Urheber- und Verlagsrecht, § 100 IV; ebenso im französischen Recht, vgl. Batiffol, Traité élémentaire de DIP, Nr. 605. Ungewöhnlich ist die Entscheidung des ital. Corte di Cassazione, Dir. Aut. 1958, 411, in der auf den Ort des Vertragsschlusses (lex loci actus) abgestellt wird.

482 Vgl. RGZ 118, 282, 283, allerdings auf der Grundlage des subjektivierten hypothetischen Parteiwillens, wobei der Sitz des Verlegers immerhin zur Auslegung herangezogen wurde; grundlegend daher der BGH vom 22. Nov. 1955 BGHZ 19, 110, 113 - „Sorrell and Son", der statt dessen auf den objektiven Parteiwillen abstellte; vgl. weiterhin BGH IPRspr.1958/59, Nr. 44 und 1960/61, Nr. 153; BGH GRUR 1960, 448; 1980, 227, 230 - „Momenta Germaniae Historica".

483 Allein Walter, Die Vertragsfreiheit im Urheberrecht aus der Sicht des IPR, in: Reimer (Hrsg.), Die Vertragsfreiheit im Urheberrecht (1977), S. 137 ff., 146 vertritt diese Anknüpfung für alle Urheberrechtsverträge. Unter den in Fn. 474 genannten Autoren folgen lediglich Kleine und Ulmer diesem dogmatischen Ansatz. Die übrigen sehen, sofern sie zumindest von der Vertragstypenlehre ausgehen, die Annahme der Lizenz als Schwerpunkt des Rechtsverhältnisses an.

484 Wolf, Private International Law, Nr. 251 (S. 547), will alle Fragen, die mit Urheberrechten zusammenhängen, zwingend dem Recht des Schutzlandes unterstellen. Dagegen aber zu Recht bereits Godenhielm, GRUR Ausl. 1957, 149, 150 ff. sowie für Patente Nirk, in: Ehrengabe für Heusinger (1968), S. 230 ff., die beide darauf hinweisen, daß hierdurch die Trennlinie von Vertrags- und Immaterialgüterstatut verwischt wird. Für das Recht des Schutzlandes wohl auch Baum, GRUR 1932, 921, 938 f., wenn er unter Hinweis auf das Territorialitätsprinzip an dem Ort anknüpft, wo „das obligatorische Rechtsverhältnis seinen Sitz" hat. Auf der richtigen dogmatischen Grundlage beruhen die Erwägungen von Mackensen, Der Verlagsvertrag im IPR (1965), S. 125, 128, der sich letzlich aber doch gegen diese Anknüpfung entscheidet. Auch Art. 43 Abs. 1 des österreichischen IPRG, der alle Immaterialgüterrechte umfaßt, knüpft primär am Recht des Staates an, für dessen Gebiet das Recht übertragen wurde; nur für den Fall der Erteilung von Weltrechten gilt ausnahmsweise das Recht am Sitz des Lizenznehmers; ähnlich auch Spoendlin, UFITA Bd. 107 (1988), 11, 26 f.

wird jedoch im Urheberrecht[485] mit dem Argument der dann zwangsläufig in Kauf zu nehmenden Vertragsspaltung[486] im Falle der gerade in diesem Rechtsgebiet häufigen Vergabe von Weltrechten zu Recht abgelehnt.[487]

Als Zwischenergebnis ist damit festzuhalten: Die Anknüpfung der Übertragung von Urheberechten erfolgt einheitlich nach dem Recht am Sitz desjenigen, der die Rechte einräumt. Eine Ausnahme stellt lediglich der Verlagsvertrag dar, bei dem am Sitz des Verlegers anzuknüpfen ist. Das so bestimmte Vertragsstatut gilt gemäß Art. 31 bzw. 32 EGBGB für alle wesentlichen Fragen, die in diesem Zusammenhang auftreten können, also das Zustandekommen und die Gültigkeit der Verträge sowie die Folgen deren Fehlens, die Frage der Auslegung, der konkreten Leistungen, des Erlöschens und der Leistungsstörungen.[488]

bb) Die Reichweite des Vertragsstatuts und die Zulässigkeit der Übertragung

Grundsätzlich nicht umfaßt vom Vertragsstatut ist die *Frage der Übertragbarkeit* von Urheberrechten bzw. der Zulässigkeit der Einräumung von Nutzungsrechten. Diese gesondert zu betrachten, ist zudem aus folgendem Grund wichtig: Insbesondere im Hinblick auf Urheberpersönlichkeitsrechte treten hier internationale gesehen erhebliche Diskrepanzen auf, da lediglich eine geringe Zahl von Staaten vorsieht, daß Urheberrechte in vollem Umfang übertragen werden können, also einschließlich des Urheberpersönlichkeitsrechts.[489] In Frankreich können zwar die Verwertungsrechte und damit der vermögenswerte Teil des Urheberrechts übertragen werden; nur das Urheberpersönlichkeitsrecht

---

485 Anderes galt freilich im Rahmen der Übertragung gewerblicher Schutzrechte, vgl. hierzu oben 1. Teil II 3 c aa.

486 Vgl. a.a.O.

487 Vgl. etwa Beier, GRUR Int. 1981, 299, 304. Ob die Behauptung, die Vergabe von Weltrechten sei bei Urheberrechtsverträgen die Regel, so etwa Ulmer, Die Immaterialgüterrechte (1975), Nr. 74, mit dieser Konsequenz zutrifft, bezweifelt Hiestand, Die Anknüpfung internationaler Lizenzverträge (1993), S. 277.

488 Vgl. hierzu Ulmer, Die Immaterialgüterrechte (1975), Nr. 79-81; zur Form sogleich. Zu Verträgen bzw. den Regeln der Art. 28 ff. EGBGB allgemein vgl. v. Bar, IPR Bd. II, Rn. 533 ff.

489 Dies ist vornehmlich im anglo-amerikanischen Rechtskreis der Fall, dort geht man von der Trennung des Urheberpersönlichkeitsrechts vom Urheberrecht aus - man spricht von der dualistischen Betrachtungsweise, vgl. Ulmer, a.a.O., § 17 II 1 - und ist es daher möglich, das Urheberrecht auch vollständig zu übertragen, vgl. Ulmer, a.a.O., § 80 I 1; ders., Die Immaterialgüterrechte (1975), Nr. 59 mit weiteren Nachweisen.

(droit moral) ist unübertragbar.[490] In Deutschland geht man davon aus, daß das Urheberrecht aufgrund der starken Bindung an die Person des Schöpfers grundsätzlich überhaupt nicht übertragen werden kann, dies ergibt sich auch aus § 29 S. 2 UrhG.[491] Möglich ist nur die Übertragung urheberrechtlicher Befugnisse: so können Verwertungsrechte in Form einfacher oder ausschließlicher Nutzungsrechte eingeräumt werden und können Vergütungsansprüche abgetreten werden.[492] Der Fall einer Gesamtübertragung des Urheberrechts dürfte allerdings auch in den Ländern, die eine solche zulassen, die Ausnahme darstellen. Es ist regelmäßig gewinnbringender und in der Praxis üblich, nur Teile des Urheberrechts zu vergeben. Welcher Buchautor überträgt dem Verlag neben dem Vervielfältigungs- und Verbreitungsrecht zugleich auch die Filmrechte an seinem Buch? Teilrechte können sowohl ausschließliche wie auch einfache Rechte sein. Beide werden in aller Regel in Form von Lizenzen vergeben.[493]

Im Unterschied zu der analogen Problematik bei den gewerblichen Schutzrechten[494] werden aufgrund der teilweise universalen Geltung des Urheberrechts nunmehr jedoch drei Alternativen zur Anknüpfung der Übertragbarkeit vorgeschlagen. Neben dem Recht des Schutzlandes, das von der herrschenden Meinung praktisch einhellig als maßgebend erachtet wird,[495] da sie insoweit auch

---

490 Vgl. Ulmer, Urheber- und Verlagsrecht, § 80 I 1 bzw. § 89 I. Das gleiche gilt für das Recht der Schweiz und Italiens.

491 Vgl. hierzu Ulmer, Urheber- und Verlagsrecht, § 80 I 2 sowie Hubmann/Rehbinder, Urheber- und Verlagsrecht, § 40. Eine Ausnahme gilt nur für die Rechtsnachfolge im Todesfall, vgl. Ulmer, a.a.O. Die gleiche Regelung sieht das Österreichische Urheberrechtsgesetz vor. Die früheren LUG und KUG aus den Jahren 1901 bzw. 1907 sahen hingegen noch die Übertragbarkeit des Gesamturheberrechts vor. I. Anders als in Frankreich ist aber die Übertragung der gesamten Verwertungsrechte nicht möglich. Zu den Dispositionsmöglichkeiten bezüglich des Urheberpersönlichkeitsrechts in Deutschland vgl. Ulmer, a.a.O., § 89 sowie Hubmann/Rehbinder, a.a.O., § 42.

492 Vgl. Ulmer, a.a.O., § 83 ff.

493 Hierbei wird aber vielfach zwischen einer einfachen und einer ausschließlichen Lizenz unterschieden; vgl. auch die rechtsvergleichende Übersicht bei Ulmer, Die Immaterialgüterrechte, Nr. 60 und Nr. 69, der auf die Verschiedenheiten der rechtlichen Konstruktionen in Deutschland, Frankreich, den USA sowie einigen anderen Staaten hinweist.

494 Vgl. oben 1. Teil II 3 c bb.

495 Vgl. zu dieser Anknüpfung Bappert/Maunz/Schricker, Verlagsrecht, Einl., Rn. 31; Baum, GRUR 1932, 1018 f.; Drobnig, RabelsZ 40 (1976), 195, 204, der ansonsten ein universales Urheberrecht vertritt; v. Gamm, UrhG, Einl., Rn. 145; Hausmann, in: FS für Schwarz (1988), S. 47, 64 f.; Hiestand, Die Anknüpfung internationaler Lizenzverträge (1993), S. 113 ff.; Kleine, Urheberrechtsverträge im IPR (1986), S. 100; MünchKomm-Kreuzer, Nach Art. 38 EGBGB, Anh. II, Rn. 20; Schricker-Katzenberger, UrhG, Vor §§ 120 ff., Rn. 120, 124; Soergel-Kegel, Anh. Nach Art. 7 EGBGB, Rn. 23; Staudinger-

von einer territorialen Begrenzung des Urheberrechts ausgeht und demzufolge das Recht des Schutzlandes als Urheberrechtsstatut ansieht,[496] wird von der gegenteiligen Auffasssung dagegen die Anknüpfung am Recht des Ursprungslandes vorgeschlagen, da dieses als eigentliches Urheberrechtsstatut angesehen wird.[497] Zuletzt wäre aber auch das Recht, welches auf die Übertragungsvereinbarung Anwendung findet,[498] als weitere Alternative denkbar.

Anders als im Falle der gewerblichen Schutzrechte führt hier die Anwendung des Schutzlandrechts nicht zu einem vergleichbaren Erfolg,[499] denn die Übertragung von Weltrechten oder Rechten für eine Mehrzahl von Staaten, die bei Urheberrechten häufiger ist,[500] würde durch diese uneinheitliche Anknüpfung erschwert, da für jedes Land gesonderte Zulässigkeitsvoraussetzungen zu berücksichtigen wären. Bereits bei der Übertragung müßte darauf Rücksicht genommen werden, wo überall in der Welt das Urheberrecht verwertet werden könnte;[501] in der Praxis ist das sehr umständlich. Zudem fehlt eine klarstellende Wertung, wie sie Art. 6quater PVÜ zugunsten der Anknüpfung am Schutzland für gewerbliche

---

Firsching, Vor Art. 12 EGBGB, Rn. 436; Troller, Das internationale Privat- und Zivilprozeßrecht (1952), S. 224 f.; Ulmer, Die Immaterialgüterrechte (1975), Nr. 68 f. Desgleichen OLG Hamburg UFITA 26 (1958), 344, 350 - „Brotkalender" und OLG München GRUR Ausl. 1960, 75, 76 - „Le Mans". Hierfür ist nach Meinung des BGH gleichgültig, ob es sich um eine Frage des urheberrechtlichen- oder des vertraglichen Schutzes handelt, vgl. BGH GRUR 1988, 296, 298 - „GEMA Vermutung IV". Gegen eine solche Trennung, wie sie auch Walter, in: Reimer/Dietrich, Vertragsfreiheit im Urheberrecht (1977), S. , 137, 147 ff., vorschlägt, spricht im übrigen auch Art. 33 II EGBGB.

496 Vgl. oben 3. Kapitel I 2 c und 5 h bzw. 4. Kapitel 2. Teil II 1 und 2.

497 Hierfür W. Hoffmann, Das Urheberrecht im IPR, UFITA 11 (1938), 185, 195 f.; zwar nicht ausdrücklich, aber dem Kontext entsprechend auch Schack, Zur Anknüpfung (1975), Nr. 65 f.

498 Hierfür Cigoj, Internationalprivatrechtliche Aspekte des Urheberrechts, in: FS für Firsching (1985), S. 53, 66 f.; Nimmer, GRUR Int. 1973, 302, 303; differenzierend Locher, Das Internationale Privat- und Zivilprozeßrecht der Immaterialgüterrechte aus urheberrechtlicher Sicht (1993), S. 49.

499 So aber Ulmer, Die Immaterialgüterrechte (1975), Nr. 68 und 69, der dies damit begründet, daß die Zulässigkeit der Übertragung eine vom Recht des Schutzlandes geprägte Eigenart darstellen soll; zustimmend Drobnig, RabelsZ 40 (1976), 195 ff., 204. Genauso auch OLG Hamburg, IPRspr 1958/59 Nr. 152; OLG München vom 25.02.1952 in Schulze OLGZ Nr. 2 sowie die vielzitierte Entscheidung der Chancery Division des englischen High Court of Justice in Sachen Campbell Conelly & Co. Ltd. v. Noble aus dem Jahre 1963, 1 All E.R. 1963, 237 = WLR 1963, 252, vgl. auch Dicey/Morris, On the Conflicts of Law, 957, 960 ff.

500 Vgl. die Nachweise in Fn. 491.

501 Ähnlich argumentiert auch Schack, Zur Anknüpfung (1979), Nr. 65.

Schutzrechte ausspricht. Auch die von der herrschenden Meinung angeführten Argumente, die für das übertragene Recht maßgebliche Rechtsordnung müsse auch dessen Übertragbarkeit entscheiden[502] oder für die Übertragbarkeit sei, da sie die Rechtsnatur des Urheberrechts betreffe, ausschließlich das Schutzland als Urheberrechtsstatut maßgebend,[503] überzeugen für das Urheberrecht nicht in diesem Maße. Denn sie fußen auf der Vorstellung eines territorialen Urheberrechts. Zwar ist das Recht des Schutzlandes wie gezeigt Wirkungsstatut des Urheberrechts, aber die Inhaberschaft am Urheberrecht wird nach alledem, was die bisherige Untersuchung ergeben hat, hiervon nicht erfaßt.

Freilich, die in diesem Sinne von den Vertretern eines universalen Urheberrechts mit entsprechend umgekehrter Argumentation vereinzelt vertretene Anknüpfung der Übertragbarkeit am Recht des Ursprungslandes,[504] ist noch weniger praktikabel. Zwar ist es zutreffend, daß Zulässigkeitsvorschriften Schutzvorschriften darstellen,[505] und es ist nachvollziehbar, daß man versucht, diese nach Möglichkeit zu gewährleisten. Warum dies aber nur auf dem Wege einer Anknüpfung funktionieren soll, die weder mit dem Vorgang der Übertragung eines Urheberrechts - hier ist das Vertragsstaut maßgebend - noch mit dem Fall seiner anschließenden Verwertung etwas zu tun hat - hier ist das Recht des Schutzlandes einschlägig -, leuchtet kaum ein. Zwar kann auf diese Weise tatsächlich vermieden werden, daß diese Schutzvorschriften durch die Wahl eines bestimmten Vertragsstatuts umgangen werden könnten,[506] es fragt sich aber, ob dies wünschenswert ist. Denn damit erhebt man Zulässigkeitsregelungen auf die Ebene von zwingenden Vorschriften, noch dazu eines unter Umständen vertragsfremden Rechts, die sie üblicherweise nicht sind.[507] Dies kann dazu führen, daß

---

502 Vgl. Drobnig, RabelsZ 40 (1976), 195, 204; Kleine, Urheberrechtsverträge im IPR (1986), S. 100; Troller, Das internationale Privat- und Zivilprozeßrecht (1952), S. 224 f. Diese Argumentation stützt sich auch auf die Regelung des Art. 33 II EGBGB.

503 Vgl. vor allem Ulmer, Die Immaterialgüterrechte (1975), Nr. 68 bzw. 69.

504 Vgl. die Nachweise in Fn. 502; daneben auch Cigoj, Internationalprivatrechtliche Aspekte des Urheberrechts, in: FS für Firsching (1985), S. 53, 66 f.

505 Hierauf weist Schack, a.a.O., hin

506 Vgl. Schack, a.a.O. Dieses Argument findet sich auch bei Mackensen, Der Verlagsvertrag (1965), Nr. 67.

507 Dies gilt allerdings wohl auch für die herrschende Ansicht. Der Hinweis von Hiestand, Die Anknüpfung internationaler Lizenzverträge, S. 114 f. auf die Vorschrift des Art. 33 II EGBGB, wonach die für das übertragene Recht maßgebliche Rechtsordnung auch dessen Übertragbarkeit bestimmt, die zwingender Natur sein soll, sagt nichts darüber aus, was letztlich Urheberstatut ist. Vgl. allerdings auch die im Einführungskapitel genannte Entscheidung des französischen Cour de Cassation vom 28.5.1991 JCP 1991, éd. G, II, 21731 - „Asphalt Jungle“ mit Anmerkung Francon, in der das Gericht das Recht

ein nach dem Vertragsstatut wirksamer Übertragungsvertrag keine Geltung findet, nur weil im Ursprungsland, einem Land, welches für die Übertragung keinerlei Bedeutung hat und das bereits bei der Erstverwertung von niemandem berücksichtigt werden muß, das Urheberrecht oder das Teilrecht nicht übertragbar ist.

Somit bleibt als einheitliche und lizenzvertragsadäquate Anknüpfung nur die Unterwerfung auch der Übertragbarkeit unter das Vertragsstatut übrig. Dies hat den Vorteil, daß die Übertragbarkeit der Parteiautonomie unterfällt und die Übertragung von Weltrechten an einem Urheberrecht erleichtert wird, da eine einzige Vereinbarung ausreicht, statt für jeden Staat gesonderte Verträge abzuschließen. Die Übertragungsvorschriften des Vertragsstatuts werden zudem immer beachtet, eine nachträgliche Lücke kann damit nicht entstehen und der Urheber kann nicht nachträglich in die Lage geraten, den Übertragungsvertrag für mehrere Staaten nicht erfüllen zu können. Um Eingriffe in das Schutzlandrecht als Wirkungsstatut des Urheberrechts zu vermeiden und den Urheber als schwächere Partei vor einer Benachteiligung durch die Wahl eines urheberfeindlichen Rechts zu schützen, bleibt dem Recht des Schutzlandes aber die Bestimmung des Umfangs der übertragenen Befugnisse vorbehalten.[508] Eine Übertragung beispielsweise des gesamten Urheberrechts hat hiernach in Deutschland nur die Wirkung der ausschließlichen Übertragung aller Nutzungsrechte, denn insoweit muß dem Parteiwillen, der darauf gerichtet war, alle gesetzlich möglichen Befugnisse zu übertragen, entsprochen werden. Das gleiche gilt für urheberpersönlichkeitsrechtliche Befugnisse, soweit dies der gesetzliche Rahmen zuläßt. Ein Rückgriff auf den ordre public oder die Annahme zwingender Vorschriften im Schutzland ist nicht notwendig.[509]

cc) Gesonderte Anknüpfung des Verfügungsgeschäfts?

---

des Urhebers auf Wahrung seiner Werkintegrität in Frankreich als zwingende Bestimmung des französischen Rechts ansah.

508 In diesem Sinne, nämlich ebenfalls für ein Nebeneinander von Vertrags- und Wirkungsstatut, auch Locher, Das Internationale Privat- und Zivilprozeßrecht der Immaterialgüterrechte aus urheberrechtlicher Sicht (1993), S. 49, der dies folgendermaßen verdeutlicht: Das Recht des Ausübungslandes sagt, welcher Kuchen zu verteilen ist, das Vertragsstatut dagegen, wie zu verteilen ist. Unklar ist allerdings sein abschließender Satz bezüglich der Einwilligung in Eingriffe in Urheberpersönlichkeitsrechte.

509 Vgl. auch die Entscheidung des französischen Cour de Cassation, oben Fn. 511; eine Verdrängung im Einzelfall aufgrund des ordre public und Eingriffsnormen erwägt erstaunlicherweise auch Locher, a.a.O., S. 51 ff.

Wie bereits bei den gewerblichen Schutzrechten, so ergibt sich auch bei der Frage nach dem Umfang des urheberrechtlichen Vertragsstatuts das Problem, daß eine Urheberrechtsübertragung nach deutschem Verständnis ebenfalls nicht nur obligatorische, sondern auch dingliche Elemente enthält: einerseits die Verpflichtung zur Übertragung und andererseits die abstrakte *Verfügung über die jeweiligen urheberrechtlichen Befugnisse*.[510] Auch hier stellt sich somit die Frage, ob diese Verfügung mit der sog. „Spaltungstheorie" kollisionsrechtlich getrennt zugunsten des Urheberstatuts anzuknüpfen ist,[511] hierfür spricht in erster Linie die Regelung des Zessionsstatuts in Art. 33 II EGBGB,[512] oder ob sie einheitlich mit dem obligatorischen Teil dem Vertragsstatut unterfallen soll, letztlich also entfällt .[513] Die Einheitstheorie argumentiert wiederum mit praktischen Erwägungen. Üblicherweise spiegelt sich das Abstraktionsprinzip auf der kolli-

---

510 Zur Verschiedenheit der nationalen Rechtsordnungen in diesem Punkt vgl. Ulmer, Die Immaterialgüterechte (1975), Nr. 66 sowie Möhring/Schulze/Ulmer/Zweigert, Quellen des Urheberrechts mit den jeweiligen Länderberichten. Im deutschen Urheberrecht wird, abgesehen von der Übertragung nichtausschließlicher Rechte, die Abstraktionslösung vertreten, vgl. hierzu die Übersicht bei Hiestand, Die Anknüpfung internationaler Lizenzverträge (1993), S. 37 ff.

511 So auch hier eine stark vertretene Ansicht im Schrifttum, vgl. v. Bar IPR Bd. II, Rn. 573; Baum, GRUR 1932, 921, 1012, 1018 f.; v. Gamm, Urheberrechtsgesetz, Einl., Rn. 145; Hausmann, in: FS Schwarz (1988), S. 47, 51, 62 f.; im Ergebnis auch Hiestand, a.a.O., S. 110; Kegel, IPR, S. 285; Kleine, Urheberrechtsverträge im IPR (1986), S. 97 ff.; Mackensen, Der Verlagsvertrag (1965), S. 65 ff.; MünchKomm-Kreuzer, Nach Art. 38 EGBGB Anh. II, Rn. 20, 22, 116; MünchKomm-Martiny, Art. 28 EGBGB, Rn. 263; Schack, Zur Anknüpfung (1979), Nr. 115, alllerdings zugunsten des Rechts des Ursprungslandes als Urheberrechtsstatut; Soergel-Kegel, Anh. zu Art. 7 EGBGB, 19; Staudinger-Firsching, Vor Art. 12 EGBGB, Rn. 436 u. 440. sowie das OLG München, GRUR Int. 1960, 75, 76 - „Le Mans".

512 So insbesondere Hiestand, a.a.O., S. 108 ff. mit weiteren Nachweisen. Der Hinweis von MünchKomm-Kreuzer, a.a.O., Rn. 22, auf die strenge Geltung des Territorialitätsprinzips überzeugt hingegen nicht, denn wie gezeigt sind Urheberrechte nicht im gleichen Maße territorial begrenzt wie gewerbliche Schutzrechte.

513 Hierfür die Rechtsprechung, vgl. OLG München GRUR 1953, 302, 304; BGH GRUR 1959, 331, 333 - „Dreigroschenroman"; weitere Nachweise bei Schricker-Katzenberger, UrhG, Vor §§ 120 ff., Rn. 149; ebenso der übrige Teil des Schrifttums, vgl. Bappert/Maunz/Schricker, Verlagsgesetz, Einl., Rn. 31; wohl auch Cigoj, in: FS für Firsching (1985), S. 53, 66 f.; Drobnig, RabelsZ 40 (1976), S. 195, 203 und 204; Kraßer, GRUR Int. 1973, 230, 237; Locher, Das Internationale Privat- und Zivilprozeßrecht der Immaterialgüterrechte aus urheberrechtlicher Sicht (1993), S. 47; Schricker-Katzenberger, UrhG, Vor §§ 120 ff., a.a,O.; Spoendlin, UFITA Bd. 107 (1988), 11, 25; Strömholm, in: Holl/Klinke, Internationales Privatrecht, internationales Wirtschaftsrecht (1985), S. 269, 276; Ulmer, Die Immaterialgüterrechte (1975), Nr. 67; Vischer, GRUR Int. 1987, 670, 680 f.; Zweigert/Puttfarken, GRUR Int. 1973, 573, 577.

sionsrechtlichen Seite wider.[514] Das setzt aber voraus, daß es auch sachrechtlich eine abstrakte Rechtslage gibt. Dies ist bei Urheberrechtsverfügungen jedoch kaum mehr der Fall. Nichtausschließliche Rechtseinräumungen werden nach deutschem Verständnis nur als rein obligatorische Verträge gedeutet.[515] Und selbst die ausschließlichen Nutzungsrechte sind faktisch gesehen nicht mehr abstrakt:[516] Rechtseinräumung und Rechtsübertragung fallen regelmäßig in einem Vertragsakt zusammen.[517] Der Verlagsvertrag, dort ergibt sich dies explizit aus § 9 I VerlG, und nach überwiegender Ansicht alle Urheberrechtsverträge verzichten zugunsten der kausalen Abhängigkeit von Verfügung und Verpflichtung auf die Abstraktion.[518] Es fehlt darüber hinaus an einem Typenzwang, wie er im Sachenrecht gilt. §§ 31 V und 40 III UrhG als Ausdruck des urhebervertraglichen Zweckübertragungsprinzips beziehen sich ausdrücklich auf Verfügung und Verpflichtung,[519] was ebenfalls ein Kennzeichen für die Verklammerung beider Rechtsgeschäfte ist. Auch das Rückrufsrecht des Urhebers wegen Nichtausübung gemäß den §§ 41 V und 42 V UrhG führt nach herrschender Meinung zum Erlöschen nicht nur der Nutzungsrechte, sondern aller vertraglich eingeräumten Rechte.[520] Angesichts dieser sachrechtlichen Verklammerung fragt es sich, warum kollisionsrechtlich auf der Trennung von Verpflichtungs- und Verfügungsteil beharrt werden soll. Denn vor allem im Ausland ist die rein obligatorische Deutung auch ausschließlicher Rechtseinräumungen eindeutig vor-

---

[514] Dies gilt natürlich insbesondere im Falle der Verfügung über Sachen; vgl. v. Bar, IPR Bd. II, Rn. 517 (Fn. 502) mit weiteren Nachweisen; Soergel-Kegel, vor Art. 7 EGBGB, 341 mit weiteren Nachweisen. Desweiteren aber auch für die Übertragung von Forderungen und ähnlichen Rechten; vgl. hierzu Kegel, IPR, § 18 VII 1.

[515] Vgl. BGH GRUR 1959, 200, 202 - „Der Heiligenhof"; Kraßer, GRUR Int. 1973, 230, 237 sowie die Nachweise bei Schricker-Schricker, UrhG, Vor §§ 28 ff., Rn. 49.

[516] Zur Klarstellung: An der dinglichen Wirkung der ausschließlichen Rechtseinräumung bestehen hingegen keine Zweifel, vgl. Schricker-Schricker, UrhG, Vor §§ 28 ff., Rn. 58 ff.; Ulmer, Urheber- und Verlagsrecht, § 92 I, § 101 und § 103. Es geht hier allein um die in der Praxis noch existierende Abstraktionswirkung.

[517] Vgl. Ulmer, Die Immaterialgüterrechte (1975), Nr. 65; ebenso Spoendlin, UFITA Bd. 107 (1988), S. 11, 25.

[518] Vgl. Kraßer, a.a.O. (Fn. 519) sowie Schricker-Schricker, a.a.O. (Fn. 519). § 9 I VerlG wird auch vom BGH als Durchbrechung des Abstraktionsprinzips gewertet, vgl. BGHZ 27, 90, 94 f. - „Die Privatsekretärin".

[519] Vgl. Bappert/Maunz/Schricker, VerlG, § 8, Rn. 5 c; Schricker-Schricker, UrhG, §§ 31/32, Rn. 37.

[520] Vgl. Bappert/Maunz/Schricker, VerlG, § 32, Rn. 9 bzw. § 35, Rn. 27; Schricker-Schricker, UrhG, § 41, Rn. 24 und Schricker-Dietz, § 42, Rn. 33.

herrschend.[521] Die Folge wäre, daß ein dingliches Rechtsgeschäft abgespalten wird, das es in der Regel gar nicht gibt. Sobald man auf ein Recht verweist, welches die Abstraktion nicht kennt, und das dürfte die Mehrzahl der Fälle darstellen, geht diese Anknüpfung ins Leere.[522] Um dies zu vermeiden, muß ein zusätzliches Statut gesucht werden, das die Frage regelt, welche Teile des Geschäfts zum Verpflichtungsgeschäft und welche zum Verfügungsgeschäft gehören;[523] für der Praxis eine immense Verkomplizierung. Ein weiterer Vorteil der Einheitslösung ist die international einheitliche Auslegung nach dem Vertragsstatut,[524] man denke etwa an die Vergabe von Weltrechten. Desweiteren erhielte man Entscheidungseinklang mit den übrigen Rechtsordnungen, die nur obligatorisch anknüpfen.[525] Schließlich würde auch die Unterscheidung und Qualifikation einfacher und ausschließlicher Lizenzen auf kollisionsrechtlicher Ebene überflüssig,[526] was ebenfalls eine erhebliche Erleichterung darstellte. All dies spricht gegen eine kollisionsrechtliche Trennung. Auch der Hinweis, daß jedenfalls das Trennungsprinzip, also die gedankliche Trennung von Verpflichtungs- und Verfügungsteil eines Rechtsgeschäfts, die weiterhin im deutschen Urheberrecht vorherrsche und durch die Regelung des Art. 33 II EGBGB auch kollisionsrechtlich zwingend verankert sei, gegen die Einheitslösung spreche,[527] überzeugt nicht. Denn wie bereits dargelegt, setzt die Abkehr vom Abstraktionsprinzip die

---

521 Vgl. die Übersicht bei Ulmer, Die Immaterialgüterrechte, Nr. 66. Auch die Schweiz hat sich mittlerweile zu einer obligatorischen Deutung selbst ausschließlicher Lizenzen durchgerungen, vgl. BG GRUR Int. 1988, 263, 264 - „Le Corbusier". Nur Österreich deutet ausschließliche Lizenzen als dingliche Rechte. In Frankreich kennt man nur den Abtretungsvertrag.

522 Außer man qualifiziert die Frage, ob ein Verfügungsgeschäft abzuspalten ist, nach dem Recht des Schutzlandes; so Hiestand, a.a.O., S. 110 ff., insbesondere 112.

523 Das sog. „Qualifikationsstatut", vgl. etwa Kropholler, IPR, S. 100; Hiestand, a.a.O., S. 110 ff. Problematisch hierbei ist, daß die Qualifikation nach herrschender Ansicht nach der lex fori erfolgt, vgl. statt aller v. Bar, IPR Bd. I, Rn. 600 ff. sowie BGHZ 44, 121, 124, jeweils mit weiteren Nachweisen. Es käme also mit der lex fori ein drittes Statut hinzu, welches mit der Urheberrechtsübertragung nichts zu tun hat, außer lex fori und Schutzlandrecht fallen zufällig zusammen, was aber nicht zwangsläufig der Fall sein muß. Auch Hiestand, a.a.O., S. 111, spricht im Hinblick darauf von „unhaltbaren Konsequenzen" und will statt dessen nach dem Recht des Schutzlandes qualifizieren; ebenso für den Fall der Forderungsabtretung Kegel, IPR, § 18 VII 1.

524 Vgl. Hiestand, a.a.O., S. 106; Katzenberger, in: FS für Schricker (1995), S. 225, 250; Ulmer, Die Immaterialgüterrechte (1975), Nr. 67.

525 Vgl. Hiestand, a.a.O., S. 107.

526 Vgl. Hiestand, a.a.O.

527 Vgl. oben Fn. 196 im Rahmen der analogen Diskussion für die gewerblichen Schutzrechte.

gedankliche Trennung von Verpflichtungs- und Verfügungsgeschäft gerade voraus.[528] Das auf den obligatorischen Übertragungsvertrag anzuwendende Statut gilt somit richtigerweise für die gesamte Übertragung von Nutzungsrechten an Urheberrechten oder anderen Rechten daraus.[529]

dd) Vorbehalte zugunsten des Immaterialgüterstatuts

Ähnliche Probleme wie die Zulässigkeit der Übertragung bereitet auch die Frage der *Form des Übertragungsvertrages.*[530] Hier kann man die gleichen Erwägungen wie zuvor für die Übertragbarkeit des Urheberrechts in Betracht ziehen.[531] Auch Formvorschriften sind Schutzvorschriften. Auch hier überzeugt im Sinne einer praktikablen, die Parteiautonomie berücksichtigenden Lösung allein die Heranziehung des Art. 11 EGBGB und damit die alternative Anknüpfung an das Vertragsstatut oder die lex loci actus. Die Anknüpfung an das Recht des Schutzlandes[532] scheidet aus den im Rahmen der Behandlung der gewerblichen Schutzrechte bereits genannten Gründen aus.[533] Das Urheberrechtsstatut[534] hat

---

528 Vgl. oben 1. Teil II 3 c cc.

529 Im Ergebnis ähnlich neben den in Fn. 517 genannten Autoren Nimmer, GRUR Int. 1973, 303; Walter, in: Reimer/Dietrich, Vertragsfreiheit im Urheberrecht (1977), S. 137, 147 ff.; Schricker-Katzenberger, Vor §§ 120 ff. UrhG, Rn. 149 f. sowie das OLG Hamburg, IPRspr. 1958/59, Nr. 152 und OLG München, Schulze Rechtspr., OLGZ 8 mit Anm. Ulmer. Anders jedoch Schack, Zur Anknüpfung (1979), Nr. 115 und Batiffol, rev.crit. 1971, 273, die sowohl für den obligatorischen wie auch für den dinglichen Teil einheitlich das Urheberrechtsstatut entscheiden lassen wollen. Ebenso für das Verfügungsgeschäft Neumeyer, Internationales Privatrecht, S. 26 f. und Cigoy, in: FS für Firsching (1985), S. 53, 66 f., für die generelle Anwendung der lex causae.

530 Art. 5 Abs. II 1. RBÜ gilt nur für die Formfreiheit des originären Erwerbs von Urheberrechten, nicht jedoch für die Frage des rechtsgeschäftlichen Erwerbs; vgl. hierzu Bappert/Wagner, Internationales Urheberrecht, Art. 4 RBÜ (Brüssel), Nr. 21; Baum GRUR 1932, 921, 929 sowie Nordemann/Vinck/Hertin, Internationales Urheberrecht, Art. 5 RBÜ, Anm. 7.

531 Einen rechtsvergleichenden Überblick bietet auch hier Ulmer, Die Immaterialgüterrechte, Nr. 63. Das deutsche Urheberrechtsgesetz verlangt bekanntlich, mit Ausnahme der Übertragung von Nutzungsrechten für bestimmte künftige Werke gemäß § 40 UrhG, keine besondere Form.

532 Hierfür etwa Baum, GRUR 1932, 900; weitere Nachweise bei Hiestand, a.a.O., S. 117 (Fn. 269).

533 Vgl. oben 1. Teil II 3 c dd.

534 Diese Anknüpfung schlägt wiederum Schack, a.a.O. Nr. 117, vor. Allerdings ist hierbei zu berücksichtigen, daß er auch den Übertragungsvertrag nach dem Urheberrechtsstatut

mit der Form der Übertragung gleichfalls nichts zu tun. Wichtig ist, daß die Wirksamkeit des Übertragungsvertrages nicht unnötig erschwert wird. Dies gelingt nur durch die besagte Anknüpfung entsprechend dem Vertragsstatut bzw. der lex loci actus.[535]

Eine weitere Frage ist die *Anknüpfung des gutgläubigen Erwerbs*. Bisher kamen wir zu dem Ergebnis, daß das Vertragsstatut uneingeschränkt herrschend ist. Konsequenterweise muß dies auch für die Frage der Möglichkeit und Voraussetzungen eines gutgläubigen Erwerbs gelten.[536] Hier bestehen ebenfalls erhebliche internationale Unterschiede, was eine einheitliche Anknüpfung nahelegt. Weiterhin ist zu bedenken, daß auch der Gedanke der Vorhersehbarkeit bzw. des Verkehrsschutzes für inländische Verwerter eine Rolle spielt.[537] Denn wer weiß schon, an welchem Ort ein urheberrechtliches Werk zum ersten Mal veröffentlicht wurde, wenn er es in seinem Land verwerten will. Gleichwohl will *Schack* für die Frage des gutgläubigen Erwerbs das Urheberrechtsstatut - nach seiner Ansicht die lex originis -heranziehen, im Einzelfall soll sogar der ordre public entscheiden.[538] Maßgebend ist für ihn, daß die Frage des gutgläubigen Erwerbs international einheitlich beurteilt wird.[539] Weiterhin sollen keine Verkehrsschutzinteressen ersichtlich sein, da es, ähnlich wie im Falle des Forderungserwerbs, an einem Vertrauenstatbestand fehlt.[540] Diese Argumentation ist jedoch zu stark vom deutschen Rechtsverständnis geprägt. Zwar fehlt es nach deutscher Auffassung tatsächlich mangels Registereintrags oder sonstiger recht-

---

bestimmt. Um die Durchsetzungsschwierigkeiten dieser Anknüpfung zu vermeiden, wird wahlweise die lex loci actus daneben gestellt.

535 Im Ergebnis genauso Ulmer, Die Immaterialgüterrechte (1975), Nr. 82 mit weiteren Nachweisen, der ebenfalls, allerdings ohne Nennung des Art. 11 EGBGB, wahlweise die lex loci actus daneben stellt. Ebenso Troller, Das internationale Privat- und Zivilprozeßrecht (1952), S. 175 ff.

536 Zu den unterschiedlichen nationalen Regelungen sei wieder auf die rechtsvergleichende Arbeit Ulmers, a.a.O., Nr. 62 verwiesen. In den meisten Staaten, so auch in Deutschland und Frankreich, ist der gutgläubige Erwerb eines Urheberrechts nicht möglich; vgl. Ulmer, Urheber- und Verlagsrecht, § 83 III 2 sowie BGHZ 5, 116, 119 und LG Berlin GRUR Int. 1960, 328 - „Martin Luther". Anders ist dies allerdings in Italien. In Großbritannien (Art. 90 (4), aber nur gegenüber Dritten) und den USA ist eine Art gutgläubiger Erwerb von Lizenzen möglich, da teilweise eine Eintragungspflicht besteht, vgl. Möhring/Schulze/Ulmer/Zweigert, Quellen des Urheberrechts, GB/I VIII 1 b bzw. USA/I VIII 1 a und b.

537 Vgl. zu diesem Argument oben 1. Teil II 3 c dd.

538 Vgl. Schack, Zur Anknüpfung (1979), Nr. 118

539 Vgl. a.a.O.

540 Vgl. a.a.O.

licher Legitimation an einem Vertrauenstatbestand; wenn ausländische Rechtsordnungen in solchen Fällen trotzdem gutgläubigen Erwerb zulassen, kann man dies aber nicht einfach übergehen. Die inländischen Verwerter sind in einem solchen Fall sehr wohl schutzwürdig, das übersieht *Schack*, und dies macht angesichts der internationalen Diskrepanzen eine einheitliche Anknüpfung problematisch.[541] Hinzu kommt, daß der gutgläubige Erwerb eng mit einer deliktischen Handlung verbunden ist, denn scheitert er, entsteht aufgrund der unberechtigten Benutzung ein Deliktsanspruch. Aus diesem Grunde kann nur das Recht des Schutzlandes eine sachgerechte Anknüpfung darstellen, die sowohl Verkehrsschutzinteressen als auch die internationalen rechtlichen Gegebenheiten berücksichtigt. Zum gleichen Ergebnis muß man gelangen, wenn der gutgläubige Erwerb aufgrund der Eintragung des Nichtberechtigten in einem staatlichen Register möglich war, also ein Vertrauenstatbestand gegeben war. Entscheidend ist hier nicht, daß durch diese Register bzw. die Hoheit des Registerstaates, wie *Schack* zu glauben scheint,[542] eine territoriale Wirkung des Urheberrechts erzeugt wird, sondern daß zu den eben genannten Gründen noch ein tatsächlicher Vertrauenstatbestand hinzutritt.

d) Die Rechtsnachfolge von Todes wegen in Urheberrechte

Eine weitere Sonderanknüpfung stellt die Rechtsnachfolge in Urheberrechte dar. Die RBÜ kennt insoweit nur eine Regelung für Urheberpersönlichkeitsrechte, Art. 6bis Abs. 2 Satz 1. Diese verweist für die in Art. 6 Abs. 1 gewährten Mindestrechte auf das Recht des Schutzlandes.[543] Eine weitere Kollisionsnorm besteht für die Rechtsnachfolge in das Folgerecht. Hier verweist Art. 14ter Abs. 1 RBÜ auf die inländischen Rechtsvorschriften, die ebenfalls im Sinne des Schutzlandes zu verstehen sind.[544] Darüber hinaus muß auch diese Frage durch

---

541 Darauf weist auch Ulmer, Die Immaterialgüterrechte (1975), Nr. 71, zutreffenderweise hin.

542 Vgl. Schack, a.a.O., Nr. 119.

543 Hierfür Drobnig, RabelsZ 40 (1976), 195, 199 sowie Ulmer, RabelsZ 41 (1977), 479, 500. Die Folge wäre für den Fall, daß das Urheberrecht, da es nach einem anderen Recht vererbt wird, einer anderen Person zufällt, eine Nachlaßspaltung. Für einen bloßen Vorbehalt zugunsten der lex fori hingegen Schack, a.a.O., Nr. 120.

544 Richtig auslegend Ulmer, RabelsZ 41 (1977), 479, 500: Art. 14ter Abs. 1 bzw. 2 RBÜ unterscheidet „inländische Vorschriften" und die „Heimatgesetzgebung des Urhebers", weshalb erstere nur im Sinne des Rechts des Schutzlandes verstanden werden können. Anders Drobnig, RabelsZ 40 (1976), 195, 199 mit Verweis auf Troller, Das internaionale Privat- und Zivilprozeßrecht, S. 159, die unter „inländischen Vorschriften" das Heimatrecht des Urhebers und damit das Personalstatut verstehen wollen, was allerdings

das autonome Kollisionsrecht beantwortet werden. Da keine Gründe ersichtlich sind, die die Anknüpfung dieser Frage entweder an das Recht des Schutzlandes oder auch an das Recht des Ursprungslandes nahelegen, bestimmt sich die Rechtsnachfolge nach allgemeinen Regeln. Gemäß Art. 25 EGBGB ist im Falle der Rechtsnachfolge das Personalstatut des Erblassers maßgebend.[545]

4. Sonderfragen der Anknüpfung

a) Urheberpersönlichkeitsrechte

Die Besonderheit des Urheberpersönlichkeitsrechts im Vergleich zum vermögensbezogenen Urheberrecht besteht darin, daß es als höchstpersönliches Recht dem Rechtsverkehr, jedenfalls nach deutschem Verständnis, im Hinblick auf seine Übertragung entzogen ist.[546] Auf schuldrechtlicher Ebene ist es freilich voll disponibel[547] und auch die Überlassung persönlichkeitsrechtlicher Befugnisse an Dritte zum Zwecke der Ausübung ist möglich.[548] Der Unterschied zu den allgemeinen Persönlichkeitsrechten besteht im Werkbezug und in der Begrenzung auf die Person des Urhebers im Gegensatz zu dem jeder natürlichen Person zustehenden allgemeinen Persönlicheitsrecht.[549] Das Urheberpersönlichkeitsrecht ist damit eine gesetzlich normierte Konkretisierung des allgemeinen Persönlichkeitsrechts,[550] ein sog. besonderes Persönlichkeitsrecht.[551]

---

der allgemeinen Regelung für die Rechtsnachfolge im Sinne des Art. 25 EGBGB entspräche.

545 Vgl. hierzu auch Drobnig, RabelsZ 40 (1976), 195, 199, der nur das Personalstatut nennt, ohne Art. 25 EGBGB zu erwähnen; Locher, Das Internationale Privat- und Zivilprozeßrecht der Immaterialgüterrechte aus urheberrechtlicher Sicht (1993), S. 75; Schnorr v. Carolsfeld, UFITA Bd. 37 (1962), 281, 288 (Fn. 19). Was auf die Erben übergeht, bestimmt sich allerdings nach dem Recht des Schutzlandes.

546 Vgl. ebenfalls § 29 Satz 2 UrhG; hierauf wurde bereits zuvor im Rahmen der Übertragbarkeit des Urheberrechts hingewiesen.

547 Vgl. Hubmann/Rehbinder, Urheber- und Verlagsrecht, § 42. Das gilt genauso für das allgemeine Persönlichkeitsrecht, vgl. MünchKomm-Schwerdtner, § 12 BGB, Rn. 174 mit weiteren Nachweisen.

548 Vgl. Forkel, Lizenzen an Persönlichkeitsrechten durch gebundene Übertragung, GRUR 1988, 491, 493 ff. sowie Hubmann/Rehbinder, a.a.O.

549 Vgl. hierzu Schack, UFITA Bd. 108 (1988), S. 51, 57 mit weiteren Nachweisen sowie Ulmer, Urheber- und Verlagsrecht, § 6.

550 Zur Reservefunktion des allgemeinen Persönlichkeitsrechts für den Fall des Nichteingreifens eines Urheberpersönlichkeitsrechts vgl. Schack, GRUR 1985, 352, 360, 361.

551 Vgl. Hubmann, Persönlichkeitsrecht (1960), ...#

Eine Eigenheit des deutschen Urheberrechts ist die sog. monoistische Betrachtungsweise, die von der Einheit von Urheberrechten und Urheberpersönlichkeitsrechten ausgeht, aber nicht überall auf der Welt geteilt wird.[552] In zahlreichen Staaten wird das Urheberpersönlichkeitsrecht nicht als Ableger des Urheberrechts verstanden, sondern als eigenes Persönlichkeitsrecht, man spricht insoweit von der dualistischen Lehre.[553] An der Universalität des Urheberpersönlichkeitsrechts dürften keine Zweifel bestehen.[554] Dies läßt sich insbesondere aus dem bereits genannten § 121 Abs. 6 UrhG ablesen: Hiernach kann ein ausländischer Urheber auch dann die deutschen Urheberpersönlichkeitsrechte geltend machen, wenn sein Werk hier nicht schutzfähig ist. Das Urheberpersönlichkeitsrecht soll also frei von fremdenrechtlicher Schutzversagung sein.[555]

Eine kollisionsrechtliche Aussage ist dies aber noch nicht. Die Vorschriften der RBÜ betreffen Urheberpersönlichkeitsrechte nur am Rande. Art. 6bis RBÜ garantiert zwar gewisse Urheberpersönlichkeitsrechte in Form eines Mindestrechts, eine kollisionsrechtliche Aussage läßt sich hieraus jedoch nicht entnehmen; wie dies im übrigen für alle Mindestrechte gilt. Ob aus Art. 14bis Abs. 2 RBÜ auch eine kollisionsrechtliche Regelung zur Festlegung der Inhaberschaft am Urheberpersönlichkeitsrecht zu entnehmen ist, ist ebenfalls fraglich.

Die allgemeinen Persönlichkeitsrechte sind in ihren Wirkungen und ihrem Bestand üblicherweise dem Recht des Verletzungsortes unterstellt.[556] Insoweit besteht Übereinstimmung zu den Immaterialgüterrechten. Folglich kann auch für

---

552 Vgl. hierzu die Nachweise oben 3 c cc.

553 Vgl. a.a.O.

554 Vgl. oben 3. Kapitel 4 c.

555 Das gilt zumindest für die in §§ 12-14 UrhG festgelegten urheberrechtlichen Befugnisse; vgl. hierzu Schack, UFITA Bd. 108 (1989), 58; Bericht des Rechtsausschusses BT-Drucks. zu IV/3401, 15, auch abgedruckt in UFITA 46 (1966), 174 ff.; weitere Nachweise oben 3. Kapitel 4 c. Auch das französische Recht gewährt die Urheberpersönlichkeitsrechte in Frankreich unabhängig von der Gewährung von Persönlichkeitsrechten im Ursprungsland und unabhängig vom Erfordernis der Gegenseitigkeit, vgl. Art. 1 Abs. 2 Gesetz vom 8.7.1964 bzw. Cour d'appel de Paris vom 29.4.1959, J.D.I. 1960, 130 - „The Kid" = GRUR Int. 1959, 654 - „Charlie Chaplin"; anders aber Cour d'appel de Paris vom 6.2.1986, JCP 1989 I, 3376, Anh. 7.

556 So die ganz überwiegende Ansicht vgl. Looschelders ZVglRWiss 95 (1996), 48, 57 f. mit weiteren Nachweisen; anders Lüderitz, NJW 1962, 2142, 2143 ff. sowie Ferid, Internationales Privatrecht, 1986, Rn. 7-116 ff., die für diese Frage das Personalstatut befragen wollen. Gleiches gilt im übrigen auch für den Namensschutz, abgesehen vom Namen selbst, für den das Personalstatut maßgeblich ist; vgl. Looschelders, a.a.O., auch wenn manche Autoren dies anders verstanden haben, vgl. etwa Soergel-Kegel, Anh. Nach Art. 7 EGBGB, Rn. 13; Palandt-Heldrich, BGB, 57. Aufl., Art. 10 EGBGB, Rn. 2 ff.

die Urheberpersönlichkeitsrechte nur gelten: das Schutzlandprinzip bestimmt über Entstehung, Inhalt und Umfang der Urheberpersönlichkeitsrechte,[557] denn was erlaubt und was verboten ist, kann allein das Deliktsstatut bestimmen.[558] Auch der Grundsatz der Inländerbehandlung führt zu diesem Ergebnis, denn Urheberpersönlichkeitsrechte gehören zum Inhalt des Urheberrechts.[559]

Problematischer ist, welches Recht die Frage beantwortet, wer Inhaber des Urheberpersönlichkeitsrechts ist. Hier hilft der Inländerbehandlungsgrundsatz nicht weiter;[560] ebensowenig Art. 6bis RBÜ. Insoweit kann wie bereits bei derselben Frage betreffend das Urheberrecht allein eine einheitliche Anknüpfung überzeugen. Da das Recht des Ursprungslandes bereits als maßgebendes Statut für den originären Erwerb des Urheberrechts bestimmt wurde, muß dies auch für die Inhaberschaft am Urheberpersönlichkeitsrecht gelten, da der Inhaber beider Rechte einheitlich bestimmt werden muß.[561]

In dem Fallbeispiel Nr. 2 aus dem Einführungskapitel bestimmt somit das Recht des Schutzlandes Deutschland, verbunden mit Art. 6bis RBÜ, ob und welche Urheberpersönlichkeitsrechte dem Regisseur in Deutschland zustehen. Ob er überhaupt Inhaber ist, bestimmt sich hingegen nach dem Recht des Ursprungslandes, hier dem Recht der USA;[562] ob vertraglich auf Urheberpersönlichkeits-

---

557 Vgl. etwa Schack, UFITA Bd. 108 (1988), 51, 60 sowie Ulmer, die Immaterialgüterrechte (1975), Nr. 50 bzw. 52; für die Anwendung des Urheberrechtsstatuts in Abgrenzung zum Persönlichkeitsrechtsstatut auch Locher, Das Internationale Privat- und Zivilprozeßrecht der Immaterialgüterrechte aus urheberrechtlicher Sicht (1993), S. 72.

558 Vgl. Schack, a.a.O., 56 f.

559 Vgl. Ulmer, Die Immaterialgüterrechte (1975), Nr. 52, der die Urheberpersönlichkeitsrechte ebenfalls zu den allgemeinen Wirkungen des Urheberrechts zählt, weshalb sie der durch den Inländerbehandlungsgrundsatz begründeten Anknüpfung am Schutzland mitunterfallen.

560 Vgl. bereits oben II 3 a.

561 So auch Schack, UFITA Bd. 108 (1989), 51, 60. Im Gegensatz zum Urheberpersönlichkeitsrecht stellt die Frage nach der Inhaberschaft bei allgemeinen Persönlichkeitsrechten kein Problem dar, da es insoweit nicht auf ein bestimmtes Werk und die Verbindung einer Person hierzu ankommt, sondern allein die natürliche Person maßgeblich ist. Schack, UFITA Bd. 108 (1989), a.a.O., 59, führt insoweit das Veröffentlichungsrecht an, § 12 UrhG. Neben der im Einführungsfall skizzierten Problematik der Nachkolorierung alter schwarz-weiß-Spielfilme, vgl. auch Platho, GRUR 1987, 424 ff. zum deutschen materiellen Recht, sind auch Werbeunterbrechungen in Spielfilmen unter dem dem Aspekt des Urheberpersönlichkeitsrechts zu betrachten.

562 Problematisch ist, daß das Recht der USA kein Urheberpersönlichkeitsrecht kennt und auch sonst persönlichkeitsrechtliche Befugnisse in Bezug auf das schöpferische Werk nur gering ausgebildet sind. Es genügt jedoch, wenn das Recht des Ursprungslandes den

rechte verzichtet wurde oder diese zur Ausübung übertragen wurden, bestimmt sich nach dem Recht, das den Vertrag zwischen Regisseur und Produktionsfirma beherrscht.[563]

Schöpfer als Inhaber von den Urheberpersönlichkeitsrechten vergleichbaren Rechten ansieht.

563 Vgl. zuvor 3 b bzw. 3 c bb. Der französische Cour de Cassation sah zwar, daß bei Anwendung des Rechts des Ursprungslandes bzw. des Vertragsstatuts der nach französischer Auffassung wahre Urheber John Huston keine Urheberpersönlichkeitsrechte in Frankreich geltend machen konnte, nahm jedoch an, daß die französischen Bestimmungen zur Inhaberschaft am Werk und zum Entstellungsschutz zum französischen ordre public gehörten und sich der wahre Schöpfer dieser Rechte nicht entäußern könne, vgl. hierzu auch Edelmann, GRUR Int. 1992, 260, 265 ff.

3. Teil - Entstehen, Inhalt und Schutzumfang der Gemeinschaftsschutzrechte

In den vorhergehenden Kapiteln wurden im Rahmen der gewerblichen Schutzrechte die Gemeinschaftsschutzrechte in Form der Gemeinschaftsmarkenverordnung und des Gemeinschaftspatentübereinkommens vorgestellt. In beiden Fällen handelte es sich um materielles Einheitsrecht.[564] Eine kollisionsrechtliche Vorfrage, wie sie zuvor erörtert wurde, entfällt hierdurch, sofern es sich bei den durch einen grenzüberschreitenden Sachverhalt betroffenen Staaten um Mitglieder eines solchen Abkommens handelt, was im gemeinsamen Markt immer der Fall ist,[565] gelangt automatisch das zwischenstaatliche materielle Einheitsrecht zur Anwendung.[566] Die Vorfrage nach Inhaberschaft, Entstehung, Inhalt und Umfang der Gemeinschaftsschutzrechte bestimmt sich folglich immer direkt aus den Abkommen selbst.[567] Im Folgenden sollen die hierfür maßgebenden Vorschriften der Gemeinschaftsmarkenverordnung bzw. des Gemeinschaftspatentübereinkommens kurz vorgestellt werden.

I. Das Gemeinschaftspatent

1. Inhaberschaft und Erwerb

Das Gemeinschaftspatent wird durch Eintragung erworben.[568] *Inhaber* ist demnach derjenige, zu dessen Gunsten das Schutzrecht eingetragen wird. Anmeldung und Eintragung erfolgen nach den Vorschriften des EPÜ, Art. 5 GPatG

---

564 Anders als die ebenfalls erwähnten Europäischen Abkommen, vorallem das Europäische Patentrechtsübereinkommen, das nur das Anmeldeverfahren regelt.

565 Das Gemeinschaftspatentübereinkommen sieht auch über die EU hinaus Mitgliedschaften vor, etwa die der Schweiz.

566 Vgl. hierzu v. Bar, IPR Bd. I, Rn. 75 zum GPÜ, das gesetzestechnisch gesehen kein supranationales Recht ist, sondern lediglich materielles Einheitsprivatrecht; Kegel, IPR, § 1 IV a zum supranationalen Recht, zu dem die GMVO zählt.

567 Dies ergibt sich auch aus Art. 76 GMVO, der zunächst klarstellt, daß durch die Gerichte primär das Recht der Verordnung anzuwenden ist (Abs. 1). Nur für die in der Verordnung nicht geregelten Fragen ist das nationale Recht, einschließlich des internationalen Privatrechts anzuwenden. Diese Vorschrift ist vor allem im Zusammenhang mit Art. 12 GMVO und der Frage der Verletzungsfolen wichtig, hierzu im folgenden Kapitel.

568 Das entsprechende Register wird gemäß Art. 63 GPÜ vom europäischen Patentamt geführt und enthält alle Angaben, deren Eintragung das Übereinkommen vorschreibt. In regelmäßigen Abständen wird durch das europäische Patentamt auch ein Blatt herausgegeben, das die Eintragungen in dieses Register wiedergibt.

2, Art. II § 4 IntPatÜG.[569] Die Frage des Rechts auf das Patent im Falle der Anmeldung durch einen Nichtberechtigten regelt sich gemäß Art. 23 I GPÜ[570] nach den Vorschriften des Art. 60 I des EPÜ.[571] Maßgeblich ist danach das Recht des Schutzlandes. Es gilt insoweit eine Ausschlußfrist von 2 Jahren (Abs. 3 S. 1). Eintragungsvoraussetzungen und Eintragungshindernisse bestimmen sich gleichfalls nach dem EPÜ.

2. Inhalt und Umfang des Schutzes

Gemeinschaftspatente *gewähren ihrem Inhaber das Recht*, Dritten die Nutzung der Erfindung sowie das Inverkehrbringen, den Gebrauch, das Einführen und den Besitz von mit Hilfe der Erfindung hergestellten Erzeugnissen zu verbieten (Art. 25 a GPÜ).[572] Das gleiche gilt für die Anwendung von Verfahren, sofern sie Gegenstand des Patents sind, das Anbieten desselben und das Anbieten, Inverkehrbringen, den Gebrauch, das Einführen oder den Besitz von aufgrund des Verfahrens hergestellten Gegenständen. Diese Verbotsrechte sind auch im Falle der nur mittelbaren Benutzung der Erfindung, insbesondere durch das Anbieten von wesentlichen Teilen der Erfindung zur Benutzung, anwendbar, Art. 26 GPÜ. Art. 32 GPÜ stellt klar, daß die Verbotsrechte bereits vor der Bekanntmachung der Veröffentlichung dahingehend Wirkung entfalten, daß sie dem Inhaber für den Fall der Benutzung durch einen Dritten Entschädigungsansprüche gewähren.[573] Für den Fall einer Verletzung des Gemeinschaftspatents erklärt Art. 34 GPÜ für die Frage der Verletzungsfolgen das nationale Recht für anwendbar.[574]

Die Verbotsrechte finden keine Anwendung für Handlungen im privaten, nichtgewerblichen Bereich, zu Versuchszwecken, bei der Einzelzubereitung von Arzneimitteln, den Gebrauch auf Schiffen von Mitgliedern der PVÜ, die jedoch

---

569 Vgl. auch Benkard-Ullmann, Patentgesetz, Einl., Rn. 162.

570 In der Fassung der Vereinbarung von 1989 = GPatG II, BGBl. 1991 Teil II, S. 1361 ff.

571 Vgl. hierzu Stein, in: Singer/Stein, Materielles Patentrecht, Bericht der Deutschen Delegation über die Luxemburger Konfernz, GRUR Int. 1976, 187, 200 f.

572 Hierzu Singer, in: Bericht der Deutschen Delegation, a.a.O., GRUR Int. 1976, 201f.

573 Die Art. 25 bis 28 sind insoweit heranzuziehen, vgl. Singer, GRUR Int. 1976, 201, 205. Zu beachten ist auch die in Abs. 2 vorgesehene Einschränkung hinsichtlich der Veröffentlichung bzw. Übermittlung der übersetzten Patentansprüche, von der die Schadensersatzgewährung abhängig gemacht werden kann, wie dies der deutsche Gesetzgeber getan hat, vgl. Art. 4 I GPatG 2.

574 Diese Vorschrift, die sich in gleicher Weise auch in der GMVO findet, dort Art. 12, wird noch ausführlich im Rahmen der deliktischen Hauptfrage erörtert werden, vgl. unten 2 b.

nicht Mitglieder der Patentgemeinschaft sind, den Gebrauch bei der Bauausführung oder beim Betrieb von Luft- und Landfahrzeugen derselben Staaten sowie Handlungen im Rahmen des Abkommens vom 7. Dezember 1944 über die internationale Zivilluftfahrt, Art. 27. Das Recht aus dem Gemeinschaftspatent erstreckt sich ferner nicht auf Handlungen, die ein geschütztes Patent betreffen, wenn der Inhaber das Erzeugnis selbst oder zumindest mit seiner Zustimmung im Hoheitsgebiet der Gemeinschaft in den Verkehr gebracht hat (Art. 28 GPÜ).[575]

Die wichtige und lange umstrittene Frage der Übersetzung ist nunmehr in den Art. 29 bis 31 geregelt.[576] Art. 33 stellt klar, daß die Wirkung von Widerruf und Nichtigkeit einheitlich ex-tunc gelten.[577] Art. 35 ist eine Beweislastvorschrift, die im ursprünglichen GPÜ noch nicht vorgesehen war. Die Schutzdauer für Gemeinschaftspatente beträgt gemäß Art. 50 Abs. 1 a GPÜ, 63 EPÜ einheitlich 20 Jahre. Im Hinblick auf Zwangslizenzen finden grundsätzlich die nationalen Regelungen Anwendung (Art. 45 GPÜ). Um die Erteilung einer Zwangslizenz wegen Nichtausübung zu vermeiden, genügt die Benutzung in einem Mitgliedsstaat der Gemeinschaft.

Der Inhaber hat auch die Möglichkeit, das Gemeinschaftspatent gemäß Artt. 51 bis 54 GPÜ zu beschränken.[578] Die Beschränkung auf einen oder mehrere Vertragsstaaten ist aber nur möglich, wenn das Gemeinschaftspatent mit einem älteren nationalen Schutzrecht kollidiert, Art. 51 I 2. Die Übertragung von Gemeinschaftspatenten ist vorbehaltlich der Einhaltung der Schriftform frei (Art. 39 GPÜ). Rechte Dritter, die vor dem Rechtsübergang bestanden, werden durch diesen jedoch nicht berührt. Gemeinschaftspatente können ganz oder teilweise Gegenstand ausschließlicher oder einfacher Lizenzen sein. Die Lizenzvergabe ist nicht an das Gesamtgebiet der Gemeinschaft gebunden, sondern kann auch lediglich für Teile davon vorgenommen werden.

---

575 Zu beachten ist insoweit auch Art. 76 GPÜ, der die Erschöpfungsregel des Art. 32 auch auf nationale Patente ausweitet, vgl. hierzu Benkard-Ullmann, Patentgesetz, Internationaler Teil, Rn. 178.

576 Vgl. hierzu Benkard-Ullmann, Patentgesetz, Einleitung, Rn. 163.

577 Zur Entstehungsgeschichte vgl. Stein, GRUR Int. 1976, 205.

578 Im Hinblick auf die Patentansprüche, die Beschreibung oder die Zeichnungen, vgl. hierzu sowie zu den verfahrensrechtlichen Besonderheiten Benkard-Ullmann, Patentgesetz, Einleitung, Rn. 166 - 169.

3. Erlöschen des Gemeinschaftspatents

Gemeinschaftspatente können durch Verzicht[579] (Art. 50 Abs. 1 b i.V.m. Art. 49 GPÜ), Ablauf der Schutzfrist (Art. 50 Abs. 1 a GPÜ i.V.m. Art. 63 EPÜ), verspätete Entrichtung der Jahresgebühr (Art. 50 Abs. 1 c i.V.m. Art. 48) und Nichtigerklärung (Art. 55 - 60 GPÜ)[580] *erlöschen.*

Die in Art. 56 Abs. 1 a - f GPÜ abschließend aufgeführten und den Art. 138, 139 EPÜ entsprechenden Nichtigkeitsgründe sind für die Nichtigerklärung maßgebend. Art. 35 GPÜ stellt klar, daß Widerruf und Nichtigkeit ex-tunc wirken. Eine Besonderheit, im Prinzip aber nur eine logische Folge des vereinheitlichten Territoriums, stellt der einheitliche Nichtigkeitseinwand dar, das heißt, auch wenn nur in einem Staat die Nichtigkeit geltend gemacht wird, wirkt sie sich auf den gesamten Geltungsbereich aus. Aus der Einheitlichkeit der Gemeinschaftsschutzrechte folgt, daß die Erlöschensgründe, ebenso wie auch die Lizenzierung, nur einheitlich für das Gebiet der Vertragsstaaten wirken können. Eine Ausnahme gilt für den Fall der Kollision von nationaler und Gemeinschaftspatenterteilung; hier kann eine partielle Teilnichtigkeit die Folge sein, Art. 56 I f , III GPÜ.[581]

II. Die Gemeinschaftsmarke

1. Inhaberschaft und Erwerb

Inhaberschaft und Erwerb einer Gemeinschaftsmarke bestimmen sich ähnlich wie im Falle der Gemeinschaftspatente; gemäß Art. 6 GMVO wird die Gemeinschaftsmarke durch Eintragung erworben.[582] Den personalen Anwendungsbereich der GMVO bestimmt Art. 5: Eine Gemeinschaftsmarke können die Angehörigen der Mitgliedsstaaten, sonstige Angehörige von Mitgliedsstaaten der RBÜ sowie alle anderen erwerben, sofern sie ihren Wohnsitz bzw. ihre Niederlassung im Gebiet der Gemeinschaft oder einem Mitgliedsstaat der RBÜ ha-

---

579 Dieser gilt im Gegensatz zu Widerruf und Nichtigkeitserklärung ex-nunc und muß um wirksam zu werden, erst in das beim europäischen Patentamt geführte Register eingetragen werden. Das gilt für beide Schutzrechte.

580 Zum Nichtigkeitsgrund der älteren nationalen Anmeldung vgl. Benkard-Ullmann, Patentgesetz, a.a.O., Rn. 171.

581 Vgl. hierzu auch Benkard-Ullmann, a.a.O., Rn. 176 und 171.

582 Dieses Register wird gemäß Art. 83 GMVO beim europäischen Markenamt geführt. Änderungen bzw. Neueintragungen werden in einem Blatt für Gemeinschaftsmarken und einem Amtsblatt veröffentlicht.

ben.[583] Wenn keine materiellen Eintragungshindernisse bestehen, ist das Schutzrecht einzutragen. Das Markenamt prüft insoweit nur auf absolute Eintragungshindernisse. Ältere Marken und Zeichen müssen als relative Eintragungshindernisse durch den betroffenen Inhaber auf dem Wege des Widerspruchs geltend gemacht werden.[584] Die Anmeldung einschließlich der Prioritätsrechte (Art. 23 bis 29 b GMVO) sowie das Eintragungsverfahren (Abschnitt IV, das sind die Art. 30 bis 36 GMVO) sind in der VO selbst enthalten.

Art. 4 GMVO zählt die schutzfähigen Markenformen auf. Dieses sind alle Zeichen, die sich graphisch darstellen lassen, also auch dreidimensionale Zeichen. Es gibt zudem keinen festgelegten Ausschluß für bestimmte Buchstaben oder Zeichen. Der Begriff ist also recht weit gefaßt.[585]

2. Inhalt und Umfang des Schutzes

Die *allgemeinen Wirkungen* einer Gemeinschaftsmarke bestimmen sich gemäß den Artt. 9 bis 13 GMVO. Sie entsprechen den Bestimmungen der Markenrichtlinie und damit auch weitestgehend den Rechten aus der Marke im neuen deutschen Markengesetz. Die Ausschlußrechte aus der Gemeinschaftsmarke bestimmt Art. 9 GMVO:[586] Bei identischen Zeichen genügt die bloße Benutzung. Bei Zeichen, die identisch oder ähnlich sind, sowie bei solchen Waren bzw. Dienstleistungen[587] muß die Gefahr der Verwechslung hinzukommen. Per Legal-

---

583 Personen, die auch nicht unter diesen Kreis fallen, können eine Gemeinschaftsmarke erwerben, falls ihr Heimatstaat Angehörige von Mitgliedsstaaten PVÜ wie Inländer schützt und die Gemeinschaftsmarke als im Ursprungsland geschützte Marke anerkennt. Auch der Erwerb durch Staatenlose ist vorgesehen (Abs. 2).

584 Art. 8 GMVO. Dies gilt auch für die relativen Eintragungshindernisse. Ein Eintragungshindernis liegt insbesondere dann vor, wenn eine ältere Marke mit der einzutragenden Marke und die jeweiligen Waren identisch sind oder wenn beide zumindest ähnlich sind und Verwechslungsgefahr besteht. Bekannte Marken berechtigen auch ohne Ähnlichkeit der Waren zum Widerspruch, wenn die Benutzung der einzutragenden Marke die Unterscheidungskraft oder Wertschätzung der älteren Marke ausnutzen oder beeinträchtigen würde. Die Regelung entspricht damit den Ausschließlichkeitsrechten des eingetragegenen Gemeinschaftsmarkeninhabers. Vgl. zu den relativen Eintragungshindernissen v. Mühlendahl, MA 1989, 38, 41 f. Das Widerspruchsverfahren findet sich in den Artt. 42, 43.

585 Zu diesem Ergebnis gelangt auch v. Mühlendahl, MA 1989, 38, 40.

586 Diese Definition ist neu. Insbesondere fehlt eine abschließende Aufzählung der dem Inhaber vorbehaltenen Benutzungsformen, vgl. v. Mühlendahl, MA 1989, 38, 41.

587 Auf den abstrakten Begriff der Gleichartigkeit und eine Prüfung hierauf wurde verzichtet, vgl. hierzu v. Mühlendahl, a.a.O.

definition ist dies das gedankliche Inverbindungbringen. Bekannte Marken[588] sind auch gegenüber der Benutzung auf nicht-ähnlichen Waren oder Dienstleistungen geschützt, sofern dabei ihre Unterscheidungskraft oder Wertschätzung ungerechtfertigt und in unlauterer Weise ausgenutzt oder beeinträchtigt wird. Der Begriff der vom Markeninhaber untersagbaren Benutzungshandlungen wird anschließend näher erläutert (Abs. 2); er umfaßt die Anbringung des Zeichens auf Waren oder deren Aufmachungen; das Anbieten, das Inverkehrbringen oder den Besitz von mit dem Zeichen versehenen Waren zu diesem Zwecke. Das gleiche gilt für die Erbringung von Dienstleistungen unter der Marke. Weiterhin zählen hierzu Einfuhr und Ausfuhr sowie die Benutzung in der Werbung. Abs. 3 ähnelt der Regelung des Art. 32 GPÜ und stellt klar, daß der Schutz erst nach der Veröffentlichung der Eintragung einsetzt. Nach der Veröffentlichung des Antrags bestehen aber unter Maßgabe der Art. 9 und 11 bis 13 GMVO Entschädigungsansprüche. Art. 14 GMVO bestimmt, daß sich die weiteren Verletzungsfolgen nach dem auf nationale Marken anwendbaren Recht bestimmen.[589]

Schranken des Ausschließlichkeitsrechts aus der Gemeinschaftsmarke zählt Art. 12 auf: Freie Benutzungshandlungen sind hiernach das Führen des eigenen Namens,[590] die Verwendung beschreibender Angaben sowie das Benutzen als Hinweis auf Zubehör oder Ersatzteilen für Waren, sofern diese Handlungen im Rahmen des lauteren Geschäftsverkehrs erfolgen. Schranke ist auch die Erschöpfung, für die das gesamte Gebiet der Gemeinschaft maßgeblich ist (Art. 13). Der Markeninhaber kann sich auch nicht der Benutzung eines jüngeren Zeichens widersetzen, wenn er die Benutzung fünf Jahre lang geduldet hat.[591] Im übrigen gilt ein weitestgehend den deutschen Regelungen entsprechender Benutzungszwang (Art. 15). Die Schutz- bzw. Eintragungsdauer beträgt gemäß Art. 46 GMVO zehn Jahre, ist jedoch nach Maßgabe des Art. 47 GMVO um jeweils zehn Jahre verlängerbar.

Gemeinschaftsmarken sind wie auch Gemeinschaftspatente frei übertragbar. Sie können im ganzen oder in Form ausschließlicher oder einfacher Lizenzen für

---

588 Von der „berühmten Marke“ ist man abgekommen. Allerdings fragt sich nun, wann eine bekannte Marke vorliegt, was somit zum gleichen Problem führt.

589 Ausführlich zum Anwendungsbreich, der Reichweite und der besonderen Problematik dieser Vorschrift vgl. unten 5. Kapitel V.

590 Offen läßt die GMVO, welches Recht hierfür maßgeblich ist. Im Sinne des allgemeinen Persönlichkeitsrechts ist der Name einer Person nach dessen Personalstatut zu bestimmen, vgl. Looschelders, ZVglRWiss 95 (1996), 48, 58 mit weiteren Nachweisen. Im EGBGB wäre dies Art. 10.

591 Dies ist der Fall der sog. Verwirkung durch Duldung, Art. 54 GMVO.

das gesamte Gebiet oder Teile davon übertragen werden.[592] Es besteht keine Bindung an das Unternehmen, Art. 17 I bzw. 19 GMVO. Die Markenlizenz hat im übrigen per Gesetz dingliche Wirkung, Art. 19.

3. Erlöschen der Gemeinschaftsmarke

Gemeinschaftsmarken erlöschen durch Verzicht (Art. 38 GMVO), Verfall (Art. 39 GMVO) sowie Nichtigerklärung (Art. 51 f. GMVO). Das Markenamt erklärt den Verfall bzw. die Nichtigkeit jeweils auf Antrag.[593] Verfallsgründe sind gemäß Art. 50 in erster Linie mangelnde Benutzung, Entwicklung zur Gattungsbezeichnung und Entwicklung zur irreführenden Bezeichnung. Die Nichitgkeitsgründe sind in absolute und relative unterteilt. Absolute Nichtigkeitsgründe sind der Verstoß gegen die entsprechenden Eintragungshindernisse sowie die bösgläubige Anmeldung. Relative Nichtigkeitsgründe sind der Verstoß gegen die entsprechenden relativen Eintragungshindernisse sowie die Kollision mit älteren Rechten.[594] Sie können nicht mehr geltend gemacht werden, wenn ein Tatbestand der Verwirkung vorliegt. Diese wurde bereits kurz angesprochen. Art. 54 stellt klar, daß Verwirkung und Nichtigkeit ex-tunc ab Antragstellung bzw. Widerklage gelten.

---

592 Gegenüber Dritten haben solche Verfügungen allerdings nur dann Wirkung, wenn diese die Rechtshandlung kannten oder wenn sich eine entsprechende Eintragung im Register nachweisen läßt, vgl. Art. 23 GMVO.

593 Das Verfahren hierzu ist in den Art. 55 und 56 geregelt. Das Beschwerdeverfahren für den Fall der Ablehnung findet sich in den anschließenden Artt. 57 ff.

594 Vgl. hierzu v. Mühlendahl, MA 1989, 38, 41 f.

5. Kapitel - Die Anknüpfung des Deliktsstatuts im Falle der Verletzung eines Immaterialgüterrechts

I. Das allgemeine Deliktsstatut und die Verletzung von Immaterialgüterrechten

Den letzten Teil dieser Untersuchung bildet, wie bereits im Einführungskapitel angeführt, die Anknüpfung der Hauptfrage nach den deliktischen Folgen einer Verwertungshandlung. In der Literatur zum internationalen Immaterialgüterrecht stößt man sehr häufig auch im Rahmen der Anknüpfung der deliktischen Hauptfrage auf den Begriff des Schutzlandprinzips.[1] Dies verwirrt, wird doch üblicherweise im Deliktsrecht nach dessen eigener Anknüpfungsregel - der lex loci delicti commissi - angeknüpft. Im folgenden soll zunächst auf diese allgemeine Anknüpfungsregel eingegangen werden, bevor eine Verbindung zum Immaterialgüterrecht hergestellt werden kann.

1. Begriff und Inhalt des Deliktsstatuts

Mit dem Deliktsstatut bezeichnet man das auf eine deliktische Handlung anwendbare Recht. Anknüpfungspunkt ist hierbei immer die Verletzungshandlung im weiteren Sinne.[2] Sie bestimmt, welches Recht zur Anwendung kommt, da

---

1 Vgl. etwa Sandrock, Die kollisionsrechtliche Behandlung der Deliktshaftung, in: v. Cämmerer, Gutachten (1983), S. 380, 405; Weber, Die Behandlung von Patent-, Warenzeichen- und Urheberrechtsverletzungen (1968), S. 77; Beier/Schricker/Ulmer, Stellungnahme des Max-Planck-Instituts, GRUR Int. 1985, 104, 105. Ulmer schlägt in seinem Gutachten, Die Immaterialgüterrechte (1975), S. 108 ff. vor, das Entstehen, das Erlöschen und die allgemeinen Wirkungen des Urheberrechts und der gewerblichen Schutzrechte dem Recht des Schutzlandes zu unterstellen; die „Wirkungen" der Schutzrechte sollen auch die Voraussetzungen und Folgen einer Verletzung umfassen, vgl. auch a.a.O., Nr. 51 f.

2 Ohne die Aufspaltung in Handlungs- und Erfolgsteil! Bis ins 19. Jahrhundert wurde vorwiegend nach der lex fori angeknüpft; dies wurde etwa von Waechter, AcP 24 (1841), 230 ff. sowie AcP 25 (1842), 1 ff., 161 ff., 361 ff. vertreten. Hier findet sich auch eine stichhaltige Begründung für diese Anknüpfung: Der Mangel an Harmonie auf diesem Rechtsgebiet, der den Richter hindert, fremdes Recht anzuwenden. Daneben wird auch häufig auf strafrechtliche Erwägungen hingewiesen, die ebenfalls zu einer Eingrenzung auf das Recht des Gerichtsortes führten. Durchgesetzt hat sich diese Anknüpfung freilich nicht. Ab der Mitte des 19. Jahrhunderts kann man von der alleinigen Maßgeblichkeit der lex loci delicti commissi ausgehen, vgl. hierzu die Nachweise bei Hohloch, Das Deliktsstatut, S. 43 (Fn. 202). Zu den historischen Wurzeln dieser Anknüpfung, die sich nach Kegel, IPR, § 3 I (S. 126), bis in das Römische Recht zurückverfolgen läßt, vgl. ebenfalls Hohloch, a.a.O., S. 9 ff.

hierfür das Recht des Landes als maßgeblich erachtet wird, auf dessen Territorium sich die Tat ereignet hat, für deren Folgen ein Ausgleich stattfinden soll.[3] Das Deliktsstatut wird daher auch häufig mit dem Begriff Tatortprinzip verbunden.[4] Das so bestimmte Sachrecht umfaßt sämtliche haftungsbegründenden und haftungsausfüllenden Tatbestandsvoraussetzungen, also Rechtsgüter und verbotene Handlungen,[5] Kausalzusammenhang,[6] Haftungsmaßstab,[7] Verschulden und etwaiges Mitverschulden,[8] Haftung für Dritte[9] sowie Widerrechtlichkeit[10] und Rechtfertigungsgründe[11]. Daneben bestimmt es auch die Folgen der unerlaubten Handlung.

2. Das Anknüpfungssystem des internationalen Deliktsrechts

Das internationale Deliktsrecht befindet sich im Umbruch. Konnte man noch zu Beginn des zwanzigsten Jahrhunderts die Lex loci delicti - Regel als unumstößliche Standsäule im System des internationalen Privatrechts bezeichnen, so läßt sich heutzutage kaum mehr hiervon sprechen. Das Stichwort lautet

---

3 Vgl. v. Bar, IPR Bd. II, Rn. 654, zur Problematik, ob sich eine sachliche Begründung für diese Anknüpfung anführen läßt; zum Begriff auch Kegel, IPR, § 18IV 1 a. Insofern handelt es sich um eine territoriale Anknüpfung, denn nicht ein personaler, sondern ein territorialer Anknüpfungspunkt ist maßgeblich, vgl. Neuhaus, Grundbegriffe des IPR, § 23. In Art. 38 wird es ohne ausdrückliche Nennung vorausgesetzt; jedenfalls ist es gewohnheitsrechtlich anerkannt. Zum ganzen vgl. auch MünchKomm-Kreuzer, Art. 38 EGBGB, Rn. 35 (Fn. 99).

4 Vgl. etwa bei MünchKomm-Kreuzer, a.a.O., Rn. 12 und 35. Besondere Probleme bei der Bestimmung des Tatortes bereiten Unterlassungs- und Gefährdungsdelikte, vgl. hierzu v. Bar, IPR Bd. II, Rn. 659 sowie MünchKomm-Kreuzer, a.a.O., Rn. 41, 45 ff.

5 Vgl. MünchKomm-Kreuzer, a.a.O., Rn. 282; Soergel-Lüderitz, Art. 38 EGBGB, Rn. .

6 Vgl. Rabel, IPR, II 257; MünchKomm-Kreuzer, a.a.O.

7 Vgl. Staudinger-Raape, Art 12 a.F. EGBGB, Anm. A IV 5, 6

8 Vgl. RG JW 1906, 297; RG IPRspr. 1930, Nr. 59; OLG Karlsruhe IPRspr. 1932, Nr. 41; OLG München IPRspr. 1932, Nr. 42; OLG Köln, OLGZ 69, 152, 154; MünchKomm-Kreuzer, a.a.O.

9 Vgl. Hohloch, Das Deliktsstatut, S. 103 (Fn. 268) mit weiteren Nachweisen.

10 Vgl. Staudinger-Raape, Art. 12 a.F. EGBGB, Anm. A IV 2. mit weiteren Nachweisen; RG JW 1906, 297; MünchKomm-Kreuzer, a.a.O.; Soergel-Lüderitz, Art. 38 EGBGB, Rn. 94 mit weiteren Nachweisen.

11 Vgl. MünchKomm-Kreuzer, a.a.O.; Staudinger-Raape, a.a.O., Anm. A IV 2; BGH NJW 1964, 650, 51; RG JW 1906, 297.

„Auflockerung des Deliktsstatuts“[12]: Die aus Zeiten einfacherer sozialer und wirtschaftlicher Verhältnisse stammende undifferenzierte Tatortregel soll durch eine flexiblere Anknüpfung ersetzt werden, die der komplex gewordenen Wirklichkeit besser gerecht wird.[13] Das internationale Deliktsrecht hat sich in diesem Sinne zu einem beweglichen System fortentwickelt. Zwar stellt die Tatortanknüpfung nach wie vor die Regelanknüpfung dar, in der Praxis kommt ihr jedoch häufig nur noch eine Residualfunktion zu,[14] wenn auch mit deutlicher Zurückhaltung in der gerichtlichen Entscheidungspraxis.[15]

In diesem Sinne wurden von Literatur und Rechtsprechung Fallgruppen gebildet, die, soweit sie vorliegen, die Regelanknüpfung am Tatort zugunsten einer sachnäheren Anknüpfung verdrängen. Als solche Ausnahmen vom Tatortprinzip sind mittlerweile das gemeinsame Heimatrecht von Schädiger und Geschädigtem[16] und hieraus fortentwickelt der gemeinsame gewöhnliche Aufenthalt der

---

12 Zum Begriff vgl. Binder, RabelsZ 20 (1955), 401 ff. sowie Hohloch, Das Deliktsstatut, S. 189 ff., dort insbesondere. S. 204 ff. zur Entwicklung in Deutschland; weitere Nachweise bei MünchKomm-Kreuzer, a.a.O., Rn. 13 ff.

13 Vgl. MünchKomm-Kreuzer, a.a.O., Rn. 13 ff., 18 f., der diese eingefahrene Terminologie auch kritisch würdigt.

14 Vgl. v. Bar, IPR Bd. II, Rn. 654 f. Dies wird besonders in der Entscheidung BGHZ 57, 265 = NJW 1972 deutlich, in der der BGH ausdrücklich auf den Vorrang einer irgendwie gearteten engeren Beziehung zwischen den Beteiligten vor der Tatortanknüpfung hinweist. Dieser Entscheidung folgen die Entscheidungen BGH NJW 1974, 495; 1977, 496; 1983, 1972; 1983, 2771, so daß man von einer gefestigten Rechtsprechungstradition sprechen kann, die allerdings auch belegt, daß die Tatortanknüpfung für das Gericht immer die grundsätzlich angemessene und interessengerechte Anknüpfung bedeutete, nicht nur im Hinblick auf die am Tatort geltenden Verhaltensnormen, vgl. Hohloch, Das Deliktsstatut, S. 208.

15 Vgl. etwa die Nachweise bei MünchKomm-Kreuzer, a.a.O., Rn. 19 (Fn. 56 a).

16 Diese Anknüpfung geht bekanntlich auf § 1 der „Verordnung des Ministerrats für die Reichsverteidigung über die Rechtsanwendung bei Schädigungen deutscher Staatsangehöriger außerhalb des Reichsgebietes“ vom 7.12.1942, RGBl. I 1942, 706 zurück. Zu der bereits vor Erlaß dieser VO im Schrifttum vertretenen Ansicht vgl. Hohloch, Das Deliktsstatut, S. 124 (Fn. 15). Auf diese Schrifttumstradition wird in den Materialien allerdings keinerlei Bezug genommen, was wohl auch so gewollt war. Sie fußte vielmehr auf der praktischen Notwendigkeit, für die sich im gesamten besetzten Teil Europas bewegenden deutschen Soldaten eine angesichts der Ineffektivität des Tatortprinzips für die immer zahlreicher werdenden Fälle von Schädigungen unter diesen adäquate, vom Tatortprinzip abweichende Regelung zu schaffen, vgl. die amtl. Begründung des RJM, DJ 1943, 20 f. sowie Schaeffer, DR 1942, 959 ff. Nach dem Ende des zweiten Weltkrieges war die Fortgeltung dieser VO, bei allem praktischen Nutzen, angesichts der nationalsozialistisch geprägten Entstehungsgeschichte verständlicherweise umstritten, vgl. etwa Rabel, II 245 (Fn. 67: „the National Socialist Decree of December 7, 1942“). Kritisch beurteilt wurde auch die kriegsbezogene ephemere Konzeption, der nach dem Ende

Deliktsbeteiligten[17], der allerdings nur eine Ausprägung des sog. gemeinsamen Umweltrechts[18] der Beteiligten darstellt, anerkannt. Daneben kann auch eine Rechtswahl zwischen den Parteien zu einer Abweichung vom Tatortrecht führen; in Rechtsprechung und Schrifttum ist diese Möglichkeit überwiegend anerkannt.[19]

3. Der Zusammenhang zwischen Schutzrechtsstatut und Deliktsstatut

Internationales Immaterialgüterrecht wird sich bei oberflächlicher Betrachtung in der Mehrzahl der Fälle[20] mit den Grundsätzen des internationalen Deliktsrechts decken, denn auch bei den Immaterialgüterrechten handelt es sich um

---

des Krieges keine Bedeutung mehr zukommen könne bzw. solle, vgl. statt aller Raape, IPR, 3. Aufl. 1950, S. 364 (Fn. 41). Letzlich wurde jedoch unter Hinweis auf die weithin bereits vor Einführung vertretene Geltung des Prinzips des gemeinsamen Heimatrechts dem praktischen Nutzen Vorrang eingeräumt, vgl. die Begründung des BGH in der Entscheidung vom 2.2.1961, BGHZ 34, 222ff. mit den krit. Anm. von Wengler und Beitzke in NJW 1961, 1993. Im Rahmen des allgemeinen Auflockerungsgedankens hat sich diese ursprünglich einseitige Kollisionsnorm zu einer allseitigen fortentwickelt, vgl. BGH NJW 1972, 387; NJW 1977, 496, 497; NJW 1983, 1972, 1973 f., alle obiter. Der Aufenthalt am Tatort muß allerdings zufällig oder vorübergehend sein, was bereits auf die nächste Ausnahme hindeutet.

17 Zur Entwicklung vgl. Hohloch, Das Deliktsstatut, S. 208 f. Vgl. aus der Rechtsprechung: OLG Karlsruhe NJW 1964, 55; OLG Düsseldorf VersR 1966, 504; LG Hamburg IPRspr. 1973, Nr. 16; hervorzuheben ist besonders die Entscheidung BGH NJW 1992, 3091, 3092, die diese Regel erstmals gegenüber der ebenfalls bestehenden gemeinsamen Staatsangehörigkeit maß und dieser gegenüber bevorzugte; anders noch die Vorhersage von Hohloch, Anm. zu BGH v. 31.5.1983, JR 1984, 62, 63 f. Aus dem Schrifttum: grundlegend wohl Kropholler, RabelsZ 33 (1969), 601, 623 f.; Prölss, Internationalrechtliche Aspekte der KH-Versicherung (1957), 23 f.; Soergel-Lüderitz, Art. 38 EGBGB, Rn. 30; ebenso schon Soergel-Kegel, 9. Aufl. 1961, Art. 12 EGBGB a.F., Rn. 24; Beitzke, RabelsZ 33 (1969), 204, 222; Jayme, Die Familie im Recht der unerlaubten Handlungen (1971), S. 308 (Fn. 162), 309 ff.

18 Diese Terminologie geht auf die Entscheidung BGHZ 87, 95, 103 zurück, vgl. auch die Nachweise bei Hohloch, Das Deliktsstatut, S. 209 (Fn. 441).

19 Vgl. BGH VersR 1960, 907; VersR 1963, 241; BGHZ 42, 385, 389; BGH NJW 1974, 410; BGH IPRax 1982, 13, 14; IPRax 1988, 306 sowie letzmalig BGH ZIP 1989, 830, 832. Vgl. hierzu auch v. Bar, IPR Bd. II, Rn. 676 ff, der eine kritische Grundhaltung zur Rechtswahl bei Delikten offenbart und insbesondere auf die rechtspolitischen Probleme in diesem Zusammenhang hinweist.

20 Es sei denn, man hat allein Fragen zu klären, die die Wirksamkeit oder die Erfüllung von Lizenzen etc. betreffen. Aber auch dort wird der Streit schnell zum deliktsrechtlichen, wenn es um Handlungen geht, von denen die eine Seite behauptet, sie verletzten ein ihr zustehendes Immaterialgüterrecht.

absolute Rechte.[21] Werden diese Rechte durch eine unerlaubte Verwertungshandlung verletzt, lösen sie unmittelbar einen deliktischen Anspruch aus,[22] sei es auf Unterlassung der Beeinträchtigung oder, sofern dies nichts nutzt bzw. eine schuldhafte Verletzung vorlag, auf Schadensersatz.[23] In beiden Fällen ist somit ein außervertragliches Schuldverhältnis die Grundlage. Dennoch handelt es sich nicht einfach um zwei verschiedene Bezeichnungen für ein und dasselbe rechtliche Phänomen. Es besteht keine Identität zwischen beiden Begriffen. Das internationale Immaterialgüterrecht stellt wie auch das internationale Wettbewerbsrecht[24] nur ein spezielles Teilgebiet des internationalen Deliktsrechts dar,[25] allein im Kern bestehen Gemeinsamkeiten. Das ist der eben angeführte Schutz absoluter Rechtsgüter gegen deren rechtswidrige Verletzung sowie die Anknüpfung am Tatort oder Begehungsort, die ebenfalls übereinstimmt. Es finden sich jedoch

---

21 Vgl. oben 3. Kapitel I 4 c sowie Weber, Die Behandlung von Patent-, Warenzeichen- und Urheberrechtsverletzungen (1968), S. 69.

22 Ein solcher Anspruch kann sich nach deutschem Recht entweder aufgrund eines sondergesetzlichen Tatbestandes oder gemäß § 823 I oder § 826 BGB ergeben. Es besteht nur für Sondertatbestände Spezialität, ansonsten gilt volle Anspruchskonkurrenz, vgl. Weber, a.a.O., S. 69 mit weiteren Nachweisen (Fn. 1); MünchKomm-Mertens, § 823 BGB, Rn. 153.

23 Vgl. die §§ 96 UrhG; 14 a GeschmMG; 139 Abs. 2 PatG; 24 Abs. 2 GebrMG; 37 Abs. 2 SortenschutzG; 9 Satz 2 HalbleiterschutzG und 14 Abs. 6 bzw. 15 Abs. 5 MarkenG, die Schadensersatzansprüche gewähren; und die §§ 97 UrhG; 14 a GeschmMG139 Abs. 1 PatG; 24 Abs. 1 GebrMG; 37 Abs. 1 SortenschutzG; 9 Satz 1 HalbleiterschutzG und 14 Abs. 5 bzw. 15 Abs. 4, die Unterlassungsansprüche gewähren.

24 Wo man über den Ort der wettbewerbsrechtlichen Interessenkollision ebenfalls zu einem speziellen, vom üblichen Tatort abweichend bestimmbaren Verletzungsort gelangt, vgl. hierzu Deutsch, Wettbewerbstatbestände mit Auslandsberührung (1962), S. 47 ff., 60 ff.; Sack, Die kollisions- und wettbewerbsrechtliche Beurteilung grenzüberschreitender Werbe- und Absatztätigkeit nach deutschem Recht, GRUR Int. 1988, 320, 322; Gloy, Handbuch des Wettbewerbsrechts, § 28, Rn. 2 ff. sowie BGHZ 35 329, 333 und BGH NJW 1988, 644, 645.

25 Zu dieser Einordnung vgl. etwa v. Bar, IPR Bd. II, Rn. 710, der insoweit ausdrücklich von einem Sondergebiet des Deliktsrechts spricht; v. Gamm, Urheberrechtsgesetz, Einf., Rn. 143; Hubmann/Rehbinder, Gewerblicher Rechtsschutz, S. 72; Katzenberger, GRUR Int. 1992, 567, 570; Lichtenstein, NJW 1964, 1208, 1211; Nirk, Mitt. 1969, 328, 329; Sandrock in: v. Cämmerer, S. 380, 386; Steindorff, Sachnormen im IPR (1958), S. 136; Weber, Die Behandlung von Patent-, Warenzeichen- und Urheberrechtsverletzungen (1968), S. 82. Andere Ansicht soweit ersichtlich nur RGRK-Wengler, 12. Aufl., Bd. VI/2, § 17 Anm. 19., allerdings ohne Klarstellung, wie die Immaterialgüterrechte stattdessen einzuordnen sein sollen. Auch in der Rechtsprechung ist anerkannt, daß die Verletzung von Immaterialgüterrechten als unerlaubte Handlung zu behandeln ist, vgl. BGHZ 22, 1, 13 - „Flava“; BGH GRUR 1980, 227, 230 - „Momenta Germaniae Historica“ sowie LG Düsseldorf GRUR Ausl. 1958, 430, 431.

einige gravierende Besonderheiten, auf die im folgenden näher eingegangen wird.

a) Sachrechtliche Territorialität und die Limitierung auf den Schutzstaat

Eine Sonderstellung des internationalen Immaterialgüterrechts im Hinblick auf das internationale Deliktsrechts ergibt sich insbesondere aufgrund seiner auf Sachrechtsebene begründeten Territorialität. Wie im dritten Kapitel dieser Untersuchung dargelegt wurde, sind die gewerblichen Schutzrechte, das Urheberrecht jedenfalls in seinen Wirkungen, auf das Gebiet des Erteilungsstaates bzw. Verwertungsstaates begrenzt.[26] Wie sich dies kollisionsrechtlich auswirkt wurde ebenfalls festgestellt: Ein Immaterialgüterrecht kann nur in dem Territorium durch eine Verwertungshandlung verletzt werden, in welchem es im Zeitpunkt der Verletzung tatsächlich bestand und gegen eine solche Handlung auch wirksam geschützt war.[27] Der örtliche Schutzbereich und der Verletzungsort müssen also zusammenfallen.[28] Daraus folgt: ein in Deutschland entstandenes Schutzrecht kann grundsätzlich nur durch in Deutschland vorgenommene Verwertungshandlungen verletzt werden, wohingegen ein in Frankreich geschütztes Schutzrecht nur durch Verwertungshandlungen verletzt werden kann, die in Frankreich stattfanden.[29]

Das internationale Immaterialgüterrecht besitzt damit eine zwar vom sonstigen Deliktsrecht abweichende Eigenart, eine differenzierte Betrachtung im Vergleich zum Deliktsstatut drängt sich deswegen noch nicht auf. Der Wesensunterschied baut jedoch, auch für die deliktische Hauptfrage, auf dieser eben skizzierten Limitierung auf ein bestimmtes Territorium auf, welches von der überwiegenden Mehrheit der Autoren sowie der Rechtsprechung wie schon bei der deliktischen Vorfrage als Schutzland bezeichnet wird.[30] Sind Verletzungshand-

---

26 Vgl. oben 3. Kapitel IV.

27 Vgl. oben 4. Kapitel 1. Teil I 2.

28 So ausdrücklich Martiny, Verletzung von Immaterialgüterrechten im Internationalen Privatrecht, RabelsZ 40 (1976), 218, 224; Ulmer, Die Immaterialgüterrechte (1975), Nr. 22 f.; Beier, Territorialität des Markenrechts und internationaler Wirtschaftsverkehr, GRUR Int. 1968, 8, 12; Weber, a.a.O. (Fn. 25), S. 83.

29 Vgl. auch oben 4. Kaptel 1. Teil I 2 im Rahmen der Anknüpfung der Vorfrage.

30 So ausdrücklich von Sandrock, Zur kollisionsrechtlichen Behandlung der Deliktshaftung, in: v. Cämmerer, Vorschlag und Gutachten (1983), S. 380, 405; Ulmer, Die Immaterialgüterrechte (1975), Nr. 23 bzw. 25; anders, nämlich zwischen Bestand und Verletzung trennend und für letzteres auf das Deliktsstatut verweisend, Schack, GRUR Int. 1985, 523, 524.

lung und der damit zusammenhängende Erfolg nur auf ein Territorium begrenzt, wirkt sich der Unterschied zum allgemeinen Deliktsstatut nicht aus. Die Eigenart des internationalen Immaterialgüterrechts wird aber deutlich, wenn im Rahmen einer grenzüberschreitenden Verletzungshandlung Handlungs- und Erfolgsort scheinbar auseinanderfallen. Dann fragt sich, welcher von beiden maßgeblich ist oder ob beide, wie es sonst bei Distanzdelikten der Fall ist, als ubiquitäre Verletzungsorte gelten und der Verletzte das ihm günstigere Recht wählen kann.[31]

Zunächst läßt sich aus der Begrenzung auf den Schutzstaat folgende Feststellung ableiten: Die Verletzung eines ausländischen Rechts kann grundsätzlich nicht durch einen im Inland vorgenommenen Handlungsteil beeinflußt werden. Auf diesen Handlungsteil kann im Hinblick auf die Verletzung eines ausländischen Schutzrechts keinesfalls inländisches Recht angewendet werden, denn das ausländische Schutzrecht ist im Inland nicht wirksam und demzufolge auch nicht geschützt.[32] Ebensowenig wird in aller Regel[33] das Recht des ausländischen Staates angewendet werden, da umgekehrt, aus Sicht des ausländischen Rechts, inländische Schutzrechte ebenfalls nicht durch ausländische Verwertungshandlungen verletzt werden können. Diese zwei Aussagen lassen sich zu einer Feststellung verbinden: Im Bereich der Immaterialgüterrechte findet keine Trennung

---

31 Vgl. hierzu v. Bar; IPR Bd. II, Rn. 660 f.; Schikora, Der Begehungsort im gewerblichen Rechtsschutz und Urheberrecht (1968), S. 140 ff. Eine unerlaubte Handlung gründet sich auf ein rechtlich zu mißbilligendes Verhalten, das in verbotener Weise in durch die Rechtsordnung geschützte Rechtsgüter Dritter eingreift. Es besteht also aus einer Handlung und einem Erfolg, der Verletzung eines Rechtsgutes. Beide können derart auseinanderfallen, daß sich der Handlungsteil, oder die Handlungsteile, in (jeweils) einem Staat stattfinden und der Erfolg in einem anderen Staat eintritt; der sog. „Schuß über die Grenze". In einem solchen Fall wird dem Verletzten nach der sog. Ubiquitätstheorie, die absolut herrschend ist, ein Wahlrecht zwischen den verschiedenen Rechten zugesprochen, so daß er das ihm günstigere Recht wählen kann, dies nennt man daher auch Günstigkeitsprinzip, vgl. v. Bar, IPR Bd. II, Rn. 667 f. Zum historischen Hintergrund und den mittlerweile obsolet gewordenen Ansätzen der sog. Tätigkeits- bzw. Erfolgstheorie vgl. ebenfalls Schikora, a.a.O., S. 134 ff. bzw. 138 ff. mit zahlreichen weiteren Nachweisen.

32 Vgl. auch Schikora, Der Begehungsort im gewerblichen Rechtsschutz und Urheberrecht (1968); S. 59, 215 f.; Stauder, Patentverletuzng im grenzüberschreitenden Wirtschaftsverkehr (1975), S. 13 ff.; so auch in RGZ 118, 76, 81 f. - „Hengstenberg".

33 Eine Heranziehung von ausländischen Handlungsteilen ist jedoch in zwei Fällen denkbar: einmal, wenn der ausländische Staat die Geltung von Immaterialgütern nicht auf ein Territorium begrenzt und demgemäß zur Ubiquität gelangt, vgl. hierzu v. Bar, IPR Bd. II, Rn. 708. Der zweite denkbare Fall ist die Auslegung des Begriffs der inländischen Verwertungshandlung, die unter Umständen auch das Ansetzen zur Verwertung aus dem Ausland mitberücksichtigt, zum Begriff der inländischen Verwertungshandlung und zur Problematik, vgl. ausführlich unten II 3.

von Handlungs- und Erfolgsort statt, da die Limitierung auf den Schutzstaat bewirkt, daß nur inländische Handlungen maßgeblich sein können, die dann zwangsläufig, wenn die Handlung auf ein inländisches Schutzrecht gerichtet war, auch im Inland zum Handlungserfolg führen müssen.[34] Man muß also gedanklich eine Schnittmenge bilden aus Deliktsstatut und Schutzstaatanknüpfung; das Ergebnis lautet hierbei allein Recht des Schutzstaates.[35]

Der Satz, wonach wegen des in den einschlägigen Verletzungstatbeständen normierten Handlungsunrechts bei Immaterialgüterrechtsverletzungen nur und ausschließlich der Handlungsort maßgeblich sei,[36] mag im Prinzip nicht falsch sein,[37] trifft aber den entscheidenden Punkt nicht exakt.[38] Maßgeblich für dieses

---

34 Diese beiden Merkmale, nämlich Zielrichtung der Handlung und Handlungserfolg, setzt auch Schikora, Der Begehungsort im gewerblichen Rechtsschutz und Urheberrecht (1968), S. 214 f. in die richtige Beziehung.

35 Im Ergebnis genauso Katzenberger, GRUR Int. 1992, 567, 570; Pfaff, in: Schricker/Stauder, Handbuch des Ausstattungschutzes, S. 1158; Schricker-Katzenberger, UrhG, Vor §§ 120 ff., Rn. 130; Weber, Die Behandlung von Patent-, Warenzeichen- und Urheberrechtsverletzungen (1968), S. 77; MünchKomm-Kreuzer, Nach Art. 38 EGBGB, Anh. II, Rn. 92; ebenso OLG Hamburg IPRspr. 1958/59, Nr. 152 sowie LG Düsseldorf GRUR 1958, 430, 431. Die Bezeichnung Schutzstaat, die eigentlich ungenau ist, wurde hier aus dem Grunde gewählt, um begrifflich vom Handlungs- oder Erfolgsort zu trennen.

36 So etwa Beier/Schricker/Ulmer, Stellungnahme des Max-Planck-Instituts, GRUR Int. 1985, 104, 106; Hiestand, Die Anknüpfung internationaler Lizenzverträge (1993), S. 85; Katzenberger, GRUR Int. 1992, 567, 572; Münch-Komm-Kreuzer, Nach Art. 38 EGBGB, Anh. II, Rn. 26; Pfaff, in: Schricker/Stauder, Handbuch des Ausstattungsschutzes, S. 1159; Soergel-Lüderitz, 11. Aufl., Art. 12 EGBGB, Rn. 19; Schricker-Katzenberger, Vor §§ 120 ff. UrhG, Rn. 130. Ebenso das LG Düsseldorf GRUR Int. 1968, 101, 102 - „Frauenthermometer“ zum Gebrauchsmusterrecht. Auf den Handlungsort deutet insbesondere auch § 34 Abs. 1 des österreichischen IPR-Gesetzes hin; er spricht ausdrücklich von dem Ort, an dem eine „Benützungs- oder Verletzungshandlung gesetzt wird“, befürwortend v. Bar, UFITA Bd. 108 (1988), 27, 29, 48 sowie Hiestand, a.a.O., S. 82; kritisch Beier/Schricker/Ulmer, a.a.O.; wegen der implicite-Regelung des Deliktsstatuts ebenfalls befürwortend Sandrock, in: v. Cämmerer, Vorschläge und Gutachten (1983), S. 380, 422.

37 Genauso richtig ist es zu behaupten, der Erfolgsort sei maßgeblich, vgl. etwa Beitzke, RabelsZ 43 (1979), 245, 268. V. Bar, IPR Bd. II, Rn. 710, spricht, sich allerdings im Hinblick auf UFITA 1988, a.a.O. (oben Fn. 36) widersprechend, von einem dem Erfolgsort verwandten Ort.

38 Vgl. hierzu etwa Sandrock, in: v. Cämmerer, Vorschlag und Gutachten (1983), S. 380, 433, der dies anhand folgender Fallkonstellation deutlich macht: Eine Erfindung ist nur in Österreich, nicht aber in Deutschland patentgeschützt. Von Deutschland aus wird sie einem österreichischen Interessenten gegenüber angeboten, d.h. feilgehalten. Dies geschieht dergestalt, daß das Angebot in Deutschland abgeschickt wird und in Österreich

Ergebnis ist allein die Tatsache, daß aufgrund der Territorialität und der damit verbundenen Begrenzung der Wirkungen auf den Schutzstaat keine Trennung zwischen gespaltenen Tatorten erfolgen kann, da eine ubiquitäre Verletzung ausgeschlossen ist. Es entscheidet somit allein der handlungs- und erfolgsortbeinhaltende Verletzungsort.[39] Werden in einem Prozeß mehrere Rechtsordnungen nebeneinander angewandt, was durchaus denkbar ist,[40] so beschränkt sich deren Anwendung jeweils auf den Handlungsteil, der sich auch in deren Territorium ereignet haben muß.[41] Mangels Ubiquität ist es auch nicht mehr möglich, zur Anwendung des Günstigkeitsprinzips zu gelangen; dieses ist ebenfalls durch die Limitierung auf den Schutzstaat ausgeschlossen.[42]

b) Zur Frage der Auflockerung des Deliktsstatuts im Einzelfall

Bisher war ein gewisser Gleichlauf zwischen Immaterialgüterstatut und Deliktsstatut feststellbar, der jedoch in der Begrenzung der Verletzungshandlungen auf das Gebiet des Schutzstaates für Immaterialgüterrechte seine Grenze fand.

---

seinen Adressaten erreicht. Nach österreichischer Vorstellung fehlt es an einer Handlung in Österreich, weshalb bei strenger Anwendung des § 34 IPRG eine Haftung nach österreichischem Recht entfallen müßte. In Deutschland ist die Erfindung nicht geschützt, auch hier scheidet eine Haftung aus. Ein sicherlich nicht gewolltes Ergebnis.

39 Dieser Verletzungsort ähnelt jedoch nicht dem Erfolgsort, wie etwa. v. Bar, a.a.O. (Fn. 37) dies annimmt oder ist der Erfolgsort, wie Beitzke, JuS 1966, 139, 142, meint. Das Schweizerische Bundesgericht spricht davon, daß die erforderliche „räumliche Beziehung“ der Verwertungshandlung zum Schutzland regelmäßig gegeben ist, wenn der „Erfolg im Schutzland bewirkt wird“, vgl. BG GRUR Int. 1972, 175 f. - „Indomaethacin“. Andere sprechen insoweit zu Recht nur vom neutralen Tatort, vgl. LG München I, IPRspr. 1968/69, Nr. 164 A = UFITA 54 (1969), 320 oder vom Begehungsort, vgl. die Entscheidung OLG Hamburg IPRspr. 1958/59, Nr. 152 = GRUR Ausl. 1959, 211 (Nr. 483) oder vom Verletzungsort, vgl. BGHZ 22, 1, 13, OLG Hamburg, a.a.O. (Fn. 36); LG Düsseldorf GRUR Int. 1968, 101, 102 - „Frauenthermometer“ sowie Lichtenstein, NJW 1964, 1208, 1212.

40 Vgl. etwa die Entscheidungen RGZ 84, 370, 376 sowie OLG Koblenz IPRspr. 1966/67, Nr. 182.

41 V. Bar, IPR Bd. II, Rn. 710; Sandrock, in: v. Cämmerer, Vorschläge und Gutachten (1983), S. 380, 431 f.; RG a.a.O.; OLG Koblenz a.a.O. Dieses Phänomen ist auch als sog. Mosaikprinzip bekannt, vgl. Kegel, IPR, § 18 IV 1 a bb); MünchKomm-Kreuzer, Art. 38 EGBGB, Rn. 216 sowie Looschelders, ZVglRWiss 1996, 48, 81 f., der die Anwendung auch im allgemeinen Persönlichkeitsrecht vorschlägt.

42 Vgl. auch Beier/Schricker/Ulmer, Stellungnahme des Max-Planck-Instituts, GRUR Int. 1985, 104, 106; ebenso LG Düsseldorf GRUR Int. 1968, 101, 102 - „Frauenthermometer“; weitere Nachweise bei MünchKomm-Kreuzer, Nach Art. 38 EGBGB, Anh. II, Rn. 93.

Offen geblieben ist, ob auch für das deliktsrechtliche Schutzlandprinzip ein Nebeneinander von Regel- und Residualanknüpfung zu bejahen ist, im Einzelfall also ebenfalls eine Auflockerung des Statuts erfolgen soll. Die gängigen Auflokkerungen des allgemeinen Deliktsstatuts wurden bereits genannt. Wird beispielsweise das französische Patent eines Deutschen in Frankreich von einem anderen Deutschen verletzt, so fragt sich, ob das gemeinsame Heimatrecht,[43] vorausgesetzt beide Parteien haben in Deutschland auch ihren gewöhnlichen Aufenthalt, das Deliktsstatut verdrängt.

Zunächst ist festzustellen, daß die Auflockerungsprinzipien offensichtlich mit dem Erfordernis einer inländischen Verwertungshandlung bei Immaterialgüterrechten nicht generell in Konflikt stehen, denn diesem Erfordernis ist im vorliegenden Fall Genüge getan. Trotzdem muß die Anwendung des gemeinsamen Heimatrechts in unserem Beispiel zu einem Konflikt führen, da für das in Frankreich eingetragene Schutzrecht ansonsten allein französisches Recht maßgeblich ist, sei es im Hinblick auf seine Entstehung, seine allgemeinen Wirkungen oder die aus ihm erwachsenden Sanktionsmöglichkeiten.[44] Zwar besteht grundsätzlich ein Unterschied zwischen Vor- und Hauptfrage, im Immaterialgüterrecht sind jedoch beide Fragen, zumindest im Rahmen des Schutzumfangs, enger verknüpft als sonst.[45] Es ist zwar denkbar und anknüpfungstechnisch nicht ausgeschlossen,

---

43 Auf die RechtsanwendungsVO vom 7.12.1942 kommt es insoweit nicht mehr an, da der BGH das gemeinsame Heimatrecht nur noch dann anwendet, wenn beide Parteien dort auch ihren gewöhnlichen Aufenthalt haben. Außerdem ist die RechtsanwendungsVO ihrem Wortlaut nach nur auf Schadensersatzansprüche anwendbar, was eine teleologische Erweiterung auf die bei Immaterialgüterrechten wesentlich häufigeren Unterlassungsansprüche erfordern würde, vgl. hierzu Weber, Die Behandlung von Patent-, Warenzeichen und Urheberrechtsverletzungen (1968), S. 82 mit weiteren Nachweisen.

44 Vgl. oben 4. Kapitel 1. Teil II 1 - 3 a.

45 Sehr häufig findet man daher den Hinweis auf einen inneren Zusammenhang zwischen Bestand und Verletzung von Immaterialgüterrechten, der einen gesonderte Bestimmung des Verletzungsstatuts überflüssig machen soll, vgl. etwa Sandrock, in. v. Caemmerer, Vorschläge und Gutachten (1983), S. 380, 409 f. und 412, der meint, eine gesonderte Regelung der Verletzungsfrage sei nicht möglich, ohne die generelle Belegenheit der Immaterialgüterrechte zu regeln, was er mit der Behauptung zu belegen versucht, die Immaterialgüterrechte seien im Hinblick auf ihre Verletzungsfolgen bereits im Rahmen der Vorfrage geregelt, weshaln auch Art. 34 österreichisches IPR-Gesetz auf eine Regelung der Verletzungsfolgen verzichte. Das mag in Bezug auf die Vorfrage betreffend das Wirkungsstatut zutreffend sein, da die Immaterialgüterrechte nun einmal auf ein bestimmtes Territorium begrenzt sind, erübrigt jedoch keineswegs die gesonderte Anknüpfung der Entstehung des Rechts und der Inhaberschaft daran. Insbesondere im Urheberrecht sind hier Abweichungen denkbar. Auch im Falle der gewerblichen Schutzrechte können zudem Übertragungsverträge oder Arbeitnehmererfindungen zu Abweichungen

auf die deliktische Verletzung deutsches Recht anzuwenden, wohingegen die Vorfrage bezüglich Bestand und Schutz nach französischem Recht geprüft wird.[46] Bei der Frage der Verbotsrechte kommt es aber zu einer Überschneidung, daß die Heranziehung des gemeinsamen Heimatrechts die gesamte Systematik des immaterialgüterrechtlichen Schutzes durcheinander werfen würde. Die Besonderheit von Immaterialgüterrechten besteht in ihrer eigentümlichen und notwendigerweise von Staat zu Staat abweichenden Konstruktion aus freien Verwertungshandlungen auf der einen Seite und Untersagungsrechten des Inhabers auf der anderen.[47] Die deliktische Sanktionsseite bemißt sich immer danach, was im Hinblick auf die Verwertung des Schutzrechts erlaubt war und inwieweit Verbotsrechte bestanden. Sinnvollerweise sollte nur sanktioniert werden, was verboten war und nur im Rahmen bestehender Sanktionsrechte, weshalb beides nach dem gleichen Recht anzuknüpfen ist. Mit anderen Worten: zu den französischen Haftungsvoraussetzungen passen die französischen Haftungsfolgen besser als die deutschen.

Das gemeinsame Heimatrecht hätte noch eine weitere negative Auswirkung: es würde eine unzumutbare Benachteiligung für Deutsche im Ausland bedeuten, wenn sie neben den in diesem Land für Immaterialgüterrechte geltenden Benutzungs- und Verbotsregeln auch noch die ihres Heimatlandes für den Fall mitberücksichtigen müßten, daß das Schutzrecht auf einen Landsmann eingetragen war. Dies verdeutlicht die Folgen, die die Anwendung des gemeinsamen Heimatrechts hätte.

Auf unser Beispiel zurückgeführt, ergibt sich folgendes: für die Frage der erlaubten Benutzungshandlungen und der Verbotsrechte ist französisches Recht einschlägig. Würde man das gemeinsame Heimatrecht anwenden, so wären für die Verletzung des Patents die deutschen Haftungsfolgen einschlägig. Hierfür fehlt es aber an den entsprechenden Haftungsvoraussetzungen, da die deutschen

---

führen. Außerdem ist eine Weiterverweisung auf das Recht des Ursprungslandes möglich.

46 So ist es anerkannt, daß bei Autounfällen zweier Deutscher im Ausland sich die Haftung wegen des Rechts des gemeinsamen Aufenthalts nach § 823 BGB richtet, während die Sorgfaltsmaßstäbe im Hinblick auf die einschlägigen Verkehrsregeln nach dem Tatortrecht zu beurteilen sind, vgl. die Entscheidung BGH NJW 1961, 731, 732. Das scheint Weber, Die Behandlung von Patent-, Warenzeichen- und Urheberrechtsverletzungen (1968), S. 79 f., außer acht zu lassen, wenn er andeutet, mit der deliktischen Frage sei auch die Vorfrage nach der Entstehung verbunden, vgl. auch Fn. 45. Die Entstehung kann gesondert geprüft werden. Überschneidungen treten erst bei den allgemeinen Wirkungen auf. Im Ergebnis kommt Weber allerdings zur Anwendbarkeit der VO.

47 Vgl. hierzu auch die rechtsvergleichende Untersuchung von Ulmer, Die Immaterialgüterrechte (1975), Nr. 23 f., die diese Diskrepanzen ebenfalls belegen.

Haftungsvoraussetzungen nicht in die französische Schutzrechtssystematik passen, von der Problematik der Territorialität einmal ganz abgesehen. Aus diesem Grunde müßte entweder eine Haftung entfallen, oder man lädt dem Schädiger zusätzlich noch die deutschen Haftungsvoraussetzungen auf, also die deutschen Verbotsrechte. Keine dieser beiden Alternativen kann überzeugen. Das Ergebnis muß daher folgendermaßen lauten: Eine Auflockerung des Deliktsstatuts kommt für Immaterialgüterrechte wegen ihrer eigentümlichen Wirkungsbegrenzung auf das Gebiet des Erteilungs- bzw. Schutzstaates nicht in Betracht.[48]

c) Gesamt- oder Sachnormverweisung

Offengeblieben ist, ob diese eben skizzierte Verweisung auf das Recht des Landes, in dessen Territorium die Verletzungshandlung stattfand und für dessen Gebiet Schutz beansprucht wird, eine Sachnormverweisung darstellt oder als Gesamtverweisung zu verstehen ist. Die Folge wäre, daß unter Umständen durch das IPR des Verweisungsstaates eine Rechtsordnung zur Entscheidung berufen wird, die vom Grundsatz der Territorialität abweicht und demgemäß auch ausländische Verwertungshandlungen zuläßt.

Üblicherweise ist die Verweisung auf den Tatort auch im internationalen Deliktsrecht eine Gesamtverweisung.[49] Dieser Frage kam allerdings bisher kaum entscheidungspraktische Relevanz zu, da in der Mehrzahl der Fälle aufgrund der Annahme der Verweisung ein Renvoi nicht in Frage stand und bei der wachsenden Tendenz der Gerichte zur Anknüpfung am gemeinsamen gewöhnlichen Aufenthalt noch weniger zu erwarten ist.[50]

---

48 So die ganz herrschende Auffassung, vgl. MünchKomm-Kreuzer, Nach Art. 38 EGBGB, Anh. II, Rn. 15 mit Hinweis auf den engeren Normbereich, allerdings im Hinblick auf die RechtsanwendungsVO von 1942; RGRK-Wengler, § 17, Anm. 6; Schack, Zur Anknüpfung, Nr. 133; Schikora, Der Begehungsort (1968), S. 59; Schricker-Katzenberger, Vor §§ 120 ff. UrhG, Rn. 134; Soergel-Lüderitz, Art. 12 EGBGB, Rn. 29; LG Düsseldorf, GRUR Int. 1968, 101, 102 - „Frauenthermometer“; für das Wettbewerbsrecht auch Raape, IPR, S. 599. Andere Ansicht Seelig, Warenzeichenrecht und Wettbewerbsreht in ihrer Beziehung zum Ausland (1959), S. 102 f. sowie Weber, a.a.O., S. 82, die gegen die Anwendung in Anbetracht der Begrenzung der VO auf die Haftungsfolgen keine Bedenken haben.

49 Das ergibt sich schon aus Art. 4 I EGBGB. Allerdings verweist Art. 42 II des EGBGB-Entwurfs aus dem Jahre 1986 auf Art. 35 EGBGB, der wiederum eine Sachnormverweisung darstellt. Andererseits ist im internationalen Sachenrecht die Gesamtverweisung herrschend, vgl. v. Bar, IPR Bd. II, Rn. 692. Von daher ist fraglich,ob sich de lege ferenda etwas an dieser Lage ändern wird.

50 Vgl. v. Bar, IPR Bd. II, Rn. 691 mit weiteren Nachweisen.

Im internationalen Immaterialgüterrecht besteht die bereits mehrfach erwähnte Besonderheit, daß einzelne Rechtsordnungen vom Prinzip der Territorialität abweichen.[51] Die soweit erkennbar einhellige Ansicht nimmt dennoch, wohl mit Blick auf Art. 4 I EGBGB, eine Gesamtverweisung an.[52] Zu einer Sachnormverweisung gelangt man dogmatisch nur, wenn eine Gesamtverweisung dem Sinn der Verweisung widersprechen würde. Das läßt sich im Hinblick auf die Ursprungslandanknüpfung, die hierdurch vermieden werden soll, jedoch nicht behaupten. Aufgrund des praktisch weltweit anerkannten Schutzlandprinzips[53] dürfte in der Praxis ein Renvoi ohnehin so gut wie ausgeschlossen sein.

d) Das Privilegium Germanicum, Art. 38 EGBGB

Zu klären ist ferner, ob Art. 38 EGBGB im Rahmen der kollisionsrechtlichen Behandlung der Immaterialgüterrechte zur Anwendung kommen kann. Nach dieser Regelung können aufgrund einer im Ausland begangenen unerlaubten Handlung gegen einen Deutschen keine weitergehenden Ansprüche geltend gemacht werden, als dies nach deutschen Gesetzen möglich wäre. Notwendig ist somit ein Vergleich zwischen inländischem und ausländischem Haftungsrecht.[54] Aufgrund der Territorialität der Immaterialgüterrechte ist es möglich, daß im Inland kein dem ausländischen Recht entsprechendes subjektives Schutzrecht besteht. Gleichwohl will die herrschende Ansicht Art. 38 EGBGB auch in diesen Fällen anwenden.[55] Das dem ausländischen Immaterialgüterrecht entsprechende inländische Recht soll hierbei fingiert werden.[56]

---

51 Das gilt etwa für das IPR von Portugal, vgl. Sandrock, in: v. Cämmerer, Vorschläge und Gutachten (1983), S. 380, 421; ebenso für das IPR von Kuwait, vgl. Siehr, UFITA Bd. 108 (1988), 9, 17, allerdings wird die Verletzung dem Deliktsstatut unterworfen, vgl. Siehr, a.a.O., S. 18.

52 Vgl. etwa Drobnig, RabelsZ 40 (1976), 195, 199; MünchKomm-Kreuzer, Nach Art. 38 EGBGB, Anh. II, Rn. 10; Schack, Zur Anknüpfung (1979), S. 33; Schwimann, Grundriß des internationalen Privatrechts (1982), S. 196; MünchKomm-Kreuzer, Nach Art. 38 EGBGB, Anh. II, Rn. 10 mit weiteren Nachweisen; Ulmer, Die Immaterialgüterrechte (1975), Nr. 18 f. bzw. Art. C seines Vorschlages für ein einheitliches europäisches IPR der Immaterialgüterrechte.

53 Vgl. hierzu die Nachweise bei Sandrock, in: v. Cämmerer, Vorschlag und Gutachten (1983), S. 380, 412 ff. sowie bei Siehr, UFITA Bd. 108 (1988), 9, 18 f.

54 Vgl. Palandt-Heldrich, Art. 38 EGBGB, Rn. 28; MünchKomm-Kreuzer, Nach Art. 38 EGBGB, Rn. 315, jeweils mit weiteren Nachweisen.

55 Vgl. etwa BGHZ 22, 1, 13 f. = NJW 1957, 140, 142 (für das Warenzeichen); LG Düsseldorf GRUR Int. 1968, 101, 103 - „Frauenthermometer" (für das Gebrauchsmuster bzw. Patentrecht); Hubmann-Rehbinder, Urheber- und Verlagsrecht, § 11 II 3 b; Schiko-

Die Anwendung des Art. 38 EGBGB, der häufig als Privilegium Germanicum bezeichnet wird, ist wegen ihrer einseitigen Bevorzugung von Inländern rechtspolitisch problematisch und entsprechend umstritten.[57] Sie widerspricht nicht zuletzt dem Geist der großen Konventionen, die auf Gleichbehandlung setzten. Innerhalb der EU ist davon auszugehen, daß diese Regelung gegen Art. 6 EGV verstößt, soweit dessen Anwendung andere EU-Bürger benachteiligt.[58] Ansonsten ist die Anwendung des Art. 38 EGBGB im internationalen Immaterialgüterrecht derzeit jedoch nicht ausgeschlossen. Möglicherweise wird sich diese Frage auch mit einer EGBGB-Novelle erledigen, denn in den letzten Referentenentwürfen war die Regelung des Art. 38 nicht mehr vorgesehen.[59]

e) Die Zulässigkeit einer nachträglichen Rechtswahl und die vertragsakzessorische Anknüpfung

Die gleiche Problematik, die bereits im Rahmen der Frage nach einer Auflokkerung des Deliktsstatuts erörtert wurde, stellt sich auch bei der Frage der Zulässigkeit von nachträglichen Rechtswahlvereinbarungen im internationalen Immaterialgüterrecht.

Auch hier kann mit der oben ausgeführten Argumentation einer Anwendung von Rechtswahlvereinbarungen nicht zugestimmt werden.[60] Die Haftungsvoraus-

---

ra, Der Begehungsort (1968), S. 17 f.; Schricker-Katzenberger, Vor §§ 120 ff. UrhG, Rn. 131; Weber, Die Behandlung von Patent-, Warenzeichen- und Urheberrechtsverletzungen (1968), S. 124 ff.; weitere Nachweise bei MünchKomm-Kreuzer, Nach Art. 38 EGBGB, Anh. II, Rn. 30; andere Ansicht, d.h. alllein Tatortrecht, RGRK-Wengler, § 17 (Fn. 19) sowie Soergel-Lüderitz, Art. 12 EGBGB a.F., Rn. 72. Für eine restriktive Auslegung Pfaff, in: Handbuch des Ausstattungsrechts (1986), S. 1109, 1162 f. sowie Zweigert/Puttfarken, GRUR Int. 1973, 573, 576.

56 Vgl. die in Fn. 55 genannten Nachweise; daneben OLG Hamburg IPRspr. 1933 Nr. 102, Raape, IPR, § 64 II 3 b sowie Seelig, Warenzeichenrecht und Wettbewerbsrecht in ihrer Beziehung zum Ausland (1959), S. 109 f.

57 Vgl. insoweit die Nachweise bei MünchKomm-Kreuzer, Art. 38 EGBGB, Rn. 306 (insbesondere Fn. 1032).

58 Vgl. etwa v. Bar, IPR Bd. II, Rn. 681; Roßbach NJW 1988, 591 sowie Sack, GRUR Int. 1988, 331; die andere Ansicht vertritt aber das OLG Hamburg NJW-RR 1995, 793.

59 Vgl. RefE. EGBGB vom 1984, GRUR Int. 1985, 104 f. Hierauf weist auch MünchKomm-Kreuzer, Art. 38 EGBGB, Rn. 320 hin.

60 Im Ergebnis genauso Beier/Schricker/Ulmer, Stellungnahme des Max-Planck-Instituts, GRUR Int. 1985, 104, 106; Mackensen, Der Verlagsvertrag im IPR (1965), S. 68; Nirk, Grundfragen des deutschen internationalen Privat- und Zivilprozeßrechts im Patent- und Lizenzrecht, Mitt. 1969, 328, 333; Schwimann, Grundriß des IPR (1982), S. 194; Zweigert/Puttfarken, GRUR Int. 1973, 573, 577.

setzungen des materiellen Immaterialgüterrechts eines Staates passen wie gezeigt nicht zu den Haftungsfolgen eines anderen Staates. Insoweit spielt es keine Rolle, ob das Recht des Staates, dessen Haftungsfolgen zur Anwendung kommen sollen, aufgrund einer Rechtswahlvereinbarung oder wegen einer Auflockerung des Deliktsstatuts zur Anwendung gekommen wäre. Dennoch stehen einige Autoren der Zulassung von Rechtswahlvereinbarungen nicht unbedingt ablehnend gegenüber.[61] Die hierfür angeführten Argumente, die Rechtswahl diene der Streitbeilegung oder der Konnexität des Statutes mit einem Lizenzvertrag, überzeugen jedoch nicht. An der Tatsache, daß Haftungsvoraussetzungen und Haftungsfolgen miteinander verbunden werden, die nicht zueinander passen, führt keine Argumentation vorbei.

Was für Auflockerung und Rechtswahl gilt, muß in gleichem Maße für die teilweise vertretene schuldvertragsakzessorische Anknüpfung[62] und die lex communis partium[63] gelten. Auch diese passen nicht in die deliktsrechtliche Behandlung von Immaterialgüterrechten.

---

61 So etwa Schack, GRUR Int. 1985, 523, 525. Auch Art. 42 Abs. 1 des Referentenentwurfs von 1986 für ein neues EGBGB sah die Zulässigkeit von nachträglichen Rechtswahlvereinbarungen vor. Argumentiert wurde mit Art. 42 Abs. 3 des RefE. Auch in der Schweiz sind nachträgliche Rechtswahlvereinbarungen zulässig, vgl. Art. 110 Abs. 2 des Schweizerischen IPR-Gesetzes, allerdings nur für die Ansprüche „aus" der Verletung von Immaterialgüterrechten, d.h. es gilt primär das Recht des Schutzlandes, lediglich die Folgen, also der Schadensersatz etc. können von den Parteien gewählt werden, vgl. Englert, in: Das neue Bundesgesetz über das IPR in der praktischen Anwendung (1988), S. 61, 66.

62 Für den Fall, daß eine unerlaubte Handlung zugleich ein vorbestehendes Rechtsverhältnis verletzt, unterstehen auch die Ansprüche aus Delikt dem auf das Rechtsverhältnis anwendbaren Recht, vgl. hierzu grundsätzlich MünchKomm-Kreuzer, Art. 38 EGBGB, Rn. 65; ablehnend für den Bereich des Immaterialgüterrechts Hausmann, in: FS für Schwarz (1988), S. 62 f. Eine solche Anknüpfung kennt beispielsweise das schweizerische IPR-Gesetz, Art. 133 Abs. 3; vgl. hierzu, im Hinblick auf Immaterialgüterrechte kritisch, aber nicht generell ablehnend Locher, Das Internationale Privat- und Zivilprozeßrecht der Immaterialgüterrechte aus urheberrechtlicher Sicht (1993), S. 73.

63 Vgl. ablehnend v. Gamm, Urheberrechtsgesetz (1968), Einf., Rn. 143; Pfaff, in: Schrikker/Stauder, Handbuch des Ausstattungsschutzes (1986), S. 1109, 1137; Schricker-Katzenberger, Vor §§ 120 ff. UrhG, Rn. 134.

II. Probleme betreffend die Lokalisierung des Eingriffsortes

1. Die Bedeutung des Eingriffsortes

Das entscheidende Problem im Falle der Verletzung von Immaterialgüterrechten und der anschließenden rechtlichen Beurteilung derselben stellt, wie bereits skizziert, die Bestimmung des Eingriffsortes dar. Der Eingriffsort bestimmt das anwendbare Recht. Erst wenn feststeht, wo das Schutzrecht verwertet wurde, kann man bestimmen, ob es nach inländischer Vorstellung, und insbesondere nach inländischem materiellem Immaterialgüterrecht, gegen eine solche Verwertungshandlung geschützt war.

2. Der Begriff des Eingriffsortes und dessen Auslegung

Auf den Begriff des Eingriffs- oder Begehungsortes wurde bereits eingegangen. Im Bereich der Immaterialgüterrechte versteht man hierunter im Hinblick auf das Schutzlandprinzip den Ort, an dem nach Vorstellung des inländischen Rechts eine Verwertungshandlung vorgenommen wurde, die auf ein inländisches Schutzrecht *gerichtet* war.[64]

Entscheidend ist, daß dieser Begehungsort eng ausgelegt wird, denn nur auf diese Weise kann man die Herrschaft zweier Rechte auf eine grenzüberschreitende Verletzungshandlung vermeiden.[65] Trotz des Erfordernisses einer inländischen Verwertungshandlung ist es gleichwohl nicht ausgeschlossen, daß auch ausländische Tatbeiträge, die jedoch keine eigenen vollwertigen Verwertungshandlungen darstellen dürfen, für die Verletzung eines inländischen Schutzrechts mitherangezogen werden. Das scheint zwar im Widerspruch zu den vorher aus dem Territorialitätsprinzip abgeleiteten Erwägungen zu stehen, läßt sich jedoch in dieses Bild einfügen. Entscheidend für die Heranziehung ausländischer Tatbeiträge ist, daß letztlich immer die inländische Vorstellung in Form der Auslegung des materiellen Schutzlandrechts entscheidet, ob es sich um eine relevante

---

64 Vielfach findet sich auch die Formulierung, daß die Verletzung zum Schutzland „in einer irgendwie gearteten Verbindung steht.", so etwa Stauder, Patentverletzung im internationalen Wirtschaftsverkehr (1975), S. 197; vgl. auch unten Fn. 66.

65 Das gilt bereits für das allgemeine Deliktsstatut, vgl. Schikora, Der Begehungsort im gewerblichen Rechtsschutz und Urheberrecht (Diss. 1968), S. 124 mit weiteren Nachweisen; ebenso im internationalen Strafrecht und Strafprozeßrecht, vgl. a.a.O., S. 125 ff. Im Falle der Immaterialgüterrechte gilt dieses Prinzip noch gesteigert. Für eine weite Auslegung auf kollisionsrechtlicher Ebene Hiestand, Die Anknüpfung internationaler Lizenzverträge (1993), S. 84, der meint, auf diese Weise könne der Schutz optimiert werden.

Benutzungshandlung handelt oder nicht. Hierzu gehört denn auch die Frage, ob *ausländische Tatbeiträge* mit herangezogen werden können.[66] Hinzu kommt, daß ohne diese Vorgehensweise erhebliche Rechtsschutzlücken zu befürchten wären, denn die Besonderheit des internationalen Immaterialgüterrechts besteht nun einmal darin, daß zwar die Schutzbereiche territorial begrenzt sind, nicht aber die Benutzungshandlungen; diese können sich sehr wohl über mehrere Staaten erstrecken. Dem Territorialitätsprinzip steht dies nicht entgegen, denn es kommt nur darauf an, auf welches Schutzrecht die einzelne Handlung gerichtet war.[67] Das ist auch bei einer Handlung möglich, die sich teilweise im Ausland abgespielt hat, z.B. das Absenden von Werbeschreiben vom Ausland in den inländischen Markt, der damit Verwertungsort ist. Das Territorialitätsprinzip führt nur dazu, daß auch diese Tatbeiträge auf das inländische Schutzrecht gerichtet sein müssen.[68] Es handelt sich daher um Bestandteile einer inländischen Verletzungshandlung, die - abweichend vom allgemeinen Deliktsstatut - nur inländische Rechtsfolgen auslösen, statt der alternativen Anwendung der ausländischen Schutznormen, wie im Falle des Ubiquitäts- bzw. Günstigkeitsprinzips.

3. Die Bestimmung des Eingriffsortes und die Reichweite der Schutznormen

Das Erfordernis einer inländischen Verletzungshandlung prägt somit die Bestimmung des Eingriffsortes. Unproblematisch ist es daher, wenn sich eine Verletzungshandlung ausschließlich im Inland oder ausschließlich in einem bestimmten ausländischen Staat abgespielt hat.[69] Dann kann auch nur ein Schutzrecht relevant geworden sein. Probleme tauchen dann auf, wenn die Verwertungshandlung territorial nicht eindeutig einzuordnen ist, weil sie sich entweder in mehreren Staaten abgespielt hat oder als Distanzdelikt über mehrere Staaten erstreckt. Man denke etwa an besagtes Versenden von Werbematerial in andere

---

66 Mit dieser Begründung auch Martiny, RabelsZ 40 (1976), 218, 226f.; MünchKomm-Kreuzer, Nach Art. 38 EGBGB, Anh. II, Rn. 26; Schricker-Katzenberger, Urheberrecht, Vor §§ 120 ff. UrhG, Rn. 135; Ulmer, Die Immaterialgüterrechte (1975), Nr. 23 ff.

67 Auf diese hinreichende Inlandsbeziehung weisen auch Bernhardt/Kraßer, Patentgesetz, § 33 I d 2; Schricker-Katzenberger, Urheberrecht, Vor §§ 120 ff., Rn. 123 bzw. 135 sowie Ulmer, Die Immaterialgüterrechte (1975), Nr. 25 hin; ebenso das schweizerische Bundesgericht in der Entscheidung GRUR Int. 1972, 175 - „Indomaethacin".

68 Zumindest im Idealfall. Nicht tatbestandsmäßig ist daher die vom Inland aus erteilte Anweisung zur Verletzung eines ausländischen Schutzrechts oder ähnliche Fälle, die zwar auf ein Schutzrecht gerichtet sind, aber nach inländischer Vorstellung nicht tatbestandsmäßig sind; eine ausführlich Darstellung findet sich unten 4.

69 Zum Beispiel die unberechtigte Benutzung eines patentgeschützten Gegenstandes oder der Verkauf im Inland.

Staaten oder die mehrfache Benutzung einer im Staate A rechtswidrig nachgebauten Erfindung in verschiedenen anderen Staaten. In diesen Fällen sind mehrere Schutzrechte tangiert und können folglich alle Schutzstaaten, in denen Verwertungshandlungen stattfanden, Tatort sein. Um dennoch zu einer einheitlichen Rechtsanwendung zu gelangen, empfiehlt sich folgende Vorgehensweise:

Erster Schritt: Solange man Handlungsteile abtrennen kann, die ihrerseits den Tatbestand einer inländischen bzw. ausländischen Schutznorm vollständig erfüllen, dies geschieht zwangsläufig nach Vorstellung der lex fori,[70] wird eine Verletzungshandlung aufgespalten,[71] denn es gibt keine echten Multi-State-Verletzung im internationalen Immaterialgüterrecht. Es entstehen damit *echte inländische Verwertungshandlungen*. Insoweit läßt sich der Eingriffsort auch unproblematisch festlegen. Ob diese Verwertungshandlung dann tatsächlich auch eine Verletzungshandlung darstellt, hat immer und ausschließlich das so bestimmte Schutzlandrecht zu entscheiden. Baut ein Deutscher auf Mallorca die Erfindung eines Amerikaners nach und verkauft sie in Frankreich und Deutschland, dann bestimmt sich der Nachbau nach spanischem Recht, der Verkauf jeweils nach französischem bzw. deutschem Recht. Erst wenn eine grenzüberschreitende Handlung vorliegt, die nicht auf einen vollwertigen Inlandsteil reduziert werden kann, tauchen Abgrenzungsprobleme auf. Angenommen, nach französischem Recht ist der Verkauf nur dann unzulässig, wenn es sich um einen unerlaubten Nachbau handelte.

Erforderlich ist daher ein *zweiter Schritt*, die Heranziehung ausländischer Tatbestandsmerkmale: Wenn das Verhalten also nicht genügend Bezüge zum Inland aufweist, um die Tatbestandsmerkmale einer inländischen Verletzungs-

---

70 Das Gericht kann Verwertungshandlungen immer nur nach seiner eigenen Vorstellung bzw. im Sinne einer natürlichen Betrachtunsgweise teilen. Alles übrige ist Sache des materiellen Rechts, ändert aber gliechwohl nichts an der Anknüpfung.

71 Andere Ansicht aber Martiny, RabelsZ 40 (1976), 218, 226, der meint, eine Verletzungshandlung müsse immer im ganzen lokalisiert werden. Damit stößt man jedoch früher oder später auf das Problem, daß man zu viele verschiedene Rechtsordnungen in eine an sich auf das Inland begrenzbare Verwertungshandlung involviert. Dies ist nicht mit der engen Auslegung vereinbar, wie sie zuvor für das Gebiet des Immaterialgüterrechts gefordert wurde. Eine Handlung, die vom Land A ausgeht und durch Versenden oder Feilhalten der Ware in anderen Staaten endet, ist zu teilen. Zwar können die Tatbeiträge untereinander in Beziehung stehen, es kann aber keine Gesamthandlung entstehen, die einheitlich zu beurteilen ist. Dem steht die Territorialität entgegen; vgl. auch Busse/Starck, Warenzeichengesetz, § 24, Rn. 11, Bussmann, GRUR 1960, 378 f.; Hefermehl, GRUR 1958, 197, 198 (Anm. zu BGH GRUR 1958, 189 ff. - „Zeiss"); Schikora, Der Begehungsort (1968), S. 217 sowie BGH LM Nr. 18 (1957) zu § 12 BGB und BGH GRUR 1960, 372, 376 - „Kodak".

norm voll zu erfüllen,[72] muß man sich fragen, welche auf ausländischem Territorium verwirklichten Tatbestandsmerkmale für die Verletzung eines inländischen Schutzrechts herangezogen werden können.[73] Es ist jedoch unrichtig zu glauben, dies sei nur auf dem Wege einer statuistischen Anknüpfung möglich. Bereits zu diesem Zeitpunkt ist das anwendbare Recht festgelegt, da feststand, daß der Schwerpunkt der Verwertungshandlung im Inland lag. Anderenfalls wäre man nicht dahin gelangt, eine inländische Schutznorm bereits zu prüfen. Diese ausländischen Handlungsteile stellen somit nur Bestandteile einer inländischen Verletzungshandlung dar.[74] Insoweit kann man von einer *unechten inländischen Verwertungshandlung* sprechen. Voraussetzung ist aber nach wie vor, daß ein enger territorialer Zusammenhang zum Inland besteht. Die Verwertungshandlung muß nach inländischer Vorstellung auf das inländische Schutzrecht gerichtet gewesen sein.[75] Es kann sich daher nur um einzelne Tatbestandsmerkmale einer inländischen Schutznorm handeln, die auch nicht ihren Schwerpunkt ausmachen dürfen, sonst gelangte man wiederum zu einem Übergewicht zugunsten einer ausländischen Verwertungshandlung und hätte die dortigen Schutznormen zu prüfen.[76] Um auf unser Beispiel zurückzukommen: Für die Verwertung in

---

72 Vgl. zu dieser tatbestandsbezogenen Abgrenzung auch Martiny, RabelsZ 40 (1976), 218, 227. Windisch, Gewerblicher Rechtsschutz und Urheberrecht im zwischenstaatlichen Bereich (1969), S. 109 (Fn. 329), stellt hingegen, zumindest für den Fall des patentverletzenden Feilhaltens, auf das Merkmal einer wesentlichen Einwirkung auf den Markt des Schutzlandes ab, was dem im internationalen Wettbewerbsrecht vertretenen Marktortprinzip sehr nahe kommt, vgl. hierzu Gloy, Handbuch des Wettbewerbsrechts, § 6, Rn. 7 ff. sowie Sack, GRUR Int. 1988, 320, 322 ff.

73 Sandrock, in: v. Cämmerer, Vorschläge und Gutachten (1983), S. 380, 424 f., spricht zutreffend vom Erweitern der inländischen Schutznorm um ausländische Handlungsabschnitte. Ebenso Stauder, Patentverletzungen im grenzüberschreitenden Wirtschaftsverkehr (1975), S. 107 ff.

74 Vgl. auch Schikora, Der Begehungsort im gewerblichen Rechtsschutz und Urheberrecht, S. 215

75 Vgl. hierzu Schikora, a.a.O., S. 214 ff.; Benkard-Bruchhausen, § 9 PatG, Rn. 10: „inländische Rechtssphäre". Etwas anders formuliert Sandrock, in: v. Cämmerer, a.a.O., S. 380, 426, der darauf abstellt, daß es sich um Verwertungshandlungen gehandelt haben muß, die nach der ratio legis der entsprechenden Schutznorm dem Inhaber vorbehalten waren. Dies muß dann auch umgekehrt für gemeinfreie Benutzungshandlungen gelten, für die ebenfalls das jeweilige inländische Recht maßgeblich ist. In der Regel wird es allerdings so sein, daß eine Verwertungshandlung nicht speziell auf ein Schutzrecht begrenzt ist, sondern auch auf die Schutzrechte in anderen Staaten gerichtet ist, in denen das jeweilige Produkt vertrieben werden soll.

76 Was jedoch nicht ausschließt, daß nach dieser Rechtsordnung ebenfalls Tatbestandsmerkmale mit herangezogen werden, die im Ausland verwirklicht wurden.

Frankreich ist die Handlung in Spanien mit zu berücksichtigen, aber als auch auf das französische Schutzrecht gerichtete Handlung.

Es scheint, als sei die Bestimmung des Eingriffsortes immer erst dann möglich, wenn der konkrete Verletzungstatbestand der entsprechenden Schutznorm feststeht:[77] Ist eine inländische Schutznorm tatbestandlich erfüllt, dann ist auch das inländische Schutzrecht verletzt und die Folgen müssen nach inländischem Recht zu bestimmen sein. Dies wäre ein Widerspruch zur sonst üblichen Anknüpfungspraxis, denn man müßte hiernach statt des anwendbaren Rechts zuerst die Tatbestandsvoraussetzungen einer sachrechtlichen Schutznorm prüfen, da erst bei deren tatbestandlicher Erfüllung das anzuwendende Recht festgelegt wäre. Anders formuliert: die materiellrechtliche Auslegung der immaterialgüterrechtlichen Schutznorm und die Bestimmung ihres kollisionsrechtlichen Geltungsbereichs fielen zusammen.[78] Es würde also abweichend von der sonst üblichen Lehre des IPR das anwendbare Recht durch die Auslegung einer Sachrechtsnorm bestimmt.[79] Damit begibt man sich auf den Boden einer statuistischen Anknüpfung.[80] Eine allseitige, von der Handlung ausgehende Bestimmung des anzuwendenden Rechts wäre hiernach nicht möglich. Daß dies nicht richtig sein kann - abgesehen davon, daß die Statutentheorie spätestens seit Savigny überwunden ist[81] - wird aber schnell deutlich. Die Anwendung einer sachrechtlichen Norm ist erst möglich, wenn die kollisionsrechtliche Frage zuvor geklärt wurde. Würde man auf der Sachnormeben beginnen, müßte man theoretisch alle entsprechenden Schutzvorschriften, die es auf der Erde gibt, nach ihrer tatbestandlichen Erfüllung und ihrem damit verbundenen selbstgesetzten Anwen-

---

77 So in der Tat Sandrock, in: v. Cämmerer, Vorschläge und Gutachten (1983), S. 380, 426; ähnlich Martiny, RabelsZ 40 (1976), 218, 226, der allerdings letztlich wieder von diesem Gedanken abkommt. Vgl. auch Katzenberger, GRUR Int. 1992, 567, 572.

78 Vgl. Sandrock, in: v. Cämmerer, a.a.O., S. 426.

79 Das gleiche Prinzip findet sich daher auch im internationalen öffentlichen Recht, das ebenfalls vom Grundsatz der Territorialität geprägt ist, vgl. hierzu Nirk, in: Festschrift für Heusinger (1968), S. 217, 224 sowie Sandrock, in: v. Cämmerer, a.a.O., S. 424.

80 Eine solche vertritt ausdrücklich Sandrock, a.a.O., S. 423, 426, 432 f., der davon ausgeht, die Bestimmung eines Eingriffsortes in einer Kollisionsnorm sei nicht möglich, da die materiellen Schutznormen sämtlicher Staaten auf der Erde mitzuberücksichtigen wären Er wendet sich hier insbesondere gegen den bereits genannten Art. 34 des österreichischen IPR-Gesetzes.

81 Zur Geschichte, den Grundlagen und der Aufgabe der Statutentheorie vgl. etwa v. Bar, IPR Bd. I, Rn. 425 ff., insbesondere 464 ff. mit zahlreichen weiteren Nachweisen; zum ganzen auch E. Lorenz, Zur Struktur des IPR (1977), S. 28 ff.

dungsbereich befragen. Diese absurde Vorgehensweise zu verhindern, ist gerade Aufgabe des IPR.[82]

Es genügt daher, wenn ausreichende Bezüge zu einem Recht bzw. Territorium vorhanden sind, die die Anwendung des dortigen Sachrechts rechtfertigen. Dies ist im Falle der Immaterialgüterrechte jede Verwertungshandlung. Erst dann kann man auf die einschlägige Norm des Sachrechts für die Frage zurückgreifen, ob tatsächlich eine Verletzung vorliegt oder nicht. Man muß somit allein die Bezüge zu einem bestimmten Territorium in einer Kollisionsnorm fixieren. Dies ist für das Deliktsrecht der Fall in Form des Tatortes. Der Tatort weist immer genügend Bezüge zu einem bestimmten Territorium auf, um eine Anwendung dessen Sachrechts zu rechtfertigen.

Mit der Argumentation *Sandrocks* ließe sich jede allseitige Kollisionsnorm in eine statuistische Anknüpfung umfunktionieren. Man müßte nur sagen, das Tatortrecht findet erst dann Anwendung, wenn eine konkrete Schutznorm tatbestandsmäßig erfüllt ist. Denn wenn sie nicht erfüllt ist, findet nach diesem materiellen Recht keine Haftung statt, und es wird letzlich nicht angewendet. Das ist die gleiche Argumentation wie zuvor. Damit zeigt sich auch, daß die Formulierung des § 34 des österreichischen IPR-Gesetzes, der besagt, daß Entstehen, Inhalt und Erlöschen der Immaterialgüterrechte sich nach dem Recht des Staates bestimmen, in dem eine Verletzungshandlung gesetzt wurde, im Ansatz[83] durchaus zutreffend ist: Entscheidendes Kriterium für die Anknüpfung an ein bestimmtes Recht ist die Verwertungshandlung. Findet in einem Staat eine Verwertungshandlung statt, muß nach dessen materiellem Immaterialgüterrecht geprüft werden, ob es sich um eine Verletzung handelt. Zwar fehlt die Ergänzung, daß die Handlung auf ein bestimmtes Schutzrecht gerichtet sein muß; diese Zielrichtung läßt sich letztendlich aber erst durch das zur Anwendung berufene inländische Recht konkretisieren bzw. feststellen. Aus kollisionsrechtlicher Sicht genügt eine Handlung, die in einem bestimmten Territorium in irgendeiner Weise zur Benutzung eines Schutzrechts führt.

---

82 Vgl. daher auch die ablehnende Begründung bei Hiestand, Die Anknüpfung internationaler Lizenzverträge (1993), S. 83 f.

83 Aber auch nur im Ansatz, denn die Verletzungsfrage ist dort gar nicht vorgesehen, sondern die Verweisung gilt nur für die kollisionsrechtliche Vorfrage nach dem Inhalt. Sandrock meint, die Intention der Regelung liege darin, daß die Verletzungsfolgen im Rahmen der allgemeinen Wirkungen der Immaterialgüterrechte mitgeregelt wären, vgl. Sandrock, in: v. Cämmerer, a.a.O., S. 433 f. Richtiger erscheint vielmehr, daß sich die Hauptfrage nach den Verletzungsfolgen aus der Deliktsanknüpfung des Art. 48 Abs. 1 österreichisches IPR-Gesetz ergeben soll.

Nicht ausgeschlossen ist es nach alledem, daß eine Verletzungshandlung, die sich über mehrere Staatsgrenzen hinweg erstreckt, nach allen oder zumindest mehreren tangierten Schutzlandrechten eine Verletzung darstellt, mithin also mehrfach herangezogen wird.[84] Es handelt sich aber gleichwohl nicht um überlappende[85] oder geteilte Begehungsorte, sondern um zwei unabhängige Begehungsorte, denn der gesamte Sachverhalt wird nicht, wie man meinen könnte, nach mehreren Rechten gleichzeitig kollisionsrechtlich gewürdigt, sondern jedes Recht wirkt nur bis an die Grenzen seines Staates. Global gesehen können somit auf einem Territorium niemals zwei Rechte gleichzeitig anwendbar sein, die eine Handlung doppelt sanktionieren würden: Auskunfts- und Unterlassungsansprüche beschränken sich auf den im Inland geschöpften Gewinn bzw. die inländischen Handlungsteile einer grenzüberschreitenden Verwertungshandlung, und Schadensersatz wird nur für den im Inland entstandenen Schaden ausgesprochen.[86]

4. Inlandshandlung und geschützte Benutzungsformen - Konkretisierung der Zielgerichtetheit auf Sachrechtsebene

Die Rechtsprechung hat im Sinne des umfassenden Schutzes der Inhaber von Immaterialgüterrechten die meisten deutschen Verwertungstatbestände auch für solche Fälle konkretisiert, in denen wegen einer grenzüberschreitenden Verwertungshandlung die inländische Benutzung auf einen Teilakt begrenzt ist. Dabei sind verschiedene Formen unechter Inlandsdelikte denkbar. Diese lassen sich systematischerweise auf sechs Fälle reduzieren, die im Spiegel der deutschen Rechtsprechung und Literatur zu den typischen immaterialgüterrechtlichen Verletzungstatbeständen problematisiert werden sollen. Zu beachten ist hierbei der Grundsatz der Unabhängigkeit der einzelnen Benutzungsformen,[87] aus dem folgt, daß beispielsweise schon die Herstellung eines patentgeschützten Erzeug-

---

84 Vgl. hierzu die Beispiele bei Sandrock, in v. Cämmerer, a.a.O., S. 428 ff.

85 Sandrock spricht insoweit von einem „Überlappen von Eingriffsorten", vgl. a.a.O.

86 Das muß auch Sandrock zugestehen, vgl. in: v. Cämmerer, Vorschlag und Gutachten (1983), S. 380, 432: „Aus der Annahme, daß ein und dieselbe Verwertungshandlung sowohl einen Verstoß gegen eine inländische als auch einen solchen gegen eine ausländische Schutznorm darstellen kann, so daß diese einheitliche Handlung in zwei verschiedenen Staaten zu lokalisieren ist, ergeben sich keine Unzuträglichkeiten. Die hieraus resultierenden Kollisionen lösen sich vielmehr von selbst."

87 So schon Josef Kohler, AcP 85, 435 ff. für das Urheberrecht; vgl. auch Stauder, Patentverletzung im grenzüberschreitenden Wirtschaftsverkehr (1975), S. 104 f.; V. Tetzner, GRUR 1980, 882, 883; weitere Nachweise unten Fn. 106.

nisses eine Verletzung darstellen kann, obwohl im Inland gar kein Inverkehrbringen erfolgen soll. Ähnliches gilt für die anderen Benutzungsformen.

a) Die Herstellung von geschützten Gütern im Inland für den Export

Die Herstellung eines patentgeschützten Gegenstands stellt eine selbständige Verwertungshandlung im Sinne des § 9 PatG dar. Der Nachbau einer im Inland patentrechtlich geschützten Erfindung stellt nach deutscher Vorstellung auch dann eine Verletzung des inländischen Schutzrechts dar (§§ 6, 47, 49 PatG), wenn der Gegenstand ausschließlich für den Export bestimmt war und nie im Inland in den Verkehr gelangen sollte.[88] Das ergibt sich aus der Selbständigkeit des Herstellungsrechts. Es genügt grundsätzlich bereits die teilweise Herstellung im Inland.[89] Bei Verfahrenspatenten scheidet hingegen die Benutzungsart der Herstellung bereits begrifflich aus.[90]

Problematisch ist die Beurteilung des folgenden Falles: Teile eines patentierten Gegenstandes werden im Inland hergestellt, der Gegenstand selbst wird jedoch erst im Ausland montiert. Hier wird man um eine weitere Differenzierung nicht umhin kommen. Entscheidend ist, um welche Art Teile es sich handelt. Insoweit lassen sich drei Typen unterscheiden: Der erste Typ sind neutrale Teile, die einer Erfindung nicht speziell anpepaßt sind. Solche Teile dürfen im Inland hergestellt werden.[91] Umgekehrt dürfen Teile, die selbständige, schutzfähige Elemente der Erfindung darstellen und bereits den Erfindungsgedanken verkörpern, auf keinen Fall hergestellt werden.[92] Zwischen diesen beiden Extrema befinden sich die Teile, die zwar „erfindungsfunktionell" sind, aber keinen eigenen Elementschutz genießen, also nicht selbständig schutzfähig sind. Nach der

---

88 Vgl. BGHZ 23, 100, 106 - „Taeschner I"; RGSt 10, 349, 350f.; Bernhardt/Kraßer, Patentgesetz, § 33 I d 3; Schikora, Der Begehungsort (1968), S. 220 mit weiteren Nachweisen aus der älteren Literatur; Stauder, Patentverletzung im grenzüberschreitenden Wirtschaftsverkehr (1975), S. 107.

89 So jedenfalls Schikora, S. 220 mit weiteren Nachweisen, die allerdings alle schon etwas zurück liegen. Grundlage ist der, allerdings nicht konsequent durchgehaltene Grundsatz vom Beginn der Benutungshandlung als Verletzung, vgl. Stauder, a.a.O., S. 106 f.; RGZ 40, 78, 79 - „Trockenapparat" und BGH GRUR 1971, 78, 80 - „Dia-Rähmchen" mit Anm. Moser v. Filseck.

90 Vgl. RG vom 19.10.1935 in RGZ 149, 102, 104 = GRUR 1936, 108; V. Tetzner, GRUR 1980, 882, 890. Allgemein zur Abhängigkeit zwischen Verwertungsarten und Patentkategorie vgl. Stauder, a.a.O., S. 105 f.

91 Vgl. RG vom 12.12.1908 in Mitt. 1909, 60; RG vom 17.2.1913 in JW 1913, 550 sowie die Nachweise bei Schikora, Der Begehungsort (1968), S. 221.

92 Vgl. Schikora, a.a.O., S. 220 mit weiteren Nachweisen.

(wohl früheren) Ansicht des BGH, der insoweit der Rechtsprechung des Rechsgerichts folgte,[93] war deren Herstellung dann unzulässig, wenn die Teile nicht ohne weiteres auch außerhalb der Erfindung verwendet werden konnten und deshalb im Hinblick auf die Gesamtvorrichtung individualisiert waren.[94] Davon scheint das Gericht mittlerweile aber abgekommen zu sein,[95] denn neben der erfindungsfunktionellen Individualisierung des Teiles verlangt der BGH nunmehr in der Gesamtbetrachtung ein Verhalten, das der Herstellung der ganzen Sache gleichzusetzen ist, das heißt, zur Vollendung darf nur noch ein unbedeutender Schritt fehlen.[96]

Eine weitere typische Sachverhaltskonstellation ist die Herstellung in nicht patentverletzender Form im Schutzland, die aber durch leichte Umbauten im Ausland die Möglichkeit gewährt, die im Inland geschützte Form zu erreichen. Grundsätzlich wird man hier - auch wenn es schwer fällt - eine Verletzung des inländischen Schutzrechts verneinen müssen, denn es fehlt in jedem Fall an einer auch nur andeutungsweisen inländischen Benutzungshandlung bzw. Zielgerich-

---

93 Vgl. RG vom 18.9.1897 in RGZ 40, 78, 79; RG vom 17.2.1913 in JW 1913, 550; RG vom 22.11.1913 in MuW 1913/1914, 382; RG MuW XXIV (1924/25), 203; RG vom 2.5.1925 in JR 1925, 737; RG vom 30.8.1935 in JW 1935, 3306 = GRUR 1936, 236, 240; aus der Literatur: Beier/Stauder, GRUR Int. 1985, 6, 11 linke Spalte (Fn. 33 a) sowie v. Möller, GRUR Int. 1985, 776.

94 Vgl. BGHZ 2, 387, 391 f. - „Mülltonne" sowie BGH GRUR 1971, 78, 80 - „Dia-Rähmchen" mit Anm. Moser v. Filseck. In diesem Sinne auch RGZ 32, 52; 130, 242, 244 f.; BGHZ 2, 261, 265. Zustimmend V. Tetzner, GRUR 1980, 882, 884 und Stauder, Patentverletung im grenzüberschreitenden Wirtschaftsverkehr (1975), S. 190, der den wirtschaftlichen Wert der Teile vom Patent ableitet. Anders entschied das OLG Düsseldorf, GRUR 1964, 203, 204, das solche Teile in nicht zusammengesetzter Form als nicht schutzwürdig erachtete; erst die Kombination - also der Zusammenbau - verwirkliche den Schutz. Weitere Nachweise zur Literatur bis 1963 finden sich bei Schikora, Der Begehungsort, S. 221.

95 Vgl. die Entscheidung BGHZ 82, 254, 256 - „Rigg" vom 10.12.1981: Hier sah der BGH den Vertrieb eines zu einem patentierten Rigg für ein Surfbrett gehörenden Segels per se noch nicht als patentverletzend an, gleichwohl es sich um ein erfindungsfunktionelles und individualisiertes Teil handelte.

96 Vgl. BGH a.a.O.: Nur in eng begrenzten Ausnahmefällen, wenn das erstellte Teil bereits alle wesentlichen Merkmale des geschützten Erfindungsgedankens aufweist und nur noch unbedeutende weitere Hinzufügungen fehlen, könne eine Verletzung durch die Herstellung von Teilen angenommen werden. Vgl. auch den der Entscheidung BGH GRUR 1977, 250, 252 - „Kunststoffhohlprofil" zugrundeliegenden Sachverhalt. Zustimmend Bernhardt/Kraßer, Patentrecht, § 33 II b 2, die daneben auch auf die Bindung des Schutzbereichs an die Ansprüche (§§ 14 PatG bzw. 69 EPÜ) verweisen, die einen Teileschutz nur sehr eingeschränkt zuläßt. Möglich ist allerdings unter Umständen eine mittelbare Patentverletzung, vgl. a.a.O.

tetheit. Der ausländische Handlungsteil beruht lediglich auf einer Vermutung.[97] Anders liegt der Fall jedoch, wenn die patentkonform hergestellte Vorrichtung gar nicht funktionsfähig ist, sondern dies erst durch den Umbau wird.[98] Würde man hier eine Verletzung verneinen, höhlte man jeglichen Erfinderschutz aus, zumal auch die Herstellung von Spezialmaschinen und -Werkzeugen unter gewissen Umständen bereits als Teil der Herstellung des Endprodukts angesehen wird, obwohl im Inland keinerlei Benutzungshandlung stattfand.[99]

Keine relevanten Benutzungshandlungen sind allerdings bloße Vorbereitungshandlungen wie das Anfertigen von Konstruktionszeichnungen.[100] Finden solche Vorbereitungshandlungen im Inland statt, erfolgt die tatsächliche Ausführung der Benutzungshandlung jedoch erst im Ausland, liegt keine Patentverletzung vor. Sobald jedoch weitere Umstände hinzutreten, wie etwa im bereits genannten Fall der Herstellung von Spezialwerkzeugen oder wenn zusätzliche konkrete Anweisungen für den späteren Bau geliefert werden, ist die Grenze der reinen Vorbereitungshandlung zumeist überschritten, und man wird von einem Herstellen im Sinne des § 9 PatG ausgehen müssen.

Die Ausführungen zum Patentrecht lassen sich im Prinzip vollinhaltlich auf markenrechtlich geschützte Produkte übertragen, wobei natürlich die Teileproblematik und die des Verfahrenspatents entfällt. Im Markenrecht stellt das Versehen der Ware bzw. der Ausstattung mit dem geschützten Markenzeichen die relevante Benutzungshandlung dar. Diese ist auch dann unzulässig (früher §§ 15, 24 WZG, jetzt §§ 14 III Nr. 1: „Anbringen"), wenn die Ware allein zum Export

---

97 So auch V. Tetzner, GRUR 1980, 882, 885. Anders jedoch dem Grunde nach das RG vom 30.8.1935 in JW 1935, 3306 mit Anm. Kisch = GRUR 1936, 236, 241; dort lag allerdings gleichzeitig ein Feilhalten vor; vgl. auch BGH GRUR 1960, 423, 425 f. im Hinblick auf das Feilhalten.

98 Vgl. V. Tetzner, a.a.O. In der Entscheidung BGH GRUR 1960, 423, 424 - „Kreuzbodenventilsäcke" wurde ausdrücklich auf den unproblematischen Umbau hingewiesen.

99 Vgl. LG Berlin vom 26.6.1934 in Mitt. 1934, 284 für Preßwerkzeuge.

100 Vgl. RG vom 12.6.1929 in RGZ 124, 368 = GRUR 1929, 1029, wo allerdings von dem zunächst ausgeführten Grundsatz im konkreten Fall abgewichen wurde, da neben den Zeichnungen auch Anweisungen für die Herstellung im patentfreien Ausland gegeben wurden und diese zusätzlich noch überwacht wurde. Zustimmend Reimer, PatG, § 6, Rn. 68; Lindenmeier, PatG, § 6, Anm. 37; H. Tetzner, Das materielle Patentrecht der BRD (1972), § 6, Anm. 18. Kritisch hingegen Klauer-Möhring, PatG, 3. Aufl., § 6, Anm. 92, da die Grenzen von Vorbereitung und tatsächlicher Herstellung verwischt würden. Ablehnend daher auch Benkard, PatG, § 6, Rn. 11. Im Hinblick auf die grundsätzliche Aussage, Zeichnungen stellten nur eine Vorbereitungshandlung dar, besteht hingegen weitgehend Einigkeit. Allein V. Tetzner, GRUR 1980, 882, 884 sieht auch das Erstellen von Zeichnungen als Teilakt der Herstellung an.

bestimmt ist.[101] Entscheidend ist hierbei der Ort der Verbindung. Als bloße Vorbereitungshandlungen wurden die Herstellung und die Versendung von Etiketten sowie der Versand unetikettierter Markenware ins Ausland zur dortigen Zusammenfügung angesehen. Solche Handlungen stellen demnach keine relevanten Benutzungshandlungen dar.[102] Daran ändert auch die Neufassung des Markengesetzes, die nunmehr den Export gesondert als Benutungshandlung schützt, nichts. Anders liegt der Fall, wenn Ware umgepackt wird; das *Umpacken* von Ware ist grundsätzlich immer ein neues Versehen mit dem Warenzeichen,[103] außer der Vorgang bezieht sich allein auf die äußere Umverpackung und die originalen Verpackungseinheiten bleiben unverändert.[104]

Auch die Vervielfältigung urheberrechtlicher Werke im Inland für den Export bzw. die Verbreitung in Drittländern stellt eine Verletzung des inländischen Vervielfältigungsrechts (§§ 16, 97, 106 UrhG) dar.[105] Für das Urheberrecht gilt gleichfalls der Grundsatz der Selbständigkeit von Vervielfältigungs- und Ver-

---

101 Vgl. schon RG vom 18.9.1984 in Rspr. 6, 547; RG JW 1905, 247; RG Recht 1906, 1388; RG MuW 1911/12, 381 und 434; RG JW 1926, 46; RG vom 10.2.1925 in RGZ 110, 176 ff. - „King Edward“; RG MuW 1927/28, 491; RG GRUR 1939, 490; GRUR 1940, 564 und 568 - „Schuhcreme“; BGH vom 15.1.1957 in BGHZ 23, 100, 106 - „Taeschner I“; BGH GRUR 1961, 181; BGH GRUR 1986, 538 - „Ola“; Kent, JW 1926, 46; Fezer, Markenrecht, § 14 Markengesetz, Rn. 462 f.; Schikora, Der Begehungsort (1968), S. 232 sowie Schulz, Die relevante Benutungshandlung im deutschen Markenrecht (1997), S. 151 ff., jeweils mit weiteren Nachweisen; rechtsvergleichend für das deutsche, österreichische, schweizer und EU-Recht Sack, in: FS für Pedrazzini (1990), S. 671 ff.; ders., RIW 1995, 177 ff. Im neuen Markengesetz ist der Export nunmehr ausdrücklich als ausschließliches Benutzungsrecht genannt, vgl. hierzu Fezer, a.a.O., Rn. 478 f.

102 Vgl. schon RG vom 2.10.1886 in RGZ 18, 28; Schikora, Der Begehungsort (1968), S. 232.

103 Vgl. BGH GRUR 1984, 352 ff. - „Ceramix“; zum ganzen auch Schulz, Die relevante Benutungshandlung im deutschen Markenrecht (1997), S. 106 ff. mit zahlreichen weiteren Nachweisen. Gegen eine relevante Benutungshandlung durch jegliches Umverpakken Lüders, EuZW 1994, 112.

104 Vgl. Schulz, a.a.O., S. 110 ff. bzw. 127 ff., dort bereits für die Neufassung des Markengesetzes; eine Benutuzngshandlung durch Umpacken ohne Neukennzeichnung wird hier zu Recht abgelehnt. Vgl. aber die Entscheidung LG Hamburg GRUR Int. 1979, 567 ff. - „Vibramycin“, in der das Gericht sogar das Durchscheinen der unveränderten Warenzeichen durch eine Klarsichtfolie genügen lies. Unproblematisch ist das bloße Beilegen eines Beipackzettels, sofern dieser nicht mit einer Marke versehen wurde, vgl. BGH GRUR 1982, 115 ff. - „Öffnungshinweis“.

105 Vgl. v. Gamm, § 16 UrhG, Rn. 3; Möhring/Nicolini, § 16 UrhG, Anm. 6; Schricker-Katzenberger, Vor §§ 120 ff. UrhG, Rn. 136.

breitungsrecht.[106] Die Anordnung der Herstellung, Druckaufträge oder das Absenden des Manuskripts gehören hingegen noch dem Vorbereitungsstadium an[107] und sind demzufolge zulässig.

b) Die Herstellung von geschützten Gütern im Ausland für den Import

Keine relevante Benutzungshandlung, weder aus Sicht der gewerblichen Schutzrechte noch aus urheberrechtlicher, stellt die Herstellung bzw. das Versehen mit einer Marke im Ausland dar. Gleiches gilt für das Vervielfältigen im urheberrechtlichen Sinne außerhalb des Schutzlandes. Dies folgt unmittelbar aus dem Territorialitätsprinzip und dem damit verbundenen Erfordernis einer hinreichenden Beziehung zum Inland und zum inländischen Schutzrecht.[108] Eine solche ist in diesem Fall nicht mehr gegeben,[109] denn die Frage, wohin geliefert werden sollte, ist rein spekulativer Natur. Derartige Handlungen können allenfalls Vorbereitungshandlung für das spätere Inverkehrbringen in Deutschland darstellen, sind aber trotzdem allein nach ausländischem Recht zu beurteilen und können demzufolge nur ausländische Schutzrechte verletzen.

c) Der Vertrieb von geschützten Gütern in das Ausland

Der Export von patentgeschützten Erfindungen ins Ausland ist unter zwei Gesichtspunkten zu sehen: In Betracht kommt einmal die Alternative des Inver-

---

106 Vgl. Schricker-Katzenberger, Vor §§ 120 ff. UrhG, Rn. 136. Problematisch ist die Frage allerdings für die Leistungsschutzrechte, dort ist das Verbreitungsrecht nicht genannt. Um diese Schutzlücke zu schließen und die Inhaber von Leistungsschutzrechten nicht schlechter zu stellen als die Inhaber von Urheberrechten, wird die analoge Anwendung des § 96 UrhG vorgeschlagen, vgl. Bungeroth, GRUR 1976, 454, 459 f.; Flechsig, UFITA 81 (1978), 97, 99; Fromm/Nordemann, § 96 Urhebergesetz, Rn. 3; KG UFITA 91 (1981), 224, 229; OLG Hamburg ZUM 1985, 371, 374 sowie mittlerweile auch der BGH in GRUR 1993, 550, 552 - „The Doors". Vgl. allerdings BGH GRUR 1972, 141 f. - „Konzertveranstalter" zur Benutzung rechtmäßig hergestellter Auslandsexemplare für inländische Aufführungen: zulässig.

107 Vgl. die Nachweise bei Schikora, Der Begehungsort (1968), S. 238.

108 Vgl. Benkard-Bruchhausen, § 9 PatG, Rn. 10 bzw. 12; Bernhardt-Kraßer, Patentrecht, § 33 I d 2; Schricker-Katzenberger, Vor §§ 120 ff. UrhG, Rn. 123 und 135; Schulte, § 9 PatG, Rn. 72; Ulmer, Die Immaterialgüterrechte, Nr. 25.

109 Dies gilt jedoch dann nicht, wenn die Lieferung vom Ausland in das andere Ausland vom Inland aus betrieben oder maßgeblich unterstützt wird, vgl. Stauder, Patentverletzung im grenzüberschreitenden Wirtschaftsverkehr (1975), S. 112 ff., 147 f., 188 ff.

kehrbringens[110] (§§ 9, 47, 49 PatG) und daneben die des Anbietens[111] (§§ 9, 47, 49 PatG). Der Unterschied zwischen beiden Verletzungstatbeständen besteht darin, daß das Inverkehrbringen einen Wechsel der Verfügungsbefugnis verlangt, wohingegen für das Anbieten die bloße Inaussichtstellung eines solchen genügt und der angebotene Gegenstand selbst demzufolge noch nicht existieren muß.[112]

Fraglich ist zuächst, ob das bloße Versenden einer patentgeschützten Ware ins Ausland[113] bereits ein inländisches Inverkehrbringen darstellt. Teilweise wird vertreten, daß beim einfachen Versenden,[114] bei dem die Verfügungsgewalt erst im Ausland übergeht, kein inländisches Inverkehrbringen vorliege, weshalb nur der Ort entscheide, an dem die Verfügungsmacht übergeht.[115] Dann wird man aber zwangsläufig auch weiter fragen müssen, wessen Hilfsperson der Transporteur war, da bereits durch Übergabe an diesen die Verfügungsgewalt wechselt.[116] Dies kann man sich ersparen, wenn man mit der herrschenden Ansicht zu Recht annimmt, hierauf komme es nicht an und allein das Absenden genüge.[117]

---

110 Inverkehrbringen ist nach herrschender Ansicht jede Tätigkeit, durch die einem anderen die tatsächliche Verfügungsgewalt über den patentgeschützten Gegenstand verschafft wird, vgl. RG Bl.f.PMZ 1906, 166, 168; Benkard-Bruchhausen, § 9 PatG, Rn. 43; Klauer-Möhring, § 6 PatG, Anm. 96 ff.

111 Per definitionem ist hierunter das Anregen zum Erwerb einer erfindungsgemäßen Sache zur Benutzung oder zum Eigentum, ohne daß der Erfolg notwendig wäre, zu verstehen; die Verkaufsabsicht muß allerdings erkennbar sein, vgl. Benkard-Bruchhausen, a.a.O., Rn. 42. Der Begriff des Anbietens ersetzt den früheren Terminus des Feilhaltens. Beide Begriffe sind aber nach dem Willen des Gesetzgebers deckungsgleich; vgl. Bernhardt/Kraßer, Patentrecht, § 33 II d 1. Das Anbieten ist ebenfalls nur solange möglich, bis durch Inverkehrbringen durch den Inhaber oder durch Dritte mit seiner Zustimmung Erschöpfung eingetreten ist.

112 Es genügt insoweit, wenn der Anbietende in der Lage ist, den Gegenstand alsbald herzustellen bzw. zu liefern, vgl. RG GRUR 1938, 971, 976; BGH GRUR 1960, 423, 425 - „Kreuzbodenventilsäcke"; 1962, 86, 88 - „Fischereifahrzeug"; 1969, 35, 36 - „Europareise".

113 Daß sich die Ware vor dem Versenden noch im Inland befinden muß, ist selbstverständlich Mindestvoraussetzung, ansonsten kann gar kein Versenden stattfinden, vgl. bereits RGZ 30, 52 sowie 45, 147.

114 Das heißt, die Verfügungsgewalt soll erst im Ausland übergehen.

115 So Klauer-Möhring, § 6 PatG, Rn. 101 und Paul, NJW 1963, 980. Auch eine sehr frühe Rechtsprechungsansicht geht in diese Richtung, vgl. RG vom 21.3.1885 in RGZ 13, 424 und RG Pat.Bl. 1887, 235.

116 So ausdrücklich auch Paul, a.a.O., der danach unterscheidet, wer den Transportunternehmer, sofern er frei ist, beauftragt hat.

117 Benkard-Bruchhausen, PatG,§ 9, Rn. 11; Reimer, § 6 PatG, Rn. 80; Bernhardt/Kraßer, Patentgesetz, § 33 II c 3; Stauder, Patentverletzung im grenzüberschreitenden Wirt-

Auch für das Herstellen genügte im Falle eines mehrstufigen Herstellungsverfahrens die Vollendung eines Teilakts.[118] So verhält es sich auch hier: Das Absenden ist bereits Teil der Verschaffung der Verfügungsgewalt, auf den Empfang im Sinne der endgültigen Vollendung kann es nicht mehr ankommen. Das Absenden reicht somit aus, um ein Inverkehrbringen zu begründen. Anders formuliert: Entläßt der Versender den patentgeschützten Gegenstand aus seiner Verfügungsgewalt, hat er eine ausreichende Gefahr geschaffen, um als Inverkehrbringer zu haften.

Man wird dieses Ergebnis allerdings nicht auf Fälle anwenden können, in denen der Gegenstand vom Inhaber selbst oder durch eigene Leute ins Ausland transportiert wird. Dort fehlt es an einer Entlassung aus der Verfügungsgewalt oder Aufgabe der Verfügungsgewalt, was richtigerweise die Mindestvoraussetzung für das Absenden sein muß, sonst stellte jeder Transport patentgeschützter Waren bereits ein inländisches Inverkehrbringen dar.[119] Mit ähnlicher Argumentation verneint die herrschende Ansicht auch dann ein inländisches Inverkehrbringen, wenn die Versendung an eine rechtlich unselbständige Außenstelle des inländischen Unternehmens im Ausland erfolgt,[120] denn hier ändert sich die Verfügungsgewalt ebenfalls nicht. Das gilt selbst dann, wenn ein Dritter Transporteur ist, da insoweit trotzdem der Wille zum Wechsel der Verfügungsgewalt fehlt.[121] Beide Fälle - eigene Leute bzw. unselbständige Außenstelle - sind in dieser Konstellation aufeinander übertragbar.[122] Bei Verfahrenspatenten

---

schaftsverkehr (1975), S. 118; V. Tetzner, GRUR 1980, 882, 886; vgl. auch die Nachweise bei Schikora, Der Begehungsort, S. 227 (Rn. 1). Aus der Rechtsprechung vgl. RGZ 51, 139, 140 f.; 65, 157, 161; RG MuW 22/23, 193, 195; RG GRUR 36, 121, 123; RGSt 10, 349, 351 f.; 21, 205, 207 f.; 36, 178, 180; BGH GRUR 1957, 231 - „Pertussin I"; LG Düsseldorf GRUR 1970, 550; OLG Hamburg GRUR 1985, 923 - „Imidazol"; GRUR 1991, 301.

118 Vgl. zuvor a.

119 Das scheint auch Reimer, a.a.O. anzunehmen, wenn er zumindest einen wirtschaftlich unabhängigen Gewerbetreibenden als Transporteur verlangt. Die Frage, wen der Inhaber mit dem Transport beauftragt hat, kann damit entgegen der Auffassung V. Tetzners, GRUR 1980, 886, nicht völlig entfallen. Wegen dieses Aufgabeerfordernisses kann im übrigen auch nur der Veräußerer der Inverkehrbringende sein, vgl. Klauer-Möhring, § 6, Rn. 96; Reimer, § 6, Rn. 80.

120 Vgl. V. Tetzner, GRUR 1980, a.a.O.

121 Vgl. auch V. Tetzner, GRUR 1980, a.a.O. rechte Spalte.

122 Anders liegt der Fall allerdings wieder, wenn es sich um eine unselbständige ausländische Tochter handelt. Im Falle einer rechtlich selbständigen ausländischen Tochter besteht kein Unterschied zu einem unabhängigen Dritten.

wird abweichend hiervon bereits in der Mitteilung der Verfahrensvorschrift zu Veräußerungszwecken ein Inverkehrbringen gesehen.[123]

Auch die Alternative des Anbietens ist nach herrschender Ansicht[124] bereits dann erfüllt, wenn die Ware zur Lieferung in das Ausland angeboten wird, sofern das Angebotsschreiben im Inland abgeschickt wurde.[125] Es gilt also das gleiche wie zuvor im Falle des Inverkehrbringens, wo Absende- und Empfangsort nach herrschender Ansicht ebenfalls als gleichwertig erachtet wurden. Das Reichsgericht und ein Teil der Literatur sahen das Angebot ins Ausland noch nicht als tatbestandsmäßig an, da es am Zugang im Sinne des § 130 BGB fehle.[126] Eine solche Argumentation überzeugt jedoch nicht, wenn man auch für das Inverkehrbringen ein Absenden genügen läßt. Insoweit besteht Deckungsgleichheit zwischen beiden Alternativen.

Die Grenzen des Anbietens sollen auch nach der neueren Ansicht dann erreicht sein, wenn im Inland lediglich ein Vertrag abgeschlossen wird, der auf die

---

123 Vgl. RG vom 7.3.1900 in RGZ 46, 14, 16; nach RG vom 19.10.1935 in RGZ 149, 102, 105 stellte sogar die genaue Beschreibung in einem Werbeschreiben ein Inverkehrbringen dar. Hiergegen darf man berechtigte Zweifel anmelden, vgl. auch V. Tetzner, GRUR 1980, 882, 891 ff. sowie Stauder, Patentverletzung im grenzüberschreitenden Wirtschaftsverkehr, S. 134 f.: Es ist kein Grund ersichtlich, warum Verfahrenspatente und Sachpatente für das Inverkehrbringen unterschiedlich behandelt werden. Der Begriff des Inverkehrbringens, nämlich die Verschaffung der tatsächlichen Verfügungsgewalt bzw. Nutzungsmöglichkeit, unterscheidet hier ebensowenig.

124 Vgl. Benkard-Bruchhausen, § 9 PatG, Rn. 11; Bernhardt/Kraßer, § 33 II d 4.; Klauer-Möhring, § 6 PatG, Rn. 111; Reimer, , § 6 PatG, Rn. 78; Schikora, Der Begehungsort (1986), S. 223; V. Tetzner, GRUR 1980, 882, 887. Auch eine frühe RG-Entscheidung ließ bereits das Absenden genügen, vgl. RG vom 7.3.1900 in RGZ 46, 14; in der Folge schwenkte das Reichsgericht jedoch wieder zum Empfangsort um, vgl. unten Fn. 126. In Sinne des von der herrschenden Ansicht vertretenen Absendeortes argumentiert seit der Entscheidung NJW 1960, 1154 = GRUR 1960, 423, 426 - „Kreuzbodenventilsäcke" auch der BGH (für das Angebot zur Lieferung einer nicht patentverletzend hergestellten Maschine ins Ausland, verbunden mit dem dortigen Umbau); vgl. auch LG Düsseldorf GRUR 1953, 285 und 1970, 550, 551.

125 Das Anbieten muß nicht zwangsläufig als Distanzdelikt - neben dem Postverkehr kann man auch an Presse oder Rundfunk denken - begangen werden; auch das Ausstellen einer Ware ist tatbestandsmäßig, wird jedoch nur an einem Ort begangen und ist für diese Untersuchung irrelevant. Zur besonderen Problematik bei Verfahrenspatenten vgl. V. Tetzner, GRUR 1980, 882, 893 ff.

126 RG vom 19.10.1935 in RGZ 149, 102, 105 = GRUR 1936, 108; zustimmend Lindenmeier, § 6 PatG, Rn. 72 sowie Moser v. Filseck, GRUR 1961, 613, 617.

Herstellung im Ausland gerichtet ist.[127] Anders wird jedoch wieder für den Fall argumentiert, daß sich der Anbietende im Inland zur Herstellung in patentverletzender Form bereiterklärt.[128] Hier besteht nach Ansicht des BGH kein Unterschied zu einem mündlichen Anbieten. Ob dann überhaupt noch ein Unterschied zwischen einem reinen Vertrag und dem Sichbereiterklären besteht, darf bezweifelt werden, denn in jedem Vertrag wird sich zumindest diese Anbietungsform als Leistungsangebot finden, sonst ist ein solcher Vertrag schlicht gegenstandslos.[129] Eine Abgrenzung zwischem bloßem Vertrag und Sichanbieten dürfte daher überflüssig, und hiervon abgesehen, in der Praxis auch kaum durchführbar sein; diskussionsfähig erscheint nur die andere Ansicht, wonach auch das Sicherbieten kein Anbieten im patentrechtlichen Sinne darstelle.[130] Diese Auslegung widerspricht aber dem in Rechtsprechung und Lehre entwickelten weiten Begriff des Anbietens, der im Sinne größtmöglichen Schutzes letzlich auch schon das Sichbereiterklären umfassen muß.

Patentverletzend ist das Anbieten insbesondere auch dann, wenn - wie bereits im Falle des Herstellens dargestellt - vorgesehen ist, daß der an sich nicht funktionsfähige Gegenstand erst im Ausland in die patentverletzende Form umgebaut werden soll.[131] Gleiches wie im Falle des Herstellens gilt auch für das Angebot der Lieferung von Teilen: es kommt auf die Erfindungsfunktionalität an.[132] In jedem Falle muß für einen ausländischen Angebotsempfänger die Patentwidrigkeit objektiv erkennbar sein; dies wird bei Übergabe eines Probeexemplars im-

---

127 Vgl. schon RGZ 30, 52, 55; 75, 128, 131 sowie BGH GRUR 1960, 423, 426 - „Kreuzbodenventilsäcke"; zustimmend Klauer-Möhring, § 6, Rn. 106 mit weiteren Nachweisen sowie Benkard-Bruchhausen, § 9 PatG, Rn. 12.

128 Vgl. RGZ 75, a.a.O.; BGH a.a.O., S. 426; Benkard-Bruchhausen, § 9 PatG, Rn. 12; anders Reimer, § 6 PatG, Rn. 78, der das Sichbereiterklären nicht mehr als Feilhalten bzw. Anbieten ansehen will.

129 So auch V. Tetzner, GRUR 1980, 882, 888. Ähnlich schon Klauer-Möhring, § 6 PatG, Rn. 106. Vgl. auch die Entscheidung BGH GRUR 1962, 86, 88 - „Fischereifahrzeug", in der nochmals klargestellt wird, daß nicht der juristische Angebotsbegriff, sondern eine wirtschaftliche Betrachtungsweise geboten sei.

130 Vgl. die Nachweise oben Fn. 128. Im Gegensatz zum früheren Feilhalten ist für das Anbieten nicht notwendig Voraussetzung, daß dies der Öffentlichkeit gegenüber geschieht; zu Unrecht kritisch daher Stauder, a.a.O., S. 129.

131 Vgl. BGH GRUR 1960, 423, 425 - „Krezbodenventilsäcke", dort genügte eine funktionstüchtige Maschine, wobei sich der Versender allerdings zum Umbau im Ausland durch Mitarbeiter bereiterklärte; zustimmend V. Tetzner, GRUR 1980, 882, 889. Anders Bernhardt-Kraßer, Patentrecht, § 33 II d 5., mangels hinreichender Inlandsbeziehung soll kein Anbieten, vgl. auch oben a.

132 Vgl. oben a.; so auch V. Tetzner, GRUR 1980, 882, 889 f.

mer angenommen, muß aber im Falle von Konstruktionszeichnungen o.ä. aus dem Angebot ersichtlich werden.[133]

Ein schwierig abzugrenzender Fall ist folgender: Im Inland ergeht ein Angebot zur Herstellung oder Lieferung einer patentverletzenden Ware vom Ausland in einen anderen ausländischen Staat, also ohne Tangierung des Inlands, in dem der Patentinhaber sitzt. Zwar ist hier das Angebot im Inland ergangen, was nach unseren bisherigen Erkenntnissen ausreichte, eine Haftung zu begründen; die spätere Verwertungshandlung wäre jedoch nicht patentverletzend. Es fragt sich daher, ob auch die in Aussicht gestellte Handlung ihrerseits patentwidrig sein muß, um ein patentverletzendes Anbieten zu begründen. Die Rechtsprechung des Reichsgerichts war insoweit uneinheitlich: Der oben erwähnte inländische Vertragsschluß über einen im Ausland befindlichen Gegenstand wurde als zulässig erachtet.[134] Für den Fall, daß sich der Gegenstand im Ausland befand, aber ins Inland transportiert werden sollte, wurde der Vertragsschluß hingegen als verletzendes Feilhalten angesehen.[135] Nicht patentverletzend ist auch der im Ergebnis vergleichbare Fall, daß ein Angebot vor Ablauf der Schutzfrist für den, dann erlaubten, Verkauf nach Ablauf derselben ergeht.[136]

Der BGH hat einen solchen Fall mangelnden Inlandsbezuges noch nicht entschieden.[137] Richtigerweise kann in dieser Konstellation kein patentverletzendes Anbieten vorliegen, da es an einem Bezug zum Schutzland und damit an der notwendigen Zielgerichtetheit auf das inländische Schutzrecht fehlt. Die Interessen des inländischen Schutzrechtsinhabers sind nicht hinreichend betroffen. Was mit seiner Erfindung im Ausland passiert, kann dem inländischen Inhaber, auch wenn er gleichzeitig Inhaber des ausländischen Schutzrechts ist, aus Sicht seiner inländischen Benutzungsrechte gleichgültig sein. Seine Verbietungsrechte enden nun einmal an den Grenzen des Schutzstaates. Daraus folgt im Umkehrschluß, daß nicht nur das Angebot selbst, sondern auch der Inhalt des Angebots einen

---

133 Vgl. BGH GRUR 1960 423, 425 - „Kreuzbodenventilsäcke“ sowie BGH GRUR 1969, 35, 36 - „Europareise“.

134 Vgl. zuvor (Fn. 127); RG vom 15.10.1892 in RGZ 30, 52, 55.

135 Vgl. RG vom 13.3.1934 in RGZ 143, 173, 174 f.; das RG stützte sich hierbei auf Bilder in der Werbeschrift und stellte sie einem Modell gleich.

136 Vgl. RG vom 19.6.1918 in RGZ 93, 172 sowie RG GRUR 1943, 247, 248.

137 Die von Bernhardt-Kraßer angeführte Entscheidung BGH GRUR 1960 423, 425 - „Kreuzbodenventilsäcke“ betraf einen besonderen Fall, da hier die Lieferung einer im Inland nicht patentverletzend hergestellten Maschine ins Ausland mit der Maßgabe sie dort in eine patentverletzende Form umzubauen, vereinbart war.

Bezug zum Inland haben muß, um eine Patentverletzung nach sich zu ziehen,[138] denn das Anbieten führt für sich genommen noch nicht zu einer Beeinträchtigung des inländischen Schutzrechtsinhabers. Im Inland muß somit in jedem Fall bereits mit der Herstellung oder einem Inverkehrbringen begonnen oder dies zumindest angedeutet werden; der Vertragsschluß im Inland, der Sitz des Anbietenden im Inland, das Anbieten im Inland genügen für sich allein nicht.[139] Proben oder Muster, die im Inland vorgeführt werden,[140] überschreiten jedoch wieder diese Grenze.

Auch für den Vertrieb von geschützten Gütern ins Ausland lassen sich die patentrechtlichen Erwägungen auf das Anbieten ins Ausland bzw. den markenrechtlichen Export[141] (§§ 15, 24 WZG, jetzt §§ 14 II, III Nr. 2 bzw. 4 MG), der das frühere Inverkehrbringen ersetzt,[142] und das Urheberrecht, dort im Sinne des Verbreitens (§§ 17, 97, 106 UrhG),[143] übertragen. Inverkehrbringen und Anbieten, neuerdings auch der Export, sind im gewerblichen Rechtsschutz einheitlich zu verstehen.[144] Das gilt auch für das urheberrechtliche Verbreiten.[145] Der

---

138 So ausdrücklich Bernhardt-Kraßer, Patentrecht, § 33 II d 5.; Stauder, Patentverletzung im grenzüberschreitenden Wirtschaftsverkehr (1975), S. 128 f. sowie V. Tetzner, GRUR 1980, 882, 888. Anders Klauer-Möhring, § 6 PatG, Rn. 111, die sich streng auf das Absenden stützen und demzufolge zu eine Patentverletzung annehmen. Vgl. aber Benkard-Bruchhausen, § 9 PatG, Rn. 11 sowie LG Düsseldorf GRUR 1970, 550, 551 sowie LG Braunschweig GRUR 1971, 28, 29. Ähnlich auch RG vom 15.10.1895 in RGZ 30, 52, 55. Das inländische Angebot zur Lieferung von Markenware vom Ausland in einen anderen ausländischen Staat sieht Fezer, Markenrecht, § 14 Markengesetz, Rn. 469 als markenverletzend an.

139 Hiergegen auch Moser v. Filseck, GRUR 1961, 683, 687 sowie Stauder, a.a.O., S. 127.

140 Vgl. Stauder, a.a.O., S. 126; RGZ 77, 248, 249 f. - „Asbestzementschiefer“

141 Vgl. RG GRUR 1936, 1084, 1088 für Einzelteile. Es genügt auch die Absendung eines Angebots, vgl. BGHZ 21, 266 - „Kaliber 1051“; 22, 1ff. - „Erdgold-Flava“ sowie Busse/Starck, § 15 WZG, Rn. 20. Weitere Nachweise zur Literatur bei Schulz, Die relevante Benutzungshandlung im deutschen Markenrecht (1997), S. 194 (Fn. 739). Zu beachten ist, daß der Export dem Anbieten ins Ausland zeitmäßig nachfolgt, und deswegen in der Regel nicht mehr zu prüfen ist, vgl. auch Schulz, a.a.O., S. 196. Zum Anbieten in das Ausland vgl. a.a.O., S. 169. Bemerkenswert ist die Entscheidung BGH BB 1989, 935 f., in der das Gericht auch das Ausstellen auf einer internationalen Messe als zeichenrechtlich relevantes Anbieten wertete; kritisch Johannes, BB 1989, 1627 f.; anders auch Pagenberg, GRUR Int. 1983, 565. Entscheidend ist jedoch auch auf Messen allein die Kaufmöglichkeit, vgl. Fezer, a.a.O., Rn. 471.

142 Vgl. zu dieser Neuregelung ebenfalls Schulz, a.a.O., S. 193 ff. mit weiteren Nachweisen.

143 Vgl. Schricker-Katzenberger, Vor §§ 120 ff., Rn. 138, die patent- und warenzeichenrechtliche Beurteilung ist insoweit entsprechend anzuwenden.

144 Vgl. BGHZ 23, 100, 103 f. - „Taeschner“ sowie, in der der BGH sowohl patentrechtliche wie auch warenzeichenrechtliche Rechtsprechung heranzieht.

Schutzrechtsinhaber kann das Anbieten bzw. den Export allerdings dann nicht mehr untersagen, wenn die geschützte Ware bzw. Vervielfältigungsstücke des Werkes im Inland bereits durch ihn oder mit seiner Zustimmung in den Verkehr gelangt sind.[146]

d) Der Vertrieb von geschützten Gütern in das Inland

Der Import von im Inland patentgeschützten Produkten, die im Ausland hergestellt bzw. nachgebaut wurden, man spricht insoweit vom Parallelimport, erfüllt ebenfalls den Tatbestand des patentrechtlichen Inverkehrbringens,[147] es sei denn das Verbreitungsrecht war bereits erschöpft.[148] Daneben ist auch das Anbieten vom Ausland ins Inland zum Export ins Inland ein patentverletzendes Anbieten.[149] Fraglich ist, ob das Angebot ins Inland für den Verkauf im Ausland ebenfalls patentverletzend ist. Das Problem wurde bereits für den umgekehrten Fall erörtert: Argumentiert man mit der Selbständigkeit der Benutzungsformen und stellt auf den Zugang ab, dann gelangt man zwangsläufig zu einer Verletzung.[150] Stellt man zutreffenderweise auf die Zielgerichtetheit ab, dann wird man auch hier eine Verletzung verneinen müssen, denn das inländische Schutzrecht ist nicht betroffen.[151] Die Einfuhr zum Zwecke des Herstellens, Anbietens, Inverkehrbringens bzw. Gebrauchens ist daneben nochmals ausdrücklich in § 9 PatG untersagt. Es genügt insoweit die Geeignetheit hierzu.[152]

---

145 Vgl. a.a.O. (Fn. 142).

146 Zur Erschöpfung des Verbreitungsrechts allgemein vgl. oben 3. Kapitel I 3 c und II 1 a. Zur Erschöpfung des Markenrechts auch Sack, RIW 1994, 898 ff.

147 Vgl. RGSt 10, 349, 351; RGZ 45, 147, 149; 51, 139, 141; 77, 248, 249; RG GRUR 1939, 354, 357; BGHZ 49, 331ff. - „Voran"; BGH GRUR 1957, 231 - Pertussin I; 1964, 439, 441; 1973, 667, 668; LG Düsseldorf GRUR 53, 285; OLG Hamburg GRUR 1985, 923 - „Imidazol"; GRUR 1991, 301. Benkard-Bruchhausen, § 9 PatG, Rn. 11; Bernhardt/Kraßer, Patentgesetz, § 33 II c 2; Stauder, Patentverletzung im grenzüberschreitenden Wirtschaftsverkehr, S. 116.

148 Vgl. hierzu oben 3. Kapitel I 3 c und II 1 a; besondere Bedeutung kommt insoweit der EU-weiten Erschöpfung zu.

149 Vgl. RG vom 13.1.1934 in RGZ 143, 173 sowie BGH GRUR 1969, 35, 36 - „Europareise"; zustimmend V. Tetzner, GRUR 1980, 882, 888.

150 So im Ergebnis Benkard-Bruchhausen, § 9 PatG, Rn. 11 sowie das LG Braunschweig in GRUR 1971, 28, 29.

151 Vgl. bereits oben unter c.

152 Vgl. auch Schulze, § 9 PatG, Rn. 38. Es gelten allerdings die Ausnahmetatbestände des § 11 PatG.

Das gleiche gilt wiederum für Markenprodukte[153] und urheberrechtlich geschützte Werke; im letzteren Falle allerdings wiederum im Sinne des Verbreitens.[154] Im Markenrecht ist die Einfuhr mittlerweile ebenfalls gesondert geregelt (§ 14 Abs. 3 Nr. 4 MG). Inverkehrbringen kann allerdings nur der ausländische Exporteur; der inländische Importeur kann jedoch durch Weiterverbreitung ebenfalls das Verbreitungsrecht verletzen.[155]

e) Transitfälle

Eine typische Sachverhaltskonstellation im Zusammenhang mit dem Vertrieb von patentgeschützten Gegenständen, Markenprodukten und urheberrechtlichen Werken stellen auch sog. Transitfälle dar: Ein patentgeschützter Gegenstand wird im einen Staat nachgebaut, durch einen zweiten Staat - nämlich den des Schutzrechtsinhabers - transportiert und im Drittstaat verkauft.

Rein tatsächlich liegt hier weder Import noch Export vor, weshalb Ulmer das Postulat aufstellt, der Transit müsse frei sein, dürfe also aus Sicht des Durchfuhrstaates kein inländisches Inverkehrbringen bzw. eine inländische Verbreitungshandlung darstellen.[156] Dem ist im Ergebnis zuzustimmen, wie dies auch die überwiegende Ansicht tut.[157] Auf diesen einen Satz verkürzt, wird man allerdings der besonderen Transit-Problematik kaum gerecht.

---

153 Vgl. BGHZ 23, 100, 106 - „Taeschner I“ sowie OLG Stuttgart GRUR Int. 1998, 806 - „Fender Musikinstrumente“; Fezer, Markengesetz, § 14, Rn. 479; zum alten WZG Baumbach/Hefermehl, Warenzeichenrecht, § 15, Rn. 45; Röttger, GRUR Int. 1964, 125; zum Begriff auch Schulz, Die relevante Benutzungshandlung im deutschen Markenrecht (1997), S. 175 f. mit weiteren Nachweisen. Einführen und Inverkehrbringen im Sinne der früheren Regelung sind gleichbedeutend, vgl. Fezer a.a.O.

154 Vgl. RG GRUR 1932, 755, 757 - „Fahrnerschmuck“; BGH GRUR 1965, 323, 325 - „Cavalleria rusticana“; BGH GRUR 1980, 227, 230 - „Monumenta Germaniae Historica“

155 Vgl. zu diesem reinen Inlandssachverhalt die Entscheidungen BGH GRUR Int. 1980, 304 - „Gebührendifferenz; BGHZ 80, 101 - „Schallplattenimport“; BGH GRUR 1982, 100 - „Schallplattenexport“; BGH GRUR 1985, 924 - „Schallplattenimport II“; GRUR 1986, 668 - „Gebührendifferenz IV“; OLG Hamburg GRUR Int. 1970, 377 - „Polydor“ und GRUR 1979, 235 - „ARRIVAL“; OLG Frankfurt GRUR Int. 1979, 214 - „Rockin' and Rollin' Greats“.

156 Vgl. Ulmer, Die Immaterialgüterrechte (1975), Nr. 25.

157 Vgl. schon Kohler, Deutsches Patentrecht (1878), S. 111; Kisch, Handbuch des deutschen Patentrechts (1923), S. 179; Isay, Patentgesetz (1931), § 4 Anm. 39; Seligsohn, Patentgesetz (1932), § 4 Anm. 14. Aus der aktuelleren Literatur: Benkard-Bruchhausen, § 9 PatG, Rn. 12; Bernhardt/Kraßer, Patentrecht, § 33 II c 4; Busse/Starck, § 15 WZG, Rn. 20; Baumbach/Hefermehl, Warenzeichenrecht, § 15 WZG, Rn. 45; Schricker-

Die Brisanz wird deutlich, wenn man folgende zwei Fälle einander gegenüberstellt: Ein deutscher Unternehmer will Ware von Polen nach Frankreich transportieren. Zu diesem Zweck wird die Ware nach Deutschland verbracht, der Hänger wird an die Zugmaschine eines deutschen Beförderungsunternehmens umgekuppelt, und ein neuer Frachtbrief wird erstellt. Dann läuft der Transport unverändert weiter nach Frankreich. Im anderen Fall läßt sich der deutsche Transporteur die Ware bringen, um sie sogleich, ohne längeren Aufenthalt, nach Frankreich weiterzubefördern. Objektiv betrachtet, im Hinblick auf das Verweilen in Deutschland, unterscheiden sich die beiden Fälle kaum. Im ersten Fall lag nach Ansicht des BGH kein Inverkehrbringen im Inland vor. Es komme bei einem „echten Transit" nicht darauf an, ob ein durchgehender Frachtbrief vorliege oder ob in Deutschland ein neuer Beförderungsvertrag geschlossen werde; dies seien Zufälligkeiten formaler Natur.[158] Im zweiten Beispiel wurde hingegen ein inländisches Inverkehrbringen angenommen, da das geschützte Gut Gegenstand eines inländischen Umsatz- bzw. Veräußerungsgeschäfts wurde.[159]

Der Unterschied zwischen beiden Fällen wird deutlicher, wenn man sich die entscheidende Handlung für das Inverkehrbringen vor Augen hält: Voraussetzung ist immer die Änderung der Verfügungsgewalt. Von diesem Ansatzpunkt aus lassen sich auch alle Sachverhalte lösen. Fand in Deutschland eine solche

---

Katzenberger, Vor §§ 120 ff. UrhG, Rn. 139; Stauder, Patentverletzung im internationalen Wirtschaftsverkehr (1975), S. 117 f., 151; V. Tetzner, GRUR 1980, 882, 887; vgl. auch die Nachweise bei Schikora, Der Begehungsort (1968), S. 228 (Fn. 3).

158 BGH GRUR 1957, 231, 235 = BGHZ 23, 100, 103 - „Taeschner" zum Warenzeichenrecht; ebenso OLG Karlsruhe GRUR Int. 1982, , 752 f. - „Rollwagen". Anders hatte zuvor noch das Reichsgericht entschieden, vgl. RG, Bl.f.PMZ 1915, 230; RGSt 21, 205, 207: Ein ausländischer Hersteller hatte Ware als Zollgut, Transit an einen deutschen Spediteur geschickt, der die Ware nach Rußland weitertransportieren sollte. Nach Ansicht des RG war der Spediteur berechtigt, die Auslieferung der Ware zu verlangen, weshalb ein Inverkehrbringen angenommen wurde. Vgl. auch BGH GRUR 1958, 189 - „Zeiss" sowie die Nachweise zur frühen Literatur bei Schikora, Der Begehungsort, S. 228 (Fn. 3). Zu undifferenziert formulieren Benkard-Bruchausen, § 9 PatG, Rn. 11 sowie Schulze, § 9 PatG, Rn. 36, wonach jedes Einführen mit anschließender Wiederausfuhr bzw. Weiterbeförderung eine Schutzrechtsverletzung darstellen soll; eine Abgrenzung zum echten Transit fehlt jedoch.

159 Vgl. grundlegend RG vom 2.12.1899 in RGZ 45, 147, 149 f.; übernommen vom BGH in BGHZ 23, 100, 104, 106 - „Taeschner"; RGZ 51, 139, 142; RGSt. 36, 178, 179; OLG Karlsruhe GRUR 1982, 295, 299f. - „Rollwagen"; OLG Hamburg GRUR 1985, 923 - „Imidazol"; GRUR 1991, 301 - „Trimethoprim"; zustimmend Bernhardt/Kraßer, Patentrecht, § 33 II c 4 sowie Stauder, Patentverletzung im internationalen Wirtschaftsverkehr (1975), S. 116 f. Zur Literatur zum früheren Warenzeichengesetz vgl. Schulz, Die relevante Benutzungshandlung im deutschen Markenrecht (1997), S. 199 f.

Änderung der Verfügungsgewalt statt, liegt zugleich auch ein unzulässiges inländisches Inverkehrbringen vor.[160] Entscheidend ist dabei immer die tatsächliche Verfügungsgewalt, ein vorübergehendes Umpacken oder der Wechsel der Zugmaschine können nicht genügen. Die „Freiheit des Transit“ endet zwar nicht automatisch, wenn dieser im Inland unterbrochen wird, spätestens jedoch dann, wenn die Ware bei einem Kommissionär eingelagert wird oder gar vom Spediteur zur Weiterfuhr ins Inland geholt wurde.[161] Entscheidend ist, ob der inländische Transporteur zur eigenen handelsgewerblichen Verfügung handelt. In solchen Fällen liegt ein doppeltes (unzulässiges) Inverkehrbringen vor: Einmal durch den ausländischen Importeur und - nach Übergabe an diesen - durch den inländischen Exporteur.[162] Eines darf man allerdings nicht übersehen: Jeder Transit birgt das Risiko des Inverkehrbringens auch im Inland; der Betrachtungsmaßstab darf daher in keinem Fall zu Lasten des inländischen Schutzrechtsinhabers angelegt werden.[163] Auch Zollfreilager sind daher aus Sicht des Transit als Teil des Inlands zu betrachten.[164]

---

160 Aber auch nur dann! Die Änderung der Verfügungsgewalt im Ausland kann allenfalls nach dortigem Recht ein Inverkehrbringen bedeuten, welches aber, die internationale Zuständigkeit vorausgesetzt, gleichfalls in Deutschland gerichtlich verfolgbar ist, vgl. BGH GRUR 1957, 352, 354 - Taeschner II.

161 Hierfür wird z.T. auch der Begriff unterbrochene Durchfuhr verwendet, vgl. RG Bl.f.PMZ. 1915, 230; Kellermann, WuW 1960, 604; Schikora, Der Begehungsort (1968), S. 229 mit weiteren Nachweisen; wobei der Begriff mit Vorsicht zu genießen ist, da nicht jede tatsächliche Unterbrechung zugleich ein Inverkehrbringen im Inland bedeutet. Es kommt immer auf die Durchführung eines Handelsgeschäfts an, vgl. Bernhardt/Kraßer, Patentrecht, § 33 c 4. Sinnvoller erscheint daher die Bezeichnung „Transit im weiteren Sinne“, vgl. etwa die Nachweise bei Schulz, Die relevante Benutzungshandlung im deutschen Markenrecht (1997), S. 199 (Fn. 762).

162 Vgl. auch V. Tetzner, GRUR 1980, 882, 887. Der Grund hierfür ist, daß nur der Veräußerer einer Ware diese in Verkehr bringen kann, vgl. etwa Fezer, Markenrecht, § 14 Markengesetz, Rn. 471: die Ware muß dem Verkehr zugeführt werden, d.h. der Zweck liegt im Absatz.

163 Ob man allerdings so weit gehen muß, auch den „echten Transit“ unter den neu geschaffenen § 14 Abs. 3 Nr. 4 MG als Import zum Zwecke des Exports zu deuten, wie dies von Sack, RIW 1995, 177, 183, vorgeschlagen wird, stößt auf Bedenken. Argumentiert wird insoweit mit der Gleichstellung zum Fall der Kennzeichnung von Exportware. Das Kennzeichnungsrecht ist aber ein selbständiges Recht des Inhabers, hier ist der Gesetzeswortlaut klar. Mit der Einbeziehung des „echten Transits“ unter den Katalog der relavanten Benutzungshandlungen, was auch in anderen EG-Staaten nicht der Fall ist, engt man den zulässigen Transit sehr ein.

164 Vgl. OLG Karlsruhe GRUR Int. 1982, 752 f. - „Rollwagen“, für das Patentrecht.

f) Gebrauch und Besitz geschützter Güter

Unproblematisch im Sinne grenzüberschreitender Verletzungshandlungen ist der Gebrauch geschützter Gegenstände (§§ 6, 47, 49 PatG) Da der Gebrauch in praktisch allen Fällen nur örtlich begrenzt stattfinden kann, muß sich der Gebrauchsort auch immer territorial eingrenzen lassen. Denkbar sind allenfalls gewisse Abgrenzungsschwierigkeiten zur Alternative des Herstellens, so im Falle der Funktionsüberprüfung nach der Herstellung. Hier darf man mit dem Reichsgericht noch einen Teilakt der Herstellung annehmen.[165] Anders liegt der Fall nur, wenn die Versuche der wirtschaftlichen Verwertbarkeit dienen; dann wird man von einem Gebrauch ausgehen müssen,[166] die Funktionsdemonstration einer patentierten Maschine vor einem ausländischen Interessenten ist daher grundsätzlich ein patentverletzendes Gebrauchen.[167]

Das gleiche gilt für die Alternative des Besitzes nach § 9 PatG, für das Besitzen im Sinne des § 14 Abs. 3 Nr. 2 MG sowie für das urheberrechtliche Aufführungs- und Vorführungsrecht (§§ 19, 97, 106 UrhG). Anknüpfungspunkt für das urheberrechtliche Folgerecht i.S.v. § 26 UrhG ist der Ort des Verkaufsgeschäfts bzw. der Versteigerung.[168] Insoweit kann auf die Ausführungen zum Export verwiesen werden.

III. Urheberrechtliches Senderecht, Direktsatelliten und Kabelrundfunk

1. Grundsätzliches

Neben den weitgehend mit den gewerblichen Schutzrechten übereinstimmenden Benutzungsrechten kennt das Urheberrecht auch das Senderecht, § 20 UrhG. Eine Sendung im urheberrechtlichen Sinne ist die Wiedergabe mittels Draht oder Wellen an die Öffentlichkeit, wobei die Möglichkeit des Empfangs genügt; auf

---

165 Vgl. RG vom 19.10.1935 in RGZ 149, 102, 108 = GRUR 1936, 108.

166 Vgl. RG vom 17.1.1938 GRUR 1939, 300, 303; freilich sind hierbei die Grenzen des § 11 I Nr. 2 PatG zu beachten, d.h. Handlungen zu Versuchszwecken sind frei. Zu den Grenzen von Versuchszwecken vgl. BGH MedR 1997, ... - mit Anm. Taupitz.

167 Vgl. V. Tetzner, GRUR 1980, 882, 890. In der Regel dürfte die Maschine aber bereits vom Patentinhaber in Verkehr gebracht worden sein, weshalb eine Verletzung im Inland ausscheidet. Tetzner geht auch auf die besondere Problematik von Verfahrenspatenten ein.

168 Vgl. bereits oben 4. Kapitel 2. Teil II 2 (Fn. 395). Wenigstens ein Teil der Veräußerung muß im Inland stattgefunden haben. Nicht ausreichend ist das Verbringen ins Ausland zur dortigen Versteigerung, vgl. BGH GRUR Int. 1994, 798, 799 f. - „Folgerecht bei Auslandsbezug“.

den tatsächlichen Empfang kommt es hingegen nicht an.[169] Im Zeitalter der Raumfahrt und des Satellitenrundfunks ergibt sich hier eine ganz neue Dynamik in Form direkt und indirekt strahlender Satelliten. Konventionsrechtliche Regelungen mit kollisionsrechtlicher Wirkung fehlen auf diesem recht neuen Gebiet. Zwar sieht Art. 11bis Abs. 1 Nr. 1 RBÜ das Recht zur Gestattung einer Sendung als Mindestrecht vor und existiert ein Satellitenübereinkommen aus dem Jahre 1974[170], beide berühren aber die Frage der Anknüpfung nicht.[171]

Die urheberrechtlichen Fragen, die der Satellitenrundfunk aufwirft, kann man sich sehr schnell ausmalen. Da mittlerweile, insbesondere im dicht besiedelten Europa, fast alle Satelliten mehrere Staaten anstrahlen, ergibt sich die kollisionsrechtliche Problematik von selbst und das urheberrechtliche Territorialitätsprinzip wird ernstlich auf die Probe gestellt. Für die Zukunft dürften noch stärkere Satelliten zu erwarten sein. Berührt werden insbesondere die Nutzungsrechte des Urhebers, die Frage des Rechteerwerbs für die Ausleuchtzone und damit verbunden der Nutzungsvergütungen, vor allem, wenn im Empfangsland Zwangslizenzen bestehen;[172] nicht zuletzt werden auch die Urheberpersönlichkeitsrechte des Urhebers in den angestrahlten Staaten tangiert.[173]

---

169 Vgl. zum ganzen Ulmer, Urheber- und Verlagsrecht, § 53 II bis IV. Der Sendungsbegriff des § 20 UrhG weicht allerdings von demjenigen des Art. 11bis I Nr. 1 RBÜ ab. Auch die Wiederholung und Weitersendung ist eine Sendung im urheberrechtlichen Sinne, vgl. a.a.O. § 54 I sowie Vogel, ZUM 1992, 21.

170 Art. 11bis I Nr. 1 RBÜ ermöglicht dem nationalen Gesetzgeber nur Ausübungsregelungen und ist auf die drahtlose Verbreitung beschränkt. Art. 11bis I Nr. 2 umfaßt nur die Weitersendung. Die genaue Bezeichnung des Satellitenabkommens lautet Brüsseler Abkommen über die Verbreitung der durch Satelliten übertragenen programmtragenden Signale und ist abgedruckt bei Hillig (Hrsg.), Urheber- und Verlagsrecht (Textausgabe), 3. Aufl., München 1987, 319 ff. sowie in GRUR Int. 1976, 440 ff. Die Bundesrepublik ist diesem Übereinkommen zum 25.8.1979 beigetreten. Es ist aber ausdrücklich nur auf sog. Verteilersatelliten anwendbar, vgl. zu den technischen Fragen unten 3 a.

171 Geregelt ist, von der begrenzten Anwendbarkeit abgesehen, nur der Schutz der Satellitenbetreiber, d.h. der Ursprungsunternehmen, vor unberechtigem Anzapfen des Satelliten. Für die Inhaber der Urheberrechte hat dieses Abkommen jedoch keine Auswirkungen, vgl. hierzu auch Steup-Bungeroth, GRUR Int. 1975, 124 ff.

172 So etwa in Italien, Art. 52 und 53 Urhebergesetz, und seit 1980 auch in Österreich, § 59 a UrhG, vgl. hierzu Möhring/Schulze/Ulmer/Zweigert, Quellen des Urheberrechts, Italien/I V 2 b bzw. Österreich/I IV 2 c.

173 Vgl. insoweit auch den Beispielsfall im Einführungskapitel.

2. Terrestrische Rundfunksendungen und Kabelrundfunk

Ausgangspunkt für die Diskussion um die internationalprivatrechtliche Behandlung grenzüberschreitender Rundfunksendungen war zunächst der terrestrische Rundfunk - Fernsehen und Hörfunk per Antenne.[174] Werden solche Sendungen grenzüberschreitend ausgestrahlt, ergeben sich drei Anknüpfungsvarianten: das Recht des Sendestaates, das des Empfangsstaates oder beide. Die überwiegende Ansicht wendet hier - wie noch gezeigt wird, zu unrecht - das Recht des Sendelandes an.[175] Dies wird damit begründet, daß das Sendeunternehmen nur im Sendeland handele, da der Empfang im Ausland aus Sicht des inländischen Rechts irrelevant sei. Es komme für den urheberrechtlichen Sendebegriff nicht auf den Empfang, sondern nur auf die Empfangbarkeit an.[176] Nur vereinzelt wird daneben auch die Anknüpfung am Recht des Empfangslandes vertreten.[177]

Der nächste Konfliktfall im Hinblick auf grenzüberschreitende Rundfunksendungen entstand in Form des Kabelrundfunks.[178] Dort wird von der herrschenden

---

174 Bereits im Jahre 1865 wurde die internationale Telegraphenunion gegründet, deren Nachfolge nunmehr die internationale Fernmeldeunion angetreten hat, die älteste Sonderorganisation der UNO, vgl. hierzu den Internationalen Fernmeldevertrag, abgedruckt in BGBl. II 1968, S. 931 ff. In die Revidierte Berner Übereinkunft fand der Rundfunk im Rahmen der Rom-Konferenz 1928 Eingang und wurde in Art. 11bis RBÜ als Mindestrecht fixiert. Mit den kollisionsrechtlichen Problemen des internationalen Rundfunks beschäftigte sich 1926 erstmals Smoschewer, GRUR 1926, 309, 312 sowie GRUR 1927, 371, 372. Eine weitere Arbeit findet sich mit Neugebauer, Fernmelderecht mit Funkrecht (= Funkrecht 3. Aufl.), aus dem Jahre 1929, S. 861 ff.

175 Vgl. das Grünbuch der Kommision der EG über die Errichtung des gemeinsamen Marktes für den Rundfunk, insbesondere über Satellit und Kabel, Dok. KOM (84) 300 vom 14.6.1984; Herrmann, GRUR 1984, 578; Kühn, ZUM 1985, 299 mit weiteren Nachweisen; v. Ungern-Sternberg, Die Rechte der Urheber an Rundfunk- und Drahtfunksendungen (1973), S. 108 ff. mit weiteren Nachweisen.

176 So schon Neugebauer, Fernmelderecht mit Rundfunkrecht (1929), S. 864 f.: Die Bedeutung des Empfangs richtet sich nach dem Recht des Empfangslandes; vgl. insbesondere auch Ulmer, Die Immaterialgüterrechte (1975), S. 15; v. Ungern-Sternberg, a.a.O., S. 108; 112 ff., 119 ff. mit weiteren Nachweisen; zum materiellrechtlichen Begriff von Sendung und Empfang vgl. Schwertfeger, Kabelfernsehen und Urheberschutz (1986), S. 30.

177 Vgl. zu den Ausnahmen der Anwendbarkeit des Rechts des Ausstrahlungslandes nach herkömmlicher Ansicht v. Ungern-Sternberg, Die Rechte der Urheber an Rundfunk- und Drahtfunksendungen (1973), S. 113 ff.

178 Häufig, vor allem in älteren Werken, findet sich auch der Begriff Drahtfunk. Unter Kabelrundfunk sind begrifflich alle über Kabel oder Draht weitergeleiteten Sendungen

Ansicht umgekehrt - ebenfalls nicht ganz zutreffend - die Anknüpfung am Empfangsland vertreten.[179] Dies wird mit der unterschiedlichen sachrechtlichen Ausgangslage begründet: im Gegensatz zum drahtlosen Rundfunk genüge der Sendevorgang im Ausland nicht, sondern der Sender müsse auch im Inland tätig werden, auch wenn hier keine Umwandlung der Werkwiedergabe in elektrische Impulse mehr erfolge.[180] Die inländische Weiterleitung müsse sich der ausländische Sender hierbei zurechnen lassen.[181]

3. Satellitensendungen

Im Bereich der Satellitensendungen wird nach wie vor[182] zwischen sog. Direktsatelliten und sog. Verteilersatelliten unterschieden. Direktsatelliten[183] sind Satelliten, die einen bestimmten Bereich der Erde direkt bestrahlen (sog. Ausleuchtzone oder „footprint") und dort ohne einen Verteiler von den Haushalten mittels Parabolantenne direkt empfangen werden können. Verteilersatelliten[184] sind indirekt strahlende Satelliten, bei denen das Signal von den Endabnehmern nicht direkt abgetastet werden kann, sondern eine Relaisstation, zumeist eine terrestrisch sendende Rundfunkanstalt oder ein Kabelbetreiber, notwendig ist, die das Signal zunächst empfängt und es anschließend auf die Endabnehmer (meist per Kabel) verteilt.

Für *Direktsatelliten* hat sich mittlerweile die Ansicht durchgesetzt, daß abweichend von der Rechtslage bei terrestrischen Rundfunksendungen nicht nur

---

zu verstehen, wobei besondere Relevanz dem Kabelfernsehen zukommen dürfte, vgl. hierzu allgemein v. Ungern-Sternberg, a.a.O., S. 8 ff.

179 Vgl. etwa Dittrich, Kabelfernsehen und internationales Urheberrecht (1984), S. 19, 20; Katzenberger, GRUR Int. 1983, 895, 914; Schricker, ZUM 1984, 63, 64; Schwertfeger, Kabelfernsehen und Urheberschutz (1986), S. 192 f.; v. Ungern-Sternberg, a.a.O., S. 110 ff. mit weiteren Nachweisen.

180 Vgl. hierzu ausführlich v. Ungern-Sternberg, a.a.O., S. 111.

181 Vgl. v. Ungern-Sternberg, a.a.O. mit weiteren Nachweisen.

182 Vgl. hierzu Dietz, UFITA Bd. 107 (1988), 73, 74 ff. bzw. 181 ff., der schon 1988 darauf hinwies, daß unter den Satellitentypen eine technische Angleichung dahingehend stattfindet, daß immer mehr zum direkt empfangbaren Satelliten übergegangen wird. Diese Tendenz hat sich mittlerweile sicher bestätigt, wenn man einmal einen Blick auf Deutschlands Dächer wirft.

183 Im internationalen Sprachgebrauch spricht man auch von sog. DBS (= direct broadcast satellites) Satelliten.

184 In der Regel Fernmeldesatelliten, im internationalen Sprachgebrauch auch als FSS (= fixed service satellites), teilweise auch als Punkt-zu-Punkt-Satelliten bezeichnet. Hierbei handelt es sich aber um eine aussterbende Spezies.

das Recht des Sendelandes anzuwenden sei, sondern auch das Recht all der Länder, die sich im bestimmungsgemäßen Empfangsbereich des Satelliten befinden.[185] Begründet wird dies in erster Linie mit den Interessen der Urheber, die durch die Anwendung nur des Sendestaatsrechts im Hinblick auf Filmverwertung, Rechteerwerb und ihre Urheberpersönlichkeitsrechte benachteiligt würden.[186] Daneben wird aber auch von einigen Autoren in Anlehnung an die im Bereich des terrestrischen Rundfunks herrschende Ansicht die Anknüpfung an das Recht des Sendelandes vertreten.[187] Diese Argumentation beruht auf dem Verständnis eines Satelliten als verlängerte Sendeantenne, was dazu zwinge, auch hier die Grundsätze des Erdrundfunks anzuwenden.[188] Daneben wird auf die Kumulierung der verschiedenen staatlichen Regelungen und insbesondere der Vergütungsansprüche hingewiesen, die die Heranziehung aller Rechte mit sich bringe, was durch die einheitliche Anknüpfung am Sendeland vermieden werden könne.[189] Einige Autoren vertreten schließlich im Bereich der Direktsatelliten die Anknüpfung am Recht des Empfangslandes. Hierfür läßt sich anführen, daß die Heranziehung des Sendestaatsrechts schon aus dem Grunde aus-

---

185 Vgl. Bullinger, Rechtsfragen der elektronischen Textkommunikation (1984), S. 99, 118 ff.; Dietz, UFITA 107 (1988), 81 ff.; Dillenz, ZUM 1988, 361, 373 ff.; Grünbuch über die Errichtung des Gemeinsamen Marktes für den Rundfunk insbesondere über Satellit und Kabel, S. 304; Katzenberger, GRUR Int. 1983, 895, 913 ff., 917; MünchKomm-Kreuzer, Nach Art. 38 EGBGB, Anh. II, Rn. 112 d; Schricker, ZUM 1984, 63, 66; ders., GRUR Int. 1984, 592, 594; Schricker-Katzenberger, Urhebergesetz, Vor §§ 120 ff., Rn. 141; Spoendlin, UFITA 107 (1988), S. 39 ff., der für ein Wahlrecht zugunsten des Urhebers ähnlich dem Günstigkeitsprinzip votiert; Walter, in: Dittrich, Festschrift 50 Jahre Urhebergesetz (1986), S. 233, 244 ff., 254 ff. Diese Anknüpfung wird nach dem früheren Direktor der WIPO auch als „Bogsch-Theorie" bezeichnet, vgl. das „Audiovisual works and phonograms" Preparatory document for and Report of the WIPO/UNESCO Committee of Governmental Experts (Paris June 1986), Copyright 1986, S. 218 ff., insbesondere 244 ff. Im Sinne dieser Lehre auch LG Stuttgart GRUR Int. 1995, 412 f. - Satelliten-Rundfunk, bereits mit Hinweis auf die EG-Satellitenrichtlinie. Eine größere Zahl gerichtlicher Entscheidungen findet sich allerdings in Österreich: vgl. OLG Wien GRUR Int. 1990, 537 - Direktsatellitensendung I; GRUR Int. 1991, 925 - Direktsatellitensendung II und schließlich OGH v. 16.6.1992 in IPRax 1994, 380 - Direktsatellitensendung III.

186 Vgl. statt aller Dietz, a.a.O., UFITA 107 (1988), S. 83 ff.; ausführlicher hierzu nochmals unten im Rahmen der Stellungnahme.

187 Vgl. etwa Dittrich, Urheberrechtliche Probleme des Satellitenfernsehens, ZUM 1988, 359, 360 f.; Herrmann, a.a.O., GRUR 1984, 578, 587; Kerever, Droit d'auteur et satellites spatiaux, RIDA 1984, 27, 53.

188 Vgl. etwa die Nachweise bei v. Ungern-Sternberg, Die Rechte der Urheber an Rundfunk- und Drahtfunksendungen (1973), S. 120 ff., 151.

189 Vgl. etwa die Erwägungen bei v. Ungern-Sternberg, a.a.O., S. 151, 119 ff.

scheidet, da die Bestrahlung eines Satelliten nach herrschender Ansicht in Deutschland senderechtlich noch gar keine Wiedergabe in die Öffentlichkeit bedeutet.[190]

Der gleiche Meinungsstand findet sich im Prinzip bei den *Verteilersatelliten*. Auch hier tendiert die überwiegende Ansicht mittlerweile zur Anwendung aller tangierten Rechte;[191] wobei zusätzlich diskutiert wird, ob die Übertragung bis zur Relaisstation bzw. der Verteilungsvorgang als einheitlicher Sendevorgang[192] zu sehen ist oder nicht.[193]

4. Stellungnahme

Im Rahmen der gesamten Diskussion um die international-privatrechtliche Behandlung von Rundfunksendungen scheint eine wichtige Prämisse häufig übersehen zu werden: Sämtliche Rundfunksendungen, sei es nun terrestrischer Rundfunk oder Satellitenrundfunk, müssen im Ergebnis gleich behandelt werden, denn es kann zumindest aus kollisionsrechtlicher Sicht - für das Sachrecht mag etwas anderes gelten - keine Rolle spielen, ob das Signal aus der Erdatmosphäre, aus dem erdnahen Bereich oder per Kabel zu den Endabnehmern ge-

---

190 Vgl. v. Ungern-Sternberg, a.a.O., S. 151, 153, der damit auf die gegenteilige Ansicht Plaisants, RIDA LXX (1971) 79 ff., erwidert. Eine Ausnahme stellt das französiche Recht dar, das in Art 27 Abs. 3 n.F. des französichen Urhebergesetzes vom 3. Juli 1985 vorsieht, daß bereits die Ausstrahlung zum Satelliten von urheberrechtlicher Relevanz ist. Dieses neu gefaßte „droit d'injection" wird allerdings zumindest für Verteilersatelliten in Art. 45 wieder eingeschränkt. Auch für das deutsche Urheberrecht wird von einigen Autoren eine solche Auslegung des Sendebegriffs vertreten, vgl. die Nachweise bei Schricker, Urheberrechtliche Probleme des Kabelrundfunks (1986), S. 68 ff.

191 Vgl. Dietz, a.a.O., UFITA 107 (1988), S. 78 ff., insb. 79; MünchKomm-Kreuzer, Nach Art. 18 EGBGB, Anh. II, Rn. 112 d; Spoendlin, UFITA 107 (1988), S. 11, 39 ff., auch für ein Wahlrecht; andere Ansicht (Recht des Sendelandes) Schricker, Kabelrundfunk, a.a.O., S. 71; Stern, Sende- und Weitersenderecht, in: Festschrift zum 100-jährigen Bestehen des eidgenössischen Urheberrechtsgesetzes (1983), S. 187, 204 f.

192 So wohl die überwiegende Ansicht, vgl. Ulmer, RIDA Nr. 93 (1977), S. 5 ff. mit weiteren Nachweisen; Dietz, UFITA 107 (1988), a.a.O., S. 76 f.; Spoendlin, a.a.O., UFITA 107 (1988), S. 39 ff.; dagegen MünchKomm-Kreuzer, Nach Art. 38 EGBGB, Anh. II, Rn. 112 d.

193 Teilweise wird auch hier bereits die Ausstrahlung zum Satelliten als Sendung angesehen, von der überwiegenden Ansicht aber in jedem Fall die Weiterleitung mittels Kabel oder Funk, vgl. hierzu Schricker, Kabelrundfunk (1986), a.a.O., S. 69 ff. mit weiteren Nachweisen.

langt.[194] In jedem Fall findet sich auf der einen Seite ein Sender und auf der anderen Seite ein möglicher Empfänger. Ob noch ein Satelllit dazwischen geschaltet ist oder auf dem Boden ein zusätzlicher Verteiler, spielt aus rechtlicher Sicht allenfalls für die Zahl der Verwerter und deren Haftung nebeneinander eine Rolle.[195] Ansonsten handelt es sich hierbei aber nur um technische Fragen, die für das anzuwendende Recht keine Bedeutung haben dürfen, denn sonst läuft man Gefahr, dem Urheber Rechte abzuschneiden.[196] Der technische Vorgang, der zwischen Senden und Empfang stattfindet, ist aus kollisionsrechtlicher Sicht immer nur als einheitlicher Vorgang zu sehen und daher insoweit grundsätzlich unbeachtlich.[197]

Erst auf diesem Boden kann man sich der Frage widmen, welches Recht zur Anwendung kommen soll, wenn eine Rundfunksendung grenzüberschreitend erfolgt. Würde man hier am Recht des Sendelandes anknüpfen, hätte dies unabsehbare Nachteile für die Urheber: Die Sendeunternehmen könnten sich ein Land für die Einspeisung des Satelliten aussuchen, welches nur einen geringen Urheberschutz bietet.[198] Sie könnten auf diese Weise Nutzungsgebühren, Zwangslizenzen und den Urheberpersönlichkeitsrechten im Empfangsland[199] spielend aus dem Weg gehen, denn der Erwerb der Senderechte wäre nur für das

194 So ist es insbesondere nicht richtig, daß Hörfunksendungen keinen footprint haben sollen, wie Katzenberger, GRUR Int. 1983, 916, dies behauptet. Auch ein terrestrischer Sender hat ein bestimmtes, festgelegtes Empfangsgebiet, das natürlich vom genutzten Wellenbereich abhängig ist.

195 Satellitenbetreiber und Kabelnetzbetreiber im Empfangsland sind schließlich immer per Vertrag miteinander verbunden. Im Falle einer Urheberrechtsverletzung müssen daher immer beide haften; allerdings jeder nur auf seinem Territorium.

196 Das beste Beispiel dürfte das französische „droit d'injection", Art. 27 Abs. 3 französisches UrhG, sein, das bereits das Einspeisen in den Satelliten den Verwertungsrechten des Urhebers zubilligt. Würde man hier nur auf das Recht der Empfangsländer abstellen, wie etwa die Nachweise bei v. Ungern-Sternberg (Fn. 187), würde man dem Urheber die Ausübung dieses Rechts unmöglich machen.

197 In diesem Sinne auch MünchKomm-Kreuzer, Nach Art. 38 EGBGB, Anh. II, Rn. 112 d.

198 Hierauf weist auch MünchKomm-Kreuzer, Nach Art. 38 EGBGB, Anh. II, Rn. 112 d, hin.

199 Vgl. hier insbesondere zur Problematik der Nachkolorierung alter schwarz-weiß-Filme Platho, „Colorization" - und die Möglichkeit ihrer Verhinderung durch die Mitwirkenden am Filmwerk, GRUR 1987, 424 ff.; ders., Film-Kolorierung und Urheberrecht, neue medien 1987, 76 ff.; Cour de cassation vom 28.5.1991 in JCP 1991, éd.G, II, 21731, note Francon - „Asphalt Jungle"; Besprechung von Ginsburg/Sirinelli in RIDA 150 (1991), 2.

Abstrahlungsland notwendig. *Kreuzer*[200] bezeichnet eine solche Vision treffend als „Sendeort-Shopping".[201] Schließlich würde auch das eingespielte System der Filmverwertung: Kinos - Videomarkt - PayTV Sender - übrige Fernsehprogramme, aus seinen Angeln gehoben, was erhebliche Probleme im Lizenzbereich aufwerfen würde.[202] Aus urheberrechtlicher Sicht kann diese Anknüpfung folglich nicht überzeugen.

Daß das Einspeisen eines Satelliten nach deutschem Recht noch gar keine Sendung bedeutet,[203] spricht ebenfalls gegen die alleinige Anwendung des Sendelandrechts. Auch aus Sicht des urheberrechtlichen Territorialitätsprinzips, das zumindest für Inhalt und Wirkungen des Urheberrechts uneingeschränkt gilt, ist die Anknüpfung allein am Sendeland unpassend, denn in allen tangierten Staaten findet jedenfalls eine Handlung statt; ob sie urheberrechtsrelevant ist, mag das nationale Sachrecht entscheiden.

Auch im Hinblick auf den Rechteerwerb wird die Unzulänglichkeit dieses Ansatzes deutlich,[204] denn es gibt kein weltweit einheitliches Urheberrecht, sondern nur das Urheberrecht ist in den einzelnen Staaten inhaltlich unterschiedlich ausgestaltet, weshalb für jedes Land eine gesondert Verwertetung möglich ist.

Es deutet somit umgekehrt alles darauf hin, am Recht des Empfangsstaates anzuknüpfen. Da dies in der Regel mehrere sind, müssen alle diese Rechte kumulativ angewendet werden, wobei auf die obigen Ausführungen zum Erfordernis einer inländischen Verwertungshandlung verwiesen werden kann.[205] Ob darüberhinaus auch noch das Recht des Sendelandes mit heranzuziehen ist, bedarf einer genaueren Betrachtung. Senderechtlich spricht einiges dagegen, das Recht des Sendelandes mit heranzuziehen, denn es fehlt, mit Ausnahme des Kabelrundfunks, nach deutschem Verständnis an einem urheberrechtlich relevanten

---

200 Vgl. MünchKomm-Kreuzer, Nach Art. 38 EGBGB, Anh. II, Rn. 112 d, abgeleitet vom sog. forum-shopping, das aus dem internationalen Zivilprozeßrecht stammt.

201 Vgl. hierzu auch Herrmann, Grenzüberschreitende Fernseh- und Hörfunksendungen im gemeinsamen Markt, GRUR 1984, 578, 579; das Land mit dem geringsten Urheberschutz bzw. umgekehrt der größten Senderfreundlichkeit im Bereich urheberrechtlicher Vergütungen in Europa ist nicht von ungefähr Luxemburg, das berichtet zumindest Dillenz, Verloren im Weltraum?, ZUM 1988, 361, 374.

202 Vgl. auch Dietz, UFITA Bd. 107 (1988), 73, 84 sowie Traimer, MuR 1996, 218, 222, der insoweit von der sog. „Kaskadenregelung" spricht.

203 Es fehlt an der Zugänglichmachung an die Öffentlichkeit, vgl. Ulmer, Urheber- und Verlagsrecht, § 54 III 3 sowie die Nachweise oben (Fn. 189). Zugegebenermaßen handelt es sich hierbei um materiallrechtliche Erwägungen.

204 Vgl. hierzu auch Dietz, a.a.O., UFITA 107 (1988), 73,. 86.

205 Vgl. oben II 3 bzw. I 3 a.

Vorgang, da das Bestrahlen eines Satelliten, wie bereits gesagt, keine Sendung darstellt. Andererseits baut eine solche Erwägung auf materiellrechtlichen Gesichtspunkten auf, die im Kollisionsrecht nicht immer hilfreich sein müssen. Das Beispiel des französischen droit d'injection zeigt, daß das nationale Recht hier durchaus abweichen kann. Kollisionsrechtlich das Sendelandrecht auszuschließen, würde dann ebenfalls eine Beinträchtigung der Interessen des Urhebers bedeuten; denn falls das Sendeland nicht zugleich auch Empfangsland ist, werden ihm dort die Rechte in einem solchen Fall abgeschnitten, zumal das Sendeunternehmen rein objektiv Verwerter ist. Im Ergebnis kann daher in der Tat nur die kumulative Heranziehung aller tangierten Rechte - inklusive des Sendelandrechts - überzeugen. Nur auf diese Weise läßt sich ein wirkungsvoller Schutzmechanismus verwirklichen.

Die Inanspruchnahme der Beteiligten, insbesondere für Nutzungsentschädigungen, ist freilich gemäß der oben skizzierten Grundregel nur für das jeweilige Territorium möglich und dies auch nur dann, wenn nach dortigem Recht ein urheberrechtsrelevanter Vorgang vorliegt.[206] Die gegenüber dieser Anknüpfung vorgebrachten Bedenken, wonach die Sendeunternehmen mehrfach in Anspruch genommen werden könnten und sich Ansprüche kumulierten,[207] ist demnach unbegründet.[208]

Außer Betracht bleiben müssen allerdings solche Sendevorgänge, die ausländische Staaten im grenznahen Bereich ungewollterweise und nur gering tangieren, man spricht insoweit auch von einem „legitimate overspill“.[209] Diese sind insofern unvermeidlich, als sich die Ausleuchtzone nicht immer den geographischen Gegebenheiten anpassen läßt, die Technik insoweit also das Prinzip der Territorialität überholt hat.[210] War jedoch der overspill in irgendeiner Weise

---

206 Eine wahlweise Inanspruchnahme des Rechts des Empfangslandes oder des Rechts des Sendestaates, wie sie von Spoendlin, a.a.O., UFITA Bd. 107 (1988), 11, 40, unter Berufung auf den Bericht der WIPO und UNESCO, vgl. a.a.O., 36 (Fn. 45), vorgeschlagen wird, scheidet hingegen aus, denn es gibt auch im Falle von Satellitensendungen keine ubiquitären Verletzungshandlungen, die zur Anwendung des Günstigkeitsprinzips führen könnten.

207 So etwa Vogel, ZUM 1992, 21, 23 sowie Dreier, GRUR Int. 1991, 13, 16 allerdings auf dem Hintergrund der europäischen Diskussion.

208 Zu diesem allgemeinen, auf eine statuistische Anknüpfung abzielenden Problem vgl. oben II 3.

209 Vgl. etwa OLG Frankfurt GRUR Int. 1996, 247, 249 - „Satellit erweitert Lizenzgebiet“ sowie Castendyk/v. Albrecht, GRUR Int. 1992, 734, 735 (Fn. 16).

210 Vgl. auch Geller, GRUR Int. 1993, 526, 528, der sagt, das Satellitenfernsehen habe den Territorialitätsbegriff auf die Zerreißprobe gestellt, was er im Hinblick auf den Inländerbehandlungsgrundsatz kritisch betrachtet, vgl. a.a.O., 531.

intendiert, so muß man wiederum zu einer Verletzung des ausländischen Senderechts gelangen.[211]

5. Die EG-Direktsatellitenrichtlinie und ihre Folgen

Eine völlig neue Situation ergibt sich nunmehr allerdings aus urheberrechtlicher Sicht für die Mitgliedstaaten der Europäischen Gemeinschaft in Form der „EG-Richtlinie 93/83 vom 27.9.1993 zur Koordinierung bestimmter urheber- und leistungsschutzrechtlicher Vorschriften betreffend Satellitenrundfunk und Kabelweiterverbreitung“,[212] die auch in die §§ 20a f. des Urhebergesetzes überführt wurde. Hier findet sich eine zwar modifizierte, dem Grunde nach aber auf dem Sendelandprinzip fußende Regelung.[213] Diese neue Sachlage scheint auf den ersten Blick, insbesondere auch angesichts der zuvor gewonnenen Erkenntnisse, unbefriedigend. Bereits an anderer Stelle wurde allerdings gezeigt, daß das Territorialitätsprinzip im gemeinsamen Markt eine gewisse Aufweichung erfahren mußte, um ein Mindestmaß an Einheitlichkeit zu erreichen.[214] Die Richtlinie 93/83 versteht sich daher auch nur vor dem Hintergrund der bereits zuvor erlassenen Richtlinien 89/552 - „Fernsehen ohne Grenzen“[215] und 92/100 zum Vermiet- und Verleihrecht.[216] Ziel beider Richtlinien und letztlich der gesamten EG-Politik im Bereich der audiovisuellen Medien war die stufenweise Schaffung eines einheitlichen audiovisuellen Raumes in Europa, also eines Me-

---

211 Als Indiz hierfür ist etwa die Sprache zusehen, vgl. LG Stuttgart a.a.O., wo ein schweizer Sender per Satellit hochdeutsch-sprachige Radiosendungen nach Deutschland sendete. Ebenso kann der Inhalt von Sendungen, die Werbesprache oder ähnliches herangezogen werden, vgl. auch Castenyk/v. Albrecht, a.a.O.

212 Abl. EG Nr. L 248/15 vom 6.10.1993 auch abgedruckt in GRUR Int. 1993, 936 ff. Die Richtlinie gilt allerdings nur für Direktsatelliten, wobei die Verteilersatelliten, wie bereits angesprochen wurde, immer mehr durch Direktsatelliten verdrängt werden.

213 Vgl. auch die Darstellungen bei Castendyk/Albrecht, GRUR Int. 1992, 734 ff.; Hohloch, IPRax 1994, 387, 389 ff.; kritisch Vogel, ZUM 1992, 21, 22.

214 Vgl. oben 3. Kapitel II. Die Aufhebung der Binnengrenzen ist Grundvoraussetzung zur Schaffung des gemeinsamen Marktes, vgl. auch Ziff. (2) der amtl. Begründung zur Richtlinie 93/83, Abl. EG Nr. L 248/16 vom 6.10.1993.

215 Richtlinie vom 3.10.1989 zur Koordinierung bestimmter Rechts- und Verwaltungsvorschriften der Mitgliedsstaaten über die Ausübung der Fernsehtätigkeit, Abl. EG Nr. L 298/23 v. 17.10.1989; auch abgedruckt in GRUR Int. 1990, 134 ff. Vgl. hierzu auch Hesse, Rundfunkrecht (1990), S. 241 ff.

216 Richtlinie vom 19.11.1992 zum Vermiet- und Verleihrecht sowie zu bestimmten dem Urheberrecht verwandten Schutzrechten im Bereich des geistigen Eigentums, Abl. EG Nr. L 346/61 v. 27.11.1992; auch abgedruckt in GRUR Int. 1993, 144 ff.

dienmarktes ohne Grenzen mit einheitlichem Schutzniveau und Wettbewerbsvoraussetzungen.[217] Beide früheren Richtlinien umgingen senderechtliche Fragen. Aus diesem Grunde war es notwendig und zu erwarten, daß die EU-Kommision eine weitere Richtlinie betreffend das Senderecht nachschieben würde.[218] Die gefundene Lösung überzeugt daher auch nur, wenn man berücksichtigt, daß gleichzeitig alle Urheberrechte in den Mitgliedsstaaten harmonisiert werden[219] und beim Rechteerwerb bzw. der Zahlung von Nutzungsvergütung den sendetechnischen Möglichkeiten Rechnung getragen wird.[220]

Die für diese Untersuchung relevanten Auswirkungen der Richtlinie auf das Kollisionsrecht waren umstritten. Für die Mehrzahl der Autoren schien es an einer kollisionsrechtlichen Aussage zu fehlen.[221] Dem kann so nicht zugestimmt werden. Inhalt der Richtlinie und nunmehr des § 20 a UrhG ist die EU-weit einheitliche Definition der öffentlichen Wiedergabe und damit auch des Sendeortes per Satellit.[222] Damit berührt man aber zugleich auch das Kollisionsrecht, denn wie bereits in den ersten Kapiteln dieser Untersuchung festgestellt wurde, baut das Kollisionsrecht der Immaterialgüter immer auf der Wurzel Sachrecht auf.[223] Im gemeinsamen Markt gilt daher nunmehr das sachrechtliche Ursprungslandprinzip für den Sendebegriff. Eine Sendung im urheberrechtlichen Sinne findet nur an dem Ort (Mitgliedstaat) statt, von dem aus „die programmtragenden Signale unter der Kontrolle des Sendeunternehmens und auf dessen Verantwortung in eine ununterbrochene Kommunikationskette eingegeben werden, die zum Satellit und zurück zur Erde führt".[224] Dementsprechend ist der

217 Vgl. Ziff. (9) der amtl. Begründung zur Richtlinie, Abl. EG Nr. L 248/16 vom 6.10.1993 sowie Degenhardt, ZUM 1992, 449; Dreier, GRUR Int. 1991, 13 ff.; Oppermann, Europarecht (1991), Rn. 1508 - 1511.

218 Vgl. die Mitteilung der EG-Kommision vom 21.2.1990, KOM (90) 78; hierzu auch Kreile/Becker, ZUM 1992, 581 ff. Vgl. auch Ziff. (12) der amtl. Begründung zur Richtlinie 93/83, Abl. EG Nr. L 248/16 vom 6.10.1993.

219 Vgl. Ziff. (24) der amtl. Begründung zur Richtlinie, Abl. EG Nr. L 248/16 vom 6.10.1993.

220 Vgl. Ziff. (17) der amtl. Begründung zur Richtlinie, Abl. EG Nr. L 248/16 vom 6.10.1993: hierbei sollen die tatsächlichen und potentiellen Einschaltquoten wie auch die sprachlichen Fassungen berücksichtigt werden.

221 Vgl. etwa Hohloch, IPRax 1994, 387, 391 sowie Dreier, GRUR Int. 1991, 13, 16 (Fn. 26).

222 Vgl. Erwägungsgrund 14 bzw. Art. 1 Abs. 2 b.

223 Vgl. oben 3. Kapitel und 4. Kapitel 1. Teil I 2.

224 Vgl. § 20 a I UrhG bzw. Artikel 1 (2) b der Richtlinie 93/83 vom 27.9.1993. Mit dieser Formulierung wird auch klargestellt, daß die bisherige Unterscheidung zwischen Di-

Rechteerwerb auch nur für das Sendeland notwendig.[225] Verletzt werden kann demzufolge ebenfalls nur im Sendeland. Schutzland mag zwar das Empfangsland bleiben, dort fehlt es dann aber an einer senderechtlich relevanten Handlung. Es wurde somit die kollisionsrechtliche Vorfrage im Bereich des Senderechts mitgeregelt.[226] Das Kollisionsrecht, dies wurde schon mehrfach erwähnt, ist im Immaterialgüterrecht eng mit dem Sachrecht verzahnt. Aus diesem Grunde wird sich das Kollisionsrecht der sachrechtlichen Entwicklung hin zum Ursprungslandprinzip anpassen müssen.[227]

Für den Rechtsverkehr mit Nicht-EU-Staaten ergeben sich aus § 20a UrhG keine Folgen. § 20 a I gilt nur für die Europäische Gemeinschaft und die Mitgliedsstaaten des EWR Abkommens und Absatz 2 erweitert den Ort der Satellitensendung um einen fiktiven Sendeort, sofern die maßgebliche Verwetrungshandlung in einem Drittstaat liegt.[228]

Wollte man das Sendelandprinzip auch gegenüber Drittsaaten gelten lassen, erfordert dies eine Anpassung des aktuellen Rechts zur Stärkung der Position der Urheber im Recht des Sendestaates, etwa durch eine höhere Urhebervergütung,

---

rektsatelliten und Fernmeldesatelliten nicht weiter fortbestehen soll, vgl. auch Ziff. (6) der amtl. Begründung zur Richtlinie, Abl. EG Nr. L 248/16 vom 6.10.1993.

225 Vgl. Ziff. (15) der amtl. Begründung zur Richtlinie, Abl. EG Nr. 248/16 vom 6.10.1993, sowie Artikel 3 der Richtlinie. In den Urhebergesetzen der Empfangsländer sollen daher auch keine Zwangslizenzen vorgesehen sein, Ziff. (21).

226 Vgl. zutreffend Traimer, MuW 1996, S. 214, sowie Erwägungsgrund (14) der amtlichen Begründung zur Richtlinie in ABlEG Nr. L 248 v. 6.10.1993, S. 16. Durch die territoriale Begrenzung der gewerblichen Schutzrechte wurde zugleich auch deren kollisionsrechtliche Anknüpfung mitgeregelt, vgl. oben 4. Kapitel 1. Teil I 2.

227 Vgl. in diesem Sinne auch die Erwägungen des OLG Frankfurt in GRUR Int. 1996, 247, 251 - „Satellit erweitert Lizenzgebiet", das davon ausging, für eine Lizenzvereinbarung, bei deren Abfassung die Parteien vom Fortbestehen des Territorialitätsprinzips ausgegangen sind, stelle die auf dem Sendelandprinzip fußende Richtlinie 93/83/EWG einen Umstand dar, der zum Wegfall der Geschäftsgrundlage und zur Vertragsanpassung führe: „Tatsächlich muß davon ausgegangen werden, daß das strenge Territorialitätsprinzip (...) im Bereich der Fernsehrechte durch die jüngere Entwicklung der Satellitentechnik überholt ist und jedenfalls in Zukunft von keinem Rechtsanwender mehr durchgängig angewendet werden kann." Im Ergebnis genauso sieht der EuGH die Rechtslage nach der Direktsatelliten-Richtlinie, vgl. die Entscheidungen EuGH v. 10.9.1996 Rs. C 222/94 in MuR 1996, 204 sowie EuGH v. 10.9.1996 Rs. C 11/95 in MuW 1996, 209. Die Anknüpfung am Recht des Sendelandes vertreten mit Blick auf die Richtlinie nunmehr auch Rehbinder, Urheberrecht, § 25 IV 1, v. Gamm, ZUM 1994, 594 sowie Schricker-Katzenberger, Vor §§ 20 ff. UrhG, Rn. 57 und Vor §§ 120 ff. UrhG, Rn. 142, der diese Anknüpfung allerdings nur im Anwendungsbereich der Richtlinie annimmt.

228 Vgl. hierzu Schricker-v. Ungern-Sternberg, § 20 a UrhG, Rn. 10.

um die sonst zu befürchtende Herabsetzung des urheberrechtlichen Schutzes durch das mögliche Sendeortshopping aufzufangen.[229] Auch die Höhe des Schadens bei unberechtigter Sendung eines Filmwerkes müßte dieser neuen Situation angepaßt werden.

IV. Rechtsverletzungen per Internet

1. Einführung

Eine weitere technische Entwicklung, die Rechtsprechung und Rechtswissenschaft nicht nur auf dem Gebiet des internationalen Immaterialgüterrechts vor ungleich größere Probleme stellt, ist das Internet. Was für viele in Computerdingen Unbedarfte noch immer eine leere Worthülse darstellt, hat sich in wenigen Jahren zu einem völlig neuen und nach wie vor mit zweistelligen Zuwachsraten expandierenden Medium entwickelt, das sich bereits heute als der Markt der Zukunft abzeichnet.[230] Unter dem Schlagwort Multimedia[231] ist ein kompletter Wirtschaftszweig entstanden, der die früheren Textkommunikationsdienste wie BTX oder Teletext nahezu vollständig verdrängt hat.[232] Mittlerweile dürfte es kaum noch Unternehmen geben, die es sich leisten können, das Internet und

---

229 Dies wurde bereits vor Erlaß der EG-Richtlinie von den Vertretern des Sendelandprinzips vorgeschlagen, vgl. die Argumente bei Dietz, UFITA Bd. 107 (1988), 73, 84. Eine wichtige Stellung hat hier die WIPO inne, die in Form von Mindestrechten zu einer Angleichung der Schutzniveaus in den Verbandsstaaten beitragen kann.

230 Bereits 1996 gingen Schätzungen von 40 - 55 Millionen Benutzern weltweit aus, vgl. Endter, NJW 1996, 975 sowie Müller-Hengstenberg, NJW 1996, 1777. Schwarz, MA 1996, 120, spricht sogar von einem „exponentiellen“ Wachstum. Diese Phase dürfte jedoch mittlerweile, nach der Euphorie der letzten Jahre überwunden sein. Ein Ausblick auf die weitere Entwicklung des Internet findet sich bei Maier/Wildberger, In 8 Sekunden um die Welt: Kommunikation auf dem Internet, 13.

231 Nicht umsonst wurde Multimedia auch zum Wort des Jahres 1996 gekürt. Multimedia umfaßt aus urheberrechtlicher Sicht neben dem anwendbaren Recht und der Frage der Nutzungsrechte auch die Frage des Schutzes von Anwendungsprogrammen, was jedoch nicht Gegenstand dieser Untersuchung sein soll, vgl. zu diesem Komplex Wachter, GRUR Int. 1995, 860 ff.; Kreile/Becker, GRUR Int. 1996, 677 ff. sowie die Berichte zu Multimedia und Urheberrecht aus dem In- und Ausland in GRUR Int. 1995, 831 ff. Auf die Zweideutigkeit des Begriffs „Multimedia“ weist zu Recht Becker, ZUM 1995, 231, 234 hin.

232 Aus diesem Grunde soll auch der Fragenkreis BTX u.ä. nicht mehr explizit behandelt werden, sondern es wird an einzelnen Stellen auf die dort gefaßten Grundsätze, die zu einem gewissen Teil auf das Internet übertragbar sind, verwiesen.

seine Informationsmöglichkeiten zu übergehen.[233] Der Vertrieb per Netz gehört heutzutage zum absoluten „Muß" eines gewerblichen Anbieters. Diese kaum vorhersehbare Entwicklung hat insbesondere den Gesetzgeber völlig überrollt und dadurch gefährliche Freiräume geschaffen, die durch findige „User" bedenkenlos ausgenutzt werden können.[234]

Aus der Fülle von Problemen und Fragestellungen, die sich aus dem Medium Internet ergeben, folgt zwangsläufig die Notwendigkeit zur stofflichen Eingrenzung. Die vorliegende Untersuchung wird sich daher allein mit der kollisionsrechtlichen Frage nach dem anwendbaren Recht bei der Verletzung von Immaterialgüterrechten per Internet, verbunden mit besonderen Problemen in Bezug auf das immaterialgüterrechtliche Territorialitätsprinzip beschäftigen. Daß das Internet daneben natürlich weitere Fragen aufwirft, versteht sich von selbst.[235] Allerdings würde deren Erörterung kaum in den Zusammenhang dieser Untersuchung passen und davon abgesehen den vorgegebenen Rahmen sprengen.

Aus dem dargelegten Blickwinkel des internationalen Privatrechts stellt sich in erster Linie die Frage der Bestimmung eines Tatortes und damit verbunden des anwendbaren Rechts bei Internet-Delikten, denn das Netz überzieht den gesamten Erdball. Aus urheberrechtlicher und markenrechtlicher Sicht kommt daneben die Frage des Rechtserwerbs hinzu, die freilich auf der negativen Seite, der unberechtigten Benutzung von Urheberrechten bzw. Markenrechten, gleichfalls mit dem Tatortproblem zusammenhängt. Die Aufhebung nationaler Grenzen führt dazu, daß das bisher uneingeschränkt geltende Territorialitätsprinzip ins Wanken geraten ist. Als Beispiel mag ein Buch dienen, das vom Verlag im

---

233 Vgl. auch die Entscheidung des US. Court of Appeals 7th Cir. vom 28.9.1995 Whirlpool Financial Corp. v. GN Holding Inc. in NJW-CoR 1995, 422, in der wegen einer unzureichenden due-dilligence Prüfung eingeklagte Schadensersatzansprüche in Höhe von 10 Millionen Dollar abgesprochen wurden. Das Gericht führte in seiner Begründung aus, daß einem umsichtigen Investor unterstellt werden könne, daß er über die öffentlich zugänglichen Informationen verfüge und er sich deswegen nicht auf Unkenntnis berufen könne." Die Parallelität zur Rechtsprechung des BGH betreffend die Anwaltshaftung liegt auf der Hand.

234 Vgl. insbesondere die Problematik im Wettbewerbsrecht und im Standesrecht der Ärzte oder Anwälte, die sich auf einer Homapage darstellen. Vor allem der Datenschutz wurde durch das Internet überollt. Auch das Strafrecht hat erhebliche Probleme, die Verantwortlichkeit für online-Straftaten sachgerecht zu verteilen, vgl. unten 6 c.

235 Das sind etwa Fragen der Gesetzgebungskompetenz, vgl. hierzu Stammler, ZUM 1995, 104, 112 ff.; des Datenschutzes, hierzu Fischer, CR 1995, 178, und des internationalen Strafrechts, hierzu Bär, CR 1995, 489, jeweils mit weiteren Nachweisen. Ein weiteres Problem besteht in der Verletzung von Persönlichkeitsrechten per Internet, vgl. hierzu Spindler, ZUM 1996, 533, 534 ff, 555 ff.

Internet angeboten wird, Bilder, die in digitalisierter Form im Netz dargestellt werden, oder Computerspiele, die als Raubkopie im Internet existieren. Alle diese Werke sind per Internet auf der ganzen Welt erhältlich, ohne daß dies zu bremsen wäre. Aus markenrechtlicher Sicht wirft das Internet ein weiteres Problem auf: den Schutz sogenannter Domain-names.[236]

2. Der technische Hintergrund

Für die anschließende rechtliche Einordnung ist ein Blick auf die technische Seite des Internets unerläßlich. Bereits deren Darstellung bereitet Schwierigkeiten, denn was man sich laienhaft als weltweite Verknüpfung von Computern vorstellt, ist in Wirklichkeit ein kaum durchschaubarer Verbund verschiedener, durch unterschiedliche Organisationen betreuter Teilnetze, deren Größe zwischen zwei und einigen tausend Rechnern variiert. Die Wurzeln des Internets reichen zurück bis in die späten fünfziger Jahre - die Zeit des kalten Krieges.[237] Damals beauftragte die US-Regierung Wissenschaftler mit der Entwicklung eines Informations- und Datennetzes für die Armee, das auch nach einem atomaren Erstschlag des Warschauer Pakts in der Lage sein sollte, eine Kommandostruktur aufrecht zu erhalten. Dieses sog. ARPANET (Advanced Research Projects Agency-Net) benutzte erstmals das Kommunikationsprotokoll TCP/IP.[238] Erst diese einheitliche Datenübertragungsart ermöglichte ein Computernetz, das bis zum Internet in seiner heute bekannten Form ausgebaut werden konnte. Als das Netz in den siebziger Jahren der Öffentlichkeit zugänglich wurde, beteiligten sich zunächst in erster Linie Universitäten und Forschungsinstitute daran. Ab 1990 erkannten jedoch auch Firmen, Verbände und zuletzt private Nutzer die Vorteile des jederzeitigen Zugriffs auf riesige Datenmengen und die nahezu unbegrenzten Kommunikationsmöglichkeiten. Dienten anfänglich ausschließlich Standleitungen zwischen den verschiedenen „Hosts“[239] als

---

236 Vgl. ausführlich unten 5. sowie Graefe, MA 1996, 100, 101 ff.

237 Zur Entwicklungsgeschichte des Internets vgl. auch Maier/Wildberger, In 8 Sekunden um die Welt: Kommunikation auf dem Internet, 2.1.

238 Als Protokoll bezeichnet man die Art der Datenübertragung zwischen Computern. Im Falle des TCP/IP (= Transmission control protocol / Internet protocol) wird die Ausgangszeichenkontrolle in mehrere Datenpakete unterteilt, die ihrerseits durchnumeriert werden. Jedes Paket enthält dabei die gesamten Übertragungsinformationen (Sendeadresse, Empfangsadresse und Sequenznummer). Mit Hilfe der Sequenznummern können die Daten nach dem Sendevorgang wirder zusammengesetzt werden, vgl. hierzu auch Maier/Wildberger, a.a.O., 2.1.3.

239 Das sind Großrechner, die als Knotenpunkte das Verbindungsmanagement sicherstellen. Um diese „hosts“ herum gibt es nochmals mehrere Computernetze, die per Modem und

Übertragungswege, die einen permanenten Datenfluß garantierten, hat sich mittlerweile der Hauptdatenstrom auf die Wähltelefonleitung verlagert. Die neue Glasfasertechnik und die Integration von Satelliten ermöglichen eine schnelle und hochwertige Datenübertragung. Per Modem[240] und handelsüblichem Telefon wird das Netz auf diese Weise temporär um ein Vielfaches erweitert. Das *Einwählen* ins Netz erfolgt über einen Einwahlknotenpunkt. Diese Einwahlknotenpunkte - der eigentliche Zugang zum Internet - werden von professionellen Anbietern betrieben, den sog. „Service-Providern“[241] oder auch sog. „Internet-Providern“.[242]

Das *World Wide Web* (WWW) ist nicht etwa Synonym für das gesamte Internet, sondern nur ein interaktives Informationssystem innerhalb des Netzes. Es dient der Navigation im Internet. Sein besonderes Kennzeichen sind die sog. „Hyperlinks“,[243] die per Mausklick den Sprung über mehrere Rechner ermöglichen, ohne erneut komplizierte Adressierbefehle ausführen zu müssen. Das WWW war es denn auch, das den explosionsartigen Ansturm auf das Internet maßgeblich unterstützte. Es ist wegen seiner vereinfachten Steuermöglichkeit der meistgenutzte Teil des Netzes.

Das Internet hat aufgrund seiner eigentümlichen Struktur aus verschiedenen, unterschiedlich großen Teilnetzen *keinen Betreiber*. Es gehört niemandem, und es gibt folglich auch niemanden, der für das Gesamtnetz verantwortlich wäre.[244]

Telefonleitung angewählt werden können. Anfang 1996 gab es ca. 3,5 Millionen Host-Rechner.

240 Ein sog. Modem, auch Datenumwandler genannt, ermöglicht die Datenübertragung per Telefonleitung. Hierbei werden die Daten beim Absender in akustische Signale umgewandelt und auf der Empfängerseite ebenfalls mit Hilfe eines Modems wieder in digitale Informationen zurück verwandelt.

241 Der bekannteste dürfte die Firma Compuserve mit ca. 4 Mio. Teilnehmern weltweit sein. Daneben gibt es noch weitere Anbieter wie AOL (America Online), T-Online der deutschen Telekom sowie das Microsoft Network „msn“.

242 Diese sind etwas kleiner als die großen Service Provider. Die bekanntesten dürften die Firmen EuNet und XLINK sein.

243 Hierbei werden über das „hypertext transfer protocol“ Querverbindungen zu anderen Datenbanken hergestellt. Der „Hyperlink“ in eine andere Datei wird durch das Anklikken von unterstrichenen oder sonstwie unterlegten Begriffen bzw. Symbolen, dem sog. Hypertext, ausgelöst. Ohne weitere Suchaktionen oder Eingaben wird dann eine Verbindung zu der anderen Datenbank hergestellt, gleichgültig wo auf der Erde sich der Rechner befindet, auf dem diese Quelle gespeichert ist. Allgemein zum WWW vgl. auch Maier/Wildberger, In 8 Sekunden um die Welt: Kommunikation auf dem Internet, 7.1.

244 Ob das Internet deswegen auch ein rechts- oder regelfreier Raum ist, läßt sich hingegen nicht ohne weiteres feststellen. Es gibt gewisse internetspezifische Grundregeln der Benutzung, die unter dem Schlagwort „Netiquette“ bekannt sind. So darf die Versendung

Besondere Bedeutung kommt daher im Internet-Alltag den bereits genannten Service-Providern zu. Da über diese Schnittstellen überhaupt erst der Zugang ins Netz möglich ist, haben sie eine gewisse, angesichts der Masse von Teilnehmern aber auch sehr begrenzte Kontrollmöglichkeit. Aus diesem Grunde wird vielfach besonderes Augenmerk auf diese Art der Dienstleistung gerichtet.[245]

Eine weitere Besonderheit des Internets ist der *Kommunikationsweg*, den die von den angeschlossenen Rechnern abgesendeten bzw. abgerufenen Informationen zurücklegen. Das Internet-Protocol versieht hierzu jedes zu versendende Datenbündel mit einem individuellen Sendecode, den man sich wie eine Adresse auf einem Brief vorstellen kann. Den Weg zum Empfänger suchen sich die Datenbündel anschließend jedoch völlig selbständig, ohne daß dieser Vorgang beeinflußt werden kann, man nennt dies auch „Routing". Der Weg, den die Datenbündel hierbei zurücklegen, ist nicht vorhersehbar, da die Konstellation von hintereinandergeschalteten Rechnern innerhalb des Netzes ständig variiert. Das bedeutet, die Informationen werden über eine unbekannte Anzahl von Zwischenrechnern, die sich auch häufig in anderen als den Sende-/Empfangsstaaten befinden, zum Empfänger versandt. Selbst wenn sich Absender und Empfänger im gleichen Staat befinden, ist nicht sichergestellt, daß die Datenpakete ihren Weg allein in diesem Staat suchen. Gibt es einen schnelleren Weg über das Ausland, so wird dieser gewählt.[246]

Eine weitere Eigenschaft des Internets ist seine *Anonymität.* Zwar versieht das Sendeprotocol die Datenbündel mit der Adresse des Empfängers, der Name des Absenders muß jedoch nicht mitenthalten sein. Es ist somit möglich, anonym oder unter falscher Kennung Informationen zu versenden,[247] was sicherlich nicht

---

von E-Mail-Nachrichten nur zu nichtkommerziellen Zwecken, jedenfalls nicht für Werbung, genutzt werden, vgl. hierzu auch Graefe, MA 1996, 100 f. sowie Mayer, NJW 1996, 1782, 1789 (insb. Fn. 95). Auch die Domain Namen werden für die einzelnen Staaten durch eine zentrale Stelle vergeben. Es fehlt zur Zeit aber gleichwohl an einem echten Kontrollorgan.

245 Ausführlich zur möglichen Haftung des Service-Providers Spindler, ZUM 1996, 533, 544 ff., 554 ff.; eingegangen wird hier in erster Linie auf die Frage der Haftung für die Rechtsverletzungen Dritter und Produkthaftung; vgl. aber auch Waldenberger, ZUM 1997, 176, 182 ff., der darauf hinweist, daß Service-Provider nach überwiegender Ansicht nur den Internetzugang zur Verfügung stellen, ohne für die Nutzungen verantwortlich zu sein. Die Bundesregierung plant in diesem Zusammenhang ein Multi-Media-Gesetz, das sich auch mit solchen Fragen beschäftigen soll.

246 Einzelheiten insbesondere aus technischer Hinsicht zum Routing bei Bechtold, ZUM 1997, 427, 436; vgl. auch Schwarz, MA 1996, 120, 121.

247 Vgl. zu diesem Problem allgemein und insbesondere zu sog. Maskerade-Angriffen auch Damker/Federrath/Schneider, DuD 1996, 286 ff.

nur im Hinblick auf das allgemeine Persönlichkeitsrecht[248] höchst brisant ist. Umgekehrt ist es auch möglich, sich auf einen Rechner einzuwählen und anonym Daten abzufragen und sogar zu kopieren.

Es gibt verschiedene *Arten der Kommunikation* im Internet. Die gängigste dürfte hierbei die Verbindung Rechner - Rechner sein. Daneben existieren aber auch sog. „Newsgroups“,[249] „Bulletin Board Systems[250] sowie „Chatgroups“, alle drei eine Art elektronischer Ablageplatz für Daten, auf die ihre Betreiber jedoch maßgeblichen Einfluß haben. Ähnliches gilt für Mailboxen,[251] die allerdings nicht ob ihres Inhalts begrenzt werden können. Die häufigste Erscheinungsform im Internet sind die von privaten wie auch kommerziellen Anbietern bereitgestellten Home- und Servicepages.[252] Der entscheidende Vorteil im Hinblick auf die Kommunikationsmöglichkeiten im Internet ist dessen *Interaktivität*. Es bleibt nicht bei einer festgelegten Rolle Sender - Empfänger,[253] sondern ein Austausch wird möglich: der Empfänger wird zum Sender und umgekehrt.

3. Die immaterialgüterrechtliche Relevanz des Internets

In bezug auf die Immaterialgüterrechte steht sicherlich die urheberrechtliche Relevanz des Internets an erster Stelle. Aufgrund der fortschreitenden Technik

---

248 Zum Schutz des Persönlichkeitsrechts im Internet vgl. Spindler, ZUM 1996, 533, 534 ff., 555 ff.

249 Hierbei handelt es sich um eine Art ständige Konferenzschaltung von verschiedenen Rechnern, in die man sich auch einwählen kann und in der über bestimmte Themen diskutiert wird oder Informationen bereitgestellt werden. Diese Diskussionsforen, häufig auch Selbsthilfegruppen, sind in aller Regel kostenlos; vgl. hierzu Mayer, NJW 1996, 1782, 1784.

250 Diese den Newsgroups verwandten, auch kurz BBS genannten Einrichtungen kann man sich als eine Art elektronische Pinnwand vorstellen. Zumeist themenbezogene Daten und Informationen können hier hinterlegt und von dritten Personen wieder abgerufen werden, vgl. Mayer, NJW 1996, a.a.O.

251 Eine Mailbox ist ein elektronischer Briefkasten, der von einem User betrieben wird und auf dem andere User Nachrichten für den Betreiber ablegen können; vgl. hierzu Bär, CR 1995, 489 sowie Collardin, CR 1995, 618, 622.

252 Hier stellt sich ein Internetteilnehmer demjenigen, der sich in die Homepage einwählt, vor und bietet in aller Regel gewisse Informationen oder Serviceleistungen an. Bankgeschäfte oder Einkaufen per Internet ist heute bereits an der Tagesordnung. Die Lufthansa belohnt Kunden, die ihre Flüge per Internet buchen, wegen des verringerten Arbeitsaufwands für die Fluggesellschaft, mit Freimeilen. Gerade bei den kommerziellen Nutzern hat sich die Homepage als „die“ Werbeplattform im Netz durchgesetzt.

253 Von den Homepages und Mailboxen einmal abgesehen.

sind mittlerweile praktisch alle dem Urhebergesetz bekannten Werkarten durch das Internet tangiert. Stand zunächst mangels entsprechender Technik noch die Verbreitung von Sprachwerken und Software[254] im Vordergrund, wurde durch die neuen, schnelleren und leistungsstärkeren Rechner verbunden mit der ISDN-Leitungstechnik auch die Übertragung von Bildern[255], Musik-[256] und Sprachwerken und neuerdings sogar Filmwerken in Echtzeit im Internet möglich. Die sich hierdurch insbesondere für die Werbung ergebenden Perspektiven sind enorm und reichen qualitativ bereits fast an die des Fernsehens heran - als Beispiel mag die Veröffentlichung des Rolling Stones-Albums „Voodoo Lounge" im Jahre 1995 dienen; dieses war zuvor wochenlang mit einem speziellen Video im Internet beworben worden. Gleiches gilt für aktuelle James Bond-Filme. Das Internet hat sich also durchaus bereits als eigenes Medium neben dem Fernsehen etabliert. Mit der steigenden Qualität des Internet einhergehen wird in absehbarer Zeit auch eine Umorientierung des Verbrauchers: der Verkauf von körperlich festgelegten Trägern urheberrechtlicher Werke, in erster Linie CDs und Videokassetten, wird hinter den unkörperlichen Verleih per Internet zurücktreten.[257] Die digitale Übertragungstechnik und die Interaktivität des Netzes bieten darüber hinaus eine schnelle und preiswerte Kopiermöglichkeit - gleichgültig, ob erlaubt oder unerlaubt - sowie die Möglichkeit, aktiv in gespeicherte Werke einzugreifen und sie umzubearbeiten.[258] Wie man sich vorstellen kann, ist dies mit unabsehbaren Folgen für den urheberrechtlichen Entstellungsschutz verbunden.[259]

---

254 Neben der sog. Shareware, älteren Programmen, die man ohne Gebühr überspielen kann, wurden gerade in der Anfangsphase des Internets viele Steuerungsprogramme und Navigationshilfen über das Netz angeboten.

255 Aufmerksamen Zeitungslesern wird nicht entgangen sein, daß Microsoft-Gründer Bill Gates bereits seit mehreren Jahren dabei ist, die teilweise exklusiven digitalen Verwertungsrechte an zahlreichen weltbekannten Kunstgalerien zu erwerben; so die National Gallery in London, das Philadelphia Museum of Modern Art und weitere Sammlungen allerersten Ranges, vgl. Schwarz, MA 1996, 120, 122.

256 Die amerikanische Internet-Anbieterin „Music Boulevard" bietet bereits heute Musikstücke zum Preis von 1 $ pro Titel an, die über das Internet überspielt werden können, vgl. http//www.music-boulevard.com.

257 Diese Entwicklung sieht auch Becker, ZUM 1995, 231, 240, auf uns zukommen. Für Musiktitel existiert auch schon eine Anbieterin.

258 Ein zwar nicht das Urheberrecht, aber das allgemeine Persönlichkeitsrecht betreffender Fall versetzte vor einiger Zeit die USA in Aufregung: im Internet, d.h. auf verschiedenen Bulletin Boards, waren Bilder der Schauspielerin Sandra Bullock erschienen, deren Kopf auf einen nackten Frauenkörper montiert war.

259 Auf diese Problematik weist Pfennig, in: Becker/Dreier, Urheberrecht und digitale Technologie (1994), S. 95, 101 f., hin. Allgemein zur Frage der Zulässigkeit von Bear-

Aus markenrechtlicher Sicht wird vielfach auf die besondere Relevanz der Domain-Namen hingewiesen.[260] Ein Domain-Name ist der frei wählbare Teil einer Internetadresse,[261] der nur durch wenige Rahmenbedingungen begrenzt wird: es muß sich um zusammenhängende Buchstaben ohne Umlaute handeln, eine bestimmte Höchstzahl darf nicht überschritten werden und es darf den gleichen Namen nicht zweimal geben. Es gilt der Grundsatz „first come, first served". Zwar gibt es Institutionen, die national begrenzt Internetadressen zuweisen, an einer Prüfung oder Kontrolle im kennzeichnungsrechtlichen Sinne fehlt es jedoch.[262] Zwar ist man mittlerweile so weit vorgedrungen, eine Benutzungspflicht einzuführen, mehr wird jedoch von der jeweiligen Erteilungsinstitution nicht überprüft.[263] Die hierdurch vorprogrammierten Folgen kann man sich unschwer ausmalen: bekannte Markenkürzel werden von findigen Usern übernommen, um den eigenen, nichtssagenden Domain-Namen aufzuwerten oder den Namen anschließend teuer an die Markeninhaberin zurückzuverkaufen.[264] Wenn Domain-Namen kennzeichnungsrechtliche Qualität haben, ergibt sich hieraus ein

---

beitung, Umgestaltung und Arrangement und den Folgen von Eingriffen in urheberrechtliche Werke vgl. Becker, ZUM 1995, 231, 241 f.

260 Vgl. etwa Graefe, MA 1996, 100, 101 f.

261 Üblicherweise beginnt eine Internetadresse mit „http://www..." und endet mit der sog. Top-Level-Domain, zumeist dem Nationalitätskürzel, für Deutschland „de". Der Raum dazwischen ist der frei wählbare sog. Second-Level-Domain. Statt der geographischen Top-Level-Domain, kann der Anmelder auch eine funktionale Domain wählen; derzeit existieren 7 dieser Domains: insbesondere die Top-Level-Domain „com" für kommerzielle Anbieter ist häufig anzutreffen. Möglich sind auch sog. Subdomains. Unter der goegraphischen Top-Level-Domain ist wiederum die Ergänzung „com" möglich, so daß die Adresse beispielsweise lauten könnte: „http://www.firma-x.com.de". Weitere Einzelheiten bei Ubber, WRP 1997, 497, 498 ff.

262 Zur Vergabepraxis in der Bundesrepublik vgl. a.a.O. In den USA wurde mit InterNIC/NSI erstmals eine Institution geschaffen, die zentral für die Vergabe und Verwaltung von Domain-Namen sorgen sollte. Im Jahre 1995 wurden von NSI aufgrund der zunehmenden Auseinandersetzungen um Domein-Namen, in die teilweise auch NSI mit hereingezogen worden war, neue Geschäftsbedingungen aufgestellt, die erstmals Regelungen über außergerichtliche Auseinandersetungen enthielten. Mittlerweile wurde die Vergaberichtlinie nochmals überarbeitet, vgl. hierzu unten Fn. 322.

263 Ausführlich zu den Erteilungsrichtlinien Ubber, a.a.O., sowie Kochinke/Bäumer, CR 1996, 499 ff.

264 Man spricht inzwischen treffend vom „Domain-Grabbing". Solcherlei Rechtsstreitigkeiten waren zunächst aus den USA bekannt geworden, wo beispielweise MTV oder McDonald´s um ihre Namensrechte im Internet kämpfen mußten, vgl. Ubber, WRP 1997, 497, 500 mit weiteren Nachweisen. Auch in Deutschland wurden bereits ähnliche Rechtsstreite ausgefochten, vgl. unten Fn. 322.

ernstzunehmendes markenrechtliches Problem.[265] Aus der verbreiteten Nutzung des Internets zu Werbezwecken ergeben sich darüber hinaus weitere markenrechtliche Probleme, wie das Anbieten von Markenware per Internet, insbesondere durch eigene Internetwerbespots.

Das Internet hat schließlich, wenn auch nur begrenzt, patentrechtliche Auswirkungen. Zwar eignen sich Patente weniger für den Internetalltag, denkbar ist aber ebenso wie im Markenrecht das Feilhalten patentrechtlich geschützter Erfindungen per Internet; hier kommen insbesondere Computeralgorithmen in Betracht.[266]

4. Fragen der urheberrechtlichen Qualifikation

Auch das IPR muß sich in gewissem Rahmen an materiellrechtlichen Begriffen orientieren. Es darf den Wertungen des Sachrechts nicht zuwiderlaufen.[267] Im Rahmen der Deliktshaftung im Internet ergeben sich bisher nicht gekannte materiellrechtliche Qualifikationsprobleme, die die spätere Anknüpfung beeinflussen könnten: das ist zum einen die Einordnung der im Internet vorherrschenden Kommunikationsformen und daneben die urheberrechtliche Qualifizierung der digitale Übertragungstechnologie. Erst wenn diese Fragen im Hinblick auf das System der urheberrechtlichen Verwertungsrechte geklärt sind, kann man sich Gedanken über die kollisionsrechtliche Anknüpfung machen.[268]

a) Der Kommunikationsweg - ephemere Speichervorgänge und Server

Eine Eigenart der Kommunikation im Internet ist der Weg, den die Datenbündel über mehrere, im vorhinein nicht feststellbare Zwischenrechner, sog. Server oder Service-Provider, zurücklegen. In bezug auf den urheberrechtlichen Vervielfältigungsbegriff im Sinne der §§ 15 Abs. 1 Nr. 1, 16 UrhG[269] stellt sich

---

265 Vgl. hierzu unten 5.

266 Vgl. hierzu Gerling, DuD 1996, 218, 223, der als Beispiel des Verschlüsselungsalgorithmus IDEA nennt, der in der EPU patentiert ist, allerdings für private Zwecke kostenlos verwendet werden darf. Nach deutschem Recht sind Algorithmen nicht patentierbar. Das europäische Patent gilt jedoch auch in Deutschland, jedenfalls solange es nicht mit territorial begrenzter Wirkung angefochten und für ungültig erklärt wurde.

267 Vgl. bereits oben 3. Kapitel (Fn. 176) zur Abgrenzung Sachrecht - Kollisionsrecht im Hinblick auf die Besonderheiten der Immaterialgüterrechte.

268 In diesem Sinne auch Schwarz, MA 1996, 215, 219.

269 Vgl. hierzu allgemein Fromm/Nordemann-Vinck, § 16 UrhG, Rn. 1 f. sowie Ulmer, Urheber- und Verlagsrecht, § 45 I. Ohne Bedeutung ist, daß das Werk, wenn es digitali-

folgendes Problem: Geht man davon aus,[270] daß jede, auch nur vorübergehende Vervielfältigung in einem Datenspeicher von § 16 UrhG umfaßt ist, muß jede Zwischenspeicherung, sei es auch nur im Arbeitsspeicher des Rechners eines Internet-Servers auf dem Kommunikationsweg, als eine urheberrechtlich relevante Benutzungshandlung betrachtet werden. Gleichfalls wird das vorübergehende Laden im Arbeitsspeicher des Nutzerrechners, auch wenn nur eine Web-Seite betrachtet wird, man spricht hier vom „Browsing“, urheberrechtlich relevant.[271] § 16 UrhG setzt seinem Wortlaut nach die Fixierung von gewisser Dauer auf einem körperlichen Vervielfältigungsstück voraus.[272] Der BGH hat jedoch im Falle von Fernsehbildern im Hinblick auf eine dauerhafte Fixierung darauf abgestellt, daß die Sichtbarmachung des immateriellen Guts und nicht der Sachgegenstand im Vordergrund stehe und entschieden, daß es für dieses Medium auf eine solche Fixierung nicht ankomme.[273] Vor diesem Hintergrund wird von der Mehrzahl der Autoren vertreten, daß eine Speicherung jedenfalls dann eine Vervielfältigung darstelle, wenn sie das Werk den menschlichen Sinnen wiederholt oder mittelbar wahrnehmbar machen könne.[274] Damit würde auch jede Speicherung im Arbeitsspeicher eines Rechners eine Vervielfältigung darstellen.[275]

---

siert wird, in ein Binärsystem - Nullen und Einsen - zerlegt wird. Es genügt für den Vervielfältigungsbegriff, wenn das gespeicherte Materiel anschließend wieder über ein spezielles Wiedergabegerät wahrnehmbar gemacht werden kann, es genügt die mittelbare Wahrnehmbarkeit, vgl. Nordemann/Hertin, NJW 1971, 857, 858; nichts anderes galt schon lange für Schallplatten-, CD- und Tonbandaufnahmen.

270 Allerdings unter der Prämisse, daß auch eine körperliche Vervielfältigung vorliegt, sonst ist § 16 nämlich nicht anwendbar, vgl. Ulmer, a.a.O.

271 Vgl. zu diesem Problem auch Waldenberger, ZUM 1997, 176, 179; zu der in den siebziger Jahren geführten Diskussion um sog. „information storage and retrieval systems“, Computersysteme, die urheberrechtlich geschütztes Material einspeichern und wiedergewinnen konnten, vgl. Ulmer, GRUR 1971, 297 ff.

272 Vgl. Fromm/Nordemann-Vinck, § 16 UrhG, Rn. 1; Schricker-Loewenheim, § 16 UrhG, Rn. 9. Eine Livesendung erfüllt diese Voraussetzung jedoch nicht; anderes gilt hingegen in Ansehung des § 69 c UrhG für Computerprogramme.

273 Vgl. BGHZ 37, 1, 7. Ähnlich Mehrings, GRUR 1983, 275, 278, der eine flüchtige Speicherung ausreichen lassen will, da bereits hierdurch die wiederholte Wahrnehmung möglich werde.

274 Vgl. Bortloff, ZUM 1993, 476, 481; Maaßen, ZUM 1992, 338, 344.

275 So in der Tat die überwiegende Tendenz in Literatur und Gesetzgebung, vgl. Bortloff, ZUM 1993, 476, 481; wertend Dreier, in: Becker/Dreier, Urheberrecht und Digitale Technologie (1994), S. 123, 135; v. Gravenreuth, GRUR 1986, 720, 722; Heker, ZUM 1992, 400, 402; Kolle, GRUR Int. 1985, 29, 31; Maaßen, ZUM 1992, 338, 344; Nordemann/Goddar/Tönhardt/Czychowski, CR 1996, 645, 649; Schricker, FuR 1984, 71;

Ob dies den besonderen Interessen des Internetalltags gerecht wird, ist aber fraglich. Sicherlich ist die dauerhafte Speicherung auf einer CD-ROM oder auf einer Festplatte als Vervielfältigung im Sinne des § 16 UrhG zu sehen.[276] Freilich wird sich hieraus nicht im Umkehrschluß folgern lassen, daß die nur vorübergehende Speicherung im Arbeitsspeicher eines Rechners keine Vervielfältigung im urheberrechtlichen Sinne sei, da sie als Zwischenspeicherung das Werk nicht auf Dauer festhalten soll. Im Gegenteil, § 69 c Nr. 1 UrhG[277] sieht ausdrücklich vor, daß auch die nur vorübergehende Speicherung eines Computerprogramms dem Urheber vorbehalten ist. Die Begriffe Dauer oder vorübergehend sind aber unbestimmte Rechtsbegriffe, die sich nicht abstrakt betrachten lassen. Entscheidend sind die ihnen zugrundeliegenden Wertungen. Sinn des Tatbestandsmerkmals der dauerhaften Festlegung ist einerseits der Schutz des Urhebers vor möglichen unberechtigten und wiederholten Werknutzungen und andererseits, die in diesem Hinblick unbedeutende Nutzung von Verbietungsrechten des Urhebers freizuhalten,[278] wobei dies, blickt man auf § 69 c UrhG, für Computerprogramme nochmals eingeschränkt. Man könnte argumentieren, auch wenn sich ein Werk nur im Arbeitsspeicher eines Rechners befindet, bestehe die Möglichkeit, es durch Kopieren oder Ausdruck zu vervielfältigen.[279] Außerdem sei es ein Trugschluß zu glauben, die modernen Rechner würden zum Browsen allein den Arbeitsspeicher benutzen oder nach dem Ausschalten die darin enthaltenen Daten nicht sichern.[280] Eine solche, durchaus konsequente Argumenta-

---

Schwarz, in: Becker/Dreier, a.a.O., S. 105, 112; Ulmer/Kolle, GRUR Int. 1982, 489, 498; Waldenberger, ZUM 1997, 176, 179.

276 Man spricht insoweit vom „downloading“; vgl. BGH CR 1991, 80, 86 sowie Schwarz, GRUR 1996, 836, 839 f.; Waldenberger, ZUM 1997, 176, 179 f. Hierbei sind aber die Schranken des Urheberrechts, insbesondere die §§ 53, 54 über die Herstellung einzelner Vervielfältigungsstücke zum persönlichen Gebrauch zuberücksichtigen. Problematisch ist, daß die gängigen „web-browser“ bereits beim Abruf einer Webseite auf der Festplatte des Nutzers einen Ordner (cache) anlegen, in dem einmal geladene Webseiten gespeichert werden.

277 Dieser geht zurück auf die EU-Datenbankrichtlinie vom 14.1.1991, vgl. oben 2. Kapitel III 5, und ist mit dem dortigen Art. 5 lit. a identisch. Allerdings gilt § 69 c ausdrücklich nur für Computerprogramme, nicht für digitalisierte Werke.

278 Waldenberger, ZUM 1997, 176, 179 nennt als Beispiel ein Buch: Wer in einem Buchladen ein Buch liest, verletzt kein Urheberrecht des Schöpfers. Blättert man im Internet in einem Buch, soll hingegen § 16 UrhG verletzt sein. Ein eklatanter Widerspruch!

279 Vgl. die in Fn. 282 genannten Autoren.

280 Man spricht vom sog. „Caching“. Auch das Netscape Programm oder andere Internetnavigationssysteme halten beim Browsen bereits aufgerufene Seiten fest. Mit der Funktion „Back“ gelangt man wieder auf die letzte überblätterte Seite, ohne daß der Server erneut angerufen werden muß. Rechnerverbunde wie etwa Universitäten benutzen zum Teil so-

tion verkennt aber, daß das übliche Browsen das Werk nicht erhalten,[281] sondern lediglich das bildliche Festhalten bzw. den anschließenden elektronischen Weitertransport ermöglichen soll. Ohne Einspeicherung in den Arbeitsspeicher, notfalls auch unter Ausnutzung eines Cachespeichers, ist beides überhaupt nicht möglich. Wer hierin eine Vervielfältigung sehen will, übersieht die Funktion eines Arbeitsspeichers im Internetgebrauch.[282] Dies gilt sowohl für den privaten Nutzer wie auch für die Server. Es wäre ebenso absurd, das Betrachten eines Kunstwerkes zu verbieten, weil sich der Betrachter dieses einprägen und anschließend nachmalen könnte. Zwar ist es nicht völlig ausgeschlossen, daß im Zusammenhang mit der Speicherung eine Wiedergabe oder erneute Werknutzung erfolgt,[283] zumindest regelmäßig ist nach dem Abschalten des Computers der Arbeitsspeicher aber wieder gelöscht.[284] Die Interessen der Nutzer, eine Internetseite überhaupt betrachten zu können, müssen hier überwiegen. Hiervon abgesehen, besteht auch kein konkretes Schutzbedürfnis für den Urheber, denn

---

gar eigene Rechner, die häufig aufgerufene WWW-Seiten für den gesamten Verbund zwischenspeichern, um so die Zugriffszeiten zu verkürzen und Kosten zu sparen, vgl. hierzu auch Bechtold, ZUM 1997, 427, 436 f. Theoretisch könnte man auch einfach den Rechner nicht mehr ausschalten und das Werk auf diese Weise dauerhaft sichern.

281 Etwas anderes dürfte freilich dann gelten, wenn die Kopien aus vergänglichen Materialien wie Eis, Schnee oder Backwerk bestehen, worauf etwa Marly, Softwareüberlassungsverträge (1991), Rn. 113 im Zusammenhang mit § 16 UrhG hinweist und meint, dies auf Arbeitsspeicher übertragen zu können. Für eine Fixierung von gewisser Dauer auch Bartsch, CR 1987, 8, 10; Hoeren, GRUR 1986, 340, 345 und CR 1988, 908, 912 sowie Schricker-Löwenheim, § 16 UrhG, Rn. 9.

282 Im Ergebnis ebenso Hoeren, Sotfwareüberlassung als Sachkauf (1989), S. 103 ff. mit weiteren Nachweisen; Katzenberger, GRUR Int. 1983, 895, 911, für Video-, Kabel- und Btx-on-Demand; Loewenheim, IIC 1996, 41, 47; Schricker-Loewenheim, § 16 UrhG, 9; Spindler, ZUM 1996, 533, 543; offen gelassen BGH NJW 1994, 1216, 1217 - Holzhandelsprogramm mit Anm. Lehmann = CR 1994, 277 ff. mit Anm. Hoeren; unklar Schwarz, in: Becker/Dreier, (Fn. 275), 105, 112; ders., MA 1996, 215, 218. Nicht ganz nachvollziehbar hingegen Becker, ZUM 1995, 244, der die Einspeicherung beim Nutzer - entgegen seiner zutreffenden Ansicht bezüglich der nur vorübergehenden Vervielfältigung - im Ergebnis doch als Vervielfältigung ansehen will.

283 Hiervon scheinen jedoch Becker, ZUM 1995, 244; Dreier, in: Becker/Dreier, a.a.O. (Fn. 275), S. 123, 135 sowie Schwarz, MA 1996, 218 auszugehen. Eine solche Argumentation läßt sich allenfalls im Hinblick auf den üblichen Gebrauch eines Arbeitsspeichers unter dem Aspekt des „erfolgen sollens“ vertreten. In diese Richtung geht auch die Entscheidung BGHZ 112, 264, 278 = GRUR 1991, 449 - „Betriebssysteme“, in der das Gericht darauf abstellte, ob die Bearbeitung eine Vervielfältigung erforderlich macht.

284 Dies bemerken zurecht auch Katzenberger, GRUR Int. 1983, 895, 911, für Video-, Kabel- und Btx-Dokumente, die nach dem Abschalten ebenfalls wieder verschwinden; sowie Spindler, ZUM 1996, 533, 543.

er ist gegen alle Formen des „downloading", also die über das Festhalten auf dem Bildschirm hinausgehenden Verwertungsformen der Speicherung auf Festplatte und Diskette wie auch den Ausdruck geschützt. Das muß ausreichen. Notwendig ist daher entweder eine teleologische Reduktion des Vervielfältigungsbegriffs[285] oder die Annahme einer konkludenten Einwilligung zum Browsen und Caching, da die Urheber bzw. WWW-Anbieter die technischen Gegebenheiten kennen und sich hierauf eingelasssen haben.[286] Die übliche Auslegung des Vervielfältigungsbegriffs führt überdies auf kollisionsrechtlicher Ebene zu einer Kumulierung der tangierten Rechte, die eine spätere Verfolgung erschwert.[287] Sieht man umgekehrt allein die Speicherung auf Festplatte als relevante Vervielfältigungshandlung an, läßt sich der übliche Internetgebrauch auf zwei Nutzer - Sender und Empfänger - und damit zwei tangierte Rechte reduzieren.

b) Zugriff des Empfängers und keine Versendung von Daten

Ein weiteres entscheidendes Wesensmerkmal des Internets ist seine Interaktivität. Es bietet die Möglichkeit zu kommunizieren, nicht nur Daten zu versenden, sondern Daten auch abzurufen. In der Praxis wird dies vielfach unter dem Begriff „On Demand"-Dienstleistungen zusammengefaßt.[288] Dieser stammt zwar aus der Diskussion um die urheberrechtliche Einordnung von Teleshopping und Btx,[289] aufgrund der vergleichbaren Ausgangslage - in beiden Fällen handelt es

---

285 Im Ergebnis aufgrund wertender Betrachtung genauso Schwarz, MA 1996, 215, 218; Schricker-Löwenheim, § 16 UrhG, Rn. 9, sowie Spindler, ZUM 1996, 533, 543 (Rn. 90), der bereits die Dauerhaftigkeit verneint.

286 Zu einer vertretbaren Lösung gelangt auch Waldenberger, ZUM 1997, 176, 179, der den Wertungswiderspruch, den die herrschende Ansicht aufwirft, offensichtlich ebenfalls erkannt hat: Der Anbieter soll deswegen konkludent eine „Lizenz zum Blättern" im Sinne einer Erlaubnis zum vorübergehenden Blättern im Arbeitsspeicher des Nutzers erteilen. Er stützt sich hierzu auf § 55 UrhG, der einem Sendeunternehmen, das zur Sendung berechtigt ist, die Übertragung des Werkes auf Bild- oder Tonträger gestattet, um diese zur Sendung zu benutzen; ähnlich Ernst, BB 1997, 1057, 1059, der eine Einwilligung zum Browsen annimmt, sowie Bechtold, ZUM 1997, 427, 437 in Bezug auf das Caching..

287 Vgl. hierzu Schwarz, MA 1996, 215, 219: gemeint sind die ephemeren Speicherungen bei den Servern, die in unterschiedlichen Staaten sitzen können, auf diese Frage wird noch näher eingegangen, vgl. unten 6.

288 Vgl. etwa Becker, ZUM 1995, 243; Wachter, GRUR Int. 1995, 860, 862.

289 Vgl. hierzu Katzenberger, GRUR Int. 1983, 895, 897 ff.

sich um die unkörperliche Übermittlung urheberrechtlich geschützter Werke[290] - paßt er jedoch auch für das Anbieten von Daten im Internet zum Abruf.

Im Internet fehlt es damit an einer festen Rollenverteilung in Sender und Empfänger, wie sie noch bei Direktsatelliten gegeben war. Im Internet beschafft sich also der „Empfänger", sofern man diesen überhaupt noch so bezeichnen kann, die Daten beim Anbieter selbständig, indem er sich in dessen Datei einwählt, die dort angebotenen Informationen in seinen Arbeitsspeicher einlädt und betrachtet und sich gegebenenfalls Daten auf seine eigene Festplatte herunterkopiert. Dies führt zu einer im Hinblick auf die urheberrechtlichen Verbreitungsformen entscheidend veränderten Ausgangslage. Es fragt sich, ob die Datenübertragung per Internet als Verbreitung im Sinne des § 17 Abs. 1 UrhG angesehen werden kann. Dieser räumt dem Urheber das ausschließliche Recht ein, das Original oder Vervielfältigungsstücke des Werkes der Öffentlichkeit anzubieten oder in Verkehr zu bringen.[291] Diese Einordnung muß aber aus folgendem Grunde abgelehnt werden: bei der Übermittlung per Internet, wenn es angesichts des Nutzerzugriffs überhaupt eine solche gibt, handelt es sich zweifelsohne um eine unkörperliche, d.h. nicht materiell festgelegte. § 17 Abs. 1 UrhG erfaßt jedoch nur die körperliche Verbreitung des Werkes, also den Verkauf von Werkträgern wie CD-ROM oder Disketten, nicht jedoch die unkörperliche. Hierauf ist § 17 Abs. 1 UrhG bereits per definitionem nicht anwendbar.[292]

Erwogen wird daher die analoge Anwendung des § 17 Abs. 1 UrhG für diese dann „elektronische Verbreitung",[293] denn letztlich stehe die Lieferung eines Musikstückes on-Demand per Internet dem Kauf einer Diskette gleich.[294] Ein hierin zu erblickender Vorteil wäre auch die Einbeziehung bereits des Anbietens, was § 15 Abs. 2 UrhG, der die unkörperlichen Verwertungsformen auf-

---

290 Vgl. etwa Becker, ZUM 1995, 231, 243; Katzenberger, a.a.O., 901 ff.

291 Allgemein zum Verbreitungsrecht des § 17 UrhG vgl. Ulmer, Urheber- und Verlagsrecht, § 46, sowie Fromm/Nordemann-Vinck, § 17 UrhG, Rn. 1.

292 Vgl. etwa Fromm/Nordemann-Vinck, § 17 UrhG, Rn. 1; begründet wird dies mit der gesetzlichen Definition des § 17 UrhG im Zusammenhang mit § 15 Abs. 1. Im Ergebnis daher ebenfalls ablehnend Becker, ZUM 1995, 231, 244; Flechsig, in: Becker/Dreier, a.a.O. (Fn. 275), S. 27, 30; Dreier, in: Becker/Dreier, a.a.O. (Fn. 275), S. 123, 138 sowie Schwarz, in Becker/Dreier, a.a.O. (Fn. 275), S. 105, 118.

293 Vgl. etwa Reinbothe/Lewinski, The EC directive on rental lending rights and on piracy (1993), S. 41 f.; Schwarz, MA 1996, 215 ff., 217; ebenso das amerikanische White-Paper „Intellectual Property and the National Information Infrastructure" aus dem Jahre 1996, vgl. Lewinski, GRUR Int. 1995, 858 ff. Über diese Tendenz in den USA berichtet auch Becker, ZUM 1995, 231, 246.

294 Mit dieser Begründung etwa Becker, ZUM 1995, 231, 244.

zählt, nicht vorsieht.[295] Auch wenn man grundsätzlich eine Analogie zuläßt, stößt man auf ein entscheidendes Problem: § 17 Abs. 1 setzt tatbestandlich voraus, daß beim Anbieten das Original bzw. Vervielfältigungsstücke des Werks,[296] die verbreitet werden sollen, bereits vorhanden sind.[297] Das ist jedoch nicht der Fall, sondern im Internet bestimmt alleine der Nutzer, ob in seinem Computer eine Kopie des Werkes erzeugt wird.[298]

Passender zum Internet und von der überwiegenden Ansicht vertreten, erscheint der Weg über den urheberrechtlichen Sendebegriff, §§ 15 Abs. 2, 20 UrhG. Das Senderecht gewährt dem Urheber das ausschließliche Recht, das Werk in unkörperlicher Form durch Funk, Drahtfunk oder ähnliche technische Hilfsmittel der Öffentlichkeit zugänglich zu machen.[299] Entscheidend ist die hierbei vorgesehene unkörperliche Form der Zugänglichmachung an die Öffentlichkeit.[300] Ob man bei „On-Demand-Dienstleistungen" von einer Öffentlichkeit sprechen kann, ist aber zweifelhaft, denn eine „Ausstrahlung"[301] erfolgt immer nur gegenüber dem einzelnen Nutzer, der sich auch noch selbst in die Datei eingewählt hat, um dort Daten abzurufen. Notwendig im Sinne des § 15 Abs. 3 UrhG ist jedoch die Sendung an mehrere Personen gleichzeitig,[302] was im Falle

---

295 § 15 Abs. 2 UrhG setzt erst mit dem Beginn der öffentlichen Wiedergabe an.

296 Ob eine Digitalisierung überhaupt ein Vervielfältigungsstück darstellt, ist umstritten, vgl. BGHZ 17, 266, 270 - „Grundig-Reporter/Tonband" sowie Fromm/Nordemann-Vinck, § 16 UrhG, Rn. 1 mit weiteren Nachweisen.

297 Vgl. RGZ 107, 277, 281; KG GRUR 1983, 174; LG München AfP 1996, 181, 183; v. Gamm, § 17 UrhG, Rn. 6; gegen die unkörperliche Verbreitung generell auch Ulmer, Urheber- und Verlagsrecht, § 46 I.

298 Hierauf weist zutreffenderweise Waldenberger, ZUM 1997, 176, 178 hin; ablehnend de lege lata auch Schwarz, MA 1996, 215, 217, der allerdings de lege ferenda diese Lösung wieder bevorzugt.

299 Vgl. hierzu oben III 3, im Rahmen der Diskussion um die kollisionsrechtliche Behandlung der Direktsatelliten.

300 Vgl. Ulmer, Urheberrecht, a.a.O., § 53 II. Der Begriff der Öffentlichkeit im Sinne des § 20 UrhG wird allerdings anders ausgelegt als im Falle sonstiger Akte öffentlicher Wiedergabe, wie Konzerte oder Vorträge, die eine tatsächliche Öffentlichkeit verlangen. Zwar gilt auch hier an sich § 15 III UrhG, für eine Sendung genügt aber bereits das „zugänglich Machen", d.h. es ist vom Kreis der Empfangsanlagen auszugehen, für die der Empfang bestimmt und möglich ist. Der Empfang selbst ist frei, vgl. Ulmer, a.a.O., III. Insoweit paßt dies auch für den Datenabruf.

301 Sofern man eine solche überhaupt erkennen kann. Angesichts der Tatsache, daß der Nutzer abruft, ist bereits fraglich, ob man tatsächlich ein dahingehendes Tätigwerden des Anbieters erkennen kann.

302 Vgl. Becker, ZUM 1995, 231, 245; Schricker-v. Ungern-Sternberg, § 15 UrhG, Rn. 23 u. 59 mit weiteren Nachweisen; Ulmer, GRUR 1971, 297, 301. Allerdings ist unter Öf-

einer wiederholten gleichförmigen Wiedergabe zumindest problematisch ist - an sich gibt es keine kumulative Öffentlichkeit im Sinne von § 15 Abs. 3 UrhG.[303] Allerdings ist es nicht ausgeschlossen, daß sich mehrere Nutzer gleichzeitig in eine Webseite einwählen, insoweit könnte man durchaus von einer Öffentlichkeit sprechen. Aber auch wenn man damit eine Öffentlichkeit dem Grunde nach bejahen kann, steht man vor dem Problem, wann man im individuellen Datenabruf noch eine gleichförmige Abstrahlung annehmen wollte. Denn anders als ein Musikstück, das immer gleich abläuft und gesendet wird, sucht sich der Nutzer im Internet die speziellen Daten aus, die er benötigt. Somit ändern sich die abgesendeten Datenbündel bei jedem Nutzer. Damit wird auch eine Sendung im urheberrechtlichen Sinne schwierig zu begründen.[304] Hinzu kommt, daß mit der Einordnung als Sendung Nachteile verbunden sind: Elektronische Pressespiegel wären gemäß § 49 UrhG erlaubt, die ausübenden Künstler und Schallplattenproduzenten hätten lediglich einen Vergütungsanspruch und nach Art. 11bis Abs. 2 RBÜ würde in bestimmten Fällen für das Verbotsrecht eine Zwangslizenz vorausgesetzt. Für Werke der bildenden Kunst gäbe es überhaupt kein Verbots-

---

fentlichkeit nicht die absolute Zahl der Anwesenden zu verstehen, sondern der Begriff bezieht sich auf alle, an die der Veranstalter seine Sendung richtet, d.h. auch wenn nur ein einziger Hörer eine Rundfunksendung verfolgt, handelt es sich, wegen der auch für andere Radiobesitzer bestehenden Möglichkeit des jederzeitigen und gleichzeitigen Zugriffs, um eine Sendung im Sinne der §§ 15 Abs. 3, 20 UrhG, vgl. Schricker-v.Ungern-Sternberg, § 15 UrhG, Rn. 57. Einen etwas weiteren, nämlich kumulativen Öffentlichkeitsbegriff enthält das „Performing Right" im Sinne des amerikanischen U.S.C. § 101 aus dem Jahre 1988, vgl. hierzu die Beispiele ausländischer Lösungsansätz bei Becker, ZUM 1995, 231, 246 f.

303 Für eine solche Auslegung aber Schricker, FuR 1984, 63, 72; ähnlich Eberle, ZUM 1994, 530 ff., der zumindest Video-on-Demand dem medienrechtlichen Rundfunkbegriff zuordnen will. Einen „kumulativen" Öffentlichkeitsbegriff wollen Katzenberger, GRUR Int. 1983, 895, 905 f.; Schricker, FuR 1984, 63, 72, für Btx sowie Schwarz, MA 1996, 215 ff., 217 unter § 15 III UrhG subsumieren, d.h. auch zeitlich gestaffelte Übermittlungen sollen der gleichzeitigen Wahrnehmbarkeit gleichstehen. In diesem Sinne auch LG Berlin in Schulze LGZ 98, 1, 5 - „Schallplatten-Espresso". Ähnlich Dreier, in Bekker/Dreier (Fn. 275), S. 123, 138, der aber außerhalb des Sendebegriffs ansetzen will.

304 Vgl. Becker, ZUM 1995, a.a.O. 245; Flechsig, in: Becker/Dreier, a.a.O. (Fn. 275), S. 27, 30; Schricker-v.Ungern-Sternberg, § 20 UrhG, Rn. 9; differenzierend Pieper/Wiechmann, ZUM 1995, 82 ff. und Schwarz, MA 1996, 217; ders., in: Bekker/Dreier, a.a.O. (Fn. 275), S. 105, 118 f., die zumindest inhaltlich identische Ausstrahlungen vom Sendungsbegriff umfaßt sehen wollen, also für diesen Fall gleichfalls eine „kumulative Öffentlichkeit" für § 15 III UrhG zulassen wollen. Die australische Copyright Convergence Group erwägt, das Senderecht aufgrund der genannten Probleme um ein öffentliches Übertragungsrecht auch für drahtlose Übertragungen zu kommerziellen Zwecken zu ergänzen, vgl. Becker, ZUM 1995, a.a.O., 246 f.

recht.[305] Mit der Begründung der fehlenden gleichzeitigen Öffentlichkeit wird auch die Annahme eines unbenannten Verwertungsrechts im Sinne des § 15 Abs. 2 UrhG abzulehnen sein, wie sie ebenfalls vertreten wird.[306]

Vielfach wird aus diesem Grunde von einer Schutzlücke gesprochen.[307] Dies hatte wohl auch der Entwurf zur - mittlerweile umgesetzten - EU-Datenbankrichtlinie im Blick, der einen anderen Weg wählte:[308] In dem online erfolgten öffentlichen Bereitstellen des Inhalts einer Datenbank wird eine erneute Nutzung gesehen.[309] Dies war und ist aber mit der aktuellen Gesetzeslage nicht vereinbar, sondern dürfte eine Neuregelung verlangen.[310] Eine solche Gesetzesänderung ist in der Umsetzung der EU-Datenbankrichtlinie jedoch nicht verwirklicht worden.

Auf ihrer Konferenz im Dezember 1996 in Genf hat sich auch die WIPO mit dieser Frage befaßt.[311] Art. 8 des WIPO-Abkommens über Urheberrechte sieht ein Recht des Urhebers vor, sein Werk derart der Öffentlichkeit zur Verfügung zu stellen, daß der Nutzer Ort und Zeitpunkt des Zugangs individuell wählt.[312] Dies entspräche einer sonstigen öffentlichen Wiedergabe im Sinne des § 15 Abs.

---

305 Zu letzterem Punkt insbesondere Vogel, Blick durch die Wirtschaft 68/96, S. 9; vgl. auch Nordemann/Goddar/Tönhardt/Czychowski, CR 1996, 645, 649.

306 Der nur eine „insbesondere“-Aufzählung enthält. Hierfür etwa Heker, ZUM 1993, 400, 406; Müller/Hengstenberg, NJW 1996, 1777, 1779 sowie Schricker-v. Ungern-Sternberg, § 15 UrhG, Rn. 24 mit weiteren Nachweisen.

307 Vgl. beispielsweise Becker, ZUM 1995, a.a.O.; Dreier, ZUM 1996, 69, 70 f.

308 Richtlinie des Rates 96/9/EG vom 11.3.1996 über den Schutz von Datenbanken, ABlEG Nr. L 77/96 vom 27.3.1996 = GRUR Int. 1996, 806 ff., vgl. auch oben 2. Kapitel III 5. Diese Richtlinie wurde inzwischen durch Einfügung der §§ 87a ff. in das Urhebergesetz vom deutschen Gesetzgeber umgesetzt, vgl. hierzu Schricker-Vogel, Vor §§ 87a ff. UrhG, Rn. 8 ff..

309 Vgl. Art. 7 Abs. 2 Lit. b.

310 Zu diesem Schluß gelangt wohl auch Schwarz, a.a.O., MA 1996, 217, der eine Lösung nur in einer Gesetzesänderung sieht, die sich dann allerdings auch auf den Erschöpfungsgrundsatz des § 17 II UrhG erstrecken müsse.

311 Hierüber, insbesondere auch im Hinblick auf die verschiedenen vorgeschlagenen Lösungen, berichtet Vogel, Blick durch die Wirtschaft, 68/96, S. 9. Vgl. auch die WIPO-Press Release Nr. 103/96 zur WIPO Diplomatic Conference on Certain Copyright and Neighbouring Rights Questions sowie WIPO-Press Release Nr. 106/96, im Internet unter der Adresse http://www.wipo-org/eng/diplconf/ distrib/press106.htm abrufbar; vgl. hierzu auch den Bericht von Klingmann ZUM 1997, 649 ff. sowie Lewinski/Gaster, ZUM 1997, 607 ff.

312 In der Rohübersetzung des Bundesjustizministeriums ist dieses Recht (engl. Right of Communication to the Public) mit „Recht der öffentlichen Wiedergabe“ bezeichnet, vgl. Waldenberger, ZUM 1997, 176, 178. Der originale Vertragstext ist derzeit nur per Internet unter der Adresse „http://www.ari.net/dfc/“ abrufbar.

2 UrhG, was allerdings ebenfalls mit einer Änderung des Öffentlichkeitsbegriffs gemäß § 15 Abs. 3 UrhG verbunden wäre.[313]

Auch in den übrigen Kommunikationsformen des Internetalltags fällt es schwer, eine urheberrechtlich relevante Verwertungshandlung zu erblicken. Das gleiche Problem - die zeitliche Verschiebung - stellt sich im Falle von Bulletin Boards oder Newsgroups. Wird ein solches Board betrieben, richtet es sich zwar ebenfalls an eine Öffentlicheit, es fehlt jedoch wieder die Gleichzeitigkeit der Wiedergabe, wobei die Grundsätze wie zuvor anwendbar sind. Das Ablegen von geschützten Daten auf dem Board ist hingegen, wie bereits erörtert, als Vervielfältigung im Sinne von § 16 Abs. 2 UrhG zu sehen.

Eine weitere verbreitete Nutzungsmöglichkeit ist E-Mail, eine elektronische Post. Das Angebot der Übermittlung eines genau bestimmten Werkes per E-Mail könnte als Anbieten im Sinne des § 17 UrhG zu sehen sein. Problematisch ist hierbei wieder das Merkmal der Öffentlichkeit, da grundsätzlich nur zwei Nutzer miteinander verbunden sind.[314] Voraussetzung wäre daher weiter, daß mehrere Personen angesprochen werden, die auch nicht dem persönlichen Freundeskreis angehören dürften,[315] was allenfalls in Fällen einer elektronischen Briefwerbung per E-Mail möglich wäre.

Die bisherigen Überlegungen beschränkten sich zwangsläufig nur auf den Anbieter von Informationen. Der Nutzer wird auch nach einer Änderung oder Umdeutung des geltenden Urheberrechts freien Zugriff haben, ohne daß er eine relevante Benutzungshandlung begeht[316]: Der Empfang im Sinne des urheberrechtlichen Sendebegriffs ist frei.[317] Gleiches gilt für den Erwerb durch die Verbreitung eines Dritten.[318] Erst das Kopieren oder anderweitige Fixieren für eine gewisse Dauer stellt eine Benutzungshandlung des Nutzers dar.

---

313 So Waldenberger, a.a.O., der bereits zum jetzigen Zeitpunkt diese Auslegung befürwortet. Aus dem Wortlaut der Vorschrift ergebe sich eindeutig, daß sowohl eine Verbreitung als auch eine Sendung ausschieden.

314 Keine besonderen urheber-, kennzeichen- oder wettbewerbsrechtlichen Probleme im Bezug auf E-Mail sehen daher in der Regel auch Nordemann/Goddar/Tönhardt/Czychowski, CR 1996, 645, 646.

315 Da die Weitergabe von Werken im privaten Bereich nicht ausreicht, um eine Verbreitung zu begründen, vgl. Schricker-Löwenheim, § 17 UrhG, Rn. 6.

316 Von der Problematik der ephemeren Speicherung einmal abgesehen, vgl. hierzu zuvor a.

317 Vgl. Hubmann/Rehbinder, Urheberrecht, § 25 IV 1; Fromm/Nordemann-Vinck, § 20 UrhG, Rn. 1. Hierfür mit Blick auf das Internet auch Schwarz, MA 1996, 215, 219. Die Rücksendung von Daten erfolgt immer nur an den Nutzer selbst, so daß auch keine Sendung vorliegen kann.

318 Da § 17 UrhG ausdrücklich nur das Inverkehrbringen und Anbieten nennt.

5. Markenrechtliche Qualifikationsprobleme

Auch im Bereich des Markenrechts stellen sich grundlegende Qualifikationsprobleme.

Zunächst muß man sich die bereits eingangs angesprochene Frage stellen, wie die im Internet üblichen Homepages und die Domain-Namen zu bewerten und gegebenenfalls zu schützen sind. Voraussetzung des Schutzes ist, daß die Internetadresse kennzeichnende Funktion hat. Dagegen spricht zunächst ihre Funktion als Adresse oder Telefonnummer.[319] Andererseits ist auch für den üblichen Geschäftsverkehr - außerhalb des Internets - anerkannt, daß Telefonnummern und Adressen, sofern sie Unterscheidungskraft besitzen, wegen ihrer kennzeichnenden Funktion als sonstiges zur Unterscheidung des Geschäftsbetriebes bestimmtes Zeichen gemäß § 5 Abs. 1 S. 2 MarkenG geschützt sind.[320] Im Internet kann dies nicht anders sein, denn auch hier besitzt die Domain wegen des darin enthaltenen Namensteils Unterscheidungskraft. Er wurde gerade dazu geschaffen, um das Suchen im Internet zu erleichtern,[321] da dies mit einer reinen IP-Adresse aus Ziffern nicht möglich wäre. Die unberechtigte Verwendung von Internet-Domain-Namen kann daher grundsätzlich Namens-, Firmen- und Markenrechte verletzen.[322]

---

319 Vgl. auch Kur, CR 1996, 325, 326.

320 Vgl. BGHZ 8, 387, 389 - „Telefonnummer"; BGH GRUR 1957, 87, 88; OLG Hamburg WRP 1979, 65, 66; Nordemann, Wettbewerbsrecht, Rn. 427. Einem Kanalreinigungsunternehmen wurde sogar die Verwendung der Telefonnummer -4711 untersagt, da dies zu einer Verwässerung der berühmten Marke 4711 führen könne, vgl. BGH GRUR 1990, 711, 712 f. - „4711".

321 So ist es möglich, daß ein Nutzer im Internet, auch ohne die genaue Adresse des Anbieters zu kennen, allein mit Hilfe eines Provider-Suchprogrammes - verbunden mit einem Schlagwort oder dem Namensteils einer Internetadresse - fündig wird.

322 So die wohl herrschende Meinung, vgl. Ubber, WRP 1997, 497, 503 ff. mit weiteren Nachweisen; Ernst, BB 1997, 1057, 1061 f. Das LG Mannheim hat in seiner grundlegenden Entscheidung CR 1996, 353, 354 f. mit Anm. Hoeren, erstmals einem privaten Unternehmer die Reservierung der Domain „heidelberg" untersagt, da diese wegen ihrer Namensfunktion allein der Stadt Heidelberg zustehe; weitere Entscheidungen, die in der Folge hierauf ergangen sind, finden sich bei Ubber, a.a.O., S. 501 f. Schwieriger zu beurteilen ist allerdings die Situation bei Namensgleichheit von Anbietern aus verschiedenen Branchen, vgl. Nordemann/Goddar/Tönhardt/Czychowski, CR 1996, 645, 653; hier wird man derzeit noch großzügig sein müssen. Da dieses Problem aber bekannt ist, hat das International Ad Hoc Commitee einen Bericht vom 4.2.1997 zu den geplanten Änderungen des Domain-Name-Systems vorgelegt. Nach dem neuen System sollen zusätzlich zu den bereits bestehenden 5 internationalen Top-Level-Domeins weitere 7 generische Top-Level-Domeins hinzu kommen, die auf die jeweilige wirtschaftliche Ausrichtung

Nachdem sich das Internet mittlerweile als neues Medium etabliert hat, wird es auch entsprechend als Werbeplattform genutzt - das Anbieten per Internet gehört heutzutage zum Alltag. Damit einher gehen freilich auch markenrechtliche Probleme, denn das Anbieten von Markenware per Internet fällt unter die bereits genannten Verbotsrechte des Markeninhabers.[323]

6. Die Frage der Haftung - kollisionsrechtliche Lösungsansätze

a) Gibt es noch Grenzen im Internet?

Die bisher angestellten urheber- und markenrechtlichen Vorüberlegungen beschränkten sich zwangsläufig auf rein nationale Sachverhalte. Dies tat auch weitgehend die bisherige Forschung.[324] Damit wird man jedoch dem Medium Internet in keiner Weise gerecht. Es ist ein Wesensmerkmal des Internets, daß es vor irdischen Grenzen nicht halt macht. Für die hier gegenständliche Frage nach einer anknüpfbaren Verletzungshandlung ist es demzufolge unerläßlich, in die Beurteilung andere Rechtssysteme mit einzubeziehen - mithin kollisionsrechtlich anzusetzen.

Das internationale Immaterialgüterrecht baut, wie die gesamte Untersuchung bisher gezeigt hat, in entscheidender Weise auf dem Gedanken territorial begrenzter Rechte auf und reduziert damit auch grenzüberschreitende Benutzungshandlungen auf mehrere nationale Sachverhalte. Allein die lex loci protectionis bestimmte, ob ein Verhalten den Tatbestand einer Schutzrechtsverletzung erfüllt oder nicht.

Die Datenströme im Internet wurden bereits mit Zugvögeln oder Containern im internationalen Transportdienst verglichen,[325] deren genauen Weg niemand kennt und der auch nie vollständig zu erfassen ist. Vielleicht ist auch der Vergleich mit einem Schneeball oder einer Lawine treffend. Alle diese Beispiele

---

eines (kommerziellen) Internet-Anbieters hinweisen; Einzelheiten hierzu bei Bettinger, GRUR Int. 1997, 402, 419 ff.

323 Vgl. hierzu oben II 4 c.

324 Erfreulicherweise nimmt die Tendenz der Wissenschaft, das Internet global zu betrachten zu. Eingehender mit internationalprivatrechtlichen Fragestellungen des Immaterialgüterrechts beschäftigen sich bisher allerdings nur Nordemann/Goddar/Tönhardt/Czychowski, CR 1996, 645 ff.; Dreier, ZUM 1996, 69 ff. sowie Schönning, ZUM 1997, 34 ff. Lediglich am Rande erörtert werden Fragen des anwendbaren Rechts bei Schwarz, MA 1996, 215, 219; Bechtold, ZUM 1997, 427, 444; Ernst, BB 1997, 1057, 1059; Pfeiffer, NJW 1997, 1207, 1215; Ubber, WRP 1997, 497, 503.

325 So etwa Schwarz, MA 1996, 215 ff., 219.

drücken die Tendenz der Internetinformationen aus, sich zu verselbständigen. Das Internet ist die Summe aller heute bekannten Kommunikationsmöglichkeiten. Ihm fehlt dabei ein für die Versendung von Daten bestimmungsgemäßer Raum, da sich alle Daten, sind sie einmal im Netz, wegen der jederzeitigen Zugriffsmöglichkeit, gleich von welchem Ort auf der Welt, verselbständigen.[326] Der Weg, den die Datenbündel hierbei zurücklegen, ist rein zufällig. Er hängt entscheidend davon ab, wer sich einwählt und welche Server an dem Übertragungsvorgang beteiligt sind. Er entzieht sich damit jeglicher Steuerbarkeit, und es gibt keinen intendierbaren Sendebereich mehr, wie dies noch für Satellitensendungen galt.[327] Ist daher ein unberechtigt vervielfältigtes Werk der bildenden Kunst oder eine Werbeinformation einmal im Netz, können sie von jedem beliebigen Nutzer abgerufen, abgespeichert und ausgedruckt werden. Das Internet ist damit im tatsächlichen Wortsinne ubiquitär.

Aus diesem Grunde läßt sich keine Trennung mehr von nationalen und internationalen Sachverhalten durchführen. Der Anbieter von Informationen im Internet rückt aufgrund der Interaktivität und der Ubiquität des Netzes zum Nutzer. Es besteht kein Unterschied mehr zwischen ausländischem und inländischem Anbieter, denn beide auf dem gleichen virtuell-globalen Markt tätig,[328] der Anbieter aus den USA bietet genauso in Deutschland, in Frankreich oder anderen Ländern an.

Auch im Hinblick auf den Kreis der Nutzer internationalisiert das Internet jeden Sachverhalt. Selbst wenn nur inländische Teilnehmer miteinander kommunizieren ist nicht auszuschließen, daß der Datenaustausch über einen im Ausland stationierten Server erfolgt. Genauso können sich ausländische Teilnehmer an einer ansonsten rein deutschen Newsgroup oder Chat-Box beteiligen.

b) Konsequenzen aus der Grenzenlosigkeit des Internet

Aus der Grenzenlosigkeit des Internets ergeben sich verschiedene Konsequenzen. Im Internet ist es nicht mehr möglich, die Verbreitung etwa eines urheberrechtlich geschützten Werkes oder die Nutzung eines kollidierenden Kenn-

---

326 Daran dürfte aus technischer wie aus rechtlicher Sicht kein Zweifel mehr bestehen, vgl. Graefe, MA 1996, 100, 103; Spindler, ZUM 1996, 533, 557 sowie das Grünbuch der EG-Kommission „Urheberrecht und verwandte Schutzrechte in der Informationsgesellschaft", BRatDrs. 619/95, S. 3.

327 Zum technischen Hintergrund dieses sogenannten Routings vgl. oben 4 a (Fn. 246).

328 In diesem Sinne auch Graefe, MA 1996, 100, 103, der von einem Fall kennzeichnungsrechtlicher Kollision ausgeht.

zeichens mit national begrenzter Wirkung zu verbieten, wie dies vielleicht bei Funksendungen oder Satellitensendungen im Hinblick auf eine Reduzierung der Sendeleistung noch möglich war.[329] Wird in einem Staat die Internetaktivität untersagt, hat dies Folgen für das Gesamtnetz, denn die Ausklammerung nur eines Staates aus dem Internetmarkt ist technisch nicht mehr möglich.[330] Bei nicht mehr nationalisierbaren Verwertungshandlungen versagt auch das System territorial begrenzter Verbietungsrechte, auf dem das Territorialitätsprinzip beruht.[331]

Dies beeinflußt auch den Rechteerwerb für das Internet. Wenn es auf der einen Seite nicht mehr möglich ist, die Verbietungsrechte national begrenzt auszuüben, ist es umgekehrt nicht mehr möglich, national begrenzte Nutzungsrechte für das Internet zu vergeben.[332] Der Ausweg aus diesem Dilemma scheint beim derzeitigen Stand der Technik entweder die Schaffung eines neuen eigenständigen Internet-Nutzungsrechts[333] oder der Rechteerwerb für alle Staaten auf der Welt. Das Recht des Rechnerstandortes bzw. Einspeiseortes scheint nach herkömmlicher Auffassung der unbegrenzten Reichweite der Internetnutzungen nicht gerecht werden zu können.

---

329 Dies sieht auch Graefe, MA 1996, 100, 103 sowie Gloy, Handbuch des Wettbewerbsrechts, § 27, Rn. 51: eine Verbietung im Internet ist nicht mehr national beschränkbar.

330 So aus wettbewerbsrechtlicher Sicht auch Spindler, ZUM 1996, 533, 560 f., der allerdings nur noch von einem virtuellen Markt spricht. Auch das internationale Wettbewerbsrecht geht bekanntlich dem Grunde nach davon aus, daß sich räumlich abgegrenzte Märkte gegenüberstehen, vgl. hierzu allgemein Gloy-Wilde, Handbuch des Wettbewerbsrechts, § 6, Rn. 4 ff. bzw. § 28, Rn. 2 ff.; Sack, GRUR Int. 1988, 320 ff.; ders., WRP 1994, 282 ff. sowie v. Bar, IPR Bd. II (1991), Rn. 696 ff. In der Volkswirtschaftslehre ist derzeit noch umstritten, ob es sich beim Internet um einen sog. vollkommenen Markt handelt. Von einem volkswirtschaftlich vollkommenen Markt spricht man, wenn alle Marktteilnehmer zur gleichen Zeit über sämtliche Informationen verfügen und alle Transaktionen ohne Zeitverzögerung ausgeführt werden. Der Börsenhandel kommt einem solchen vollkommenen Markt am nächsten. Es ist allerdings nicht ausgeschlossen, daß es in der Zukunft technisch realisierbar wird, bestimmte Nationalitäten von der Verbreitung im Netz auszuschließen, vgl. hierzu unten d bb.

331 In diesem Sinne auch Bechtold, ZUM 1997, 427, 444.

332 Dreier, ZUM 1996, 69, 71, berichtet über Tendenzen im Rahmen des WIPO-Forums in Neapel vom 18. - 20.10.1995, zwischen dem Rechtserwerb und der Rechtsverletzung zu trennen. Wie dies bei einem Netz ohne Grenzen funktionieren soll, wird allerdings nicht ausgeführt. Eine solche Trennung ist nämlich nicht durchführbar, in beiden Fällen wird man nach einheitlichen Lösungen suchen müssen.

333 Zu diesem Ergebnis müßten folgerichtig Mayer, NJW 1996, 1982, 1790 und Geller, GRUR Int. 1993, 526, 530, gelangen, die den Cyberspace als eigenständigen Rechtsraum verstehen und deswegen eine weltweit einheitliche Jurisdiktion fordern.

Die gleiche Problematik stellt sich bei der Frage der Erschöpfung des Verbreitungsrechts. Auch die Erschöpfung des Verbreitungsrechts[334] läßt sich im Internet nicht mehr national begrenzt vertreten,[335] denn nationale Märkte existieren im Netz nicht mehr. Wir ein urheberrechtliches Werk im Internet in Verkehr gebracht oder angeboten, dann spielt es keine Rolle von wo aus dies geschieht, es wird jedenfalls weltweit verbreitet.

Die Frage der fehlenden Grenzen hat offensichtlich auch *der europäische Gesetzgeber* gesehen. Er sieht in seinem Grünbuch „Urheberrechte und verwandte Schutzrechte in der Informationsgesellschaft“[336] und im Entwurf einer Datenbank-Richtlinie[337] vor, daß Rechte für Computernetze in Europa zwar einheitlich für alle Staaten erworben werden müssen, dies aber nur nach dem Recht des Landes, in dem sich der Anbieter befindet.[338] Hintergrund dieses Regelungsvorschlages dürfte unter anderem die inzwischen in den §§ 20 a und 20 b UrhG umgesetzte EU-Direktsatelliten-Richtlinie[339] gewesen sein, die bekanntlich für den Sendebegriff ebenfalls auf das Recht des Sendelandes verweist.[340] Hier wollte der europäische Gesetzgeber offensichtlich ein einheitliches Prinzip schaffen.

---

334 Zur Erschöpfung allgemein und den europarechtlichen Besonderheiten vgl. oben 3. Kapitel I 3 c und II 1 a.

335 Ähnlich Schwarz, MA 1996, 215, der zumindest für den Fall, daß der Anwendungsbereich des § 17 Abs. 1 UrhG auch auf unkörperliche Verbreitungshandlungen erstreckt würde, feststellt, daß dann auch eine entsprechende Aufhebung des Erschöpfungsgrundsatzes gemäß § 17 Abs. 2 UrhG notwendig würde, da anderenfalls die weitere, auch kommerzielle Kommunikation im Internet weitgehend vom urheberrechtlichen Schutz ausgenommen wäre. Subsumiert man den Abruf bzw. das Anbieten unter das Senderecht ist allerdings keine Erschöpfung möglich, da diese nur das körperliche Verbreitungsrecht begrenzt.

336 Dieses wurde von der Kommision am 19.7.1995 vorgelegt, abgedruckt in KOM 95, 382 endg.

337 Vgl. oben 2. Kapitel III 4.

338 In diesem sog. „Ursprungslandgrundsatz“ sieht die Kommision offensichtlich den im Vergleich zum Recht all der Länder, die eine Zugriffsmöglichkeit bieten, praktikableren Weg, vgl. a.a.O. (Fn. 334), S. 20. Kritisch im Hinblick auf den Schutzumfang v. Lewinski, Das europäische Grünbuch über das Urheberrecht und neue Technologien, GRUR Int. 1995, 831, 833, re. Sp. Die Kommision stellt aber in Frage, ob ergänzende Anknüpfungspunkte festzulegen sind.

339 Vgl. hierzu oben III 3 c.

340 Die Kommission nimmt im Grünbuch, a.a.O. (Fn. 334), S. 41, ausdrücklich Bezug auf diese Regelung. Offengelassen wurde jedoch die Einspeisung aus Drittländern.

c) Die Bestimmung eines Tatorts bei Deliktshandlungen im Internet

Die dargestellte Grenzenlosigkeit des Internets führt zwangsläufig auch bei der Anknüpfung von Deliktshandlungen im Internet zu Problemen. Anknüpfungspunkt für das internationale Deliktsrecht, dem auch das Immaterialgüterrecht unterfällt, ist immer der Tatort.[341] Bisher war Tatort dort, wo eine relevante Benutzungshandlung gesetzt wurde. Handelte es sich um eine grenzüberschreitende Verletzungshandlung, so hatten beide tangierten Rechtsordnungen nach eigenem materiellem Recht zu bestimmen, ob der auf sie entfallende Handlungsteil eine Schutzrechtsverletzung darstellte.[342]

Dieses Anknüpfungsprinzip läßt sich jedoch bei den meisten Verwertungshandlungen im Internet nicht mehr aufrechterhalten. Ebenso wie es im Internet an einem intendierbaren Bereich für die Versendung der Daten fehlt, fehlt es nun auch an einem einerseits bestimmungsgemäßen andererseits abtrennbaren Raum im Netz, in dem Verwertungshandlungen begangen werden können. Außer in den Fällen von Verwertungshandlungen, die sich unzweifelhaft nur in einem Staat abspielen können,[343] beispielsweise das unberechtigt kopieren urheberrechtlich geschützer Werke,[344] beschränken sich Verletzungshandlungen in keinem Fall nur auf zwei Staaten, wie dies bisher der Fall war. Vielmehr führt die Globalität des Internet dazu, daß alle Urheber- bzw. Markenrechte, die es auf der Welt gibt, tangiert werden.

d) Anknüpfungsalternativen

aa) Übertragung der sog. Bogsch-Theorie auf das Internet

Im Hinblick auf das Anbieten urheberrechtlicher Werke auf einer Webseite ist unter Hinweis auf die zuvor dargestellte Rechtslage bei Direktsatelliten und insbesondere Kabelnetzen, die dem Internet in gewisser, wenn auch vereinfachter Weise ähnelt, vorgeschlagen worden, die dort überwiegend vertretene Bogsch-Theorie[345] bzw. das darin enthaltene Anknüpfungsprinzip auch auf das

---

341 Vgl. oben I 3 und II.

342 Vgl. oben II 1 - 3.

343 Vgl. hierzu auch oben II 4 f.

344 Vgl. auch Katzenberger, Internationalrechtliche Aspekte des Schutzes von Datenbanken, ZUM 1992, 332, 334.

345 Vgl. hierzu oben III 3 b.

Internet zu übertragen.[346] Dieses besagt, daß entsprechend dem immaterialgüterrechtlichen Schutzlandprinzip alle mit dem Sendevorgang tangierten Rechte betroffen und damit als Schutzlandrecht anwendbar sein sollen.[347]

Die Verwandtschaft der beiden Anwendungsfälle liegt auf der Hand: Ein Kommunikationssystem überlagert aufgrund seiner spezifischen Verbreitungstechnik - elektromagnetische Wellen oder Glasfaserkabel - die geographischen Grenzen auf der Erde und ermöglicht es, auf mehrere Staaten gleichzeitig einzuwirken. Ob auf diesem Wege nur Fernsehsendungen und Hörfunksendungen übertragen werden oder die ganze Palette urheberrechtlicher Werke - genauso wie markenrechtlich geschützte Zeichen und Markenware - offensteht, spielt grundsätzlich keine Rolle.[348] Diese Lösung korrespondiert im übrigen auch mit der überwiegend vertretenen urheberrechtlichen Einordnung des Übertragungsvorgangs im Internet als Sendung.[349]

Die Folge einer solchen Anknüpfung wäre jedoch, daß der Internetanbieter, der auf seiner Webseite urheberrechtlich geschützte Werke, sei es eine Fotografie, ein Musikstück oder einen geschützten Markennamen verwendet bzw. Markenware anbietet, sowohl nach seinem eigenen Recht als auch nach dem Recht aller Empfangsländer zu behandeln wäre und, sofern er sich die dortigen Rechte

---

346 So etwa von Nordemann/Goddar/Tönhardt/Czychowski, CR 1996, 645, 652 sowie Schricker-Katzenberger, Vor §§ 120 ff. UrhG, Rn. 145; zwar nicht ausdrücklich, aber der Sache nach auch Katzenberger, GRUR Int. 1983, 895, 915 bzw. 917, jedoch noch im Hinblick auf Kabeltext, Bildschirmtext und Kabeltextabruf; deutlicher ders., ZUM 1992, 332, 335. Von der Anwendbarkeit der Bogsch-Theorie geht offensichtlich auch Schwarz, MA 1996, 120 bzw. 215, 219 aus. Dreier, ZUM 1996, 69, 71 ff., berichtet ebenfalls über diese Tendenz in der herrschenden Lehre. Für das Recht aller Empfangsländer Schönning, ZUM 1997, 34 ff., 37, 39 sowie Ernst, BB 1997, 1057, 1059 re. Sp.

347 Ähnlich das sog. Mosaikprinzip, das bei Pressedelikten Anwendung findet, vgl. hierzu BGH NJW 1996, 1128 - „Caroline von Monaco II" sowie Looschelders, ZVglRWiss 95 (1996), 48, 81. Zu diesem Ergebnis gelangt man, wenn man die Datenübertragung im Internet als Sendung im Sinne des § 20 UrhG sieht, vgl. die Nachweise in Fn. 303 bzw. 304.

348 Bedenken im Hinblick auf die Vergleichbarkeit von Satellitenrundfunk und Sendevorgang im Internet äußert Schönning, ZUM 1997, 34, 37, der jede Übertragung als isolierten Vorgang ansieht und auf die Interaktivität im Internet hinweist. Er verkennt hierbei jedoch, daß eine, wie er es bezeichnet, „Direktübertragung" per Internet keine Einzelverbindung ist, sondern man das System globalisieren muß, d.h. eine Vielzahl von Einzelverbindungen ins Auge fassen muß. Das gleiche tut man auch, wenn man eine kummulative Öffentlichkeit im Sinne des urheberrechtlichen Sendebegriffs annimmt. Hier darf man nicht mit zweierlei Maß rechnen, sonst setzt man sich zu früheren grundlegenden Erwägungen in Widerspruch.

349 Vgl. hierzu oben 4 b.

nicht zuvor hat sichern können, eine Verletzungshandlung begeht. Hinzu kommen die Rechte all der Länder, durch die das Signal durchläuft. Kurzum: Er müßte sich nach den Rechten aller Länder behandeln lassen, die den Zugang zum Netz bieten,[350] und damit aller Länder auf der Erde. Da auch der Nutzer einen Kommunikationsprozeß im Internet auslöst, muß dieser sich gleichfalls nach der Bogsch-Theorie behandeln lassen.

Das Problematische an der Anwendung der Bogsch-Theorie ist ihre unübersehbare Grenzenlosigkeit. Alle in irgendeiner Weise tangierten Rechte werden mitherangezogen. Wird dies der besonderen Situation von Direktsatellitensendungen und vergleichbaren Sendevorgängen durchaus gerecht, da dort die Zahl der Länder, in die abgestrahlt wird, für den Sender im Regelfall überschaubar und die Abstrahlzone durch die Sendeleistung in gewissem Umfang steuerbar ist und zudem die Heranziehung nur des Sende- oder nur des Empfangslandrechts zu Unbilligkeiten führt,[351] gilt das für das Internet nicht mehr. Der Datenweg und damit der Empfangsbereich im Internet ist aufgrund des Routings gerade nicht mehr steuerbar, er wird allein vom Zufallsprinzip gelenkt.[352]

Aus diesem Grunde kann eine Anwendung der Bogsch-Theorie auf das Internet, sofern man sie überhaupt anwenden will, allenfalls in modifizierter Form sinnvoll sein. Der Internetanbieter, der sich in seinem Staat auf die Gemeinfreiheit eines urheberrechtlichen Werkes oder die auf ihn eingetragene Marke verlassen kann und nur keine oder nur bestimmte weitere Staaten intendiert,[353] muß die betroffenen Rechtssysteme und damit die Folgen seiner Handlungen vorhersehen können.[354] In jedem Falle kann ihm nicht der unberechenbare Kommunikationsweg haftungsrechtlich auferlegt werden.

Wendet man das Recht aller Empfangsländer an, hat dies außerdem zur Folge, daß Internetaktivitäten nach dem materiellen Immaterialgüterrecht sämtlicher Staaten dieser Erde überprüft werden müßten. Hinzu kommt, daß aufgrund des Routings unter Einschaltung ausländischer Server auch rein nationale Sachverhalte sehr häufig zu grenzüberschreitenden Tatbeständen führen würden.

---

350 Vgl. Spindler, a.a.O., 557. Im Hinblick auf Pressedelikte weist Pfeiffer, NJW 1997, 1207, 1215, darauf hin, daß bei geringer faktischer Verbreitung auch der Kreis der anwendbaren Rechte faktisch beschränkt bleibe.

351 Vgl. oben III 3 b. Angesichts der modernen Satellitentechnik, die sehr große footprints ermöglicht bzw. aufzwingt, ist aber auch dort die Bogsch-Theorie in letzter Zeit wieder in Zweifel gezogen worden.

352 Vgl. Spindler, a.a.O., 558.

353 Zur Frage, ob ein intendierter Abrufbereich im Internet denkbar ist, vgl. unten cc.

354 Zur Frage der Vorhersehbarkeit sogleich.

bb) Anknüpfung am Recht des intendierten Abrufortes

aaa) Grundlagen der Anknüpfung

Um die Bogsch-Theorie im Hinblick auf das Internet zu modifizieren, ergeben sich zwei Möglichkeiten: Entweder man stellt auf das objektive Merkmal der Spürbarkeit ab, wie dies vom BGH bei grenzüberschreitender Werbung vertreten wird,[355] oder man fragt nach dem intendierten Abrufort. Eine ähnliche Modifikation der Bogsch-Theorie wird auch bei legitimate overspills im Rahmen von Satellitensendungen vertreten. Damit würde man sich auf ein subjektives Merkmal stützen, das aber durch eine objektive Komponente erweitert werden könnte.

Das Abstellen auf die Spürbarkeit überzeugt im Zusammenhang mit dem Internet jedoch nicht, denn das Internet ist nach allem, was bisher festgestellt wurde, auf der ganzen Welt „spürbar". Sinnvoll erscheint aber die zweite Alternative, das Abstellen auf den intendierten Abrufort. Wäre es dem Internetanbieter technisch möglich den Empfang seiner Angebote auf gewisse intendierte Staaten zu begerenzen, dann könnte man in Anlehnung an das wettbewerbsrechtliche Marktortprinzip oder die Behandlung von Pressedelikten auf den bestimmungsgemäßen Abrufort einer Webinformation abstellen und an dessen Recht anknüpfen.[356]

bbb) Technische Möglichkeiten zur Ausgrenzung bestimmter Staaten

Die sicherste Methode wäre ohne Frage, den Anbieter zu verpflichten, seine Märkte über die IP-Adresse der Nutzer zu steuern. Nichtkommerzielle Nutzer

---

355 Vgl. etwa die grundlegende Entscheidung BGH GRUR 1971, 153 - „Tampax" mit Anm. Droste zur Frage der grenzüberschreitender Werbung aus wettbewerbsrechtlicher Sicht.

356 Eine solche Tendenz in der Rechtslehre, in Anlehnung an das wettbewerbsrechtliche Marktortprinzip, stellen Freytag/Wand in ihrem Bericht von der Tagung „Das Recht im im Netz - „Cyberlaw", GRUR Int. 1997, 735, 736, heraus. Für den bestimmungsgemäßen Abrufort Gloy, Handbuch des Wettbewerbsrechts, § 27, Rn. 43 (Urheberrecht) bzw. 51 (Markenrecht), allerdings unter Bezugnahme auf das anwendbare Recht bei Satellitensendungen; Upper, WRP 1997, 497, 503; für das Recht des Verbreitungsortes Pfeiffer, NJW 1997, 1207, 1215; im Ergebnis genauso, aber in der Sache unzutreffend im Hinblick auf das Recht des Erfolgsortes, Ernst, BB 1997, 1057, 1059 re. Sp. Ebenso für Wettbewerbshandlungen Gloy, a.a.O., Rn. 55; Spindler, ZUM 1996, 533, 561 sowie Kort, GRUR Int. 1994, 594, 597.

haben, sofern sie überhaupt eine IP-Adresse haben, in jedem Falle nur die IP-Endung ihres jeweiligen Landes. Der Anbieter dürfte also nur solchen Nutzern Zugang zu seiner Webseite gewähren, die das Kürzel eines Landes besitzen, für das er seinerseits die Verbreitungsrechte besitzt. Damit steht man allerdings vor einem technischen Problem: Der Anbieterrechner muß erkennen, welche IP-Adresse der Nutzer hat, der sich einwählt. Erst dann ist es möglich, bestimmte Kennungen von der Nutzung ausschließen. Eine solche Erkennungsmöglichkeit dürften derzeit aber allenfalls die Provider besitzen und auch diese nur begrenzt.[357]

Freilich könnte man den Anbieter verpflichten, entsprechende Verträge mit den Providern zu schließen. Bei der Vielzahl von Internet Providern, die auch nicht im Staat des Anbieters sitzen müssen, wäre dies allerdings problematisch. Für technisch versierte Nutzer ist es zudem einfach, eine solche Sperre durch das Anwählen eines im Ausland stationierten Servers zu umgehen.[358] Derzeit erscheint diese Lösung nicht praktikabel.

ccc) Indizien für eine Intendierung

Man muß sich daher auf Indizien stützen für die Feststellung, ob eine Webseite auf einen bestimmten Staat gerichtet ist.

In vielen Fällen untauglich für die Erkennbarkeit einer Intendierung dürfte das Abstellen auf einen intendierten Sprachraum sein, wie dies bei Pressedelikten und der Verletzung allgemeiner Persönlichkeitsrechte vertreten wird.[359] Zum einen greift eine solche Fiktion nur bei Sprachwerken und Werbepages, was aus urheberrechtlicher und insbesondere markenrechtlicher Sicht mit Blick auf Zei-

---

357 So war die deutsche CompuServe GmbH, ein „Internetprovider" und Tochter der amerikanischen CompuServe, nachdem sie sich im Zuge eines Ermittlungsverfahrens der Münchner Staatsanwaltschaft genötigt gesehen hatte, fast 300 von der Polizei beanstandete Newsgroups wegen deren pornographischem oder volksverhetzendem Inhalt zu sperren, nur in der Lage dies weltweit zu tun. Eine länderspezifische Sperrung war nicht möglich, vgl. Mayer, NJW 1996, 1782. Das Ergebnis waren wütende Proteste aus den USA, ob der Zensur und Mißachtung der Meinungsfreiheit in Deutschland, vgl. die SZ vom 5. bzw. 15.1.1996. Mittlerweile ist die Sperrung wieder aufgehoben, dies berichtet jedenfalls die SZ v. 17.2.1996. Eine technische Möglichkeit, den Zugriff auf bestimmte Länder zu begrenzen, sieht derzeit ebensowenig Ubber, WRP 1997, 497, 502.

358 Was einer Heranziehung des Nationalitätskürzels als fiktive Grenze im Prinzip aber nicht entgegensünde, da man dies dem jeweiligen Anbieter/Verwerter nicht zurechnen könnte. Es verdeutlicht aber die technische Problematik des Internets.

359 Auf den intendierten Sprachraum stellt etwa v. Bar, IPR Bd. II, Rn. 662 für Pressedelikte ab.

chen, Grafiken und Bilder nicht befriedigt. Zum anderen ist ein besonderes Kennzeichen der Universalität des Internets die häufige Verwendung der englischen Sprache, nicht nur was die Internetfachbegriffe betrifft. Selbst wenn ein Anbieter aus einem nicht englischsprachigen Staat neben der eigenen Sprache auch auf englisch anbietet, mittlerweile wohl die Regel, läßt sich daraus nicht entnehmen, welche weiteren Länder angesprochen werden könnten oder ob gar der gesamte Weltmarkt intendiert ist.[360] Die Verwendung der deutschen Sprache, gegebenenfalls auch zusätzlich zu einer anderen, ist allerdings zumindest ein Kriterium für die Intendierung des deutschen Marktes. Hierbei ist allerdings zu berücksichtigen, daß Österreicher und Schweizer ebenfalls deutsche Webseiten benutzen.

In der wettbewerbsrechtlichen Literatur findet sich als Kriterium zur Bestimmung der Zielgerichtetheit von Werbemaßnahmen die Marktpräsenz in dem beworbenen Staat.[361] Die Marktpräsens ist sicherlich dann ein geeignetes Kriterium, wenn auf einer Homepage geworben wird, da sich diese zumindest an alle Märkte richtet, auf denen ein Unternehmen tätig ist oder in denen das Unternehmen zumindest bekannt ist. Ob die Marktpräsens aber in allen Fällen ein taugliches Merkmal zur Feststellung einer Intendierung ist, darf man bezweifeln, denn die Marktpräsens in einem bestimmten Staat sagt nichts darüber aus, ob eine auf bestimmtes Produkt hinweisende Webseite auch tatsächlich für den dortigen (ausländischen) Markt gedacht ist.[362]

Als Indiz für den intendierten Markt ist auch die IP-Adresse des Anbieters denkbar.[363] Diese weist allerdings nur auf seinen Sitz hin und läßt nicht den

---

360 Gegen die Heranziehung der verwendeten Sprache daher auch Spindler, ZUM 1996, 533, 557 (Fn. 220) sowie Kort, GRUR Int. 1994, 594, 599, für Wettberbshandlungen. Auch das OLG Frankfurt stellte in der Entscheidung NJW-RR 1990, 1067, allein auf den Ort der wettbewerblichen Interessenkollision ab und hielt es für unbeachtlich, welche Sprache auf einer Webseite verwendet werde; ebenso Waltl, in: Lehmann, Internet- und Multimediarecht (1997), 185, 190; zustimmend Ernst, BB 1997, 1057, 1061. Ob man allerdings einen Ort der wettbewerblichen Interessenkollisions bestimmen kann, ist fraglich.

361 Vgl. etwa Spindler, ZUM 1996, 533, 561; Dieselhorst, ZUM 1998, 293, 295 für Wettbewerbshandlungen sowie Kort, GRUR Int. 1994, 594, 597 ff., der eine Spürbarkeitsschwelle verlangt.

362 So mag Volkswagen in Brasilien eine Spitzenposition auf dem dortigen Automobilmarkt innehaben; daraus ergibt sich jedoch nicht zwingend, daß eine von Deutschland aus in das Internet eingespeiste Werbeseite von VW auch für diesen Markt gedacht ist. Bei genauerer Betrachtung stellt man vielleicht fest, daß die Fahrzeugpalette in Brasilien eine andere ist als in Europa oder Nordamerika.

363 Internetadressen enden in der Regel mit einem Nationalitätenkürzel, beispielsweise „.de" für Deutschland, vgl. oben (Fn. 261).

Schluß zu, daß ein Anbieter ausschließlich für das Gebiet tätig sein will, in dem er sitzt. Damit würde man den Kreis zu eng ziehen. Ein solches Indiz versagt überdies insbesondere dann, wenn ein kommerzieller Anbieter nur die IP-Endung „.com“ verwendet, was gerade bei großen Konzernen sehr häufig der Fall ist.[364] Hier läßt sich keine Eingrenzung mehr vornehmen.

Zweckmäßiger ist es, darauf abzustellen, ob in einem Staat durch andere Werbemedien - sei es per Fernsehen, in Zeitschriften oder im Internet selbst, zum Beispiel auf der Eingangsseite eines Internetproviders oder mit Hilfe von Hyperlins - auf eine bestimmte ausländische Internetadresse oder das Produkt hingewiesen wird. In diesem Fall läßt sich eine Intendierung erkennen und die dargestellte Anknüpfung realisieren.

Als Indiz kann man auch darauf abstellen, ob ein beworbenes Markenprodukt auf dem jeweiligen Markt überhaupt erhältlich ist. Ist das nicht der Fall, spricht dies gegen eine Intendierung.[365]

ddd) Einsatz von Disclaimern

In letzter Zeit wird von Internetanbietern vermehrt eine neue Möglichkeit zur Verhinderung des Vorwurfs der Intendierung genutzt: sogenannte Disclaimer.[366] Eine Werbeseite enthält einen Hinweis, häufig in Form eines unscheinbaren Kastens am unteren Rand der Webseite, der per Link auf eine andere Seite führt, daß die in der Ausgangsseite enthaltene Werbung beispielweise nur für den amerikanischen Markt gelte oder daß nur US-Amerikaner von dieser Internetseite angesprochen werden sollen.[367]

Ob dies einen deutschen Nutzer davon abhält, die Seite trotzdem weiterzulesen, möglicherweise noch neugieriger als zuvor, mag bezweifelt werden. Bereits die Nennung des Produktnamens vor dem Disclaimer dürfte diesen zumeist wirkungslos werden lassen. Solche rein rhetorischen Beschränkungen sind somit

---

364 Die IP-Endung „.com“ weist gerade auf eine kommerziell genutzte Internetseite hin, vgl. oben a.a.O. Die Endung „.org“ gilt für internationale Organisationen wie die WIPO, deren Adresse http://www.wipo.org lautet.

365 Vgl. BGH GRUR 1971, 153, 154 - „Tampax“; vgl. auch oben das Beispiel VW in Brasilien.

366 Vgl. auch Dieselhorst, ZUM 1998, 293, 295.

367 So wurde das Medikament „Viagra“ von seiner Herstellerfirma Pfizer bereits im Internet beworben als es noch nicht in Deutschland zugelassen war. Gemäß dem deutschen Arzneimittelgesetz ist eine Produktwerbung für noch nicht zugelassene Arzneimittel in Deutschland jedoch unzulässig. Um dies zu umgehen versah Pfizer die Werbepage mit einem solchen Disclaimer.

ungeeignet, die Annahme einer Intendierung zu verhindern. Gleichwohl haben sie sich im Internet eingebürgert.

Erforderlich ist meines Erachtens vielmehr der Einbau einer gewissen „Hemmschwelle“ für den Nutzer. So dürfte die Vorschaltung einer Webseite, auf der der Nutzer angeben muß, aus welchem Land er sich eingewählt hat, bevor er weitere Informationen oder Produktnamen erhält, weitaus effektiver sein. Man findet auch Seiten, auf denen man erklären muß, daß man beispielsweise kein US Bürger ist, bevor man Zugang zu weiteren Informationsseiten erhält.[368] Manche Internetanbieter verlangen auch, daß man einen sogenannten account einrichtet, eine Registrierung unter Angabe von Namen, Adresse etc., bevor man auf eine bestimmte Internetseite zugreifen kann. Freilich schließen auch solche Maßnahmen die widerrechtliche Benutzung einer Webseite nicht völlig aus, denn der User wird nur verpflichtet, Angaben zu machen. Ob diese stimmen oder frei erfunden sind, läßt sich normalerweise nicht überprüfen.

cc) Kollisionsrechtliche Beschränkung auf das Recht des Einwirkungsortes

Angesichts der Schwierigkeiten, die die Bogsch-Theorie bereitet, und der derzeit unüberwindbaren Globalität des Internets wird von einigen Autoren als Alternative vorgeschlagen,[369] den Anbieter, gegebenfalls auch den Internetnutzer, nur nach einem Recht, nämlich dem an seinem eigenen Computerstandort bzw. dem Einwirkungsort, haften zu lassen.[370] Im senderechtlichen Sinne ent-

368 Dies geschieht vor allem im Bereich der Werbung für Börsenprodukte, da nach dem Wertpapiergesetz der Vereinigten Staaten von Amerika (US Securities Act 1933) Amerika jede Werbung, die zumindest indirekt auch an US Bürger gerichtet ist , dem US Wertpapiergesetz unterfällt und einen Prospekt in den USA erfordert.

369 So etwa von Hugenholtz und Olsson im Rahmen des WIPO World Forum on the Protection of Intellectual Creations in the Information Society im Oktober 1995 in Neapel, hierüber berichtet Dreier, ZUM 1996, 69, 71. Vgl. auch Schricker-Katzenberger, UrhG, Vor §§ 120 ff., Rn. 145. In beiden Fällen fehlt aber eine eingehende Begründung. Für eine solche Lösung spricht sich auch das Grünbuch der Kommission der Europäischen Gemeinschaften „Urheberrechte und verwandte Schutzrechte in der Informationsgesellschaft“, KOM (95) 382 endg.; Ratsdokument 9721/95; ebenfalls abgedruckt in BRat Drs. 619/95, S. 41 f.

370 Nordemann/Goddar/Tönhardt/Czychowski, CR 1996, 645, 651f. sprechen insoweit mißverständlich vom „Recht des Ursprungslandes“; ebenso Dreier, ZUM 1996, 69,71, der allerdings den Unterschied klarstellt. Zwischen dem Recht des Rechnerstandortes und dem Recht des Einwirkungsortes können durchaus Unterschiede bestehen; etwa wenn der Schädiger sich durch einen Rechner in einem anderen Staat durchwählt. Hierzu sogleich.

spräche dies der Anknüpfung an das Recht des Sendestaates.[371] Zwar scheint es auf den ersten Blick eine Benachteiligung der Urheber und Schutzrechtsinhaber darzustellen, Internetanbieter nur nach einem Recht zu behandeln, dadurch erübrigt sich jedoch nicht die eingehendere Untersuchung, ob eine so verstandene Anknüpfung, in den Fällen, in denen sich keine Intendierung feststellen läßt, den Interessen aller Beteiligten nicht doch gerecht wird. Denn eines muß man sich gegenwärtig sein: Es gibt, von den Fällen abgesehen, in denen eine Marktbezogenheit erkennbar ist, nur zwei Anknüpfungsmöglichkeiten - Einwirkungsort oder Empfangsländer.[372] Weitere Alternativen fehlen.

aaa) Das Argument der Vorhersehbarkeit

Ein wichtiges Kriterium für die Tauglichkeit einer Kollisionsnorm muß bei aller Urheber bzw. Schutzrechtsinhaberfreundlichkeit die bereits angesprochene *Vorhersehbarkeit für den Verwerter* sein.[373] Man könnte zwar argumentieren, es gehöre nun einmal zu den Eigenheiten des Internets, daß der Adressatenkreis und damit die tangierten Rechte nicht vorhersehbar seien; wer das Internet als Forum für die Bereitstellung irgendwie gearteter Daten nutze, müsse grundsätzlich damit rechnen, von allen Staaten der Erde aus erreicht werden zu können.[374] Damit verbunden sein muß dann zwangsläufig auch die Beachtung der dortigen Rechts- bzw. Verhaltensnormen. Eine solche Argumentation führt aber zu weit. Damit übersieht man eine Reihe von Besonderheiten des Internets. Das Internet ist so weit globalisiert, daß jedenfalls der Internetanbieter immer alle Urheber- und Markenrechte, die es auf der Welt gibt, beachten müßte. Dies ist nicht mehr durchführbar. Hinzu kommt, daß dem Internet wie gezeigt die Steuerbarkeit fehlt. Der Internetanbieter kann sich gegen die Universalität des Internets, zumindest nach jetzigem Stand der Technik,[375] nicht wehren. Er hat nur die Wahl

371 Hierauf wurde bereits eingegangen, vgl. oben III 3 a.

372 Wobei die Tendenz eher dahin geht, grundsätzlich auf das Recht aller Empfangsländer abzustellen und den Marktort lediglich als Korrektiv heranzuziehen, vgl. etwa Spindler, ZUM 1996, 533, 561; ort GRUR Int. 1994, 594, 597.

373 Zu diesem Erfordernis vgl. auch oben 4. Kapitel 1. bzw. 2. Teil II 2 im Rahmen der Anknüpfung von Inhalt und Umfang der Immaterialgüterrechte.

374 In diesem Sinne argumentiert etwa Spindler, ZUM 1996, 533, 561, für Wettbewerbshandlungen; anders jedoch, a.a.O. 559, für Persönlichkeitsverletzungen, wobei letztere Argumentation überzeugender ist.

375 Auf die Frage des Ausschlusses von Internetnutzern über die IP-Adresse, die derzeit technisch nicht möglich ist, wurde bereits eingegangen.

sich dem Internet in seiner Globalität zu stellen oder auf das Medium Internet ganz zu verzichten.

bbb) Das Argument des forum shopping

Kritisch wird die Anknüpfung am Einspeiseort deswegen betrachtet, da viele hierin die *Gefahr der Umgehung* sehen.[376] Bleibt der Internetanbieter auf das Recht des Landes, von dem aus er die Einspeisung in das Netz veranlaßt, begrenzt, könne er sich das anwendbare (und dann höchstwahrscheinlich immaterialgüterrechtsfeindlichste) Recht aussuchen, indem er den Standort des Rechners verlegt oder - noch einfacher - einen im Ausland befindlichen Server anwählt. Daß diese Gefahr im Interesse der Urheber minimiert werden muß, bedarf keines Kommentars. Gegen die Wahl des Recherstandortes wird man grundsätzlich nichts tun können. Dies spricht gegen die Anknüpfung am Recht des Einspeiseortes. Man darf sich allerdings fragen, ob „böswillige“ Internetanbieter tatsächlich den Aufwand treiben wollen, sich mit dem kompletten technischen Gerät in ein Drittland abzusetzen.[377] Dies dürfte eher unwahrscheinlich sein. Wahrscheinlicher ist die Anwahl eines Servers in einem Staat mit einem niedrigen Schutzniveau. Nach den oben gefaßten Kriterien genügt aber zumindest dieses Einwählen in das Netz mit Hilfe eines ausländischen Servers nicht, denn durch die Ausklammerung der ephemeren Zwischenspeichervorgänge führt dies nicht zur Anwendung eines anderen Rechts als das des Rechnerstandortes.[378] Wählt sich der Verletzer durch mehrere Rechner durch und läßt sich dies und insbesondere seine Person ausfindig machen, entscheidet ohne Zweifel der Ort, an dem die maßgeblichen Operationsbefehle für den Rechner gegeben werden, der die für Immaterialgüterrechte relevanten Informationen enthält, also der Steuerungsort.[379] Damit bliebe für ein forum-shopping nur noch der physische Wechsel des Rechnerstandorts übrig. Eine sicherlich geringe Gefahr, die überdies durch die primäre Anknüpfung am Recht des intendierten Marktes aufgefangen werden dürfte, denn der Standortwechsel wird sich nicht auszahlen, wenn die neue Kennung am beabsichtigten Abrufort nicht kundgetan wird, was wiederum auf eine Intendierung schließen läßt.

---

376 So etwa Gloy, Handbuch des Wettbewerbsrechts, § 27 Rn. 43; Nordemann/Goddar/Tönhardt/ Czychowski, CR 1996, 645, 651; Schönning, ZUM 1997, 34, 38, spricht insoweit vom forum-shopping.

377 Davon scheinen in der Tat Gloy, a.a.O. und Schönning, ZUM 1997, a.a.O., auszugehen.

378 Gegen das Recht des Einspeiseortes daher auch Pfeiffer, NJW 1997, 1207, 1215 li. Sp.

379 Vgl. auch Spindler, ZUM 1996, 533, 559, sowie Pfeiffer, a.a.O.

ccc) Aktivitäten des europäischen Gesetzgebers

Der bereits angeführte *europäische Datenbankrichtlinienentwurf* sieht zwar im Gegensatz zur Direktsatellitenrichtlinie keine Regelung zur Frage des Erwerbs der Verwertungsrechte vor,[380] aber eine dahingehende Neuregelung in der EU, die angesichts der Geschwindigkeit, mit der das Internet wächst, dringend geboten sein dürfte, wird sich an die Erwägungen halten, die die EG-Kommission in ihrem *Grünbuch „Urheberrechte und verwandte Schutzrechte in der Informationsgesellschaft"* fixiert hat. Dieses hat in Bezug auf die Frage des anwendbaren Rechts eine eindeutige Aussage: der Begriff der Wiedergabe im Rahmen eines Datennetzes soll EU-weit vereinheitlicht werden und die Ausstrahlungsrechte sollen nur noch für das Ursprungsland erworben werden müssen.[381] Zwar würde eine solche, noch zu fassende ergänzende Regelung nur für die EU-Mitgliedsstaaten gelten und sie würde höchstwahrscheinlich auch nur auf der Ebene des Sachrechts ansetzen, aber diese sachrechtliche Konfliktlösung des EG-Gesetzgebers hätte - wie bereits im Falle der Satellitenrichtlinie - durchaus kollisionsrechtliche Auswirkungen. Die Sachrechtsvereinheitlichung würde sich zudem auch auf Nicht-EU-Staaten auswirken, denn im Internet kann gleichfalls nicht nach dem Kriterium der EG-Mitgliedschaft differenziert werden. Berücksichtigt man, daß der europäische Gesetzgeber auch für Direktsatelliten unter Heranziehung von Kriterien, die auch für das Internet gelten könnten, von der Bogsch-Theorie abgekommen ist und sich für das Sendelandprinzip entschieden hat, bestünde insoweit ein einheitliches Anknüpfungsprinzip,[382] denn die Über-

---

380 Richtlinie des Rates 96/9/EG vom 11.3.1996 über den Schutz von Datenbanken, ABlEG Nr. L 77/96 vom 27.3.1996; vgl. auch oben 2. Kapitel III 5. Umsetzungstermin war der 1.1.1998.

381 Vgl. Grünbuch der EG-Kommission „Urheberrecht und verwandte Schutzrechte in der Informationsgesellschaft", KOM (95) 382 endg., auch abgedruckt in BRat Drs. 619/95, S. 38 ff., 42.

382 Auf den Zusammenhang mit der Regelung für Direktsatelliten weist ausdrücklich auch das Grünbuch der EG-Kommission hin, vgl. a.a.O., S. 41 und 42. Gegen die Vergleichbarkeit von Satelliten und Internet spricht sich Schönning, ZUM 1997, 34, 36 ff., 38, aus, allerdings mit wenig überzeugenden Argumenten. Warum die Zahl der potentiellen Ursprungsländer größer sein soll als im Falle eines Satelliten, wird nicht deutlich, denn jedes Land hat zugleich auch mehrere Fernseh- und Radiosender. Wenn Schönning den geringeren footprint eines Satelliten andeuten will, dann handelt es sich gleichwohl um dasselbe Problem, allenfalls um eine gewisse Größenordnung verringert, was aber nichts an der Vergleichbarkeit von Satellit und Internet ändert.

tragbarkeit der für Direktsatelliten gefaßten Kriterien auf das Internet wurde bereits bejaht.[383]

ddd) Das Argument der Lähmung des Internets

Schließlich darf es auch nicht dazu kommen, daß eine zu weit greifende Anknüpfung die Gefahr heraufbeschwört, das Internet zu lähmen. Die Anknüpfung am Recht aller Empfangsländer ist wie gezeigt mit erheblichen Haftungsfolgen für den Verwerter verbunden, ohne daß er sich hiergegen wehren könnte. Jede Untersagung in einem Staat auf dieser Erde hätte für den Internetanbieter globale Folgen, denn sie wirkt für das gesamte Internet.[384] Werden die Haftungsrisiken unübersehbar, und das wäre sicherlich der Fall, wenn alle Rechte der Erde zu beachten wären, hätte dies zwangsläufig zur Folge, daß sich Interessenten wieder vom Internet als Kommunikationsmedium abwenden. Damit betriebe man verfehlte Rechtspolitik, denn dem Internet gehört ohne Zweifel die Zukunft, und bei allen Risiken sind die technischen, kulturellen und wirtschaftlichen Chancen, die das Internet bietet, eine Bereicherung.

eee) Das Argument unterschiedlicher Schutzniveaus

Teilweise wird mit der Gefahr der Umgehung auch ein weiteres Kriterium genannt, das gegen die Heranziehung des Einwirkungsortes als Anknüpfungspunkt sprechen soll - die unterschiedlichen Schutzniveaus bzw. die fehlende internationale Harmonisierung auf dem Gebiet des gewerblichen Rechtsschutzes und Urheberrechts.[385] Knüpft man am Einwirkungs- bzw. Steuerungsort an, kann man sich nur auf die dortigen Rechte, verbunden mit staatsvertraglichen Mindestrechten berufen. Dies ist im Falle der Anknüpfung am Schutzland anders. Allerdings ist die mangelnde Harmonisierung auch und gerade ein Argument für

---

383 Anders nur Schönning, ZUM 1997, a.a.O., der eine kumulative Öffentlichkeit offenbar nicht anwenden will und behauptet, für Satelliten existierten im Unterschied zu sog. „Direktübertragungen" territoriale Grenzen.

384 Dies will offensichtlich Gloy, Handbuch des Wettbewerbsrechts, § 27, Rn. 51 in Kauf nehmen.

385 Vgl. etwa das Grünbuch der EG-Kommission „Urheberrecht und verwandte Schutzrechte in der Informationsgesellschaft", a.a.O. (Fn. 381), S. 41, das für die Anwendung des Rechts des Ursprungslandes die „weitgehende Harmonisierung des Rechts der Mitgliedsstaaten" voraussetzt, „um Standortverlagerungen und Schutzverluste für die Berechtigten zu vermeiden". Das Problem der unterschiedlichen Schutzniveaus sieht auch Schönning, ZUM 1997, 34, 38.

eine einheitliche Anknüpfung - also am Einwirkungsort -, denn sie korrespondiert mit der Vorhersehbarkeit,[386] die anderenfalls erfordern würde, alle einschlägigen Gesetze dieser Welt zu kennen. Freilich muß das Ziel des internationalen Immaterialgüterrechts darin liegen, in den nächsten Jahren Schutzgefälle auf Sachrechtsebene abzubauen; dies wird Aufgabe der WIPO bzw. der WTO sein.

fff) Die Gefahr von Anknüpfungslücken aufgrund Renvoi

Schließlich wird argumentiert, eine Anknüpfung am Einspeiseort könne Anknüpfungslücken hervorrufen[387], wenn sich zwei Staaten gegenseitig als Einspeiseort ansehen oder beide Rechte auf dieselbe Übertragung angewendet werden sollen.[388] Hierbei handelt es sich jedoch um ein Scheinargument, denn das Problem der Anknüpfungshäufung bzw. Anknüpfungsdefizite ist bereits im Rahmen der allgemeinen Erwägungen zur Anknüpfung der Verletzungshandlung aufgetaucht. Dort wurde festgestellt, daß die Anknüpfung am Schutzland viel eher zu einer Kumulierung der anwendbaren Rechte neigt als die Anknüpfung am Ursprungsland, was im Internet dem Einwirkungsort entspricht. Wendet man das Recht aller Empfangsländer an, dann sind auf einen einheitlichen Sendevorgang immer mindestens zwei Rechte anzuwenden, d.h. die Kumulierung ist hier der Regelfall. Umgekehrt ist bei der Anknüpfung am Einwirkungsort ein Anknüpfungsdefizit[389] - eine Anknüpfungshäufung erst recht - undenkbar. Im Falle eines Renvoi kann nur der Verweis an den Einspeiseort zurück und die Annahme dort stehen, nicht aber eine Lücke.[390]

---

386 Vgl. zuvor aaa.

387 Vgl. allein Schönning, a.a.O., S. 37 f.; mit dem Begriff Anknüpfungslücken meint er in diesem Zusammenhang Fälle, in denen zwei Kollisionsnormen einander derart gegenüberstehen, daß die eine Kollisionsnorm, auf die zunächst verwiesen wird, auf die Verweisungsnorm selbst zurückverweist und umgekehrt. Dieser Fall ist jedoch bereits nach Art. 4 Abs. 1 Satz 2 EGBGB undenkbar, da ein Renvoi als Sachnormverweisung angenommen wird, vgl. auch v. Bar, IPR Bd. I, Rn. 619.

388 Vgl. die Beispiele bei Schönning, ZUM 1997, a.a.O.

389 Denkbar wäre ein Anknüpfungsdefizit bzw. Normmangel nur dann, wenn sich kein Staat als Ursprungsland begreift, was jedoch schwer vorstellbar ist, da irgendwo immer eine Einwirkung feststellbar sein wird. Hier gibt es außerdem die Möglichkeit der Anpassung, vgl. v. Bar, IPR Bd. I, Rn. 627 ff.

390 Vgl. besagten Art. 4 Abs. 1 Satz 2 EGBGB.

dd) Fazit

Eine Kollisionsnorm zur Bestimmung des anwendbaren Rechts bei Verwertungshandlungen im Internet muß grundsätzlich am Recht des intendierten Marktes bzw., aus urheberrechtlicher Sicht, des intendierten Abrufortes anknüpfen. Diese Intendierung läßt sich jedoch nur mit Hilfe äußerer Kriterien, insbesondere der Werbeaktivität in einem bestimmten Markt, feststellen. Eine technische Möglichkeit der Eingrenzung der Nutzerstaaten existiert derzeit nicht. Wird eine solche irgendwann einmal geschaffen, was durchaus zu erwarten ist, muß sie in den Kreis der Kriterien miteinbezogen werden.

Für die Fälle, in denen ein intendierter Markt bzw. Abrufort nicht erkennbar ist, wird man von der Maßgeblichkeit des Rechts des Einwirkungsortes ausgehen müssen. Die Anknüpfung am Recht aller Empfangsorte ließe sich nur mit dem Argument der Umgehungsgefahr begründen. Alle anderen eben ausgeführten Kriterien sprechen mehr oder weniger eindeutig für die Anknüpfung am Einwirkungsort. Bei aller Urheberfreundlichkeit darf man nicht vergessen, daß eine zu rigide Anknüpfung unter Umständen den Weg in die Zukunft verbaut, da sie das Internet lähmen kann. Gleichwohl tun international einheitliche Regeln für die kollisionsrechtliche Behandlung von Internetverletzungen oder zumindest Rechtsangleichungen not.[391] Zwar ist eine kollisionsrechtliche Konfliktlösung wie gezeigt möglich,[392] aber ein international einheitliches System zur Lizenzierung von Rechten wäre hilfreich, um der Praxis die Vertragsgestaltung zu erleichtern und Ungleichbehandlungen zu vermeiden. Notwendig wäre auch die Ausweitung der internationalen Übereinkommen, um auf diese Weise ein Mindestschutzniveau zu schaffen, daß keine Schutzlückenpiraterie mehr zuläßt.

ee) Begriff des Einwirkungsortes

Unter dem Recht des Einwirkungsortes ist das Recht des Staates zu verstehen, in dessen Grenzen die wesentlichen Steuerungsbefehle für einen Rechner gegeben werden, der immaterialgüterrechtsrelevante Daten enthält, und von dem aus der Internetzugang veranlaßt wurde.[393] Der Standort des Servers ist hingegen

---

391 Praktisch einhellig findet sich daher die Forderung an die Gesetzgeber nach einer übergeordneten Kontrolle und einem „Netzverkehrsrecht", vgl. etwa Dreier, ZUM 1996, 533, 563; ders., ZUM 1996, 69, 72; Graefe, MA 1996, 103; Bechtold, ZUM 1997, 427, 444.

392 Insbesondere ist es nicht notwendig, eine weltweit einheitliche Jurisdiktion zu schaffen, wie dies von Mayer, NJW 1996, 1982, 1790 und Geller, GRUR Int. 1993, 526, 530 nahegelegt wird.

393 Vgl. bereits oben bbb.

irrelevant.[394] Diese Regeln gelten auch für die Lizenzierung von Immaterialgüterrechten. Im Falle der Verletzung von Immaterialgüterrechten bestimmt sich die Höhe des Schadens nach dem Recht aller Schutzländer, aber jeweils nur in Höhe des auf das Inland entfallenden Teils.[395]

Das Recht des Einwirkungsortes gilt auch für die übrigen Kommunikationsformen im Internet, die nicht auf einen bestimmten Staat gerichtet sind. Bei eindeutig erkennnbarer Verschleierungsabsicht oder Rechnerstandortverlegung in einen Staat, der als Markt offensichtlich nicht intendiert ist, und nur dazu dienen soll, marken- oder urheberrechtlich Rechtsgefälle auszunutzen,[396] wird im Zweifel der Staat intendiert gewesen sein, aus dem der Anbieter von Intzernetinformationen abgewandert ist.

V. Die Anknüpfung der Verletzungssanktion bei Gemeinschaftsschutzrechten

1. Die Ausgangslage - einheitliches Territorium, aber kollisionsrechtliche Verweisung auf nationales Recht für die Verletzungsfolgen

Im letzten Abschnitt dieses Kapitels sollen noch einmal die Gemeinschaftsschutzrechte ins Blickfeld rücken. Bisher wurde festgestellt, daß die Gemeinschaftsschutzrechte - Gemeinschaftspatent und Gemeinschaftsmarke - aufgrund ihrer EG-weiten Verleihung und der einheitlichen Entstehungsvoraussetzungen die immaterialgüterrechtliche Vorfrage entfallen lassen. Zu fragen ist nun, ob dies auch für die Hauptfrage nach dem anwendbaren Recht für die Verletzungssanktion gilt.

Die besondere Errungenschaft der Gemeinschaftsschutzrechte ist das einheitliche, länderübergreifende Territorium, für das sie Geltung erlangen. Schlag-

---

394 Vgl. a.a.O.

395 Vgl. bereits oben II 3; Spindler, ZUM 1996, 533, 559 spricht im Hinblick auf die Verletzung allgemeiner Persönlichkeitsrechte vom Mosaikprinzip, vgl. hierzu auch Looschelders, ZVglRWiss 95 (1996), 48, 81; dies entspricht jedoch genau dieser Vorgehensweise.

396 Wenn beispielsweise in einem schwarzafrikanischen Land, daß kein Urheberrecht kennt, allein auf Englisch gesendet wird, obwohl dort 99,8 % der Einwohner diese Sprache nicht sprechen. Das gleiche dürfte gelten, wenn von dort aus eine Internet-Jukebox betrieben wird, obwohl praktisch keine potentiellen Nutzer vorhanden sind. Zumeist wird man jedoch zugleich eine Intendierung erkennen können, vgl. oben bb.

wortartig läßt sich dies mit „ein Markt, ein Schutzrecht" zusammenfassen.[397] Naheliegend wäre daher auch für den Fall der Verletzung dieser Rechte die EG-einheitliche Sanktionierung - sprich, die entsprechenden Regelungswerke müßten auch die Haftungsvoraussetzungen und den Umfang der Haftung bzw. die Haftungsfolgen für den Fall einer Schutzrechtsverletzung enthalten. Dem ist aber nicht so; sowohl Art. 14 Abs. 1 (2) GMVO als auch Art. 34 Abs. 1 (2) GPÜ verweisen für den Fall einer Verletzung der Gemeinschaftsschutzrechte auf das für die Verletzung nationaler Rechte der Mitgliedsstaaten anzuwendende Recht.

2. Die kollisionsrechtliche Systematik der Gemeinschaftsschutzrechte

a) Die GemeinschaftsmarkenVO

Art. 14 Abs. 1 GMVO der zum 1.1.1996 für die Bundesrepublik in Kraft getretenen GemeinschaftsmarkenVO besagt: „Die Wirkung der Gemeinschaftsmarke bestimmt sich ausschließlich nach dieser Verordnung. Im übrigen unterliegt die Verletzung einer Gemeinschaftsmarke dem für die Verletzung nationaler Marken geltenden Recht gemäß den Bestimmungen des X. Titels". Diese sehr offen gehaltene Formulierung weist im Prinzip auf die Deliktsvorschriften der Mitgliedsstaaten hin, allerdings modifiziert durch die Zuständigkeitsvorschriften des X. Titels. Ob diese Verweisung auch für die Verletzungstatbestände gilt oder diese autonom nach Art. 9 GMVO zu bilden sind, wird allerdings nicht klar.[398]

Im X. Titel findet sich mit Art. 97 GMVO eine dem Art. 32 Streitbeilegungsprotokoll entsprechende Regelung zum anwendbaren Recht: Primär wenden die Gemeinschaftsmarkengerichte[399] die Vorschriften der GMVO an (Abs. 1). Nur für die Fragen, die nicht von der Verordnung erfaßt sind, also Haftungsfolgen und Verschulden, wenden die Gerichte ihr nationales Recht einschließlich des internationalen Privatrechts an (Abs. 2). Abs. 3 verweist schließlich für die Verfahrensvorschriften, vorbehaltlich besonderer Regelungen in der VO, auf die

---

[397] Vgl. Art. 2 Abs. 2 und 3 GPÜ bzw. Art 1 Abs. 2 GMVO: Gemeinschaftspatent und Gemeinschaftsmarke sind einheitlich und autonom.

[398] Vgl. insoweit auch die Kritik von Kohler, in: FS für Everling (1995), S. 651 ff., 661. Kohler vergleicht die Regelung mit Art. 94 der Verordnung über das gemeinsame Sortenschutzrecht, die ausdrücklich festlegt, daß eine Zuwiderhandlung gegen den materiellen Umfang des Schutzrechts eine Verletzung darstellt.

[399] Vgl. hierzu Art. 91 GMVO: die Mitgliedsstaaten müssen eine bestimmte (möglichst geringe) Anzahl von Gerichten als nationale sog. Gemeinschaftsmarkengerichte benennen und für Klagen vor diesen Gerichten einen doppelten Instanzenweg sicherstellen.

Verfahrensvorschriften am Gerichtsort. Art. 98 GMVO regelt die Sanktionen und verweist für die Unterlassungsverfügung auf die lex fori inklusive des dortigen IPR (Abs. 1). Für alle anderen Fragen, das sind auch hier die Voraussetzungen und Folgen des Schadensersatzes, verweist Art. 98 GMVO auf das nationale Recht inklusive des IPR am Begehungsort (Abs. 2).[400]

Fraglich ist, wie diese etwas verwirrende Vielfalt scheinbar eigenständiger Regelungen bezüglich des anwendbaren Rechts miteinander in Zusammenhang steht. Man muß hier die Systematik der Verfahrensvorschriften beachten. Art. 97 Abs. 2 GMVO kann nur die materiellen Haftungsvoraussetzungen umfassen, denn die Verfahrensvorschriften sind in Abs. 3 geregelt, und die Sanktionen, also die Rechtsfolgen einer Verletzung, sind gesondert in Art. 98 geregelt. Ausgehend von dem in Abs. 1 festgelegten Grundsatz der umfassenden Geltung der GMVO zielt Abs. 2 zwangsläufig auf den bereits genannten Art. 14 GMVO ab, also den Fall der Verletzung einer Gemeinschaftsmarke, der aus der GMVO ausgenommen ist. Für diese materiellen Haftungsvoraussetzungen spricht Art. 97 Abs. 2 eine Gesamtverweisung auf die lex fori aus - das nationale Recht der Gemeinschaftsmarkengerichte. Art. 97 Abs. 1 GMVO kann aber entnommen werden, daß insoweit die Benutzungsrechte des Art. 9 GMVO zu berücksichtigen sind; alles andere wäre auch unlogisch, da die Verletzung immer auf den speziellen Benutzungsrechten aufbauen muß. Ob hier der tragende Gedanke war, via Weiterverweisung letzlich die lex loci delicti zur Anwendung zu bringen, wird zunächst nicht klar. Zumindest für die Unterlassungsverfügung will Art. 98 GMVO aber offensichtlich eine uneinheitliche Anknüpfung vermeiden, denn die Fortsetzung der markenverletzenden Handlung muß dem Beklagten anscheinend nur einmal verboten werden, da grundsätzlich immer nur ein Gericht zuständig ist, eine mehrfache Zuständigkeit kommt nur ausnahmsweise in Betracht.[401] Nur für die „anderen Fragen" betreffend die Rechtsfolgen wendet das Gericht das Recht des Verletzungsortes an; im Falle mehrerer Verletzungen auch kumulativ

---

400 Neu ist insoweit die Hinzunahme der IPR-Regeln des Begehungsortes. Diese Formulierung fehlte noch im entsprechenden Art. 76 a des Entwurf aus dem Jahre 1988, Dok. 5865/88 des EG-Ministerrats vom 11. Mai 1988, veröffentlicht in GRUR Int. 1989, 388 ff.

401 Art. 93 GMVO besagt, daß primär das Gericht am Wohnsitz bzw. der Niederlassung des Beklagten zuständig ist. Erst in Ermangelung eines solchen kommt der Klägerwohnsitz bzw. dessen Niederlassung in Betracht. Haben beide Parteien weder Wohnsitz noch Niederlassung in der EG, sind die Gerichte am Sitz des europäischen Markenamtes zuständig - also die spanischen. Der Kläger hat aber im Falle einer Schutzrechtsverletzung ausnahmsweise die Möglichkeit, gemäß Art. 93 Abs. 5 GMVO das Gericht am Ort der Verletzungshandlung zu wählen und auf diese Weise eine territorial aufgespaltene Rechtsdurchsetzung zu erreichen.

(Abs. 2). Mit den anderen Fragen können, wenn in Abs. 1 bereits die Unterlassungsfolge geregelt war, nur noch Schadensersatz, entgangener Gewinn, die Gewinnabschöpfung beim Verletzer und ein etwaiger immaterieller Schadensausgleich gemeint sein. Problematisch ist, ob hierunter auch Auskunftsansprüche und Rechnungslegung sowie Verjährungsfragen zu subsumieren sind, denn beides sind in vielen Staaten prozessuale Fragen,[402] die gemäß Art. 76 Abs. 3 der lex fori unterfielen. Hier gibt es keine feste Lösung, sondern wird es auf den Einzelfall ankommen, je nachdem, wie das Gericht diese Fragen einordnet.[403]

Aufbauend auf den Verletzungstatbeständen des Art. 9 GMVO verweist Art. 14 Abs. 1 Satz 2 in Verbindung mit Art. 97 Abs. 2 GMVO somit für die Frage der Haftungsvoraussetzungen auf die lex fori. Spricht das Gericht eine Unterlassungsverfügung aus, so bestimmt sich diese gemäß Art. 98 GMVO einheitlich für den gesamten Schutzraum nach der lex fori. Verurteilt das Gericht zu Schadensersatz, so bestimmen sich dessen Voraussetzungen allerdings nach der lex loci delicti.

b) Die kollisionsrechtliche Systematik des GPÜ

Die gleiche Systematik findet sich im Prinzip im Gemeinschaftspatentübereinkommen. Art. 34 Abs. 1 GPÜ lautet: „Die Wirkung des Gemeinschaftspatents bestimmt sich ausschließlich nach diesem Übereinkommen. Im übrigen unterliegen die Verletzungen eines Gemeinschaftspatents dem nationalen Recht, das auf die Verletzung eines nationalen Patents in dem Vertragsstaat anzuwenden ist, in

---

402 So etwa in den USA, vgl. Geimer, Internationales Zivilprozeßrecht, Rn. 57 a und b (Auskunft und Mitwirkung) bzw. Rn. 351 mit weiteren Nachweisen (Verjährung). Vgl. auch die Entscheidung des LG Düsseldorf vom 27.10.1966 in GRUR Int. 1968, 101, 104 - „Frauenthermometer": das Gericht wendete auf die Verletzung eines spanischen Gebrauchsmusters zuterffenderweise spanisches Recht an, griff aber für den Auskunsftsanspruch zur Berechnung der Schadenshöhe auf sein eigenes deutsches Recht zurück. Begründet wurde dies mit der Zulassung der Anspruchsdurchsetzung in Deutschland, für die auch bezüglich der hierzu zur Verfügung stehenden Mittel - nämlich den Auskunftsanspruch - die gleichen Voraussetzungen gelten müßten wie im Falle eines Inländers, der seine Rechte durchsetzen will.

403 Denkbar ist hier insbesondere ein Normmangel, der theoretisch dadurch entstehen kann, wenn am Gerichtsort, der Auskunftsansprüche als eine Frage des materiellen Rechts ansieht, das Recht eines ausländischen Schutzlandes angewendet werden muß, in dem Auskunftsansprüche üblicherweise dem Prozeßrecht unterfallen. In diesem Fall wird eine hypothetische Qualifikationsrückverweisung der lex causae auf die lex fori vorgeschlagen, die beim inländischen Recht abgebrochen wird, vgl. Geimer, Internationales Zivilprozeßrecht, Rn. 57 b sowie Schack, IPRax 1991, 350 f.

dem sich das mit der Sache befaßte Gericht befindet, soweit nicht nach dem internationalen Privatrecht dieses Staates das nationale Recht eines anderen Vertragsstaates anzuwenden ist".[404] Mit dieser durchaus nicht unumstrittenen Regelung sieht auch das GPÜ von einer einheitlichen Regelung des Schadenersatzanspruchs und des Verschuldens ab.[405] Statt dessen wird ein kollisionsrechtlicher Weg gewählt und auf die lex fori verwiesen, soweit das IPR des Forumstaates keine anderweitige Regelung vorsieht.[406] Bemerkenswert ist, daß nicht die kollisionsrechtliche Verweisung auf das Recht des Verletzungsortes unmittelbar in das Abkommen übernommen wurde, obwohl nach Ansicht der beratenden Kommissionen die lex loci delicti im Kollisionsrecht aller Mitgliedsstaaten enthalten war.[407] Der Grund hierfür war, daß man die Schwierigkeiten bei der Auslegung des Begriffs des Verletzungsortes für so groß hielt, daß die Verweisung auf die lex fori vorgezogen wurde.[408] Das eigentliche Ziel bei der Fassung

---

404 Die Regelung ist insoweit wortgleich mit dem früheren Art. 36 Abs. 1 GPÜ, der bis 1991 in dieser Form bestand. Erst mit dem aktuellen Übereinkommenstext wurde er zu Art. 34 GPÜ.

405 Bereits in der ersten Fassung des Vorentwurfs eines Abkommens über ein europäisches Patentrecht aus dem Jahre 1962, damals ausgearbeitet von einer Arbeitsgruppe und veröffentlicht in GRUR Int. 1962, 561 ff., war in Art. 20 b Abs. 2 diese uneinheitliche Regelung ausdrücklich auch für die Frage der Teilnahme und des Verschuldens vorgesehen. Zur Kritik vgl. Hess, Die Patentverletzung im europäischen Patentsystem (1987), S. 55 ff. sowie Kretschmer, GRUR 1980, 161, 162. In der zweiten Fassung des Vorentwurfs 1962 wurde das nationale Recht ergänzend auch für die Rechte aus dem europäischen Patent zur Anwendung berufen. Art. 20 b des Vorentwurfs aus dem Jahre 1965, veröffentlicht in Dok. 2335/IV/65-D vom 22.1.1965, formulierte ähnlich der heutigen Fassung einen Verweis auf die lex fori mit dem Vorbehalt einer anderweitigen Verweisung des nationalen IPR. Diese Regelung wurde auch in den beiden „Vorentwürfen eines Übereinkommens über das Europäische Patent für den gemeinsamen Markt" aus den Jahren 1970 und 1971, veröffentlicht in GRUR Int. 1970, 122 ff., beibehalten. Zur Historie vgl. Moser v. Filseck, GRUR Int. 1970, 1 ff. Zur Luxemburger Konferenz über das Gemeinschaftspatent vgl. GRUR Int. 1976, 187 ff.

406 Also das Recht des Verletzungsortes, vgl. hierzu auch Singer, Das neue europäische Patentsystem (1979), S. 151.

407 Dies bestätigt Singer, a.a.O. Auf das Schutzlandprinzip kommt es in diesem Zusammenhang nicht an, denn die Gemeinschaftsschutzrechte unterliegen einem einheitlichen Territorium. Schutzland im eigentlichen Sinne wäre daher der gesamte Schutzraum. Da es in diesem Zusammenhang jedoch um Haftungsfragen in einem einheitlichen Territorium geht, das allerdings verschiedene Haftungssysteme beinhaltet, ist die lex loci delicti maßgebend.

408 Vgl. den Bericht über die 2. Sitzung der Untergruppe „Rechtsfragen" der Arbeitgruppe „Gemeinschaftspatente" vom 27. - 30. Nov. 1972 in Brüssel, Dok. BC 33/72 = R/2724/27, Rn. 46: Diese Lösung biete den Vorteil, daß sie den nationalen Gerichten den erforderlichen Spielraum bei der Anwendung der Kollisionsnorm lasse.

des Art. 34 Abs. 1 (2) GPÜ war aber gleichwohl die Anwendung der lex loci delicti, allerdings mittelbar über das IPR des Forumstaates, um den nationalen Gerichten hinsichtlich einer möglichen Weiterverweisung einen weiten Beurteilungsspielraum zu belassen.[409]

Diese Auslegungsfrage ist mit dem Streitbeilegungsprotokoll vom 15. Dezember 1989[410] teilweise obsolet geworden, denn dort verweist Art. 32, der inhaltlich Art. 97 GMVO entspricht, zwar nach wie vor auf die lex fori, Art. 35 Abs. 2 knüpft jedoch für die Sanktionen teilweise am Begehungsort an - sprich: der lex loci delicti.[411] Auf eine einheitliche Regelung wurde nach wie vor verzichtet. Art. 34 Abs. 1 (2) GPÜ knüpft somit an den materiellen Verbotstatbestand in Art. 25 und 26 GPÜ an und beruft im Falle einer hiernach verbotenen Benutzungshandlung das Recht des Mitgliedsstaates inklusive seines IPR zur Anwendung, in dem sich das zuständige Gericht befindet. Nach diesem Recht bestimmen sich die Haftungsvoraussetzungen, soweit sie sich nicht schon aus dem GPÜ selbst ergeben, sowie eine mögliche Unterlassungsverfügung durch das Gericht. Nur die Schadensersatzansprüche bestimmen sich nach dem Recht des Ortes, an dem die Verletzungshandlung betreffend ein Gemeinschaftspatent lokalisiert wurde, und müssen folglich im Falle einer Multi-state-Verletzung kumuliert werden.

3. Folgen für das autonome IPR

Fraglich ist, ob mit diesen Anknüpfungsregeln bereits eine abschließende und umfassende Regelung getroffen wurde oder ob noch Raum für die Anwendung des nationalen IPR bleibt. Angesichts der Tatsache, daß die lex loci delicti bzw. die lex fori, auf die die Abkommen abstellen, auch im nationalen Recht verwurzelt sind, ist davon auszugehen, daß die Verweisungen, sofern sie auf den Begehungsort zielen, immer angenommen werden. Die etwas befremdliche Folge ist damit, daß die quasi-Universalität, die durch die Schaffung eines einheitlichen Schutzraums für die Schutzrechte erreicht wurde, auf der Sanktionsseite wieder durchbrochen wird, da nach verschiedenen Rechten angeknüpft werden kann. Dies gilt insbesondere auch dann, wenn der Geschädigte den Begehungsort als

---

409 Vgl. hierzu auch Stauder, GRUR Int. 1983, 586, 588 sowie Hess, Die Patentverletzung im europäischen Patentsystem (1987), S. 48.

410 Der Vertragstext findet sich im BGBl. 1991 II, S. 1378 ff.

411 Insoweit aber mißverständlich Bruchhausen, GRUR Int. 1990, 707 ff., 708, der davon auszugehen scheint, daß die Verweisung auf die lex fori mit dem Streitbeilegungsprotokoll durch die Verweisung auf die lex loci delicti ersetzt worden sei. Dem ist nicht so; allein für die Schadensersatzsanktion gilt das Recht des Begehungsortes direkt.

Gerichtsort wählt, was beide Regelungswerke vorsehen.[412] In diesem Fall kommt es zwangsläufig zu einer territorial aufgesplitterten Rechtsverfolgung, denn lex fori und lex loci delicti fallen zusammen. Im Falle der Verweisung auf die lex fori hängt die Frage, welches Recht letztlich zur Anwendung kommt, entscheidend von der gerichtlichen Zuständigkeit ab. Diese ist grundsätzlich immer einheitlich am Wohnort des Beklagten.[413] Damit ergibt sich via lex fori-Verweisung die Möglichkeit einer einheitlichen Rechtsverfolgung nach dem materiellen Recht des Gerichtsortes, sofern das IPR des Forumstaates nicht auf den Begehungsort weiterverweist. Diese Möglichkeit ist allen Bestimmungen immanent.

Die Regelungswerke bewirken somit - für die Schadensersatzfolgen immer und ansonsten bei der Wahl des Begehungsortes als Klageort - durch das Recht des Begehungsortes eine territorial aufgesplitterte Rechtsverfolgung. Dies wirft bei Verletzungen, die sich unschwer in einem Vertragsstaat lokalisieren lassen oder aufgrund getrennter Handlungen auch in mehreren Staaten, naturgemäß keine Probleme auf, denn das anzuwendende Recht ist klar erkennbar. Eine solche Verletzungshandlung wird aber sicherlich die Ausnahme darstellen, denn die Gemeinschaftsschutzrechte haben einen einheitlichen Schutzraum in einem gemeinsamen und einheitlichen Markt der Mitgliedsstaaten. Eine Verletzung wird sich daher praktisch immer auf den gesamten Markt und damit grenzüberschreitend auf alle Vertragsstaaten auswirken, ohne daß in einem Vertragsstaat ein Schwerpunkt lokalisiert werden könnte. Mit anderen Worten: im gemeinsamen Markt gibt es nur noch Multi-state-Delikte. Eine feste Lehre zur Lokalisierung der Verwertungshandlung bei solchen bzw. grenzüberschreitenden Delikten fehlt jedoch im internationalen Immaterialgüterrecht.[414] Auch wenn Art. 35 Abs. 2 des Streitbeilegungsprotokolls und Art. 98 Abs. 2 GMVO eindeutig den Handlungsort nennen, hilft dies bei einer Multi-state-Verletzung nicht weiter, denn es wird gerade nicht an einem bestimmten Ort gehandelt, sondern an mehreren. Es fragt sich daher, wie in einem gemeinsamen Schutzraum verfahren werden soll.

Zunächst könnte man an eine Übertragung der Rechtsprechung zu den grenzüberschreitenden Verwertungshandlungen, die zu Anfang dieses Kapitels skizziert wurde, denken.[415] Dies erweist sich aber als problematisch, denn die dort

---

412 Vgl. Art. 14 Abs. 5 Streitbeilegungsprotokoll zum GPÜ und praktisch wortgleich Art. 93 Abs. 5 GMVO.

413 Vgl. Art. 14 Abs. 1 Streitbeilegungsprotokoll bzw. Art. 93 Abs. 1 GMVO, hierzu auch oben, Fn. 398.

414 Vgl. oben II 2 und 3.

415 Von der Möglichkeit, einen Eingriffsschwerpunkt bilden zu können, geht offensichtlich auch Bossung, Zuständigkeit und Verfahren für Klagen die Gemeinschaftspatente be-

gefaßten Erwägungen bezogen sich zum einen auf Schutzrechte, die gerade nicht einem einheitlichen Territorium unterlagen, und zum anderen häufig auf die Situation eines patent- oder markenfreien Auslandes.[416] Sowohl die Gemeinschaftsmarke als auch das Gemeinschaftspatent wollen hingegen ein einheitliches Schutzrecht für den gemeinsamen Markt und gerade kein neues Bündelpatent schaffen. Hieran ändert auch die teilweise subsidiäre Anknüpfung an nationales Recht nichts,[417] denn damit soll nur der Tatsache Rechnung getragen werden, daß auf dem Territorium der Gemeinschaftsschutzrechte nach wie vor zwölf eigenständige Haftungssysteme existieren. Betrachtet man die Systematik und die Zielsetzung der Übereinkommen, die in praktisch allen Fragen Einheitlichkeit vorsehen, kann dem auch nur die einheitliche Behandlung der Verletzungen gerecht werden,[418] denn die Verbotsrechte (Art. 25 ff. GPÜ bzw. 9 GMVO) sind einheitlich definiert, die Rechtsgültigkeit (Art. 2, 72, 73 GPÜ bzw. Art. 1, 103 GMVO) wird einheitlich behandelt und der Schutzbereich kann einheitlich bestimmt werden.[419] Stauder schlägt daher für das GPÜ vor, dieses Ziel mit Hilfe einer einschränkenden Auslegung des Art. 34 I S. 2 GPÜ zu verwirklichen:[420] Primär verweise die Vorschrift auf die lex fori. Die anschließende Weiterverweisung auf das Recht des Verletzungsortes, formuliert als ein dem entgegengesetzter Vorbehalt, sei dann jedoch nur für den Fall der Verletzung gedacht, der einen eindeutigen Bezug zu einem Mitgliedsstaat hat. In Fällen von grenzüberschreitenden Verletzungshandlungen sei die Weiterverweisung durch die Gerichte nicht zu beachten, sondern die lex fori sei einheitlich für den gesamten Schutzraum anzuwenden.[421] Diese Argumentation ließe sich ebenso auf die GMVO übertragen, da sie die gleiche kollisionsrechtliche Systematik beinhaltet.

---

treffend, in: Die Luxemburger Konferenz über das Gemeinschaftspatent - Bericht der deutschen Delegation, GRUR Int. 1976, 187 ff., 229, aus, denn er meint, in solchen Fällen könne die ergänzende Anwendung nur eines nationalen Rechts in Betracht kommen - in diesem Falle der lex fori. Eine plausible Begründung fehlt allerdings.

416 So auch Stauder, GRUR Int. 1983, 586, 589.

417 Anders nur RGRK-Wengler, BGB, 12. Aufl., Bd. IV - 2, § 17, S. 949 (Fn. 16).

418 Vgl. Stauder, a.a.O., S. 589. In diesem Sinne auch Bossung, GRUR Int. 1976, a.a.O., der die einheitliche Rechtsverfolgung für „in weit höherem Maße praktikabel“ erachtet.

419 Vgl. Art. 2 GPÜ bzw. 1 GMVO: dies geschieht entweder gutachtlich durch die Nichtigkeitskammer oder verbindlich durch die Gerichte. Auf die Einheitlichkeit der Schutzrechtssysteme weist in diesem Zusammenhang auch Bossung, a.a.O., hin.

420 Vgl. a.a.O., S. 589, wenn Stauder insoweit von Art. 36 I LPÜ spricht, so liegt dies daran, daß er sich auf den damals gültigen, mittlerweile aber überholten Entwurf aus dem Jahre 1975 bezieht.

421 Für eine einheitliche Anknüpfung im Sinne der lex fori auch Bossung, a.a.O., S. 229, allerdings wird nicht dargelegt, wie dieses Ergebnis erreicht wird.

Fraglich ist aber, ob dies mit dem Wortlaut zu vereinbaren ist. Dies ist unproblematisch bei den Haftungsvoraussetzungen und der Unterlassungsverfügung des Gerichts der Fall, denn hier wird über die lex fori an sich einheitlich angeknüpft. Hier ist es daher möglich, die „Regeln des nationalen IPR", die an sich als Weiterverweisung gedacht sind, teleologisch auf den Fall einer Single-state-Verletzung zu reduzieren, sofern die einheitliche Anknüpfung nicht ohnehin gewollt ist; dies wird im Falle der Unterlassungserklärung besonders deutlich.

Eine solche einschränkende Auslegung scheitert aber im Falle der Schadensersatzverurteilung, denn hier verweisen die einschlägigen Regelungen unzweifelhaft und eindeutig auf den Begehungsort und statuieren damit eine uneinheitliche, territorial aufgespaltene Anknüpfung. Allenfalls das IPR des Begehungsortes könnte im Falle des Art. 98 Abs. 2 GMVO zu einer einheitlichen Anknüpfung führen. Aber hier ist eine Abkehr von der lex loci delicti nicht zu erwarten. Man könnte aufgrund des einheitlichen Territoriums und des damit verbundenen Wegfalls der Begrenzung auf das Recht des Schutzlands allenfalls an das Günstigkeitsprinzip denken, für das nun theoretisch wieder Raum wäre. Hiergegen lassen sich aber zwei Gründe anführen: Zum einen stehen sich hier nicht Handlungs- und Erfolgsort gegenüber, sondern nur mehrere, in verschiedenen Staaten gelegene Handlungsorte. Zum anderen ist der Bereich des Schadensersatzes der Teil des Deliktsrechts der Mitgliedsstaaten, in dem sich traditionsgemäß die geringsten Diskrepanzen finden.[422] Auch eine uneinheitliche Anknüpfung führt somit letztlich nicht zu schwerwiegenden Haftungsdiskrepanzen oder Unbilligkeiten.

---

422 Vgl. hierzu aus Sicht des Patentrechts die rechtsvergleichende Übersicht bei Bruchhausen, Können die bei einer Patentverletuzng entstehenden Ausgleichsansprüche harmonisiert werden?, GRUR Int. 1990, 707, 710 ff. mit weiteren Nachweisen.; sowie die Länderberichte und den Tagungsbericht zur Arbeitssitzung „Schadensersatz im gewerblichen Rechtsschutz und Urheberrecht" im Jahre 1979 in Lausanne von Katzenberger und Stauder, GRUR Int. 1980, 259 ff., 298 f. Insbesondere beim Ersatz der Vermögensminderung und dem Ersatz des entgangenen Gewinns besteht bereits heute größtenteils Einheitlichkeit. Diese läßt sich auch für den Bereich des Markenrechts annehmen, da die Haftungsgrundsätze in aller Regel für alle absoluten Rechte, insbesondere die gewerblichen Schutzrechte, die gleichen sind.

6. Kapitel - Zusammenfassung der Ergebnisse und Ausblick

I. Zusammenfassung

1. Zwischen dem Urheberrecht und den gewerblichen Schutzrechten besteht hinsichtlich ihres Geltungsbereichs ein grundsätzlicher Unterschied. Aufgrund ihres weithin verstandenen Charakters als staatlich verliehene Rechte sind die gewerblichen Schutzrechte - Patent und Marke - mit wenigen Ausnahmen schon prinzipiell als territorial begrenzt anzusehen. Das gleiche läßt sich für die Rechte sagen, die durch bloße Benutzung entstehen, da ihre Einräumung von der rechtlichen Anerkennung auf einem bestimmten Markt abhängt. Hinzu kommt, daß die internationalen Abkommen, allen voran die PVÜ, offensichtlich von territorial begrenzten Rechten ausgehen. Auch die Achtung der Souveränität der Gesetzgebungsautonomie anderer Staaten erfordert es, gewerbliche Schutzrechte nicht über die Grenzen des Verleihungsstaates hinaus auszudehnen.

Das Urheberrecht hingegen muß wegen seiner besonderen und von den gewerblichen Schutzrechten abweichenden Natur differenziert betrachtet werden. Der Urheber erhält nicht etwa eine Vielzahl von Urheberrechten, sondern es entsteht nur ein Urheberrecht, das lediglich in seinem Schutzumfang national begrenzt ist. Ein so verstandenes Urheberrecht ist auch mit den internationalen Abkommen, allen voran Art. 5 Abs. 2 RBÜ, vereinbar, da auch diese lediglich ein in seinen allgemeinen Wirkungen begrenztes Urheberrecht vorsehen. Auf keinen Fall kann aus ihnen ein im Hinblick auf seine Inhaberschaft begrenztes Urheberrecht entnommen werden. Eine solche Begrenzung läßt sich auch nicht anderweitig begründen.

2. Die Grundsätze des gemeinsamen Marktes haben auf den allgemeinen Geltungsbereich der Immaterialgüterrechte keinen Einfluß. Die Territorialität der Schutzrechte ist, zumindest was ihre Verletzung anbetrifft, vom spezifischen Gegenstand der Rechte gedeckt. Nur wenn sie zur Abschottung bereits bestehender Märkte genutzt wird, verstößt sie gegen die Freiheit des Warenverkehrs.

Die Gemeinschaftsschutzrechte erweitern nur das Schutzterritorium eines Immaterialgüterrechts, bedeuten aber nach außen keine Abkehr vom Territorialitätsprinzip. Innerhalb des Binnenmarktes gilt allerdings faktische Universalität.

3. a) Was die Anknüpfung der Immaterialgüterrechte anbetrifft, gilt folgendes: Aufgrund des Zusammenhangs zwischen Geltungsbereich und Anknüpfung der Schutzrechte ergibt sich aufgrund der territorialen Begrenzung der gewerblichen Schutzrechte, daß für deren Anknüpfung allein das Recht des Verwer-

tungsortes maßgeblich sein kann. Diese Anknüpfung gilt grundsätzlich uneingeschränkt, d.h. auch für die Erstinhaberschaft und den Schutz des Handelsnamens bzw. der Firma sowie Ausstattungen und anderen registerfreien Kennzeichnungsrechten. Einzig die Inhaberschaft an Arbeitnehmererfindungen bestimmt sich entsprechend dem Arbeitsstatut.

Die Übertragung gewerblicher Schutzrechte bestimmt sich nach dem Vertragsstatut, das sich wiederum nach dem Sitz desjenigen richtet, der das Recht oder Lizenzen an einem Recht überträgt. Dem Vertragsstatut unterfallen alle wesentlichen Fragen der Übertragung. Ein Verfügungsstatut ist nicht gesondert anzuknüpfen. Dem Recht des Schutzlandes unterfallen die Frage der Übertragbarkeit, ein etwaiger gutgläubiger Erwerb und die Wirksamkeit von Formalakten. Die Form des Vertrages richtet sich nach Art. 11 EGBGB.

b) Für die Anknüpfung des Urheberrechts gilt im Prinzip das gleiche: Entstehung, allgemeine Wirkungen und Erlöschen des Urheberrechts bestimmen sich nach dem Recht des Schutzlandes. Mit der Anknüpfung am Recht des Ursprungslandes, wie sie teilweise vertreten wird, setzt man sich hingegen in Widerspruch zum Gedanken der Souveränität ausländischer Rechtsordnungen und entscheidenden Interessen des Verkehrsschutzes. Die mangelnde Territorialität des Urheberrechts äußert sich nur in der Anknüpfung der Erstinhaberschaft, für die das Recht des Ursprungslandes, gleichbedeutend mit dem Ort der ersten Veröffentlichung, vorbehaltlich anderweitiger Regelungen in den Staatsverträgen, maßgebend ist, da eine uneinheitliche Anknüpfung dieser Vorfrage zu absurden Ergebnissen führen würde.

Für die Übertragung des Urheberrechts bzw. die Einräumung von Lizenzen gilt das gleiche wie für die gewerblichen Schutzrechte.

4. a) Im Rahmen der Verletzungsanknüpfung ergeben sich für die Immaterialgüterrechte gewisse Besonderheiten, verglichen mit dem allgemeinen Deliktsstatut: Die Limitierung der Immaterialgüterrechte auf einen Schutzstaat bewirkt, daß es im Falle grenzüberschreitender Verletzungshandlungen keine Trennung zwischen Handungs- und Erfolgsort geben kann, da grundsätzlich nur inländische Handlungen im jeweiligen Schutzstaat maßgeblich sein können. Auf kollisionsrechtlicher Ebene kommt es somit zu zwei getrennten Handlungsorten. Aus demselben Grund findet auch keine Auflockerung des Deliktsstatuts statt. Entscheidende Bedeutung kommt somit der Lokalisierung des Eingriffsortes zu. Hier können ausnahmsweise ausländische Tatbeiträge mit einbezogen werden, wenn diese auf ein ausländisches Schutzrecht gerichtet sind und die Auslegung

des materiellen Rechts des Schutzlandes dies erfordert. Diese ausländischen Tatbeiträge dürfen jedoch keine vollwertige inländische Verletzungshandlung darstellen, da sie sonst auf ein anderes Schutzrecht gerichtet sind.

b) Einen besonderen Fall grenzüberschreitender Verletzungshandlungen stellen Rundfunksendungen, und hier insbesondere Satellitensendungen, dar. Vor allem letztere führen praktisch immer zu einer Tangierung mehrerer Staaten und Urheberrechtssysteme. Der Schutz der Urheber erfordert es daher an sich, an alle tangierten Empfangslandrechte anzuknüpfen. Dem steht allerdings für den EU-Raum die auf der EG-Satellitenrichtlinie 93/83 vom 27.9.1993 beruhende Neuregelung des § 20 a UrhG entgegen, die für sogenannte europäische Satellitensendungen auf das Recht des Sendelandes verseist. Damit wird einer kollisionsrechtlichen Anknüpfung am Recht des Empfangslandes innerhalb der EU der Boden entzogen. Auf Nicht-EU-Staaten wirkt sich die Neuregelung nicht aus, weshalb insoweit eine Anknüpfung am Recht aller Empfangsländer möglich ist.

c) Zu einer ernsthaften Infragestellung des Territorialitätsprinzips als sachrechtliche Grundlage der Anknüpfung von Immaterialgüterrechten führt das Internet. Bedingt durch seine Virtualität und Globalität lassen sich Verletzungshandlungen nicht mehr in ein System territorial begrenzter Verwertungsrechte einordnen, denn die Daten auf dem Informationshighway sind verselbständigt, und aufgrund des jederzeitigen Zugriffs weltweit verschwimmen nationale und internationale Sachverhalte. Hinzu kommen materiellrechtliche Qualifikationsprobleme.

Dies zwingt zu einer differenzierten Anknüpfung: im Hinblick auf die Kommunikationsvorgänge erscheint die Anknüpfung am intendierten Markt bzw. Abrufort am sinnvollsten. Diese läßt sich jedoch nur mit Hilfe äußerer Hilfskriterien feststellen. Als Indiz taugt derzeit nur der Werbemarkt. In Ermangelung eines intendierten Marktes kann allein dieAnknüpfung am Einwirkungsort überzeugen, da alle anderen Anknüpfungen zu einer nicht mehr praktikablen Kumulation der anwendbaren Rechte führen, die mittelfristig, aufgrund des unübersehbaren Haftungsrisikos, zu einer Lähmung des Internets führen würde. Dieses Anknpfungsprinzip gilt sowohl für die Einräumung von Internet-Lizenzen wie auch für die Folgen von unberechtigten Verwertungshandlungen.

d) Die Anknüpfung von Verletzungshandlungen im Rahmen der Gemeinschaftsschutzrechte führt trotz deren quasi-Universalität für die Schadensersatzfolgen sowie bei der Wahl des Begehungsortes als Klageort zu einer territorial aufgesplitterte Rechtsverfolgung. Problematisch ist hierbei die Behandlung von Multi-state-Delikten. Aufgrund der Systematik und Zielsetzung der Übereinkommen, die in praktisch allen Fragen Einheitlichkeit vorsehen, kommt auch nur die einheitliche Behandlung der Verletzungsfolgen in Betracht. Dies ist mit Hilfe einer einschränkenden Auslegung des Art. 14 Abs. 1 in Verbindung mit Art. 97 Abs. 2 GMVO bzw. Art. 34 Abs. 1 S. 2 GPÜ zugunsten der lex fori möglich. Diese scheitert aber im Falle einer Schadensersatzverurteilung, da hier auf das Recht des Begehungsortes verwiesen wird.

II. Ausblick

Das internationale Immaterialgüterrecht befindet sich an der Schwelle zum 21. Jahrhundert an einem wichtigen Scheideweg. Vermochte das althergebrachte System territorial begrenzter Verwertungsrechte, verbunden mit dem fremdenrechtlichen und teilweise kollisionsrechtlichen Schutz internationaler Abkommen, die durch ständige Revisionskonferenzen den veränderten tatsächlichen und rechtlichen Gegebenheiten angepaßt wurden,[1] bisher alle Konflikte im grenzüberschreitenden Rechtsverkehr zu lösen, so stellen neue Treibkräfte, wie *Geller* sie bezeichnet,[2] diese „Weltordnung" teilweise in Frage. Die Welt rückt ständig enger zusammen. Nichts trägt dieser Globalität mehr Rechnung als das Internet. Der Datenhighway ist das Tor in die Zukunft. In wenigen Jahrzehnten werden Rundfunk und Fernsehen, möglicherweise auch Bücher durch das Internet abgelöst, und das Internet wird Werbemarkt für alle erdenklichen Produkte sein.

Daneben wird eine zweite Entwicklung deutlich: die supranationale Gesetzgebung der EG, die die Regeln der großen Konventionen schon heute weitgehend verdrängt hat.[3] Hier finden sich zahlreiche Ansätze, seien es die Gemeinschaftsschutzrechte oder die Richtlinien betreffend Satellitenübertragungen und Datenübertragungen, die das Territorialitätsprnzip innerhalb des gemeinsamen Marktes obsolet werden lassen.

Beide Entwicklungen zwingen dazu, über eine Neustrukturierung des internationalen Immaterialgüterrechts nachzudenken. Auf mittelfristige Sicht kann nur

---

1 So etwa die Art. 11bis und 9bis RBÜ; ebenso das Rom-Abkommen, das in die Lücke springen mußte, die die neuen urheberrechtlichen Leistungsschutzrechte, die bei Gründung der Berner Union noch unbekannt waren, aufgerissen hatten.

2 Vgl. Geller, GRUR Int. 1993, 526, 528, der zwischen klassischen, fortwirkenden und jüngeren bzw. neuen Treibkräften im internationalen Urheberrecht unterscheidet.

3 Vgl. Geller, a.a.O., 529 (Fn. 13).

eine Anpassung an diese neuen Kräfte in Betracht kommen. Wichtigstes Instrument werden auch im nächsten Jahrtausend die großen Konventionen sein. Aber das System der Inländerbehandlung, verbunden mit weitreichenden Mindestrechten, baut nun einmal auf dem Gedanken territorial begrenzter Rechte auf. Diese Konzeption versagt, wenn Verletzungshandlungen nicht mehr auf ein bestimmtes Territorium festgelegt werden können, und sie läuft ins Leere, wenn eine Reihe der weltweit führenden Industriestaaten ein supranationales Immaterialgüterrechtssystem aufbaut. Allein die EG ist derzeit bemüht, ein länderübergreifendes Urheberrechtssystem für Datennetze zu schaffen. Die Zukunft auch der großen Konventionen kann nur in der Übernahme eines solchen Modells für den Bereich des Internets, möglicherweise auch für den Satellitenrundfunk, bestehen. Es kann nicht richtig sein, daß sich der Rechtsschutz Land für Land vorantasten, während es in der Rechtswirklichkeit, faktisch gesehen, keine Grenzen mehr gibt. Freilich wird man nicht so weit gehen müssen, ein komplett neues System des internationalen Urheberrechtsschutzes zu fordern[4] oder die Pariser Verbandsübereinkunft aufheben zu wollen. Es genügt, die neuen Triebkräfte, und hierzu dürften heute auch die Satelliten zählen, derart in das aktuelle Urheber- und Markenrechtssystem zu integrieren, daß die zwangsläufig notwendige weltweit einheitliche Anknüpfung nicht am System einzelstaatlichen Immaterialgüterrechtsschutzes scheitert. Notwendig ist somit einerseits die räumliche Ausweitung der internationalen Konventionen und zum anderen die weitere Vereinheitlichung der Verbietungs- und vor allem Vergütungsrechte.

---

4 So in der Tat Geller, a.a.O., 530 bzw. 532. Ähnlich für das Internet Mayer, NJW 1996, 1782, 1790.

LITERATURVERZEICHNIS

I. Monographien, Aufsätze und Urteilsanmerkungen

Althammer, Werner — Warenzeichengesetz, 4. Aufl., Köln u.a. 1989

Bär, Wolfgang — Polizeilicher Zugriff auf kriminelle Mailboxen, CR 1995, 489 ff.

Ballhaus, Karl-Josef — Import und Reimport von Markenwaren - über die Auswirkungen von Benutzungshandlungen im Ausland auf zeichenrechtliche Ansprüche aus der inländischen Marke, München 1964

Bappert, Walter — Wege zum Urheberrecht, Frankfurt a.M. 1962

Bappert, Walter/Wagner, Egon — Internationales Urheberrecht. Kommentar, München/Berlin 1956

Bappert, Walter / Maunz, Theodor / Schricker, Gerhard — Verlagsrecht, 2. Aufl., München 1984

v. Bar, Carl Ludwig — Theorie und Praxis des Internationalen Privatrechts, Bd. 1 und 2, 2. Aufl., Hannover 1889, Neudruck 1966

v. Bar, Christian — Territorialität des Warenzeichens und Erschöpfung des Verbreitungsrechts im Gemeinsamen Markt, Frankfurt a.M. 1977

v. Bar, Christian — Internationales Privatrecht, Band 1 München 1987 und Band 2 München 1991

v. Bar, Christian — Kollisionsrecht, Fremdenrecht und Sachrecht für internationale Sachverhalte im Internationalen Urheberrecht, UFITA Bd. 108 (1988), S. 27 ff.

Bartenbach, Kurt/Volz, Franz-Eugen
Arbeitnehmererfindergesetz, 3. Aufl., Köln 1997

Bartin, Localisation territoriale des monopoles intellectuels (propriété littéraire et artistique, propriété industrielle, J.D.I. Clunet 1934, 781 ff.

Bartsch, Michael Weitergabeverbote in AGB-Verträgen zur Überlassung von Standardsoftware, CR 1987, 8 ff.

Batiffol, Henri Traité élémentaire du droit international privé, 4. Auflage, Paris 1967

Batiffol, Henri Anmerkung zu Cour de Civ. vom 29 April 1970, R.C.D.I.P. 1971, 270 f.

Batiffol, Henri/Lagarde, Paul
Droit international privé, Bd. 1 Paris 1981; Bd. 2 Paris 1983

Bauer, Heinz L. Das internationale Privatrecht der Arbeitnehmererfindung, Diss. Göttingen 1970

Baum, Alfred Berner Konvention, Landesgesetze und internationales Privatrecht, GRUR 1932, S. 921 ff., S. 1012 ff.

Baum, Alfred Völkerrecht, Berner Konvention und Landesgesetze, GRUR 1950, 437 ff.

Baumann, Denise Bestrebungen zur gesetzlichen Regelung der Arbeitnehmererfindungen in Frankreich, GRUR Int. 1977, 446 ff.

Baumbach, Adolf/Hefermehl, Wolfgang
Warenzeichenrecht, 12, Aufl., München 1985

Baumbach, Adolf/Hefermehl, Wolfgang
Wettbewerbsrecht, 18. Aufl., München 1995

Baumbach, Adolf/Hopt, Klaus J.
Handelsgesetzbuch, 29. Aufl., München 1995

Baur, Eberhard — Der Schutz des ausländischen Namens in Frankreich, Tübingen 1967

Baur, Jürgen — Zum Namensschutz im deutschen internationalen Privatrecht unter besonderer Berücksichtigung des Schutzes der Handelsnamen, AcP 167 Bd. (1967), 535 ff.

Bechtold, Stefan — Der Schutz des Anbieters von Informationen - Urheberrecht und Gewerblicher Rechtsschutz im Internet, ZUM 1997, 427 ff.

Becker, Jürgen — Neue Übertragungstechniken und Urheberrechtsschutz, ZUM 1995, 231 ff.

Beier, Friedrich-Karl — Anmerkung zu BGH GRUR Int. 1964, 202 ff. - „Maja“, GRUR Int. 1964, 205 ff.

Beier, Friedrich-Karl — Territorialität des Markenrechts und internationaler Wirtschaftsverkehr, GRUR Int. 1968, 8 ff.

Beier, Friedrich-Karl — Das auf internationale Markenlizenzverträge anwendbare Recht, GRUR Int. 1981, 299 ff.

Beier, Friedrich-Karl — Die internationalprivatrechtliche Beurteilung von Verträgen über gewerbliche Schutzrechte, in:Holl,Wolfgang/Klinke, Ulrich (Hrsg.), Internationales Privatrecht/Internationales Wirtschaftsrecht, Köln u.a. 1985, S. 287 ff.

Beier, Friedrich-Karl — Der Schutz ausländischer Handelsnamen in Deutschland, in: ders., Markenrechtliche Abhandlungen, Beiträge zur neueren Entwicklung des Warenzeichen-, Ausstattungs- und Herkunftsschutzes 1956 - 1985, Köln 1986, S. 237 ff.

Beier, Friedrich-Karl — Gewerblicher Rechtsschutz und freier Warenverkehr im europäischen Binnenmarkt und im Verkehr mit Drittstaaten, GRUR Int. 1989, 603 ff.

Beier, Friedrich-Karl/Krieger, Ulrich — Der Handelsname, GRUR Int. 1965, 616 ff.

Beier, Friedrich-Karl/Krieger, Ulrich — Wirtschaftliche Bedeutung, Funktionen und Zweck der Marke, GRUR Int. 1976, 125 ff.

Beier, Friedrich-Karl/Kunz-Hallstein, Hans Peter — Zu den Voraussetzungen des Schutzes ausländischer Handelsnamen nach Art. 2 und 8 PVÜ, GRUR Int. 1982, 362 ff.

Beier, Friedrich-Karl/Stauder, Dieter — Weltraumstationen und das Recht des geistigen Eigentums, GRUR Int. 1985, 6 ff.

Beitzke, Günther — Auslandswettbewerb unter Inländern - Anmerkung zu BGHZ 40, 391, JuS 1966, 139 ff.

Beitzke, Günther — Die 11. Haager Konferenz und das Kollisionsrecht der Straßenverkehrsunfälle, RabelsZ 33 (1969), 204 ff.

Beitzke, Günther — Neues österreichisches Kollisionsrecht, RabelsZ 43 (1979), 245 ff.

Benkard, Georg — Patentgesetz, Gebrauchsmustergesetz, 9. Aufl., München 1993

Bergsma, Regula — Der Inländerbehandlungsgrundsatz im internationalen und schweizerischen Urheberrecht, Bern u.a. 1990

Bernhard, Peter — Cassis de Dijon und Kollisionsrecht - am Beispiel des unlauteren Wettbewerbs, EuZW 1992, 437 ff.

Bernhardt, Wolfgang — Lehrbuch des Patentrechts, 2. Aufl., München 1963

Bernhardt, Wolfgang/Kraßer, Rudolf
Lehrbuch des Patentrechts, 4. Aufl., München 1986

Bettinger, Torsten — Kennzeichenrecht im Cyberspace: Der Kampf um die Domain-Namen, GRUR Int. 1997, 402 ff.

Binder, Heinz — Zur Auflockerung des Deliktsstatuts, RabelsZ 20 (1955), 401 ff.

Birk, Rolf — Arbeitnehmer und arbeitnehmerähnliche Person im Urheberrecht bei Auslandsbeziehungen, in: Festschrift für Heinrich Hubmann, Frankfurt a.M. 1985, S. 1 ff.

Birk, Rolf — Das internationale Arbeitsrecht der Bundesrepublik Deutschland, RabelsZ 46 (1982), 384 ff.

Bodenhausen, G.H.C. — Pariser Verbandsübereinkunft zum Schutz des gewerblichen Eigentums, Köln u.a. 1968, deutsche Fassung 1971

Bökel, Werner — Neue Bestrebungen auf dem Gebiet des internationalen Markenrechts, Mitteilungen d.dt.Patentanwälte 1972, 221 ff.

Bortloff, Nils — Tonträgersampling als Vervielfältigung, ZUM 1993, 476 ff.

Boudon, Beate — Der internationale Schutz des Handelsnamens im englischen und deutschen Recht, Diss. Bonn 1982

Boytha, György — Ansätze für das Urhebervertragsrecht in der Revidierten Berner Übereinkunft, ZfRV 1987, 179 ff.

Boytha, György — Some Private International Law Aspects of the Protection of Authors Rights, Copyright 1988, 399 ff.

Boytha, György — Fragen der Entstehung des Urheberrechts, in: Dittrich, Robert, Woher kommt das Urheberrecht?, Wien 1988

Braun, Thorsten — Joseph Beuys und das deutsche Folgerecht bei ausländischen Kunstauktionen, IPRax 1995, 227 ff.

Braun, Thorsten — Der Schutz ausübender Künstler durch TRIPS, GRUR Int. 1997, 427 ff.

Brinkmann, Volker — Nationale Warenzeichen im Gemeinsamen Markt, MA 1974, 380 ff.

Brödermann, Eckert/Iversen, Holger — Europäisches Gemeinschaftsrecht und internationales Privatrecht, Tübingen 1994

Bruchhausen, Karl — Können die bei der Patentverletzung entstehenden Ausgleichsansprüche harmonisiert werden?, GRUR Int. 1990, 707 ff.

Bullinger, Martin — Rechtsfragen der elektronischen Textkommunikation, Videotext, Btx, Kabeltext - Medien- und Urheberrecht in rechtsvergleichender Sicht, München 1984

Bungeroth, Erhard — Der Schutz der ausübenden Künstler gegen die Verbreitung im Ausland hergestellter Vervielfältigungsstücke ihrer Darbietungen, GRUR 1976, 454 ff.

Busse, Rudolf/Starck, Joachim — Warenzeichengesetz, 6. Aufl., Berlin/New York 1990

Bussmann, Kurt — Unternehmenskennzeichen zwischen Ost und West, GRUR 1950, 93 ff.

Bussmann, Kurt — Anmerkung zu BGH GRUR 1960, 372 ff. - „Kodak“, GRUR 1960, 378 f.

Bussmann, Kurt — Wettbewerbsverstöße und Warenzeichenverletzungen mit Auslandsbeziehung in der deutschen Rechtsprechung, in: Festschrift für Maridakis II, Bd. II, Athen 1963

Castendyk, Oliver/v. Albrecht, Martin
Der Richtlinienvorschlag der EG-Kommission zum Satellitenfernsehen, GRUR Int. 1992, 734 ff.

Cigoj, Stojan — Les droits acqius, les conflicts mobiles et la rétroactivité à la lumière des Conventions de la Haye, R.C.D.I.P. 1978, 1 ff.

Cigoj, Stojan — Internationalprivatrechtliche Aspekte der Urheberrechte, in: Festschrift für Karl Firsching, München 1985, S. 53 ff.

Collardin, Marcus — Straftaten im Internet, Fragen zum Internationalen Strafrecht, CR 1995, 618 ff.

Cronauer, Axel — Das Recht auf das Patent im europäischen Patentübereinkommen, Köln 1988

Czempiel, Benedict — Das bestimmbare Deliktsstatut, Berlin 1991

Däubler, Wolfgang — Das neue internationale Arbeitsrecht, RIW 1987, 249 ff.

Dahm, Georg/Delbrück, Jost/Wolfrum,.Rüdiger
Völkerrecht, Bd. 1/1. Teilband, Berlin/New York 1989

Damker, Herbert/Federrath, Hannes/Schneider, Michael J.
Maskerade-Angriffe im Internet, Eine Demonstration von Unsicherheit, DuD 1996, 286 ff.

Degenhardt, Christoph
Rundfunkordnung im europäischen Rahmen, ZUM 1992, 449 ff.

Delp, Ludwig — Das Recht des geistigen Schaffens, München 1993

Dessemontet, François
Die Universitätserfindung, GRUR Int. 1983, 133 ff.

Dessemontet, François — L`harmonisation du droit applicable aux contrats de licence, in: Mélanges en l'honneur d'Alfred E. v. Overbeck, Fribourg 1990, S, 725 ff.

Deutsch, Erwin — Wettbewerbstatbestände mit Auslandsberührung, Stuttgart 1962

Deutsch, Erwin — Die Warenzeichenlizenz im Kollisionsrecht, in: Die Warenzeichenlizenz, hrsg. von Beier, Friedrich-Karl/Deutsch, Erwin/Fikentscher, Wolfgang, 2. Aufl., München u.a. 1966, S. 463 ff.

Dicey, A.V./Morris, J.H.C. — The Conflict of Laws, Bd. 2, 11. Aufl, London1987

Dietz, Adolf — Urheberrecht und Satellitensendungen, UFITA Bd. 107 (1988), S. 73 ff.

Dillenz, Walter — Verloren im Weltraum. Urheberrechtsprobleme der Direktsatelliten, ZUM 1988, 361 ff.

Dittrich, Robert — Kabelfernsehen und internationales Urheberrecht, Freiburg 1984

Dittrich, Robert — Urheberrechtliche Probleme des Satellitenfernsehens, ZUM 1988, 359 ff.

Dreier, Thomas — Rundfunk und Urheberrechte im Binnenmarkt, GRUR Int. 1991, 13 ff.

Dreier, Thomas — Die Harmonisierung des Rechtsschutzes von Datenbanken in der EG, GRUR Int. 1992, 739 ff.

Dreier, Thomas — Perspektiven einer Entwicklung des Urheberrechts, in: Becker, Jürgen/Dreier, Thomas, Urheberrecht und digitale Technologie, Baden-Baden 1994

Dreier, Thomas	Harmonisierung des Urheberrechts in der Informationsgesellschaft - Zum WIPO World Forum on the Protection of Intellectual Creations in the Information Society, Neapel, 18.- 20. Oktober 1995, ZUM 1996, 69 ff.
Dreier, Thomas	TRIPS und die Durchsetzung von Rechten des geistigen Eigentums, GRUR Int. 1996, 205 ff.
Drexl, Manfred	Der Beitritt der USA zur RBÜ und die Schutzdauer in Deutschland, GRUR Int. 1990, 35 ff.
Drexl, Manfred	Entwicklungsmöglichkeiten des Urheberrechts im Rahmen des GATT, München 1993
Drobnig, Ulrich	Originärer Erwerb und Übertragung von Immaterialgüterrechten im Kollisionsrecht RabelsZ 40 (1976), 195 ff.
Eberle, Carl-Eugen	Schriftliche Stellungnahme des Zweiten Deutschen Fernsehens zur Anhörung der Arbeitsgruppe „Rundfunkbegriff" der Rundfunkreferenten der Länder am 15. Juni 1994, ZUM 1994, 530 ff.
Edelmann, Bernd	Das anwendbare Recht bei der Verwertung nachkolorierter amerikanischer Filme in Frankreich, Zur Entscheidung des Cour de Cassation im Fall „John Houston", GRUR Int. 1992, 260 ff.
Endter, Stefan	Internet - (k)ein urheberrechtlich ungeschützter Raum, NJW 1996, 975 ff.
Ernst, Stefan	Wirtschaftsrecht im Internet, BB 1997, 1057 ff.
Ferid, Murad	Das französische Zivilrecht, Frankfurt a.M. 1971
Ferid, Murad	Internationales Privatrecht, 3. Aufl., Frankfurt a.M. 1986
Fezer, Karl Heinz	Markenrecht, München 1997

Firsching, Karl	Einführung in das internationale Privatrecht, 3. Aufl., München 1987
Fischer, Friedrich B.	Grundzüge des Gewerblichen Rechtsschutzes, 2. Aufl., Köln u.a. 1986
Fischer, Roger A.	Datenschutz bei Mailboxen, CR 1995, 178 ff.
Flechsig, Norbert P.	Schutz der Rundfunkanstalt gegen Einfuhr und Verbreitung unautorisierter Sendekopien, UFITA Bd. 81 (1978), S. 97 ff.
Flechsig, Norbert P.	Die Auswirkungen der digitalen Signalverarbeitung auf Anbieter von Rundfunk und Fernsehen, in: Becker, Jürgen/Dreier, Thomas, Urheberrecht und digitale Technologie, Baden-Baden 1994
Flechsig, Norbert P./Klett, Alexander	Europäische Union und europäischer Urheberschutz, ZUM 1994, 685 ff.
Forbeck, Karla/Wiesand, Andreas Johannes/Woltereck, Frank	Arbeitnehmer oder Unternehmer?, Zur Rechtssituation der Kulturberufe, Berlin 1976
Forkel, Hans	Zur dinglichen Wirkung einfacher Lizenzen, NJW 1983, 1764 ff.
Forkel, Hans	Lizenzen an Persönlichkeitsrechten durch gebundene Rechtsübertragungen, GRUR 1988, 491 ff.
Françon, André	Les droits sur le films en droit international privé, RIDA 1972, 3 ff.
Frankenstein, Ernst	Internationales Privatrecht, Band 2, Berlin 1929
Freitag, Stefan/Wandt, Peter	Das Recht im Netz - „Cyberlaw“, Bericht über die Tagung am 14. und 15. April 1997 in München, GRUR Int. 1997, 735 f.

Fromm, Friedrich Karl/Nordemann, Wilhelm
Urheberrecht, 8. Aufl., Stuttgart u.a. 1994

Gamillscheg, Franz — Internationales Arbeitsrecht: Arbeitsverweisungsrecht, Berlin 1959

Gamillscheg, Franz — Das Gesetz über das internationale Arbeitsrecht, Zeitschrift für Arbeitsrecht 1983, 307 ff.

v. Gamm, Otto Friedrich
Urheberrechtsgesetz, München 1968

v. Gamm, Otto Friedrich
Zur Warenzeichenrechtsreform, WRP 1993, 793 ff.

v. Gamm, Otto Friedrich
Urheber- und Urhebervertragsrechtliche Probleme des „digitalen Fernsehens“, ZUM 1994, 591 ff.

Gaul, Dieter/Bartenbach, Kurt
Handbuch des gewerblichen Rechtsschutzes, Bd. 2, 4. Aufl., Köln 1969/90, Losblattsammlung

Gaul, Dieter/Schmelcher, Hans
Das Recht der Arbeitnehmererfindung in den westeuropäischen Ländern, Zeitschrift für Arbeitsrecht 1982, 401 ff.

Geimer, Reinhold — Internationales Zivilprozeßrecht, 3. Aufl., Köln 1987

Geller, Paul Edward — Neue Triebkräfte im internationalen Urheberrecht, GRUR Int. 1993, 526 ff.

Gerling, Rainer W. — Internet: Juristische Probleme und kein Ende?, DuD 1996, 218 ff.

Gerstenberg, Ekkehard
Die Urheberrechte an Werken der Kunst, der Architektur und der Photographie, München 1968

v. Gierke, Otto — Deutsches Privatrecht, Bd. 1, Leipzig 1895

Gloy, Wolfgang — Handbuch des Wettbewerbsrechts, 2. Aufl., München 1997

Godenhielm, Berndt — Fragen des internationalen Privatrechts auf dem Gebiete des Patentrechts, GRUR Ausl. 1957,149 ff.

Goldbaum, Wenzel — Urheberrecht und Urhebervertragsrecht, 2. Aufl., Berlin 1927

Graefe, Thomas — Marken und Internet, MA 1996, 100 ff.

v. Gravenreuth, Günther
Juristisch relevante technische Fragen zur Beurteilung von Computer Programmen, GRUR 1986, 720 ff.

Grützmacher, Rolf/Schmitt-Cotta, Ralf-Roland/Laier, Hubert
Der Internationale Lizenzverkehr, 7. Aufl., Heidelberg 1985

Gutzwiller, Max — Der Geltungsbereich der Währungsvorschriften, Freiburg i.d. Schweiz 1940

Haberstumpf, Helmut/Hintermeier, Jürgen
Einführung in das Verlagsrecht, Darmstadt 1985, Stand Juni 1990, München

Haedicke, Maximilian — Einführung in das internationale Urheberrecht: Die Grundprinzipien und der institutionelle Rahmen nach Abschluß der GATT - Uruquay-Runde, Jura1996, 64 ff.

Hagens, Alfred — Warenzeichenrecht, Berlin und Leipzig 1927

Hausmann, Rainer — Möglichkeiten und Grenzen der Rechtswahl in internationalen Urheberrechtsverträgen, in: Festschrift für Wolf Schwarz zum 70. Geburtstag, Baden-Baden 1988, S. 47 ff.

Hefermehl, Wolfgang — Anmerkung zu BGH GRUR 1958, 189 ff. - „Zeiss", GRUR 1959, 197 f.

Heker, Harald G. — Rechtsfragen der elektronischen Textkommunikation, ZUM 1993, 400 ff.

Heldrich, Dieter — Persönlichkeitsverletzungen im internationalen Privatrecht, in: v. Caemmerer, Ernst (Hrsg.), Vorschläge und Gutachten zur Reform des deutschen internationalen Privatrechts der außervertraglichen Schuldverhältnisse, Tübingen 1983, S. 361 ff.

Helle, Jürgen — Die Einwilligung beim Recht am eigenen Bild, AfP 1985,9 93 ff.AlbrechtMünchenpfung internationaler Lizenzverträge, Frankfurt a.M. u.a. 1993

Henn, Günther — Problematik und Systematik des nternationalen Patentlizenzvertragsrechts, München u. Berlin 1968

Henn, Günther — Patent- und Know-how-Lizenzvertrag, 3. Aufl., Heidelberg 1992

Herrmann, Günter — Grenzüberschreitende Fernseh- und Hörfunksendungen im gemeinsamen Markt, GRUR Int. 1984, 578

Hess, Cordula — Rechtsfolgen von Patentverletzungen im europäischen Patentsystem, Berlin 1987

Hesse, Albrecht — Rundfunkrecht, München 1990

Hiestand, Martin — Die Anknüpfung internationaler Lizenzverträge, Frankfurt a.M. 1993

Hoeren, Thomas — Softwareüberlassung an der Schnittstelle von Urheber- und Vertragsrecht, GRUR 1988, 340 ff.

Hoeren, Thomas — Softwareüberlassung als Sachkauf, München 1989

Hoeren, Thomas — Überlegungen zur urheberrechtlichen Qualifizierung des elektronischen Abrufs, CR 1996, 517 ff.

v. Hoffmann, Bernd — Verträge über gewerbliche Schutzrechte im Internationalen Privatrecht, RabelsZ 40 (1976), 208 ff.

v. Hoffmann, Bernd — Inländische Sachnormen mit zwingendem internationalen Anwendungsbereich, IPRax 1989, S. 261 ff.

Hoffmann, Willy — Die Urheberrechtsverträge im internationalen Privatrecht, RabelsZ 5 (1931), 759 ff.

Hoffmann,Willy — Das Urheberrecht im Internationalen Privatrecht, UFITA Bd. 11 (1938), S. 185 ff.

Hohloch, Gerhard — Das Deliktsstatut, Freiburg 1980

Hohloch, Gerhard — EG-Direktsatellitenrichtlinie versus Bogsch-Theorie - Anmerkungen zum Kollisionsrecht des Senderechts, IPRax 1994, 387 ff.

Hubmann, Heinrich — Gewerblicher Rechtsschutz, 6. Aufl., München 1995

Hubmann, Heinrich/Rehbinder, Manfred
Urheber- und Verlagsrecht, 8, Aufl., München 1995

Hübner, Ulrich/Constantinesco, Vlad
Einführung in das französische Recht, 3. Aufl., München 1994

Iklé, G. — Zum sachlichen Geltungsbereich der Berner Übereinkunft, UFITA Bd. 14 (1941), S. 365 ff.

Isaac, Martin	Verlagsvertrag mit einem Ausländer, Handbuch des Film-, Fernseh- und Videorechts, Niemeyers Zeitschrift für Internationales Recht, Bd. 13 (1903), S. 374 ff.
Isay, Hermann	Patentgesetz und Gesetz betreffend den Schutz von Gebrauchsmustern, 5. Aufl., Berlin 1931
Jauernig, Otmar	Trennungsprinzip und Abstraktionsprinzip, JuS 1994, 721 ff.
Jayme, Erik	Die Familie im Recht der unerlaubten Handlungen, Frankfurt a.M. 1971
Johannes, Hartmut	Gewerblicher Rechtsschutz und Urheberrecht im Europäischen Gemeinschaftsrecht, Heidelberg 1973
Johannes, Hartmut	Der Bundesgerichtshof, ein Vauban der Festung Europa?, BB 1989, 1627 ff.
Juenger, Friedrich K.	Parteiautonomie und objektive Anknüpfung im EG-Übereinkommen zum Internationalen Vertragsrecht, RabelsZ 46 (1982), 57 ff.
Karnell, Gunnar	Die verschiedenen Fassungen der Berner Übereinkunft. - Ihre Geltung im Verhältnis der Verbandsländer zueinander, GRUR Int. 1968, 25 ff.
Katzenberger, Paul	Urheberrechtsfragen der elektronischen Textkommunikation, GRUR Int. 1983, 895 ff.
Katzenberger, Paul	Internationalrechtliche Aspekte des Schutzes von Datenbanken, ZUM 1992, 332 ff.
Katzenberger, Paul	Deutsches Folgerecht und ausländische Kunstauktionen, GRUR Int. 1992, 567 ff.
Katzenberger, Paul	Urheberrechtsverträge im internationalen Privatrecht und Konventionsrecht, in: Festgabe für Gerhard Schricker zum 60. Geburtstag, München 1995

Kegel, Gerhard — Internationales Privatrecht, 6. Aufl., München 1987

Kelbel, Günter — Der Schutz typographischer Schriftzeichen, GRUR 1982, 79 ff.

Kellermann, A. — Die gewerblichen Schutzrechte im Gesetz gegen Wettbewerbsbeschränkungen, WuW 1960, 603 ff.

Kent, Paul — Das Patentgesetz, Bd. 1, Berlin 1906

Kerever, André — Droit d'auteur et satellites spatiaux, R.I.D.A. 1984, 27 ff.

Kisch, Wilhelm — Handbuch des deutschen Patentrechts, Mannheim u.a. 1923

Klauer, Georg/Möhring, Philipp — Patentrechtskommentar, Bd. 1, 3. Aufl., München 1971

Kleine, Nikola — Urheberrechtsverträge im Internationalen Privatrecht, Frankfurt a.M. u.a. 1986

Klingmann, Norbert — Die EU-Datenbankrichtlinie und ihre Umsetzung in deutsches Recht" und „Die Diplomatische Konferenz der WIPO zum Urheberrecht, Diskussionsbericht zur gleichlautenden Arbeitstagung des Instituts für Urheber- und Medienrecht am 21. März 1997 in München, ZUM 1997, 649 ff.

Knap, Karel — Die Regel des Schutzfristenvergleichs im internationalen Urheberrecht, in: Festschrift für Georg Roeber, Freiburg 1982, S. 231 ff.

Koch, Peter — Das englische Urheberrecht unter besonderer Berücksichtigung der Trägerschaft von Urheberrechten bei angestellten Urhebern, UFITA Bd. 103 (1986), S. 85 ff.

Kochinke, Clemens/Bäumer, Ulrich
Die Vergaberichtlinie des InterNIC bei Internetadressen, CR 1996, 499 ff.

Kohler, Christian — Kollisionsrechtliche Anmerkungen zur Verordnung über die Gemeinschaftsmarke, in: Festschrift für Ulrich Everling, München 1995, S. 651 ff.

Kohler, Josef — Autorrechtliche Studien, AcP 85 (1896), 339 ff.

Kohler, Josef — Deutsches Patentrecht, Mannheim 1878, Neudruck 1984

Kohler, Josef — Recht des Markenschutzes, Würzburg 1884

Kohler, Josef — Handbuch des deutschen Patentrechts in rechtsvergleichender Darstellung, Mannheim 1900

Kohler, Josef — Das Urheberrecht an Schriftwerken und Verlagsrecht, Stuttgart 1907

Kohler, Josef — Warenzeichenrecht, Mannheim 1910

Kolle, Gert — Schutz der Computerprogramme, Bericht erstellt im Namen der deutschen Landesgruppe für die Tagung der Internationalen Vereinigung für gewerblichen Rechtsschutz vom 13.-18. Mai 1985 in Rio de Janeiro, GRUR Int. 1985, 29 ff.

Koppensteiner, Hans-Georg
Urheber- und Erfinderrechte beim Parallelimport geschützter Waren, AWD 1971, 357 ff.

Kort, Michael — Zur „multistate"-Problematik grenzüberschreitender Fernsehwerbung, GRUR Int. 1994, 594 ff.

Koumantos, Georges — Sur le droit international privé du droit d'auteur, in: Il diritto di autore della consulta legale della societa Italiana Degli autori, ed. autori, 1979, 616

Koumantos, Georges	Private international Law and the Berne Convention, Copyright 1988, 415 ff.
Kraßer, Rudolf	Verpflichtung und Verfügung im Immaterialgüterrecht, GRUR Int. 1973, 230 ff.
Kreile, Reinhold/Becker, Jürgen	Stand der Harmonisierungsbemühungen der EG auf dem Gebiet des Urheberrechts am Vorabend des europäischen Binnenmarktes, ZUM 1992, 581 ff.
Kreile, Reinhold/Becker, Jürgen	Multimedia und die Praxis der Lizenzierung von Urheberrechten, GRUR Int. 1996, 677 ff.
Kreuzer, Karl	Berichtigungsklauseln im Internationalen Privatrecht, in: Festschrift für Imre Zajtay, Tübingen 1982, S. 295 ff.
Kreuzer, Karl	Gutachtliche Stellungnahme zum Referentenentwurf eines Gesetzes zur Ergänzung des internationalen Privatrechts (Außervertragliche Schuldverhältnisse und Sachen), in: Henrich, Dieter (Hrsg.), Vorschläge und Gutachten zur Reform des deutschen internationalen Sachen- und Immaterialgüterrechts, Tübingen 1991
Krieger, Albrecht	Neugestaltung des internationalen Markenschutzes, AWD 1972, 153 ff.
Kropholler, Jan	Ein Anknüpfungssystem für das Deliktsstatut, RabelsZ 33 (1969), 601 ff.
Kropholler, Jan	Internationales Privatrecht, 3. Aufl. Tübingen 1997
Kühn, Manfred	Fragen zum grenzüberschreitenden Fernsehen, ZUM 1985, 299 ff.

Kuhn, Georg/Uhlenbruck, Wilhelm
Konkursordnung. Kommentar, 11. Auflage, München 1994

Kunstadt, Robert M. — Urheberschutz für ausländische Kunstwerke in den USA: Die ungelöste Frage der Veröffentlichung, GRUR Int. 1977, 22 ff.

Kunze, Gerd F. — Der Markenrechtsvertrag, WRP 1996, 982 ff.

Kur, Annette — TRIPs und das Markenrecht, GRUR Int. 1994, 987 ff.

Kur, Annette — Internet Domain names, Brauchen wir strengere Zulassungsvorschriften für die Datenautobahn, CR 1996, 325 ff.

Ladas, Stephen P. — The international Protection of Industrial Property, Cambridge 1930

Larese, Wolfgang — Zum originären Erwerb des Arbeitgebers am Werk des Arbeitnehmers nach französischem Urheberrecht, UFITA Bd. 74 (1975), S. 41 ff.

v. Lewinski, Silke — Vermieten, Verleihen und verwandte Schutzrechte, Der zweite Richtlinienvorschlag der EG-Kommission, GRUR Int. 1991, 104 ff.

v. Lewinski, Silke — Das Weißbuch der USA zum geistigen Eigentum und zur „National Information Infrastructure“, GRUR Int. 1995, 858 ff.

v. Lewinski, Silke — Das europäische Grünbuch über das Urheberrecht und neue Technologien, GRUR Int. 1995, 831 ff.

v. Lewinski, Silke/Gaster, Jens L.
Die diplomatische Konferenz der WIPO zum Urheberrecht und den verwandten Schutzrechten, ZUM 1997, 607 ff.

Lichtenstein, Erich	Der gewerbliche Rechtsschutz im internationalen Privatrecht, NJW 1964, 1208 ff.
Lichtenstein, Erich	Der Lizenzvertrag mit dem Ausland, NJW 1964, 1345 ff.
Lindenmeier, Fritz	Patentgesetz, 6. Auflage, Köln u.a. 1973
Locher, Felix	Das internationale Privat- und Zivilprozeßrecht der Immaterialgüterrechte aus urheberrechtlicher Sicht, Zürich 1993
Looschelders, Dirk	Persönlichkeitsschutz in Fällen mit Auslandsberührung, ZVglRWiss 95 (1996), 48 ff.
Lorenz, Egon	Zur Struktur des internationalen Privatrechts, Berlin 1977
Lorenz, Egon	Die Rechtswahlfreiheit im internationalen Schuldvertragsrecht, RIW 1987, 569 ff.
Lorenz, Egon	Das objektive Arbeitsstatut nach dem Gesetz zur Neuregelung des internationalen Privatrechts, RdA 1989, 220 ff.
Lorenz, Werner	Vom alten zum neuen internationalen Schuldvertragsrecht, IPRax 1987, 269 ff.
Lüderitz, Alexander	Ehrenschutz im internationalen Privatrecht, NJW 1962, 2142 ff.
Lüders, Tilman E.	Die Rolle des nationalen Markenrechts in einem europäischen Binnenmarkt, Zugleich Anmerkung zum gemeinschaftsrechtlichen Erschöpfungsgrundsatz im Markenrechtsreformentwurf der Bundesregierung, EuZW 1994, 112 ff.
Maasen, Wolfgang	Urheberrechtliche Probleme der elektronischen Bildverarbeitung, ZUM 1992, 338 ff.

Mackensen, Jürgen	Der Verlagsvertrag im internationalen Privatrecht, München 1965
Maday, D.C.	Grundsätzliche Überlegungen zur Revision des Madrider Markenabkommens, GRUR Int. 1970, 81 ff.
Maier, Gunther/Wildberger, Andreas	In 8 Sekunden um die Welt: Kommunikation im Internet, 4. Auflage, Bonn 1995
Mailänder, K. Peter	Gemeinschaftsrechtliche Erschöpfungslehre und freier Warenverkehr, in: Festschrift für Alfred-Carl Gaedertz zum 70. Geburtstag, München 1992, 369 ff.
Marly, Jochen	Softwareüberlassungsverträge, München 1991
Martiny, Dieter	Verletzung von Immaterialgüterrechten im Internationalen Privatrecht, RabelsZ 40 (1976), 218 ff.
Masouyé, Claude	Kommentar zur Berner Übereinkunft, München 1981
Mayer, Franz C.	Recht und Cyberspace, NJW 1996, 1782 ff.
Mayer, Pierre	Droit international privé, 4. Aufl., Paris 1991
Mehring, Josef	Information und Dokumentation (IuD) - Ein Stiefkind der Urheberrechtsnovelle?, GRUR 1983, 275 ff.
Mestmäcker/Schulze	Kommentar zum deutschen Urheberrecht, hrsg. von Mestmäcker, Ernst-Joachim/Schulze, Erich/ Schulze, Marcel/ Stewart, Stephen/ Walter, Michel, Frankfurt a.M. 1985, Stand 18. Lieferung 1985
Meyer-Sparenberg, Wolfgang	Staatsvertragliche Kollisionsnormen, Berlin 1990

Milde, Karl F. Jr./v. Lieres, Wilhelm
Das Erfinderprinzip des US-Patentrechts, Mitt.d.dt.Patentanwälte 1988, 188 ff.

Möhring, Philipp/Nicolini, Käte
Urheberrechtsgesetz, Berlin 1970

v. Möller, Manuel
Anm. zu US Court of Appeals v. 28.9.1994, GRUR Int. 1985, 776

Moser v. Filseck, Richard
Verletzung deutscher Patente durch Handlungen, die im Verkehr mit dem Ausland vorgenommen werden, GRUR 1961, 613 ff.

Moser v. Filseck, Richard
Überlegungen zum europäischen Patentrecht, GRUR Int. 1971, 1 ff.

v. Mühlendahl, Alexander
Das neue Markenrecht der Europäischen Gemeinschaft, MA 1989, 38 ff.

Müller-Hengstenberg, Claus D.
Nationale und internationale Rechtsprobleme im Internet, NJW 1996, 1777 ff.

Münchener Kommentar zum Bürgerlichen Gesetzbuch, hrsg. von Kurt Rebmann und Franz-Jürgen Säcker, 2, Aufl., Bd. 1 - 7, München 1984 ff.

Nastelski, Karl
Schutz des Handelsnamens nach Art. 8 PVÜ, MA 1955, 257 ff.

Neugebauer, Eberhard
Fernmelderecht mit Rundfunkrecht (3. Aufl. Funkrecht), Berlin 1929

Neuhaus, Paul Heinrich
Die Grundbegriffe des internationalen Privatrechts, 2. Aufl., Tübingen 1976

Neuhaus, Paul Heinrich
Freiheit und Gleichheit im Internationalen Immaterialgüterrecht, RabelsZ 40 (1976), 191 ff.

Neumeyer, Karl — Internationales Privatrecht, 2. Aufl., Berlin 1930

Nimmer, Melville B. — Who is the Copyright Owner When Laws Conflict,GRUR Int. 1973, 302 ff.

Nirk, Rudolf — Grundfragen des deutschen Internationalen Privat- und Zivilprozeßrechts im Patent- und Lizenzrecht, Mitt.d.dt.PatAe1969, 328 ff.

Nirk, Rudolf — Zum Anwendungsbereich des Territorialitätsprinzips und der Lex Rei (sitae) im internationalen Patentrecht, in: Ehrengabe für Bruno Heusinger, München 1968, S. 217 ff.

Nordemann, Axel/Goddar, Heinz/Tönhardt, Marion/Czychowski, Christian
Gewerblicher Rechtsschutz und Urheberrecht im Internet, CR 1996, 645 ff.

Nordemann, Wilhelm — Wettbewerbsrecht, 7. Aufl., Baden-Baden 1993

Nordemann, Wilhelm — Das Prinzip der Inländerbehandlung und der Begriff der „Werke der Literatur und Kunst“, GRUR Int. 1989, 615 ff.

Nordemann, Wilhelm/Hertin, Paul W.
Die juristische Datenbank in urheber- und wettbewerbsrechtlicher Sicht, NJW 1971, 857 ff.

Nordemann, Wilhelm/Vinck, Kai/Hertin, Paul W.
Internationales Urheberrecht und Leistungsschutzrecht. Kommentar, Düsseldorf 1977

Nußbaum, Arthur — Deutsches Internationales Privatrecht, Tübingen 1932

Oppenhoff, Walter/Sambuc, Peter
Mögliche Revision des MMA über die internationale Registrierung von Marken GRUR Int. 1970, 236 ff.

Oppermann, Thomas — Europarecht, München 1991

Pagenberg, Jochen — Ausstellen und Anbieten auf internationalen Messen - eine Verletzung inländischer gewerblicher Schutzrechte?, GRUR Int. 1983, 560 ff.

Palandt, Otto — Bürgerliches Gesetzbuch, 57. Aufl., München 1997

Paul, Willy — Inverkehrbringen nach Patent- und Wettbewerbsrecht, NJW 1963, 980 ff.

Pfaff, Dieter — Internationale Lizenzverträge im europäischen Internationalen Privatrecht, AWD 1974, 241 ff.

Pfaff, Dieter — Das Internationale Privatrecht des Ausstattungsschutzes, in: Schricker, Gerhard/Stauder, Dieter (Hrsg.), Handbuch des Ausstattungsrechts, Weinheim 1986, S. 1109 ff.

Pfefferle, Thomas — Deutsches Folgerecht in Fällen mit Auslandsberührung, GRUR 1996, 338 ff.

Pfeifer, Thomas — Die Entwicklung des Internationalen Vertrags-, Schuld- und Sachenrechts in den Jahren 1995/96, NJW 1997, 1207 ff.

Pfennig, Gerhard — Die digitale Verwertung von Werken der bildenden Kunst und von Fotografien, in: Becker, Jürgen/Dreier, Thomas, Urheberrecht und digitale Technologie, Baden-Baden 1994

Pieper, Antje Karin/Wiechmann, Peter
Der Rundfunkbegriff. Änderungen durch Einführung des interaktiven Fernsehens?, ZUM 1995, 82 ff.

Pietzcker, Eduard	Patentgesetz und Gebrauchsmustergesetz, 1. Halbband, Berlin u. Leipzig 1929
Plaisant, Robert	Propriété intellectuelle et communications par satellites, R.I.D.A. 1971, 78 ff.
Platho, Rolf	„Colorization" - und die Möglichkeit ihrer Verhinderung durch die Mitwirkenden am Filmwerk, GRUR 1987, 424 ff.
Platho, Rolf	Filmkolorierung und Urheberrecht, neue medien 1987, 76 ff.
Portmann, Wolfgang	Die Arbeitnehmererfindung, Bern 1986
Preu, Albert	Das Erfinderpersönlichkeitsrecht und das Recht auf das Patent, in: Festschrift für Heinrich Hubmann, Frankfurt 1985, S. 349 ff.
Prölss, Erich	International-rechtliche Aspekte der Kraftfahr-Haftpflichtversicherung, Karlsruhe 1957
Raape, Leo	Deutsches Internationales Privatrecht, 2. Bd., Berlin 1939
Ramm, Thilo	Vergleichende Untersuchung über das Recht der Arbeitnehmererfindungen in den Mitgliedsstaaten der EG, EG-Kommission (Hrsg.), Kommission der Europäischen Gemeinschaften: Studienreihe Arbeitsrecht 2, Luxemburg 1978
Raynard, Jacques	Droit d'auteur et conflits de lois, Paris 1990
Reichelt, Gerte	Der neue französische IPR-Enwturf, ZfRV 1971, 249 ff.

Reichsgerichtsräte-Kommentar
Das Bürgerliche Gesetzbuch mit besonderer Berücksichtigung der Rechtsprechung des Reichsgerichts und des Bundesgerichtshofes, Bd. VI, 1. und 2. Teilband: Internationales Privatrecht, Berlin/New York 1981

Reimer, Eduard — Patentgesetz und Gebrauchsmustergesetz, 3. Aufl., München 1968

Reimer, Eduard/Schade, Hans/Schippel, Helmut
Das Recht der Arbeitnehmererfindung: Kommentar zu dem Gesetz über Arbeitnehmererfindungen, 6. Aufl., Berlin 1993

Reinbothe, Jörg/v. Lewinski, Silke
The EC directive on rental lenting rights and on piracy, London 1993

Reithmann, Christoph/Martiny, Dieter
Internationales Vertragsrecht, 5. Aufl.. Köln 1996 und 3. Aufl., Köln 1980

Ricketson, Sam — The Berne Convention for the Protection of Literary and Artistic Works, London 1987

Riegl, Werner — Streudelikte im internationalen Privatrecht, Diss. Augsburg 1986

Riezler, Erwin — Deutsches Urheber- und Erfinderrecht, Berlin 1909

Riezler, Erwin — Internationales Zivilprozeßrecht und prozessuales Fremdenrecht, Berlin und Tübingen 1949

Riezler, Erwin — Zur sachlichen internationalen Unzuständigkeit, in: Beiträge zum Zivilprozeßrecht, Festschrift für Leo Rosenberg, München, Berlin 1949, S. 199 ff.

Röttger, Martin — Das Territorialitätsprinzip im Warenzeichenrecht, GRUR Int. 1964, 125 ff.

Roßbach, Armin	Die international-privatrechtlichen Probleme der grenzüberschreitenden Rheinverschmutuzng, NJW 1988, 590 ff.
Runge, Kurt	Urheber- und Verlagsrecht, Bonn u.a. 1948
Sack, Rolf	Die kollisions- und wettbewerbsrechtliche Beurteilung grenzüberschreitender Werbe- und Absatztätigkeit nach deutschem Recht, GRUR Int. 1988, 320 ff.
Sack, Rolf	Die inländische Kennzeichnung von Exportware im internationalen Markenrecht, in: Festschrift für Mario M. Pedrazzini, Bern 1990, S. 671 ff.
Sack, Rolf	Kollisions- und europarechtliche Probleme des Arbeitnehmererfinderrechts, in: Festschrift für Ernst Steindorff, Berlin/New York 1990, S. 1133 ff.
Sack, Rolf	Art. 30, 36 EG-Vertrag und das internationale Privatrecht, WRP 1994, 281 ff.
Sack, Rolf	Die Erschöpfung von Markenrechten nach europäischem Recht, RIW 1994, 897 ff.
Sack, Rolf	Export und Transit im Markenrecht, RIW 1995, 177 ff.
Samson, Benvenuto	Urheberrecht, Pullach 1973
Sandrock, Otto	Die kollisionsrechtliche Behandlung der Deliktshaftung bei der Verletzung von gewerblichen Schutzrechten und Urheberrechten, in: von Caemmerer, Ernst (Hrsg.), Vorschläge und Gutachten zur Reform des deutschen in ternationalen Privatrechts der außervertraglichen Schuldverhältnisse, Tübingen 1983, S. 380 ff.

Sandrock, Otto	Das Kollisionsrecht des unlauteren Wettbewerbs zwischen dem internationalen Immaterialgüterrecht und dem internationalen Kartellrecht, GRUR Int. 1985, 507 ff.
Schack, Haimo	Zur Anknüpfung des Urheberrechts im Internationalen Privatrecht, Berlin 1979
Schack, Haimo	Urheberrechtsverletzungen im internationalen Privatrecht - Aus der Sicht des Kollisionsrechts, GRUR Int. 1985, 523 ff.
Schack, Haimo	Die grenzüberschreitende Verletzung allgemeiner und Urheberpersönlichkeitsrechte, UFITA Bd. 108 (1988), S. 51 ff.
Schack, Haimo	Der Vergütungsanspruch der in- und ausländischen Filmhersteller aus § 54 I UrhG, ZUM 1989, 267 ff.
Schack, Haimo	Zur Qualifikation des Anspruchs auf Rechnungslegung im internationalen Urheberrecht, IPRax 1991, 347 ff.
Schack, Haimo	Schutzfristenchaos im europäischen Urheberrecht, GRUR Int. 1995, 310 ff.
Schack, Haimo	Urheber- und Urhebervertragsrecht, Tübingen 1997
Schade, Hans/Pfanner, Klaus	Das internationale Übereinkommen zum Schutz von Pflanzenzüchtungen, GRUR Int. 1962, 341 ff.
Schaeffer, Franz	Der Schadensersatz bei Kraftfahrunfällen in den verbündeten, befreundeten, geschützten und besetzten Ländern während des Krieges, DR 1942, 959 ff.
Schikora, Lienhard	Der Begehungsort im gewerblichen Rechtsschutzund Urheberrecht, Diss. München 1968

Schlieder, Willy — Die Auswirkungen des EWG-Vertrages auf die gewerblichen Schutzrechte, GRUR Int. 1973, 578 ff.

Schnitzer, Adolf F. — Handbuch des internationalen Privatrechts, Bd. 2, 4. Aufl., Basel 1958

Schnitzer, Adolf F. — Die Zuordnung der Verträge im internationalen Privatrecht, RabelsZ 33 (1969), 17 ff.

Schnorr v. Carolsfeld, Wolfgang — Probleme des internationalen Arbeitsrechts, RdA 1958, 201 ff.

Schnorr v. Carolsfeld, Wolfgang — Zum internationalen Urheberrecht außerhalb der Konventionen, UFITA Bd. 37 (1962), S. 281 ff.

Schönning, Peter — Anwendbares Recht bei grenzüberschreitenden Direktübertragungen, ZUM 1997, 34 ff.

Schricker, Gerhard — Grundfragen der künftigen Medienordnung, Thema der Arbeitssitzung des Instituts für Urheber- und Medienrecht am 21. Oktober 1983 in München, ZUM 1984, 63 ff.

Schricker, Gerhard — Grenzüberschreitenden Rundfunk- und Fernsehsendungen im Gemeinsamen Markt, GRUR Int. 1984, 592 ff.

Schricker, Gerhard (Hrsg.) — Urheberrecht, München 1987

Schricker, Gerhard/Stauder, Dieter (Hrsg.), — Handbuch des Ausstattungsrechts, Weinheim 1986

Schroeter, Helmuth — Die Rechtsprechung des Europäischen Gerichtshofs auf dem Gebiet der gewerblichen Schutzrechte, WRP 1971, 356 ff.

Schulte, Rainer — Patentgesetz mit EPÜ, 5. Aufl., Köln 1994

Schulz, Birgit — Die relevante Benutzungshandlung im Markenrecht, Frankfurt a.M. u.a. 1997

Schumacher, Hermann — Das Territorialitätsprinzip im Warenzeichenrecht und der Gemeinsame Markt, GRUR Int. 1966, 305 ff.

Schumacher, Hermann — Die Grundig-Entscheidung und das Territorialitätsprinzip des Warenzeichenrechts im Gemeinsamen Markt, WuW 1967, 1 ff.

Schumacher, Hermann — Gedanken zur Entscheidung Parke, Davis des Europäischen Gerichtshofes vom 29. Februar 1968 und zur Entscheidung „Voran" des Bundesgerichtshofes vom gleichen Tage, WuW 1968, 487 ff.

Schwarz, Mathias — Der urheberrechtliche Schutz audiovisueller Werke im Zeitalter der digitalen Medien, in: Becker, Jürgen/Dreier, Thomas, Urheberrecht und digitale Technologie, Baden-Baden 1994

Schwarz, Mathias — Urheberrecht im Internet, MA 1996, 120 ff. und 215 ff.

Schwarz, Mathias — Urheberrecht und unkörperliche Verbreitung multimedialer Werke, GRUR 1996, 836 ff.

Schwarz, Winfried — Die Einführung des Folgerechts in Österreich, MuR 1997, 210 ff.

Schwertfeger, Frank — Kabelfernsehen und Urheberschutz, Frankfurt a.M. u.a. 1986

Schwimann, Michael — Grundriß des internationalen Privatrechts, Wien 1982

v. Schwind, Fritz — Entwurf für ein österreichisches internationales Privatrecht, ZfRV 1971, 161 ff.

v. Schwind, Fritz — Internationales Privatrecht, Wien 1990

Seelig, Geert Wolfgang — Warenzeichenrecht und Wettbewerbsrecht in ihrer Beziehung zum Ausland, Diss. Hamburg 1959

Seidl-Hohenveldern, Ignaz — Internationales Konfiskations- und Enteignungsrecht, Berlin 1952

Seligsohn, Arnold — Patentgesetz und Gesetz betreffend den Schutz von Gebrauchsmustern, 3. Aufl., Berlin 1906

Seligsohn, Martin — Die örtlichen Grenzen des Zeichenrechts, in: Isay, Hermann (Hrsg.), Abhandlungen zum Arbeitsgebiet des Reichspatentamtes, Festgabe zur Feier des 50jährigen Bestehens des Reichspatentamtes, Berlin 1927, S. 193 ff.

Siehr, Kurt — Das Urheberrecht in neueren IPR-Kodifikationen, UFITA Bd. 108 (1988), 9 ff.

Siehr, Kurt — Das urheberrechtliche Folgerecht inländischer Künstler nach Versteigerung ihrer Werke im Ausland, IPRax 1992, 29 ff.

Simitis, Spiros — Internationales Arbeitsrecht, in: Festschrift für Gerhard Kegel, 1977, S. 153 ff.

Singer, Romuald — Das neue europäische Patentsystem, Baden-Baden 1979

Singer, Romuald u. Margarete — Europäisches Patentübereinkommen, Köln u.a. 1989

Smoschewer, Fritz — Zur Frage der Regelung des Rundfunks durch die Berner Konvention, Blätter für Funkrecht 1927, 41 ff.

Soergel, Hans Theodor/Siebert, Wolfgang
Bürgerliches Gesetzbuch mit Einführungsgesetz und Nebengesetzen, Bd. 8: Einführungsgesetz, 11. Aufl., Stuttgart u.a. 1984 und Bd. 6: Sachenrecht, 12. Aufl., Stuttgart u.a. 1990

Spindler, Gerald — Deliktsrechtliche Haftung im Internet - nationale und internationale Rechtsprobleme, ZUM 1996, 533 ff.

Spoendlin, Kaspar — Der internationale Schutz des Urhebers, UFITA 107 (1988)9 S, 11 ff.

Stammler, Dieter — Paradigmenwechsel im Medienrecht, ZUM 1995, 104 ff.

Stauder, Dieter — Patentverletzung im grenzüberschreitenden Wirtschaftsverkehr, Köln u.a. 1975

Stauder, Dieter — Einheitliche Anknüpfung der Verletzungssanktionen im Gemeinschaftspatentübereinkommen, GRUR Int. 1983, 586 ff.

Staudinger, J. v. — Staudingers Kommentar zum Bürgerlichen Gesetzbuch mit Einführungsgesetz und Nebengesetzen, 10./11. Aufl., Internationales Privatrecht I, Bd. Ib, Internationales Schuldrecht I, Berlin 1978 12. Aufl., Berlin ab 1980 ff.

Steindorff, Ernst — Sachnormen im internationalen Privatrecht, Frankfurt 1958

Steup, Elisabeth/Bungeroth, Erhard
Die Brüsseler Konferenz zum Schutz der durch Satelliten übertragenen Sendungen, GRUR Int. 1975, 124 ff.

Steup, Elisabeth/Tilmann, Winfried
Der Vertrag über die internationale Registrierung von Marken (TRT), GRUR Int. 1974, 155 ff.

Stewart, Stephen M. — International Copyright and Neighbouring Rights, London u.a. 1989

Straus, Joseph — Die international-privatrechtliche Beurteilung von Arbeitnehmererfindungen im europäischen Privatrecht, GRUR Int. 1984, 1 ff.

Straus, Joseph — Bedeutung des TRIPS für das Patentrecht, GRUR Int. 1996, 179 ff.

Strömholm, Stig — Urheberrechtsverträge und internationales Privatrecht, in: Holl, Wolfgang/Klinke, Ulrich (Hrsg.), Internationales Privatrecht, internationales Wirtschaftsrecht, Köln u.a. 1985, S. 269 ff.

Stumpf, Herbert — Der Know-how-Vertrag, 3. Aufl., Heidelberg 1977

Stumpf, Herbert — Der Lizenzvertrag, 5. Aufl., Heidelberg 1984

Taupitz, Jochen — Europäische Privatrechtsvereinheitlichung heute und morgen, Tübingen 1993

Taupitz, Jochen — Europäisches Gemeinschaftsrecht versus nationales IPR: Vorgaben der Warenverkehrsfreiheit für den Gestaltungsspielraum des Internationalen Produkthaftungsrechts, ZEuS 1998, 17 ff.

Taupitz, Jochen — Das (zukünftige) europäische Internationale Insolvenzrecht - insbesondere aus internationalprivatrechtlicher Sicht -, ZZP 1998, 315 ff.

Terré, F. — Anmerkung zu Cour de Cass. vom 22.12.1959, R.C.D.I.P. 1960, 361 ff.

Tetzner, Heinrich — Das materielle Patentrecht der Bundesrepublik Deutschland, Darmstadt 1972

Tetzner, Volker — Verletzung deutscher Patente bei Auslandsgeschäften, GRUR 1980, 882 ff.

Traimer, Mathias	Geplante Änderung der EG-Fernseh-Richtlinie, MuR 1996, 218 ff.
Troller, Alois	Internationale Lizenzverträge, GRUR Ausl, 1952, 108 ff.
Troller, Alois	Das internationale Privat- und Zivilprozeßrecht im gewerblichen Rechtsschutz und Urheberrecht, Basel 1952
Troller, Alois	Die Arbeitnehmererfindung im internationalen Privatrecht, Schweiz. Mitt. 1957, 41 ff.
Troller, Alois	Die territoriale Unabhängigkeit der Markenrechte im Warenverkehr, GRUR Ausl. 1960, 244 ff.
Troller, Alois	Die mehrseitigen völkerrechtlichen Verträge auf dem Gebiet des gewerblichen Rechtsschutzes und Urheberrechts, Basel 1965
Troller, Alois	Immaterialgüterrecht, Bde. 1 u. 2, 3. Aufl., Basel/Frankfurt a.M. 1983/85
Troller, Alois	Neu belebte Diskussion über das IPR im Bereich der Immaterialgüterrechte, in: Problemi attuali di diritto industriale, Rivista di Diritto Industriale 1977, 1125 ff.
Trueb, Hans	Derivativer und originärer Erwerb der Arbeitnehmererfindung durch den Arbeitgeber im internationalen Privatrecht, GRUR Int. 1961, 14 ff.
Ubber, Thomas	Rechtsschutz bei Mißbrauch von Internet-Domains, WRP 1997, 497 ff.
Ulmer, Eugen	Warenzeichen und Firma zwischen Ost und West, GRUR 1949, 63 ff.

Ulmer, Eugen — Einspeicherung und Wiedergewinnung urheberrechtlich geschützter Werke durch Computer-Anlagen, GRUR 1971, 297 ff.

Ulmer, Eugen — Das Folgerecht im internationalen Urheberrecht, GRUR 1974, 593 ff.

Ulmer, Eugen — Die Immaterialgüterrechte im internationalen Privatrecht, Köln u.a. 1975

Ulmer, Eugen — Protection des auteurs lors de la transmission par satellites de programmes de radiofussion, R.I.D.A. 1977, 5 ff.

Ulmer, Eugen — Gewerbliche Schutzrechte und Urheberrechte im Internationalen Privatrecht, RabelsZ 41 (1977), 479 ff.

Ulmer, Eugen — Urheber- und Verlagsrecht, 2. Aufl., Berlin u.a. 1960

Ulmer, Eugen — Urheber- und Verlagsrecht, 3. Aufl., Berlin u.a. 1980

Ulmer, Eugen — Fremdenrecht und internationales Privatrecht im gewerblichen Rechtsschutz und Urheberrecht, in: Holl, Wolfgang/Klinke, Ulrich (Hrsg.), Internationales Privatrecht, internationales Wirtschaftsrecht, Köln u.a. 1985, S. 257 ff.

Ulmer, Eugen/Kolle, Gert — Der Urheberrechtsschutz von Computerprogrammen, GRUR Int. 1982, 489 ff.

v. Ungern-Sternberg, Joachim — Die Rechte der Urheber an Rundfunk- und Drahtfunksendungen, München 1973

Vaver, David — Die Inländerbehandlung nach der Berner Übereinkunft und dem Welturheberrechtsabkommen, GRUR Int. 1988, 191 ff.

Vida, Alexander	Die Immaterialgüterrechte im ungarischen Gesetz über das internationale Privatrecht, GRUR 1980, 213 ff.
Vischer, Frank	Internationales Vertragsrecht, Bern 1962
Vischer, Frank	Das internationale Privatrecht der Immaterialgüterrechte nach dem schweizerischen IPR-Gesetzentwurf, GRUR Int. 1987, 670 ff.
Vischer, Frank	Das internationale Privatrecht des Immaterialgüterrechts, in: Festschrift 100 Jahre Patentgesetz, Zürich 1988, S. 363 ff.
Vivant, Michel	Regime international, Juris-Classeur Commercial, Annexes, Brevets 2, Fasc. 560 (1992)
Vogel, Martin	Vorschlag der EG-Kommission für eine Richtlinie zur Koordinierung bestimmter urheber- und leistungsschutzrechtlicher Vorschriften betreffend Satellitenrundfunk und Kabelweiterverbreitung, ZUM 1992, 21 ff.
Wachter, Thomas	Multimedia und Recht, GRUR Int. 1995, 860 ff.
v. Wächter, Karl Georg	Über die Kollision der Privatrechtsgesetze verschiedener Staaten, AcP 24 (1841), 230 ff.
v. Wächter, Karl Georg	Über die Kollision der Privatrechtsgesetze verschiedener Staaten, AcP 25 (1842), 1 ff., 161 ff., 361 ff.
Wagner, Rolf	Das deutsche internationale Privatrecht bei Persönlichkeitsverletzungen, Frankfurt a.M. 1986

Waldenberger, Arthur — Zur zivilrechtlichen Verantwortlichkeit für Urheberrechtsverletzungen im Internet, ZUM 1997, 176 ff.

Walker, Gustav — Internationales Privatrecht, Wien 1926

Walter, Michel M. — Die Vertragsfreiheit im Urheberrecht aus der Sicht des Internationalen Privatrechts, in: Reimer, Dietrich (Hrsg.), Vertragsfreiheit im Urheberrecht, Weinheim u.a. 1977, S. 137 ff.

Waltl, Peter — Online-Netzwerke und Multimedia - Werbung und Vertrieb im Internet, in: Lehmann, Michael, Internet- und Multimediarecht, Stuttgart 1997, S. 185 ff.

Weber, Tilman — Die Behandlung von Patent-, Warenzeichen und Urheberrechtsverletzungen im Internationalen Privat- und Zivilprozeßrecht, München 1968

Weigel, Arnulf — Gerichtsbarkeit, internationale Zuständigkeit und Territorialitäts-Prinzip im deutschen gewerblichen Rechtsschutz, Bielefeld 1973

Weiss, Ulrich — Drei Jahre Bundespatentgericht, Gedanken und Erfahrungen, GRUR 1964, 637 ff.

Windisch, Ernst — Gewerblicher Rechtsschutz und Urheberrecht im zwischenstaatlichen Bereich, Berlin 1969

Wirner, Helmut — Wettbewerbsrecht und internationales Privatrecht, München 1960

Wolff, Martin — Private International Law, 2. Aufl., Oxford 1950

Wolff, Martin — Das internationale Privatrecht Deutschlands, 3. Aufl., Berlin u.a. 1954

Zenhäusern, Urs — Der internationale Lizenzvertrag, Freiburg Schweiz 1991

Zweigert, Konrad/Puttfarken, Hans-Jürgen
Zum Kollisionsrecht der Leistungsschutzrechte, GRUR Int. 1973, 573 ff.

II. Materialien

Bericht über die 2. Sitzung der Untergruppe „Rechtsfragen“ der Arbeitgruppe „Gemeinschaftspatente“ vom 27. - 30. Nov. 1972 in Brüssel, Dok. BC 33/72 = R/2724/27, Rn. 46

Bericht des Rechtsausschusses, BT-Drucks. IV/3401, 15, UFITA Bd. 46 (1966), 174 ff.

Giulliano, Mario/ Lagarde, Paul
Bericht über das Übereinkommen über das auf vertragliche Schuldverhältnisse anwendbare Recht, BT-Drucks. 10/503, S. 33 ff.

Katzenberger, Paul/Stauder, Dieter
Schadensersatz im gewerblichen Rechtsschutz und Urheberrecht, Tagungsbericht zur Arbeitssitzung der Fachgruppe für gewerblichen Rechtsschutz und Urheberrecht der Gesellschaft für Rechtsvergleichung auf der Tagung für Rechtsvergleichung am 13. September 1979 in Lausanne, GRUR Int. 1980, 259 ff.

Kretschmer, Friedrich
Aktuelle Berichte, GRUR 1980, 161 f.

Möhring, Philipp/Schulze, Erich/Ulmer, Eugen/Zweigert, Konrad
Quellen des Urheberrechts, 6 Bde., Stand Okt. 1995, Neuwied

Singer, Romuald, Stein, Artur

in: Die Luxemburger Konferenz über das Gemeinschaftspatent, Bericht der deutschen Delegation, Teil D. Materielles Patentrecht, GRUR Int. 1976, 187, 200 ff.

Grünbuch der Kommision der EG über die Errichtung des gemeinsamen Marktes für den Rundfunk, insbesondere über Satellit und Kabel, Dok. KOM (84) 300 vom 14.6.1984

Patent- und Lizenzverkehr mit dem Ausland sowie sonstiger Austausch von technischem Wissen durch Dienstleistungen in den Jahren 1988 und 1989, Monatsberichte der Deutschen Bundesbank, Mai 1990, S. 28 ff.

Stellungnahme des Max-Planck-Instituts für ausländisches und internationales Privatrecht zum Regierungsentwurf von 1983, RabelsZ 47 (1983), 595 ff.

Stellungnahme des Max-Planck-Instituts für ausländisches und internationales Patent-, Urheber- und Wettbewerbsrecht zum Entwurf eines Gesetzes zur Ergänzung des internationalen Privatrechts (außervertragliche Schuldverhältnisse und Sachen), GRUR Int. 1985, 104 ff.

WIPO-Press Release Nr. 103/96 zur WIPO Diplomatic Conference on Certain Copyright and Neighbouring Rights Questions

WIPO-Press Release Nr. 106/96 zur WIPO Diplomatic Conference on Certain Copyright and Neighbouring Rights Questions

Peter Lang · Europäischer Verlag der Wissenschaften

Manfred Kupka

Die Drittstaatenregelung im Asylrecht

Eine Untersuchung zu Art. 16 a Abs. 2 GG unter besonderer Berücksichtigung der Entscheidung des Bundesverfassungsgerichts vom 14. Mai 1996

Frankfurt/M., Berlin, Bern, New York, Paris, Wien, 1999. 247 S., zahlr. Schaub.
Europäische Hochschulschriften: Reihe 2, Rechtswissenschaft. Bd. 2550
ISBN 3-631-33631-4 · br. DM 79.–*

Die Arbeit befaßt sich mit den Tatsachenfeststellungen, die der Gesetzgeber bezogen auf Schutz und Schutzbereitschaft eines Drittstaates getroffen hat. Die allgemeine Beurteilung der rechtlichen und politischen Lage reicht nach Art. 16 a Abs. 2 GG und § 26 a AsylVfG aus, um einen Flüchtling von der Inanspruchnahme eines Asylverfahrens auszuschließen. Dadurch ist das Spannungsfeld gleichsam vorgezeichnet. Der Autor untersucht Möglichkeiten und Pflichten zur Erstellung einer rationalen Prognose über die Sicherheit eines Drittstaates und stellt das Ergebnis dem Begriff „Konzept normativer Vergewisserung" des Bundesverfassungsgerichts gegenüber. Anschließend werden Fallgruppen entwickelt, bei denen eine individuelle Prüfung des Verfolgungsschicksals angezeigt ist.

Aus dem Inhalt: Die Sicherstellung der Anwendung der GFK und der EMRK · Grundlagen der Tatsachenfeststellung · Die Feststellung der politischen Verfolgung im Asylverfahren · Die Feststellung der Drittstaatensicherheit · Folgerungen für Art. 16 a Abs. 2 GG: Würdigung individuellen Vorbringens

Frankfurt/M · Berlin · Bern · New York · Paris · Wien
Auslieferung: Verlag Peter Lang AG
Jupiterstr. 15, CH-3000 Bern 15
Telefax (004131) 9402131
*inklusive Mehrwertsteuer
Preisänderungen vorbehalten